Studien zur Ikonologie der Renaissance

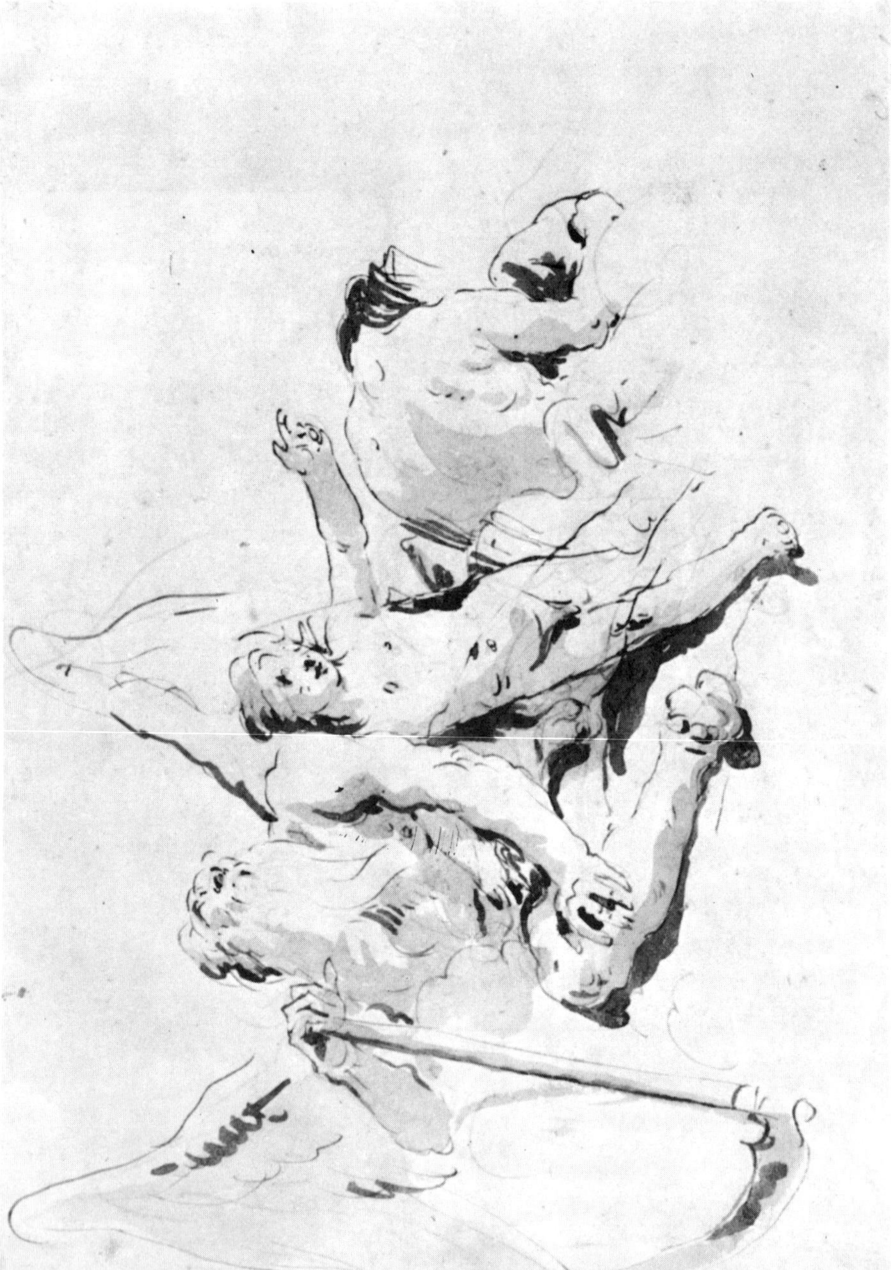

Erwin Panofsky

STUDIEN ZUR IKONOLOGIE DER RENAISSANCE

(Studies in Iconology)

DUMONT

Frontispiz: Giovanni Battista Tiepolo, ›Die Zeit, Gegenwart und Zukunft‹, lavierte Federzeichnung, New York, Metropolitan Museum

Die Deutsche Bibliothek – CIP-Einheitsaufnahme

Panofsky, Erwin:
Studien zur Ikonologie
der Renaissance / Erwin Panofsky. [Übers. aus dem Engl.:
Dieter Schwarz]. – Nachdr. – Köln : DuMont, 1997
Einheitssacht.: Studies in iconology <dt.>
ISBN 3-7701-4012-5

2. Auflage 1997

Die vorliegende Aufsatzsammlung erschien erstmals 1939 unter dem Titel ›Studies in Iconology‹ bei der Oxford University Press, New York, 1962, als vom Autor erweiterte Neuauflage bei Harper Torchbook, Benjamin Nelson editor und 1972 bei Icon Editions, Harper & Row, Publishers, New York, Hagerstown, San Francisco, London.

Aus dem Englischen übersetzt von Dieter Schwarz
Kapitel ›I Einleitung‹ richtet sich nach der Fassung von Kapitel 1 ›Ikonographie und Ikonologie‹ aus ›Sinn und Deutung in der bildenden Kunst‹, übersetzt von Wilhelm Höck, 1978 (DuMont Taschenbuch 33)

Umschlaggestaltung: Groothuis + Malsy, Bremen, unter Verwendung des Gemäldes ›Die Enthüllung der Üppigkeit‹ von Angelo Bronzino
Druck: Rasch, Bramsche
Buchbinderische Verarbeitung: Bramscher Buchbinder Betriebe

Printed in Germany ISBN 3-7701-4012-5

Inhalt

Einführung von Jan Białostocki
›Studien zur Ikonologie‹ nach vierzig Jahren

Kann man sich etwas Paradoxeres als die Tatsache vorstellen, daß ein Ausländer einen Gelehrten wie Erwin Panofsky in seinem Heimatland vorstellt und daß eine Schrift, die durch Ironie der Geschichte nicht in Deutsch, sondern 1939 nur Englisch erscheinen konnte, erst mehr als vierzig Jahre später in der Muttersprache ihres Verfassers publiziert wird?

Nach dem Zweiten Weltkrieg war die englische Sprache in den deutschsprachigen Ländern so geläufig, daß Panofsky von den Kunsthistorikern seiner früheren Heimat in Englisch gelesen werden konnte. Doch blieb das Wissen über Panofskys Beitrag zur Geistes- oder Ideengeschichte aus dem gleichen Grunde aber fast ausschließlich auf Kunsthistoriker begrenzt. Wie nachhaltig jedoch sein Denken auch über den Zeitpunkt seiner Entstehung hinaus wirken konnte, vermag man an den Einflüssen abzulesen, die von der 1966 erschienenen französischen Ausgabe der *Studien zur Ikonologie* auf die französischen Geisteswissenschaften ausgingen. Während Panofsky den deutschen Kunsthistorikern gut bekannt ist, scheinen seine Ideen jedoch zur gleichen Zeit unter den Geisteswissenschaftlern anderer Disziplinen viel weniger Verbreitung gefunden zu haben.

Man könnte demnach die Auffassung vertreten, daß nach vierzig Jahren eine deutsche Ausgabe dieses Buches schon zu spät oder noch zu früh erscheint. Zu spät für eine spontane Wirkung, da Panofskys Ideen, wie bereits dargelegt, zumindest unter den Kunsthistorikern entweder aus zweiter Hand oder aus dem Studium des englischen Originals schon gut bekannt sind; zu früh, da die *Studien zur Ikonologie* noch nicht wiederentdeckt werden müssen, denn sie konnten überhaupt noch nicht in Vergessenheit geraten.[1] Und doch hat das Buch in zentralen Teilen seines geistigen Inhalts große Bindungen an die Tradition der deutschen Kultur- und Kunstgeschichte, denn es stellt die Weiterentwicklung jener Forschungen dar, die von Dilthey, Cassirer und Warburg initiiert wurden, so daß eine deutsche Ausgabe von Panofskys Hauptwerk auch noch zum heutigen Zeitpunkt ihre volle Berechtigung hat.

Ich nannte es bereits eine Ironie der Geschichte, daß die *Studien zur Ikonologie* nicht erst in deutscher, sondern in englischer Sprache erschienen sind. Aber es drängt sich auch folgende Frage auf: Wenn man von der politischen Situation absieht, die Panofsky zur Emigration zwang – wäre dann eine deutsche Erstausgabe der *Studies in Iconology*, so wie sie aussehen, möglich gewesen? Ich glaube kaum, denn inhaltlich stellt diese Schrift eine sehr glückliche Verschmelzung deutscher und angelsächsischer Wissenschaftstraditionen dar, im Hinblick auf ihre Form aber ist sie zweifellos ein Produkt angelsächsischer Kultur.

Das Buch ist aus den Vorträgen Panofskys erwachsen, die im amerikanischen Bryn Mawr College gehalten wurden und die den Namen von Mary Flexner tragen. *Studies in Iconology* erschien als Band 7 in der Reihe der Mary-Flexner-Vorträge. Die Veranstaltung von Vorträgen für Nicht-Spezialisten ist ein typisch angelsächsischer Brauch, der in Europa weniger bekannt ist, obwohl das amerikanische Vorbild nach dem Kriege auch in einigen Ländern Westeuropas nachgeahmt wurde. Schon Jacob Burckhardt pflegte übrigens solche Vorlesungen in Basel zu halten, was aber mehr eine Ausnahme als eine Gewohnheit darstellte.

Die meisten von Panofsky in Amerika veröffentlichten – und d.h. alle wichtigen – Schriften sind Abdrucke von umgearbeiteten, mit Anmerkungen und Abbildungen versehenen Vorträgen. *Studies in Iconology* stellt also keineswegs eine Ausnahme dar; dasselbe gilt für die Schriften *Albrecht Dürer* (Norman Wait Harris Lectures, Northwestern University, 1938), *Early Netherlandish Painting* (Charles Eliot Norton Lectures, Harvard University, 1947–1948), *Gothic Architecture and Scholasticism* (Wimmer Lecture, Saint Vincent College, Latrobe, Pennsylvania, 1948), *Renaissance and Renascences in Western Art* (Gottesman Lectures, Uppsala University, 1952), *Tomb Sculpture* (Public Lectures at the Institute of Fine Arts, New York University, 1956) und schließlich auch für *Problems in Titian* (Wrightsman Lectures, Metropolitan Museum of Art, New York, 1965). Daß wissenschaftliche Bücher in einer solchen Weise entstehen, ist eine amerikanische, im kontinentalen Europa wenig anzutreffende Erscheinung.

In einem Aufsatz des Jahres 1953 hat Panofsky dargelegt, was es für ihn bedeutete, vor einem nicht fachkundigen Publikum sprechen zu müssen,[2] wie diese Situation ihn mit der Notwendigkeit konfrontierte, das Allgemeine, das aus den Einzelbeobachtungen oder Analysen hervorgeht, hervorzuheben und wie er sich gleichzeitig zu dem Versuch gezwungen sah, die Wissenschaft für ein Laienpublikum interessant zu machen, was er übrigens meisterhaft geleistet hat.

Wie sehr auch die *Studies in Iconology* von ihren angelsächsischen Entstehungsumständen geprägt wurden, so sind doch die Elemente deutscher Geistestradition in ihnen unverkennbar. Es handelt sich zwar um Vorträge, aber diese Vorträge sind ihrer Form nach der deutschen gelehrten Abhandlung viel verwandter als dem englischen Essay. In der englischsprachigen Kunstgeschichte bedeutete eine solche Form etwas ganz und gar Neues. Denn die angelsächsische Prominenz unter den Kunsthistorikern – etwa Bernard Berenson, Kenneth Clark, Roger Fry – strebte trotz aller Gelehrsamkeit viel stärker eine vollendete literarische Form als eine Zurschaustellung ihrer Gelehrsamkeit an. Man bewegte sich auf den Pfaden von Hazlitt, Ruskin und Pater und die Verwendung von *footnotes* müßte als geschmacklos gelten. In Deutschland dagegen empfand man Anmerkungen als Prachtstücke der Gelehrsamkeit, und es ist das Verdienst der *Studien zur Ikonologie*, diese Auffassung in der amerikanischen Kunstwissenschaft heimisch gemacht zu haben.

Andererseits vermochte Panofsky als ausgezeichneter Kenner der Literatur den Vorzug eines klaren und verständlichen Stils durchaus zu schätzen, zumal er nicht nur die englische Sprache, sondern auch die englische Schreib- und Denkweise perfekt beherrschte. Panofsky leistete sogar selbst einen eigenständigen Beitrag, indem er eine flexible, ausdrucksreiche und individuelle kunsthistorische Sprache entwickelte. So hat Rensselaer W. Lee in seinem Nachruf auf Erwin Panofsky auch den schriftstellerischen Rang des Gelehrten gewürdigt: »... lebendig, humorvoll, manchmal ironisch, reich an Lichtern und Halbschatten, die subtile Gefühlswechsel widerspiegeln, und vor allem – nie langweilig. Wäre Panofsky in Deutschland geblieben, hätte die englischsprachige Kunstgeschichte einen großen Verlust erleiden müssen.«[3]

Nicht nur die Tatsache, daß die *Studien zur Ikonologie* aus einer Vortragsreihe hervorgingen, macht diese Schrift ungewöhnlich, auch die Tatsache, daß sie kein Buch über ein einziges Thema darstellt, macht sie untypisch, sie ist weder eine Künstlermonographie noch das Studium einer Kunstlandschaft oder einer Kunstgattung. Man kann *Studies in Iconology* am treffendsten als einen Band gesammelter Studien bezeichnen, was übrigens auch im Titel zum Ausdruck kommt. Schon immer pflegten Wissenschaftler ihre Aufsätze in Sammelbänden zu veröffentlichen, und das ist auch heute noch so. Meistens sind solche Aufsatzkompendien in der Welt der Wissenschaft nicht besonders hoch angesehen, und viele wissenschaftliche Zeitschriften drucken keine Besprechungen von solchen Bänden, da sie deren wissenschaftlichen Wert nicht hoch veranschlagen. Natürlich sind durch solche Sammelbände die verstreuten und oft schwer zugänglichen Artikel viel leichter greifbar, und manchmal ergibt sich aus ihrer editorischen Zusammenfassung auch eine grundsätzlich neue Struktur. Wegweisende Bedeutung erlangen sie aber nur dann, wenn das Gewicht weniger auf den inhaltlichen

Aussagen der einzelnen Aufsätze, die den Fachgelehrten meistens schon bekannt sind, liegt, sondern auf einer neuen Methodik, die sich aus der Aufsatzsammlung herausschält. Und gerade das ist der Fall bei den *Studien zur Ikonologie*, eine Eigenschaft, die Panofskys Buch mit einigen ebenso berühmten Schriften der Geisteswissenschaften gemeinsam hat. Ich denke etwa an Max Dvořáks posthum veröffentlichte *Kunstgeschichte als Geistesgeschichte*, an Johan Huizingas *Wege der Kulturgeschichte*, an Claude Lévi-Strauss' *Anthropologie structurale* und an Ernst Gombrichs wichtige Sammelbände der letzten Jahrzehnte.

Jeder Fachmann weiß heute, daß die Ikonologie als Forschungsmethode von Aby Warburg schon im ersten Dezennium dieses Jahrhunderts angewandt wurde; man kennt auch den Aufsatz von Hoogewerff über die Ikonologie, der 1931 in einer archäologischen Zeitschrift veröffentlicht wurde.[4] Im Jahre 1939 war aber der Begriff ›Ikonologie‹ ebenso wie die von ihm bezeichnete Methode nur wenigen Kunsthistorikern außerhalb des engen Warburg- und Panofsky-Kreises bekannt. Man darf sogar bezweifeln, ob die ikonologische Methode ohne die Veröffentlichung von Panofskys *Studien zur Ikonologie* je eine solche Verbreitung gefunden hätte, selbst wenn die anderen Arbeiten dieses Gelehrten bekannt gewesen wären. Man kann heute sogar mit einiger Gewißheit sagen, daß gerade diesem Buche eine entscheidende Rolle in der Popularisierung von Panofskys Ideen und Arbeitsweise zukommt. Die *Studies in Iconology* haben dem englischsprachigen Leser eine praktikable, auf den Studien Warburgs, Cassirers und anderer deutscher Kultur- und Kunsthistoriker basierende Methode und zugleich eine Sammlung von effektiven Beispielen ihrer Anwendung geliefert. Auf diese Weise ist es Panofsky gelungen, eine ausgereifte und anwendbare wissenschaftliche Disziplin in Amerika zu etablieren.

In Panofskys kunsthistorischer Arbeit besitzt dieses erste englischsprachige Buch in jeder Hinsicht einen zentralen Stellenwert. Schon in zeitlicher Hinsicht markiert es ungefähr die Mitte einer langen, fruchtbaren wissenschaftlichen Laufbahn, die 1915 mit einer Dissertation über die Kunsttheorie Dürers begann und deren Ende das posthum 1969 herausgegebene Buch *Problems in Titian* darstellt. Die *Studies in Iconology* liegen unmittelbar zwischen der deutschen und der amerikanischen Periode und somit zwischen einer mehr analytischen und einer nachfolgenden mehr synthetischen Schaffensphase.[5]

Im historischen Rückblick scheint alles, was vor dieser Schrift geleistet wurde, auf dieses Buch hinzuführen. Vieles, was Panofsky später ausführte, hat hier seinen Ursprung, da er immer an dem methodologischen Unterbau seines Systems arbeitete und stets aufs neue den jeweiligen Forschungspfaden folgte, die er einmal betreten hatte. Die in den *Studien zur Ikonologie* skizzierte

Interpretation Tizians wurde von Panofsky gegen Ende seines Lebens zu einer großen monographischen Schrift über diesen venezianischen Künstler verarbeitet, während die Probleme, die in Verbindung mit dem Juliusgrab Michelangelos zur Sprache kommen, detailliert in den Vorträgen zur *Grabplastik* wieder aufgegriffen und weitergeführt wurden.

Noch deutlicher fallen die Bindungen dieses Buches an früher entstandene Arbeiten ins Auge. So ist der erste Teil der Einleitung bereits in nuce in Panofskys Werken aus den Jahren um 1930 enthalten, so etwa in dem Vorwort, das dem Band *Hercules am Scheideweg* vorangestellt ist.[6] Gleiches gilt auch für den Vortrag, den Panofsky auf einer Sitzung der Kantgesellschaft in Kiel hielt und der später in der Zeitschrift *Logos* erschienen ist.[7] In beiden Abhandlungen sind die Probleme der ikonographischen Forschung, besonders die der ikonographischen Interpretation eines Werkes der bildenden Kunst behandelt. Man spürt noch deutlich eine defensive Einstellung, aus der man rückschließen kann, wie wenig zeitgemäß die ikonographischen Interessen Panofskys unter den auf Wölfflin, Riegl und Max J. Friedländer fußenden Kunsthistorikern der dreißiger Jahre gewesen sein müssen. Diese defensive Einstellung ist teilweise auch in der englischen Fassung spürbar.

Von einer Stufe zur anderen fortschreitend, hat sich Panofsky immer mehr einer möglichst tadellosen Darstellungsform seines Interpretationssystems angenähert und sie schließlich in den *Studies in Iconology* auch gefunden, die dank ihrer Klarheit und Praktikabilität Weltruhm erlangten und in späteren Versionen, wie in dem Sammelband *Meaning in the Visual Arts*, nur noch geringen Modifizierungen unterzogen wurden.[8]

Der zweite Teil der Einleitung geht auf den zusammen mit Fritz Saxl verfaßten, 1933 in den *Metropolitan Museum Studies* veröffentlichten meisterhaften Aufsatz zurück, der das Nachleben der Antike im Mittelalter und in der Renaissance behandelt.[9] Er basiert in beträchtlichen Teilen auf den Forschungsergebnissen von Warburg und jener Studien, die von Warburg eingeleitet wurden.

Der Kunst Michelangelos, die zu den Themen der *Studien zur Ikonologie* gehört, hatte Panofsky schon vorher viele Arbeiten gewidmet. So galt dem Meister des Sixtinischen Deckengemäldes die unveröffentlichte Habilitationsschrift; danach publizierte Panofsky über verschiedene Probleme der Kunst Michelangelos, und dem Juliusgrab, das einen zentralen Platz im Aufsatz über den Neoplatonismus und Michelangelo in diesem Buch einnimmt, widmete Panofsky schon 1937, also im gleichen Jahr, in dem er die Vorträge hielt, die später als *Studies in Iconology* veröffentlicht wurden, einen Aufsatz in der Zeitschrift *Art Bulletin*.

Studies in Iconology sind also organisch aus vielen Interessensgebieten des Verfassers gewachsen. Zu einem Ganzen verschmolzen werden sie durch ihre faszinierend klare und einfache Interpretationsmethode, die den Humanisten unter den Kunsthistorikern besonders anspricht.

Jeder Student der Kunstgeschichte kennt heute die drei Stufen der Interpretation, die Korrektivprinzipien und die »eigentliche Bedeutung«, die das Ergebnis einer ikonographischen Interpretation im tieferen Sinn (später von Panofsky ›ikonologische Interpretation‹ genannt) sein soll und die mit den »eigentlichen Bedeutungen« von unzähligen anderen Erscheinungen der menschlichen Kultur zu vergleichen sind.

Damals, als das Buch erschien, wirkten solche Kriterien und ihre Anwendung wie eine Offenbarung. Ich erinnere mich heute noch sehr lebhaft daran, wie ich die *Studies in Iconology* zum ersten Mal 1948 in der Pariser Bibliothèque Nationale studierte. Das Buch war in Paris nicht besonders gefragt, daher konnte ich es immer auf meinen Tisch bekommen. Es war für mich wie das Evangelium einer neuen Wahrheit, eine Wirkung, die man sich heute schon nicht mehr so einfach vorstellen kann. Die Jungen, die zum jetzigen Zeitpunkt das Buch erstmalig in die Hand nehmen, lesen in ihm, nachdem sie schon mit vielen Schriften in Berührung kamen, die unter dem Einfluß dieses Buches entstanden sind. In solchen Schriften werden Panofskys Prinzipien nicht selten in einer überspitzten Weise angewandt.

Die von der Wirkung dieses Buches ausgehende ikonologische Forschung, die in den vierziger Jahren zunächst noch unter intensiver Teilnahme europäischer, meist in Deutschland ausgebildeter Kunsthistoriker die amerikanischen und zum Teil auch die britischen Universitäten erobert hatte, breitete sich später auch auf Holland und Skandinavien, auf Österreich und Polen, teilweise auf Deutschland und Frankreich aus. Unter den Veröffentlichungen der letzten Jahrzehnte konnte man die Prinzipien der Ikonologie sogar in solchen Arbeiten finden, die auf marxistischen Grundlagen basieren.[10] Die ikonologische Forschung hat ihre Anhänger aber ebenso in Mexiko und Südamerika gefunden.[11]

Kurz gesagt ist die Feststellung gerechtfertigt, daß die Kunstgeschichte in der europäisch-amerikanischen Welt zwischen 1950 und 1975 von der Ikonologie entschieden bestimmt wurde.[12] Die *Studien zur Ikonologie* haben diesen Einfluß maßgebend gefördert, denn sie weisen nicht nur wichtige Verbindungen zu den vorangehenden und nachfolgenden Arbeiten Panofskys auf, sondern sie stehen auch in engem Kontext zu den tragenden Ideen der Geistesgeschichte und Kulturphilosophie. Aus heutiger Sicht scheint das Buch eine Mittelposition zwischen der Überlieferung des Hegelianismus einerseits und den Strömungen der strukturalistischen und semiologischen Forschung andererseits einzunehmen. Denn Panofskys Suche nach einer »eigentlichen Bedeutung« der geistesgeschichtlichen Erscheinungen, die eine ähnliche oder mindestens eine vergleichbare in den verschiedenen Gebieten der Kultur sein soll, ist durchaus von einem späten Hauch des Hegelschen Zeitgeistes bewegt, und andererseits bietet sich die Frage an, ob nicht Panofskys Fragestellung letztlich die Suche nach einer allen kulturellen Leistungen innewohnenden Struktur sei? Die heutigen französischen Strukturalisten, allen voran Claude Lévi-Strauss, haben jedenfalls, gerade als die *Studies in Ikonology* 1966 eine französische Ausgabe erhalten hatten, Panofsky als einen großen Strukturalisten gefeiert.[13]

Man kann durchaus die Auffassung vertreten, daß das von Panofsky erarbeitete System der Interpretation – mit seiner Konzentration auf die Welt der Motive, Themen, Symbole und Allegorien – von einer Position ausgeht, die vom Ausgangspunkt der semiologischen Forschung nicht sehr verschieden ist. Der Unterschied liegt allerdings darin, daß die Wurzeln des von Panofsky entwickelten Systems nicht wie die der semiologischen Kunstforschung im systematischen Denken der Linguistik und der Anthropologie, sondern in Geschichte und Kunstgeschichte lagen. Und vor allem berücksichtigte Panofsky grundsätzlich die Besonderheit dieser spezifischen Mitteilungsträger, die wir Kunstwerke nennen. Er war intensiv am Studium der Stilprobleme interessiert und vergaß nie die stilistischen Aspekte der Kunstwerke auch in ihrer Funktion als Mitteilungsträger.[14]

Panofsky und seine von ihm selbst nur zögernd als ›ikonologisch‹ bezeichnete Methode wurden bewundert, nachgeahmt – aber auch kritisiert. So sind verschiedene Vorbehalte formuliert worden, die auf die schwachen Punkte des Systems aufmerksam machen. Inzwischen hat die jüngere Forschung alle Schichten der Interpretation kritisch beleuchtet; allerdings wurden dabei Verbesserungsvorschläge nur selten gemacht. Die einen vermißten das Irrationale, die anderen das Ästhetische, man sprach von einer Vorherrschaft des Wortes und fand einige wichtige Bereiche der Kunst, wie das Kunstgewerbe, ganz ausgespart.[15]

Wieder andere kritisierten nicht so sehr die Theorie wie die Praxis und fanden, daß Panofsky sich in seinen kunsthistorischen Arbeiten nicht immer nach seiner Theorie gerichtet hat. Man vermißte auch eine – von Panofsky nicht oder nur selten berücksichtigte – tiefere Schicht, nämlich die der sozialen und ökonomischen Fakten, die die großen Entwicklungslinien der Ideologie und Kultur bestimmen. Diese sind zwar unbestreitbar vorhanden, aber nicht leicht zu benennen.[16]

Generell ablehnende Kritiken zum Werk Panofskys wurden jedoch kaum formuliert, im Gegenteil: nach seinem Tode feierte man ihn allgemein als einen der größten Geisteswissenschaftler des Jahrhunderts. Auch jene Kritiker, die – wie George Kubler – von den *»iconological diminutions«* sprachen, durch die der Kunsthistoriker statt auf die Erforschung künstlerischer Probleme auf die Untersuchung von Symbolik und Bedeutung gelenkt werde, haben nie die tragende Bedeutung, die die wissenschaftliche Arbeit Panofskys besitzt, in Frage gestellt.[17]

Aus heutiger Sicht ist nicht zu leugnen, daß in dem von Panofsky errichteten Lehrgebäude nicht alles der kunsthistorischen Praxis des Gelehrten entspricht und daß man letztlich seine Bedeutung für die Kunstgeschichte vielleicht einmal stärker in seinen kunsthistorischen Einzeluntersuchungen als in der Theorie sehen wird. Den *Studien zur Ikonologie* ist aber in einem hohen Maß jene Homogenität von Theorie und Praxis eigen, die wir einem großen Wissenschaftler abverlangen. Die ungeheure Wirkung dieses Buches gründete weniger darauf, daß es ein durchdachtes System der ikonographischen Deutung darstellt, sondern darauf, daß das theoretische System hier in einer Reihe brillanter praktischer Beispiele seine anschauliche Anwendung fand, wobei alle Stufen der Deutung benutzt werden und – anders als in vielen weiteren Werken Panofskys – auch die dritte Deutungsebene, nämlich die ikonologische, hineinbezogen wird.

Die Tatsache, daß der Leser so klar und zwingend die Entwicklung der Bilder als eine Folge der Entwicklung von Ideologien – im weiteren Sinn als Ideologien einer Zeit, eines Kunstmilieus oder im näheren Verständnis als Ideologien einer großen Künstlerpersönlichkeit – verfolgen kann, verleiht dem Buch seine große Überzeugungskraft. So empfand ich es jedenfalls, als ich die *Studies in Iconology* vor mehr als dreißig Jahren zum ersten Mal las.

Besitzt dieses Meisterwerk der Kunstgeschichte auch noch für die jüngere Generation von heute solche Überzeugungskraft? Hoffentlich. Aber selbst wenn es an Wirkungsintensität verloren hat, so wird doch auch ein Leser von heute die Virtuosität dieses Kunstkenners sowie die Überzeugungskraft und Weisheit dieses umfassend gebildeten Kulturhistorikers bewundern müssen, der es verstand, eine Welt vergessener Bedeutungen für die Kunstgeschichte zu erschließen, und der für ein Vierteljahrhundert der kunstgeschichtlichen Disziplin das eigene Beispiel der Bedeutungsforschung als neue, große Aufgabe vorstellte. Ihm gelang es – der Zerstörungskraft der Zeit zum Trotz – unzählige Kunstwerke wieder mit ihrem ursprünglichen Ideengehalt zu vereinen, nachdem sie durch eine lange Phase des Vergessens diese Einheit verloren hatten.

Anmerkungen

1 E. Panofsky, *Preface* in der zweiten Ausgabe von *Studies in Iconology* (Torchbook edition), New York 1962, S.V: Diese Feststellung Panofskys, daß sein Buch 1962 »nearly forgotten« sei, muß als ein für den Gelehrten typischer »Topos der Bescheidenheit« betrachtet werden.

2 E. Panofsky, ›*The History of Art*‹, in: W. R. Crawford, ed., *Cultural Migration,* Philadelphia, 1953, S. 82–111, wiederabgedruckt unter dem Titel ›Three Decades of Art History in the United States: Impressions of a Transplanted European‹, *College Art Journal,* XIV, 1954, S. 7–27 und in dem Buch *Meaning in the Visual Arts,* Garden City, N.Y., 1955.

3 R. W. Lee, ›Erwin Panofsky‹, *Art Journal,* XXVII, 1968, S. 368–370, Zitat aus S. 368.

4 Über die Probleme und die Geschichte der Ikonologie als einer ikonographischen Methode vgl. die Schrift des Verfassers ›Iconography and Iconology‹, in: *Encyclopedia of World's Art,* VII, New York 1963, Sp. 769–785, desselben, ›Iconography‹, in: *Dictionary of the History of Ideas,* New York 1973, II, S. 524–541 (deutsch in E. Kaemmerling, Hrsg., *Bildende Kunst als Zeichensystem,* I: *Ikonographie und Ikonologie, Theorien, Entwicklung, Probleme,* Köln 1979); W. S. Heckscher, ›The Genesis of Iconology‹, in: *Stil und Überlieferung in der Kunst des Abendlandes* (Akten des 21. Int. Kongresses für Kunstgeschichte in Bonn 1964), III, Berlin 1967, S. 239–262 (deutsch in demselben Sammelband), ebenso die anderen Aufsätze in dem von Kaemmerling herausgegebenen Sammelband.

5 Über Panofskys wissenschaftliche Entwicklung vgl. den Artikel des Verfasssers, ›Erwin Panofsky: Thinker, Historian, Human Being‹, *Simiolus,* IV, 1970, S. 68–89 (französisch in *Information d'histoire de l'art,* XVI (5), 1971, S. 199–214), und R. Heidt, *Erwin Panofsky. Kunsttheorie und Einzelwerk,* Köln–Wien 1977.

6 E. Panofsky, *Hercules am Scheidewege und andere antike Bildstoffe in der neueren Kunst,* Leipzig–Berlin 1930, S. VIII–X.

7 E. Panofsky, ›Zum Problem der Beschreibung und Inhaltsdeutung von Werken der bildenden Kunst‹, *Logos,* XXI, 1932, S. 103–119.

8 *Meaning in the Visual Arts* (zit. in Anm. 2), S. 26–40.

9 E. Panofsky und F. Saxl, ›Classical Mythology in Mediaeval Art‹ *Metropolitan Museum Studies,* IV, 1933, S. 228–280.

10 Zum Beispiel: R. Chadraba, *Dürers Apokalypse. Eine ikonologische Deutung,* Prag 1964 (dort auch eine methodologische Einleitung von J. Neumann, S. 5–9); N. Aradi, ›Iconologic Research of Socialist ›Fine Arts‹, *Acta Historiae Artium,* XVII, 1971, S. 103–126; H. Zschelletzschky, *Die ›drei gottlosen Maler‹ von Nürnberg. Sebald Beham, Barthel Beham und Georg Pencz. Historische Grundlagen und ikonologische Probleme ihrer Graphik zu Reformations- und Bauernkriegszeit,* Leipzig 1975. Vgl. auch die Studie von M. Sokolov, ›Granicy ikonologii i problema jedinstva iskusstvovedetscheskogo metoda‹ in: *Sovremennoe iskusstvoznanie zapada. O klassitcheskom iskusstve XIII–XVII vekov,* Moskau 1977, S. 227–249.

11 Zum Beispiel S. Sebastián, ›El programa planetario de Santo Domingo‹, *Boletin del Centro di Investigaciones historicas y esteticas* [Caracas], Nr. 18, 1974, S. 137–152 und andere Arbeiten desselben.

12 Für W. S. Heckscher wurde 1955 in Utrecht ein Lehrstuhl für Ikonologie eingerichtet.

13 C. Lévi-Strauss, ›Structuralisme et critique littéraire‹, *Paragone* (Letteratura), 1965, Nr. 182, S. 125–133 (wiederabgedruckt in: ders., *Anthropologie structurale deux,* ohne Ort, 1973, S. 322–325).

14 Über das Verhältnis von Ikonologie und Semiologie vgl. u. a.: L. Herrera, ›Panofsky: estructuralismo, iconologia y semiotica‹, *Revista de ideas esteticas,* XXX, 1972, S. 237–240. – D. Mannings, ›Panofsky and the Interpretation of Pictures‹, *British Journal of Aesthetics,* XIII, 1973, S.

146–162. – C. Hasenmueller, ›Panofsky, Iconography, and Semiotics‹, *Journal of Aesthetics and Art Criticism,* XXXI, 1978, S. 289–301.

15 Vgl. meinen Aufsatz in *Simiolus,* zitiert in Anm. 5.

16 Der Verfasser schlägt in seinen Vorträgen (*Historia sztuki wśród nauk humanistycznych,* Wroclaw–Warschau–Krakau–Gdańsk 1980, bes. S. 111) die im Collège de France und in Warschau gehalten wurden, als eine theoretische Möglichkeit eine »soziale Ikonologie« vor.

17 G. Kubler, *The Shape of Time. Remarks on the History of Things,* New Haven–London 1962 (negativ); derselbe, ›History – or Anthropology – of Art?‹, *Critical Inquiry,* I, 1975, S. 757–767 (positiv).

Erwin Panofsky: Studien zur Ikonologie
Humanistische Themen in der Kunst der Renaissance
Vorwort zur Paperback-Ausgabe

Vor das Problem der Wiederveröffentlichung eines beinahe vergessenen und vollständig vergriffenen Buches gestellt, fühlt ein Autor sich zwischen widerstreitenden Regungen hin- und hergerissen: entweder die ganze Angelegenheit von Anfang bis Ende neu zu schreiben oder sie nicht im geringsten anzutasten.

Durch Alter und Umstände daran gehindert, die erste dieser Alternativen hinzunehmen, doch zu furchtsam vor dem Jüngsten Gericht, um sich in die zweite zu fügen, hat der Verfasser sich zu einem Kompromiß entschlossen. Von der Korrektur einiger greifbarer Irrtümer und Druckfehler abgesehen, habe ich den Text auch dort unverändert gelassen, wo er hätte revidiert oder wenigstens umformuliert werden müssen; ich habe aber versucht, den Zweifel des Lesers dadurch zu fördern, daß ich eine Anzahl Bücher und Aufsätze verzeichne, die entweder nach der Veröffentlichung der *Studien zur Ikonologie* erschienen oder (in zwei Fällen) seinerzeit bedauerlicherweise übersehen wurden, und dadurch, daß ich, *exigente opportunitate,* ein paar kurze eigene Kommentare beigefügt habe. Auf diese Weise habe ich sowohl mein Gewissen beruhigt als auch, so hoffe ich, denen einige Hilfsmittel an die Hand gegeben, die dem Gegenstand vielleicht weiter nachgehen wollen.

Kapitel I (Einleitung)

§ I: Die generelle Gültigkeit der ›ikonologischen‹ Methode für die Interpretation der Kunst der Renaissance und des Barock wurde bestritten von C. Gilbert, ›On Subject and Non-Subject in Renaissance Pictures‹, *Art Bulletin,* XXXIV, 1952, S. 202ff. Es ist richtig, daß ›Sujet‹ (subject) nicht mit ›Geschichten-Erzählen‹ verwechselt werden darf und daß es ›reine‹ Landschafts-, Stilleben- und Genremalerei im 16. Jahrhundert gab (und daß sie im 17. Jahrhundert enorme Popularität erlangte); es ist aber gleichfalls richtig, daß selbst anscheinend bedeutungsfreie Werke mehr mitteilen können, als was ›ins Auge fällt‹, wie es zum Beispiel durch die jüngsten Untersuchungen über Velásquez' *Hilanderas* und Vermeers *Der Künstler in seinem Atelier* erwiesen worden ist;* und daß in anderen Fällen die Unentschlossenheit eines Künstlers, sei es gegenüber der Darstellung oder auch nur gegenüber der Art seines Sujets, eher ein Mehr als ein Weniger an stofflichem Interesse offenbaren kann. Erst vor zwei Jahren erwies sich das klassische Beispiel dafür, Giorgiones *Sturm* (Gilbert, S. 211–214), einer leidlich überzeugenden oder wenigstens erörternswerten Interpretation zugänglich;** und was den komplizierten Plan betrifft, der Correggios Fresken in der Camera di San Paolo in Parma zugrunde liegt, die im allgemeinen als das Ergebnis spielerischer und sorgloser Phantasie angesehen wurden, so möchte ich auf ein jüngst erschienenes kleines Buch von mir verweisen: *The Iconography of Correggio's Camera di San Paolo* (Studies of the Warburg and Courtauld Institutes, XXVI), London 1961.

§ II: Zum Weiterleben und Wiederaufleben der klassischen Mythologie im Mittelalter und in der Renaissance, vgl. J. Seznec, *The Survival of the Pagan Gods* (Bollingen Series, XXXVIII, 1953; als Harper Torchbook 1961). Einen wichtigen Überblick bietet W. S. Heckscher in *Art Bulletin,* XXXVI, 1954, S. 306ff. Zur mittelalterlichen ›Trennung zwischen klassischen Motiven, die mit nicht-klassischer Bedeutung ausgestattet sind, und klassischen Themen, die durch nicht-klassische Figuren in nicht-klassischer Umgebung dargestellt werden‹, vgl. E. Panofsky, *Renaissance and Renascences in Western Art,* Stockholm 1960, insbesondere S. 54–103.

Seite 43: Zu den Porträts der Ottonischen Evangelisten und ihren klassischen Vorbildern (Abb. 7–10), vgl. W. Weisbach, ›Les Images des Evangélistes dans l'Evangéliaire d'Othon III et leurs rapports avec l'antiquité‹, *Gazette des Beaux-Arts,* Reihe 6, XXI, 1939, S. 131ff.

Seite 45: Zu detaillierterer Information über die verschiedenen Fassungen des *Moralisierten Ovid* (französisch und lateinisch, in Vers und Prosa) und die verschiedenen Arten ihrer Illustrierung, siehe E. Panofsky, *Renaissance and Renascences in Western Art,* S. 78–81.

* Zum Symbolismus in der Stillebenmalerei, siehe I. Bergström, *Dutch Still-Life Painting in the Seventeenth Century,* London o. J. (1956), mit interessanter Einleitung (S. 1ff.) und einer erschöpfenden Bibliographie (S. 317ff.).

** E. Battisti, *Rinascimento e Barocco; Saggi,* Rom 1960, S. 146ff. Zu einem in etwa analogen Fall (ein Werk Poussins, das vom Künstler noch drastischer verändert wurde, als es mit Giorgiones *Sturm* geschah), siehe die jüngste kleine Studie des Verfassers: *A Mythological Painting by Poussin in the Nationalmuseum Stockholm* (Nationalmusei Skriftserie, V, Stockholm 1960).

Kapitel II (Die Frühgeschichte des Menschen in zwei Bilderzyklen von Piero di Cosimo).

Seite 63ff.: Meine Interpretation von Piero di Cosimos *Auffindung Vulkans* in Hartford (Abb. 17) wurde von dem kürzlich verstorbenen R. Langton Douglas *(Piero di Cosimo,* Chicago 1946, S. 27ff.) angegriffen, und dieser Angriff setzte eine lebhafte Diskussion in Gang: in *Art Bulletin,* XXVIII, 1946, S. 286ff.; XXIX, 1947, S. 143ff., 222ff., 284.

Kapitel III (Vater Chronos).

Seite 112: Zur Ikonographie des Aion, siehe D. Levi, ›Aion‹, *Hesperia,* XIII, 1944, S. 269ff.

Seite 122: Die dunkelgekleidete Gestalt in der linken oberen Ecke von Bronzinos *Enthüllug der Üppigkeit* (Abb. 66), die ich als eine Personifizierung der Wahrheit deutete, die der ›Zeit‹ hilft, den Schleier von der ausschweifenden Szene zu ziehen, ist mit sehr viel größerer Wahrscheinlichkeit eine Personifizierung der Nacht, die versucht, den Vorgang der ›Enthüllung‹ zu verhindern (persönliche Mitteilung von Walter Friedländer).

Kapitel IV (Der blinde Amor).

Seite 173 (Fortsetzung der Anmerkung zum Text S. 154): Verschiedene Fehler in meiner Beschreibung der in den Abb. 93 und 94 wiedergegebenen Oppian-Illustrationen, die zum Teil durch die Nicht-Verfügbarkeit guter Fotografien des Marciana-Manuskripts verursacht worden waren, sind in K. Weitzmanns wichtigem Buch *Greek Mythology in Byzantine Art* (Studies in Manuscript Illumination, IV), Princeton 1951, S. 123f. richtiggestellt worden.

Seite 157ff.: Die ikonographische Bedeutung der Blindheit als eines Symbols der Unwissenheit und anderer moralischer und/oder intellektueller Mängel ist kürzlich in einem ausgezeichneten Aufsatz von W. Déonna erörtert worden: ›La Cécité mentale et un motif des stalles de la Cathédrale de St. Pierre à Genève‹ *(Zeitschrift für Schweizerische Archäologie und Kunstgeschichte, XVIII,* 1958, S. 68ff.).

Seite 165: In einem von mir übersehenen Aufsatz mit dem Titel ›Un Trattato d'Amore inedito di Fra Guittone d'Arezzo (*Giornale storico di letteratura Italiana,* CXIX, 1931, S. 49ff.) hat F. Egidi nachgewiesen, daß die herabsetzende Beschreibung der Liebe, die Francesco Barberino widerlegte, identifiziert werden kann: es ist ein Sonett von Guittone d'Arezzo, in dem jedes Detail, das von

Barberino mit einer positiven Bedeutung ausgestattet wurde, einen ungünstigen, ja teuflischen Sinn erhalten hat. Während Barberinos optimistische Interpretation in der in Abb. 90 wiedergegebenen Miniatur veranschaulicht wird, scheinen die in Abb. 88 und 91 gezeigten Fresken Guittones Gedicht direkt zu spiegeln; es sollte jedoch daran erinnert werden, daß dieses Gedicht eine Tradition zusammenfaßt, die bis zur klassischen Antike zurückverfolgt werden kann und sich in Isidor von Sevillas Definition der Liebe als eines ›daemon fornicatonis . . . alatus‹ (Anm. 31, S. 175) niedergeschlagen hatte und christianisiert worden war. Eine versifizierte und moralisierte Paraphrase der Darstellung Isidors findet sich unter den Gedichten Theodulfs von Orléans (E. Dümmler, Hrsg., *Poetae Latini Aevi Carolini,* I, 1881, S. 543f., Nr. XLV).

Seite 170f.: Das Thema Eros und Anteros ist (ohne spektakuläre Ergebnisse) bearbeitet worden von R. V. Merrill, ›Eros and Anteros‹ (*Speculum,* XIX, 1944, S. 265ff.).

Seite 171: Die Idee von ›Eros-Anteros‹ und der damit verbundene Gedanke eines ›Amor, der sich selbst die Binde von den Augen nimmt‹ (Abb. 106), scheinen den venezianischen Bildhauer Nicolò Roccatagliata, genannt ›Der Meister der Putte‹, beschäftigt zu haben. Bei einer seiner reizenden Bronzestatuetten hält der kleine Putto einen Hahn in der linken Hand (L. Planiszig, *Venezianische Bildhauer der Renaissance,* Wien, 1921, S. 605, Abb. 669; vgl. unsere Abb. 98), und bei einer anderen, die zur selben Serie gehört, wischt er sich sogar die Augen (Planiszig, S. 606, Abb. 671).

Kapitel V (Die neoplatonische Bewegung in Florenz und Norditalien).

S. 205ff.: Meine kurze Zusammenfassung des Systems Marsilio Ficinos ist zum Teil berechtigt in einer Rezension von P. O. Kristeller kritisiert worden *(Review of Religion,* V, 1940–41, S. 81ff.); seinen Einwänden ist in meinem jüngeren Buch *Renaissance and Renascences in Western Art,* S. 182ff. Rechnung getragen worden. Zu detaillierter Information vgl. Kristeller, *The Philosophy of Marsilio Ficino* (New York, 1943); A. Chastel, *Marsile Ficin et l'art* (Genf und Lille, 1954); J. C. Nelson, *Renaissance Theory of Love* (New York, 1958).

Seite 232, Anm. 69: Zur Erscheinung eines Musikers in zahlreichen Darstellungen der Venus bei Tizian und seinen Nachfolgern, siehe O. Brendel, ›The Interpretation of the Holkham Venus‹ *(Art Bulletin,* XXVIII, 1946, S. 65ff.; vgl. ebenso die Korrespondenz, ebd., XXIX, 1947, S. 143ff., 222f., 284).

Seite 216ff.: Wie zu erwarten, ist die Diskussion über die Bedeutung von Tizians *Göttliche und Weltliche Liebe* (Abb. 108) seit 1939 weitergegangen und wird zweifellos noch einige Zeit andauern. Die Literatur bis 1948 ist übersichtlich zusammengefaßt in R. Freyhan, ›The Evolution of the Caritas Figure in the Thirteenth and Fourteenth Centuries‹ (*Journal of the Warburg and Courtauld Institutes,* XI, 1948, S. 68ff., insbesondere S. 85f.). Zum gegenwärtigen Stand der Dinge, siehe E. Wind, *Pagan Mysteries in the Renaissance,* (New Haven, 1958, S. 122ff.); vgl. auch Guy de Tervarent, *Attributs et symboles dans l'art profane, 1450–1600* (Genf, 1958–59, Spalte 397f.).

Seite 217, erster Absatz von oben: Eine Anzahl Ungenauigkeiten in der Beschreibung der zwei Teppiche im Musée des Arts Décoratifs (Abb. 116 und 117) sind hier anhand eines vorzüglichen Aufsatzes von J. Porcher (ursprünglich übersehen) berichtigt worden: ›Deux Tapisseries à rébus‹, *Humanisme et Renaissance,* II, 1934, S. 57ff.

Seite 222ff.: Zu Tizians sogenannter *›Allegorie des Marquis d'Avalos‹* (Abb. 118), siehe Tervarent, *op. cit.,* Spalte 363ff.; zu venezianischen Hochzeitsdarstellungen in mythologischer Verkleidung (wie z. B. das Bild von Paris Bordone, Abb. 121), siehe E. Wind, *Bellini's Feast of the Gods* (Cambridge, Mass. 1948, S. 37f.).

Seite 225ff.: Meine Interpretation von Tizians *Erziehung Amors* ist von Wind, *Pagan Mysteries on the Renaissance,* S. 76ff., angezweifelt worden.

Kapitel VI (Die neoplatonische Bewegung und Michelangelo).
Seite 262ff.: Zu Michelangelos Grabmal Julius' II., siehe C. de Tolnay. *Michelangelo,* IV (The Tomb of Julius II) Princeton, 1954, mit bis dato vollständiger Biographie; H. von Einem, *Michelangelo,* Stuttgart 1959, S. 40ff., 71ff., 97ff., 135ff.; A. Chastel, *Art et humanisme à Florence au temps de Laurent le Magnifique,* Paris 1959, S. 459ff. Was die den beiden *Sklaven* im Louvre beigegebenen Affen betrifft, so kann die Diskrepanz zwischen meiner und de Tolnays (S. 98f.) neoplatonischer Deutung und H. W. Jansons Billigung der Behauptung Condivis, die Affen symbolisierten Malerei und Plastik (*Apes and Ape Lore in the Middle Ages and the Renaissance,* Studies of the Warburg Institute, XX, London 1952, S. 295ff.), vielleicht durch die Annahme behoben werden, daß die Bedeutung der *Sklaven* (die in den Originaldokumenten nie ausdrücklich erwähnt werden) in Michelangelos eigener Meinung einen Wechsel erfahren hatte, und daß dieser Wechsel sich in Condivis Beschreibung widerspiegelt.

Ich bin indessen noch immer der festen Überzeugung, daß der erste Entwurf zu dem Grabmal (1505) eine sitzende und keine liegende Darstellung des Papstes vorsah (Abb. 131 und 132 in diesem Buch, im Gegensatz zu der von de Tolnay gebotenen Rekonstruktion, Abb. 203, die mit oder ohne Modifikationen von Chastel, S. 463, Abb. 9, und von Einem, S. 42, Abb. 6, reproduziert wurde) – nur daß bei meiner Rekonstruktion die Figur und die sie stützenden zwei Engel zu groß waren; sie sind nun auf den etwa gleichen Maßstab wie die anderen Figuren verkleinert worden. Diese beiden Punkte – nämlich die Tatsache, daß die Darstellung den thronenden Pontifex zeigte, nur bedeutend kleiner war, als ich angenommen hatte – sind durch eine Entdeckung bewiesen worden, die vier Jahre nach der Veröffentlichung der *Studies in Iconology* gemacht wurde: es ist nachgewiesen worden, daß die Marmorskizze der Papststatue, die 1508 von Carrara nach Rom verschifft und nach Michelangelos Tod 1564 in seiner römischen Werkstatt gefunden worden war, von Nicolas Cordier für einen *Thronenden hl. Gregor* verwendet wurde, der noch immer in S. Gregorio al Cielo besichtigt werden kann (J. Hess, ›Michelangelo and Cordier‹, *Burlington Magazine,* LXXXII, 1943, S. 55ff.). Wenn de Tolnay, S. 15, erklärt, daß die in Michelangelos Werkstatt nach dessen Tod aufgefundene Figur (und folglich Cordiers hl. Gregor) eine der zwei Papststatuen (Leo X. und Clemens VII. darstellend) ›gewesen sein muß‹, die für die Medici-Kapelle bestimmt waren, und von denen man weiß, daß sie 1524 gebrochen und skizziert wurden, dann steht diese Behauptung im Widerspruch zu den technischen und rechtlichen Verhältnissen: die Marmorblöcke, die für die Medici-Gräber bestimmt waren, wurden natürlich in Michelangelos *Florentiner* Werkstatt zurückgelassen, als er Florenz 1534 für immer verließ, und später für verschiedene Zwecke genutzt; während dagegen der *abbozzo,* den Cordier vollendete, in Michelangelos *römischer* Werkstatt gefunden wurde.

Hinsichtlich der Verwendung des Wortes *bara* im Sinne eher von ›Sänfte‹ *(una sorte di lettiga)* als von ›Bahre‹ freue ich mich, denen, die den Beweis für diese Verwendung im *Vocabulario degli Accademici della Crusca* (de Tolnay, S. 84, Anm. 7) nicht ausfindig machen konnten, mitteilen zu können, daß die betreffenden Stellen, einschließlich einer aus Machiavelli, in der dem Prinzen Eugen gewidmeten Ausgabe in Band I, Venedig 1806, S. 312, und in der allgemein verbreiteten Ausgabe (der berühmten ›Quinta Edizione‹) in Band II, Florenz 1866, S. 57, zu finden sind.

Seite 270ff.: Zu Michelangelos Medici-Kapelle, siehe de Tolnay, *Michelangelo,* III *(The Medici Chapel),* Princeton 1948, mit bis dato vollständiger Bibliographie; von Einem, *op. cit.,* S. 82ff.

Eine wesentlich andere, rein dynastische Deutung wurde von F. Hartt vorgeschlagen: ›The Meaning of Michelangelo's Medici Chapel‹ (*Essays in*

Honor of Georg Swarzenski, Chicago 1957, S. 145ff.). Diese Interpretation – um so schwerer zu akzeptieren, als sie weitgehend auf der irrigen Auslegung zweier Zeilen eines Gedichts von Gandolfo Perrino, das kurz vor 1546 verfaßt wurde, beruht – wird bei anderer Gelegenheit ausführlicher erörtert werden.

Seite 277 f.: Wegen seiner Schnurrhaare wird der Tierkopf, der die Geldkassette Lorenzos von Urbino *(Il Penseroso)* ziert, von einigen Zoologen für den eines Luchses und nicht einer Fledermaus gehalten (persönliche Mitteilung von Herbert Friedmann und Edgar Wind). Das würde nicht gegen die hier vorgeschlagene Deutung sprechen, weil der scharfsichtige Luchs (vgl. Cesare Ripa, *Iconologia,* Artikel ›Sensi‹, wo der Luchs als ein Symbol des Gesichtssinns verzeichnet ist) Sparsamkeit wie auch scharfsichtige Wachsamkeit symbolisieren kann (vielleicht erinnern wir uns, daß die Franzosen einen Geizhals höflich als ›un peu regardant‹ bezeichnen); aber es will mir und anderen immer noch scheinen, daß die ausgeprägten Züge dieses Tierkopfes von Michelangelo, wobei es sich eher um die eines *mascherone* als um die eines naturalistischen ›Porträts‹ handelt, mehr auf eine Fledermaus als einen Luchs hindeuten. Während allerdings Fledermäuse keine Schnurrhaare haben, haben Luchse doch spitz zulaufende Ohren, vergleichsweise stumpfe Nasen und vor allem diese großen, wachsamen Augen, die in allen Sprachen sprichwörtlich sind. Das Problem ist erschöpfend behandelt worden von O. Cederlöf, ›Fladdermusen‹, *Symbolister,* I (*Tidskrift för Konstvetenskap,* XXX, Malmö 1957, S. 89ff., insbesondere S. 99–115).

Seite 279ff.: Zu den Cavalieri-Zeichnungen und ihren Verwandten (Abb. 158, 159, 162–167), siehe de Tolnay, *op. cit.,* III, S. 111ff., 199ff. und V *The final Period),* Princeton 1960, S. 181ff.; A. E. Popham und J. Wilde, *The Italian Drawings of the XV and XVI Centuries in the Collection of His Majesty the King at Windsor Castle,* London 1949, S. 265ff.; von Einem, *op. cit.,* S. 107ff.; L. Goldscheider, *Michelangelo's Drawings,* London 1951, Nr. 92–97; L. Dussler, *Die Zeichnungen des Michelangelo, Kritischer Katalog,* Berlin 1959, Nr. 117, 234, 238, 241, 365, 589, 721. Seit sich eine Interpretation des *Traumes* (hier Abb. 167; vgl. auch Tervarent, *op. cit.,* Sp. 263) als des von Isis geweckten Hypnos (A. Pigler, ›The Importance of Iconographical Exactitude‹, *Art Bulletin,* XXI, 1939, S. 228ff.) als unhaltbar erwies (ebd. S. 402), scheint ein gewisses Maß an Übereinstimmung im Hinblick auf die Bedeutung aller dieser Werke erreicht worden zu sein; B. D. Kirschenbaum, Reflections on Michelangelo's Drawings for Cavaliere, *Gazette des Beaux-Arts,* Reihe 6, XXXVIII, 1951, S. 99ff. (erst November 1960 veröffentlicht) ist eher in Bedeutungsnuancen als in der Substanz anderer Meinung.

Wie ich aus A. van de Put, ›Two Drawings of the Fêtes at Binche for Charles V and Philip (II) 1549‹, *Journal of the Warburg and Courtauld Institutes,* III, 1939–40, S. 49ff., insbesondere S. 52, ersehe, kann die irrige Bezeichnung von Tizians *Tityos* (Abb. 160) als *Prometheus* bis zu Juan C. Calvete de Estrella zurückverfolgt werden, der schon um 1550 darüber schrieb; sie wurde gebührend zurückgewiesen von P. Beroqui, ›Tiziano en el Museo del Prado‹, *Boletín de la Sociedad Española de Excursiones,* XXXIV, 1926, S. 147ff. Im Gegensatz zu van de Put jedoch teilt Beroqui sie nicht nur nicht, sondern distanziert sich eindeutig von der Meinung, alle vier Bilder, die ehemals die *›pieza de las Furias‹* im Palast zu Madrid geschmückt hätten, seien durch das berüchtigte Feuer 1734 zerstört worden, und die jetzt noch im Prado aufbewahrten zwei Bilder – der *Tityos* und der *Sisyphus* – seien nurmehr wahrscheinlich von Alonso Sanchez Coello (gest. 1590) ausgeführte Kopien. Diese Ansicht (die nebenbei auch in der vierten Auflage von *Klassiker der Kunst* aufgegeben wird, deren zweite Auflage von van de Put zitiert wird) wird durch die Dokumente nicht gestützt, in denen *Tityos* und *Sisyphus,* anders als *Tantalus* und *Ixion,* nicht als zerstört, sondern lediglich als ›ernstlich beschädigt‹ *(maltratado)* erwähnt werden. Deshalb werden von H. Tietze, *Tizian,* Wien 1936, I, S. 188, II, S. 298, die zwei Bilder aus dem Prado mit dem Vorbehalt hinzugerechnet und abgebildet, daß ihr derzeitiger Zustand es unmöglich mache, ihre Stellung zu bestimmen.

Das Original von Rubens' *Prometheus,* das der Meister selbst 1618 an Sir Dudley Carleton mit der Bemerkung verkaufte, der Adler sei von Frans Snyders gemalt worden, kam um 1950 wieder ans Tageslicht und ist nun im Besitz des Philadelphia Museum of Art; siehe F. Kimball, ›Rubens' *Prometheus‹, Burlington Magazine,* XCIV, 1952, S. 67f. Bei Abb. 161 ist daher eine Fotografie des herrlichen Originals, von Direktor Henri Marceau freundlicherweise zur Verfügung gestellt, anstelle der Fotografie der schwachen Kopie eingesetzt worden, die 1939 hatte wiedergegeben werden müssen.

Anhang

Seite 327f.: Soweit sie Michelangelos *Sieg* (Abb. 173) betreffen, wurden meine Einwände gegen J. Wildes Hypothese – wonach das Tonmodell in der Casa Buonarroti (Abb. 172) eher als Vorbereitungsarbeit für das Gegenstück dieser Gruppe entstand als für *Herkules und Kakus* auf der Piazza della Signoria – von de Tolnay *(op. cit.,* III, S. 98ff., 183ff.) gestützt, sie waren aber nicht in der Lage, Dr. Wilde zu überzeugen; siehe J. Wilde, *Michelangelo's ›Victory‹* (The Charlton

Lectures on Art Delivered at Kings College in the University of Durham, Newcastle upon Tyne, London 1954, insbesondere S. 18ff.).
Et adhunc sub judice lis est.

Diese bibliographischen Hinweise streben selbstverständlich keine Vollständigkeit an. Ihr Hauptzweck besteht darin, die Tatsache zu unterstreichen, daß die *Studies in Iconology* vor mehr als zwei Jahrzehnten geschrieben wurden. Es muß dem interessierten Leser überlassen bleiben, sich nach hier weggelassenen Beiträgen umzusehen und, vor allem, seinen Scharfsinn zu nutzen.

Princeton, Januar 1962 Erwin Panofsky

Vorwort

Die sechs in diesem Band abgedruckten Vorlesungen* sind zum Teil nicht neu. Das Einleitungskapitel verbindet den überarbeiteten Inhalt eines vom Verfasser 1932 veröffentlichten methodologischen Aufsatzes[1] mit einer Untersuchung zur klassischen Mythologie in der Kunst des Mittelalters, die im darauffolgenden Jahr vom Verfasser in Zusammenarbeit mit F. Saxl veröffentlicht wurde[2]; der Inhalt der Vorlesung über ›Vater Chronos‹ ist zum Teil identisch mit dem eines Kapitels des Buches *Melancholia,* das gleichfalls vom Verfasser zusammen mit F. Saxl geschrieben wurde[3]; und die Vorlesung über Piero di Cosimo vereinigt zwei Aufsätze, die vor kurzem im *Journal of the Warburg Institute*[4] und im *Worcester Museum Annual*[5] erschienen sind.

Eine Entschuldigung dafür mag in den folgenden Überlegungen gefunden werden: der methodologische Aufsatz ist auf deutsch erschienen, und die *Melancholia* wird auf deutsch erscheinen, und beide mögen englischen und amerikanischen Lesern nicht leicht erreichbar sein. Die in der Untersuchung zur klassischen Mythologie im Mittelalter dargelegten Gedanken sind so wichtig für das Verständnis der ganzen Vorlesungsreihe, daß es ratsam schien, sie hier zu wiederholen. Und die beiden Aufsätze über Piero di Cosimo mußten aus praktischen Gründen an zwei verschiedenen Orten und außerhalb ihres Zusammenhanges mit den anderen Untersuchungen erscheinen.

In einem weiteren Sinne ist F. Saxls Anteil an diesem kleinen Buch noch größer. Die Methoden, die der Verfasser anzuwenden versucht hat, beruhen auf dem, was er und F. Saxl von dem verstorbenen A. Warburg gelernt und in vielen Jahren persönlicher Zusammenarbeit in die Praxis umzusetzen sich bemüht

* Die Vorlesungen wurden anläßlich meiner Mary-Flexner-Gastdozentur am Bryn Mawr College gehalten. Sie wurden mit freundlicher Genehmigung des Präsidenten des Bryn Mawr College und des Institute for Advanced Study at Princeton, M. E. Park, unter der Patronage des Department of Art and Archaeology der Universität Princeton wiederholt.

haben. Auch nachdem diese persönliche Zusammenarbeit ein Ende gefunden hat, empfindet der Verfasser es als unbillig, die Gegenwart von der Vergangenheit zu trennen, ›nostrasque domos, ut et ante, frequentat‹.

Der Verfasser möchte danken: dem Herausgeber des *Journal of the Warburg Institute* und Direktor des Worcester Art Museum, F. H. Taylor, für die Erlaubnis, die Aufsätze über Piero di Cosimo hier abdrucken zu dürfen; den Herren A. E. Austin jr., O. Brendel, S. C. Chew, Frhr. H. von Erffa, A. M. Friend jr., G. Gerola, H. Gray, T. M. Greene, F. R. B. Godolphin, R. Goldwater, K. Lehmann-Hartleben, H. Janson, R. Offner, A. Panella, K. Th. Parker, J. Rosenberg, M. Schapiro, A. Scharf, O. Strunk, H. Swarzenski, B. L. Ullman, K. Weitzmann, H. E. Wethey, E. T. De Wald, Sir Robert Witt und R. Wittkower sowie den Damen M. Bieber, H. Franc, B. da Costa Greene und L. R. Taylor für die Informationen, Fotografien und nützlichen Anregungen; Frau Eleanor C. Marquand für ihre zuverlässige Hilfe in botanischen Fragen; Frl. Margot Cutter für die Zusammenstellung des Registers und der Bibliographie; den Herren P. Underwood und A. M. Wicks für die Ausführung der Zeichnungen (Abb. 131, 132, 136, 137) und des Diagramms und Frl. M. Scolari für ihre äußerst hilfreiche Mitwirkung bei der Formulierung des englischen Textes.

Außerdem gebührt sein wärmster Dank seinen Freunden am Bryn Mawr College, und zwar sowohl den Mitgliedern der Fakultät als auch den Studenten, die durch ihre Gastfreundschaft und ihr Verständnis den Vortrag dieser Vorlesungen zu einem Vergnügen für den Vortragenden gemacht haben, wie auch Herrn Bernard Flexner, dessen freundliches und großzügiges Interesse ihre Veröffentlichung in ihrer gegenwärtigen Form ermöglicht hat.

Anmerkungen

1 Bibl. 248
2 Bibl. 238
3 Bibl. 253, zweite Auflage von Bibl. 252
4 Bibl. 239
5 Bibl. 247

Die Mary-Flexner-Gastdozentur

Diese Dozentur wurde am 17. Februar 1928 von Bernard Flexner zu Ehren seiner Schwester, Mary Flexner, einer Absolventin des Bryn Mawr College, an diesem Institut eingerichtet. Eine angemessene Ausstattung wurde durch die Schenkung gesichert, deren Ertrag jährlich oder in größeren Abständen nach dem Ermessen der Direktoren des College einem amerikanischen oder ausländischen Wissenschaftler als Honorar zuteil wird, der auf dem Gebiet ›humanistischer Studien‹ sich in hohem Maße ausgezeichnet hat, wobei der Begriff ›humanistische Studien‹ in seiner weitesten Bedeutung gebraucht wird. Die Gastdozenten beziehen für sechs Wochen im Bryn Mawr College Wohnung und unterrichten neben ihren öffentlichen Vorlesungen graduierte und nichtgraduierte Studenten. Ziel der Mary-Flexner-Gastdozentur ist es, hervorragende Wissenschaftler an das College zu ziehen, die der Fakultät und den Studenten ein Ansporn sein und zur Erhaltung jener Ideale und Maßstäbe der Gelehrsamkeit beitragen wollen, die dem College einen wachsenden guten Ruf einbringen. Die Schenkung sieht vor, daß die Vorlesungen publiziert werden. Der vorliegende Band ist der siebente der Reihe.

Studien zur Ikonologie

I Einleitung

I Die Ikonographie ist der Zweig der Kunstgeschichte, der sich mit dem Sujet (Bildgegenstand) oder der Bedeutung von Kunstwerken im Gegensatz zu ihrer Form beschäftigt. Versuchen wir also, den Unterschied zwischen *Sujet* oder *Bedeutung* einerseits und *Form* andererseits zu definieren.

Grüßt mich ein Bekannter auf der Straße durch Hutziehen, ist das, was ich unter einem formalen Blickwinkel sehe, nichts als die Veränderung gewisser Einzelheiten innerhalb einer Konfiguration, die einen Teil des allgemeinen Farben-, Linien- und Körpermusters ausmacht, aus dem meine visuelle Welt besteht. Wenn ich, wie ich es automatisch tue, diese Konfiguration als ein *Objekt* (Herr) und die Detailveränderung als ein *Ereignis* (Hutziehen) identifiziere, habe ich bereits die Grenzen der rein *formalen* Wahrnehmung überschritten und eine erste Sphäre des *Sujethaften* oder der *Bedeutung* betreten. Die dergestalt wahrgenommene Bedeutung ist elementarer und leicht verständlicher Natur, und wir werden sie die *Tatsachenbedeutung* nennen; ich erfasse sie, indem ich einfach bestimmte sichtbare Formen mit bestimmten Gegenständen identifiziere, die mir aus praktischer Erfahrung bekannt sind, und indem ich die Veränderung in ihren Beziehungen mit bestimmten Handlungen oder Ereignissen identifiziere.

Nun werden natürlich die dergestalt identifizierten Gegenstände und Ereignisse eine bestimmte Reaktion in mir hervorrufen. Aus der Art und Weise, wie mein Bekannter seine Handlung vollzieht, kann ich vielleicht erkennen, ob er guter oder schlechter Stimmung ist und ob seine Gefühle mir gegenüber gleichgültig, freundlich oder feindselig sind. Diese psychologischen Nuancen werden die Gebärden meines Bekannten mit einer weiteren Bedeutung füllen, die wir *ausdruckshaft* nennen werden. Sie unterscheidet sich dadurch von der *Tatsachenbedeutung,* daß sie nicht durch einfache Identifikation, sondern durch ›Einfühlung‹ erfaßt wird. Um sie zu verstehen, benötige ich eine gewisse Sensibilität, doch diese Sensibilität ist noch immer ein Bestandteil meiner praktischen Erfahrung, nämlich meines alltäglichen Vertrautseins mit Gegenständen und Ereignissen. Daher kann man die *tatsachenhafte* und *ausdruckshafte Bedeutung* zusammen klassifizieren: Sie bilden die Klasse *primärer* oder *natürlicher Bedeutungen.*

Meine Erkenntnis jedoch, daß das Hutziehen für ein Grüßen steht, gehört einem völlig anderen Interpretationsbereich an. Diese Form des Grüßens ist der abendländischen Welt eigentümlich und ein Überrest des mittelalterlichen Rittertums: Bewaffnete pflegen die Helme abzunehmen, um ihre friedlichen Absichten und ihr Vertrauen in die friedlichen Absichten anderer kundzutun. Weder von einem australischen Buschmann noch von einem alten Griechen könnte man die Erkenntnis erwarten, daß das Ziehen des Huts nicht nur ein praktisches Ereignis mit gewissen ausdruckshaften Nebenbedeutungen ist, sondern auch ein Zeichen der Höflichkeit. Um das Tun des Herrn in dieser Bedeutung zu verstehen, muß ich nicht nur mit der praktischen Welt von Gegenständen und Ereignissen vertraut sein, sondern auch mit der mehr als bloß praktischen Welt von Bräuchen und kulturellen Traditionen, die einer bestimmten Zivilisation eigentümlich sind. Umgekehrt könnte sich mein Bekannter nicht genötigt fühlen, mich durch Hutziehen zu grüßen, wäre ihm die Bedeutung dieses Tuns nicht bewußt. Was die ausdruckshaften Nebenbedeutungen im Zusammenhang mit seinem Tun anlangt, so mag er sich ihrer bewußt sein oder auch nicht. Wenn ich daher das Lüften des Hutes als ein höfliches Grüßen interpretiere, erkenne ich darin die Bedeutung, die *sekundär* oder *konventional* heißen mag; sie unterscheidet sich von der *primären* oder *natürlichen* dadurch, daß sie intellektuell statt sinnlich vermittelt wird, und darin, daß sie in die praktische Handlung, durch die sie vermittelt wird, bewußt integriert wurde.

Und schließlich: Die Handlung meines Bekannten kann darüber hinaus, daß sie ein natürliches Ereignis in Zeit und Raum bildet, darüber hinaus, daß sie auf natürliche Weise Stimmungen oder Gefühle anzeigt, und darüber hinaus, daß sie ein konventionelles Grüßen mitteilt, einem erfahrenen Beobachter enthüllen, was seine ›Persönlichkeit‹ ausmacht. Diese Persönlichkeit ist dadurch bestimmt, daß es sich um einen Mann des 20. Jahrhunderts handelt, und außerdem durch seine nationale, soziale und bildungsmäßige Herkunft, durch seine vorangegangene Lebensgeschichte und durch seine gegenwärtige Umwelt; doch ebensosehr zeichnet sie sich durch eine individuelle Weise aus, Dinge zu sehen und auf die Welt zu reagieren, was man, in rationalisierter Form, eine Philosophie zu nennen hätte. In der isolierten Handlung eines höflichen Grüßens manifestieren sich all diese Faktoren nicht umfassend, aber nichtsdestoweniger symptomatisch. Ein geistiges Porträt des Mannes könnten wir aufgrund dieser einzelnen Handlung nicht herstellen, sondern nur dadurch, daß wir eine große Anzahl ähnlicher Beobachtungen aufeinander abstimmen und sie im Zusammenhang mit unseren allgemeinen Informationen über Epoche, Nationalität, Klasse, intellektuelle Tradition des Herrn und so fort interpretieren. Doch all diese Eigenschaften, die jenes geistige Porträt explizit erkennen ließe, sind implizit in jeder einzelnen Handlung enthalten – so daß umgekehrt sich jede einzelne Handlung im Licht jener Merkmale interpretieren läßt.

Die so entdeckte Bedeutung mag die *eigentliche Bedeutung* oder der *Gehalt* heißen; sie ist wesentlich, während die beiden anderen Bedeutungsarten, die *primäre* oder *natürliche* und die *sekundäre* oder *konventionale,* erscheinungshaft sind. Man kann sie definieren als ein einigendes Prinzip, das sowohl dem sichtbaren Ereignis wie seiner verständlichen Bedeutung zugrunde liegt und sie erklärt und das sogar die Form bestimmt, in der das sichtbare Ereignis Gestalt annimmt. Diese *eigentliche Bedeutung* oder der *Gehalt* liegt natürlich so sehr über dem Bereich bewußter Willensentscheidungen, wie die *ausdruckshafte* Bedeutung darunter liegt.

Überträgt man die Resultate dieser Analyse aus dem Alltagsleben auf ein Kunstwerk, kann man in seinem Sujet oder seiner Bedeutung die gleichen drei Schichten unterscheiden:

1. *Primäres oder natürliches Sujet,* unterteilt in *tatsachenhaftes* und *ausdruckshaftes.* Man erfaßt es, indem man reine *Formen* identifiziert, nämlich: gewisse Konfigurationen von Linie und Farbe oder gewisse eigentümlich geformte Bronze- oder Steinstücke als Darstellungen natürlicher *Gegenstände* wie menschlicher Wesen, Tiere, Pflanzen, Häuser, Werkzeuge und so fort; indem man ihre gegenseitigen Beziehungen als *Ereignisse* identifiziert; und indem man solche *ausdruckshaften* Eigenschaften wie den schmerzlichen Charakter einer Pose oder einer Geste oder die heimelige und friedliche Atmosphäre eines Innenraums wahrnimmt. Die Welt reiner *Formen,* die dergestalt als Träger *primärer* oder *natürlicher Bedeutungen* erkannt werden, mag die Welt der künstlerischen *Motive* heißen. Eine Aufzählung dieser Motive wäre eine *vorikonographische* Beschreibung des Kunstwerkes.

2. *Sekundäres oder konventionales Sujet.* Es wird durch die Erkenntnis erfaßt, daß eine männliche Gestalt mit einem Messer den heiligen Bartholomäus repräsentiert, daß eine weibliche Gestalt mit einem Pfirsich in der Hand eine Personifikation der Wahrhaftigkeit ist, daß eine Gruppe von Personen, die in einer bestimmten Anordnung und mit bestimmten Posen um eine Speisetafel

sitzen, das letzte Abendmahl darstellen oder daß zwei Gestalten, die auf bestimmte Weise gegeneinander kämpfen, für den Kampf von Laster und Tugend einstehen. Indem wir das erfassen, verknüpfen wir künstlerische *Motive* und Kombinationen künstlerischer *Motive (Kompositionen)* mit *Themen* oder *Konzepten*. Motive, die dergestalt als Träger einer *sekundären* oder *konventionalen* Bedeutung erkannt werden, mögen *Bilder (images)* heißen, und Kombinationen solcher Bilder sind das, was die alten Kunsttheoretiker *invenzioni* genannt haben; wir sind gewohnt, sie *Anekdoten* (Geschichten, Fabeln) oder *Allegorien*[1] zu nennen. Die Identifizierung solcher *Bilder, Anekdoten* und *Allegorien* ist der Bereich der Ikonographie im engeren Sinne des Wortes. In der Tat meinen wir, wenn wir zwanglos vom ›*Sujet* im Gegensatz zur *Form*‹ sprechen, hauptsächlich den Bereich des *sekundären* oder *konventionalen* Sujets, nämlich die Welt spezifischer, sich in *Bildern, Anekdoten* und *Allegorien* manifestierender *Themen* oder *Konzepte* im Gegensatz zum Bereich des *primären* oder *natürlichen Sujets,* wie es sich in künstlerischen *Motiven* manifestiert. ›Formanalyse‹ im Sinn Wölfflins ist weithin eine Analyse von Motiven und Motivkombinationen (Kompositionen); denn eine Formanalyse im strengen Sinn des Wortes müßte selbst solche Ausdrücke wie ›Mensch‹, ›Pferd‹ und ›Säule‹ vermeiden, ganz zu schweigen von derartigen Beurteilungen wie »das häßliche Dreieck zwischen den Beinen von Michelangelos David« oder »die bewundernswerte Verdeutlichung der Gelenke in einem menschlichen Körper«. Es leuchtet ein, daß eine korrekte *ikonographische Analyse im engeren Sinne* eine korrekte Identifizierung der Motive voraussetzt. Falls das Messer, das es uns ermöglicht, einen heiligen Bartholomäus zu identifizieren, kein Messer, sondern ein Korkenzieher wäre, handelte es sich bei der Figur nicht um einen heiligen Bartholomäus. Ferner ist es wichtig festzustellen, daß die Aussage: »Diese Figur ist ein Bild des heiligen Bartholomäus«, die bewußte Absicht des Künstlers impliziert, einen heiligen Bartholomäus darzustellen, während die ausdruckshaften Eigenschaften der Gestalt sehr wohl unbeabsichtigt sein mögen.

3. *Eigentliche Bedeutung oder Gehalt.* Er wird erfaßt, indem man jene zugrunde liegenden Prinzipien ermittelt, die die Grundeinstellung einer Nation, einer Epoche, einer Klasse, einer religiösen oder philosophischen Überzeugung enthüllen, unbewußt modifiziert durch eine Persönlichkeit und verdichtet in einem einzigen Werk. Selbstredend manifestieren sich diese Prinzipien sowohl durch ›Kompositionsmethoden‹ wie durch ›ikonographische Bedeutung‹ und werfen daher auch ein Licht auf beide. Im 14. und 15. Jahrhundert beispielsweise (das früheste Beispiel läßt sich um 1300 datieren) wurde der traditionelle Typus

der Geburt Christi mit der im Bett liegenden oder auf einer Liege ruhenden Jungfrau Maria häufig durch einen neuen ersetzt, der die Jungfrau in Anbetung vor dem Kind kniend zeigt. Unter dem Blickwinkel der Komposition bedeutet dieser Wandel, ganz allgemein gesprochen, die Einführung eines Dreieck- anstelle eines Rechteck-Schemas; vom Gesichtspunkt des Ikonographischen im engeren Sinne des Begriffes aus bedeutet er die Einführung eines neuen Themas, das schriftlich von solchen Autoren wie dem Pseudo-Bonaventura und der heiligen Brigitta formuliert werden sollte. Doch zugleich enthüllt er eine neue, den späteren Phasen des Mittelalters eigentümliche emotionale Einstellung. Eine wirklich erschöpfende Interpretation der eigentlichen Bedeutung oder des Gehalts könnte sogar zeigen, daß die technischen Verfahren, die für ein bestimmtes Land, für eine bestimmte Periode oder einen bestimmten Künstler eigentümlich sind (so etwa, daß es Michelangelo vorzog, als Bildhauer in Stein statt in Bronze zu arbeiten, oder die eigentümliche Verwendung der Schraffur in seinen Zeichnungen), symptomatisch für dieselbe Grundhaltung sind, die sich in sämtlichen anderen spezifischen Merkmalen des betreffenden Stils ausmachen läßt. Indem wir so reine Formen, Motive, Bilder, Anekdoten und Allegorien als Manifestationen zugrunde liegender Prinzipien auffassen, interpretieren wir alle diese Elemente als etwas, das Ernst Cassirer *›symbolische‹ Werte* genannt hat. Solange wir uns auf die Aussage beschränken, Leonardo da Vincis berühmtes Fresko zeige eine Gruppe von 13 Männern rings um eine Speisetafel und diese Gruppe von Männern stelle das letzte Abendmahl dar, befassen wir uns mit dem Kunstwerk als solchem, und wir interpretieren seine kompositionellen und ikonographischen Züge als seine eigenen Eigenschaften oder Merkmale. Suchen wir jedoch das Fresko als ein Dokument der Persönlichkeit Leonardos oder der Kultur der italienischen Hochrenaissance oder einer bestimmten religiösen Einstellung zu verstehen, beschäftigen wir uns mit dem Kunstwerk als einem Symptom von etwas anderem, das sich in einer unabsehbaren Vielfalt anderer Symptome artikuliert, und wir interpretieren seine kompositionellen und ikonographischen Züge als spezifischere Zeugnisse für dieses ›andere‹. Die Entdekkung und die Interpretation dieser *›symbolischen‹ Werte* (die dem Künstler im allgemeinen selber unbekannt sind und die sogar entschieden von dem abweichen können, was er bewußt auszudrücken suchte) ist der Gegenstand dessen, was wir *Ikonographie in einem engeren Sinne* nennen wollen: eine Interpretationsmethode, die eher aus der Synthese als aus der Analyse hervorgeht.

Und wie die korrekte Feststellung von *Motiven* die Voraussetzung einer korrekten *ikonographischen Analyse im engeren Sinne* ist, so ist die korrekte Analyse von *Bildern, Anekdoten und Allegorien* die Voraussetzung für eine korrekte *ikonographische Interpretation im tieferen Sinne* – es sei denn, wir haben es mit solchen Kunstwerken zu tun, in denen der ganze Bereich des sekundären oder konventionalen Sujets ausgeschaltet und ein unmittelbarer Übergang von *Motiven* zum *Gehalt* angestrebt wird, wie es bei der europäischen Landschaftsmalerei, bei Stilleben und Genremalerei der Fall ist; das heißt, alles in allem bei Ausnahmeerscheinungen, die die späteren, übersteigerten Phasen einer langen Entwicklung markieren.

Wie gelangen wir nun zu einer genauen *vorikonographischen Beschreibung* und einer korrekten *ikonographischen Analyse im engeren Sinne* mit dem letzten Ziel, in die *eigentliche Bedeutung* oder den *Gehalt* einzudringen?

Im Fall einer vorikonographischen Beschreibung, die sich im Rahmen der *Motiv*welt hält, scheint die Angelegenheit recht einfach zu sein. Die Objekte und Ereignisse, deren Darstellung durch Linien, Farben und Volumen die *Motiv*welt bildet, lassen sich, wie wir gesehen haben, auf der Grundlage unserer praktischen Erfahrung identifizieren. Jedermann kann die Gestalt und das Verhalten von menschlichen Wesen, Tieren und Pflanzen erkennen, und jedermann kann ein zorniges Gesicht von einem fröhlichen unterscheiden. Natürlich ist es möglich, daß in einem bestimmten Fall das Spektrum unserer persönlichen Erfahrung nicht umfassend genug ist, so etwa, wenn wir uns der Darstellung eines veralteten oder unvertrauten Werkzeugs oder der Darstellung einer Pflanze oder eines Tieres gegenübersehen, die uns nicht bekannt sind. In solchen Fällen müssen wir das Spektrum unserer praktischen Erfahrung dadurch erweitern, daß wir ein Buch oder einen Fachmann befragen; doch wir verlassen nicht den Bereich praktischer Erfahrung als solchen.

Doch selbst in diesem Bereich begegnen wir einem eigentümlichen Problem. Lassen wir den Umstand beiseite, daß die in einem Kunstwerk abgebildeten Objekte, Ereignisse und Ausdrucksweisen wegen des Unvermögens oder eines boshaften Vorbedachts des Künstlers unerkennbar sind, es ist dennoch prinzipiell unmöglich, dadurch zu einer korrekten vorikonographischen Beschreibung oder Identifizierung des primären Sujets zu gelangen, indem wir unsere praktische Erfahrung unterschiedslos und unkritisch auf das Kunstwerk anwenden. Unsere praktische Erfahrung ist als Material für eine vorikonographische Beschreibung ebenso unerläßlich wie ausreichend, garantiert aber nicht deren Korrektheit.

Eine vorikonographische Beschreibung von Rogier van der Weydens *Drei Weisen,* früher im Berliner Kaiser-Friedrich-Museum (Abb. 1), müßte natürlich solche Ausdrücke wie ›Weise‹, ›Jesuskind‹ und so fort vermeiden. Aber sie hätte zu erwähnen, daß am Himmel die Erscheinung eines kleinen Kindes zu sehen ist.

Woher wissen wir, daß dieses Kind als Erscheinung gedacht ist? Daß es von einer Gloriole aus goldenen Strahlen umgeben ist, wäre kein ausreichender Beweis für diese Annahme, denn ähnliche Gloriolen kann man häufig in Geburt-Christi-Darstellungen finden, bei denen das Jesuskind real ist. Daß das Kind in Rogiers Bild als eine Erscheinung gedacht ist, läßt sich lediglich aus dem zusätzlichen Umstand ableiten, daß es mitten in der Luft schwebt. Doch woher wissen wir, daß es mitten in der Luft schwebt? Seine Haltung wäre nicht anders, säße es auf einem Kissen auf dem Erdboden; ja, es ist höchst wahrscheinlich, daß Rogier für sein Bild eine Modellzeichnung eines auf einem Kissen sitzenden Kindes verwendet hat. Den einzig stichhaltigen Grund für unsere Annahme, daß das Kind in dem Berliner Bild als Erscheinung gedacht ist, bildet der Umstand, daß es ohne sichtbare Stütze im freien Raum abgebildet ist.

Doch wir können Hunderte von Darstellungen anführen, in denen menschliche Wesen, Tiere und leblose Gegenstände frei im Raum zu hängen und das Gesetz der Schwerkraft zu verleugnen scheinen, ohne daß sie vorgäben, Erscheinungen zu sein. In einer Miniatur aus dem *Evangeliar Ottos III.* in der Münchner Staatsbibliothek beispielsweise ist in der Mitte eines leeren Raumes eine ganze Stadt dargestellt, während die an der Handlung beteiligten Personen auf festem Boden stehen (Abb. 2).[2] Ein unerfahrener Betrachter könnte durchaus annehmen, die Stadt sei so gedacht, daß sie kraft irgendwelcher Magie mitten in der Luft hänge. Doch in diesem Fall impliziert das Fehlen einer Stütze nicht ein wunderbares Außer-Kraft-Setzen der Naturgesetze. Die Stadt ist die wirkliche Stadt Nain, in der die Auferweckung des Jünglings stattfand. In einer Miniatur um das Jahr 1000 gilt leerer Raum nicht als reales dreidimensionales Medium wie in einer realistischeren Epoche, sondern einfach als abstrakter, unwirklicher Hintergrund. Die seltsame halbkreisförmige Form dessen, was die Grundlinie der Türme sein dürfte, bezeugt den Umstand, daß im realistischeren Prototyp unserer Miniatur die Stadt auf einem hügeligen Gelände gelegen hatte, daß sie aber in eine Darstellung übernommen wurde, in der Raum aufgehört hatte, im Sinn eines perspektivischen Realismus verstanden zu werden. Die ungestützte Figur in dem Bild Rogier van der Weydens gilt als Erscheinung, während die schwebende Stadt in der ottonischen Miniatur keine wunderbare Nebenbedeutung hat. Diese kontrastierenden Interpretationen werden uns von den ›realistischen‹ Eigenschaften des Gemäldes und den ›unrealistischen‹ Eigenschaften der Miniatur nahegelegt. Doch daß wir diese Eigenschaften im Bruchteil einer Sekunde und beinahe automatisch erfassen, muß uns nicht zu dem Glauben verleiten, wir könnten jemals eine korrekte vorikonographische Beschreibung eines Kunstwerkes geben, ohne, wie es auch hier der Fall ist, seinen historischen

›*Ort*‹ erraten zu haben. Obgleich wir meinen, wir identifizierten die Motive auf der Grundlage unserer reinen und einfachen praktischen Erfahrung, lesen wir in Wirklichkeit das, ›was wir sehen‹, nach der Art und Weise, wie *Gegenstände* und *Ereignisse unter wechselnden historischen Bedingungen durch Formen* ausgedrückt werden. Indem wir das tun, unterwerfen wir unsere praktische Erfahrung einem Kontrollprinzip, das man die *Stil*geschichte nennen könnte.[3]

Die *ikonographische Analyse,* die sich mit *Bildern, Anekdoten* und *Allegorien* statt mit *Motiven* befaßt, setzt natürlich weit mehr voraus als jene Vertrautheit mit Gegenständen und Ereignissen, wie wir sie durch praktische Erfahrung erwerben. Sie setzt eine Vertrautheit mit bestimmten *Themen* oder *Vorstellungen* voraus, wie sie durch literarische Quellen vermittelt werden, sei es durch zielbewußtes Lesen oder durch mündliche Tradition. Unser australischer Buschmann wäre außerstande, das Sujet des letzten Abendmahls zu erkennen; ihm würde es nur die Vorstellung einer erregten Tischgesellschaft vermitteln. Um die ikonographische Bedeutung des Bildes zu verstehen, müßte er sich mit dem Inhalt der Evangelien vertraut machen. Wenn es sich um Darstellungen anderer *Themen* als biblischer Geschichten oder historischer und mythologischer Szenen handelt, die dem durchschnittlichen ›Gebildeten‹ zufällig bekannt sind, sind wir alle australische Buschleute. In solchen Fällen müssen auch wir versuchen, uns mit dem vertraut zu machen, was die Urheber jener Darstellungen gelesen hatten oder sonstwie wußten. Doch abermals ist zwar die Bekanntschaft mit bestimmten *Themen* und *Vorstellungen,* die durch literarische Quellen überliefert sind, eine unerläßliche und ausreichende Grundlage für eine *ikonographische Analyse,* doch deren Korrektheit ist dadurch noch nicht gewährleistet. Es ist für uns ebenso unmöglich, eine korrekte *ikonographische Analyse* dadurch zu geben, daß wir unterschiedslos und unkritisch unser literarisches Wissen auf die Motive anwenden, wie eine korrekte *vorikonigraphische Interpretation* dadurch zu geben, daß wir unterschiedslos und unkritisch unsere praktische Erfahrung auf die *Formen* anwenden.

Ein Bild des venezianischen Malers Francesco Maffei aus dem 17. Jahrhundert, das eine hübsche junge Frau mit einem Schwert in ihrer Linken und einer Schale in der Rechten darstellt, auf der der Kopf eines Enthaupteten liegt (Abb. 3), wurde als Bildnis der Salome mit dem Kopf Johannes' des Täufers veröffentlicht.[4] In der Tat erklärt die Bibel, der Kopf Johannes' des Täufers sei Salome auf einer Schüssel gebracht worden. Doch was ist mit dem Schwert? Salome enthauptete Johannes den Täufer nicht eigenhändig. Nun berichtet die Bibel aber von einer anderen hübschen Frau in Zusammenhang mit der Enthauptung eines Mannes, nämlich von Judith. In diesem Fall liegt die Situation genau umgekehrt. Das Schwert wäre korrekt, weil Judith den Holofernes eigenhändig enthauptete, doch die Schüssel stimmt nicht mit dem Judith-Thema überein, weil der Text ausdrücklich erklärt, der Kopf des Holofernes sei in einen Sack gesteckt worden. So haben wir zwei mit gleichem Recht und mit gleicher Unstimmigkeit auf unser Bild anwendbare literarische Quellen. Sollten wir es als Bildnis der Salome interpretieren, würde der Text die Schüssel, aber nicht das Schwert erklären; sollten wir es als Bildnis der Judith interpretieren, würde der Text das Schwert, aber nicht die Schüssel erklären. Wir wären völlig verraten und verkauft, müßten wir uns allein an die literarischen Quellen halten. Glücklicherweise müssen wir das nicht. Ebenso wie wir unsere praktische Erfahrung dadurch korrigieren und kontrollieren konnten, daß wir die Art und Weise befragten, wie unter wechselnden historischen Bedingungen *Gegenstände* und *Ereignisse* durch Formen ausgedrückt wurden, nämlich die *Stilgeschichte,* so können wir unsere Kenntnis literarischer Quellen dadurch korrigieren und kontrollieren, daß wir die Art und Weise befragen, wie unter wechselnden historischen Bedingungen bestimmte *Themen* oder *Vorstellungen* durch *Gegenstände* und *Ereignisse* ausgedrückt wurden, nämlich die *Typen*geschichte.

Im vorliegenden Fall werden wir fragen müssen, ob es, ehe Francesco Maffei sein Bild malte, unbestreitbare Judith-Bildnisse (unbestreitbar, weil sie beispielsweise auch Judiths Dienerin zeigen) mit ungerechtfertigten Schüsseln gab; oder unbestreitbare Salome-Bildnisse (unbestreitbar, weil sie beispielsweise auch Salomes Eltern zeigen) mit ungerechtfertigten Schwertern. Und siehe da, während wir keine einzige Salome mit einem Schwert anführen können, begegnen wir in Deutschland und Norditalien mehreren Gemälden aus dem 17. Jahrhundert, die Judith mit einer Schüssel darstellen[5]; es gab einen *Typus* ›Judith mit Schüssel‹, aber es gab keinen *Typus* ›Salome mit Schwert‹. Daraus können wir mit Sicherheit schließen, daß auch Maffeis Bild Judith darstellt, und nicht, wie man angenommen hat, Salome.

Wir können ferner fragen, warum sich Künstler berechtigt fühlten, das Motiv der Schüssel von Salome auf Judith zu übertragen, aber nicht das Motiv des Schwerts von Judith auf Salome. Diese Frage läßt sich, indem man abermals die *Typen*geschichte befragt, mit zwei Gründen beantworten. Der eine ist, daß das Schwert ein feststehendes und ehrenvolles Attribut der Judith, vieler Märtyrer und solcher Tugenden war wie Gerechtigkeit, Standhaftigkeit und so fort; deshalb ließ es sich schicklicherweise nicht auf ein wollüstiges Mädchen übertragen. Der andere Grund ist, daß während des 14. und 15. Jahrhunderts die Schüssel mit dem Kopf Johannes' des Täufers ein selbständiges ›Andachtsbild‹ geworden und besonders in den nördlichen Ländern und in Norditalien populär war (Abb. 4); man hatte es aus einer Darstellung der Salome-Geschichte weithin so herausgelöst, wie man die Gruppe des an der Brust des Herrn ruhenden Evangelisten Johannes aus dem letzten Abendmahl oder die Jungfrau im Kindbett aus der Geburt Jesu herausgelöst hatte. Das Vorhandensein dieses Andachtsbildes etablierte eine feste Ideenverbindung zwischen dem Kopf eines Enthaupteten und der Vorstellung einer Schüssel, und daher ließ sich das Motiv einer Schüssel leichter an die Stelle des Sack-Motives in einem Judith-Bild setzen, als daß das Schwertmotiv hätte in ein Salome-Bild eingehen können.

Die Interpretation der *eigentlichen Bedeutung* oder des *Gehalts,* die sich mit dem, was wir als *›symbolische‹ Werte* bezeichnet haben, statt mit *Bildern, Anekdoten* und *Allegorien* befaßt, erfordert einiges mehr als Vertrautheit mit bestimmten *Themen* oder *Vorstellungen,* wie wir sie durch literarische Quellen vermittelt bekommen. Wenn wir die Grundprinzipien erfassen möchten, die sowohl der Wahl und der Darstellung von *Motiven* wie auch der Herstellung und Interpretation von *Bildern, Anekdoten* und *Allegorien* zugrunde liegen und die sogar den angewandten formalen Anordnungen und technischen Verfahren Bedeutung verleihen, können wir nicht darauf hoffen, einen einzelnen Text zu finden, der mit jenen Grundprinzipien so übereinstimmt, wie Johannes 13, 21 ff. mit der Ikonographie des letzten Abendmahls übereinstimmt. Um diese Prinzipien zu erfassen, benötigen wir eine geistige Fähigkeit, die derjenigen eines Diagnostikers vergleichbar ist – eine Fähigkeit, die ich nicht besser beschreiben kann als durch den ziemlich in Mißkredit geratenen Ausdruck *›synthetische Intuition‹* und die in einem begabten Laien besser entwickelt sein kann als in einem belesenen Gelehrten.

Je subjektiver und irrationaler allerdings diese Interpretationsquelle ist (denn jeder intuitive Ansatz wird durch die Psychologie und die ›Weltanschauung‹ des Interpreten geprägt sein), um so notwendiger ist die Anwendung jener Korrektive und Kontrollen, die sich als unerläßlich erwiesen, als es sich um eine *ikonographische Analyse im engeren Sinne* oder selbst nur um eine *vorikonographische Beschreibung* handelte. Wenn uns sogar unsere praktische Erfahrung und unsere Kenntnis literarischer Quellen irreführen können, falls sie unterschiedslos und unkritisch auf Kunstwerke angewandt werden, um wieviel gefährlicher wäre es dann, rein und einfach unserer Intuition zu vertrauen! Wie also unsere praktische Erfahrung durch eine Einsicht in die Art und Weise zu korrigieren war, wie unter wechselnden historischen Bedingungen *Gegenstände* und *Ereignisse* durch *Formen* ausgedrückt wurden (*Stil*geschichte), und wie unsere Kenntnis literarischer Quellen durch eine Einsicht in die Art und Weise zu kontrollieren war, wie unter wechselnden historischen Bedingungen bestimmte

Themen und *Vorstellungen* durch *Gegenstände* und *Ereignisse* ausgedrückt wurden (*Typen*geschichte), so – und noch mehr – ist unsere synthetische Intuition durch eine Einsicht in die Art und Weise zu kontrollieren, wie unter wechselnden historischen Bedingungen die *allgemeinen und wesentlichen Tendenzen des menschlichen Geistes* durch bestimmte *Themen* und *Vorstellungen* ausgedrückt wurden. Dies meint etwas, was man eine Geschichte *kultureller Symptome* – oder ›*Symbole*‹ im Sinn Ernst Cassirers – ganz allgemein nennen könnte. Der Kunsthistoriker wird dasjenige, was seiner Meinung nach die *eigentliche Bedeutung* des Werkes oder der Werkgruppe ist, der er sein Augenmerk widmet, an dem zu messen haben, was seiner Meinung nach die eigentliche Bedeutung so vieler anderer, historisch auf jenes Werk oder jene Werkgruppe bezogener kultureller Dokumente ist, wie er nur bewältigen kann: von Dokumenten, die Zeugnis ablegen über die politischen, poetischen, religiösen, philosophischen und gesellschaftlichen Tendenzen der Person, der Epoche oder des Landes, die zur Debatte stehen. Selbstredend sollte umgekehrt der Historiker des politischen Lebens, der Poesie, der Religion, der Philosophie und der gesellschaftlichen Situationen analogen Gebrauch von Kunstwerken machen. Gerade bei der Suche nach der *eigentlichen Bedeutung* oder dem *Gehalt* treffen sich die verschiedenen geisteswissenschaftlichen Disziplinen auf einer gemeinsamen Ebene, statt sich gegenseitig als Handlanger zu dienen.

Zum Schluß: Wenn wir uns sehr streng ausdrücken wollen (was natürlich bei unserem normalen Reden oder Schreiben, wo der allgemeine Kontext Licht auf die Bedeutung unserer Wörter wirft, nicht immer nötig ist), müssen wir zwischen *drei Sujet- oder Bedeutungsschichten* unterscheiden, deren unterste gewöhnlich mit Form verwechselt wird und deren zweite das spezielle Gebiet der Ikonographie im engeren Sinne ist. In welcher Schicht wir uns auch bewegen: Unsere Identifizierungen und Interpretationen hängen von unserer subjektiven Ausrüstung ab, und aus diesem Grund müssen sie durch eine Einsicht in historische Prozesse korrigiert und kontrolliert werden, deren Gesamtsumme man *Tradition* nennen könnte.

Ich habe in einer synoptischen Tabelle zusammengefaßt, was ich bis hierher deutlich zu machen versucht habe. Aber wir müssen in Erinnerung behalten, daß die säuberlich geschiedenen Kategorien, die in dieser synoptischen Tabelle drei unabhängige Bedeutungssphären anzuzeigen scheinen, sich in Wirklichkeit auf Aspekte eines Phänomens beziehen, nämlich auf das Kunstwerk als Ganzes, so daß bei der eigentlichen Arbeit die Zugangsmethoden, die hier als drei unzusammenhängende Forschungsoperationen erscheinen, miteinander zu einem einzigen organischen und unteilbaren Prozeß verschmelzen.

Gegenstand der Interpretation	Akt der Interpretation	Ausrüstung für die Interpretation	Kontrollprinzip der Interpretation *(Traditionsgeschichte)*
I *Primäres* oder *natürliches* Sujet – (A) tatsachenhaft, (B) ausdruckshaft –, das die Welt *künstlerischer Motive* bildet	*Vorikonographische Beschreibung* (und pseudoformale Analyse)	*Praktische Erfahrung* (Vertrautheit mit *Gegenständen* und *Ereignissen*)	*Stil*geschichte (Einsicht in die Art und Weise, wie unter wechselnden historischen Bedingungen *Gegenstände* und *Ereignisse* durch *Formen* ausgedrückt wurden)
II *Sekundäres* oder *konventionales* Sujet, das die Welt von *Bildern, Anekdoten* und *Allegorien* bildet	*Ikonographische Analyse* im engeren Sinne des Wortes	*Kenntnis literarischer Quellen* (Vertrautheit mit bestimmten *Themen* und *Vorstellungen*)	*Typen*geschichte (Einsicht in die Art und Weise, wie unter wechselnden historischen Bedingungen bestimmte *Themen* oder *Vorstellungen* durch *Gegenstände* und *Ereignisse* ausgedrückt wurden)
III *Eigentliche Bedeutung* oder *Gehalt*, der die Welt ›*symbolischer*‹ *Werte* bildet	*Ikonographische Interpretation* im tieferen Sinne (*Ikonologische Interpretation*)	*Synthetische Intuition* (Vertrautheit mit den *wesentlichen Tendenzen des menschlichen Geistes*), geprägt durch persönliche Psychologie und ›*Weltanschauung*‹	Geschichte *kultureller Symptome* oder ›*Symbole*‹ allgemein (Einsicht in die Art und Weise, wie unter wechselnden historischen Bedingungen *wesentliche Tendenzen des menschlichen Geistes* durch bestimmte *Themen* und *Vorstellungen* ausgedrückt wurden)

Überlieferungsgeschichte

II Wenn wir uns nun von den Problemen der Ikonographie und der Ikonologie im allgemeinen den Problemen der Renaissance-Ikonographie und -Ikonologie im besonderen zuwenden, werden wir natürlich am meisten an jenem Phänomen interessiert sein, von dem sich schon der Name der Renaissance ableitet: an der Wiedergeburt der klassischen Antike.

Die älteren italienischen kunstgeschichtlichen Autoren, wie etwa Lorenzo Ghiberti, Leone Battista Alberti und vor allem Giorgio Vasari, waren der Ansicht, die antike Kunst sei zu Beginn des christlichen Zeitalters überwunden worden und sie habe sich nicht wiederbelebt, bis sie als Grundlage des Renaissancestils gedient habe. Die Gründe für diese Überwindung waren, wie jene Autoren es sahen, der Einfall barbarischer Völkerstämme und die Feindseligkeit der frühen christlichen Priester und Gelehrten.

Indem sie so dachten, hatten die frühen Autoren sowohl recht wie unrecht. Unrecht hatten sie insofern, als es im Mittelalter keinen vollständigen Bruch mit der Tradition gab. Antike literarische, philosophische, wissenschaftliche und künstlerische Vorstellungen hatten sich die ganzen Jahrhunderte hindurch am Leben erhalten, vor allem nachdem sie unter Karl dem Großen und seinen Nachfolgern mit voller Absicht wiederbelebt worden waren. Die frühen Autoren hatten allerdings insofern recht, als die allgemeine Einstellung gegenüber der Antike sich fundamental änderte, als die Renaissance-Bewegung einsetzte.

Das Mittelalter war für die visuellen Werte der antiken Kunst keineswegs blind, und es interessierte sich intensiv für die geistigen und poetischen Werte der antiken Literatur. Bedeutsam ist jedoch, daß gerade auf dem Höhepunkt der mittelalterlichen Epoche (im 13. und 14. Jahrhundert) antike *Motive* nicht zur Darstellung antiker *Themen* verwendet und daß umgekehrt antike *Themen* nicht durch antike *Motive* ausgedrückt wurden.

An der Fassade von San Marco in Venedig kann man beispielsweise zwei große Reliefs gleicher Größe sehen, das eine davon eine römische Arbeit aus dem 3. christlichen Jahrhundert, das andere fast genau ein Jahrtausend später in Venedig ausgeführt (Abb. 5 und 6).[6] Die Motive sind so ähnlich, daß man zu der Annahme gezwungen ist, der mittelalterliche Bildhauer habe die Arbeit absichtlich kopiert, um ein Gegenstück dazu zu schaffen. Doch während das römische Relief Hercules zeigt, wie er den Erymanthischen Eber zu König Euristeus trägt, hat der mittelalterliche Meister, indem er das Löwenfell durch ein gebauschtes Tuch, den verängstigten König durch einen Drachen und den Eber durch einen Hirsch ersetzte, die mythologische Geschichte in eine Allegorie der Erlösung umgewandelt. In der italienischen und französischen Kunst des 12. und 13. Jahrhunderts finden wir eine große Anzahl ähnlicher Fälle, nämlich von unmittelbaren und absichtlichen Übernahmen antiker Motive, während die heidnischen Themen in christliche verwandelt wurden. Es möge genügen, die bekanntesten Exemplare dieser sogenannten Proto-Renaissance-Bewegung zu erwähnen: die Skulpturen von St. Gilles und Arles; die berühmte Gruppe der *Heimsuchung* in der Kathedrale von Reims, die man lange Zeit für ein Werk des 16. Jahrhunderts gehalten hat; oder Niccolo Pisanos *Anbetung der Weisen,* in der die Gruppe der Jungfrau Maria und des Jesuskindes den Einfluß eines Phaedra-Sarkophages zeigen, der auf dem Camposanto von Pisa noch immer erhalten ist. Noch häufiger jedoch als solche unmittelbaren Kopien sind Beispiele eines kontinuierlichen und traditionellen Weiterlebens antiker Motive, von denen einige nacheinander für eine ganze Anzahl christlicher Bilder verwendet wurden.

In der Regel wurden derartige Uminterpretationen durch eine gewisse ikonographische Verwandtschaft erleichtert oder sogar nahegelegt, so beispielsweise, wenn die Gestalt des Orpheus für die Darstellung des David verwendet oder wenn der Typus des den Zerberus aus dem Hades zerrenden Hercules benutzt wurde, um Christus abzubilden, wie er Adam aus der Vorhölle zieht.[7] Es gibt jedoch auch Fälle, in denen die Beziehung zwischen dem antiken Prototyp und seiner christlichen Übernahme rein kompositionell ist.

Wenn andererseits ein gotischer Buchmaler die Laokoon-Geschichte zu illustrieren hatte, wurde Laokoon zu einem wilden und kahlköpfigen alten Mann in zeitgenössischem Gewand, der den Opferstier mit etwas angeht, das eine Axt sein soll, während die beiden kleinen Jungen unten im Bild umherschwimmen und die Seeschlangen munter in einer Andeutung von Wasser auftauchen.[8] Dido und Aeneas werden als elegantes mittelalterliches Paar beim Schachspiel gezeigt, oder sie können als eine Gruppe erscheinen, die an den Propheten Nathan vor David erinnert, nicht aber an einen antiken Helden vor seiner Geliebten (Abb. 12). Und Thisbe erwartet Pyramus auf einem gotischen Grabstein, der die Inschrift »Hic situs est Ninus rex« mit dem üblichen Kreuz davor trägt (Abb. 11).[9]

Fragen wir nach dem Grund für diese seltsame Scheidung zwischen antiken *Motiven* im Gewand einer nicht-antiken Bedeutung und antiken *Themen,* ausgedrückt durch nicht-antike Gestalten in einer nicht-antiken Umgebung, scheint die offenkundige Antwort im Unterschied zwischen darstellerischer und textlicher Tradition zu liegen. Die Künstler, die das Motiv eines Hercules für ein Christus-Bild oder das Motiv eines Atlas für die Evangelisten-Bilder verwendeten (Abb. 7–10)[10], handelten unter dem Eindruck visueller Modelle, die sie vor Augen hatten, sei es, daß sie ein antikes Denkmal unmittelbar kopierten oder daß sie ein neueres Werk nachahmten, das über eine Reihe vermittelnder Umwandlungen von einem antiken Prototyp abgeleitet war. Die Künstler, die Medea als mittelalterliche Prinzessin oder Jupiter als einen mittelalterlichen Richter darstellten, übersetzten eine bloße, in literarischen Quellen gefundene Beschreibung in Bilder.

Dies ist in starkem Maß der Fall, und die textliche Tradition, durch welche die Kenntnis antiker Themen, zumal der antiken Mythologie, ans Mittelalter weitergegeben und in ihm erhalten wurde, ist von höchster Wichtigkeit nicht nur für den Mediävisten, sondern auch für denjenigen, der sich mit der Renaissance-Ikonographie befaßt. Denn selbst im Quattrocento bezogen viele Menschen ihre Vorstellungen über antike Mythologie und verwandte Gegenstände aus dieser komplexen und häufig verderbten Tradition, nicht aus echten antiken Quellen.

Beschränken wir uns auf die antike Mythologie, so lassen sich die Wege dieser Tradition folgendermaßen skizzieren: Die späteren griechischen Philosophen hatten bereits begonnen, die heidnischen Götter und Halbgötter als bloße Personifikationen entweder von Naturkräften oder moralischen Eigenschaften zu interpretieren, und einige von ihnen waren so weit gegangen, sie zu gewöhnlichen menschlichen Wesen zu erklären, die in der Folge vergöttlicht worden waren. Im letzten Jahrhundert des Imperium Romanum nahmen diese Tendenzen erheblich zu. Während sich die Kirchenväter zu beweisen mühten, daß die heidnischen Götter entweder Illusionen oder bösartige Dämonen gewesen seien (wobei sie viele wertvolle Informationen über sie überlieferten), hatte sich die heidnische Welt so sehr von ihren Gottheiten entfremdet, daß sich die Gebildeten anhand von Enzyklopädien, didaktischen Gedichten oder Romanen, speziellen Abhandlungen über Mythologie und Kommentaren zu den antiken Dichtern in sie einarbeiten mußten. Wichtig unter diesen spätantiken Schriften, in denen die mythologischen Gestalten auf allegorische Weise interpretiert oder – um den mittelalterlichen Ausdruck zu gebrauchen – ›moralisiert‹ wurden, waren Martianus Capellas *Nuptiae Mercurii et Philologiae,* Fulgentius' *Mitologiae* und vor allem Servius' bewundernswerter Virgil-Kommentar, der drei- oder viermal so lang wie der Text ist und vielleicht einen breiteren Leserkreis hatte als dieser.

Während des Mittelalters wurden diese Schriften und andere ihrer Art gründlich verwertet und weiterentwickelt. Dadurch erhielt sich die mythologische Information am Leben und wurde für mittelalterliche Dichter und Künstler zugänglich. Erstens in den Enzyklopädien, deren Entwicklung mit so frühen Autoren wie Beda und Isidor von Sevilla begann, die von Hrabanus Maurus (9. Jahrhundert) fortgesetzt wurde und die einen Höhepunkt in den gewaltigen mittelalterlichen Werken des Vincentius von Beauvais, des Brunetto Latini, des Bartholomaeus Anglicus und so fort erreichte. Zweitens in den mittelalterlichen Kommentaren zu antiken und spätantiken Texten, zumal zu Martianus Capellas *Nuptiae,* die von irischen Gelehrten wie Johannes Scotus Erigena mit Anmerkungen versehen und von Remigius von Auxerre (9. Jahrhundert)[11] maßgeblich kommentiert wurden. Drittens in speziellen Traktaten über Mythologie wie den sogenannten *Mythographi I* und *II,* die noch ziemlich frühen Datums sind und sich hauptsächlich auf Fulgentius und Servius stützen.[12] Das wichtigste Werk dieser Art, der sogenannte *Mythographus III,* wurde versuchsweise einem Engländer, dem großen Scholastiker Alexander Neckham (gest. 1217) zugeschrieben[13]; sein Traktat, ein eindrucksvoller Überblick über alles, was um 1200 an Informationen zugänglich war, verdient das abschließende Kompendium hochmittelalterlicher Mythographie genannt zu werden und wurde selbst von

Petrarca benutzt, als er in seinem Gedicht *Africa* die Bilder heidnischer Götter beschrieb.

Zwischen der Zeit des *Mythographus III* und Petrarca war ein weiterer Schritt in der Moralisierung antiker Gottheiten getan worden. Die Gestalten der antiken Mythologie wurden nicht nur auf allgemeine moralisierende Weise interpretiert, sondern ganz eindeutig auf den christlichen Glauben bezogen, so daß beispielsweise Pyramus als Christus, Thisbe als die menschliche Seele und der Löwe als der seine Kleidung beschmutzende Böse interpretiert wurden; Saturn hingegen diente, sowohl im guten wie im üblen Sinn, als Beispiel für das Verhalten von Klerikern. Beispiele dieses Schriftentypus sind der französische *Ovide Moralisé*[14], John Ridewalls *Fulgentius Metaforalis*[15], Robert Holcotts *Moralitates,* die *Gesta Romanorum* und vor allem der *Moralisierte Ovid* in Latein, um 1340 von einem französischen Theologen namens Petrus Berchorius oder Pierre Bersuire geschrieben, der persönlich mit Petrarca bekannt war.[16] Seinem Werk geht ein spezielles Kapitel über die heidnischen Götter voraus, das sich hauptsächlich auf den *Mythographus III* stützt, aber durch spezifisch christliche Moralisierungen angereichert ist, und diese Einführung ohne die um der Kürze willen weggelassenen Moralisierungen gewann unter dem Namen *Albricus, Libellus de Imaginibus Deorum*[17] große Beliebtheit.

Einen neuen und höchst bedeutsamen Anfang machte Boccaccio. In seiner *Genealogia Deorum*[18] gab er nicht nur einen neuen Überblick über das Material, das sich seit etwa 1200 erheblich erweitert hatte, sondern er versuchte auch bewußt, auf die echten antiken Quellen zurückzugreifen und sie sorgfältig miteinander zu vergleichen. Seine Abhandlung markiert den Beginn einer kritischen oder wissenschaftlichen Einstellung gegenüber der klassischen Antike und kann ein Vorläufer von solch wahrhaft gelehrten Renaissanceabhandlungen wie der *Historia Deorum Syntagmata* von L. G. Gyraldus genannt werden, der, unter seinem Blickwinkel, vollauf berechtigt war, auf seinen populärsten mittelalterlichen Vorläufer als einen ›proletarischen und unzuverlässigen Autor‹ hinabzusehen.[19]

Man wird bemerken, daß bis hin zu Boccaccios *Genealogia Deorum* der Brennpunkt der mittelalterlichen Mythographie eine Region war, die weitab von der unmittelbaren mediterranen Tradition lag: Irland, Nordfrankreich und England. Dies gilt auch für den trojanischen Stoffkreis, das wichtigste epische Thema, das die klassische Antike an die Nachwelt überliefert hat; seine erste maßgebliche mittelalterliche Bearbeitung, der *Roman de Troie,* der häufig gekürzt, zusammengefaßt und in andere Sprachen übersetzt wurde, geht auf den aus der Bretagne stammenden Benoit de Sainte-More zurück. Wir sind in der Tat berechtigt, von einer im nördlichen Europa konzentrierten protohumanistischen Bewegung zu sprechen, nämlich von einem aktiven Interesse an antiken Themen ohne Rücksicht auf antike Motive, und zwar im Gegensatz zu einer Proto-Renaissance-Bewegung, nämlich einem aktiven, in der Provence und in Italien konzentrierten Interesse an antiken Motiven ohne Rücksicht auf antike Themen. Es ist eine bemerkenswerte Tatsache, die wir in Erinnerung behalten müssen, um die Renaissancebewegung angemessen zu verstehen, daß Petrarca, als er die Götter seiner römischen Vorfahren beschrieb, ein von einem Engländer verfaßtes Kompendium zu Rat ziehen mußte und daß die italienischen Buchmaler, die im 15. Jahrhundert Virgils *Aeneis* illustrierten, auf die Miniaturen in den Manuskripten des *Roman de Troie* und seiner Nachkömmlinge zurückgreifen mußten. Denn diese, Lieblingslesestoff adeliger Laien, waren lange vor dem virgilschen Text selber, der von Gelehrten und Schuljungen gelesen wurde, reichlich illustriert worden und hatten die Aufmerksamkeit berufsmäßiger Buchmaler auf sich gezogen.[20]

Es ist in der Tat leicht zu erkennen, daß die Künstler, die vom Ende des 11. Jahrhunderts an versuchten jene proto-humanistischen Texte in Bilder zu übersetzen, sie nicht anders wiedergeben konnten als in einer Weise, die sich völlig von den antiken Traditionen unterschied. Eines der frühesten Beispiele gehört zu den frappierendsten: Eine Miniatur von etwa 1100, die wahrscheinlich in der Regensburger Schule angefertigt wurde, zeigt die antiken Gottheiten entsprechend den Beschreibungen in Remigius' *Kommentar zu Martianus Capella* (Abb. 11).[21] Apollo fährt in einem Bauernwagen und hält eine Art Blumenstrauß mit den Büsten der drei Grazien in der Hand. Saturn sieht eher wie eine romanische Gewändefigur aus als wie der Vater der olympischen Götter, und der Adler des Jupiter ist wie der Adler des Evangelisten Johannes oder wie die Taube des heiligen Georg mit einem winzigen Heiligenschein ausgestattet.

Nichtsdestoweniger kann der Gegensatz zwischen darstellerischer und textlicher Tradition allein, so wichtig er auch ist, nicht die seltsame Dichotomie antiker Motive und antiker Themen erklären, wie sie für die hochmittelalterliche Kunst charakteristisch ist. Denn selbst wenn es für bestimmte Bereiche der antiken Bildwelt eine darstellerische Tradition gegeben hatte, wurde sie doch absichtlich zugunsten von Darstellungen völlig unantiken Charakters preisgegeben, sobald das Mittelalter einen ihm völlig eigentümlichen Stil erreicht hatte.

Beispiele dieses Prozesses sind erstens in klassischen Themen zu finden, die gelegentlich in Darstellungen christlicher Sujets auftauchen, wie etwa die heidnischen Götterbilder, die häufig in Märtyrerszenen und ähnlichem vorkommen, oder Sonne und Mond bei der Kreuzigung. Während karolingische Elfenbeinarbeiten noch immer die völlig antiken Typen der *Quadriga Solis* und der *Biga Lunae* zeigen[22], werden in romanischen und gotischen Darstellungen diese antiken Typen durch nicht-antike abgelöst. Auch die Götterbilder verloren im Laufe der Jahrhunderte nach und nach ihre klassische Erscheinung, obwohl sie dazu neigten, sie länger als andere Darstellungen zu behalten, weil sie die Symbole des Heidentums schlechthin waren. Zweitens, und das ist viel wichtiger, tauchen sie in den Illustrationen solcher Texte auf, die bereits in spätantiken Zeiten illustriert worden waren, so daß den karolingischen Künstlern visuelle Modelle zur Verfügung standen: z. B. die Komödien des Terenz, die in Hrabanus Maurus' *De Universo* aufgenommenen Texte, die *Psychomachia* des Prudentius und wissenschaftiche Schriften, besonders Abhandlungen über Astronomie, wo mythologische Bilder (images) sowohl unter den Sternbildern (wie Andromeda, Perseus, Cassiopeia) wie auch als Planeten auftreten (Saturn, Jupiter, Mars, Sol, Venus, Merkur, Luna).

In all diesen Fällen können wir beobachten, daß die antiken Bilder (images) getreulich, wenngleich häufig plump, in karolingischen Manuskripten kopiert wurden und sich in deren Abkömmlingen erhielten, daß sie aber spätestens im 13. und 14. Jahrhundert aufgegeben und durch völlig andere ersetzt wurden.

In den Illustrationen eines astronomischen Textes aus dem 9. Jahrhundert sind derartige mythologische Gestalten wie Perseus, Hercules oder Merkur in perfekt antiker Weise wiedergegeben, und das gleiche gilt für die heidnischen Gottheiten, die in der Enzyklopädie des Hrabanus Maurus vorkommen.[23] Bei all ihrer Plumpheit, die hauptsächlich auf das Unvermögen des kläglichen Kopisten des verschollenen karolingischen Manuskripts aus dem 11. Jahrhundert zurückgeht, sind die Gestalten in den Hrabanus-Illustrationen offensichtlich nicht aus bloßen literarischen Beschreibungen ertüftelt, sondern über eine darstellerische Tradition mit antiken Prototypen verknüpft (Abb. 40 und 69).

Einige Jahrhunderte später allerdings waren diese originalen Bilder in Vergessenheit geraten und wurden durch andere – zum Teil neu erfundene, zum Teil Ableitungen aus orientalischen Quellen – ersetzt, die kein moderner Betrachter jemals als antike Gottheiten erkennen könnte. Venus wird als elegante junge Dame gezeigt, die Laute spielt oder an einer Rose riecht, Jupiter als Richter mit Handschuhen in der Hand und Merkur als ein alter Gelehrter oder sogar als Bischof (Abb. 14).[24] Erst mit der eigentlichen Renaissance nahm Jupiter wieder das Aussehen des antiken Zeus an und erlangte Merkur wieder die jugendliche Schönheit des antiken Hermes.[25]

All dies zeigt, daß die Trennung antiker *Themen* von antiken *Motiven* nicht nur aus Mangel an einer darstellerischen Tradition stattfand, sondern sogar trotz einer darstellerischen Tradition. Wo immer in der karolingischen Epoche der fieberhaften Assimilation ein antikes Bild (image), also eine Verschmelzung eines antiken *Themas* mit einem antiken *Motiv* kopiert worden war, wurde dieses antike Bild (image) aufgegeben, sobald die mittelalterliche Kultur ihren Höhepunkt erreicht hatte, und nicht vor dem italienischen Quattrocento wieder zum Leben erweckt. Es war das Privileg der eigentlichen Renaissance, antike *Themen* nach dem, was man eine Stunde Null nennen könnte, wieder mit antiken *Motiven* zu vereinigen.

Für das mittelalterliche Denken war die klassische Antike zu weit entfernt, gleichzeitig aber auch zu nachdrücklich gegenwärtig, um als historisches Phänomen verstanden zu werden. Einerseits empfand man eine ungebrochene Kontinuität der Tradition insofern, als beispielsweise der deutsche Kaiser als der direkte Nachfolger Caesars und Augustus' galt, während die Sprachforscher Cicero und Donatus als ihre Vorväter betrachteten und die Mathematiker ihre Ahnenreihe auf Euklid zurückführten. Andererseits spürte man, daß eine unüberbrückbare Kluft zwischen einer heidnischen und einer christlichen Zivilisation bestand.[26] Diese beiden Tendenzen konnte man noch nicht so zum Ausgleich bringen, daß das Gefühl der historischen Distanz möglich gewesen wäre. In vielen Köpfen nahm die antike Welt einen entfernten, märchenhaften Charakter an wie der zeitgenössische heidnische Osten, so daß Villard de Honnecourt ein römisches Grabmal *»la sepouture d'un sarrazin«* nennen konnte, während man Alexander den Großen und Virgil für orientalische Zauberer hielt. Für andere war die antike Welt der grundlegende Quell äußerst geschätzten Wissens und altehrwürdiger Institutionen. Doch kein mittelalterlicher Mensch konnte die Kultur der Antike als ein eigenständiges Phänomen erkennen, das schon der Vergangenheit angehörte und historisch von der zeitgenössischen Welt entfernt war: als einen Kulturkosmos, den es zu erforschen und, wenn möglich, wieder einzugliedern galt, anstatt sie als eine Welt lebendiger Wunder oder als ein Reservoir an Informationen zu nehmen. Die scholastischen Philosophen konnten die Gedanken des Aristoteles verwenden und sie mit ihrem eigenen System verschmelzen, und die mittelalterlichen Dichter konnten frei Entlehnungen bei den antiken Autoren vornehmen, doch kein mittelalterlicher Kopf vermochte sich eine antike Philologie vorzustellen. Die Künstler konnten, wie wir gesehen haben, die Motive antiker Reliefs und antiker Statuen verwerten, doch kein mittelalterlicher Kopf vermochte sich eine antike Archäologie vorzustellen. Ebenso, wie es dem Mittelalter unmöglich war, das moderne System der

Perspektive zu erarbeiten, das auf der Erkenntnis einer feststehenden Entfernung zwischen dem Auge und dem Gegenstand beruht und es so dem Künstler ermöglicht, umfassende und folgerichtige Bilder sichtbarer Dinge herzustellen, war es ihm unmöglich, die moderne Idee der Geschichte zu entwickeln, die auf der Erkenntnis einer intellektuellen Entfernung zwischen der Gegenwart und der Vergangenheit beruht und es dem Gelehrten ermöglicht, umfassende und folgerichtige Vorstellungen vergangener Epochen zu etablieren.

Wir können mühelos einsehen, daß eine Epoche, die außerstande und nicht willens war zu erkennen, daß antike *Motive* und antike *Themen* strukturell zusammengehörten, es in der Tat vermied, die Gemeinsamkeit der beiden zu wahren. Sowie das Mittelalter seine eigenen kulturellen Standards festgelegt und seine eigenen Methoden des künstlerischen Ausdrucks begründet hatte, wurde es unmöglich, ein Phänomen zu genießen oder auch nur zu verstehen, das mit den Phänomenen der zeitgenössischen Welt keinen gemeinsamen Nenner hatte. Der hochmittelalterliche Betrachter konnte eine schöne antike Figur würdigen, wenn sie ihm als Jungfrau Maria präsentiert wurde, und er konnte eine Thisbe würdigen, die als ein neben einem gotischen Grabstein sitzendes Mädchen des 13. Jahrhunderts abgebildet war. Aber eine klassische Thisbe, die neben einem antiken Mausoleum sitzt, wäre eine archäologische Rekonstruktion ganz und gar jenseits seiner Zugangsmöglichkeiten gewesen. Im 13. Jahrhundert empfand man selbst die antike Schrift als etwas völlig ›Fremdes‹: Die erklärenden Inschriften im karolingischen *Cod. Leydensis Voss lat.* 79, in einer schönen *Capitalis Rustica* geschrieben, wurden weniger gebildeten Lesern zuliebe in eckiger hochgotischer Schrift kopiert.

Dieses Unvermögen, die innere ›Einheit‹ antiker *Themen* und antiker *Motive* zu erkennen, läßt sich jedoch nicht nur aus einem Mangel an historischem Empfinden, sondern auch aus der emotionalen Ungleichartigkeit von christlichem Mittelalter und heidnischer Antike erklären. Während das hellenische Heidentum – zumindest in seiner Spiegelung in der antiken Kunst – den Menschen als eine integrale Einheit von Körper und Seele ansah, gründete sich die jüdisch-christliche Vorstellung vom Menschen auf die Idee vom ›Erdklumpen‹, der gewaltsam oder sogar wunderbarerweise mit einer unsterblichen Seele vereint ist. Unter diesem Blickwinkel schienen die bewundernswerten künstlerischen Formeln, die in griechischer und römischer Kunst organische Schönheit und animalische Leidenschaften ausgedrückt hatten, nur zulässig zu sein, wenn sie mit einer mehr als organischen und mehr als natürlichen Bedeutung ausgestattet, das heißt, wenn sie biblischen oder theologischen Themen dienstbar gemacht waren. In weltlichen Szenen hingegen waren diese Formeln durch andere zu ersetzen, die, mit der mittelalterlichen Atmosphäre höfischen Benehmens und konventionaler Empfindungen in Einklang standen, so daß von Liebe oder Grausamkeit besessene heidnische Gottheiten und Heroen als elegante Prinzen und Jungfrauen auftraten, deren Aussehen und Verhalten mit den Kanons mittelalterlichen gesellschaftlichen Lebens harmonisierten.

In einer Miniatur aus einem *Ovide Moralisé* des 14. Jahrhunderts wird der Raub der Europa von Gestalten ausgeführt, die ganz sicher wenig leidenschaftliche Erregung ausdrücken (Abb. 16).[27] Die in ein spätmittelalterliches Gewand gekleidete Europa sitzt auf ihrem harmlosen kleinen Stier wie eine junge Dame beim morgendlichen Ausritt, und ihre ähnlich gewandeten Gefährtinnen bilden eine ruhige kleine Gruppe von Zuschauerinnen. Natürlich sind sie so gedacht, daß sie Qualen empfinden und weinen, aber sie tun es nicht, oder zumindest überzeugen sie uns nicht davon, daß sie es tun, weil der Buchmaler weder fähig noch geneigt war, animalische Leidenschaften sichtbar zu machen.

Eine Zeichnung Dürers, die er nach einem italienischen Prototyp vermutlich während seines ersten Venedig-Aufenthaltes anfertigte, betont die emotionale Vitalität, die in mittelalterlichen Darstellungen fehlte (Abb. 16). Die literarische Quelle für Dürers Raub der Europa war kein weitschweifiger Text mehr, in dem der Stier mit Christus und Europa mit der menschlichen Seele verglichen wurde, sondern es waren die heidnischen Verse des Ovid selber, die Angelo Politiano in zwei köstlichen Stanzen zu neuem Leben erweckt hatte: »Du kannst Jupiter bewundern, wie ihn die Kraft der Liebe in einen prächtigen Stier verwandelt hat. Er stürmt mit seiner süßen, erschreckten Last davon, und sie wendet das Gesicht zurück zu der verlorenen Küste, das schöne, goldene Haar flatternd im Wind, der ihr Gewand nach hinten weht. Mit einer Hand faßt sie das Horn des Stieres, während sie sich mit der anderen an seinem Rücken festhält. Sie zieht die Beine an, als fürchte sie das Meer, und so vor Schmerz und Furcht hingekauert, ruft sie vergeblich um Hilfe. Denn ihre lieblichen Gefährtinnen bleiben an der blumigen Küste zurück, und jede von ihnen ruft: ›Europa, komm zurück‹. Die ganze Küste hallt wider von ›Europa, komm zurück‹, und der Stier blickt sich um und küßt ihr die Füße.«[28]

Dürers Zeichnung verleiht dieser sinnlichen Beschreibung tatsächlich Leben. Die kauernde Haltung der Europa, ihr flatterndes Haar, ihr vom Wind nach hinten gewehtes Gewand, das so ihren reizvollen Körper enthüllt, die Gebärden ihrer Hände, die verstohlene Bewegung des Stierkopfes, die Küste mit den verstreuten Gefährtinnen: All das ist getreulich und lebendig abgebildet; mehr noch, der Strand selber wimmelt von *aquatici monstriculi,* um mit den Worten eines anderen Autors aus dem Quattrocento zu sprechen, während Satyrn dem Entführer zujubeln.

Dieser Vergleich illustriert die Tatsache, daß die Wiedervereinigung *antiker* Themen mit *antiken* Motiven, die charakteristisch für die italienische Renaissance im Gegensatz zu zahlreichen sporadischen Wiederbelebungen antiker Tendenzen im Mittelalter zu sein scheint, nicht nur ein humanistisches, sondern auch ein humanes Ereignis ist. Sie ist ein höchst wichtiges Element dessen, was Burckhardt und Michelet »die Entdeckung sowohl der Welt wie des Menschen« nannten.

Andererseits leuchtet von selber ein, daß diese Wiedervereinigung nicht eine einfache Rückkehr zur antiken Vergangenheit sein konnte. Die dazwischenliegende Epoche hatte das Denken der Menschen verändert, so daß sie sich nicht wieder in Heiden verwandeln konnten; und sie hatte ihren Geschmack und ihre produktiven Neigungen verändert, so daß ihre Kunst nicht einfach die Kunst der Griechen und Römer erneuern konnte. Sie mußten nach einer neuen Ausdrucksform suchen, die sich stilistisch und ikonographisch von der antiken wie von der mittelalterlichen unterschied und doch auf beide bezogen und beiden verpflichtet war. Diesen Prozeß gegenseitiger schöpferischer Durchdringung zu veranschaulichen, ist das Ziel der folgenden Kapitel.

Anmerkungen

1 *Bilder,* die die Idee, nicht von konkreten und individuellen *Personen* oder *Objekten* (wie des heiligen Bartholomäus, der Venus, Mr. Jones' oder von Schloß Windsor) vermitteln, sondern von abstrakten und allgemeinen Begriffen wie des Glaubens, der Verschwendung, der Weisheit und so fort, werden entweder *Personifikationen* oder *Symbole* (nicht im Sinn Cassirers, sondern im gewöhnlichen Sinn, zum Beispiel des Kreuzes oder der Jungfräulichkeit) genannt. So lassen sich *Allegorien* im Gegensatz zu Anekdoten als Kombinationen von *Personifikationen* und/oder *Symbolen* definieren. Natürlich gibt es viele dazwischenliegende Möglichkeiten. Eine Person A mag in der Verkleidung einer Person B porträtiert werden (Bronzinos Andrea Doria als Neptun; Dürers Lucas Paumgärtner als St. Georg) oder im gewohnten Aufputz einer Personifikation (Joshua Reynolds' Mrs. Stanhope als ›Kontemplation‹); Porträts konkreter und individueller Personen, menschlicher wie mythologischer, können mit Personifikationen kombiniert sein, wie es bei zahllosen lobpreisenden Darstellungen der Fall ist. Eine Anekdote mag zusätzlich eine *allegorische* Idee vermitteln, wie im Fall der Illustrationen zum *Ovide Moralisé,* oder sie ist als die ›Präfiguration‹ einer anderen verstanden, so in der *Biblia Pauperum* oder im *Speculum Humanae Salvationis.* Derartig *überlagerte* Bedeutungen gehen entweder überhaupt nicht in den Gehalt des Werks ein, wie es bei den Illustrationen des *Ovide Moralisé* der Fall ist, die visuell nicht von nicht-allegorischen Miniaturen nach denselben ovidschen Sujets unterscheidbar sind; oder sie

bewirken eine Doppeldeutigkeit des *Gehalts,* die sich jedoch überwinden oder sogar in einen zusätzlichen Wert verkehren läßt, falls die widersprüchlichen Bestandteile in der Glut eines starken künstlerischen Temperamentes zusammengeschmolzen werden wie in Rubens' ›Galerie de Médicis‹.

2 G. Leidinger Bibl. 190, Tf. 36.

3 Die Interpretation eines einzelnen Kunstwerkes durch eine ›Stilgeschichte‹ zu kontrollieren, die sich ihrerseits nur durch die Interpretation einzelner Werke erstellen läßt, mag als *Circulus vitiosus* erscheinen. Es ist in der Tat ein Zirkel, wenngleich kein fehlerhafter, sondern ein methodischer (vgl. E. Wind, Bibl. 407; ders.: Bibl. 408). Ob wir es mit historischen oder natürlichen Phänomenen zu tun haben, die einzelne Beobachtung nimmt den Charakter einer ›Tatsache‹ nur dann an, wenn sie sich auf andere, analoge Beobachtungen dergestalt beziehen läßt, daß die ganze Reihe ›einen Sinn ergibt‹. Dieser ›Sinn‹ ist daher vollständig als Kontrolle auf die Interpretation einer neuen Einzelbeobachtung innerhalb desselben Phänomenbereichs anwendbar. Weigert sich jedoch diese neue Einzelbeobachtung eindeutig, sich entsprechend dem ›Sinn‹ der Reihe interpretieren zu lassen, und erweist sich ein Irrtum als unmöglich, ist der ›Sinn‹ der Reihe so umzuformulieren, daß er die neue Einzelbeobachtung mit umschließt. Dieser *Circulus methodicus* trifft natürlich nicht nur auf die Beziehung zwischen der *Motiv*interpretation und der *Stil*geschichte zu, sondern auch auf die Beziehung zwischen der Interpretation von *Bildern, Anekdoten* und *Allegorien* und der *Typen*geschichte, und ebenso auf die Beziehung zwischen der Interpretation *eigentlicher Bedeutungen* und der Geschichte *kultureller Symptome* allgemein.

4 G. Fiocco, Bibl. 92, Tf. 29.

5 Eines der norditalienischen Bilder wird Romanino zugeschrieben und befindet sich im Berliner Museum, wo es früher trotz des Mädchens, eines schlafenden Soldaten und der Stadt Jerusalem im Hintergrund als *Salome* geführt wurde (Nr. 155); ein anderes wird Romaninos Schüler Francesco Prato da Caravaggio zugeschrieben (angeführt im Berliner Katalog), und ein drittes stammt von Bernardo Strozzi, der in Genua geboren wurde, aber etwa zur selben Zeit wie Francesco Maffei in Venedig tätig war. Es ist sehr wohl möglich, daß der Typus ›Judith mit Schüssel‹ seinen Ursprung in Deutschland hatte. Eines der frühesten bekannten Beispiele (von einem anonymen, mit Hans Baldung Grien verwandten Meister um 1530) wurde kürzlich veröffentlicht von G. Poensgen, Bibl. 270.

6 Abgebildet in Bibl. 238, S. 231.

7 vgl. K. Weitzmann, Bibl. 395

8 Cod. Vat. lat. 2761, Abb. in Bibl. 238, S. 259.

9 Paris, Bibliothèque Nationale, MS. lat. 15158, datiert 1289, abgebildet in Bibl. 238, S. 272.

10 C. de Tolnay, Bibl. 356, S. 257 ff., hat die wichtige Entdeckung gemacht, daß die eindrucksvollen Bilder der auf einer Erdkugel sitzenden und eine himmlische Gloriole tragenden Evangelisten (die erstmals in Cod. Vat. Barb. lat. 711 auftreten; unsere Abb. 7) die Züge eines Christus in der Majestas mit denen einer griechisch-römischen Himmelsgottheit kombinieren. Allerdings tragen, wie Tolnay selber ausführt, die Evangelisten in Cod. Barb. 711 »*mit offensichtlicher Mühe* eine Wolkenmasse, die nicht im mindesten wie eine spirituelle Aura aussieht, sondern wie ein materielles Gewicht, bestehend aus mehreren, abwechselnd blauen und grünen Kreissegmenten, wobei der Umriß des Ganzen einen Kreis bildet . . . Es ist eine mißverstandene Darstellung *des Himmels in der Gestalt von Sphären.*« (Kursiv von E. P.) Daraus können wir folgern, daß der antike Prototyp dieser Bilder nicht Coelus war, der mühelos eine gebauschte Draperie (den

Weltenmantel) trägt, sondern Atlas, der sich unter dem Gewicht der Himmel abmüht (vgl. G. Thiele, Bibl. 338, S. 19f. und Daremberg-Saglio, Bibl. 70 Stichwort ›Atlas‹). Der heilige Matthäus in Cod. Barb. 711 (Tolnay Tf. I, *a)* mit dem unter dem Gewicht der Kugel gebeugten Kopf und der noch immer an der linken Hüfte liegenden Hand erinnert besonders an den antiken Typus des Atlas, und ein weiteres eindrucksvolles Beispiel der auf einen Evangelisten angewandten charakteristischen Atlas-Haltung findet sich in Clm. 4454, fol. 86, v. (abgebildet in A. Goldschmidt, Bibl. 118, Bd 2, Tf. 40). Tolnay (Anm. 13 und 14) ist diese Ähnlichkeit nicht entgangen, und er zitiert die Darstellungen von Atlas und Nimrod in Cod. Vat. Pal. lat. 1417, fol. 1, (abgebildet in F. Saxl, Bibl. 299, Tf. XX, Abb. 42; unsere Abb. 10); aber er hält den Atlas-Typus offenbar für eine bloße Ableitung des Coelus-Typus. Doch selbst in der antiken Kunst haben sich die Darstellungen des Coelus offenbar aus denjenigen des Atlas entwickelt, und in der karolingischen, ottonischen und byzantinischen Kunst (besonders in der Reichenau-Schule) tritt die Gestalt des Atlas in ihrer echten antiken Form unendlich häufiger auf als diejenige des Coelus, sowohl als Personifikation kosmologischen Charakters wie als eine Art Karyatide. Ich nenne wahllos: Utrechter Psalter, fol. 48 v., (E. T. De Wald, Bibl. 74, Tf. LXXVI), fol. 54 v., (ders., Tf. LXXXV); fol. 56, (ders., Tf. LXXXIX); fol. 57, (ders., Tf. XCI), unsere Abb. 9. Aachen, Domschatz, Evangeliar Ottos II., fol. 16 (Die Personifizierung der Erde in der Haltung Atlas', die den Thron des Kaisers trägt, der hier als Beherrscher des Universums verstanden wird; siehe P. E. Schramm, Bibl. 307, S. 82, 191, Abb. 64; unsere Abb. 10). Kopenhagen, Königliche Bibliothek, Cod. 218, fol. 25 (M. Mackeprang, Bibl. 206, Tf. LXII). Menologium Basilius' II. (Bibl. 289, Bd. II, Tf. 74). Auch vom ikonographischen Standpunkt aus sind die Evangelisten eher Atlas vergleichbar als Coelus. Von Coelus glaubte man, er regiere den Himmel. Von Atlas glaubte man, er trage ihn und ›kenne‹ ihn in einem allegorischen Sinne; man meinte, er sei ein bedeutender Astronom gewesen, der die ›*scientia coeli*‹ an Hercules weitergab (Servius, *Comm. in Aen.*, VI, 395: späterhin z. B. Isidorus, *Etymologiae,* III, 24, 1; Mythographus III, 13, 4, Bibl. 38, S. 248). Es war demnach folgerichtig, den Coelus-Typus für die Darstellung Gottes zu verwenden (siehe Tolnay, Tf. 1c), und es war ebenso folgerichtig, den Atlas-Typus für die Evangelisten zu verwenden, die wie er den Himmel ›kannten‹, ihn aber nicht regierten. Während Hibernus Exul von Atlas sagt: »*Sidera quem coeli cuncta notasse volunt*« *(Monumenta Germaniae,* Bibl. 220, Bd. I, S. 410), redet Alkuin den Evangelisten Johannes folgendermaßen an: »*Scribendo penetras caelum tu, mente, Johannes*« (ebd., S. 293).

11 Siehe H. Liebeschütz, *Fulgentius Metaforalis,* Bibl. 194, S. 15 und S. 44ff. Liebeschütz' Buch ist der bedeutendste Beitrag zur Geschichte mythographischer Überlieferungen im Mittelalter; vgl. auch Bibl. 238, besonders S. 253ff.

12 Bode, Bibl. 38, S. 1ff.

13 Bode, ebd., S. 152ff. Zur Frage der Urheberschaft, siehe H. Liebeschütz, Bibl. 194, S. 16f. und passim.

14 Hrsg. von C. de Boer, Bibl. 40.

15 Hrsg. von H. Liebeschütz, Bibl. 38.

16 ›Thomas Walleys‹ (oder Valeys), Bibl. 386.

17 Cod. Vat. Reg. 1290, Hrsg. von H. Liebeschütz, Bibl. 194, S. 117ff. mit sämtlichen Illustrationen.

18 Bibl. 36; viele weitere Ausgaben, Übersetzung ins Italienische.

19 L. G. Gyraldus, Bibl. 127, Bd. I, Sp. 153: »*Ut scribit Albricus, qui auctor mihi proletarius est, nec fidus satis.*«

20 Zwischen dem ›Vergilius Romanus‹ des 6. Jahrhunderts und den illustrierten Vergil-Ausgaben des Quattrocento sind dem Verfasser nur zwei illustrierte Manuskripte der Aeneis bekannt: Neapel, Biblioteca Nazionale, Cod. olim Vienna 58 (auf den ich von Kurt Weitzmann hingewiesen wurde, dem ich auch zu Dank verpflichtet bin für die Erlaubnis, eine Miniatur zu reproduzieren, unsere Abb. 12, 10. Jahrhundert) und Cod. Vat. lat. 2761 (vgl. R. Förster, Bibl. 95; 14. Jahrhundert). Die Illustrationen in beiden Manuskripten sind ungewöhnlich plump.

21 Clm. 14271, Abb. in Bibl. 238, S. 260.

22 A. Goldschmidt, Bibl. 117, Bd. I. Tf. XX, Nr. 40, Abb. in Bibl. 238, S. 257.

23 Vgl. A. M. Amelli, Bibl. 7.

24 Clm. 10268, (14. Jahrh.), Abb. in Bibl. 238, S. 251, ebenso alle anderen Illustrationen, die auf dem Text von Michael Scotus beruhen. Zu den orientalischen Quellen dieser neuen Typen siehe ebd., S. 239ff. und F. Saxl, Bibl. 296, S. 151ff.

25 Zu den interessanten Vorspielen dieser Wiedereinsetzung (Wiederaufnahme karolingischer und griechisch-antiker Vorbilder), siehe Bibl. 238, S. 247 und 258.

26 Ein ähnlicher Dualismus ist für die mittelalterliche Haltung gegenüber der *aera sub lege* charakteristisch: einerseits wurde die Synagoge als blind dargestellt und mit Nacht, Tod, dem Teufel und unreinen Tieren in Verbindung gebracht; auf der anderen Seite wurden die jüdischen Propheten als vom Heiligen Geist inspiriert betrachtet, und die Gestalten des Alten Testaments wurden als die Vorfahren Christi verehrt.

27 Lyon, Bibl. de la Ville, MS. 742, Abb. in Bibl. 238, S. 274.

28 F. Lippmann, Bibl. 196, Nr. 456, Abb. auch in Bibl. 238, S. 275. Angelo Polizianos Stanzen (*Giostra* 1, 105, 106) lauten folgendermaßen:

»Nell'altra in un formoso e bianco tauro
Si vede Giove per amor converso
Portarne il dolce suo ricco tesauro,
E lei volgere il viso al lito perso
In atto paventoso: e i be' crin d'auro
Scherzon nel petto per lo vento avverso:
La veste ondeggia e in drieto fa ritorno:
L'una man tien al dorso, e l'altra al corno.

Le ignude piante a se ristrette accoglie
Quasi temendo il mar che lei non bagne:
Tale atteggiata di paura e doglie
Par chiami in van le sue dolci compagne;
Le qual rimase tra fioretti e foglie
Dolenti ›Europa‹ ciascheduna piagne
›Europa‹, sona il lito, ›Europa, riedi‹ –
E'l tor nota, e talor gli bacia i piedi.«

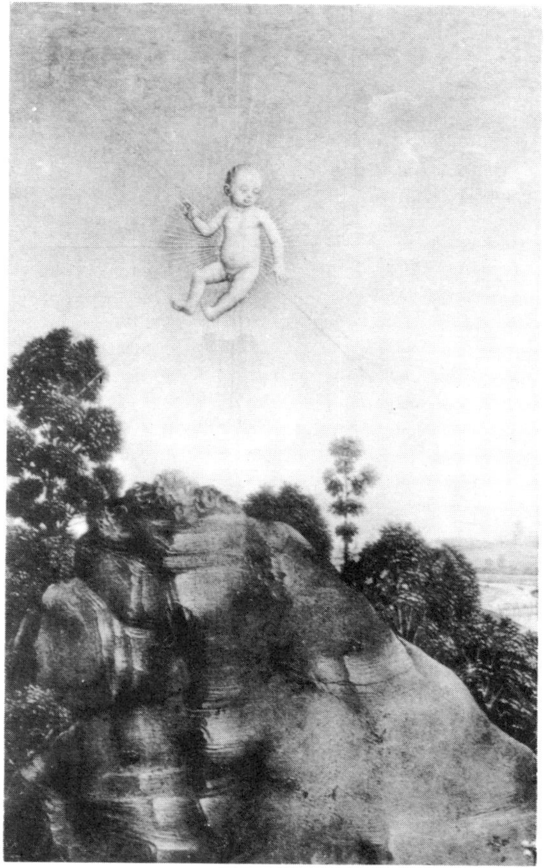

1 Rogier van der Weyden: Die Erscheinung der drei Weisen (Ausschnitt). Berlin, Staatl. Museen Preußischer Kulturbesitz

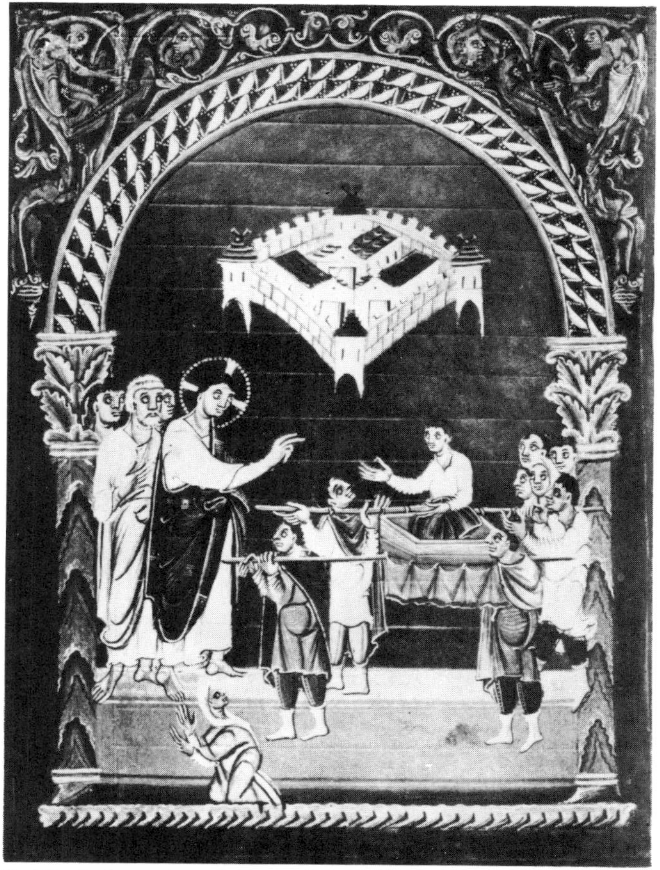

2 Die Auferweckung des Jünglings von Nain. München, Staatsbibliothek, Cim. 58, fol. 155, v., um 1000

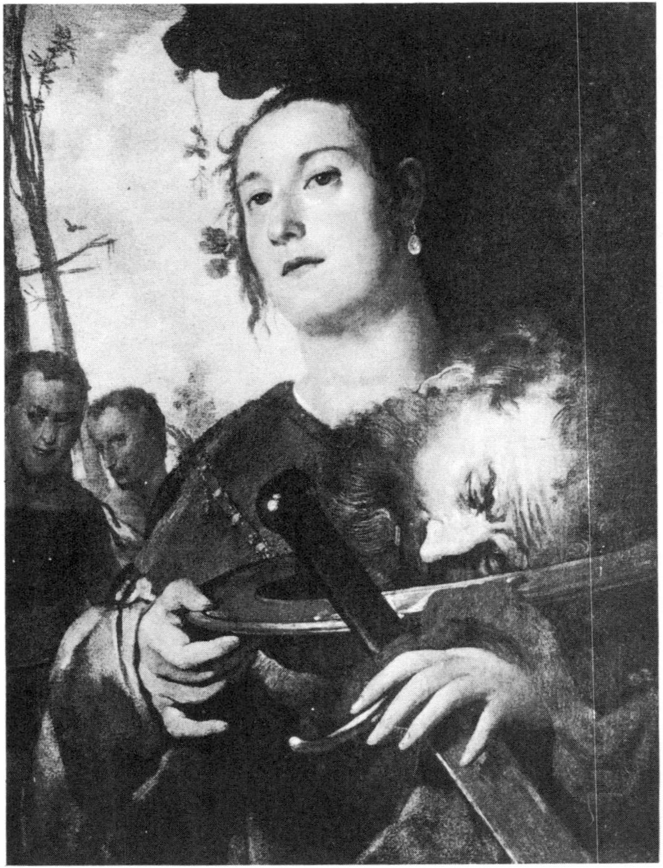

3 Francesco Maffei, Judith. Faenza, Pinakothek

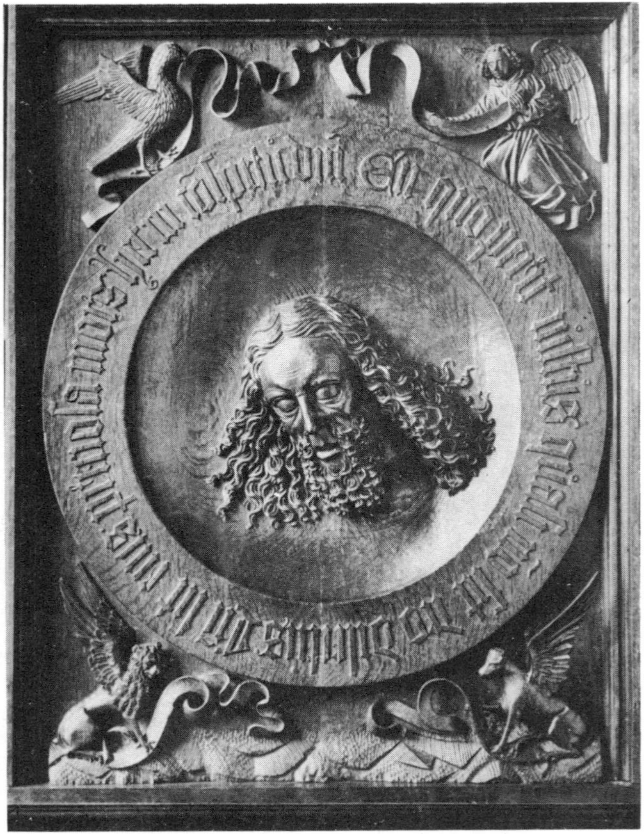

4 Das Haupt Johannes' des Täufers. Niederländische Holzschnitzerei. Hamburg, Museum für Kunst und Gewerbe, um 1500

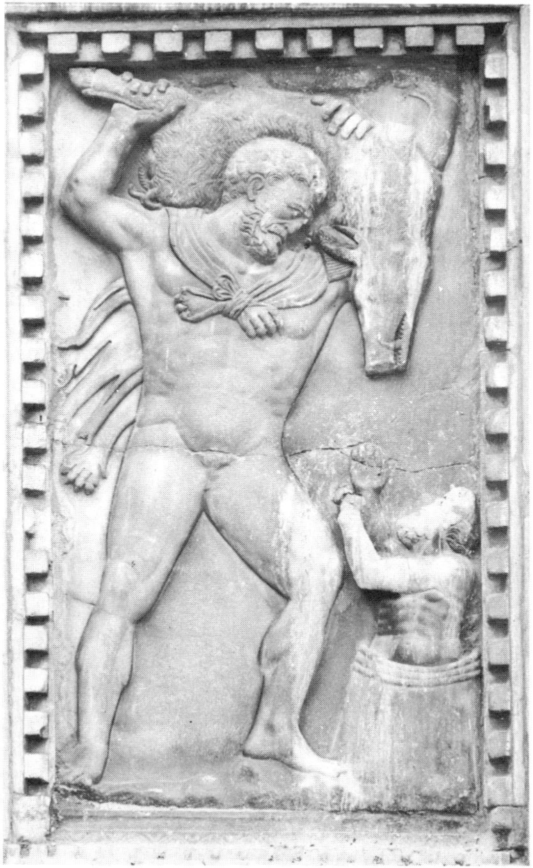
5

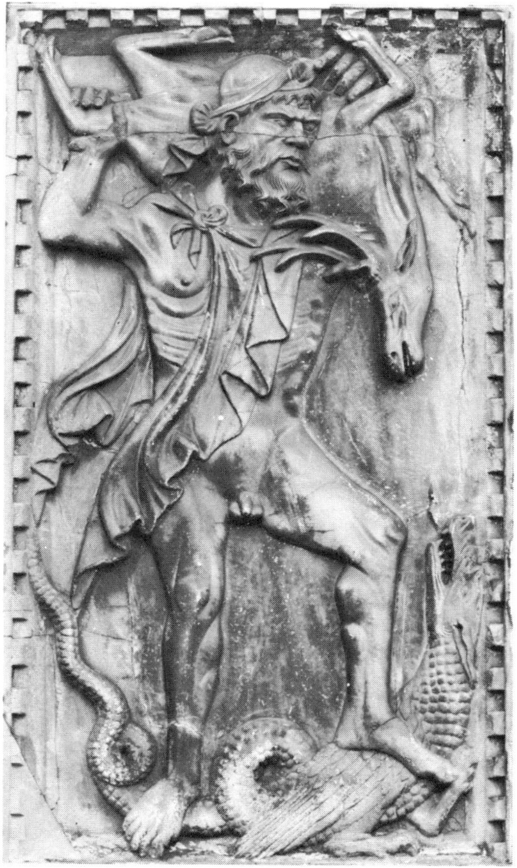
6

5
Hercules schleppt den Erymanthischen Eber. 3. Jahrhundert (?) Relief, Venedig, San Marco

6
Allegorie der Erlösung. 13. Jahrhundert, Relief, Venedig, San Marco

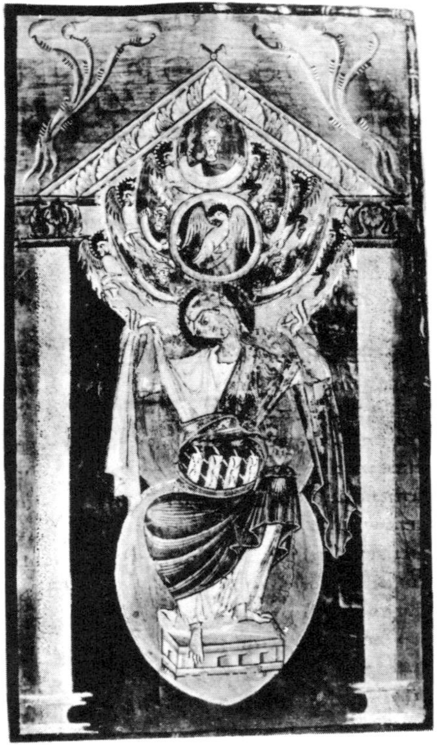

7

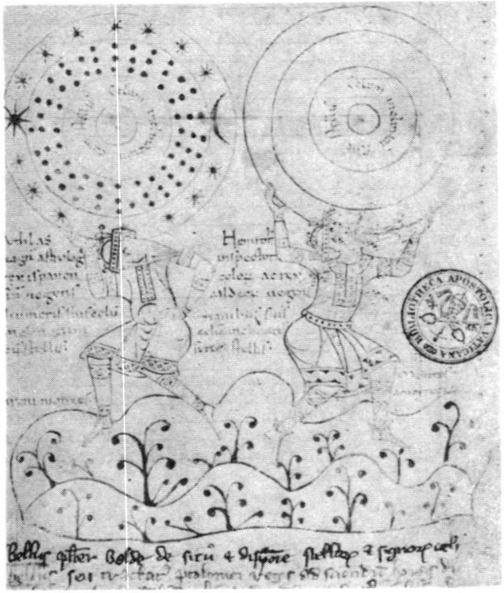

8

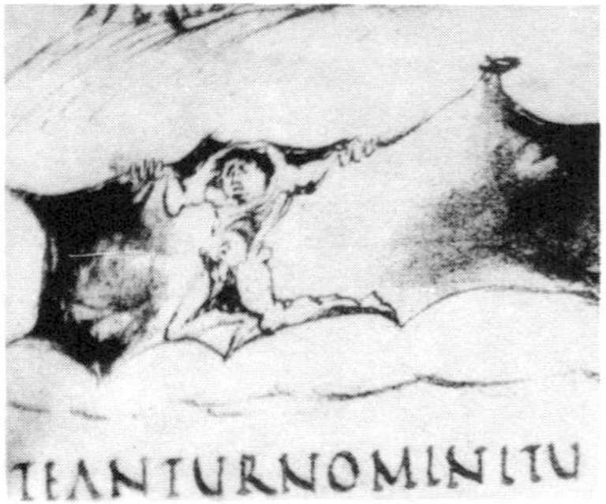

9 Atlas. Aus dem Utrechter Psalter, fol. 57, 9. Jahrhundert

7 Der Evangelist Johannes. Rom, Vatikanische Bibliothek, Cod. Barb. lat. 711 (vorm. XIV, 84), um 1000

8 Atlas und Nimrod. Rom, Vatikanische Bibliothek, Cod. Pal. lat. 1417, fol. 1, um 1100

10 Die Erde. Detail aus dem Porträt Kaiser Ottos II. Evangeliar in Aix-la-Chapelle, Kathedralschatz, fol. 16, um 975

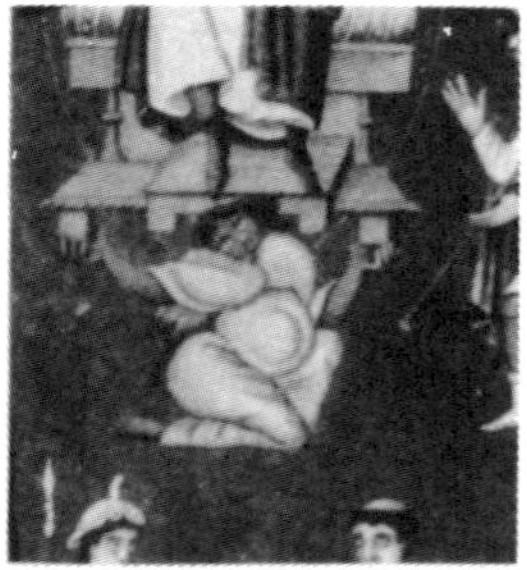

10

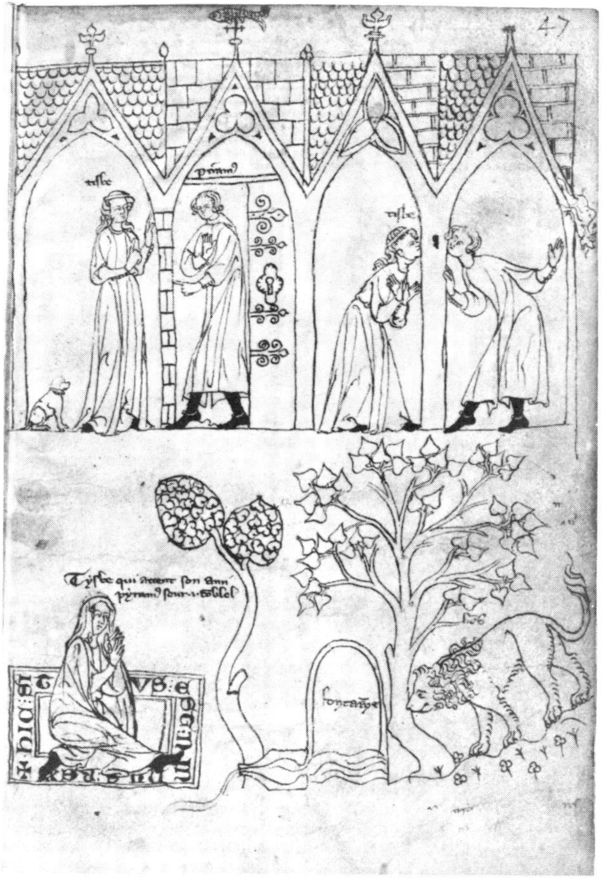

11 Pyramus und Thisbe. Paris, Bibliothèque Nationale, Ms. Lat. 15158, 1289 datiert

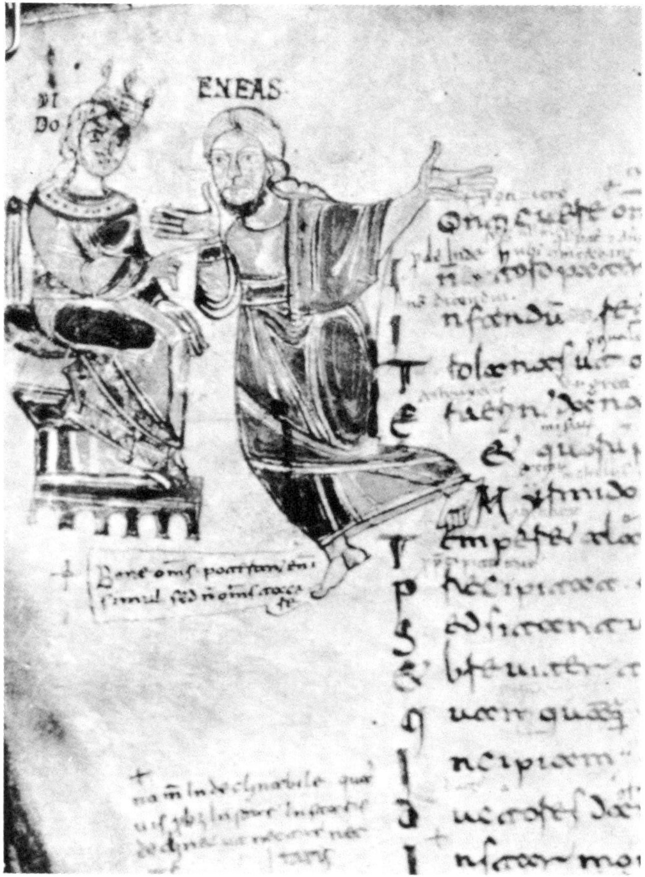

12 Aeneas vor Dido. Neapel, Biblioteca Nazionale, Cod. olim Vienna 58, fol. 55, v., 10. Jahrhundert

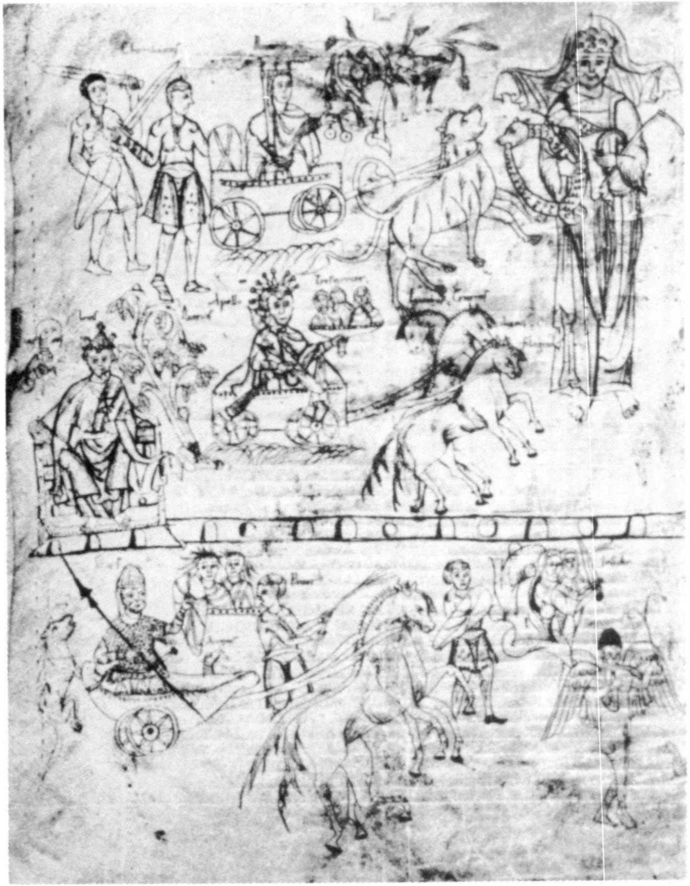

13 Die heidnischen Götter. München, Staatsbibliothek, Clm. 14271, fol. 11, v, um 1100

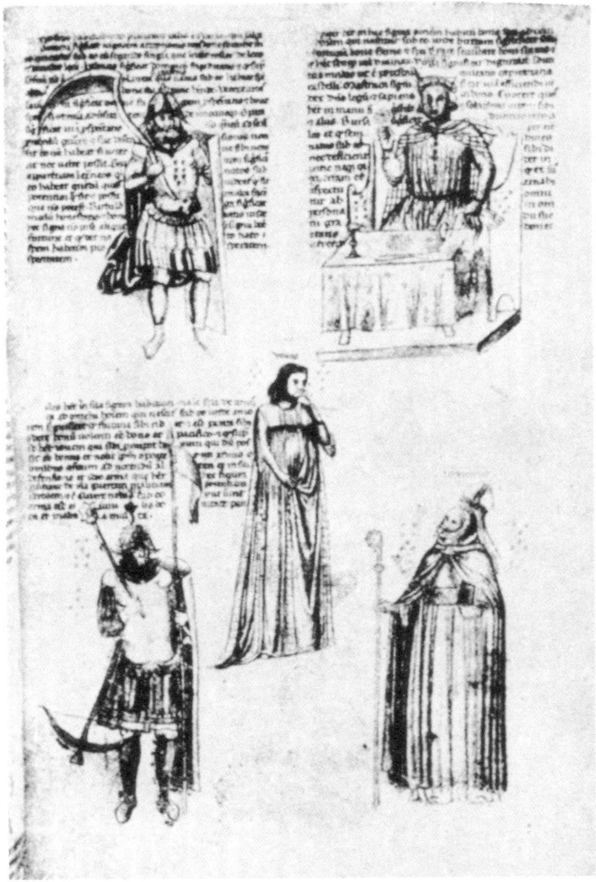

14 Saturn, Jupiter, Venus, Mars und Merkur. München, Staatsbibliothek, Clm. 10268, fol. 85, 14. Jahrhundert

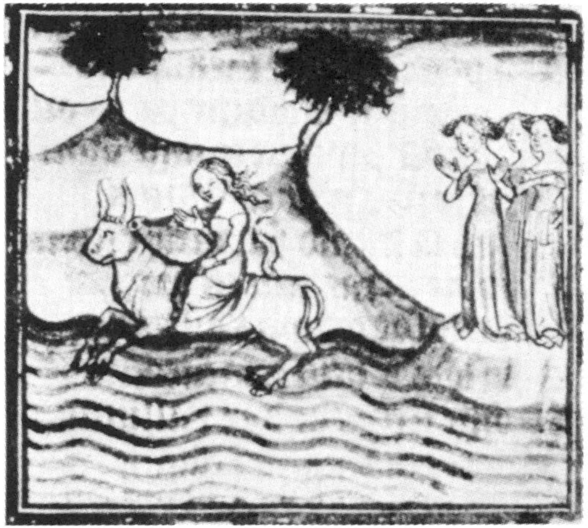

15 Der Raub der Europa. Lyon, Bibliothèque de la Ville, Ms. 742, fol. 40, 14. Jahrhundert

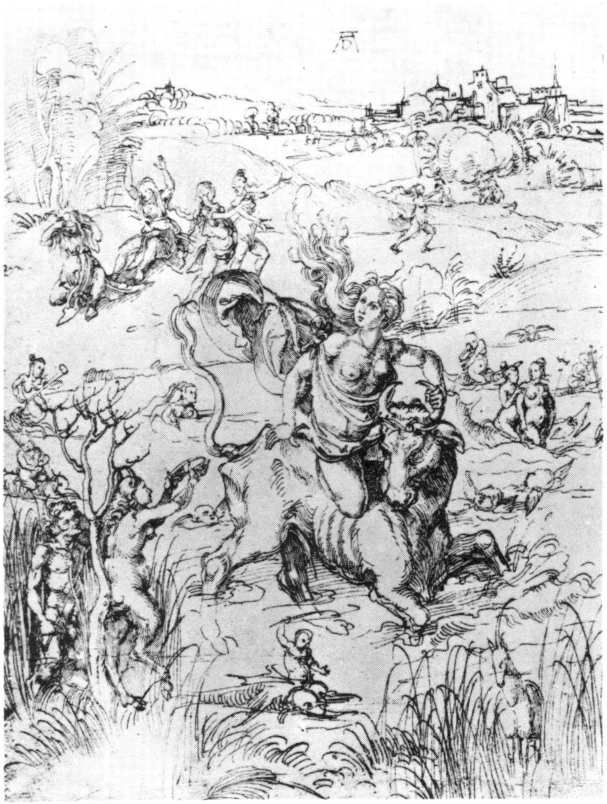

16 Albrecht Dürer, Der Raub der Europa. Um 1495, Federzeichnung. L. 456, Wien, Albertina

II Die Frühgeschichte des Menschen in zwei Bilderzyklen von Piero di Cosimo

Piero di Cosimo (1461–1521) war kein ›großer‹ Meister, aber ein äußerst bezaubernder und interessanter. Außer einem Abstecher nach Rom, wo er unter seinem Meister Cosimo Rosselli an der Ausgestaltung der Sixtinischen Kapelle teilnahm, scheint er sein ganzes Leben in Florenz verbracht zu haben; und wenn man vom Einfluß Signorellis absieht, der in seinen früheren Arbeiten feststellbar ist, wurzelt sein Stil in der Florentiner Tradition.

Dennoch steht er in der Florentiner Malerschule sehr allein da. Er war der phantasievollste Erfinder, aber als Beobachter war er ein erstaunlicher Realist. Während seine kühn verwickelten Aktgruppen die Bestrebungen der späteren Manieristen vorwegnehmen und selbst auf Michelangelo einen bleibenden Eindruck ausübten, verleihen sein ›einfühlendes‹ Interesse an dem, was man die ›Seelen‹ von Pflanze und Tier nennen könnte, und sein feines Gespür für Licht- und Stimmungsvaleurs seinen Bildern einen ausgesprochen nördlichen Beigeschmack. Anders als die meisten anderen Florentiner Maler seiner Zeit – insbesondere Botticelli, den man als seinen Antipoden betrachten kann – war er hauptsächlich Maler, nicht Zeichner. Er fühlte die greifbare Außenhaut der Dinge mehr als ihre abstrakte Form und baute seine Kunst mehr auf farblichen ›Valeurs‹ als auf linearen Mustern auf. Helle Profile, gegen einen Hintergrund dunkler, grauer Wolken gesetzt; seltsame Bäume, die weit und hoch in den Himmel ragen; das matte Zwielicht undurchdringlicher Wälder; der bläuliche Dunst über warmen Gewässern und das grelle Sonnenlicht, das weite Landschaften überflutet: das waren die Wundererscheinungen, die ihn faszinierten. Um sie einzufangen, entwickelte er eine erstaunlich flexible Malweise, manchmal so herrlich leuchtend wie die seiner flämischen und venezianischen Zeitgenossen, manchmal so stämmig, saftig und ein wenig rauh wie die der Barockmaler des 17. oder auch der Impressionisten des 19. Jahrhunderts.

All das würde jedoch nicht den seltsamen Zauber erklären, der Pieros Bildern entströmt, wäre ihr Gehalt nicht so ungewöhnlich wie ihr Stil. Und dieser Gehalt soll in diesem Kapitel erörtert werden.

Eines der frühesten Bilder Pieros, das 1932 vom Wadsworth Athenaeum in Hartford, Connecticut, erworben wurde, wird allgemein für eine Darstellung der mythologischen Sage von Hylas und den Nymphen gehalten (Abb. 17).[1] Gegen diese Deutung gibt es verschiedene Einwände. Den mythographischen Quellen zufolge[2] war Hylas der hübsche Liebling des Hercules, der ihn beim Argonautenfeldzug begleitete. In Mysia im Marmarameer verließen Hercules, Hylas und, einigen Autoren zufolge, Telamon gemeinsam das Schiff und wagten sich in die Wälder hinein, angeblich weil Hercules infolge seiner enormen Kraft sein Ruder zerbrochen hatte und einen Baum für ein neues brauchte. Hier trennten sie sich, weil Hylas für das Abendessen Wasser holen sollte. Als er aber zum Flusse Ascanius (oder Cius) gelangt war, verliebten sich die Najaden in seine Schönheit und zogen ihn herab, damit er ihre kristallene Wohnung mit ihnen teile. Er wurde nie wiedergesehen, und Hercules streifte durch die Wälder und rief vergeblich nach ihm (hieraus entstand ein lokaler Ritus, der eine feierlich-ergreifende Anrufung der verlorenen Jugend enthielt, *»ut litus ›Hyla, Hyla‹ omne sonaret«*).[3]

In einer künstlerischen Interpretation dieses Themas sollten wir also erwarten, folgende Merkmale zu finden, die tatsächlich auch für alle bekannten Darstellungen des Hylas-Mythos charakteristisch sind:[4] vor allem das Vorhandensein einer Vase oder eines anderen Gefäßes, das den Zweck des Weggangs Hylas' andeuten würde, zweitens das Vorherrschen von Wasser in der Szene, drittens eine verliebte Angriffslust auf seiten der Najaden und viertens ein widerwilliges Sich-Sträuben bei Hylas.

Keines dieser Merkmale ist in dem Hartford-Bild zu finden. Weder Krug noch Vase sind dargestellt. Der Schauplatz liegt auf einer blumigen Wiese. Die Wasserfläche, die links im Hintergrund erscheint, ist lediglich ein ›Landschaftsmotiv‹, das zum Hauptgeschehen keinerlei Beziehung hat. Die sechs Mädchen zeigen nicht die geringste verliebte Erregung. Sie scheinen plötzlich in ihrer friedlichen Beschäftigung, Blumen zu pflücken und mit ihrem Hündchen spazierenzugehen, unterbrochen worden zu sein; so plötzlich ist diese Unterbrechung, daß die beiden Mädchen auf der rechten Seite die Blumen, die sie in ihren wallenden Tüchern trugen, haben fallen lassen. Von diesen sechs Mädchen verhält die eine auf der linken Seite mit einer Überraschungsgebärde ihren Schritt, die eine auf der rechten Seite sieht eher belustigt aus, obwohl sie ihre Blumen verloren hat, und ihre Nachbarin zeigt mit dem Ausdruck herablassenden Bedauerns auf den Knaben. Die Figur in der Mitte schließlich hilft dem Jüngling mit mütterlicher Fürsorge auf die Beine, wohingegen sie ihn herabziehen müßte, wäre er Hylas.

Wir haben hier fraglos eine Szene voller Überraschungen, voller Freundlichkeit und Gastlichkeit und keine tragischer Leidenschaft vor uns. Der Knabe, den man für alles andere als den Liebling eines Helden halten würde und der sehr passend als ›ein O-beiniger Jüngling‹ bezeichnet wurde[5], zeigt eine merkwürdig schlaffe und verdrehte Haltung. Er hat offenbar einen Unfall erlitten, der so unerwartet kam, daß er einige Aufregung stiftete, aber nicht ernst genug war, um eine gewisse Heiterkeit zu verbieten. Es gibt nur ein Ereignis in der antiken Mythologie, das mit dieser Darstellung übereinstimmt: das erste Mißgeschick eines Gottes, der gerade durch seine Glücklosigkeit, verbunden mit den seltenen Gaben, ein humorvoll freundliches Wesen und Erfindergeist zu besitzen, zur lächerlichsten und zugleich liebenswertesten Gestalt des heidnischen Pantheons wurde: es handelt sich um den Sturz oder vielmehr um die Auffindung Vulkans.

Die antiken Autoren berichten übereinstimmend, daß Vulkan (oder Hephaistos) ›vom Berg Olympus heruntergestoßen‹ und nicht vor Verlauf einer beträchtlichen Spanne Zeit wieder zum Palast der Götter zugelassen wurde. Die Überlieferung variiert in bestimmten Einzelheiten: einigen zufolge wurde er als Kind verstoßen, anderen zufolge als Mann; wieder andere Quellen geben kein bestimmtes Alter an. Nach einigen Autoren verursachte sein Sturz sein sprichwörtliches Hinken, nach anderen verursachte dieses Hinken seinen Sturz, und zwar insofern, als seine Eltern sich vor dieser angeborenen Steifheit eines seiner Knie ekelten und beschlossen, sich seiner zu entledigen, indem sie ihn einfach vom Olymp warfen. Abweichend wird berichtet, er habe zeitweilig im Ozean oder auf der Insel Lemnos Zuflucht gefunden.[6] Doch einigten sich das Mittelalter und die Renaissance im allgemeinen auf die Annahme einer einheitlichen Version, der zufolge Vulkan in zartem Alter vom Olymp ›gestürzt‹ wurde, weil seine Mutter seine Mißgestalt nicht leiden konnte, und er auf der Insel Lemnos landete, wo er von den Einwohnern freundlich aufgenommen und sorgfältig erzogen wurde.[7]

Dieser Mythos ist das wirkliche Thema des Bildes von Piero di Cosimo. Der junge Vulkan, durch die offensichtliche Steifheit seines linken Knies gekennzeichnet, ist eben auf der Wiese gelandet, auf der die sechs Mädchen beim Blumenpflücken waren. Als Unsterblicher ist er unverletzt, aber leicht benommen und außerstande aufzustehen. Die gebündelte Wirkung dieser unerwarteten Erscheinung, seines linkischen Körpers, seines verblüfften Ausdrucks und seiner hilflosen Lage erklärt die verschiedenen psychologischen Reaktionen der Mädchen: sprachloses Erstaunen, sanftes Mitleid, leise Belustigung und, bei der Hauptfigur, das Erwachen mütterlicher Instinkte.

Nur eines scheint mit der Geschichte Vulkans nicht übereinzustimmen. Weshalb werden die ›Einwohner von Lemnos‹ nicht als Gruppe von Inselbewohnern beiderlei Geschlechts gezeigt, sondern ausschließlich von jungen Mädchen nymphenhaften Aussehens dargestellt – so nymphenhaft, daß die Hylas-Deutung trotz der Tatsache unangefochten blieb, daß Pieros angebliche Darstellung der Hylas-Geschichte vielen Betrachtern »ziemlich seltsam« vorkam?[8]

Es ist nicht nötig, zur ›künstlerischen Freiheit‹ oder der ›mangelnden klassischen Bildung des Malers‹ Zuflucht zu nehmen; die Nymphen können auf rein philologische Weise erklärt werden, wenn wir innehalten, um die gewundenen Pfade nachklassischer Mythographie, wie wir sie im ersten Kapitel umrissen haben, ins Auge zu fassen.

Was die Frührenaissance über antike Mythologie wußte, war, wir erinnern uns, häufig nachklassischen Quellen entlehnt. Nun geht fast alles, was diese nachklassischen Quellen über die Jugenderfahrungen Vulkans zu sagen hatten, auf Servius' *Vergil-Kommentar* zurück. Hier stoßen wir auf die folgenden Zeilen: *»qui* (d. h. Vulcanus) *cum deformis esset et Juno ei minime arrisisset, ab Jove praecipitatus est in insulam Lemnum. Illic nutritus ab Sintiis«*;[9] das heißt auf Deutsch: »Er wurde von Jupiter auf die Insel Lemnos gestürzt, weil er mißgestaltet war und Juno ihm nicht zugelächelt hatte. Dort wurde er von den *Sintii* aufgezogen«. Diese ›*Sintii*‹ (die Σιντοι oder Σιντιες ανδϱες, wie sie von Homer genannt werden)[10] erscheinen in keinem anderen Zusammenhang in der lateinischen Literatur und mußten folglich die mittelalterlichen Schriftgelehrten, Leser und Übersetzer in Verlegenheit bringen. Was Wunder, daß sowohl das Manuskript wie die Druckausgaben des Servius-Kommentars, als auch die mittelalterlichen Abhandlungen, die auf ihnen basieren, eine große Vielfalt an Lesarten bieten, von denen einige keinen Sinn ergeben, während andere den Versuch machen, die Stelle verständlicher werden zu lassen. Eine dieser Lesarten ist: *»Illic nutritus absintiis«*[11] (oder *»absinthio«*)[12], was bedeuten würde: »Dort wurde er mit Wermut großgezogen«. Eine andere ist: *»Illic nutritus ab simiis«*[13], was heißt: »Dort wurde er von Affen aufgezogen«. Eine dritte schließlich lautet: *»Illic nutritus ab nimphis«*[14], was bedeutet: »Dort wurde er von Nymphen aufgezogen«.

Wenn Piero di Cosimo diesen Vorfall aus dem Leben Vulkans illustrieren wollte, hatte er drei Möglichkeiten zur Auswahl: er konnte zeigen, wie der Gott sich an einer ungewöhnlichen Art vegetarischer Diät gütlich tat, er konnte ihn den Erziehungsbemühungen von Affen aussetzen oder ihn zum Gegenstand der mütterlichen Gefälligkeiten von Nymphen machen. Niemand kann ihn deswegen tadeln, die dritte Möglichkeit gewählt zu haben.

Die Lesart *ab simiis* wurde hingegen von Boccaccio akzeptiert[15], was nebenbei das unerwartete Vorhandensein von Affen auf dem Vulkan-Fresko im Palazzo Schifanoia in Ferrara erklärt.[16] Aber Boccaccio war ein zu gewissenhafter und phantasievoller Autor, als daß er keine Erklärung dieses außergewöhnlichen Merkmals unternommen hätte. Affen, folgert er, sind den Menschen darin vergleichbar, daß sie das Benehmen der Menschen nachahmen, so wie der Mensch die Verfahren der Natur nachahmt. Wie nun ahmt der Mensch die Natur nach? Er tut es, indem er Künste und Handwerk ausübt, denn τεχνη, nach der Aristotelischen Definition, bedeutet ›wirken wie die Natur wirkt‹. Um aber Künste und Handwerk auszuüben, braucht der Mensch das Feuer, und Vulkan ist die Verkörperung des Feuers. Konsequenterweise ist bei Boccaccio die Sage, daß Vulkan von Affen gefunden und aufgezogen wurde, ein allegorischer Ausdruck für die Tatsache, daß die Menschen ihre angeborenen Begabungen für Kunst und Gewerbe nicht nutzen konnten, solange sie nicht das Feuer entdeckt und gelernt hatten, es am Leben zu erhalten. *»Et quoniam homines arte et ingenio suo in multis naturam imitari conantur, et circa actus tales plurimum opportunus est ignis, fictum est simias, id est homines, nutrisse Vulcanum, id est ignem fovisse«*; das heißt: »Und da der Mensch mit seiner Kunst und seinem Geist bestrebt ist, der Natur auf viele Weisen nachzueifern, und da das Feuer für solche Unternehmungen das Nützlichste ist, stellte man sich vor, daß Affen, sprich Menschen, Vulkan aufzogen, das heißt, das Feuer nährten«.

Dann preist Boccaccio die vielfältigen Kräfte des Feuers[17], legt dar, daß Vulkan nicht nur als ›der Schmied Jupiters‹ und der ›Hersteller aller möglichen kunstvollen Dinge‹ anzusehen sei, sondern auch als der wahre Begründer menschlicher Kultur, insofern als das ›Aufziehen Vulkans‹, das heißt, das absichtsvolle Am-Leben-Halten des Feuers, zur Bildung der ersten sozialen Einheiten führte, zur Erfindung der Sprache und zur Errichtung von Häusern. Um das zu bekräftigen, zitiert Boccaccio *in extenso* einige Kapitel aus Vitruv, die wie folgt lauten: »In jenen fernen Zeiten wurden die Menschen wie wilde Tiere in Wäldern, Höhlen und Gehölzen geboren und hielten sich am Leben, indem sie rohe Nahrung aßen. Irgendwo fingen unterdessen die engstehenden Bäume, die, von Stürmen und Winden geschüttelt, ihre Zweige aneinander rieben, Feuer. Von den Flammen in Schrecken versetzt, flohen die, die nahe an dieser Stelle waren. Als der Sturm sich legte, kamen sie näher, und als sie merkten, wie angenehm ihren Körpern die Wärme des Feuers war, legten sie Holz darauf; und indem sie es so am Leben hielten, brachten sie einige ihrer Gefährten dazu, dazubleiben, und zeigten ihnen, mit Gebärden auf das Feuer deutend, den Gebrauch, den man davon machen könnte. Als in dieser Menschenversammlung mit unterschiedlicher Heftigkeit Laute ausgestoßen wurden, machten sie sich diese zufälligen Silben durch täglichen Gebrauch zur Gewohnheit. Indem sie den häufiger gebrauchten Dingen Namen gaben, begannen sie dann infolge dieser zufälligen Begebenheit zu sprechen und führten so untereinander Gespräche. Weil also mit der Entdeckung des Feuers der menschlichen Gesellschaft und der Harmonie und dem Umgang ein Anfang gesetzt wurde und nun viele an einen Ort zusammenkamen, die von der Natur mit einer Gabe beschenkt waren, die über die der Tiere hinausging, so daß sie nicht mit dem Blick nach unten, sondern aufrecht gingen und die Herrlichkeit des Universums und der Sterne sehen und vor allem mit ihren Fingern mit Leichtigkeit tun konnten, was sie wollten, da begannen einige in dieser Gesellschaft aus Blättern Dächer zu machen, andere Höhlen unter den Hügeln auszuschachten; einige ahmten die Nester und Bauten der Schwalben nach und bauten aus Schlamm und Zweigen Stätten, in die sie gehen konnten. Als sie dann andere Unterkünfte erfanden und mit der Macht ihrer Gedanken neue Dinge ersannen, bauten sie mit der Zeit bessere Wohnungen.«[18]

Mit der Einfügung dieser langen Passage aus Vitruv in seine *Genealogia Deorum* verlieh Boccaccio einer Lehre Autorität, die nicht nur unchristlich, sondern ausgemacht antireligiös war; er fühlt sich also veranlaßt, auf drollige Weise entschuldigend hinzuzufügen, daß der berühmte römische Autor offensichtlich die Bibel nicht gekannt habe, aus der er hätte erfahren können, daß ein ganz anderer Erfinder der Sprache, nämlich Adam, allen Dingen Namen gegeben[19], und daß Kain nicht nur Häuser, sondern eine ganze Stadt erbaut habe.[20] Was der ›berühmte römische Autor‹ lehrte, war nichts anderes, als jene besondere Art von epikureischem Evolutionismus, der seinen überzeugendsten Ausdruck im fünften Buch von Lukrez' *De Rerum Natura*[21] gefunden hatte und sich die Menschheit nicht in Begriffen göttlicher Erschaffung und Leitung, sondern in Begriffen spontanen Entstehens und Fortschreitens dachte.

Es hatte vom ersten Augenblick antiken Spekulierens an zwei gegensätzliche Meinungen über das Urleben des Menschen gegeben: Der ›weiche‹ oder positivistische Primitivismus, wie er von Hesiod vertreten wurde, beschrieb die primitive Daseinsform als ›goldenes Zeitalter‹, mit dem verglichen die folgenden Phasen nichts als die aufeinanderfolgenden Stationen eines Sturzes aus der göttlichen Gnade waren; dagegen dachte sich der ›harte‹ oder negativistische Primitivismus die urzeitliche Daseinsform als wahrhaft tierischen Zustand, dem die Menschheit glücklicherweise durch technischen und geistigen Fortschritt entronnen war.[22]

Beide Auffassungen wurden durch eine gedankliche Abstraktion des zivilisierten Lebens erreicht. Während jedoch der ›weiche‹ Primitivismus sich ein zivilisiertes Leben von allem Widerwärtigen und Problematischen gereinigt vorstellte, dachte sich der ›harte‹ Primitivismus ein zivilisiertes Leben als aller Bequemlichkeiten und kulturellen Errungenschaften beraubt. Der ›weiche‹ Primitivismus idealisierte die Anfangssituation der Welt und befand sich deshalb in Übereinstimmung mit einer religiösen Interpretation des menschlichen Lebens und Schicksals, besonders mit den verschiedenen Lehren von der Erbsünde. Der ›harte‹ Primitivismus auf der anderen Seite versuchte bei seiner Rekonstruktion des Urzustandes der Welt realistisch zu sein und paßte daher ausgezeichnet in das Schema einer rationalistischen oder auch materialistischen Philosophie. Diese Philosophie sieht den Aufstieg der Menschheit als vollkommen natürlichen Prozeß an, der ausschließlich auf die der menschlichen Rasse eingeborenen Gaben zurückzuführen ist, deren Kultur mit der Entdeckung des Feuers begann, die alle folgenden Entwicklungen auf völlig logische Weise erklärt. Das erste einer Reihe gedachter Ereignisse war ein plötzlicher Waldbrand, der entweder durch die Reibung windgeschüttelter Bäume, wie es die Ansicht Vitruvs und Plinius' ist[23], oder durch einen Blitz, wie es von Diodorus Siculus[24] angenommen wird, verursacht wurde oder durch beides, wie Lukrez vermutete.[25] Dann das mutige Nähertreten eines Menschen oder einer Gruppe, während andere flohen; das Behaglichkeitsgefühl, das die Wärme bewirkt; der Beschluß, das Feuer aus dem brennenden Wald herauszubringen und am Leben und unter Kontrolle zu halten; die Ansammlung weiterer Menschen, was ein Mittel gegenseitiger Verständigung nötig machte und so zur Erfindung der Sprache führte; schließlich, als letztes Ergebnis, die Errichtung ständiger Wohnstätten, die Gründung des Familienlebens, die Zähmung von Tieren, die Entwicklung der Künste und des Handwerks (wobei wiederum die Beobachtung natürlicher Schmelzprozesse die künstlichen anregte)[26] und die Errichtung einer gesellschaftlichen Ordnung im allgemeinen. Das ist das Schema der Dinge, wie es von den antiken Vertretern einer aufgeklärten Philosophie rekonstruiert und später von den Künstlern der Renaissance in Bildern übersetzt wurde, die entweder den Vitruvtext oder die zeitgenössischen Abhandlungen zur Architektur, die auf Vitruvs Lehren beruhten, illustrierten (Abb. 19–23).[27]

Ursprünglich jedoch hatte auch diese ganz und gar materialistische Theorie auf einer religiösen oder zumindest mythischen Auffassung beruht. Boccaccio tat im Grunde recht daran, Vitruvs epikureische Aufzählung in sein Kapitel über Vulkan einzufügen, obwohl der römische Autor diesen oder irgendeine andere mythische Gestalt nicht erwähnt. Denn lange bevor sich die evolutionistischen

Philosophen über die kulturelle Bedeutung des Feuers verbreitet hatten, war der Gott des Feuers in der mythischen Dichtung als Lehrer der Menschheit gerühmt worden: »Singe von Hephaistos, dem für seine Kunstfertigkeit Berühmten, hellstimmige Muse«, lautet die Hymne Homers, »von ihm, der mit der helläugigen Athene ruhmvolle Fertigkeiten lehrte die Menschen auf Erden, die vordem in Höhlen wie wilde Tiere gelebt«.[28] In Athen teilten sich Hephaistos und Athene einen Tempel, das sogenannte *Theseion,* ebenso wie die Ehrungen des großen *Chalkeia*-Festes und wurden als gemeinsame Begründer der hellenistischen Kultur, als die Schutzgötter aller tüchtigen Handwerker und als die Repräsentanten dessen angesehen, was Plato φιλοσοφια und φιλοτεχνια nennt.[29] Und so viel Vitruv auch Lukrez verdankt, nicht weniger schuldet er einer euhemeristischen Quelle, die ausdrücklich Hephaistos' Namen im Zusammenhang mit der Waldbrand-Theorie erwähnt: »Als in den Bergen ein Baum vom Blitz getroffen wurde und die Gehölze in der Nähe Feuer fingen, hatte Hephaistos (hier als ein legendärer König Ägyptens betrachtet) an der Wärme im Winter große Freude, und als das Feuer niederbrannte, legte er Holz auf. Und als er so das Feuer am Brennen erhalten hatte, rief er die anderen Menschen zusammen, damit sie sich darüber freuten.«[30]

Boccaccios ›vitruvische‹ Deutung Vulkans erhellt die Ikonographie eines weniger bekannten, aber äußerst interessanten Bildes von Piero di Cosimo, das sich früher in der Sammlung von Lord Lothian in Dalkeith, Schottland, befand und kürzlich von der National Gallery of Canada in Ottawa erworben wurde (Abb. 18).[31]

In Stil und Allgemeincharakter steht dieses Bild dem ›Hylas‹-Bild offensichtlich sehr nahe. Beide Bilder sind auf grobe Leinwand gemalt – ›tele‹ oder ›panni‹, um die in den Inventaren der Zeit benutzten Ausdrücke zu zitieren –, und ihre Maße sind fast identisch. Das Hartford-Bild mißt 152,4 × 168,9 cm im Rahmen, 155,6 × 174 cm von der Rückseite, das Bild aus Ottawa mißt 156,2 × 166,4 cm von der Rückseite, wobei ein schmaler Streifen bemalter Fläche auf jeder Seite geopfert wurde, als die Leinwand auf einen Keilrahmen gezogen wurde.

Der Schluß ist, daß die beiden Gemälde zusammengehören.[32] Wenn das zutrifft und auf der anderen Seite die Deutung des Hartford-Bildes als ›Auffindung Vulkans auf Lemnos‹ richtig ist, dann würde auch das Thema des anderen Bildes eine ›Vulkangeschichte‹ sein müssen. Das ist in der Tat der Fall, und die in den vorangegangenen Absätzen angeführten Quellen lassen diese Vulkan-Geschichte auf den ersten Blick als solche erkennen. Das Bild in Ottawa zeigt ›Vulkan als Ur-Handwerker und ersten Lehrer menschlicher Kultur‹.

Das Erkennungsmerkmal ist die Szene im Hintergrund. Vier kräftige Arbeiter errichten das Gerüst eines primitiven Hauses. Sie haben bereits einige Werkzeuge, wie Nägel, Hämmer und Sägen, aber sie verwenden noch immer unbehauene Baumstämme, und das ist genau das, was Vitruv und viele seiner Renaissance-Nachfolger über die früheste ›technologische Phase‹ der menschlichen Kultur berichten. *›Primumque furcis erectis et virgulis interpositis luto parietes texerunt‹* (›Und zuerst errichteten sie grobe Stützpfähle, verflochten sie mit Zweigen und bewarfen zum Schluß die Wände mit Schlamm‹). Die Szene wirkt wie die wörtliche Übertragung dieser Beschreibung primitiven Bauens in Bilder, und es ist kein Zufall, daß die schlagendsten Parallelen auf nur kurze Zeit später entstandenen Holzschnitten, die den Vitruv-Text selbst illustrieren (Abb. 22 und 23)[33], wie auch auf etwas früher entstandenen Zeichnungen zu finden sind, die derartige Renaissancetraktate, wie Filaretes *Trattato di Architettura* illustrieren (Abb. 21).[34]

Mit dieser Erkenntnis als Ausgangspunkt ist jede Einzelheit auf Pieros Bild leicht erklärt. Im Vordergrund links kann man Vulkan selber an seinem Amboß sehen. Er zeigt den Ausdruck eines Denkers, die Arme und die Brust eines Grobschmieds und das dünne steife Bein, das ihn zur Zielscheibe des Gelächters der Götter machte. Er schwingt seinen Hammer[35], und es hat den Anschein, als habe er gerade etwas Neues erfunden: er stellt ein Hufeisen her (ein zweites ist bereits fertig), und es ist offensichtlich, daß der junge Reiter in der Mitte an dieser Neuheit lebhaft interessiert ist. Der freundliche alte Mann, der hinter dem Feuer kauert, ist kein anderer als Aeolus, der Gott der Winde[36], und seine Anwesenheit legt den Ort der Szene fest. In einer berühmten Stelle verweist Vergil die Werkstatt Vulkans auf eine der Inseln, die zwischen der Küste Siziliens und der Insel Lipari liegen, wo Aeolus regierte:

›Insula Sicanium juxta latus Aeoliamque
Erigitur Liparen fumantibus ardua saxis . . .‹[37]

Diese Verse nahmen spätere Mythographen als Beleg dafür, sich eine enge Gemeinschaft zwischen Vulkan und Aeolus zu denken, die schließlich beinahe für Geschäftspartner gehalten wurden. »Der Grund, weshalb von Vulkan gesagt wurde, er habe seine Werkstatt zwischen dem Ätna (in Sizilien) und Lipari«, sagt Servius, »ist ein natürlicher, nämlich Feuer und Wind, die beide zur Schmiedearbeit gehören. Der Ätna ist ein brennender Berg (d. h. ein Vulkan) und Lipari gehört zu den von Aeolus regierten Inseln«[38] – eine Feststellung, die von Alexander Neckham fast wörtlich wiederholt wurde[39] und auf die auch Boccaccio anspielt.[40] Es ist nur ein weiterer Schritt in dieselbe Richtung, wenn im *Libellus de Imaginibus Deorum* Aeolus beschrieben wird, wie er zwei richtige Schmiedeblasebälge bearbeitet (›*flabia, instrumenta fabrilia*‹)[41], und entsprechend dargestellt ist (Abb. 24).[42]

So wird die Figur des Aeolus auf Piero di Cosimos Bild vollkommen verständlich. Die beiden großen Gegenstände, die er mit den Händen zusammenpreßt, wären ohne Kenntnis ihrer textlichen und bildlichen Vorläufer schwer zu identifizieren. Aber so können wir sie als Ledersäcke erkennen, die demselben Zweck dienen, wie die fußbetriebenen Bälle auf den Illustrationen zum *Libellus de Imaginibus Deorum*. Piero di Cosimo kann aus Gründen persönlichen Geschmacks und persönlicher Neigungen (was wir alsbald untersuchen werden) statt eines modernen lieber ein archaisches und daher würdigeres Gerät gewählt haben. Es ist aber auch möglich, daß ihm Homers Erzählung, wie Aeolus die ungehorsamen Winde in Weinschläuche einsiegelte, oder eine jener zahlreichen früheren, mehr oder weniger mit der homerischen Beschreibung übereinstimmenden Darstellungen bekannt war, wie sie auf antiken Gemmen, byzantinischen Elfenbeinkästchen und romanischen Kapitellen gefunden werden.[43]

Das winzige Kamel, das mit einem Packsattel hinter einem Felsen hervorkommt, und die reizende Giraffe, die schüchtern und neugierig zuschaut (und nebenbei die beiden Vulkan-Bilder auf einige Zeit nach dem 11. November 1487 datiert)[44], können mit Pieros ›närrisch entzücktem‹ Interesse an den *cose che la natura fà per istranezza*[45] erklärt werden; darüber hinaus bestimmen diese Motive exakt die Epoche, in der Haustiere schon gezähmt wurden[46], die wilden Tiere aber noch nicht scheu waren. Aber wir haben noch den schlafenden Jüngling im Vordergrund und die Familiengruppe hinter ihm zu erklären[47], die von ausgesprochen signorellihaftem, ja schon michelangeleskem Geschmack sind. Auch diese Motive hängen mit Vulkans Charakter zusammen, wie er in der antiken Literatur gedeutet wird. Ganz allgemein gesehen veranschaulichen sie die einfache Fröhlichkeit der primitiven Kultur, das heißt, einer friedlichen und selbstgenügsamen Kultur, weil sie auf dem Prinzip des ›Familienlebens‹ errichtet war. (Die Gruppe von Vater, Mutter und Kind erscheint in kleinerem Maßstab im linken Hintergrund des Bildes noch einmal.) Aber außerdem hat der Gegensatz zwischen dem schlafenden Jüngling und der ›idealen sozialen Gruppe‹ gleich neben ihm im Zusammenhang mit der Persönlichkeit Vulkans eine bestimmte Bedeutung. Denn gleich zu Beginn der berühmten Passage, die im Hinblick auf die Gestalt des Aeolus bereits angeführt wurde, charakterisiert Vergil Vulkan, den eifrigen, früh aufstehenden Handwerker, mit folgenden Worten: »Wenn dann im vollen Lauf der Nacht, nun größtenteils vergangen, die erste Ruh von seinen Augen den trägen Schlummer verjagt hatte, wenn sie, die gezwungen, mit dem Spinnrocken und dem schlecht belohnten Webstuhl ein

Auskommen zu schaffen, die glimmenden Kohlen und das schlummernde Feuer schürt, zu ihrer Arbeitszeit die Stunden der Nacht fügend ... daß sie des Gatten Heim sauberhalten und ihre Kleinen aufziehen kann, gerade so und mit nicht geringerem Eifer steht zu der Zeit der Feuergott von seinem weichen Bett auf und greift zu seinen Werkzeugen.«[48] Diese unvergeßliche Beschreibung bildet offensichtlich die Inspirationsquelle für die vier zur Diskussion stehenden Figuren. Vulkan und seine treuen Anhänger und Helfer sind schon bei der Arbeit »im vollen Lauf der Nacht, nun größtenteils vergangen«, da gewöhnliche Leute, wie sie durch die zusammengerollte Gestalt im Vordergrund dargestellt werden, noch schlafen; nur das eifrige junge Paar erhebt sich vom »trägen Schlummer«; der junge Ehemann, noch nicht ganz wach, macht seine steifgewordenen Glieder geschmeidig, während die Frau ihr »Kleines« versorgt. Es ist die Morgendämmerung eines neuen Tages, die zur gleichen Zeit die Morgendämmerung der Kultur symbolisiert.

So entspricht das Bild in Ottawa nachweislich nicht nur in Stil und Größe dem Bild in Hartford, sondern auch in seiner Ikonographie.[49] Ob die beiden Bilder wirklich Gegenstücke waren oder zu einer ganzen Serie von ›Vulkan-Geschichten‹ gehörten, bleibt natürlich Vermutung. Aber ein überzeugendes Argument zugunsten der zweiten Möglichkeit kann in der Tatsache gesehen werden, daß Vasari ein nun verlorenes oder zumindest unbekanntes Bild von Piero di Cosimo erwähnt, das »Mars, Venus mit ihren Amoretten und Vulkan«[50] zeigte. Dieses Bild kann, da es, wie die Dinge liegen, ein drittes Kapitel der Vulkan-Geschichte beschreibt, gut der dritte Teil einer zusammenhängenden Reihe gewesen sein, deren andere Teile Vasari entweder nicht gesehen hatte oder an die er sich nicht erinnerte, oder die er lieber weggelassen hatte, weil er ihren Inhalt nicht deuten konnte.[51]

Vom rein ikonologischen Standpunkt aus kann das Bild in Ottawa mit den zwei Cassone-Tafeln verglichen werden (die eine in München, die andere in Straßburg), die den Mythos von Prometheus und Epimetheus darstellen (Abb. 33).[52] In beiden Fällen kreist die Phantasie des Künstlers um das ›Erwachen der Menschheit‹, und in beiden Fällen ist der Antrieb zu diesem Erwachen das Feuer. Die beiden Prometheus-Tafeln sind jedoch viel späteren Datums; in der Tat scheinen sie in die allerletzte Periode der Tätigkeit Pieros zu gehören, und sie unterscheiden sich von den Vulkan-Bildern sowohl in Stil und Ausführung, als auch in Gehalt und Atmosphäre. Nicht nur zeigen sie eine strenge Unterdrükkung realistischer und malerischer Details zugunsten von Einfachheit und dramatischer Zusammenfassung, sondern sie beschreiben auch eine Phase menschlicher Kultur, die das in den Vulkan-Bildern geschilderte primitive Stadium ausdrücklich hinter sich gelassen hat. Die technische und soziale Organisation des Lebens hat bereits ein hohes Niveau erreicht, die Häuser sind nicht mehr aus Baumstämmen und Zweigen erbaut, die Menschen leben nicht mehr in vereinzelten Familiengruppen. Die ›technologische‹ Phase der Entwicklung des Menschen ist abgeschlossen, und der nächste Schritt, der zu tun ist, kann nur zu einem Verlangen nach geistiger Selbständigkeit führen, die, da sie in die Rechte der Götter eingreift, eher Vergöttlichung als Vermenschlichung bedeutet. Sie setzt Opfer voraus und zieht Bestrafung nach sich. Die späteren Mythographen, insbesondere Boccaccio, haben stets auf die Tatsache hingewiesen, daß, während Vulkan den *ignis elementatus* verkörpert, das heißt, das irdische Feuer, das die Menschheit in die Lage setzt, ihre praktischen Probleme zu lösen, die Fackel des Prometheus, die an den Rädern des Sonnenwagens *(»rota solis, id est e gremio Dei«)* entzündet wurde, aber das ›himmlische Feuer‹ mitführt, das die ›Klarheit der in das Herz des Unwissenden gegossenen Erkenntnis‹ bedeutet, und daß eben diese Klarheit nur auf Kosten von Glück und Seelenfrieden erlangt werden kann.[53]

So können die Prometheus-Darstellungen als verspäteter Nachtrag zur Vulkan-Geschichte angesehen werden, eher abstrakt als konkret auf sie bezogen. Es gibt indessen noch eine weitere Gruppe kleiner Tafeln von Piero di Cosimo, die nicht nur gedanklich, sondern auch stilistisch, zeitlich, in ihrer ästhetischen Haltung und möglicherweise sogar in ihrer Bestimmung mit den Vulkan-Bildern zusammenhängen. Diese Gruppe besteht erstens aus der ›Jagdszene‹ und der ›Rückkehr von der Jagd‹, beide im Metropolitan Museum in New York; zweitens aus der ›Landschaft mit Tieren‹, die früher Prinz Paul von Jugoslawien gehörte und sich jetzt im Ashmolean Museum in Oxford befindet (Abb. 27–29).[54]

Diese drei Tafeln beschreiben die Phase der Menschheitsgeschichte, die den durch die Lehren Vulkans hervorgerufenen technischen und gesellschaftlichen Entwicklungen vorangeht, mit anderen Worten, das steinerne im Gegensatz zum erzenen Zeitalter. Sie haben alle das Fehlen der Errungenschaften gemein, auf die im Bild in Ottawa Gewicht gelegt wird; die Einzelheiten des wahrhaft urzeitlichen Daseins des Menschen, als er den Gebrauch des Feuers noch nicht kannte, werden von Piero mit derselben archäologischen oder vielmehr: paläontologischen Gewissenhaftigkeit herausgearbeitet, wie er sie an die Schilderung des Lebens unter Vulkan verwendet hatte.[55] Metallwerkzeuge oder -waffen kommen nicht vor; folglich sind die Baumstämme, die in der ›Rückkehr von der Jagd‹ als Masten der aus Schilfrohr geflochtenen Boote und Flöße dienen, nicht nur ungeglättet wegen des Fehlens von Hobeln, sondern wegen des Fehlens von

Sägen auch nicht zugeschnitten. (Siehe die hervorstehenden Äste und rauhen Kanten.) Es gibt keine gewebten Stoffe zu Kleidung oder Bequemlichkeit, infolgedessen gehen die Menschen nackt oder in Felle oder Häute gekleidet. Es gibt keine gezähmten Tiere, keine richtigen Häuser und kein Familienleben. Der beherrschende Grundgedanke dieses ursprünglichen Zustands, nämlich die Unvertrautheit der Menschheit mit dem Gebrauch des Feuers, wird auffallend betont durch das, was man das *Leitmotiv* der ganzen Serie nennen könnte: den Waldbrand, den man auf allen drei Tafeln sehen kann, wie er die Wälder vernichtet und die Tiere verjagt;[56] auf zweien erscheint er sogar doppelt. Die beharrliche Wiederholung dieses Motivs kann nun nicht nur mit einer Grille des Malers erklärt werden. Es ist höchst augenscheinlich viel mehr ein ikonographisches Attribut denn ein wunderlicher *concetto,* denn es ist identisch mit dem berühmten Waldbrand, der schon die Phantasie von Lukrez, Diodorus Siculus, Plinius, Vitruv und Boccaccio geplagt hat. Wir erinnern uns, daß er regelmäßig auf allen Vitruv-Illustrationen auftaucht, und in der Renaissance war er so charakteristisch für Darstellungen der Steinzeit wie der Turm auf Bildern der hl. Barbara.

Die *›priscorum hominum vita‹* also, um die Comoer Vitruv-Ausgabe zu zitieren, ist das gemeinsame Thema der drei Gemälde. Es zeigt sich jedoch, daß innerhalb dieses allgemeinen Programms die beiden Bilder des Metropolitan Museums enger zusammengehören als jedes von ihnen mit der Tafel in Oxford, nicht nur der Größe, sondern dem Gehalt nach. Auf den zwei Bildern im Metropolitan Museum überwiegen zügellose Leidenschaften. Da es keine wirkliche Trennung zwischen Menschen und Tieren auf der einen Seite, Menschen und Halbtieren wie Satyrn und Zentauren auf der anderen Seite gibt, lieben und paaren sich oder kämpfen und töten sich alle diese Geschöpfe ohne Unterschied und ohne ihrem gemeinsamen Feind, dem Waldbrand, auch nur die geringste Aufmerksamkeit zu schenken. Dennoch bietet diese ultraprimitive Welt zwei verschiedene Aspekte. In der ›Jagdszene‹ (Abb. 27) gibt es nichts als Schrecken und Tod, mit einem gräßlichen Leichnam im Vordergrund: ein Dschungelkampf aller gegen alle (zum Beispiel fällt ein Löwe einen Bären an, wird aber zur gleichen Zeit von einem Menschen angegriffen), eine gegenseitige Vernichtung, bei der Pollaiuolos Heroen, als eine Horde von Satyrn und Höhlenmenschen wieder auferstanden, mit Knüppeln, Zähnen und der puren Kraft ihrer muskulösen Arme um ihr Leben kämpfen:

> *»Arma antiqua manus ungues dentesque fuerunt*
> *Et lapides et item silvarum fragmina rami.«*[57]

Keine Frauen erscheinen auf dem Bild, und keine Spur konstruktiver Tätigkeit ist erkennbar.

Die ›Rückkehr von der Jagd‹ (Abb. 28) zeigt dieselbe uranfängliche Lebensform in einem etwas freundlicheren Licht. Das grausame Gemetzel ist vorüber. Die Beute wird in den schon beschriebenen sinnreichen Booten ›nach Hause‹ gebracht. (Übrigens sind die Eberschädel, die an die Masten des vordersten Schiffes geheftet sind, ein weiterer Beleg für Pieros archäologische Interessen.)[58] Es ist ein Mann zu sehen, der ein neues Floß baut. Und hier fehlen auch die Damen nicht; tatsächlich scheinen einige der Leute den Wunschtraum vieler zivilisierter Menschen wahrzumachen[59], eine *›Isle de Cythère›* der Steinzeit.

Auf der Tafel in Oxford, einem der frühesten wirklichen Landschaftsgemälde der nachantiken Kunst, haben sich die protomenschlichen Leidenschaften gelegt, und ein gewisser Fortschritt zur Kultur hin ist offenbar (Abb. 29). Da gibt es eine kleine Hütte, ganz gleich, wie plump sie auch sei, und nahebei kann man einige Gestalten mit primitiven Gefäßen beschäftigt sehen (vgl. den Holzschnitt aus der Venezianer Vitruv-Ausgabe von 1511). Die Zeit für gewebte Kleider ist noch nicht da, aber der Mann auf der freien Fläche in der Mitte rechts trägt anstelle ungegerbter Häute einen derben Ledermantel. In den Wäldern spukt es immer noch von seltsamen Geschöpfen, die aus der wahllosen Paarung von Mensch und Tier entstanden, denn die Sau mit dem Frauengesicht und der Ziegenbock mit dem Gesicht eines Mannes sind auf keinen Fall Phantasiegebilde wie die bei Bosch: sie sollen Zeugnis von einer sehr ernsthaften Theorie ablegen – umstritten, und dadurch wirklich überliefert, und zwar in nicht weniger als 35 Versen Lukrez'.[60] Diese seltsamen Kreaturen scheinen mit Löwen, Hirschen, Kranichen, Kühen und einer reizenden Bärenfamilie Wälder und Auen friedlich zu teilen. Wäre da nicht das bewundernswerte Raffinement der Maltechnik, man könnte an Henri Rousseau oder Edward Hicks denken.[61] Was aber wie die Kameraderie des ›Peaceable Kingdom‹ aussieht, ist in Wirklichkeit auf allgemeine Furcht und allgemeine Erschöpfung zurückzuführen; denn diese Tiere und Halbtiere sind nicht so sehr friedlich, wie durch die Flucht erschöpft und vom Schrecken vor dem Waldbrand überwältigt. Auch der Mensch nimmt nun dieses Feuer wahr, statt sich aber zu fürchten, ergreift er die Gelegenheit, ein paar von den Kühen und Ochsen einzufangen, die aus dem brennenden Wald geflohen sind; ihr zukünftiges Joch trägt er vorsorglich auf seiner Schulter.

Das System, auf dem Piero di Cosimos entwicklungsgeschichtliche Darstellungen beruhen, hat eine gewisse Ähnlichkeit mit der theologischen Aufteilung der Menschheitsgeschichte in die Ära *ante legem,* die Ära *sub lege* und die Ära *sub gratia.* Wenn wir dieselben Präpositionen verwendeten, könnten wir von einer

Ära *ante Vulcanum,* einer Ära *sub Vulcano* und einer Ära *sub Prometheo* sprechen; die Analogie der Vorstellungen geht so weit, daß in beiden Fällen der Stifter der dritten Phase für diejenigen gekreuzigt wird, denen zu helfen er ausersehen war. Darum wären ›Vulkan auf Lemnos‹ in Hartford und das Bild in Ottawa, ›Vulkan und Äolus als Lehrer der Menschheit‹, eine Deutung der Ära *sub Vulcano,* während die drei kleinen Tafeln in New York und Oxford die Ära *ante Vulcanum* interpretieren würden. Und da übereinstimmend zugegeben wird, daß die zwei Bilderserien zur selben Zeit gemalt wurden, wäre es doch eine reizvolle Hypothese, sich vorzustellen, daß sie auch in einem technischeren Sinne zusammengehören, das heißt, daß sie als ein geschlossenes Dekorationsprogramm geplant waren und sich ursprünglich allesamt unter demselben Dach befanden. Diese Hypothese stimmt mit dem überein, was wir von Vasari erfahren. Ihm zufolge malte Piero di Cosimo für das Haus Francesco del Puglieses »einige Geschichten mit kleinen Figuren, die rundum in einem Zimmer angeordnet waren«. »Man findet keine Worte«, fährt Vasari fort, »für die Mannigfaltigkeit der phantastischen Dinge, die er auf diesen Gemälden zu schildern das Vergnügen hatte, Hütten und Tiere und verschiedene Trachten und Gerätschaften und andere phantastische Erfindungen, die ihm gefielen, weil sie so märchenhaft waren.«[62] Es ist mehr als wahrscheinlich und ist auch mit Recht von anderen angenommen worden[63], daß diese seltsamen Bilder mit den drei Tafeln in Oxford und New York identisch sind, die wirklich keine bestimmte Bedeutung im Sinne einer mythologischen ›Fabel‹ haben. Darüber hinaus berichtet Vasari, daß »nach dem Tode Francesco del Puglieses und seiner Söhne diese Gemälde entfernt wurden, und ich weiß nicht, was aus ihnen geworden ist«[64], woraus wir ersehen, daß es sich um Tafelbilder und nicht um Fresken handelte. Unmittelbar darauf nun wendet sich Vasari dem verlorenen Bild mit Venus und Vulkan zu: »Und ebenso ein Gemälde von Mars und Venus mit ihren Amoretten und Vulkan«;[65] und obwohl nicht absolut sicher ist, daß Vasaris *E cosi* besagen soll, dieses Bild sei ebenfalls für Francesco del Pugliese gemalt worden, ist ein solcher Schluß doch statthaft und in der Tat von Autoren schon gezogen worden, die sich auf nichts als Vasaris Text stützten.[66]

So gibt es also wirklich guten Grund zur Annahme, daß die drei Tafeln in New York und Oxford und die ›Vulkan-Serie‹ für den gleichen Auftraggeber angefertigt wurden; man könnte sich gut vorstellen, daß die drei kleineren Tafeln, die nur für einen Raum von sehr bescheidenen Maßen bestimmt gewesen sein können, ein Vorzimmer schmückten, das zu einem *Salone* führte, der mit den monumentalen Vulkan-Geschichten ausgestattet war, und daß die Tafel in Oxford, die einen Übergang von der ausgesprochenen Bestialität zu einem vergleichsweise menschlichen Leben darstellt, über der Tür angebracht war. Wären sie auf diese Weise angeordnet gewesen, dann hätten die zwei hier erörterten Bildergruppen einen umfassenden Zyklus gebildet, der in gelungener und überzeugender Weise die zwei frühesten Phasen der Menschheitsgeschichte dargestellt hätte, wie sie im klassischen Schrifttum geschildert und in zwei aufeinanderfolgenden Holzschnitten in den Vitruv-Ausgaben illustriert wurden: ›Vulcanus‹, der in den Wäldern herrscht, während der Mensch, der von ihm noch nicht als Freund behandelt wird, die Aufregungen und Ängste von Tieren und Zwitterungeheuern teilt; und wiederum ›Vulcanus‹, der in menschlicher Gestalt auf die Erde herabsteigt und den Weg zur Kultur weist.

Giovanni Cambi spricht in seinen *Istorie*[67] von einem Francesco di Filippo Pugliese oder einfach Francesco del Pugliese *(uomo popolano e merchatante e richo),* der von 1490 bis 1491 (einige Jahre vor dem wahrscheinlichen Entstehungsdatum unserer Bilder) und dann wieder von 1497 bis 1498 einer der Priori von Florenz war. Im unruhigen Jahre 1513 wurde er aus der Stadt verbannt, weil er öffentlich den Namen Lorenzo de'Medicis des Jüngeren mit dem Rabelaisschen Ausruf *»el Magnifico merda«* geschmäht hatte. Wenn, was äußerst plausibel ist, dieser reiche, freimütige Demokrat der Kunde war, der die bewußte Bilderserie in Auftrag gab, dann ist es kein Wunder, daß sich ihr Inhalt um die Gestalt Vulkans dreht, den einzigen nicht-vornehmen Handwerker – βαναυσος, um aus Lukians *De Sacrificiis* zu zitieren – in der olympischen Gesellschaft von Müßiggängern. Es ist sogar möglich, daß der auffallend individuell gestaltete Kopf Vulkans auf dem Bild in Ottawa ein Porträt Francesco del Puglieses selber ist, der etwa 35 Jahre alt war, als das Bild gemalt wurde.[68]

Den peinlich genauen Primitivismus der eben untersuchten Bilderreihe jedoch ausschließlich mit den politischen Überzeugungen und der gesellschaftlichen Stellung Francesco del Puglieses erklären zu wollen, wäre absurd. Zeichen für Piero di Cosimos außerordentliche Inanspruchnahme von den Ereignissen und von den Erregungen des urzeitlichen Daseins sind in seinen Bildern praktisch überall gegenwärtig, ohne Rücksicht auf Inhalt, Kunde und Bestimmungszweck.

Daß wir es mit einem eindeutig persönlichen Zug, mit einem absonderlichen konsequenten Interesse, das im Geist des Künstlers ständig auf dem Posten war, zu tun haben, wird außerdem durch eine andere Gemäldereihe belegt, die den drei Tafeln in New York und Oxford nahe verwandt ist; auch sie waren in einem Patrizierpalast in Florenz »rundum in einem Raum angeordnet«. Stilistisch indessen sind sie etwas weiter fortgeschritten (es gibt guten Grund zur Annahme, daß sie 1498 oder kurz danach gemalt wurden), und vom ikonographischen Standpunkt aus nehmen sie eine Zwischenstellung zwischen der Vulkan-Serie und den zwei Prometheus-Cassoni ein, denn sie schildern die Beiträge Bacchus' zur menschlichen Kultur, insbesondere die Entdeckung des Honigs.

Von Vasari finden wir diese Gemälde folgendermaßen beschrieben: »Für Giovanni Vespucci, der gegenüber von San Michele della via de'Servi wohnt, malte er einige Bacchus-Geschichten *(›storie baccanarie‹),* die rundum in einem Raum angeordnet sind. Auf diesen stellte er Faune, Satyrn, *silvani,* Putten und Bacchanten so fremdartig dar, daß man erstaunt, wenn man sich die Mannigfaltigkeit der Ranzen und Trachten der Hirten und die Verschiedenheit der Bocksgesichter ansieht, alle mit der echtesten Grazie und Wahrscheinlichkeit. In einer Geschichte sieht man Silenus, der auf einem Esel reitet, und viele Kinder, die ihn stützen und ihm zu trinken geben, und man sieht eine lebensechte Heiterkeit, die mit großer Erfindungsgabe dargestellt ist.«[69] Diese lebhafte Beschreibung hat es möglich gemacht, zwei der Tafeln, die ursprünglich die Bilderserie Giovanni Vespuccis bildeten, zu identifizieren; sie sind aus der Sebright Collection in Beechwood, England, in amerikanische Museen gelangt (Abb. 31, 32).[70]

Eine dieser Tafeln (Abb. 32) ist unvollendet: während die wundervolle Landschaft praktisch zu Ende gemalt ist, befinden sich die meisten Gestalten noch im Stadium der ›Untermalung‹. Jedoch können wir dank eines Textes, der später zitiert werden soll, den Inhalt identifizieren. Das »große, hirschähnliche Tier«, wie es in früheren Beschreibungen genannt worden ist, ist Silenus' Esel, der seinen bedauernswerten Reiter tritt, während dieser herunterfällt. Silenus kommt noch zweimal auf dem Bild vor. Auf der rechten Seite helfen ihm seine Gefährten wieder auf, wobei einer von ihnen einen dicken Stock als Hebebaum benutzt und die anderen ihre Kräfte zu gemeinsamer Anstrengung vereinen. Links liegt er auf der Erde, während seine lachenden Freunde, unter ihnen Bacchus und Ariadne, zuschauen und Kinder Schlamm in Näpfen sammeln, um ihm damit das Gesicht zu beschmieren (diese ungewöhnliche Szene, die für einen mit der Textquelle nicht vertrauten Betrachter schwer zu verstehen ist, ist vielleicht das, was Vasari im Sinn hat, als er von »Kindern, die ihm zu trinken geben«, spricht).

Die zweite Tafel (Abb. 31), die jetzt dem Worcester Art Museum gehört, ist wundervoll erhalten. Sie zeigt als Hauptfiguren einen ziemlich bäuerlichen, breit lächelnden Bacchus, der durch eine Weinrebe, die sich um einen kleinen Baumstamm windet[71], und einen Silberbecher gekennzeichnet wird, und Ariadne, die kunstvoll gekleidet ist und einen antikisierend geformten Weinkrug trägt. Der Gott hat seinen *thiasos* aus einem friedlichen Bergstädtchen zu einer Wiese herabgeführt, die in der Mitte von einem riesenhaften hohlen Baum beherrscht wird. Hier hat sich das Gefolge, bestehend aus Silenus und seinen Kumpanen, aus Satyrn beiderlei Geschlechts und verschiedenen Alters und aus wenigen Menschenweibchen, verteilt. Einige ruhen oder versorgen die Kleinen, einige streifen durch die Wälder, aber die größte Gruppe ist eifrig damit beschäftigt, schrecklichen Lärm zu machen. Der Zweck dieses Lärms ist, einen Bienenschwarm dazu zu bewegen, sich auf einem Ast des hohlen Baums niederzulassen. Dank der Beharrlichkeit von drei Satyrn, von denen zwei, ein Erwachsener und ein Kind, auf dem knorrigen Baum zu einer günstigen Stelle geklettert sind, haben einige der Insekten auch schon begonnen, die charakteristische traubenförmige Ansammlung zu bilden.

Der Gebrauch von Lärminstrumenten, um schwärmende Bienen vom Wegfliegen abzuhalten, – eine Methode, die von Bienenzüchtern in der ganzen Welt heute noch angewandt wird – ist von zahlreichen antiken Dichtern und Naturforschern beschrieben worden.[72] Aber es ist schwer zu erkennen, was Bacchus, Ariadne und ihre Anhänger mit der Prozedur zu schaffen haben. Die Antwort liegt in einer Stelle der *Fasti* Ovids (III, 725ff.), die auch den Inhalt des ersten Bildes erklärt.[73] Ovid setzt sich zum Ziel zu erklären, weshalb die Riten des Bacchusfestes das Darreichen und Verzehren süßer Kuchen, *liba* genannt, enthalten. Der eigentliche Name dieser Kuchen, sagt er, ist von Bacchus' lateinischem Namen, nämlich *Liber,* abgeleitet, wie auch die Wörter *libamen* oder *libatio* für Opfergeschenke allgemein. Bacchus war es nun, der nach seiner Rückkehr aus Asien die Menschen lehrte, Feuer auf Altären zu entzünden und die Götter mit feierlichen Opfern zu ehren. Daß Bacchus süße Kuchen geopfert werden sollten, war äußerst passend, denn ihm wurde die Entdeckung des Honigs zugeschrieben: »Kuchen werden für den Gott gemacht, weil er Vergnügen findet an süßen Säften und weil es heißt, daß der Honig von Bacchus entdeckt wurde. Von Satyrn begleitet, verließ er den sandigen Hebrus und hatte schon das Rhodopegebirge und den blumenreichen Pangaion (beide in Thrakien) erreicht. Die messingbewehrten Hände seiner Gefährten klatschten. Und siehe! ein unerfahrener Schwarm Bienen, von dem Geräusch herbeigelockt, sammelt sich und folgt dorthin, wo immer ihn das widerhallende Messing hinführt. Liber fängt die Herumtreiber ein und sperrt sie in einen hohlen Baum und erhält als Belohnung den so entdeckten Honig.«[74] Seine Jünger haben Spaß an der Entdeckung und suchen auf eigene Faust den Wald nach Honigwaben ab. Aber Selenus, gefräßig und faul, wie er ist, treibt seinen Esel nahe an eine hohle Ulme heran, wo er noch einen Bienenschwarm zu finden hofft, und steigt auf den

Rücken des Esels. Aber der Ast, an dem er sich mit seinem schweren Gewicht festhält, bricht ab, und der Bienenstock erweist sich als ein Hornissennest. So wird er an seinem kahlen Kopf elendiglich gestochen, fällt von seinem Esel, bekommt einen Tritt, verrenkt sich das Knie, schreit um Hilfe und wird schließlich von seinen Gefährten gerettet, die ihn lachend lehren, die Stiche mit Schlamm und Matsch zu behandeln, und es schließlich zuwege bringen, ihn wieder auf die Beine zu stellen.[75]

Diese köstliche Geschichte erklärt die meisten der verwirrenden Züge der zwei Vespucci-Tafeln. Sie rechtfertigt die Verbindung des bacchischen Gefolges mit der Bienenszene, die Bedeutung der zwei hohlen Bäume – der eine soll die Wohnung des ersten vom Menschen beherrschten Bienenschwarms sein, der andere die boshaften Hornissen beherbergen –, sie erklärt die Satyrn, die auf der Suche nach mehr Honig auf die Bäume klettern, und die vielen Mißgeschicke des Silenus. Jedoch hat Piero das ovidsche Szenarium auf höchst persönliche Weise interpretiert.

Selbst wenn man solche auffallend individuellen Züge wie den gefühlsmäßig ausdrucksstarken Esel beiseite läßt, der später in der niederländischen Malerei des 17. Jahrhunderts wieder zu finden ist, oder den gespenstisch verkrümmten Baum, der eines deutschen Romantikers würdig wäre[76], unterscheidet sich Pieros Version von allen anderen Darstellungen bacchischer Umzüge darin, daß er das Gefolge des Gottes nicht als eine Schar ekstatischer Jünger zeigt, sondern als einen wunderlichen Nomadenstamm. Ovid stellt sich eine korybantische Prozession vor, deren wahnsinniger Lärm die Bienen zufällig anlockt; Piero schildert eine Gruppe von Wanderern, von denen einige die Rast genießen oder ihren Beschäftigungen nachgehen, während andere mit sinnreichen bienenzüchterischen Bemühungen beschäftigt sind. Wie alle Künstler, die je bacchische Riten schilderten, denkt sich Ovid die Instrumente in den *aeriferae comitum manus* als zeremonielle Zimbeln; aber Pieros Satyrn verwenden simple Haushaltsgegenstände wie Töpfe, Pfannen, Kochlöffel, Zangen, Schaufeln und Reibeisen und gebrauchen Knüppel, Knochen und Hirschhufe als Trommelstöcke. Die kauernde Gestalt rechts im Vordergrund – wahrscheinlich als Pan gedacht – zieht lächelnd drei Zwiebeln aus ihrem Knappsack (Vasaris *zaino),* in dem sie auch ihre kleine Panflöte aufbewahrt. Die zwei Frauen, die in jedem orthodoxen Bacchanal hüpfende, ausgelassene Mänaden gewesen wären, führen gelassen ein Satyrbaby bei der Hand und tragen einen großen Kessel.

Pieros pointierte Vergegenwärtigung primitiver Bedingungen und die Verschiebung von einer dionysischen zu einer pastoralen Deutung[77] sind mehr als nur ein guter Scherz, obgleich ein Fünkchen absichtlicher Parodie unverkennbar ist;[78]

das alles dient dazu, einen Aspekt zu unterstreichen, der in Ovids ›spaßhafter Erzählung‹ berührt, jedoch nicht weiter ausgeführt wird. Bacchus, Vulkan nicht unähnlich, war ein kultivierender Faktor. Dem wilden, rauhen und unfruchtbaren Lande Thrakien brachte er die Werte, die die rein technischen Errungenschaften des Menschen, wie sie durch Vulkan verkörpert werden, ergänzen und dem primitiven Leben der Schafhirten und Bauern einen Schimmer von Würde und unverfälschter Freude verleihen: die einfachen Riten einer Hirtenreligion, d.h. die Opferung von Erstlingen und Spezereien[79], und die bescheidenen Annehmlichkeiten des Hirtenlebens – Wein und Honig. Dieser entwicklungsgeschichtliche Aspekt der Bienenzuchterzählung Ovids mußte unbedingt an Pieros Vorstellungskraft appellieren, und er hob ihn durch einen Kunstgriff noch stärker hervor, der in der Malerei des Spätmittelalters und der Renaissance verbreitet war, nämlich die Hintergrundlandschaft in zwei Hälften symbolisch gegensätzlichen Charakters aufzuteilen. Dieser *›paysage moralisé‹*, wie wir ihn nennen können, ist häufig auf religiösen Bildern zu finden, wo die *›Aera sub lege‹* gegen die *›Aera sub gratia‹* gesetzt wird, und insbesondere bei Darstellungen von Themen wie ›Hercules am Scheidewege‹, wo der Gegensatz von Tugend und Genuß durch den Kontrast zwischen einer bequemen, sich durch eine schöne Landschaft schlängelnden Straße und einem steilen, steinigen Pfad, der zu einem bedrohlichen Felsen führt, symbolisiert wird. Die Landschaft in diesem ›Bacchanal‹ hier ähnelt in gewisser Weise der eines ›Hercules am Scheidewege‹, den man früher für ein Bild Pieros hielt, der jetzt aber zumeist Niccolò Soggi zugeschrieben wird (Abb. 34).[80] Die linke Hälfte, von der sich der *thiasos* herabwindet, zeigt ein Bild des Friedens und Gedeihens: der Wald ist einer wohlgeordneten Szenerie mit hübschen Häusern, Wiesen und prächtigen Bäumen gewichen, über der die Sonne strahlend und heiter scheint. Auf der rechten Seite haben wir eine Wildnis, die von Affen, Löwen und ein paar verwegenen, bergsteigenden Wilden bewohnt wird; einige der Bäume sind kahl und abgestorben, andere verkümmern; zwischen Felsblöcken liegt auf dem holprigen Boden der Kadaver eines Tiers, um den Fliegen und Wespen summen, während sich drohende Wolken um einen furchterregenden Felsen zusammenziehen, der in seiner Erscheinung so patinirhaft ist, wie das Schloß auf der anderen Seite bellinihaft oder gar giorgionesk ist. Die symbolischen Bedeutungen, die durch diesen Kontrast nahegelegt werden, sind dem Unterschied zwischen asketischem Moralismus und hedonistischem Evolutionismus entsprechend indessen ausgetauscht worden. Auf Darstellungen von ›Hercules am Scheidewege‹ steht die dürre, gespenstische Szenerie für die preisenswerten Tugenden, während die reiche und schöne Landschaft die verwerflichen Freuden bezeichnet. Für Piero bedeutet derselbe

Kontrast die Antithese zwischen den grausamen Bedrückungen ungezügelter Wildnis und der unschuldigen Glückseligkeit einer schäferlichen Kultur. Selbst wenn er Ovid illustriert, kann er nicht anders, als die dichterischen Visionen eines orgiastischen Kults in das phantasievolle reale Bild primitiven Lebens umzuformen, das einen erfreulichen Fortschritt in der Zivilisation markiert.
Wie Lukrez stellte sich Piero die menschliche Entwicklung als einen Prozeß vor, der auf die angeborenen Fähigkeiten und Begabungen des Menschengeschlechts zurückzuführen ist. Um diese Fähigkeiten und Begabungen wie auch die universalen Mächte der Natur zu symbolisieren, verherrlichen seine Bilder die klassischen Götter und Halbgötter, die keine Schöpfer wie der biblische Jehova waren, aber die natürlichen Prinzipien, die für den ›Fortschritt der Menschheit‹ unentbehrlich sind, verkörperten und offenbarten. Aber wie Lukrez war Piero sich der Gefahren, die diese Entwicklung zur Folge hatte, überaus im klaren. Freudig erklärte er sich mit dem Aufstieg der Menschheit aus den viehischen Mühen der Steinzeit einverstanden, aber er bedauerte jeden Schritt über die unverdorbene Phase hinaus, die er wohl die Herrschaft Vulkans und Dionysus' genannt haben würde. Für ihn war die Zivilisation solange ein Reich der Schönheit und des Glücks, wie der Mensch in naher Berührung zur Natur blieb, aber ein Alptraum aus Unterdrückung, Widerwärtigkeit und Qual, sobald der Mensch sich ihrer entfremdete.[81]

Eine Haltung wie diese, die einmalig für einen Künstler der Frührenaissance ist, kann nur mit psychologischen Gründen erklärt werden. Glücklicherweise ist uns Piero di Cosimo besser bekannt als beinahe jeder andere Künstler seiner Zeit. Seine Persönlichkeit, abschreckend und faszinierend zugleich, war in der Erinnerung aller in einem solchen Maße lebendig, daß Vasari, der neun Jahre alt war, als Piero starb, in der Lage war, seine Gestalt durch ein im höchsten Grade überzeugendes psychologisches Porträt unsterblich zu machen.

Wir hatten Gelegenheit, Pieros ›verrückte‹ Liebe zu den Tieren und anderen Dingen zu erwähnen, die die Natur ›durch Laune oder Zufall‹ hervorbingt. Wenn er aber in die *sottigliezze della natura* ›verliebt‹ war, so verschmähte er entsprechend die Gesellschaft der Menschen und besonders die seiner Mitbürger. Er haßte die verschiedenen Geräusche des Stadtlebens und liebte es, für sich zu leben, obgleich er, wenn er sich dazu herabließ, sich unter die anderen zu mischen, voll originellen Witzes sein konnte. Er war ein ›Einsiedler‹, ein ›Freund der Einsamkeit‹, der sein größtes Vergnügen an langen, einsamen Spaziergängen hatte: *»quando pensoso da se solo poteva andarsene fantasticando e fare suoi castelli in aria«*. Er konnte das Läuten von Kirchenglocken und das Psalmodieren der Mönche nicht leiden; er weigerte sich, »seinen Frieden mit Gott zu machen«, obwohl er »ein guter und sehr herzlicher Mann war, trotz seines tierischen Lebens«. Vasari berichtet auch, daß er normales, warmes Essen nicht mochte und von hartgekochten Eiern lebte, die er in großer Zahl im voraus zubereitete, »um Feuer zu sparen«.[82] Er pflegte seine Werkstatt nicht sauberzumachen, noch die Pflanzen in seinem Garten zu beschneiden oder auch das Obst zu pflücken, weil er es haßte, der Natur ins Handwerk zu pfuschen: *»allegando che le cose d'essa natura bisogna lassarle custodire a lei senza farci altro«.* Er fürchtete den Blitz, die feurige Waffe Vulkans, aber er sah sehr gern einem angenehmen Regen zu.

Entsprechend seiner rationalistischen und recht aufgeblasenen Auffassung davon, was ein Künstler sein sollte, nennt Vasari Pieros Lebensart *una vita da uomo piuttosto bestiale che umano.* Er schildert ihn als warnendes Beispiel geistiger Verwirrung, als Neurotiker mit einer Neigung zum ›Animalitarianismus‹[83] und einem Feuerkomplex, wie wir das in unserer heutigen Sprache ausdrücken würden. Aber eine der Bezeichnungen Vasaris liefert uns einen Schlüssel zum Wesen dieses Mannes: *»si contentava di veder salvatico ogni cosa, come la sua natura«.* Dieses Wort *salvatico,* abgeleitet aus *silva* (Wald), erklärt augenblicks Pieros Besessensein von primitivistischen Vorstellungen, wie auch seine magische Fähigkeit, sie mit seinem Pinsel wieder zu Bewußtsein zu bringen. Auf seinen Bildern wird das Leben der Urzeit nicht zu einer Stimmung utopischer Sentimentalität verklärt, wie es bei den dichterischen und bildnerischen Beschwörungen ›Arkadiens‹ der Fall ist;[84] es wird mit äußerstem Realismus und größter Genauigkeit von neuem in Szene gesetzt. Piero idealisiert nicht, im Gegenteil, er ›realisiert‹ die ersten Stadien der Welt in einem solchen Maße, daß die phantastischsten seiner Geschöpfe, wie etwa die Tiere mit Menschengesichtern, nur die Anwendung ernsthafter entwicklungsgeschichtlicher Theorien sind. Die Hütten aus unbehauenen Hölzern, die drollig geformten Boote, all die pittoresken Einzelheiten, die darunter zusammenzufassen sind, was Vasari *casamenti e abiti e strumenti diversi* nennt, beruhen auf archäologischer Forschung und finden ihresgleichen nur in wissenschaftlichen Illustrationen. Pieros Welt erscheint phantastisch, nicht weil ihre Elemente unwirklich sind, sondern im Gegenteil, weil gerade die Wahrhaftigkeit seiner Interpretation auf überzeugende Weise eine Zeit beschwört, die unserer potentiellen Erfahrung entrückt ist. Von seinen Bildern geht eine allesbeherrschende Atmosphäre der Fremdheit aus, weil es ihnen gelingt, ein Zeitalter zu beschwören, das älter als das Christentum, ja älter selbst als das Heidentum im historischen Sinne des Wortes – in der Tat, älter als die Zivilisation selber ist.

Piero di Cosimo könnte eine atavistische Erscheinung genannt werden, wenn wir dabei bedenken, daß Gefühlsatavismen mit ästhetischen und intellektuellen

Raffinements höchsten Grades recht gut vereinbar sind. In seinen Bildern werden wir konfrontiert nicht mit der bescheidenen Sehnsucht des zivilisierten Menschen, der sich nach der Glückseligkeit eines primitiven Zeitalters sehnt oder so tut, sondern mit der unterbewußten Erinnerung eines Primitiven, dem es widerfuhr, in einer Zeit entarteter Zivilisation leben zu müssen. Während er die äußere Erscheinung einer prähistorischen Welt rekonstruierte, scheint Piero die Gefühle des Urmenschen von neuem erfahren zu haben, die schöpferische Erregung des erwachenden Menschen, wie auch die Leiden und Ängste des Höhlenmenschen und Wilden.

Anmerkungen

1 Vgl. A. E. Austin jr., Bibl. 16. Siehe auch R. van Marle, Bibl. 209, Bd. XIII, S. 346, Abb. 237 und L. Venturi, Bibl. 375, Tf. CCVII, beide mit weiteren Verweisen.

2 Vgl. Roscher, Bibl. 290, Stichwort ›Hylas‹. Vgl. auch L. G. Gyraldus, *Hercules,* Bibl. 127, Bd. I, Sp. 578.

3 Vergil, *Ecl.* VI, 44. Daher die griechische Redewendung τον Υλαν κραυγαςειν, was bedeutet: »sich vergeblich anstrengen« oder »Unmögliches versuchen«.

4 Vgl. Roscher, Bibl. 290, Stichwort ›Hylas‹. Siehe auch Bibl. 151, Tf. 224.

5 A. E. Austin, Bibl. 16, S. 6.

6 Vgl. Roscher, Bibl. 290, Stichwort ›Hephaistos‹; Gyraldus, Bibl. 127, Bd. I, Sp. 413; ebenso H. Freudenthal, Bibl. 99.

7 Vgl. die unten zitierten Passagen.

8 A. E. Austin, Bibl. 16, S. 5. Auch P. Schubring, Bibl. 309, S. 411, äußert keinen Zweifel, obwohl er die Bemerkung macht, daß die Mädchen Landnymphen und keine Najaden zu sein scheinen, und erkennt, daß die Zentralfigur dem Jungen beim Aufstehen hilft.

9 Servius, *Comm. in Verg. Eclog.* IV, 62.

10 Homer, *Ilias,* I, 594.

11 Servius, *Comm. in Verg.,* Bibl. 314, fol. 7, Sp. 2

12 Mythographus II, nach dem Vatikanischen Manuskript zit. von Bode, Bibl. 38, Bd. II, S. 44.

13 Mythographus I, nach den Manuskripten im Vatikan und in Wolfenbüttel zit. von Bode, ebd.; Servius, *Comm. in Verg.,* Bibl. 315, fol. 18, v.

14 Servius, *Comm. in Verg.,* Wolfenbüttel, cod. 7. 10. Aug. 815, zit. von Bode, ebd.

15 Boccaccio, *Genealogia Deorum,* XII, 70.

16 Vgl. A. Warburg, Bibl. 387, Bd. II, S. 641, wo auch die ›leeren Schemel‹, die auf dem Cybele-Fresko zu sehen sind, auf ähnliche Weise erläutert werden: ›*Sedes fingantur*‹ statt ›*Sedens fingatur*‹, das heißt, ›Sitze sollten dargestellt werden‹ statt ›Sie sollte sitzend dargestellt werden‹.

17 Boccaccio zitiert auch eine schöne enthusiastische Stelle aus Isidorus von Sevilla: »*Nihil enim paene quod non igne efficiatur ... igne ferrum gignitur et domatur, igne aurum perficitur, igne cremato lapide cementa et parietes ligantur ... stricta solvit, soluta restringit, dura mollit, mollia dura reddit.*«

18 Vitruvius, *De Architectura Libri decem,* II, 1. Die deutsche Übersetzung folgt der englischen Fassung bei A. O. Lovejoy und G. Boas, Bibl. 201, S. 375. Der lateinische Text ist ebenfalls dort wiedergegeben. Boccaccios langes und richtiges Zitat beweist die Tatsache, daß Vitruvs Manuskripte lange vor Poggio Bracciolinis bekannter ›Entdeckung‹ von 1414 verfügbar waren (vgl. auch J. v. Schlosser, Bibl. 305, S. 219). Es ist um so lehrreicher, daß es des ›Renaissancegeistes‹ bedurfte, um sich über dieses Erbe im klaren zu sein.

19 *Genesis,* II, 19.

20 *Genesis,* IV, 17.

21 Bibl. 201, S. 222.

22 Zu den Termini ›weicher‹ und ›harter‹ Primitivismus wie auch zum Problem primitivistischer Vorstellungen im allgemeinen muß ich meine Leser auf Lovejoy und Boas, Bibl. 201, verweisen. Es ist natürlich richtig, daß besonders in der späteren klassischen Literatur die zwei gegensätzlichen Denkrichtungen häufig einander überschnitten. Ovid, der zu Beginn der *Metamorphosen* in dem schönen Traum einer Hesiodschen ›Aurea Aetas‹ (I, 89) schwelgt, stellt das Leben der ›prälunaren‹ Arkadier – ganz zu schweigen von seiner eigenen Lage in einem weniger zivilisierten Milieu – mit einem deutlichen Mangel an Enthusiasmus dar (*Fasti,* II, 289; vgl. auch *Ars Amat.* II, 467, zitiert in Bibl. 201, S. 373). Für Juvenal, wie für viele andere, bedeutete primitives Leben Not und Rauheit, aber auch moralische Überlegenheit (*Sat.,* VI, 1, zitiert in Bibl. 201, S. 71); auch Lukrez, so sehr er den Aufstieg der Menschheit aus eigenem Antrieb bewunderte, war nicht blind gegenüber den moralischen Gefahren, die dieser Fortschritt in sich schloß. Bei ihm bekam die allgemeine Entwicklung die Form einer Wellenlinie: 1) urzeitliche Bestialität; 2) Entstehung einer menschlichen Kultur mit technischen Errungenschaften, Sprache und Gesellschaftsleben (unterteilt in ein früheres Bronzezeitalter und ein späteres Eisenzeitalter); 3) Niedergang der gesellschaftlichen und moralischen Normen und allgemeine Anarchie; 4) neuer Aufstieg zu einer Ära der Gesetzlichkeit.

23 Plinius, *Nat. Hist.,* II, 111 (107), 1. Der Vitruv-Kommentator Cesare Cesariano (Bibl. 379, fol. XXXI) berichtet von einem Waldbrand 1480 in der Nähe von Mailand, der *›per simile confricatione de venti come narra Vitruuio‹* verursacht wurde. Cesarianos Kommentar zu der fraglichen Stelle (fol. XXX ff.) ist beinahe ein Vorläufer von Lovejoys und Boas' *Documentary History of Primitivism:* er führt unter anderem Hesiod, Vergil (*Aen.* VIII), Ovid (*Metam.,* I), Juvenal (*Sat.,* VI), Diodorus Siculus und sogar Statius' Verse über die prälunaren Arkadier an (*Thebais,* IV, 275, zitiert in Bibl. 201, S. 380).

24 Diodorus Siculus, *Bibliotheca,* I, 13, zitiert in Anm. 30 auf S. 86.

25 Lukrez, *De Rer. Nat.,* V, 1091:

> *»Fulmen detulit in terram mortalibus ignem . . .*
> *Et ramosa tamen cum ventis pulsa vacillans*
> *Aestuat in ramos incumbens arboris arbor,*
> *Exprimitur validis extritus viribus ignis . . .*
> *Quorum utrumque dedisse potest mortalibus ignem.«*

26 Lukrez, *De Rer. Nat.,* V, 1241.

27 In der ersten illustrierten Vitruv-Ausgabe (Bibl. 378) ist die ›Entdeckung des Feuers‹ nicht allzu überzeugend dargestellt auf fol. 13, reprod. in Prince d'Essling, Bibl. 86, II. Partie, Bd. III, 1, S. 214. In der Comoer Ausgabe (Bibl. 379, fol. XXXI, v.) finden wir eine viel umfassendere und ergiebigere Deutung dieses Themas (unsere Abb. 19), die als Vorbild für die Übersetzungen

Bibl. 380, fol. 15 und Bibl. 382, fol. LXI (unsere Abb. 20) diente, wo die Darstellung aus der Comoer Ausgabe durch Anleihen bei Raffaels ›Urteil des Paris‹ (Marcantonio Raimondi, Stich B. 245) und Dürers ›Flucht nach Ägypten‹ (Holzschnitt B. 89) überboten wurde. Eine nützliche Bibliographie der Vitruv-Ausgaben und italienischer Architekturtraktate ist bei G. Lukomski, Bibl. 203, S. 66ff. zu finden.

28 Bibl. 201, S. 199:

Ηφαιστον χλυτομητιν αεισεο, Μουσα λιγεια,
Οςμετ Αθηναιης γλαυχωπιδος αγλαα εργα
Ανθρωπους εδιδαξεν επι χθονος οι το παροδπερ
Αντροις ναιεταασχον εν ουρεσιν, ηυτε θηρες.

29 Vgl. Roscher, Bibl. 290, Stichwort ›Hephaistos‹, V. Die erwähnte Plato-Stelle ist im *Kritias*, 109 C zu finden (vgl. auch *Leges*, XI, 120 D; *Protagoras*, 321 D und *Kritias* 112 B). Die Ikonographie der Skulpturen des *Theseion* ist in einer Vorlesung von E. C. Olsen dementsprechend interpretiert worden.

30 Diese Quelle wird von Diodorus Siculus, *Bibliotheca,* I, 13 überliefert:
Ιενομενου γαρ εν τοις ορεατ χεραυνοβολου δενδρου χαι της πληαιον υλης χαιομενης, προσελθοντα τον Ηφαιστον χατα την χειμεριον ωραν ησθησαι διαφεροντως επι τη θερμασια, ληγοντος δε του πυρος αει της υλης επιβαλλειν, χαι τουτψ τψ τροπψ διατηρουντα το πυρ προχαλεισθαι τους αλλους ανθρωπους προς την εξ αυτψ γινομενην ευχρηστιαν.
Vgl. auch ebd., V, 74, wo Hephaistos geschildert wird, wie er die Menschheit alle Arten Künste und Gewerbe lehrt.

31 Das Bild war ursprünglich Signorelli zugeschrieben worden, wurde aber von A. Venturi, Bibl. 374, S. 69 (mit Abb. 39) für Piero di Cosimo beansprucht. Es wird auch von van Marle, Bibl. 209, Bd. XIII, S. 344 erwähnt, aber beide Autoritäten verzeichnen es als Bestand der National Gallery in Edinburgh, wo es zeitweise ausgestellt war. B. Berenson führt es korrekt als in Dalkeith, Newbattle Hall, Schottland, befindlich auf: Bibl. 30, S. 453 und Bibl. 31, S. 389f.

32 A. Venturi, Bibl. 374, S. 69, hat bereits darauf hingewiesen, daß das ›Edinburgher‹ Bild *›può far riscontro in qualche modo‹* zu dem sogenannten Hylas-Bild gehört, das damals in der Sammlung Benson war. Diese Annahme wurde von C. Gamba, Bibl. 110, bestätigt, der ebenfalls die Möglichkeit sieht, daß die beiden Bilder zusammen mit einer Serie kleinformatiger Tafeln einen zusammenhängenden Zyklus gebildet haben können, der *›il formarsi dell'intelligenza humana‹* darstellte.

33 Fehlt in Bibl. 378. In Bibl. 379, fol. XXXII (unsere Abb. 22). In Bibl. 380, fol. 16, v., (unsere Abb. 23). In Bibl. 382, fol. LXII. Vgl. auch die Holzschnitte in G. A. Rusconi, Bibl. 292, S. 25–28, kopiert in Polenis Vitruv-Ausgabe, Bibl. 381, Bd. II, Teil 1, Tf. VIII.

34 Vgl. M. Lazzaroni und A. Muñoz, Bibl. 185, Tf. I, Abb. 3 und 4. Zum späteren Gebrauch unbehauener Bäume und Wurzeln als ein *›motif rustique‹* und zur Renaissancetheorie, nach der der gotische Stil mit seinen langgestreckten Säulen, übertriebenen Rippengewölben und der naturalistischen Ornamentierung sich direkt von den primitiven Baugewohnheiten herleitete, vgl. E. Panofsky, Bibl. 240, insbesondere S. 39ff. In der klassischen Architektur wurden unbehauene Sparren indes zum Gerüstbau verwendet, wie aus den Darstellungen des Turms zu Babel in der Encyclopaedia von Hrabanus Maurus geschlossen werden kann (vgl. A. M. Amelli, Bibl. 7, Tf. CXIII und Cod. Vat. Pal. lat. 291, fol. 193, v.).

35 Vgl. ›Thomas Walleys‹, Bibl. 386, fol. 19: *›malleum in manu tenens‹*, oder den *Libellus de Imaginibus Deorum,* hrsg. von Liebeschütz, Bibl. 194, S. 122 *(›maleum in manu tenentis‹)* und Abb. 38. Die Sitzhaltung Vulkans – durch die Schwäche seines Beins motiviert – ist in der klassischen Kunst nicht ungewöhnlich (vgl. z. B. S. Reinach, Bibl. 276, S. 189, oder A. Furtwängler, Bibl. 109, 1896, Tf. 23, Nr. 2482, Tf. 32, Nrn. 4266, 4268). Dieser Typus ist es, von dem sich die ›zum Schmieden sehr wenig geeignete‹ Haltung Adams auf zwei byzantinischen Rosettenkästchen herleitet (A. Goldschmidt und Kurt Weitzmann, Bibl. 116, Bd. I, 1930, Tf. XLVIII, Nr. 67e und Tf. XLIX, Nr. 68d, unsere Abb. 25), wo die Ersten Eltern als Metallarbeiter dargestellt werden, möglicherweise, weil die Kästchen dazu bestimmt waren, Schmuck aufzunehmen.

36 Vgl. Roscher, Bibl. 290, Stichwort ›Aiolus‹, und Gyraldus, Bibl. 127, Bd. I, Sp. 188.

37 Vergil, *Aen.,* VIII, 416.

38 Servius, *Comm. in Verg.*, VIII, 416: *»Physiologia est, cur Vulcanum in his locis officinam habere fingitur inter Aetnam et Liparen; scilicet propter ignem et ventos, quae apta sunt fabris. ›Aeoliam‹ autem ›Liparen‹ ideo (scil. appellat), quia una est de septem insulis, in quibus Aeolus imperavit.«*

39 Mythographus III, 10, 5, Bibl. 38, S. 224.

40 Boccaccio, *Genealogia Deorum,* XII, 70.

41 H. Liebeschütz, Bibl. 194, S. 121: *»tenens sub pedibus flabia, instrumenta fabrilia, quasi cum illis insuflans et flata movens«*. Einer euhemeristischen Theorie zufolge, die von Servius überliefert wird, war Aeolus nichts als ein guter Meteorologe, der die Dunst- und Rauchschwaden seiner vulkanischen Umgebung beobachtete und so in der Lage war, Stürme und heftige Winde vorauszusagen (Servius, *Comm. in Verg.*, I, 52; wiederholt in Mythographus II, 52, Bibl. 38, S. 92, und Mythographus III, 4, 10, Bibl. 38, S. 170). In diesen Texten werden die Stürme oder heftigen Winde *›flabra‹* genannt *(»praedicens futura flabra ventorum imperitis visus est ventos sua potestate retinere«)*. Dem Autor des ›Libellus‹ war anscheinend dieses sehr poetische Wort nicht vertraut, und da er in Begriffen sichtbarer Bilder dachte (vgl. Abb. 25, 26), deutete er das Wort *›flabra‹* (oder wie er es schreibt: *›flabia‹*) als wirkliche Schmiedeblasebälge.

42 H. Liebeschütz, Bibl. 194, Tf. XXII, Abb. 36. Die Gestalt des Aeolus sieht daher deutlich der Vulkans ähnlich (ebd., Tf. XXIII, Abb. 38).

43 Homer, *Odyss.,* X, 17ff. Von den Darstellungen möchte ich einige antike Gemmen anführen, die Odysseus mit Aeolus' Weinschlauch zeigen (A. Furtwängler, Bibl. 109, Tf. XX, Nr. 20 und Tf. XXVII, Nr. 50, Abb. auch in Daremberg-Saglio, Bibl. 70, Bd. I, Abb. 156); die Eva auf dem byzantinischen Rosettenkästchen und insbesondere die Personifizierungen der vier Windgötter auf den wohlbekannten Kapitellen in Ste Madeleine in Vézelay, Abb. in A. Kingsley Porter, Bibl. 275, Bd. II, Tf. 31, unsere Abb. 26 (vgl. auch das Kapitell in Cluny, Abb. in V. Terret, Bibl. 336, vgl. Tf. LVI). Die Windgötter in Vézelay hantieren sowohl mit modernen Blasebälgen wie auf unserer Abb. 25, als auch mit archaischen Lederschläuchen wie auf unserer Abb. 24. Eine Kombination des Windsacks mit dem üblicheren Windhaupt ist auf einer Darstellung des ›Aër‹ im Cod. Vind. 12600, fol. 30 zu sehen, in H. J. Hermann, Bibl. 143, S. 79, Abb. 36.

44 Bei so einem leidenschaftlichen *›animalier‹* wie Piero, der keine Mühe scheute, um fremdartige Tiere zu sehen (vgl. auch die folgende Anmerkung) und ein ganzes Buch mit *›disegni d'animali‹* hinterließ (vgl. Vasari, Bibl. 366, Bd. IV, S. 318), können wir mit Sicherheit annehmen, daß er die Giraffe nach dem Leben zeichnete, wogegen ihr ein wenig mißgestaltetes Kleines, das vorsichtig mit der Mutter Schritt zu halten sucht, eine freie Erfindnung zu sein scheint. Nun erfahren wir aus Luca Landuccis Tagebuch, daß eine Schiffsladung seltener Tiere, die der Sultan

der Signoria geschenkt hatte und die am 11. November 1487 in Florenz eintraf, eine Giraffe enthielt: »*Una giraffa molto grande e molto bella e piacevole; com'ella fussi fatta se ne può vedere i molti luoghi in Firenze dipinte. E vissi qui più anni*« (L. Landucci, *Diario,* Bibl. 181, S. 52; gleichfalls in diesem Zusammenhang zitiert von C. Gamba, Bibl. 110, mit der zusätzlichen Information, daß sich das arme Geschöpf vor dem Jahre 1492 das Genick an einem Türpfosten brach). Diese Giraffe ist wahrscheinlich die, die Piero als Vorbild verwandte (es ist offenbar dieselbe, die Schubring im Zusammenhang mit ihrem Erscheinen auf einer Cassone-Tafel, die Bartolommeo di Giovanni zugeschrieben wird, unter der falschen Jahreszahl 1492 erwähnt: Bibl. 309, Abb. Tf. XCIII, Nr. 396). Ein Datum nicht zu lange nach 1490 würde sich mit dem Stil von Piero di Cosimos Vulkan-Bildern treffen, von denen übereinstimmend bestätigt wird, daß sie in die früheste Florentiner Periode gehören und noch einen starken Einfluß Signorellis zeigen.

45 Vgl. Vasari, Bibl. 366, Bd. IV, S. 134: »*Recavasi spesso a vedere o animali o erbe o qualche cose che la natura fa per istranezza o da caso di molte volte e ne aveva un contento e una satisfazione che lo furava tutto da se stesso.*«

46 Sowohl die grundlegende Wichtigkeit von Haustieren für die Entstehung menschlicher Kultur als auch die ursprüngliche Freundschaft zwischen Mensch und Tier wird in der primitivistischen Literatur nachhaltig unterstrichen. Was den ersten Aspekt angeht, so möge genügen, Ovid, *Fasti,* II, 295 zu zitieren:

»*Nullus anhelabat sub adunco vomere taurus . . .,*
Nullus adhuc erat usus equi. Se quisque ferebat.
Ibat ovis lana corpus amicta sua.«

Zum Freundschaftsmotiv vgl. Bibl. 201, S. 34, 60, 93 ff.

47 Vgl. besonders die ›Josias‹-Gruppe an der Decke der Sixtinischen Kapelle. Im Hinblick auf Signorelli vgl. die Zentralfigur im Moses-Fresko in der Sixtinischen Kapelle und die Hintergrundfiguren auf den *tondi* mit der Heiligen Familie in den Uffizien und in München. Der Ursprung dieser gedrängten Gruppe kauernder Gestalten kann bis in die Kunst der Antike zurückverfolgt werden, wo ähnliche Gruppen verwendet wurden, wenn ein vergleichsweise schmaler Streifen mit Figuren gefüllt werden mußte, deren Größe man sich nicht geringer als die anderer Figuren vorstellte, die auf einer Fläche normalen Ausmaßes untergebracht waren. Vgl. z. B. die ›Agate de Tibère‹, Babelon, Bibl. 17, Tf. 1 oder solche Elfenbeinarbeiten wie in R. Delbrück, Bibl. 72, Tafelband, 1929, Tf. 2.

48 Vergil, *Aen.,* VIII, 407–415:

»*Inde ubi prima quies medio iam noctis abactae*
Curriculo expulerat somnum, cum femina primum,
Cui tolerare colo vitam tenuique Minerva
Impositum, cinerem et sopitos suscitat ignis
Noctem addens operi, famulasque ad lumina longo,
Exercet penso, castum ut servare cubile
Coniugis et possit parvos educere natos:
Haud secus ignipotens nec tempore segnior illo
Mollibus e stratis opera ad fabrilia surgit.«

Zitiert nach A. H. Bryce, *The Works of Virgil, a literal translation,* 1894, S. 375, [auf den auch die deutsche Übersetzung, unter Zuhilfenahme der Übertragung von Rudolf Alexander Schröder, zurückgeht].

49 Ich bin vom Vorbesitzer des Ottawa-Bildes davon unterrichtet worden, daß A. Scharf, der eine Monographie über Piero di Cosimo vorbereitet, als mögliches Thema des Bildes die Legende von Phoroneus, dem König von Argos, vorgeschlagen habe. Diese Deutung ist insofern unverständlich, als Pausanias folgendes berichtet: »Sie (d. h. das Volk von Argos) schreiben die Erfindung des Feuers Phoroneus zu« (*Periegesis,* II, 19,5) und »Phoroneus ... sammelte als erster Menschen in Gemeinschaften, die vordem verstreut und einsam lebten; so daß die Stadt, in der sie zuerst zusammengebracht wurden, Phoronicum genannt wurde« (ebd., II, 15,5). Es ist jedoch offensichtlich und wurde von Pausanias selber empfunden, daß die Lokalpatrioten aus Argos die Mythen von Prometheus und Vulkan einfach auf ihren legendären König übertragen hatten, der sonst nur entweder als Gesetzgeber (Plato, *Timaeus,* 22, A/B; Eusebius, *Chronic.,* S. 29. Helm; Isidorus, *Ethymolog.,* V, I.6; Brunetto Latini, *Tesoro,* I, 17, Bibl. 184, Bd. I, S. 52; Boccaccio, *Genealogia Deorum,* VII, 23; vgl. auch das Relief am Campanile in Florenz, in J. v. Schlosser, Bibl. 304, Abb. 6) oder als Begründer eines lokalen Hera-Kultes bekannt ist (Mythographus II, 8, Bibl. 38, S. 77 auf der Grundlage von Hyginus, *Fabulae,* 225 und 274). Pausanias ist der einzige Autor, der die von den Patrioten von Argos glorifizierte Vorstellung überliefert, und es ist höchst unwahrscheinlich, daß Piero di Cosimo mit dieser Version bekannt geworden sein könnte. Denn Pausanias war im 15. Jahrhundert praktisch unbekannt; die erste griechische Ausgabe erschien 1516 in Venedig, und die erste lateinische Übersetzung von Romolo Amadeo wurde nicht vor 1547 abgeschlossen und veröffentlicht, obgleich eine andere 1498 begonnen worden war (vgl. C. B. Stark, Bibl. 321, S. 93). Hinzu kommt, daß die Legende von Phoroneus viele Einzelheiten des Ottawa-Bildes nicht so gut erklären würde, wie es der Vulkan-Mythos tut, und mit dem Gehalt des Bildes in Hartford nicht vereinbar wäre.

50 Vasari, Bibl. 366, Bd. IV, S. 139: *»E cosi un quadro di Marte e Venere con i suoi Amori e Vulcano, fatto con una grande arte e con una pazienza incredibile.«*

51 Es muß daran erinnert werden, daß die Besitztümer von Francesco del Pugliese, für den die Bilder wahrscheinlich gemalt wurden, schon versprengt waren, als Vasari seine *›Vite‹* schrieb.

52 Die Straßburger Tafel (unsere Abb. 33) ist abgebildet in Schubring, Bibl. 309, Tf. XCVI, Nr. 413, und van Marle, Bibl. 209, Bd. XIII, Abb. 256; die Münchener Tafel in Schubring, Bibl. 310, Tf. XV, Nr. 412. Zur Ikonographie beider Bilder vgl. G. Habich, Bibl. 130, und K. Borinski, Bibl. 45.

53 Nach Boccaccio, *Genealogia Deorum,* XII, 70, wird das (unsichtbare) *elementum ignis* von Jupiter verkörpert, wogegen Vulkan den *ignis elementatus* verkörpert, der in ätherisches Feuer (Blitz) und irdisches Feuer unterteilt werden kann. Vulkans Hinken würde die Zickzacklinie des Blitzes wie die hin und her wogende Unbeständigkeit des Feuers symbolisieren (zu all dem vgl. Remigius' Kommentar zu Martianus Capella, berichtet von H. Liebeschütz, Bibl. 194, S. 44ff. und Mythographus III, 10, 4, Bibl. 38, S. 223). Zum Prometheus-Mythos vgl. Boccaccio, a. a. O., IV, 44: *»Hanc demum flammam, id est doctrinae claritatem, immittit pectori lutei hominis, id est ignari.«* Auf Pieros Straßburger Tafel ist dieser Gedanke sehr schön durch die Triumphgebärde der Statue ausgedrückt, die einen eindrucksvollen Kontrast zu Prometheus' gepeinigter Lage bildet. Die Bestrafung des letzteren symbolisiert den Preis, den die Menschheit für ihr geistiges Erwachen zu zahlen hat, das heißt, *»a meditationibus sublimis anxiari«* (vom tiefen Nachdenken gepeinigt zu werden), und nur wieder zu sich zu kommen, um von neuem gequält zu werden. Zur

grundlegenden Bedeutung des Prometheus-Mythos siehe G. Habich, Bibl. 130, und K. Borinski, Bibl. 45; des weiteren E. Cassirer, Bibl. 59, S. 100. Ich möchte drei wichtige Passagen bei Marsilio Ficino, dem Begründer der neoplatonischen Bewegung in der Renaissance, anführen: *Quaestiones quinque de mente,* Bibl. 90, S. 680; *Comment. in Platon. Philebum,* ebd., S. 1232; *Comment. in Platon. Protagoram,* ebd., S. 1298.

54 Zu den beiden Tafeln im Metropolitan Museum, d. h. die *Jagdszene,* Katal. P. 61, 1 (fortan als ›A‹ bezeichnet) und die *Rückkehr von der Jagd,* Katal. P. 61, 2 (fortan als ›B‹ bezeichnet), vgl. Schubring, Bibl. 309, Nr. 383 und 384, Abb. Tf. XC, und van Marle, Bibl. 209, Bd. XIII, S. 248 und Abb. 169 (mit weiteren Verweisen). Zur *Landschaft mit Tieren,* die früher dem Prinzen Paul von Jugoslawien gehörte (fortan als ›C‹ bezeichnet), vgl. Schubring, Bibl. 310, Nr. 932, Abb. Tf. XVI, und van Marle, a. a. O., S. 346 und Abb. 236 (mit weiteren Verweisen). Die Maße, teils ungenau, teils verdruckt in Schubrings Werk, in Roger Frys unten zitiertem Artikel jedoch bereits korrigiert, sind:
A, unsere Abb. 27, Schubring 383: 71,1 × 168,3 cm,
B, unsere Abb. 28, Schubring 384: 71,1 × 169,2 cm,
C, unsere Abb. 29, Schubring 932: 71,1 × 196,5 cm.
Die Einheitlichkeit in Stil und Stimmung wie auch die gleiche Höhe der drei Tafeln sind bereits von Roger Fry, Pictures at the Burlington Fine Arts Club, Bibl. 107, hervorgehoben worden. Sie geben ein einheitliches ikonographisches Programm wieder und waren sicherlich dazu bestimmt, die Wände eines Zimmers zu schmücken (vgl. auch F. J. M. [Mather], Bibl. 211). Roger Fry schrieb die ganze Serie Piero di Cosimo zu und stellte somit Schubrings Zuschreibung an Bartolommeo di Giovanni richtig. R. van Marle schreibt recht eigentümlicherweise A und B Bartolommeo di Giovanni zu, während er C Piero di Cosimo zuweist. Berenson schreibt richtig alle Tafeln Piero di Cosimo zu (Bibl. 31, S. 389 f.). Dieser Dreierserie hat Schubring eine vierte Tafel hinzugefügt (fortan als ›D‹ bezeichnet), die ›Schlacht der Lapithen und Zentauren‹ in der Ricketts-Shannon Collection, jetzt leihweise in der National Gallery in London (Bibl. 309, Nr. 385 und Tf. XC, vgl. van Marle, a. a. O., S. 248), unsere Abb. 30. Es ist richtig, daß dieses Bild – natürlich von Piero di Cosimo, vgl. wiederum Berenson, a. a. O. – ungefähr zu selben Zeit wie A, B und C gemalt wurde und dieselbe Höhe besitzt (71,1 × 259,1 cm). Aber seine Ikonographie spricht gegen die Annahme, daß es zur selben Serie gehört. Im Gegensatz zu A, B und C zeigt es das Drum und Dran einer höheren Zivilisation, insbesondere Metallgegenstände und gewebte Materialien, und hat einen dermaßen deutlich mythographischen Gehalt, daß sogar das kuriose Detail des Gebrauchs eines brennenden Altars als Wurfgeschoß durch Ovids Beschreibung des Zentauren Gryneus erklärt werden kann (*Met.,* XII, 258 ff.). D war höchstwahrscheinlich eine selbständige Arbeit wie viele andere zeitgenössische Darstellungen desselben Themas, zum Beispiel Michelangelos berühmtes Relief in der Casa Buonarroti. Es sollte nebenher erwähnt werden, daß zwischen diesem Relief und Pieros Schlacht der Lapithen und Zentauren ein Beziehung besteht. Beide Darstellungen zeigen das auffallende Motiv einer Frau, die zwischen einem Lapithen und einem Zentauren hin und her gezerrt wird, und eine Reminiszenz der Gruppe in der Mitte des Bildes von Piero mag in den gedrängten Gruppierungen kauernder, von Panik befallener Gestalten auf dem Fresko der Sintflut erblickt werden (in umgestalteter Form kommen ähnliche Gruppen wieder auf den Zeichnungen der dreißiger Jahre vor), ebenso wie im Ignudo rechts von Daniel.

Zwei weitere Bilder, die im Zusammenhang mit den hier zur Diskussion stehenden Tafeln erwähnt worden sind (Schubring, Bibl. 309, Nr. 386, van Marle, a. a. O., S. 248, beide ohne

Abbildungen oder Maßangaben), befinden sich im Besitz von Mr. Francis Howard, London (vordem im Besitz von Mr. A. Meyer, London) und stellen die Hochzeit von Pirithous und Hippodamia (oder Deidamia) dar. Der Schöpfer dieser Bilder (Abb. in Bibl. 65, S. 52 und 53) ist jedoch Bartolommeo di Giovanni; siehe B. Berenson, Bibl. 29, 1909, S. 98. Für Auskünfte in bezug auf diese Bilder bin ich A. Scharf, London, zu Dank verpflichtet. Durch einen merkwürdigen Zufall, der uns davor warnen sollte, allzu großes Gewicht auf übereinstimmende Maße zu legen, haben die beiden Tafeln von Mr. Howard fast genau dieselben Maße (80 × 129,5 cm) wie die beiden authentischen Tafeln von Piero di Cosimo, die für Giovanni (oder Guidantonio) Vespucci gemalt wurden. Zu diesen Bildern, die nicht mit der Bilderserie Francesco del Puglieses verwechselt werden sollten, siehe S. 78ff. und Abb. 31 und 32.

55 Die beiden Schiffe mit ihrem kühn geschwungenen Bug und langen Rammsporn am Heck, die im Hintergrund der ›Rückkehr von der Jagd‹ erscheinen (unsere Abb. 28), sind z. B. denen sehr ähnlich, die auf archaischen griechischen Vasen zu finden sind. Vgl. zum Beispiel C. Torr, Bibl. 359, Abb. 15. Die Tatsache, daß antike Vasen italienischen Renaissancekünstlern bekannt waren und von ihnen verwendet wurden, ist im Zusammenhang mit Antonio Pollaiuolo von F. R. Shapley, Bibl. 317, mit Recht betont worden und kann durch eine lange, überschwengliche Beschreibung von in Arezzo gefundener Keramik bestätigt werden (Ristore d'Arezzo, *De la composizione del mondo,* abgedruckt in V. Nannucci, Bibl. 227, Bd. II, S. 201; vgl. J. v. Schlosser, Bibl. 305, S. 31 und ders., Bibl. 306, S. 152).

56 Die Holzschnitte in der Comoer Ausgabe (unsere Abb. 19) und auch in der französischen Übersetzung zeigen Tiere, die durch das Feuer aus dem Walde vertrieben worden sind.

57 Lukrez, *De Rer. Nat.,* V, 1283.

58 Tatsächlich war die früheste Form dekorativer Schiffsrammböcke ein bronzener Eberkopf. Vgl. C. Torr, Bibl. 359, S. 64 und Abb. 17 und 43; des weiteren Daremberg-Saglio, Bibl. 70, Bd. IV, Abb. 5282 und 5958. Ein Renaissance-›Archäologe‹ könnte leicht zu dem Schluß gelangt sein, daß dieses Merkmal seinen Ursprung in einer primitiven Gewohnheit, wirkliche Tierschädel als schützenden Zauber zu verwenden, gehabt habe, wie es in ländlichen Gegenden auf der ganzen Welt der Fall war und noch immer ist (für Italien vgl. L. B. Alberti, *De Architectura,* X, 13, wo ein auf einen Pfahl gepflanzter Pferdeschädel als Schutz gegen Raupen empfohlen wird; ein Brauch, der sich bis in unsere Tage hinein erhalten hat). Überdies war aus Tacitus, *Germania,* 45, bekannt, daß die ›Aestii‹, das heißt, die Küstenbewohner der Baltischen See, die Gewohnheit hatten, Eberdarstellungen als ›Totem‹ zu benutzen: *»insigne superstitionis formas aprorum gestant; id pro armis omnisque tutela securum deae cultorem etiam inter hostes praestat«.*

59 Einer Meldung im *New Yorker,* Bibl. 229, zufolge heirateten Ealine Scroggins und Hermann Jarrett, mit den Häuten wilder Tiere bekleidet, in einer Höhle.

60 Lukrez, *De Rer. Nat.,* V, 890–924. Es gibt einen einzigen Fall in der frühmittelalterlichen Kunst, wo, aufgrund einer übergründlichen Interpretation der Genesis, halbmenschliche Ungeheuer (durch den *Physiologus,* durch Bestiarien und Enzyklopädien überliefert) in die Darstellung des Paradieses einbezogen wurden, worin ohne Kenntnis des Künstlers eine Wirkung ihren Ursprung hat, die der der ›primitivistischen‹ Bilder Piero di Cosimos vergleichbar ist: die Elfenbeinagraffe, Abb. in A. Goldschmidt, Bibl. 117, Bd. I, 1914, Tf. LXX, Nr. 158: Adam und Evas Menagerie enthält nicht nur Zentauren und Sirenen, sondern auch Satyrn mit Hirschköpfen und menschliche Wesen mit Rinder- und Hundeköpfen. – In der Renaissance ist eine ›realistische‹ Deutung derartiger Zwitterungeheuer, worauf mich M. Schapiro aufmerksam gemacht hat, nicht nur von Piero di Cosimo versucht worden, sondern auch von Cima da Conegliano, der

sie jedoch eher ethnologisch als paläontologisch zu erklären versucht: die Satyrn auf seinem ›Umzug Silens‹ (L. Venturi, Bibl. 375, Tf. CCCX) sind unverkennbar negroiden Typs. – Zum Einfluß Lukrez' auf die Kunst des Florentiner Quattrocento siehe A. Warburg, Bibl. 387, Bd. I, S. 41ff., 321, und Bd. II, S. 478; des weiteren H. Pflaum, Bibl. 265, S. 15ff.

61 Vgl. den interessanten Aufsatz von Louisa Dresser, Bibl. 78, mit Abbildung.

62 Vasari, Bibl. 366, Bd. IV: *»Fece parimente in casa di Francesco del Pugliese intorno a una camera diverse storie di figure piccole; nè si può esprimere la diversità delle cose fantastiche che egli in tutte quelle si dilettò dipignere, e di casamenti e d'animali e di abiti e stromenti diversi, ed altre fantasie, che gli sovvennono per essere storie di favole«.*

63 Bibl. 200, Nr. 225.

64 *»Queste istorie, doppo la morte di Francesco del Pugliese e de' figliuoli, sono state levate, ne sò ove sieno capitate.«*

65 Der italienische Text ist zitiert in Anm. 50, S. 89.

66 R. van Marle, Bibl. 209, Bd. XIII, S. 380.

67 Giovanni Cambi, Bibl. 53, Bd. XXI, S. 58, 125 und Bd. XXII, S. 28. Die Tatsache, daß, wie Cambi berichtet, Franceso del Pugliese im Jahre 1513 *»sanza figliuoli d'età 55«* war, ist bestätigt worden durch sein Testament, das er am 28. Februar 1502 (1503) machte und in dem er seinen Besitz seinen Vettern Filippo und Niccolò hinterläßt; vgl. H. P. Horne, Bibl. 148, S. 52. Vasaris Behauptung, daß Francesco del Puglieses Besitztümer, »nachdem er und *seine Söhne* gestorben waren«, verteilt worden seien, ist demnach offenbar falsch.

68 Signor A. Panella, Soprintendente del R. Archivio di Stato di Firenze, dem ich meinen aufrichtigsten Dank sagen möchte, war so freundlich, die folgenden urkundlichen Angaben über Francesco del Pugliese zu sammeln: Die Familie befaßte sich mit Wollhandel und Schneiderei. Francesco di Filippo di Francesco del Pugliese – der einzige Francesco in seiner Generation, was seine Identität mit Piero di Cosimos Kunden bestätigt – wurde geboren am 30. Mai 1458 (*Liber secundus approbationum aetatum,* Serie delle Tratte, 41, CARTA 32t). Am 5. Januar 1462 (respektive 1463) wurde er bei der Arte della Lana *»ex persona Filippi sui patris«* eingeschrieben (Arte della Lana, 22, CARTA 152). 1469 wohnte er im Hause seines Onkels Piero di Francesco del Pugliese, sein Alter wird da mit zehn Jahren angegeben. 1480 ist er immer noch dort registriert (Catasto 1001, Campione del Quartiere Santo Spirito, Gonfalone del Drago, a 212), aber sein Alter wird hier mit 19 Jahren angegeben, was angesichts der beiden anderen zitierten Eintragungen ein offenbarer Irrtum ist. Seine erste Amtszeit als ›Priore‹ begann am 1. September 1490, seine zweite am 1. Januar 1497. Es zeigt sich, daß Giovanni Cambis Angaben zu Francesco del Puglieses Alter und Amtszeiten über die Maßen korrekt sind; so gibt es keinen Grund, seinen Bericht von Francescos Verbannung im Jahre 1513 in Zweifel zu ziehen, obwohl dieser Vorfall durch andere Dokumente nicht belegt werden konnte.

69 Vasari, Bibl. 366, Bd. IV, S. 141: *»Lavorò per Giovan Vespucci, che stava dirimpetto a S. Michele della via de'Servi, oggi di Pier Salviati, alcune storie baccanarie che sono intorno a una camera; nelle quali fece sì strani fauni, satiri, silvani, e putti, e baccanti, che è una maraviglia a vedere la diversità de' zaini e delle vesti, e la varietà della cere caprine, con una grazia e imitazione verissima. Evvi in una storia Sileno a cavallo su uno asino con molti fanciulli che lo regge e chi gli dà bere; e si vede una letizia al vivo, fatta con grande ingegno«.* In den üblichen Übersetzungen wird das Wort *›zaino‹* mit ›braunes Pferd‹ wiedergegeben. Aber die Verbindung *›zaini e vesti‹,* wie auch die offenkundige Unvereinbarkeit von Pferden und Bacchanten beweist, daß Vasari keinen ›záino‹, sondern einen ›zaíno‹ meinte, das heißt, eine Tasche oder ein Hirtenränzel, wie auf unserer Abb.

31 zu sehen; das Wort ist für einen Tornister aus Fell noch in Gebrauch (im Gegensatz dazu die *›bisaccia‹*, die aus jedem anderen Material bestehen kann). Das Motiv, das Vasari ungewöhnlich vorgekommen zu sein scheint, läßt die Identifizierung der zwei hier erörterten Bilder desto verläßlicher werden. C. Gamba, Bibl. 110, weist darauf hin, daß die Vespucci-Serie nicht für Giovanni Vespucci, sondern für seinen Vater Guidantonio gemalt worden sein könnte, der 1498 ein Haus in der Via de'Servi erwarb und es im selben Jahr von verschiedenen Malern ausgestalten ließ. Dieses Datum stünde im Einklang mit den stilistischen Merkmalen der Bilder (die Gamba nicht kannte), die sicherlich in Pieros frühere Periode gehören, die aber anscheinend etwas später als die drei Tafeln in Oxford und New York sind.

70 Die Maße beider Bilder sind 79,4 × 127,6 cm. Sie wurden zuerst als die Vespucci-Tafeln identifiziert von H. Ulmann, Bibl. 362, S. 129, aber diese richtige Identifizierung scheint fast in der ganzen jüngeren Literatur nicht berücksichtigt worden zu sein, von einigen Vasari-Ausgaben, wie etwa der deutschen Übersetzung, Bibl. 367, S. 193 oder der italienischen Ausgabe (Collezione Salani), Bibl. 368, S. 447f. abgesehen. F. Knapp, Bibl. 167, S. 86f. gibt nur eine sehr ungenaue Beschreibung der Sebright-Bilder (abgedruckt unter Stichwort ›Bartolommeo di Giovanni‹ bei Schubring, Bibl. 309, Nrn. 391–392). R. van Marle, Bibl. 209, Bd. XIII, S. 380, verzeichnet die Vespucci-Tafeln als ›verloren‹ und schreibt die Sebright-Bilder Bartolommeo di Giovanni zu (ebd. S. 248). B. Berenson, Bibl. 30 und Bibl. 31, erwähnt sie überhaupt nicht, er soll ihrer Zuschreibung an Piero di Cosimo aber beigepflichtet haben, nachdem sie ihm bekannt geworden waren.

71 Der von einem Weinstock umrankte Baumstumpf ist das typische Attribut Bacchus' in der antiken Bildhauerei und kann vielleicht als Ulme identifiziert werden, die herkömmlicherweise mit der Weinrebe verbunden ist. Vgl. Joachim Camerarius, Bibl. 54, I, SYMB. XXIV, mit Zitat aus Catull, *Carmina,* LXII, 49ff.

72 Vgl. Pauly-Wissowa, Bibl. 256, Bd. V, Stichwort ›Biene‹, insbesondere Sp. 444ff.

73 Interessant ist zu bemerken, daß Ovids *Fasti* bei den Florentiner Humanisten der Zeit Pieros besonders beliebt waren. Angelo Poliziano hielt öffentlich Vorlesungen über sie und scheint sie zum Gegenstand eines Kommentars in lateinischen Versen gemacht zu haben; einer seiner Freunde, genannt Michael Verinus, erklärte sie zu *»illius vatis* (d. h. Ovids) *liber pulcherrismus«* (vgl. A. Warburg, Bibl. 387, Bd. I, S. 34).

74 Ovid, *Fasti,* III, 735–744:

»Liba Deo fiunt: Succis quia ducibus ille
Gaudet, et a Baccho mella reperta ferunt.
Ibat arenoso Satyris comitatus ab Hebro:
(Non habet ingratos fabula nostra jocos)
Iamque erat at Rhodopen Pangaeaque florida ventum:
Aeriferae comitum concrepuere manus.
Ecce novae coeunt volucres, tinnitibus actae:
Quaque movent sonitus aera, sequuntur apes.
Colligit errantes, et in arbore claudit inani
Liber: et inventi praemia mellis habet.«

75 Ovid, a. a. O., 747–760:
»Ut Satyri levisque senex tetigere saporem:
Quaerebant flavos per nemus omne favos.

Audit in exesa stridorem examinis ulmo:
Adspicit et ceras, dissimulatque senex.
Utque piger pandi tergo residebat aselli;
Adplicat hunc ulmo corticibusque cavis.
Constitit ipse super ramoso stipite nixus:
Atque avide trunco condita mella petit.
Millia crabronom coeunt; et vertice nudo
Spicula defigunt, oraque summa notant.
Ille cadit praeceps, et calce feritur aselli:
Inclamatque suos, auxiliumque rogat.
Concurrunt Satyri, turgentiaque ora parentis
Rident. Percusso claudicat ille genu.
Ridet et ipse Deus: limumque inducere monstrat.
Hic paret monitis, et linit ora luto.«

76 Vgl. z. B. C. W. Kolbe, Abb. in L. Grote, Bibl. 124, Abb. 13.

77 Eine ähnliche Neudeutung kann bei Pieros ›Venus und Mars‹ (Berlin, Kaiser-Friedrich-Museum), verglichen mit Botticellis Darstellung des gleichen Themas, beobachtet werden (National Gallery, London). Das Thema – eine Verherrlichung der ›kosmischen Liebe‹, die das Universum befriedet – kann bis zu Lukrez, *De Rer. Nat.*, I, 31–40, zurückverfolgt werden (vgl. H. Pflaum, Bibl. 265, S. 20):

»Nam tu sola potes tranquilla pace iuvare
Mortalis, quoniam belli fera moenera Mavors
Armipotens regit, in gremium qui saepe tuum se
Reicit aeterno devictus vulnere amoris,
Atque ita suscipiens tereti cervice reposta
Pascit amore avidos inhians in te dea visus,
Eque tuo pendet resupini spiritus ore . . .«

Aber wieder ist eine bezaubernd primitivistische Pastorale an die Stelle einer feierlich antikisierenden Allegorie gesetzt worden.

78 Mein Freund F. Saxl macht mich auf die Tatsache aufmerksam, daß die Bacchus-und-Ariadne-Gruppe antike Vorbilder travestiert (vgl. S. Reinach, Bibl. 127, Bd. II, 1. S. 129) und daß das Motiv der Zwiebeln auf die aphrodisiakischen Eigenschaften, die diesem Gemüse zugeschrieben werden, anspielen könnte (Celsus, *De medicina*, II, 32: *»sensus excitant . . . cepa . . .«*).

79 Ovid, *Fasti*, III, 727–732.

80 Vgl. E. Panofsky, Bibl. 243, passim. Die Tafel von Soggi ebd. Tf. XXXI, Abb. 52 und bei Schubring, Bibl. 309, Nr. 419.

81 Vgl. Lukrez' ›Dritte Periode‹, erwähnt in Anm. 22, S. 85.

82 Ein Psychoanalytiker könnte zu dem Schluß kommen, daß auch Pieros Abneigung gegen gekochte Nahrung und seine außergewöhnliche Angewohnheit, *›una cinquantina‹* hartgekochter Eier auf einmal zuzubereiten *›per risparmiar il fuoco‹* (van Marle, Bibl. 209, Bd. XIII, S. 336 scheint Vasaris Sinn mißverstanden zu haben, denn er behauptet, Piero de Cosimo »aß ungefähr fünfzig hartgekochte Eier am Tag«), nicht nur eine wirtschaftliche Frage war, sondern auch

einem unbewußten Wunsch nachkam, so weit wie möglich den Kontakt mit dem Element, das ihn so faszinierte, wie es ihn schreckte, zu meiden.

83 Vgl. A. O. Lovejoy und G. Boas, Bibl. 201, S. 19.

84 Das heißt: Arkadien im vergilschen, nicht im ovidschen Sinne. Vgl. S. 67 und E. Panofsky, Bibl. 241.

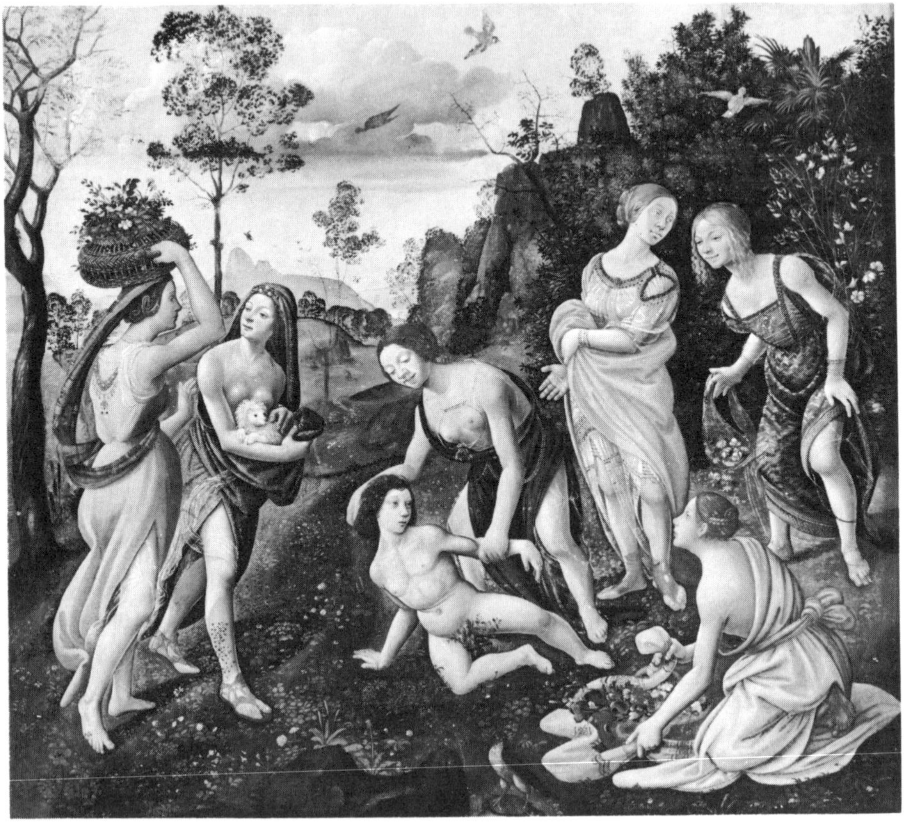

17 Piero di Cosimo, Die Auffindung Vulkans. Hartford, Conn., The Wardsworth Atheneum

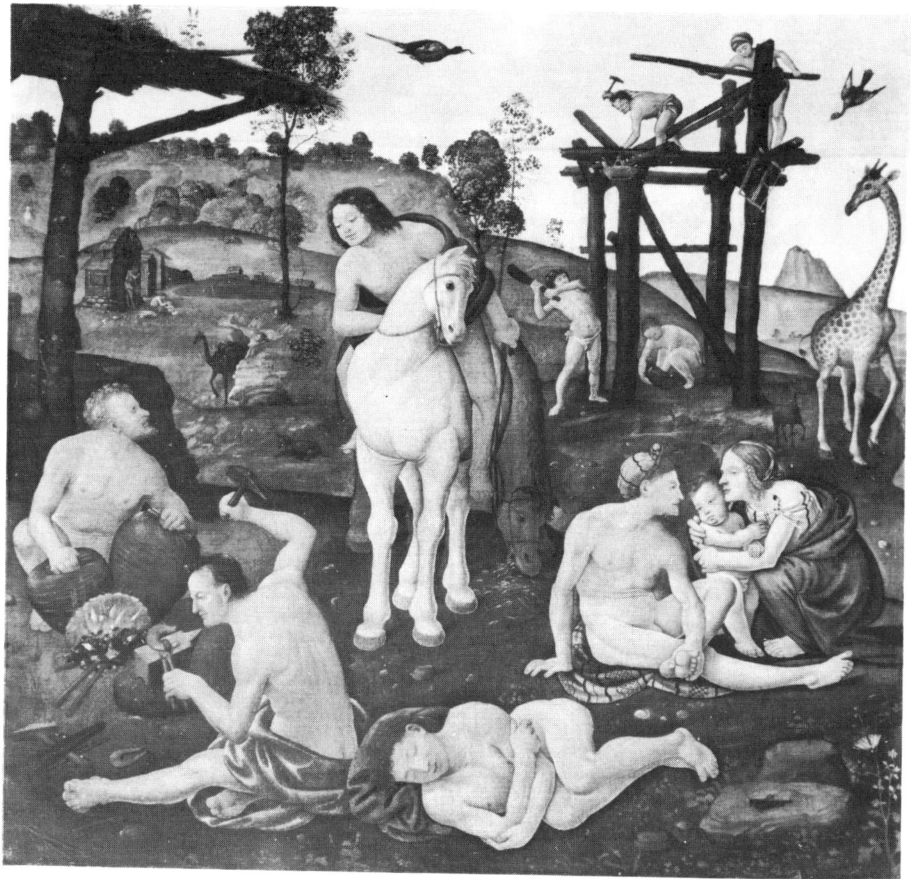

18 Piero di Cosimo, Vulkan und Aeolus als Lehrer der Menschheit. Ottawa, National Gallery of Canada

20 Die Entdeckung des Feuers. Holzschnitt aus Vitruvius, Nürnberg, 1548, fol. 61

19 Die Entdeckung des Feuers. Holzschnitt aus Vitruvius, Como, 1521, fol. 31, v.

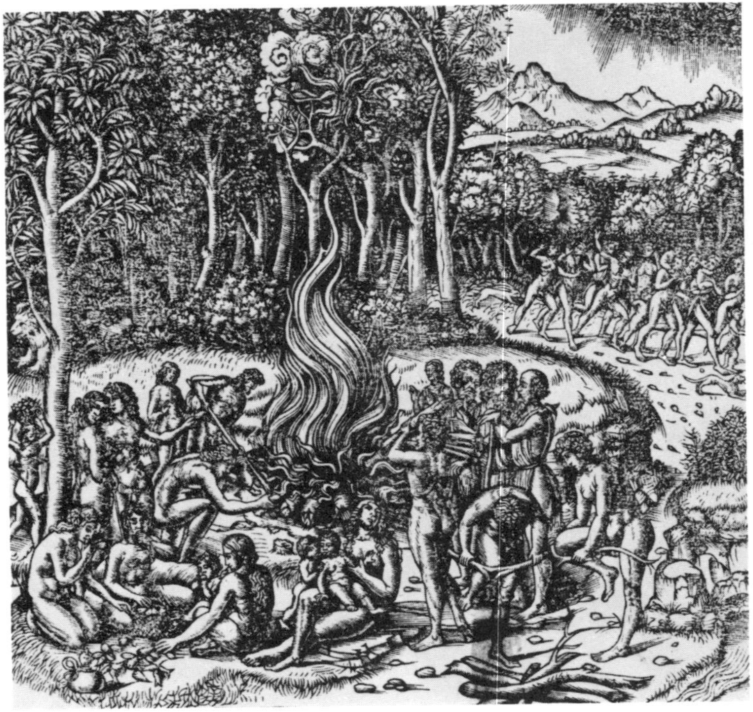

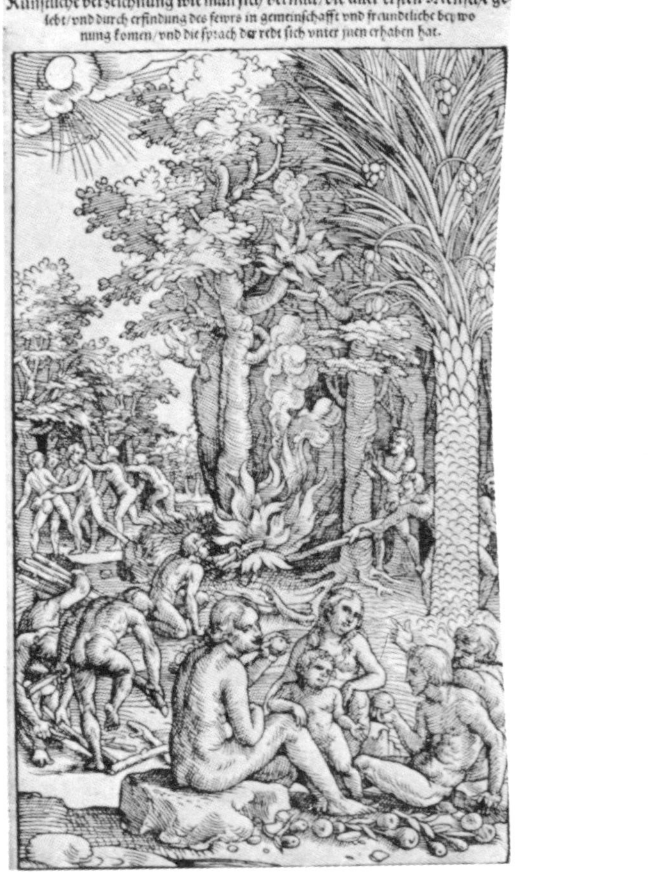

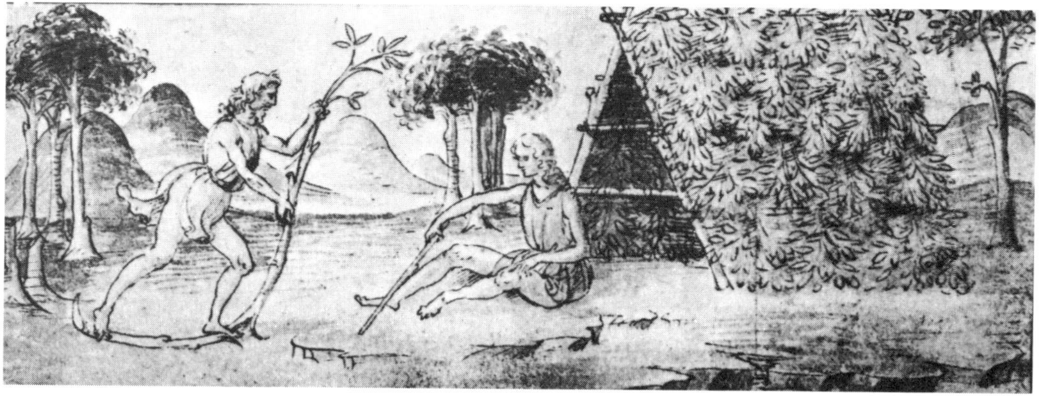

21 Primitiver Hausbau. Aus: Filarete, Trattato d'Architettura, Florenz, Biblioteca Nazionale, Cod. Magliabecchianus, II, 1, 140, um 1470

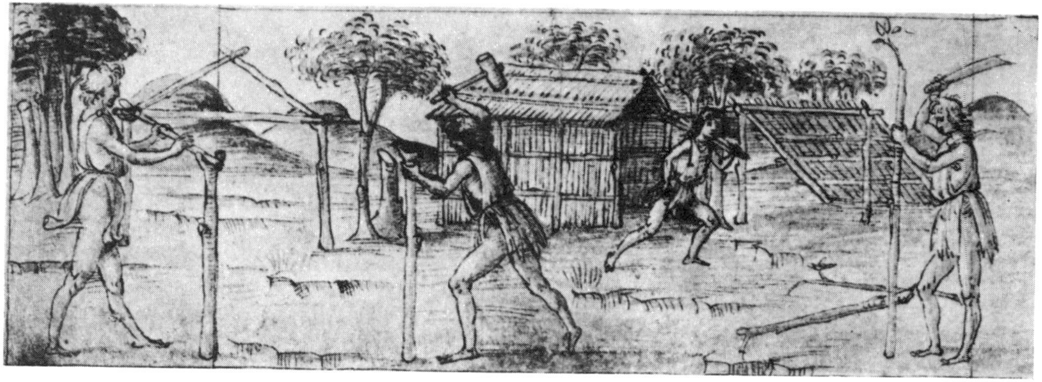

23 Primitiver Hausbau. Holzschnitt aus Vitruvius, Paris 1547, fol. 16

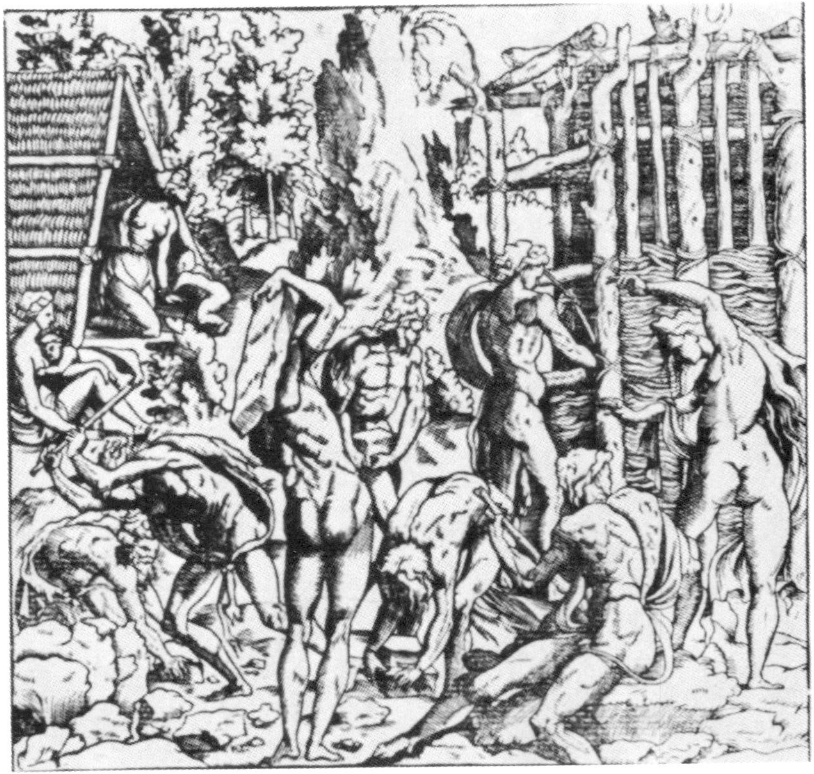

22 Primitiver Hausbau. Holzschnitt aus Vitruvius, Como 1521, fol. 32

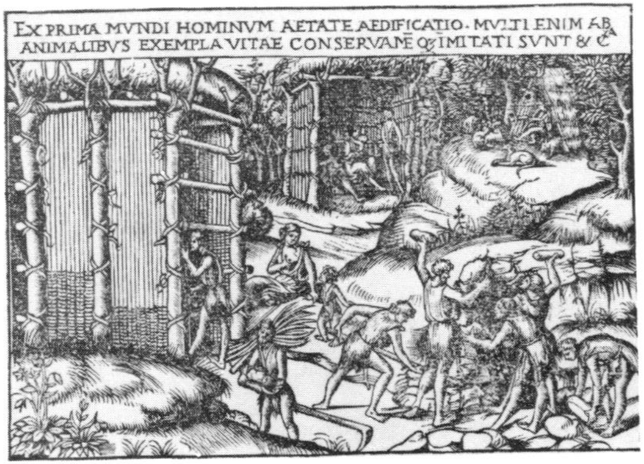

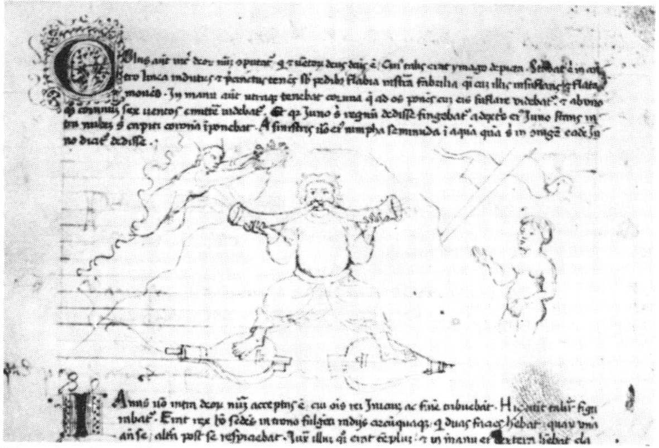

24 Aeolus. Rom, Vatikanische Bibliothek, Cod. Reg. 1290, fol. 4, etwa 1420

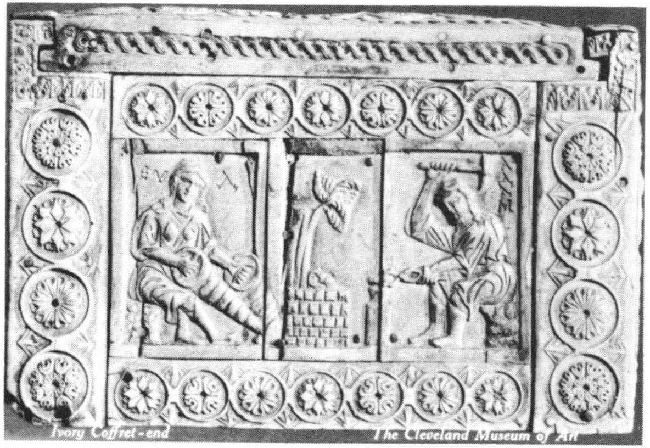

25 Adam und Eva in der Schmiede. Byzantinisches Elfenbeinkästchen, Cleveland, The Cleveland Museum of Art, etwa 1000

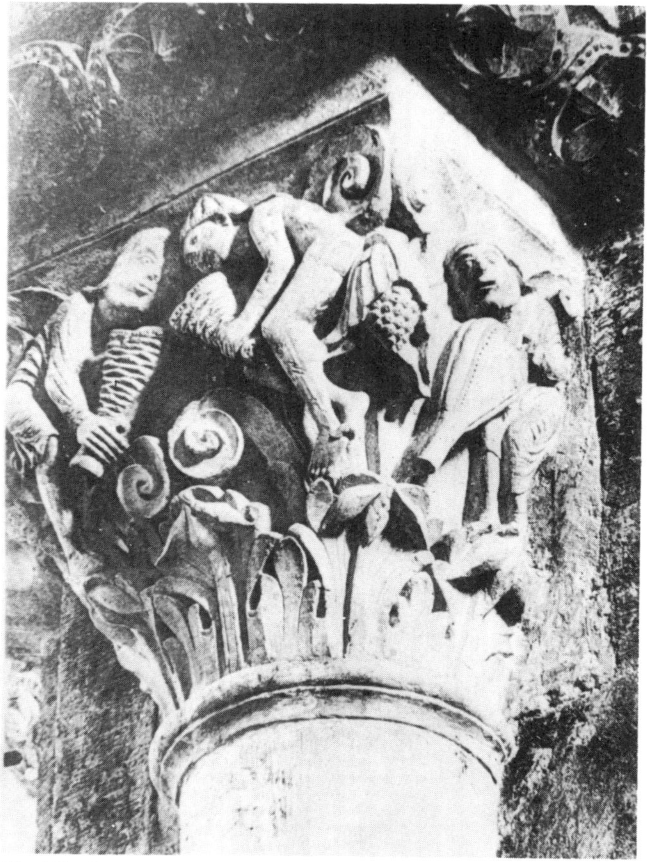

26 Die vier Winde. Kapitell. Vézelay, Ste Madeleine, etwa 1125

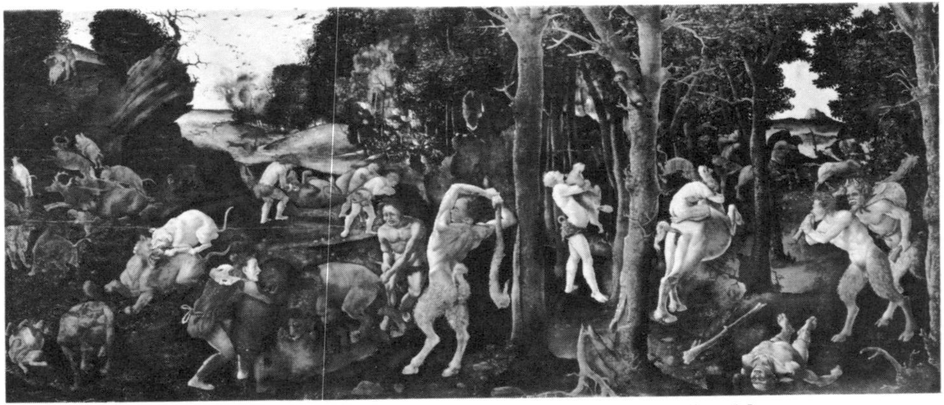

27 Piero di Cosimo, Das Leben in der Steinzeit. New York, The Metropolitan Museum

28 Piero di Cosimo, Das Leben in der Steinzeit. New York, The Metropolitan Museum

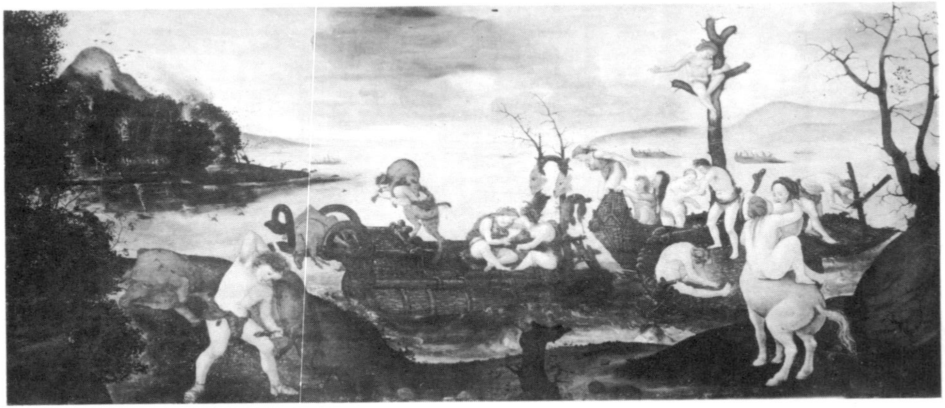

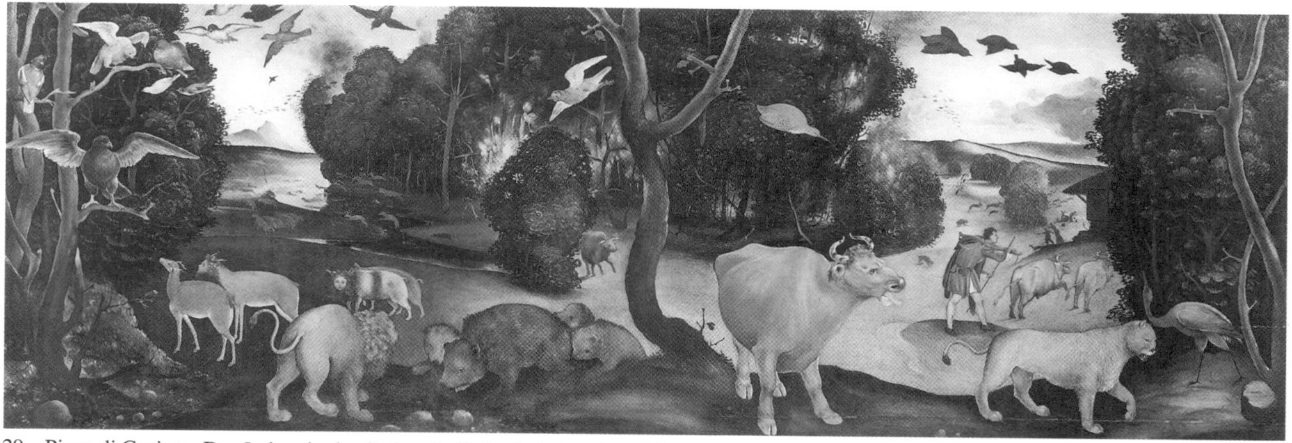

29 Piero di Cosimo, Das Leben in der Steinzeit. Oxford, Ashmolean Museum

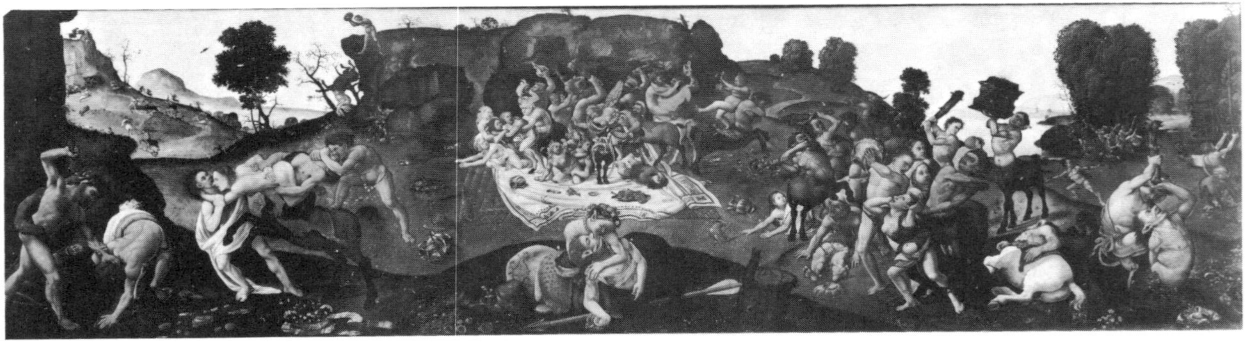

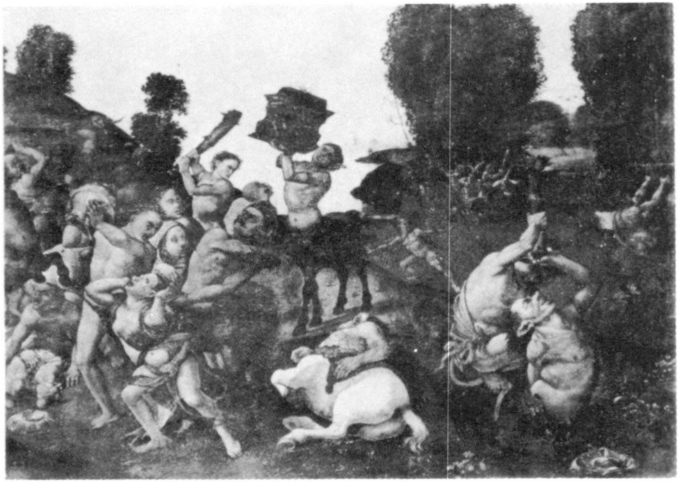

30 Piero di Cosimo, Schlacht der Zentauren mit den Lapithen. London, Ricketts and Shannon Collection, Leihgabe in der National Gallery

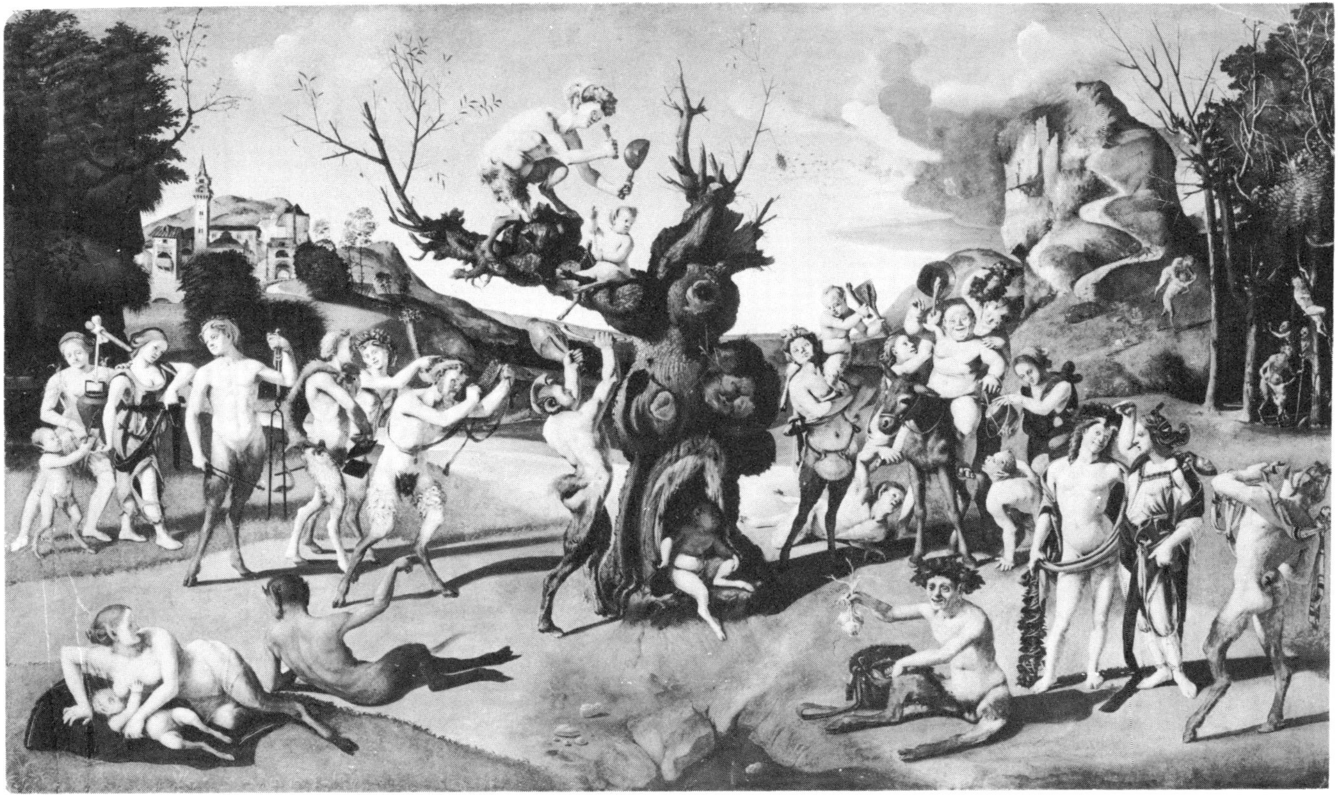

31 Piero di Cosimo, Die Entdeckung des Honigs. Worcester, Mass., The Worcester Art Museum

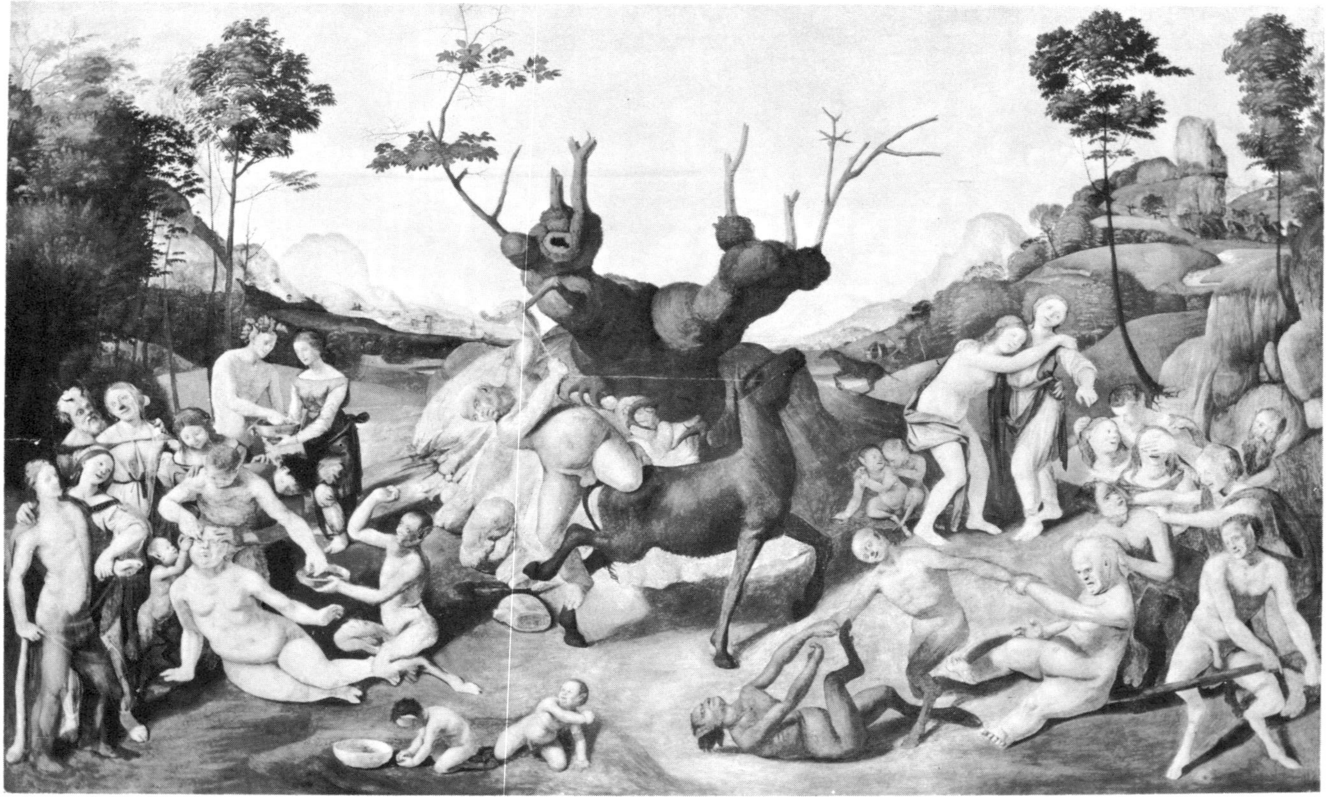

32 Piero di Cosimo, Silens Mißgeschicke. Cambridge, Mass., Fogg Art Museum

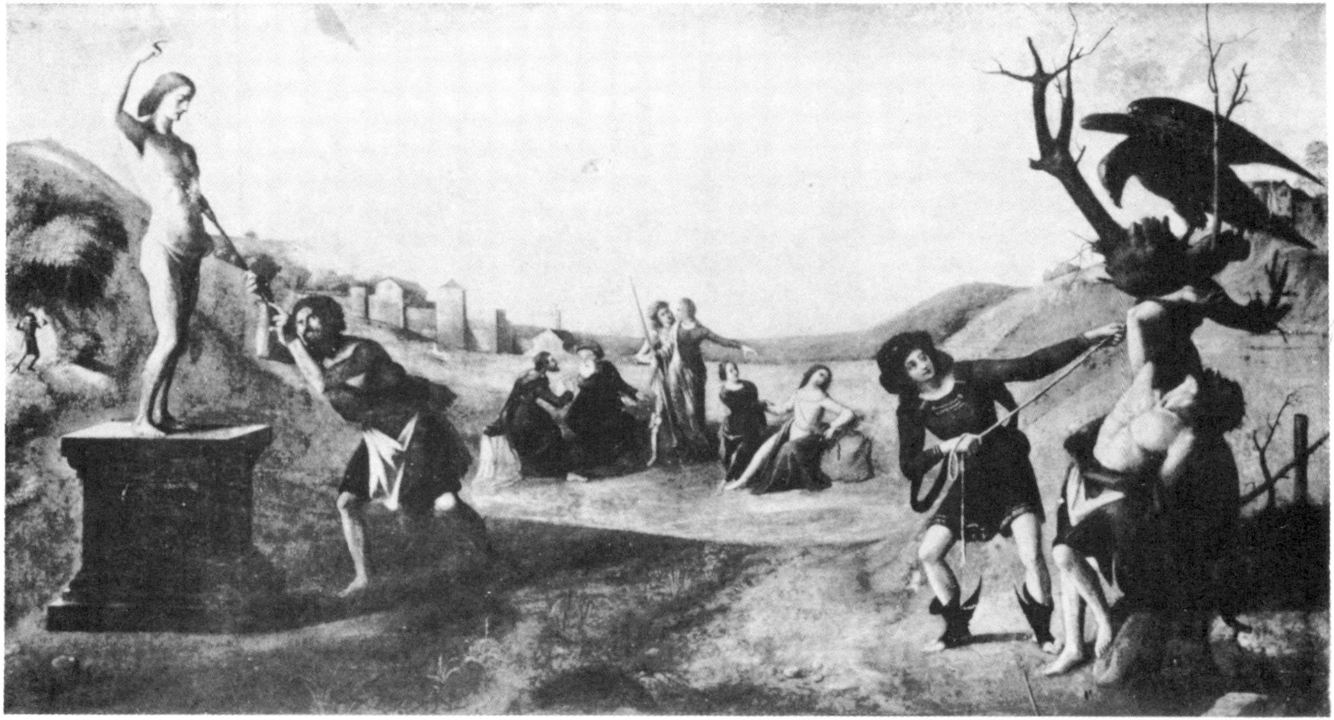

33 Piero di Cosimo, Der Mythos des Prometheus. Straßburg, Museum

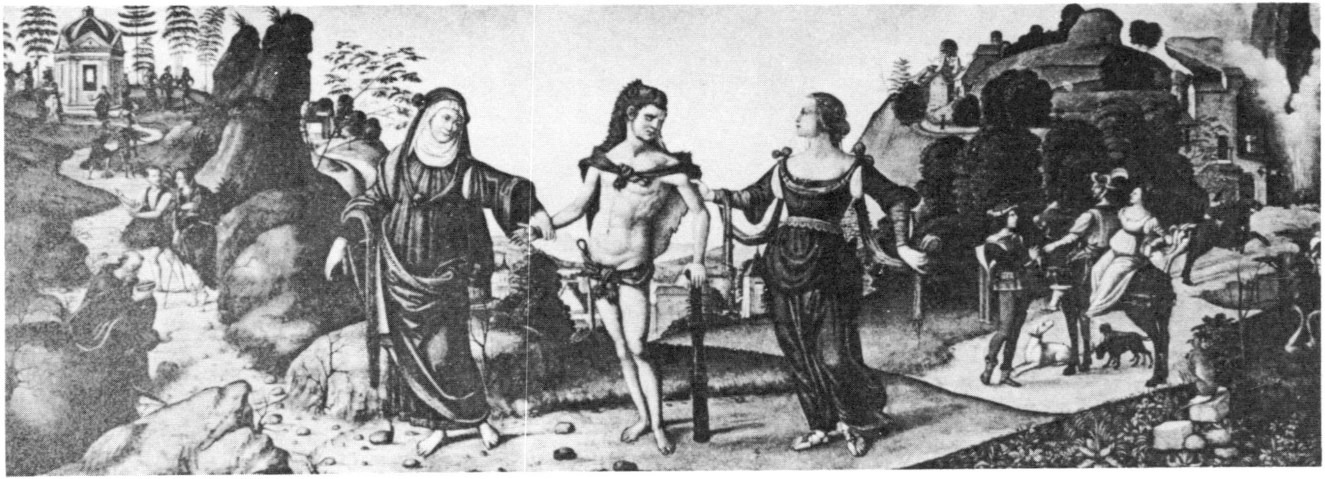

34 Niccolò Soggi (?), Hercules am Scheidewege. Berlin, Schloßmuseum

III Vater Chronos

Piero di Cosimos weltliche Darstellungen, die, wie die Dinge liegen, auf einem geradezu Darwinschen Evolutionismus basieren und oftmals auf eine Urwelt zurückgreifen, die älter als jedes historische Zeitalter ist, sind eine extreme und praktisch einmalige Kundgebung der allgemeinen Tendenz, die *›sacrosancta*

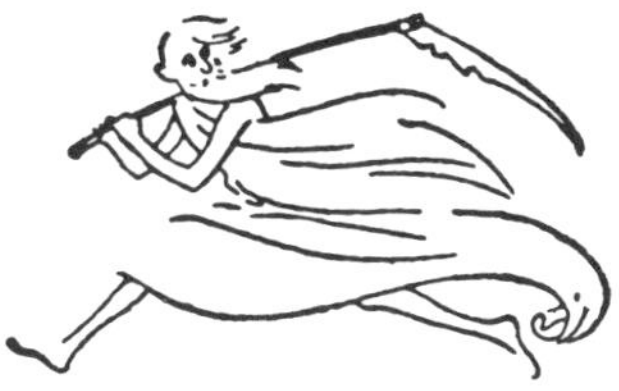

Vater Chronos. Werbung der Bowery Savings Bank

vetustas‹ wiederzuerleben. In der Regel beschränkte diese Tendenz sich auf die Erneuerung der Antike im historischen Sinne des Begriffs; Piero aber war, wie wir gesehen haben, sowohl Archäologe, als auch Primitivist. Die Wiederzusammenführung von klassischen Motiven und klassischen Themen ist jedoch nur ein Aspekt der Renaissancebewegung in der Kunst. Darstellungen von heidnischen Gottheiten, antiken Mythen oder Ereignissen der griechischen und römischen Geschichte, die – zumindest ikonographisch – nicht den Umstand zu erkennen geben, daß sie Erzeugnisse nachmittelalterlicher Kultur sind, gibt es natürlich in großer Zahl. Aber größer noch und vom Standpunkt des orthodoxen Christentums aus sehr viel gefährlicher war die Zahl der Werke, in denen der Geist der Renaissance sich nicht damit zufriedengab, klassische Urbilder innerhalb der Grenzen der antiken Sphäre wiederherzustellen, sondern eine optische und gefühlsmäßige Synthese von heidnischer Vergangenheit und christlicher Gegenwart anstrebte. Diese Synthese wurde auf verschiedenen Wegen erreicht, die getrennt oder zusammen beschritten werden konnten.

Die am häufigsten angewandte Methode könnte man die *Neu-Deutung* antiker Bilder nennen. Diese Bilder wurden entweder mit einem neuen symbolischen Gehalt weltlichen, doch entschieden nichtklassischen Charakters versehen (Zeugen hierfür sind die unzähligen Personifizierungen und Allegorien, die im Verlauf der Renaissance entstanden), oder es wurden ihnen spezifisch christliche Vorstellungen unterlegt. Dies wiederum konnte entweder mittels Kontrastes geschehen (z. B., wenn antike Sarkophage und Ruinen auf einer Darstellung der Geburt Christi zu sehen sind[1], oder wenn auf Filippino Lippis Fresko in S. Maria Novella der hl. Philipp den Drachen vor einer Art *scaenae frons* bannt, die voller heidnischer Symbole ist) oder mittels Anverwandlung, wie es bei den Darstellungen Christi, die das Motiv des Apollo Belvedere wiederaufnehmen, oder bei den nach Venus- oder Phaedra-Darstellungen gebildeten Marien der Fall ist. Während die mittelalterliche Kunst sich die klassischen Motive ohne viel Nachdenken angeeignet hatte, versuchte die Renaissance diese Praxis mit theoretischen Begründungen zu rechtfertigen: »Dann zu gleicher Weis, wie sie (i. e. die Heiden) die schonsten Gestalt eines Menschen haben zugemessen ihrem Abgott Abblo«, schrieb Dürer, »also wolln wir dieselb Moß brauchen zu Crysto dem Herren, der der schönste aller Welt ist. Und wie sie braucht haben Fenus als das schönste Weib also woll wir dieselb zierlich Gestalt kreuschlich (i. e. züchtig) darlegen der allerreinesten Jungfrauen Maria, der Mutter Gottes.«[2]

Während so antike Bilder bewußt neugedeutet wurden, gab es viele andere Fälle, in denen die wiederhergestellten klassischen Überlieferungen sich ganz natürlich oder auch automatisch mit den weiterlebenden mittelalterlichen Traditionen verbanden. Wenn eine antike Figur in ganz und gar nicht-antiker Verkleidung aus dem Mittelalter herausgekommen (wie wir es im ersten Kapitel kurz erläutert haben) und von der Renaissance in ihrer ursprünglichen Erscheinung wiederhergestellt worden war, dann zeigte das Endergebnis oft Spuren dieses Prozesses. Einige der mittelalterlichen Kleider oder Attribute pflegten zu der umgemodelten Gestalt zu passen und somit ein mittelalterliches Element in den Gehalt des neuen Bildes zu übertragen.

Das hatte zur Folge, was ich eine *›Pseudomorphose‹* nennen möchte: bestimmte Renaissancefiguren wurden mit einer Bedeutung versehen, die, trotz ihrer antikisierenden Erscheinung, in ihren klassischen Urbildern nicht vorhanden gewesen war, obwohl sie sich in der klassischen Literatur häufig angedeutet hatte. Dank ihrer mittelalterlichen Vorläufer war die Renaissancekunst oft imstande, in Bilder zu übersetzen, was die Kunst der Antike für nicht darstellbar gehalten hatte. In diesem und dem folgenden Kapitel werde ich versuchen, durch die Analyse von zwei angeblich antiken Gestalten typische Fälle von ›Pseudomorphose‹ zu veranschaulichen. Anders als viele andere ihrer Art verstanden sie es, der massenweisen Entfernung humanistischer Inhalte aus der Kunst des späten 19. Jahrhunderts zu widerstehen, und sie erfreuen sich bis zum heutigen Tage solcher Beliebtheit, daß sie auf Glückwunschkarten zum Valentinstag und zum neuen Jahr wie auch in Bilderwitzen und ernsthaften Anzeigen zu finden sind: Vater Chronos und der blinde Amor.

Vater Chronos, wie er z. B. auf einer Anzeige der Bowery Savings Bank zu sehen ist (Textabb. S. 109), ist ein einfaches Beispiel seiner Art. Von den Attributen, die dazu dienen, eine Personifizierung wiedererkennbar zu machen, hat er als Charakteristika nur das hohe Alter und die Sense. Seine Vorgänger sind im allgemeinen reicher ausgestattet. In der Kunst der Renaissance und des Barock ist Vater Chronos normalerweise geflügelt und meistens nackt. Zu seinem häufigsten Attribut, der Sense oder Sichel, kommen hinzu oder an ihre Stelle treten manchmal: ein Stundenglas, eine Schlange oder ein Drache, die sich selbst in den Schwanz beißen, oder der Tierkreis; in vielen Fällen geht er mit Krücken.

Einige Merkmale dieser komplizierteren Bilder kann man in klassischen oder spätantiken Darstellungen der Idee der Zeit finden, jedoch ist keine dieser eigentümlichen Kombinationen, die den Typus von ›Vater Chronos‹ im heutigen Sinne ausmachen, in der Kunst der Antike zu entdecken. In ihr finden wir im großen und ganzen zwei Hauptarten von Auffassungen und Darstellungen. Auf der einen Seite sind das Darstellungen der Zeit als ›Kairos‹, das heißt, des kurzen, entscheidenden Augenblicks, der einen Wendepunkt im Leben eines Menschen oder in der Entwicklung des Universums bezeichnet. Dieser Begriff wurde durch die gemeinhin als ›günstiger Augenblick‹ (Abb. 35) bekannte Figur dargestellt. Er wurde als (ursprünglich nackter) Mann in flüchtiger Bewegung gezeigt, in der Regel jung und nie sehr alt, trotz der Tatsache, daß die Zeit in der griechischen Dichtung manchmal πολιός (grauhaarig) genannt wird.[3] Er war mit Flügeln an Schultern und Fersen versehen. Seine Attribute waren eine Waage, die er ursprünglich auf der Kante eines Rasiermessers balancierte, und, in etwas späterer Zeit, ein oder zwei Räder. Darüber hinaus zeigte sein Haupt oft die sprichwörtliche Stirnlocke, an der die im übrigen barhäuptige Personifizierung des ›günstigen Augenblicks‹ ergriffen werden kann.[4] Es war diese verworren allegorische Wesensart, weshalb die Gestalt des Kairos oder ›rechten Augenblicks‹ dem spätantiken und mittelalterlichen Geist zusagte. Er lebte fort bis ins

11. Jahrhundert und neigte später dazu, sich mit der Gestalt der Fortuna zu verbinden, wobei diese Fusion durch den Umstand begünstigt wurde, daß das lateinische Wort für ›Kairos‹, nämlich *occasio,* dasselbe Genus hat wie *fortuna.*[5]

Auf der anderen Seite wird in der Kunst der Antike das genaue Gegenteil der ›Kairos‹-Idee dargestellt, nämlich der iranische Begriff der Zeit als ›Aion‹, das heißt, des göttlichen Prinzips ewiger unermüdlicher Schöpferkraft. Diese Darstellungen sind entweder mit dem Mithra-Kult verbunden, wobei sie in diesem Falle eine finstere geflügelte Gestalt mit Löwenkopf und Löwenklauen zeigen, die von einer riesenhaften Schlange umschlungen wird und einen Schlüssel in jeder Hand hat[6], oder sie schildern die gemeinhin als Phanes bekannte orphische Gottheit, wobei sie in diesem Falle einen schönen geflügelten Jüngling zeigen, der vom Tierkreis umgeben und mit vielen Attributen kosmischer Macht ausgestattet ist; auch er wird von den Windungen einer Schlange umfaßt (Abb. 36).[7]

Bei keiner dieser antiken Darstellungen finden wir das Stundenglas, Sense oder Sichel, die Krücken oder irgendein Anzeichen besonders vorgerückten Alters. Mit anderen Worten, in der Antike werden die Darstellungen der Zeit entweder durch Symbole rasender Eile und empfindlichen Gleichgewichts oder durch Symbole universaler Macht und unendlicher Zeugungskraft charakterisiert, nicht aber durch Symbole des Verfalls und der Vernichtung. Wie aber konnten dann diese für Vater Chronos höchst charakteristischen Attribute Eingang finden?

Die Antwort liegt in der Tatsache, daß der griechische Ausdruck für Zeit, Chronos, dem Namen Kronos' (des römischen Saturn), des ältesten und gewaltigsten aller Götter, sehr ähnlich war. Als Schutzgott der Landwirtschaft trug er gewöhnlich eine Sichel. Als ältestes Mitglied des griechischen und römischen Pantheon war er von Stand aus alt, und später, als die großen antiken Gottheiten mit den Planeten gleichgesetzt wurden, wurde Saturn dem höchsten und langsamsten von ihnen zugeordnet. Als die fromme Verehrung nach und nach verfiel und schließlich von philosophischer Spekulation verdrängt wurde, da wurde die zufällige Ähnlichkeit der Wörter Chronos und Kronos als Beweis der tatsächlichen Identität der zwei Begriffe angeführt, die wirklich einige Züge gemein hatten. Nach Plutarch, der zufällig der früheste Autor ist, der diese Identität schriftlich vorbringt, bedeutet Kronos Zeit, so wie Hera Luft und Hephaistos Feuer bedeuten.[8] Die Neuplatoniker akzeptierten die Gleichsetzung eher aus metaphysischen als aus naturwissenschaftlichen Gründen. Sie deuteten Kronos, den Vater der Götter und Menschen[9], als Νους, den kosmischen Geist (während sein Sohn Zeus oder Jupiter mit dessen ›Emanation‹, der Ψυχη oder kosmischen

Seele verglichen wurde), und konnten diesen Begriff leicht mit dem des Chronos, des ›Vaters aller Dinge‹[10], verschmelzen, des ›weisen alten Baumeisters‹, wie er genannt worden war.[11] Die gelehrten Autoren des 4. und 5. Jahrhunderts n. Chr. begannen, Kronos-Saturn mit neuen Attributen wie der Schlange oder dem Drachen, die sich selbst in den Schwanz beißen[12], zu versehen, um seine Bedeutung im Zusammenhang mit der Zeit zu unterstreichen. Ebenso interpretierten sie die ursprünglichen Kennzeichen seiner Erscheinung als Symbole der Zeit um. Seine Sichel, traditionell entweder als landwirtschaftliches Werkzeug oder als Kastrationsinstrument gedeutet, wurde schließlich als Symbol der *tempora quae sicut falx in se recurrunt*[13] interpretiert; und von der mythischen Erzählung, wonach er seine eigenen Kinder verschlungen habe, hieß es, sie bedeute, daß die Zeit, die schon von Simonides ›scharfzähnig‹[14] und von Ovid *edax rerum*[15] genannt worden war, alles verschlingt, was sie erschaffen hat.[16]

So haben wir also eher in der Ikonographie Kronos-Saturns als in der der Verkörperungen der Zeit selbst nach zusätzlichem Belegmaterial zu suchen. Aber die Synthese, die schließlich das Bild von Vater Chronos, wie wir es kennen, hervorbrachte, kam nicht ohne viele Veränderungen zustande. In der Kunst der Antike ist Kronos oder Saturn eine vollkommen würdige, wenngleich etwas schwermütige Gestalt, die durch eine Sichel, durch einen Schleier um den Kopf (Abb. 38)[17] und, wenn sie sitzt, durch ihre traurige Haltung mit dem auf die Hand gestützten Kopf[18] charakterisiert wird. Flügel kommen nie vor[19], desgleichen aber auch weder Stützen noch Krücken.

Das änderte sich während des Mittelalters. Dem normalen Entwicklungsschema folgend, das wir im ersten Kapitel skizziert haben, ließ man das antike Bild Saturns gelegentlich in der karolingischen wie auch in der mittelbyzantinischen Kunst wiederaufleben, es sollte sich jedoch nur eine vergleichsweise kurze Zeit halten. Saturn-Darstellungen, die mehr oder weniger wörtlich den klassischen Typus wiederholen, dessen bestes Beispiel in dem Wandbild aus der Casa dei Dioscuri in Pompeji zu erblicken ist, finden wir erstens in den Abschriften eines Kalendariums aus dem 4. Jahrhundert, das als *Chronograph von 354* oder *Filocalus-Kalender* (Abb. 39) bekannt ist;[20] zweitens in den ›*planetaria*‹, die in astronomischen Abhandlungen karolingischen wie byzantinischen Ursprungs erscheinen;[21] drittens in Manuskripten der *Homilien* des hl. Gregor aus dem 11. und 12. Jahrhundert, in denen Ereignisse aus dem Saturn-Mythos unter anderen Szenen erscheinen, die auf die Sittenlosigkeit der heidnischen Götter hinweisen; auf der uns betreffenden Miniatur verschlingt Saturn den eingewickelten Stein, gegen den der kleine Jupiter ausgetauscht worden ist (Abb. 42).[22] Viertens in den Illustrationen des Kapitels ›*De diis gentilium*‹ in Hrabanus Maurus' Enzyklopädie

De universo, die in zwei voneinander unabhängigen Abschriften auf uns gekommen ist, von denen die eine 1023 in Montecassino (Abb. 40), die andere in der ersten Hälfte des 15. Jahrhunderts in Süddeutschland (Abb. 41) angefertigt worden ist; es ist interessant zu bemerken, daß in der Handschrift aus Montecassino die klassische Sichel (getreu beibehalten in der jüngeren deutschen Abschrift) bereits gegen die modernere Sense ausgetauscht ist.[23]

Während des Hochmittelalters gab die Kunst im Westen die karolingischen Darstellungen auf, die bis zum 15. Jahrhundert in Vergessenheit gerieten und in der Zwischenzeit durch ganz und gar nicht-klassische Muster ersetzt wurden. Aufgrund der Tatsache, daß Saturn, wie auch Jupiter, Venus etc., mit einem Planeten gleichgesetzt worden war, tauchen diese neuen Darstellungen in den Illustrationen mythographischer und astrologischer Texte auf.

In seiner Eigenschaft als Planetenherrscher wurde Saturn als besonders unheilvolle Gestalt betrachtet; das Englische benutzt heute noch das Wort ›saturnine‹ zur Kennzeichnung eines trägen, schwermütigen Temperaments. Diejenigen, die seiner Macht unterworfen waren, konnten mächtig und reich, aber nicht freundlich und großzügig sein; sie konnten weise sein, aber nicht glücklich. Denn unter dem Saturn geborene Menschen mußten notgedrungen melancholisch sein. Doch wurden selbst diese äußerst relativen Vorzüge nur einer sehr kleinen Minderheit von ›Kindern‹ Saturns zugestanden. Im allgemeinen wurde Saturn, der kälteste, trockenste und langsamste der Planeten, mit hohem Alter, tiefster Armut und Tod in Verbindung gebracht.[24] In der Tat wurde der Tod, wie Saturn, von sehr früher Zeit an mit einer Sense oder Sichel dargestellt (Abb. 43).[25] Saturn wurde als für Hochwasser, Hungersnöte und alle anderen Arten von Katastrophen verantwortlich angesehen. Die unter seinem Zeichen Geborenen wurden mit den Elendesten und Lästigsten der Sterblichen, wie Krüppeln, Geizhälsen, Bettlern, Verbrechern, armen Bauern, Kloakenreinigern und Totengräbern auf eine Stufe gestellt. Erst vom letzten Viertel des 15. Jahrhunderts an gingen die Florentiner Neuplatoniker (mit deren Einfluß auf die Kunst der Renaissance wir uns in späteren Kapiteln befassen werden) wieder auf Plotins Auffassung Saturns zurück, indem sie ihn als Repräsentanten und Beschützer der tiefen philosophischen und religiösen Kontemplation betrachteten, während sie Jupiter mit der rein praktischen und vernünftigen Intelligenz gleichsetzten.[26] Aber auch diese neuplatonische Wiedererweckung, die letzten Endes auf eine Gleichstellung von saturnischer Melancholie und Genie hinauslief, konnte den weitverbreiteten Glauben nicht entkräften, daß Saturn der unheilvollste der Planeten sei.

Astrologische Darstellungen – teilweise aus arabischen Quellen hergeleitet – ließen nicht ab, diese ungünstigen Bedeutungen zu betonen. Saturn erscheint meistens[27] als ein grämlicher, kränklicher alter Mann, oftmals von bäurischem Äußeren. Seine Sichel oder Sense ist häufig gegen eine Hacke oder einen Spaten vertauscht, selbst wenn er als thronender und gekrönter König dargestellt wird (Abb. 44)[28], und dieser Spaten hat die Tendenz, in einen Stab oder eine Krücke umgewandelt zu werden, die auf hohes Alter und allgemeine Hinfälligkeit schließen lassen (Abb. 48). Schließlich wird Saturn wirklich als Krüppel mit einem Holzbein gezeigt, womit seine noch abstoßendere Verstümmelung nur angedeutet werden soll (Abb. 49).[29] Auf Miniaturen und Stichen, die den Einfluß der sieben Planeten auf den Charakter des Menschen und sein Schicksal illustrieren – ein Lieblingsthema der Kunst des 15. und frühen 16. Jahrhunderts in Italien, weit mehr aber noch in den Ländern des Nordens –, spiegeln die Eigenschaften der ›Kinder‹ Saturns zur Genüge das mißliche Wesen ihres ›Vaters‹ wider: die Bilder zeigen eine Ansammlung von armen Bauern, Holzfällern, Gefangenen, Krüppeln und Verbrechern am Galgen, wobei das einzige versöhnliche Zeichen ein Mönch oder Einsiedler ist, ein bescheidener Vertreter der *vita contemplativa* (Abb. 48).[30]

Auf den mythographischen Darstellungen, die ausschließlich aus Textquellen gewonnen wurden, verwandelt sich Saturns Erscheinung vom Absonderlichen ins Furchterregende und Abstoßende. Auf dem frühesten bekannten Beispiel, der bereits erwähnten Regensburger Zeichnung von um 1100 (Abb. 13)[31], trägt er einen großen wehenden Schleier (der das *caput velatum* oder *glauco amictu coopertum* veranschaulicht) und hat eine Sichel sowie eine Sense in der Hand und obendrein den Drachen, der sich in den Schwanz beißt. Der Grundtypus wurde im 14. Jahrhundert entwickelt, als man begann, den *Moralisierten Ovid* und seine Ableger zu illustrieren.[32] Diese Bilder schlossen gewöhnlich zusätzliche, mit dem Saturn-Mythos in Verbindung stehende Figuren ein, die dazu dienten, sein finsteres Wesen herauszustreichen und seine Grausamkeit und Zerstörungsmacht noch deutlicher hervorzuheben, als es in den astrologischen Illustrationen der Fall war. Die Buchmaler schreckten ebensowenig davor zurück, den gräßlichen Vorgang der Kastration wie auch die Tat zu schildern, ein lebendes Kind zu verschlingen, eine auf Darstellungen der Antike nie gezeigte Szene. Dieses Menschenfresserbild sollte nun zum allgemein anerkannten Grundmuster in der spätmittelalterlichen Kunst werden (Abb. 45)[33] und verschmolz schließlich mit den astrologischen Darstellungen, so daß wir zeitweilig eine Kombination der Kastration mit dem Verschlingen des Kindes (Abb. 46)[34] oder eine Kombination des Verschlingens mit dem Motiv des Holzbeins finden.[35] In mehr oder weniger antikisierter Form setzen sich die Szenen des Verschlingens wie des Kastrierens bis in die Kunst der Hochrenaissance (Abb. 47) und des Barock und weiter fort; Goyas schauerlicher Saturn ist allen bekannt, und die Kastration ist zum Beispiel noch auf den Giulio Romano zugeschriebenen Fresken der Villa Lante zu sehen.[36]

Das war die Lage der Dinge, als die Künstler begannen, Petrarcas *Trionfi* zu illustrieren. Die Keuschheit triumphiert, wie jeder weiß, über die Liebe, der Tod über die Keuschheit, der Ruhm über den Tod und die Zeit über den Ruhm – um allein von der Ewigkeit besiegt zu werden. Da die äußere Erscheinung der Verkörperung der Zeit vom Dichter nicht beschrieben worden war, bis auf das *›andar leggiero dopo la guida sua, che mai non posa‹*[37], stand es den Illustratoren frei, sie in jeder Gestalt, die ihnen zusagte, darzustellen. Einige wenige scholastische Personifizierungen der Zeit waren während des Mittelalters erdacht worden, so zum Beispiel eine französische Miniatur von um 1400, die einen ›Temps‹ mit drei Köpfen (um Vergangenheit, Gegenwart und Zukunft zu kennzeichnen) und vier Flügeln zeigt, von denen jeder eine Jahreszeit bedeutet, während jede Feder einen Monat symbolisiert (Abb. 50).[38] Aber Darstellungen dieser theoretischen Art schienen ungeeignet, das Wesen des mächtigen, unbarmherzigen Zerstörers, wie ihn Petrarca sich vorgestellt hatte, auszudrücken. Petrarcas ›Zeit‹ war kein abstraktes philosophisches Prinzip, sondern eine konkrete beängstigende Macht. Was Wunder, daß die Illustratoren beschlossen, die harmlose Personifizierung des ›Temps‹ mit dem unheilvollen Bilde Saturns zu verquicken. Vom ersteren übernahmen sie die Flügel[39], vom letzteren das grimmige, hinfällige Äußere, die Krücken und endlich solche strikt zu Saturn gehörenden Züge wie die Sense und das Motiv des Verschlingens. Daß dieses neue Bild die Zeit verkörperte, wurde häufig durch ein Stundenglas, das in diesem neuen Illustrationszyklus zum ersten Male aufzutauchen scheint, und manchmal durch den Zodiakus oder den sich in seinen Schwanz beißenden Drachen unterstrichen.

Ich will mich darauf beschränken, fünf charakteristische Beispiele von Petrarca-Illustrationen anzuführen: 1) einen venezianischen Holzschnitt des späten 15. Jahrhunderts, der eine Verbindung zu der mittelalterlichen Personifizierung des ›Temps‹ bildet, indem er die Gestalt in strenger Vorderansicht bietet und mit den vier Flügeln ziert, die die Jahreszeiten zu symbolisieren pflegten (Abb. 52);[40] 2) eine Pesellino zugeschriebene Cassonetafel, auf der die Flügel auf die normale Zahl zwei reduziert worden sind (Abb. 54);[41] 3) eine Cassonetafel von Jacopo del Sellaio, auf dem sich verschiedene neue und teilweise unübliche Attribute eingeschlichen haben: neben dem Stundenglas finden wir eine Sonnenuhr und zwei Ratten, eine schwarze und eine weiße, die die Vernichtung des Lebens durch jeden Tag und jede Nacht symbolisieren (Abb. 55);[42] 4) einen zweiten venezianischen Holzschnitt, auf dem die Flügel – nicht aber die Sense – weggelassen worden sind, während die Vorstellung unendlicher Wiederkehr durch den sich in den Schwanz beißenden Drachen zum Ausdruck gebracht wird; hier wie auf dem anderen venezianischen Holzschnitt wird die zerstörerische Macht der Zeit durch eine öde Szenerie mit dürren Bäumen und verfallener Architektur verdeutlicht (Abb. 53);[43] 5) einen Holzschnitt aus einer Petrarca-Ausgabe des 16. Jahrhunderts, der, während er die geflügelte, ein Kind verschlingende Figur in der mittelalterlichen Saturntraditon zeigt, dennoch die antikisierenden Tendenzen der Hochrenaissance vor Augen führt, indem der hinfällige alte Mann, trotz seiner Krücken, in eine kräftige Aktfigur verwandelt wird (Abb. 56).[44]

Dies dann ist der Ursprung der Gestalt von Vater Chronos, wie wir ihn kennen.[45] Halb antik und halb mittelalterlich, halb abendländisch und halb orientalisch, veranschaulicht diese Gestalt sowohl die abstrakte Würde eines philosophischen Prinzips, als auch die bösartige Gefräßigkeit eines zerstörerischen Dämons, und eben diese enorme Vielschichtigkeit des neuen Bildes erklärt das häufige Erscheinen und die verschiedenen Bedeutungen von Vater Chronos in der Kunst von Renaissance und Barock.

Manchmal wird die Gestalt des Chronos als bloßes Mittel benutzt, den Ablauf von Monaten, Jahren oder Jahrhunderten anzuzeigen, wie in Shakespeares *Wintermärchen,* wo die ›Zeit‹ vor dem vierten Akt als Chorus erscheint, oder auch auf einem der Entwürfe Berninis, wo sie einen ägyptischen Obelisken tragen muß (Abb. 58b)[46], und in unzähligen Allegorien altertümelnden oder historischen Charakters.[47] In anderen und noch zahlreicheren Fällen jedoch ist die Gestalt von Chronos-Zeit mit einer tieferen und genaueren Bedeutung ausgestattet: sie kann entweder allgemein als Zerstörer oder Enthüller[48], oder aber als eine universale und unerbittliche Macht handeln, die mittels eines Kreislaufs von Zeugung und Zerstörung das schafft, was man kosmische Kontinuität nennen könnte: »thou nursest all and murder'st all that are« – du, der gebiert und mordet alle Dinge, um mit Shakespeare zu sprechen.[49]

In der ersten dieser Eigenschaften wurde Chronos, da er sich die Qualitäten des tödlichen, menschenfresserischen, sensenschwingenden Saturn angeeignet hatte, enger und enger mit dem Tod verbunden, und das Abbild der Zeit war es, von dem gegen Ende des 15. Jahrhunderts die Darstellungen des Todes sich das charakteristische Stundenglas[50], und manchmal sogar die Flügel zu leihen begannen, wie es bei Berninis Grabmal Alexanders VII. der Fall ist.[51] Chronos wiederum konnte als Kuppler des Todes dargestellt werden, den er mit Opfern versorgt[52], oder als Dämon mit eisernen Zähnen, der inmitten von Ruinen steht (vgl. die Holzschnitte Abb. 52 und 53).[53] Dieser Begriff des ›Zahns der Zeit‹[54] wird in einer merkwürdigen Anwendung auf die Archäologie sehr wörtlich und daher erheiternd auf dem Titelkupfer einer Ausgabe von *Einhundert römische Statuen, vom neidischen Zahn der Zeit verschont* aus dem 17. Jahrhundert wiedergegeben: darauf sehen wir Vater Chronos mit seiner Sense und der sich in den Schwanz beißenden Schlange inmitten von Architektur- und Skulpturtrümmern am Belvedere-Torso in eben derselben Art und Weise nagen, wie der alte Saturn beim Verschlingen seiner Kinder dargestellt worden war (Abb. 60).[55]

Chronos-Zeit als Enthüller (Abb. 59) ist nicht nur aus vielen Sprichwörtern und dichterischen Wendungen bekannt[56], sondern auch aus unzähligen Darstellungen von Themen wie ›Die Wahrheit, von der Zeit enthüllt oder befreit‹, ›Die von der Zeit verteidigte Tugend‹, ›Die von der Zeit freigesprochene Unschuld‹ und ähnlichem.[57] Die künstlerischen Ausdeutungen des Themas ›Zeit und Wahrheit‹, das auf der klassischen Redensart *›veritas filia temporis‹* basiert, sind jüngst in einem Aufsatz von F. Saxl erschöpfend erörtert worden.[58] So kann ich mich darauf beschränken, einen Fall zu betrachten, der wegen seines anscheinend rätselhaften Charakters und wegen der Bedeutung des beteiligten Künstlers einige Aufmerksamkeit verdient.

In der Galleria degli Arazzi in Florenz hängt ein Gobelin, der auf einen Karton von Angelo Bronzino zurückgeht und von dem führenden flämischen Weber Giovanni Rost hergestellt worden ist.[59] Auf diesem Werk, das in einem Inventar aus dem Jahre 1549 *L'Innocentia del Bronzino* genannt wird, ist die Unschuld zu sehen, die von den Mächten des Bösen, symbolisiert durch vier wilde Tiere, bedroht wird: einem Hund, einem Löwen, einem Wolf und einer Schlange, die Neid, Wut, Gier und Tücke bedeuten (Abb. 61).[60] Die Unschuld wird von einer ›Gerechtigkeit‹ gerettet, die ein Schwert und eine Waage trägt und deren Gebärde absichtlich jener Christi gleich ist, der die Seelen vor der Hölle errettet[61], während der geflügelte Chronos, mit einem Stundenglas auf der Schulter, eine Gestalt umfängt, die ein vorschneller Autor »ein junges Mädchen« nennt.[62] Aber in Wirklichkeit umarmt Chronos dieses junge Mädchen nicht nur, er entschleiert es auch, das sich auf diese Weise als eine Personifizierung der Wahrheit erweist.[63] Die Komposition ist somit eine Verbindung dreier zusammenhängender Versionen ein und desselben Themas: die von der Zeit errettete Wahrheit, die von der Zeit entschleierte Wahrheit und die nach ihrer Verfolgung freigesprochene Unschuld, wobei das dritte dieser Themen der Gegenstand der berühmten, von Lukian beschriebenen ›Verleumdung‹ des Apelles ist.[64]

Dieser Teppich hat ein Gegenstück: den ›Flora‹-Teppich, der anscheinend zu etwas späterer Zeit ausgeführt worden ist und ebenfalls in der Galleria degli Arazzi aufbewahrt wird (Abb. 62).[65] In einem rein technischen Sinne sind diese beiden Werke unbezweifelbar Gegenstücke. Sie haben dieselben Maße und gleiche Einfassungen. Der Aufbau des ›Flora‹-Teppichs hingegen, um eine dominierende Gestalt konzentriert wie er ist, korrespondiert kompositionell nicht mit dem dichtgeknüpften Figurennetzwerk auf seinem Gegenstück, während auch ikonographisch die beiden Konzeptionen unvereinbar bleiben. Nicht nur ist die Idee einer leichtbeschwingt Blumen austeilenden Göttin mit dem Geist einer strengen Moralallegorie unvereinbar, man kann auch beweisen, daß die ›Flora‹ ursprünglich zu einer vollkommen anderen Serie von Darstellungen gehört hat. Diese Frauengestalt, die eher über einem Widder schwebt, als auf ihm reitet (und nebenbei Dürers Radierung ›Die Entführung auf dem Einhorn‹ oder, richtiger: ›Der Raub der Proserpina‹ entlehnt ist, Abb. 63)[66], sollte nicht ›Flora‹, sondern Primavera (Frühling) genannt werden – wobei der Unterschied darin liegt, daß Flora eine unabhängige mythologische Gestalt ist, während Primavera-Frühling zum Kreis der vier Jahreszeiten gehört. Ein weiterer Beweis wird durch die Begleitfiguren geliefert, die nicht nur ›ein Widder‹, ›ein Stier‹ und ›ein sich umarmendes Paar‹ sind, sondern die Sternzeichen der drei Frühlingsmonate darstellen: der Widder den März, der Stier den April und die Zwillinge, die den Juni bedeuten. Das schließt natürlich nicht die Tatsache aus, daß Bronzinos Werk eine tiefere Bedeutung hatte als nur die eines Jahresabschnitts, der mit einem bestimmten Wetter und einer bestimmten Vegetationsperiode verbunden ist; denn nach einem über fast zweitausend Jahre verbreiteten Glauben waren die vier Jahreszeiten mit Vorstellungen wie den vier Lebensaltern des Menschen, den vier Elementen und den vier Körpersäften verknüpft, so daß Bronzinos Frühling automatisch die Vorstellung von Jugend, Luft und sanguinischem Temperament mit all ihren sekundären Bedeutungen von Fröhlichkeit und Liebe in sich schließt.[67] Es ist offenkundig, daß der sogenannte ›Flora‹-Teppich ursprünglich als einer innerhalb einer Serie von vieren gedacht war; seine gegenwärtige Kombination mit dem Innocentia-Teppich muß ein nachträglicher Einfall gewesen sein, und vom ikonographischen Standpunkt aus war er kein durchaus glücklicher. Der Schluß ist, daß der ›Flora‹-Teppich nur deshalb mit dem Innocentia-Teppich kombiniert wurde, weil das Gegenstück, das für die Innocentia geplant gewesen war, nicht ausgeführt werden konnte, als die Weber sich an die Arbeit machen wollten, und zwar deswegen, weil der ursprünglich für das Gegenstück angefertigte Entwurf nicht mehr verfügbar war.

In der Tat wäre ein Werk Bronzinos, das in seiner ziemlich gedrängten Anordnung wie auch in seiner besonderen Ikonographie auf vollkommene Weise mit dem Innocentia-Teppich zusammenpassen würde, die berühmte Allegorie in der Londoner National Gallery (Abb. 66).[68] Dieses Gemälde, das normalerweise um 1546 datiert wird, entspricht genau dem Karton für den Innocentia-Teppich. Vasari beschreibt es folgendermaßen: »Er malte ein Bild von einzigartiger Schönheit, das nach Frankreich an König Franz geschickt wurde. Auf ihm war eine nackte Venus mit Amor, der sie küßte, und auf der einen Seite waren das ›Vergnügen‹ *(Piacere)*, sowie das ›Spiel‹ *(Giuoco)* und andere Amoretten, und auf der anderen Seite die ›Tücke‹ *(Fraude)*, die ›Eifersucht‹ *(Gelosia)* und andere Leidenschaften der Liebe.«[69]

Diese Beschreibung wurde natürlich aus der Erinnerung gemacht, weil das Bild nach Frankreich gegangen war (daher auch der Gebrauch des Präteritums statt des Präsens). Vasaris Schilderung ist so weder vollständig, noch absolut richtig. Er läßt die Gestalt des wiederum durch seine Flügel und das Stundenglas charakterisierten Chronos weg, er verdeckt viele Einzelheiten mit dem zusammenfassenden Ausdruck »und andere Leidenschaften der Liebe«, und schließlich führt er mehr Figuren auf, als tatsächlich erscheinen, denn er spricht von ›Giuoco‹ und ›Piacere‹ sowie anderen Amoretten.[70] Nichtsdestoweniger ist Vasaris Beschreibung insoweit ganz gut, und selbst seine Behauptung, daß ›Piacere‹ und ›Giuoco‹ »auf der einen Seite« zu sehen waren, während ›Fraude‹ und ›Gelosia‹ sich »auf der anderen« befanden, kann, so ungerechtfertigt sie als Beschreibung des Kompositionsaufbaus auch ist, verteidigt werden, wenn sie so gedeutet wird, daß sie sich auf einen Bedeutungsgegensatz bezieht. Ikonographisch zeigt das Bild wirklich die Freuden der Liebe »auf der einen Seite« und ihre Gefahren und Qualen »auf der anderen«, jedoch dergestalt, daß die Freuden als unnütze und trügerische Vorzüge enthüllt, die Gefahren und Qualen hingegen als große und wirkliche Übel dargestellt werden.

In der Hauptgruppe ist Amor zu sehen, der Venus umarmt, die einen Pfeil und einen Apfel in den Händen hält. Der Apfel wird dem gierigen Knaben dargereicht, der Pfeil aber vor ihm verborgen, womit vielleicht der Gedanke ›süß aber gefährlich‹ ausgedrückt wird. Überdies geben das Jünglingsalter und die mehr als zärtliche Geste Amors dieser vermeintlich harmlosen Umarmung von Mutter und Kind eine recht doppeldeutige Wendung. Dieser Eindruck wird eher verschärft als gemildert durch die Tatsache, daß Amor als quasi geschlechtsloses Wesen dargestellt wird, obgleich die Myrte, die hinter ihm zu sehen ist, das klassische Symbol der Liebe ist und die zwei sich schnäbelnden Tauben zu seinen Füßen ›leidenschaftliche Liebkosungen‹ bedeuten.[71] Um zum Schluß zu kommen: das Bild zeigt eher die Darstellung der ›Üppigkeit‹ als die gewöhnliche Gruppe einer Venus, die Amor umarmt, und das wird durch die Tatsache erhärtet, daß Amor auf einem Kissen kniet, einem gebräuchlichen Symbol für Müßiggang und Wollust.[72]

Auf der linken Seite dieser ungemein lasziven Gruppe erscheint der Kopf einer älteren Frau, die sich wild die Haare rauft. Für sie ist Vasaris Bezeichnung ›Eifersucht‹ sehr akzeptabel; denn so wie die Eifersucht die erschreckenden Aspekte von Neid und Verzweiflung in sich vereint, so verbindet diese Gestalt das Pathos antiker tragischer Masken mit der Gebärde des rasenden Sich-die-Haare-Raufens, das auf einer Dürerradierung, die als ›Der Verzweifelte‹ bekannt ist, zu sehen ist.[73] Auf der rechten Seite verstreut ein Putto Rosen, der an seinem linken Fuß eine mit Glöckchen besetzte Fußspange trägt, ein Schmuck oder Amulett, das in der antiken, insbesondere hellenistischen Kunst häufig zu finden ist. Auf ihn können Vasaris Bezeichnungen ›Vergnügen‹ und ›Spiel‹ mit fast gleicher Berechtigung angewandt werden[74], und gewiß soll er einen Kontrast zu der finsteren Gestalt der Eifersucht bilden. Seine in Aussicht gestellten Freuden jedoch werden durch die drohende Gegenwart zweier Masken als nichtig und trügerisch zu erkennen gegeben, von denen die eine die einer jungen Frau, die andere die eines älteren, feindseligen Mannes ist.

Daß Masken Weltlichkeit, Unaufrichtigkeit und Falschheit symbolisieren, ist zu bekannt, als daß es weiterer Erörterungen bedürfte.[75] Aber der Umstand, daß zwei Masken statt einer dargestellt sind, und daß ihre Züge einen Kontrast zwischen Jugend und Alter, Schönheit und Häßlichkeit bezeichnen, legt einen spezielleren Sinn nahe, der sie mit der Gestalt verbindet, die hinter dem neckischen Putto auftaucht. Diese Gestalt, die manchmal als Harpyie beschrieben wird[76], manchmal, ziemlich unangemessen, als ›Mädchen in einem grünen Kleid‹[77], ist fraglos identisch mit der Gestalt, die Vasari *La Fraude,* die Tücke, nennt. Durch sie gelingt es Bronzino, eine Zusammenfassung und einen gleichsam optischen Kommentar jener Eigenschaften heuchlerischer Falschheit abzugeben, die von den Ikonologen des 16. Jahrhunderts unter Titeln wie *Inganno* (Betrug), *Hippocrisia* (Heuchelei) und insbesondere *Fraude* (Tücke) beschrieben worden sind. Dem Doyen dieser Ikonologen, Cesare Ripa, zufolge hat *Hippocrisia* Füße wie ein Wolf, die von ihren Kleidern nur halb verborgen werden. *Inganno* kann als Frau dargestellt werden, die ihr häßliches Gesicht hinter einer schönen Maske versteckt und ›abwechselnd‹ Wasser und Feuer darreicht. *Fraude* schließlich ist mit zwei Köpfen ausgestattet, einem jungen und einem alten; sie hält zwei Herzen in ihrer Rechten und eine Maske in der Linken und hat einen Drachenschwanz sowie Greifklauen statt menschlicher Füße.

Bei Bronzinos Gestalt verschmelzen diese Züge zu einer Einheit, die so anziehend wie abstoßend ist – und das auch sein soll. Seine kleine ›Fraude‹, offensichtlich die Besitzerin der beiden kontrastierenden Masken, sieht wirklich zunächst wie ein bezauberndes kleines ›Mädchen in einem grünen Kleid‹ aus. Nur kann das Kleid einen schuppigen, fischartigen Leib, Löwen- oder Pantherklauen und den Schwanz eines Drachen oder einer Schlange nicht gänzlich verbergen. Mit der einen Hand bietet sie eine Honigwabe dar, während sie in der anderen ein giftiges kleines Tier versteckt, aber überdies ist die Hand an ihrem rechten Arm, also die Hand mit der Honigwabe, in Wirklichkeit eine linke Hand, während die Hand an ihrem linken Arm in Wirklichkeit eine rechte ist, so daß die Figur die Süßigkeit mit der Hand anbietet, die ihre ›gute‹ zu sein scheint, in Wirklichkeit aber ihre ›böse‹ ist, und das Gift in der versteckt, die ihre ›böse‹ zu sein scheint, in Wirklichkeit aber ihre ›gute‹ Hand ist.[78] Wir stehen hier vor dem raffiniertesten Symbol verdrehter Doppeldeutigkeiten, das je von einem Künstler ersonnen wurde, dennoch ist es sonderbarerweise ein Symbol, das vom modernen Betrachter nicht rasch durchschaut wird.

So also besteht die ganze Gruppe aus der Üppigkeit, die von Verkörperungen und Symbolen trügerischer Freuden und offenkundiger Übel umgeben ist;[79] diese Gruppe nun wird von Chronos und der ›Wahrheit‹ enthüllt. Die Gestalt der Zeit ist bereits erwähnt worden, und es ist beinahe unnötig zu sagen, daß die weibliche Gestalt auf der linken Seite, die ihr hilft, den Vorhang von dem ganzen Schauspiel wegzuziehen, wiederum niemand anderes als die Wahrheit ist: *›Veritas filia Temporis‹*. Auf dem Innocentia-Teppich, wo die Gestalt der Wahrheit an eben derselben Stelle erscheint, ergötzt sie sich an der Freisprechung der Tugend; hier nimmt sie, mit weiblichem Abscheu, der dem männlichen Zorn des alten Chronos entspricht, an der Entlarvung des Lasters teil. Daß speziell in dieser Zeit diese verlockende sexuelle Wollust statt anderer Formen des Bösen gewählt wurden, um das Laster zu symbolisieren, steht volkommen im Einklang mit dem Geist der Gegenreformation.

Die Gründe, die Londoner Allegorie nicht als Gegenstück zum Innocentia-Teppich zu verwenden, können nur vermutet werden. Aus Vasaris Ausdruck »ein Bild von einzigartiger Schönheit« können wir schließen, daß die Londoner Allegorie, die in der Tat ein außerordentlich wirkungsvolles Kunstwerk ist, einen großen Eindruck auf den Florentiner Hof machte. Es ist denkbar, daß Großherzog Cosimo so begeistert von dem Entwurf dieser Komposition war, daß er nicht gewillt war, ihn seinen flämischen Webern zu übergeben, und befahl, ihn als Gemälde auszuführen, damit die Zeichnung ihre Bestimmtheit und Transparenz behielte und durch den kühlen Schimmer der Farben Bronzinos noch gesteigert werde. Wir können uns leicht vorstellen, daß der Großherzog dieses Bild als Geschenk für seinen wertvollsten Verbündeten wählte.

Ursprünglich jedoch war der Karton zur Londoner Allegorie sicherlich dazu bestimmt, als Gegenstück zum Innocentia-Teppich zu dienen. Zusammengenommen schildern die beiden Kompositionen, die Verteidigung der Unschuld die eine, die Enthüllung der Üppigkeit die andere, die zweifache Funktion der Zeit als Enthüllerin: »to unmask falsehood and bring truth to light« – Verrat und Trug zu entlarven und die Wahrheit ans Licht zu bringen.[80]

Die Zeit als universales kosmisches Prinzip ist in der Dichtung von den Orphischen Hymnen bis hin zu Edna St. Vincent Millay und Aldous Huxley beschrieben worden, in der Philosophie von Zeno bis zu Einstein und Weyl, in der Kunst von den Bildhauern und Malern der Antike bis hin zu Salvador Dali. Eine grandiose Vorstellung, die das Abbild der Zeit, wie es von den Petrarca-Illustratoren entwickelt wurde, mit den Visionen der Apokalypse verbindet, finden wir in Stephen Hawes' *Pastime of Pleasure:* dort erscheint Chronos-Zeit als alter, bärtiger Mann mit Flügeln, dessen kräftiger Leib mit Federn bedeckt ist. In der linken Hand hat er eine Uhr, in seiner Rechten eine Flamme »to brenne the tyme«; er ist mit einem Schwert gegürtet; auf seiner rechten Schwinge ist die Sonne, auf der linken Merkur und auf seinem Körper sind die fünf anderen Planeten zu sehen: Saturn, »derkely flamynge«, auf seinem Kopf, Jupiter an seiner Stirn, Mars in seinem Munde, Venus an seiner Brust und der Mond an seiner Taille (Abb. 51). Sich seiner universalen Macht bewußt, widerlegt er die Ansprüche der Fama und sagt:

»Do not I tyme / cause nature to augment
Do not I tyme / cause nature to decay
Do not I tyme / cause man to be present
Do not I tyme/ take his lyse away
Do not I tyme / cause dethe take his say
Do not I tyme / passe his youth and age
Do not I tyme / euery thynge aswage?«[81]

Keine Epoche jedoch ist von der Tiefe und Weite, dem Schrecken und der Erhabenheit des Begriffs der Zeit so gequält worden wie das Barock,[81a] die Epoche, in der der Mensch sich dem Unendlichen als einer Eigenschaft des Universums statt eines Vorrechts Gottes gegenübersah. Allein Shakespeare, wenn man alle anderen Elisabethaner beiseite läßt, hat die Zeit in mehr als einem Dutzend Sonetten und nicht weniger als elf Strophen seiner ›Schändung der

Lukrezia‹ beschworen, herausgefordert, ausgescholten und besiegt.[82] Er faßt die Spekulationen und Gefühle vieler Jahrhunderte zusammen und überwindet sie.

In der bildenden Kunst sollte ein stillerer, beinahe cartesianischer Geist die nicht zu übertreffenden Abbilder der Zeit als einer kosmischen Macht schaffen: Nicolas Poussin. Bei der Darstellung des verhängnisvollen Augenblicks, da Phaethon – das große Symbol der grenzenlosen Wünsche und der begrenzten Macht des Menschen – um den Sonnenwagen bittet, ein Geschenk, das seine höchste Erhöhung und seinen Untergang bedeuten wird, setzte Poussin die Gestalt des Chronos an die Stelle der zahlreichen, einzeln gekennzeichneten Personifizierungen, die Ovid versammelt hatte, dessen Schilderung er als Vorlage benutzte (Abb. 67). Und auf seinem ›Ballo della Vita Humana‹ – einer Art vermenschlichtem Rad der Fortuna – tanzen die Kräfte, die den unabänderlichen Kreislauf des sozialen Menschengeschicks bestimmen – die Armut reicht der Arbeit die Hand, die Arbeit dem Reichtum, der Reichtum der Üppigkeit und die Üppigkeit wieder der Armut – zur Leier von Chronos-Zeit, während ein Kind mit dem Stundenglase der Zeit spielt und ein anderes Seifenblasen bläst, um Vergänglichkeit und Sinnlosigkeit anzuzeigen. Die ganze Szene wird vom unbeirrbaren Lauf der Sonne beherrscht, die mit ihrem Wagen durch den Tierkreis fährt (Abb. 68).[83]

Die Entwicklung der Gestalt von Vater Chronos ist in zweierlei Hinsicht lehrreich. Sie zeigt das Eindringen mittelalterlicher Züge in ein Bild, das auf den ersten Blick in seinem Charakter rein klassisch-antik zu sein scheint; und sie veranschaulicht den Zusammenhang zwischen bloßer ›Ikonographie‹ und der Interpretation eigentlicher oder wesenhafter Bedeutungen.

Es ist für die Kunst der Antike charakteristisch, daß die Zeit nur entweder als rasch vergehende günstige Gelegenheit (›Kairos‹) oder schöpferische Ewigkeit (›Aion‹) geschildert wurde. Und es ist für die Kunst der Renaissance charakteristisch, daß sie ein Bild der Zeit als Zerstörerin schuf, indem sie eine Verkörperung des ›Temps‹ mit der furchterregenden Gestalt Saturns verschmolz und dadurch den Typus ›Vater Chronos‹ mit einer Vielfalt neuer Bedeutungen versah. Nur durch die Zerstörung falscher Werte kann die Zeit ihre Aufgabe erfüllen, die Wahrheit zu entschleiern. Nur als ein Prinzip der Veränderung und Neuerung kann sie ihre wahrhaft universale Macht offenbaren. Gerade in dieser Hinsicht unterscheiden sich Poussins Darstellungen der Zeit von den klassisch-antiken: er unterdrückt nicht die zerstörerischen Kräfte der Zeit zugunsten ihrer Schöpfungsmacht, sondern verbindet ihre gegensätzlichen Funktionen zu einer Einheit. Gerade bei ihm bleibt das Bild der Zeit eine Verschmelzung des klassischen Aion mit dem mittelalterlichen Saturn.

Anmerkungen

1 Vgl. A. Warburg, Bibl. 387, Bd. I, S. 155f.

2 K. Lange und F. Fuhse, Bibl. 182, 1893, S. 316, ebenfalls zitiert in E. Panofsky und F. Saxl, Bibl. 238, S. 275. Es ist interessant, daß derartige Umdeutungen antiker Sujets, seien sie bildnerisch oder literarisch, später von gegensätzlichen Seiten her nachdrücklich angegriffen wurden: das Tridentinische Konzil verbot den *Moralisierten Ovid* – nicht den Ovidtext selbst – vom Standpunkt des orthodoxen Katholizismus aus; J. J. Winckelmann spottete über Pollaiuolos Verwendung einer Diana als Verkörperung der Theologie vom Standpunkt des puritanischen Klassizismus aus (Zitate bei E. Panofsky und F. Saxl, a. a. O.).

3 Siehe das Diphilos-Fragment, zit. in Anm. 11, S. 126.

4 Vgl. Roscher, Bibl. 290, Stichworte ›Aion‹, ›Chronos‹, ›Kairos‹, ›Kronos‹, ›Saturnus‹. Ebenso A. Greifenhagen, Bibl. 122, insbes. Abb. 2, 3 und 5. Das berühmte Relief aus dem 11. Jahrhundert in der Kathedrale von Torcello, auf dem einem energischen Jüngling, der eine Personifizierung der ›günstigen Gelegenheit‹ beim Schopfe faßt, eine Verkörperung der ›Unentschlossenheit‹, der eine ›Reue‹ folgt, gegenübergestellt ist, ist bei Roscher, Stichwort ›Kairos‹, und bei Greifenhagen, Abb. 4, wiedergegeben. Eine koptische Allegorie der ›günstigen Gelegenheit‹ ist abgeb. in J. Strzygowski, Bibl. 329, Abb. 159. Siehe auch G. L. Kittredge, Bibl. 164. Mit leicht abgewandelten Attributen konnte auch die Darstellung des Kairos dazu verwandt werden, die ›Zeit‹ im allgemeinen zu verkörpern, aber Beispiele dafür scheinen außerordentlich selten zu sein. Das einzige, das dem Verfasser bekannt ist, ist das berühmte Relief ›Die Apotheose Homers‹, auf dem die geflügelte ›Zeit‹ die Ilias und die Odyssee trägt.

5 Zur Verschmelzung von *Occasio* und *Fortuna* siehe H. R. Patch, Bibl. 254, S. 115ff.; A. Warburg, Bibl. 387, Bd. I, S. 150 und 358; und unlängst R. Wittkower, Bibl. 408 a (erschienen, nachdem dieses Kapitel bereits in Druck gegangen war). Die daraus resultierende Darstellung einer nackten *Frauengestalt,* die mit den Attributen des Kairos ausgestattet ist (Stirnlocke, manchmal Rasiermesser etc.) und auf einer Kugel oder einem Rad balanciert, das oftmals auf dem Meer schwimmt, verdrängte in der Kunst des späteren Mittelalters und der Renaissance praktisch den männlichen Kairos. Sie ist stets dort zu finden, wo die Emblemkunst den Begriff der Occasio darstellen wollte; vgl. insbesondere Andrea Alciati, *Emblemata,* Emblem CXXI (dessen Epigramm die lateinische Version von Poseidippos' Epigramm auf den lysippischen Kairos ist, in dem dieser Name durch ›Occasio‹ wiedergegeben ist), oder Jacobus Typotius (Typoet, 1540/1601), Bibl. 361, S. 367, mit der bezeichnenden Formulierung *»fortunam vel occasionem* in pila volubili statuens«. Zu den ungeheuer einflußreichen Illustrationen von Alciatis *Emblemata,* siehe H. Green, Bibl. 121, mit Faksimilereproduktionen der frühesten Alciati-Ausgaben: von Steyrer, 1531 *(Occasio* hier fol. A8), Wechsel 1534 (*Occasio* hier S. 20) und Aldus, 1546 (*Ossasio* fehlt). In der Lyoneser Ausgabe von Bonhomme, 1551, Bibl. 4, ist *Occasio* auf S. 133 zu finden und in der Pariser Ausgabe von 1608 – einem typischen Beispiel für die umfangreichen Ausgaben, die den außerordentlich wertvollen Kommentar von Claudius Minos, *recte* Claude Mignault enthalten – auf S. 577, Bibl. 5. Die römischen Ziffern der Embleme beziehen sich auf die Reihenfolge, die praktisch in allen Ausgaben nach 1574 beibehalten wurde.

6 Vgl. F. Cumont, Bibl. 68, Bd. I, S. 74ff., Bd. II, S. 53; H. Junker, Bibl. 159, insbes. S. 147.

7 Vgl. R. Eisler, Bibl. 82, S. 2, Abb. 28. Ebenfalls E. Panofsky, Bibl. 243, S. 9, Abb. 8/9. Auf einem Stich von Hieronymus Olgiatus aus dem Jahre 1569, wiederholt in einem Gemälde im Besitz von Mr. G. W. Younger in London, wird die Gestalt des Phanes als Allegorie der Alchimie verwandt (unsere Abb. 37). Die Inschrift: *»Hoc monstrum generat, tum perficit ignis et Azoch«* bedeutet, daß die Zeit rohe Materie hervorbringt, während Feuer und Mercurius (Quecksilber) sie vervollkommnen (der vereinten Wirkung von Feuer und Quecksilber schrieb man zu, sie könne rohe Materie in den ›Stein der Weisen‹ verwandeln). Die *›Turba Sophorum‹*, die in dem

Distichon erwähnt wird, ist der Titel eines berühmten, aus dem Arabischen übersetzten und im 17. Jahrhundert oft gedruckten Traktats über die Alchimie.

8 Plutarch, *De Iside et Osiride,* 32; *Aetia Romana,* XII, 266 E, F: ωσπερ ενιοι των φιλοσοφων χρονον οιονται τον Κρονον ειναι, το δ' αληθες ευριοχει χρονος;

9 *Hymn. Orph.*, XIII, Abel: Μαχαρων τε θεων πατερ ηδε χαι ανδρων. Aischylos, *Prometheus,* Zeile 909f.: πατρος Κρονου. Vgl. auch Silius Italicus, *Punica,* XI, 458: *»Saturni . . . patris.«*

10 Pindar, Olymp., II, 32 (17), S. 13, Schröder.

11 Krates, Bibl. 168, Bd. I, S. 142, Fragm. 49: Τεχτων σοφος; Diphilos, Kock, Bibl. 168, Bd. II, S. 569, Fragm. 83: πολιος τεχνιτης. Vgl. auch Chr. A. Lobeck, Bibl. 197, Bd. I, S. 470.

12 Siehe Martianus Capella, *Nupt. Philolog. et Mercur.*, I, 70: *»Verum sator eorum* (d. h. Saturn, der Vater der Götter) *gressibus tardus ac remoratur incedit, glaucoque amictu tectus caput. Praetendebat dextra flammivorum quendam draconem caudae quae ultima devorantem, quem credebant anni numerum nomine perdocere.«* Wenn es möglich wäre, daß der sich selbst in den Schwanz beißende Drache das Jahr verkörpert, dann wäre möglich, daß er ursprünglich zu Janus und nicht zu Saturn gehörte, wie von Macrobius, *Saturnal.*, I, 9, 12, berichtet wird. Jedoch ist ein Ungeheuer, das »sich selber zu verschlingen schien«, auch mit dem iranischen Aion verbunden (vgl. H. Junker, Bibl. 159, S. 172, Anm. 90), und in diesem Falle wäre seine ursprüngliche Bedeutung die von Endlosigkeit oder Ewigkeit gewesen, wie in späterer Zeit auch meistens angenommen. Mythographus III, I, 6, Bibl. 38, S. 155, entlehnte das Motiv (als Attribut Saturns) dem Kommentar des Remigius zu Martianus Capella und gab es an die nachfolgende Überlieferung weiter.

13 Servius, *In Verg. Georgica,* II, 406, übernommen von Mythographus III, I, 6, Bibl. 38, S. 155.

14 Stobaios, *Eclog. Phys. et Eth.*, I, 8, 22:

Οτι χρονος οξυς οδοντας
Και παντα ωηχει χαι τα βιαιοτατα.

15 Ovid, *Metam.*, XV, 234.

16 Fulgentius, *Mitol.*, I, 2, S. 18, Helm: *»Filios vero comedisse fertur, quod omne tempus, quodcumque gignat, consumit«,* übernommen durch Mythographus III, 1, 5, Bibl. 38, S. 154.

17 Vgl. P. Hermann, Bibl. 144, Tf. 122.

18 Vgl. zum Beispiel das Grabmal des Cornutus im Vatikan, Abb. in E. Panofsky und F. Saxl, Bibl. 253, oder die Bronzestatue im Museo Gregoriano, abgeb. in Roscher, Bibl. 290, Stichwort ›Kronos‹, Abb. 13. Die Gebärde ist auch dann beibehalten, wenn Kronos als durch den Stein getäuscht gezeigt wird; vgl. das Relief aus der Ara Capitolina, W. Helbig, Bibl. 139, Nr. 511, abgeb. in Roscher, Bibl. 290, Stichwort ›Kronos‹, Abb. 18.

19 Die Gleichsetzung des mithraischen Aion mit Kronos-Saturn geschieht spät und ist etwas zweifelhaft. Der seltsame ›Phoenizische Kronos‹ mit sechs Flügeln, wie ihn Münzen aus Byblos zeigen (vgl. Roscher, Bibl. 290, Stichwort ›Kronos‹, Nachtrag) und wie er von Cartari, Bibl. 56, S. 19, auf der Grundlage der detaillierten Beschreibung in Eusebius' *Praeparatio Evangelica,* I, 10, 36–39 gezeichnet wird, ist sicherlich eine rein semitische Gottheit cherubhafter Erscheinung, was auch durch seinen indigenen Namen Ιλος(El) bestätigt wird.

20 Vgl. J. Strzygowski, Bibl. 328. Entgegen neuesten Theorien (C. Nordenfalk, Bibl. 230) möchte es scheinen, daß die erhaltenen Renaissancekopien eine karolingische Zwischenform voraussetzen.

21 Vgl. G. Thiele, Antike Himmelsbilder, Bibl. 337, S. 188ff. Eine bessere Reproduktion des Saturnbildes im Cod. Leyd. Voss. lat. 79 ist in E. Panofsky und F. Saxl, Bibl. 253, veröffentlicht.

22 Vgl. auch H. Omont, Bibl. 235, Tf. CXVIII, 14 (aus Ms. Coislin 239). Zur richtigen Deutung des Themas und weiteren Beispielen siehe E. Panofsky und F. Saxl, Bibl. 253. Es ist interessant, daß in den früheren Gregorianischen Manuskripten (9. Jahrhundert) die mythologischen Szenen entweder fehlen oder aber eher auf der Textbeschreibung, als auf einer figürlichen Überlieferung fußen. Im Cod. Ambros. E 49/50 Inf., Bd. II, S. 752, ist ein sehr unklassischer Saturn zu sehen,

der das Firmament mit einer Axt spaltet, weil jemand, der mit der heidnischen Mythologie nicht vertraut war, den griechischen Text 'O ΚΡΟΝΟΣ ΤΟΝ ΟΥ(ΡΑ)ΝΟΝ ΤΕΜΝΟ(Ν) (mit der Bedeutung: ›Kronos Uranus kastrierend‹) leicht als ›Kronos, der den Himmel zerschneidet oder spaltet‹, mißdeuten konnte. Ich habe A. M. Friend jr. und K. Weitzmann dafür zu danken, daß sie mich auf die unveröffentlichten Gregorianischen Manuskripte aufmerksam gemacht und mir die in Abb. 42 wiedergegebene Fotografie beschafft haben.

23 A. M. Amelli, Bibl. 7, Tf. CVIII. Zur süddeutschen Abschrift (Cod. Vat. Pal. lat. 291) siehe P. Lehmann, Bibl. 187, Teil II, S. 13ff. und E. Panofsky und F. Saxl, Bibl. 238, S. 250. Die Beibehaltung der Sichel in Cod. Vat. Pal. lat. 291 spricht für die Theorie, daß diese Abschrift trotz ihres vollkommen spätgotischen Stils ikonographisch korrekter als das Manuskript aus Montecassino ist.

24 Vgl. zum Beispiel Mythographus III, 1,4, Bibl. 38, S. 154: *»Sunt tamen qui asserant eum ... ab effectu frigidum nuncupari, quod sua videlicet constellatione contraria homines enecet. Mortui enim frigidi sunt. Quod si verum est, non improprie senex fingitur, quoniam senum sit morti semper esse vicinos«.*

25 Der Tod mit einer Sichel findet sich schon im Uta-Evangeliar, clm. 13601 (frühes 11. Jahrhundert), abgebildet in G. Swarzenki, Bibl. 333, Tf. XIII; unsere Abb. 43. Mit Sense ist er in der Gumpertbibel (vor 1195) zu sehen, abgebildet bei G. Swarzenski, Bibl. 334, Tf. XLI, Abb. 129. Beide Motive können durch *Apokalypse,* XIV, 14–17 und solche Stellen wie *Jesaia,* XL, 6–8 erklärt werden. Zur Ikonographie des Todes im allgemeinen vgl. den jüngst erschienen Aufsatz von H. Janson, Bibl. 155.

26 Vgl. unten, passim, sowie E. Panofsky und F. Saxl, Bibl. 253, passim.

27 Zu den Manuskripten Michael Scotus' und ihren Ablegern (unsere Abb. 14), wo Saturn aufgrund einer falschen Wortauslegung als kriegerische, behelmte Figur erscheint, vgl. E. Panofsky und F. Saxl, Bibl. 238, S. 242ff.

28 Das Manuskript der Morgan Library M. 785, dem unsere Abb. 44 entnommen ist, leitet sich vom Manuskript im British Museum, Ms. Sloane 3983 her; abgeb. in F. Boll und C. Bezold, Bibl. 41, Tf. XVIII, Abb. 33 und 34.

29 Cod. Vat. Pal. lat. 1368, fol. I, v., Abb. in F. Saxl, Bibl. 299, Tf. XIII. Vgl. des weiteren O. Behrendsen, Bibl. 25, Tf. XVI (Meister J. B., Stich B. 11) oder H. S. Beham, Stich B. 113.

30 F. Lippmann, Bibl. 195, 1895, Tf. C, 1, und E. Panofsky und F. Saxl, Bibl. 253 passim.

31 Siehe oben S. 46f.

32 Siehe die Hinweise auf S. 45ff. In der französischen Originalfassung des Moralisierten Ovid, hrsg. von C. de Boer, Bibl. 40, ist die Beschreibung Saturns in Bd. I, S. 22, Zeile 513ff. zu finden. Unsere Abb. 45 nach F. Saxl, Bibl. 299, Tf. XVII, Abb. 36.

33 Vgl. E. Panofsky und F. Saxl, Bibl. 253 passim. Ein ungewöhnlicher Typus, der Saturn mit einem Schiff oder Schiffsmast zeigt (wegen seiner langen Seereise nach Latium), ist in einigen Manuskripten der *Civitas Dei* des hl. Augustinus zu finden, Abb. in A. de Laborde, Bibl. 178, Bd. I, S. 198f., Bd. II, SS. 322, 367, 385 und Tf. XXIV b und XXXVII.

34 Französische Zeichnung von etwa 1420/25, Abb. in E. Panofsky und F. Saxl, Bibl. 253.

35 Meister J. B., Stich B. 11, zitiert oben, Anm. 29.

36 Vgl. J. P. Richter, Bibl. 282, Tf. X, Abb. 1, wo jedoch die Kastration Saturns durch Jupiter fälschlich als die des Uranus durch Saturn gedeutet wird. Die besonders schreckliche Darstellung Saturns, der ein schreiendes Kind verschlingt, ist z. B. auf Jacopo Caraglios Stich B. 24 (unsere Abb. 47) wie auch auf dem wohlbekannten Gemälde von Rubens (Madrid, Prado) zu sehen, wogegen Poussin bezeichnenderweise auf das klassische Schema zurückgreift, in dem ein Stein an die Stelle des Kindes gesetzt wird (vgl. unsere Abb. 67).

37 Petrarca, *Triumphus Temporis,* 1.46. Die ›guida‹ ist die Sonne (*»Sol temporis auctor«,* wie sie von Macrobius genannt wird), die ihren Wagen durch das Weltall fährt. Seltsamerweise nahmen die Illustratoren dieses Motiv sehr widerstrebend auf. Beispiele, wie etwa die Miniatur in Paris,

Bibliothèque Nat., Ms. Fr. 12424, fol. 137, Abb. in Prince d'Essling und E. Müntz, Bibl. 87, S. 219, wo die ›Zeit‹ mit der Sonne gleichgesetzt wird, oder der Holzschnitt in Petrarca, Bibl. 262, fol. 407, wo seine geflügelte Gestalt der Spur des Sonnenwagens folgt, sind ziemlich außergewöhnlich.

38 Vgl. E. Panofsky, Bibl. 243, S. 4ff., Abb. 5.

39 Nicht alle Darstellungen der ›Zeit‹ auf Petrarca-Illustrationen sind geflügelt, aber Beispiele ohne Flügel sind vergleichsweise selten und auch in anderer Hinsicht höchst ungewöhnlich. Vgl. z. B. unsere Abb. 53. Des weiteren siehe Prince d'Essling und E. Müntz, Bibl. 87: ein venezianischer Holzschnitt von 1488, der drei alte Männer auf einem Wagen zeigt, der von zwei Drachen gezogen wird; einer von ihnen sitzt und trägt eine Erdkugel, der zweite sitzt ebenfalls und trägt eine Tafel mit der Aufschrift ›*Tempo*‹, der dritte geht auf Krücken. Oder a. a. O., S. 214 (auch E. von Birk, Bibl. 35, Tf. 12 hinter S. 248): ein flämischer Gobelin, auf dem die ›Zeit‹, auf einem Wagen sitzend, der von zwei Hirschen, einem Hahn und einem Raben gezogen wird, durch ein Stundenglas, eine Krücke und den Tierkreis gekennzeichnet ist. Oder a. a. O., S. 234: eine französische Miniatur des 16. Jahrhunderts, die die auf dem Erdboden stehende ›Zeit‹ zeigt, die durch ein Stundenglas charakterisiert ist. Die Miniatur in Paris, Bibliothèque Nat., Ms. Fr. 12424, ist bereits erwähnt worden.

40 Dieser Holzschnitt ist zuerst in der Petrarca-Ausgabe Bibl. 259, fol. 0,5 v., festgestellt worden und er erscheint in mehreren späteren Ausgaben wieder. Vgl. Prince d'Essling, Bibl. 86, Bd. I, Nr. 79, S. 93. Ein ähnlicher Typus mit vier Flügeln, vielleicht auch der mittelalterlichen Personifizierung von ›*Temps*‹ näher verwandt, findet sich auf einer norditalienischen Miniatur ungefähr derselben Zeit, abgebildet in Prince d'Essling und E. Müntz, Bibl. 87, S. 167. Der dreihäuptige Sockel auf dieser Miniatur symbolisiert natürlich die drei Formen der Zeit, d. h. Vergangenheit, Gegenwart und Zukunft (vgl. Panofsky, Bibl. 243, S. 2ff.). Auf der oben zitierten Miniatur erscheinen die Vier Jahreszeiten persönlich.

41 Prince d'Essling und E. Müntz, Bibl. 87, Tf. vor S. 148; P. Schubring, Bibl. 309, Tf. LX, Nr. 267.

42 Prince d'Essling und E. Müntz, Bibl. 87, Tf. vor S. 152, und P. Schubring, Bibl. 309, Tf. LXXXVII, Nr. 374. Zum Motiv der zwei Ratten (dem Abendland durch die Legende von Barlaam und Josaphat übermittelt) siehe die Verweise in E. Panofsky, Bibl. 241, S. 233 und derselbe, Bibl. 243, S. 92.

43 Petrarca, Bibl. 260, 1508, fol. 121 v.; vgl. Prince d'Essling, Bibl. 86, Nr. 84, S. 98, Abb. S. 101.

44 Petrarca, Bibl. 261, fol. 203. Ein weiteres Beispiel, in dem ein Petrarca-Illustrator auf das Motiv des Verschlingens anspielt, ist der Madrider Gobelin, der bei Prince d'Essling und E.Müntz, Bibl. 87, S. 218, erwähnt, jedoch nicht abgebildet wird, auf dem die ›Zeit‹ eine Sichel trägt, während sie ein Kind erdrosselt und den linken Fuß auf ein Stundenglas setzt. Auf einem Stich von G. Pencz, Abb. a. a. O., S. 262, sind zwei Kinder dargestellt, die vor Vater Chronos spielen. [Zu beachten ist, daß im romanischen Sprachgebrauch Personifizierungen der Zeit immer männlichen Geschlechts sind, weil ital. ›il tempo‹, frz. ›le temps‹ etc. Maskulina sind; bei der Übersetzung ins Deutsche ist wegen der unabwendbaren Benutzung des Femininums Zeit oftmals die Gefahr eines gewissen Mißverständnisses nicht zu vermeiden. Wenn vertretbar, wird die allegorische Verkörperung der ›Zeit‹ daher Chronos oder Chronos-Zeit genannt – A. d. Ü.]

45 Erst auf der Grundlage der Auffassung, die von den Petrarca-Illustratoren entwickelt wurde, war es möglich, ein Bild des ›Phoenizischen Kronos‹, wie er von Eusebius geschildert wird, zu rekonstruieren und den klassischen Kairos mit Flügeln an Schultern und Fersen wiederzuentdekken, wie er auf den Holzschnitten, die bei F. Saxl, Bibl. 300, Abb. 2 und 4, abgebildet sind, oder im vollen lysippischen Staat erscheint, wie er von Ripa, Stichwort ›Tempo‹ (Nr. 4) beschrieben und bei Greifenhagen, Bibl. 122, Abb. 19 und 20, abgebildet ist. Auf anderen Beispielen ist ein gefesselter Eros in eine Personifizierung der ›Zeit‹ umgestaltet (Greifenhagen, a. a. O., Abb. 13; vgl. den gefesselten Saturn, abgebildet in Cartari, Bibl. 56, S. 19). Zur Kombination von Occasio (ursprünglich Kairos) und Fortuna siehe S. 125, Anm. 5.

46 H. Brauer und R. Wittkower, Bibl. 48, S. 150, Tf. 113 B.

47 Vgl. anstelle aller weiteren Beispiele Raphael Mengs' Wandbild in der Sala dei Papiri im Vatikan, in H. Voss, Bibl. 384, Abb. 423; Chronos trägt auf seinen Flügeln das Buch, in das Klio ihre Eintragungen macht.

48 B. Stevenson, Bibl. 326, hat eine hübsche Sammlung berühmter Zitate zum Thema ›Zeit als Zerstörer(in)‹.

49 Shakespeare, *Rape of Lucrece,* Zeile 929. [Deutsche Übersetzung nach Wilhelm Jordan. A. d. Ü.]

50 Infolge dieser Kombination, die schnell sehr beliebt wurde, eignete sich jede Uhr dazu, mit der Idee des Todes verbunden und mit Inschriften wie *»Una ex illis ultima«* versehen zu werden. Ripa zitiert unter dem Stichwort ›Vita Breve‹ ein ›Sonetto morale‹; das war einem Stundenglas beigegeben, das sein Landsmann Francesco Copetta einem Verwandten übersandt hatte, dessen Bruder gestorben war. Der Symbolwert des Stundenglases oder der Uhr ähnelt in etwa dem des Spiegels, der während des Mittelalters als Attribut sowohl der Üppigkeit (vgl. auch die Sirene auf einem koptischen Teppich, der auf der Leihgaben-Ausstellung ›The Dark Ages‹ [Das frühe Mittelalter], Bibl. 412, Nr. 138, zu sehen war), als auch des Todes gebraucht wurde (siehe derartige Epitaphe, wie das in der Straubinger Jakobskirche:

> *»Sum* speculum vitae *Ioannes Gmainer, et rite*
> *Tales vos eritis, fueram quandoque quod estis«).*

Im 16. und 17. Jahrhundert wurde der Spiegel zu einem Attribut der Zeit, weil Ripa zufolge (Stichwort ›Tempo‹, Nr. 1) *»del tempo solo il presente si vede e ha l'essere, il quale per ancora è tanto breve e incerto che non avanza la falsa imagine dello specchio«.* Umgekehrt wurde die Gestalt der ›Zeit‹ dazu verwandt, einen Vorhang von einem Spiegel wegzuziehen, um den allmählichen Verfall von Gesundheit und Schönheit zu enthüllen (vgl. Berninis Zeichnung für Königin Christine von Schweden, erwähnt bei H. Brauer und R. Wittkower, Bibl. 48, S. 150), und schließlich wurde der Spiegel zum typischen Symbol der Vergänglichkeit, das in der Kunst (›Vanitas‹-Bilder) wie in der Literatur gleich häufig zu finden ist, wie es durch Shakespeares Sonette III und LXXVII und die großartige Spiegelszene in *Richard II,* IV, 1, hinreichend belegt ist. Ob die leere runde Scheibe, die Chronos-Zeit auf der Bernini-Zeichnung trägt (H. Brauer und R. Wittkower, Bibl. 48, Tf. 113 A; unsere Abb. 58 a), einen Spiegel oder eine Uhr enthalten sollte, bleibt Vermutung.

51 In emblematischer Verkürzung konnte auch das Stundenglas selbst mit Flügeln versehen werden. Auf ein interessantes Beispiel, in dem die Kombination von Vogelfügel und Fledermausflügel dazu benutzt wird, den Unterschied von Tag und Nacht auszudrücken, machte mich H. Janson aufmerksam.

52 Ein *bozzetto* von Bernini, erwähnt bei H. Brauer und R. Wittkower, Bibl. 48, S. 150, mit Hinweisen auf Abbildungen.

53 Ripa, Stichwort ›Tempo‹, Nr. 3: *»Huomo vecchio alato il quale tiene un cerchio in mano e sta in mezzo d'una ruina, hà la bocca aperta, mostrando i denti li quali sieno del colore del ferro.«*

54 Vgl. S. 113. Eines der frühesten Beispiele in der modernen Dichtung scheint in Shakespeares *Measure for Measure,* V, 1, vorzukommen.

55 François Perrier, Bibl. 258.

56 Vgl. B. Stevenson, Bibl. 326, S. 2005 ff., Stichwort ›Time and Truth‹.

57 In Otho van Veens Allegorie zu Ehren des spanischen Architekten Herrera erfüllt die ›Zeit‹ sogar die Funktion, den Helden von Venus zu trennen (vgl. G. Haberditzl, Bibl. 128, Abb. 39 und 40). Der gleiche Künstler hat auf bezaubernde Weise ein Epigramm auf Chronos-Zeit illustriert, der Amor die Flügel stutzt, ohne ihn jedoch seiner Waffen zu berauben (Otho Venius, Bibl. 370, S. 237; unsere Abb. 57).

58 F. Saxl, Bibl. 300; vgl. auch G. Bing, Bibl. 34a.

59 Vgl. H. Goebel, Bibl. 114, Teil II, Bd. I, S. 382, und Teil II, Bd. II, S. 380; ebenso M. Tinti, Bibl. 343, 1920, S. 44, und A. McComb, Bibl. 213, S. 25.

60 Nach Ripa bedeutet der Wolf ›Gula‹, der Löwe ›Iracundia‹, der Hund ›Invidia‹ (all dieses unter Stichwort ›Passione dell'Anima‹). Überdies ist der Wolf ein Symbol für ›Rapina‹, ›Voracità‹, ›Peste‹, ›Avaritia‹ etc., der Löwe für ›Vendetta‹, ›Furore‹, ›Fierezza‹ (unter dem Stichwort ›Collerico‹) etc., die Schlange für ›Inganno‹, ›Furore implacabile‹, ›Perfidia‹ etc.

61 Vgl. insbesondere Bronzinos eigene Darstellung des Themas auf seinem Altarbild aus dem Jahre 1552 (Museo di S. Croce, Florenz). Wie von Saxl, Bibl. 300, S. 204 und Abb. 4, dargelegt, war eine Übertragung des Schemas des Abstiegs in die Vorhölle auf das Sujet ›Zeit und Wahrheit‹ in der Kunst des 16. Jahrhunderts nicht selten.

62 H. Schulze, Bibl. 312, S. XXXI.

63 Zu ›Die die Wahrheit umarmende Zeit‹ siehe Saxl, Bibl. 300, Abb. 5, 6 und 7; zu ›Die die Wahrheit enthüllende Zeit‹ ders., Abb. 9, 11 und viele weitere Beispiele.

64 Vgl. R. Förster, Bibl. 98; G. Q. Giglioli, Bibl. 112, und R. Altrocchi, Bibl. 6. Abgesehen von der Tatsache, daß Chronos-Zeit auf den Darstellungen der ›Verleumdung‹ persönlich nicht erscheint, unterscheiden sie sich im wesentlichen von Bronzinos Darstellung der ›Unschuld‹ darin, daß erstens die Mächte des Bösen ausschließlich in menschlicher Gestalt dargestellt sind und daß zweitens die Ehrenrettung der Unschuld zu spät eintritt. Die ›Wahrheit‹ betritt die Szene erst, nachdem das Opfer schon zur Hinrichtung weggeschleppt worden ist, und Dürer macht dies auf seiner Zeichnung (Lippmann 577) besonders klar durch die Einführung einer Personifizierung der Strafe (*›Poena‹*) vor der ›Wahrheit‹. Eine berühmte Deutung des ›Verleumdungs‹-Themas aus dem 16. Jahrhundert jedoch hat mit Bronzinos Darstellung der ›Unschuld‹ sowohl die Neigung, Tiere an die Stelle von Menschen zu setzen, als auch die Einführung eines ›happy ends‹ gemein. Es ist dies die ›Verleumdung‹ von Federico Zuccari (das Original, wie auch eine Aquarellskizze wurden wiederentdeckt und publiziert von Giglioli, a. a. O.; eine Zeichnung im Weimarer Museum wird ebd. erwähnt). Zuccaris Komposition war auch in den späteren Ausgaben von Cartaris Imagini enthalten (in Bibl. 56 zum Beispiel auf S. 313) und wurde in mehreren Stichen verbreitet, von denen der bekannteste der von Cornelis Cort, Le Blan 153, ist, Abb. bei Förster, a. a. O. Beiläufig möchte ich noch eine Federzeichnung in der Hamburger Kunsthalle erwähnen (Inv. 21516), die Corts Stich vorbereitet und insofern von einigem Interesse ist, als sie zeigt, daß das ovale Medaillon in der Einfassung oben, das nun mit einem ›Triumph der Juno‹ ausgefüllt ist, ursprünglich den Triumph der Wahrheit zeigen sollte, die von Sol und Luna zum Himmel emporgetragen wird. Auf Zuccaris Darstellung ist nun die Frau, die normalerweise die Rolle der ›Verleumdung‹ spielt, Dante (*Inferno,* XVII Anfang) folgend durch eine Personifizierung der ›Fraude‹ ersetzt worden, d. h. durch ein Ungeheuer mit menschlichem Rumpf und Schlangen statt Füßen (vgl. auch Cartari, Bibl. 56, S. 230 mit Holzschnitt), außerdem enthält das Ensemble zwei Panther, einen Wolf und ein kleines Monstrum mit menschlichem Antlitz, Fledermausflügeln und einem löwenähnlichen Leib, das als ›Heuchelei‹ identifiziert werden kann (vgl. Saxl, Bibl. 300, Abb. 4). Außerdem wird das Opfer zur ›rechten Zeit‹ gerettet, anstatt nur ›durch die Zeit‹ in Schutz genommen zu werden, und zwar durch das Eingreifen wohlwollender Mächte: die Hand des törichten Richters, der gerade versucht, die Ketten eines boshaften Riesen, der die Gewalttätigkeit bedeutet, zu lösen, wird von Minerva aufgehalten; und das Opfer, hier mit dem Künstler selbst gleichgesetzt (vgl. Giglioli, a. a. O.; zu seinem Efeugewinde siehe Ripa, Stichwort ›Furore poetico‹ und ›Accademia‹), wird im Triumph von der Wahrheit und Merkur weggeführt.

65 H. Göbel, Bibl. 114, Bd. II, 1, S. 382, und Bd. II, 2, Abb. 379; H. Schulze, Bibl. 312, S. XXXI; A. McComb, Bibl. 213, S. 25; M. Tinti, Bibl. 343, S. 45. Von diesem Gobelin heißt es, er sei 1553 angefertigt worden.

66 Das Sujet der Radierung Dürers ist sicherlich ein mehr oder weniger höllisches Wesen, sehr wahrscheinlich der Raub der Proserpina. Es ist von Bedeutung, daß die Vorzeichnung,

Lippmann 817 (Morgan Library), ein gewöhnliches Pferd anstelle des Fabelmonsters zeigt, das die Züge eines Pferdes mit denen eines Ziegenbocks und eines Einhorns verbindet, und daß der Reiter über einen Haufen besiegter Feinde wegsetzt, anstatt zu einem Sprung ins Leere anzusetzen. Auf der anderen Seite kann belegt werden, daß eine Darstellung des Raubes der Proserpina mit Pluto, der sie zu Pferde, statt in einem Wagen entführt, in der Kunst des späten Mittelalters nicht ungewöhnlich war. Vgl. Paris, Bibliothèque. Nat., Ms. Fr. 1584, fol. 144, unsere Abb. 64.

67 Ob die Mittelgruppe absichtlich so angelegt wurde, daß sie dem wohlbekannten Typus der Venus επιτραγια ähnelt oder nicht (vgl. R. Hamann, Bibl. 134, mit Verweisen), ist schwer zu entscheiden, aber es scheint angesichts der archäologischen Neigungen Bronzinos keineswegs unwahrscheinlich.

68 M. Tinti, Bibl. 343, Abb. 43; A. McComb, Bibl. 213, S. 70 und Tf. 21; H Schulze, Bibl. 312, S. XXI und Tf. XVII. Der Unterschied in den Maßen kann entweder mit einer Vergrößerung der Originalkomposition auf dem Londoner Bild oder – was vielleicht wahrscheinlicher ist – mit einer Verkleinerung der Originalkomposition auf dem Florentiner Gobelin erklärt werden. Es ist eine bekannte Tatsache, daß die Weber die Maße ihrer Vorlagen sehr oft veränderten, um sie einer verlangten Flächengröße anzupassen.

69 Vasari, Bibl. 366, Bd. VII, S. 598: *»Fece un quadro di singolare bellezza, che fu mandato in Francia al rè Francesco; dentro il quale era una Venere ignuda con Cupido che la baciava, ed il Piacere da un lato e il Giuoco con altri Amori; e dall'altro la Fraude, la Gelosia ed altre passioni d'amore«.*

70 Siehe Anm. 79, S. 132.

71 Ripa, unter Stichwort ›Carezze Amatorie‹.

72 Es ist interessant zu bemerken, daß in Berchorius' *Moralisiertem Ovid* auf Lateinisch, der im 16. Jahrhundert noch unvergessen war, die einander umarmenden Venus und Amor folgendermaßen erläutert werden: *»Cupido matrem osculans significat consanguineos, qui nimis familiariter consanguineos* (es sollte heißen: *consanguineas*) *osculantur, sic quod inde per appetitum luxurie ipse consanguiniee vulneratur* (es sollte heißen: *vulnerantur*).« Siehe ›Thomas Walleys‹, Bibl. 386, fol. LXXXIIII (wo Erläuterungen zu Ovid, *Metam.,* X, 525 gegeben werden): *»Namque pharetratus dum dat puer oscula matri . . .«*

Zum symbolischen Gebrauch des Polsters oder Kissens in seiner Beziehung zur sprichwörtlichen *›pluma Sardanapali‹* siehe E. Panofsky, Bibl. 243, S. 97, und ders., Bibl. 251, S. 8; des weiteren E. Wind, Bibl. 406. Das Motiv unterstreicht die Verbindung von ›Wollust‹ und ›Trägheit‹, und selbst, wo Acedia auf einem Esel reitend dargestellt wird (wie es der Fall zum Beispiel im *Eruditorium Penitentiale,* Bibl. 85, fol. G. 1, v., und in allen illustrierten Manuskripten von Hugo von Trimbergs *›Der Renner‹* ist), wird sie manchmal mit einem Kissen versehen, das ihr ein kleiner Teufel bringt (Cod. Leyd. Voss. G. G. F. 4, fol. 257; unsere Abb. 65).

73 Hinsichtlich der Ikonographie dieser Radierung (B. 70) vgl. E. Panofsky und F. Saxl, Bibl. 253. Zu ihrer möglichen Verbindung zu Michelangelo vgl. E. Tietze-Conrat, Bibl. 342, Bronzinos ›Eifersucht‹ steht jedoch Dürers ›Verzweifeltem‹ weit näher als dem angeblich michelangelesken Prototyp des letzteren.

74 Solche Fußspangen, mit oder ohne Glöckchen, wurden als Amulette getragen, vor allem von Possenreißern, Tänzern und Kurtisanen. Vgl. P. Wolters, Bibl. 410 und 411. Des weiteren siehe Daremberg-Saglio, Bibl. 70, Stichwort ›Tintinnabulum‹, insbesondere S. 342, Sp. 2. Bronzino, dessen archäologische Neigungen gut bekannt sind, könnte eine griechisch-römische Figur dieses Typs gesehen haben, wie es zum Beispiel mit einer reizenden kleinen Bronze im Besitz von A. M. Friend jr. gegeben ist, die eine Tänzerin mit glöckchenverziertem Gewand und einer glöckchengeschmückten Fußspange an ihrem linken Fuß darstellt. Zur allgemeinen Gestalt und Haltung der Figur Bronzinos siehe auch den bei Daremberg-Saglio abgebildeten kleinen Tänzer, Bd. IV, 2, Abb. 6055.

75 Ripa erwähnt die Maske als ein Attribut von ›Bugia‹, ›Fraude‹ und ›Inganno‹, und wenn auf sie getreten wird, bedeutet sie *›dispregio della fintione‹* (unter Stichwort ›Lealtà‹) und *›dispregio delle cose mondane‹* (unter Stichwort ›Contritione‹).

76 H. Schulze, Bibl. 312.

77 A. McComb, Bibl. 213.

78 Zum Symbolgehalt der rechten und der linken Hand bei Personifizierungen dieser Art siehe H. R. Patch, Bibl. 254, S. 44.

79 Auf weniger anprangernde Art und Weise – ohne das Motiv von Zeit-Wahrheit und die Verkörperung der ›Falschheit‹, zugleich die Beziehung zwischen Venus und Amor schicklicher gestaltend – ist die Hauptidee der Londoner Allegorie auf Bronzinos Bild in Budapest wiederholt (M. Tinti, Bibl. 343, Abb. 32; A. McComb, Bibl. 213, S. 48, und Tf. 20; H. Schulze, Bibl. 312, S. V). Venus, einen Pfeil haltend, und Amor, mit Pfeil und Bogen in den Händen, werden von ›Eifersucht‹ (links) und zwei Putten flankiert (rechts), die sich gegenseitig Kränze ins Haar flechten, während unter ihnen am Boden zwei satyrhafte Masken liegen. Nach Ansicht des Verfassers sind die Ungenauigkeiten in Vasaris Beschreibung des Londoner Bildes auf eine Vermengung seiner Erinnerung an das letztere mit seinem Eindruck vom Budapester Bild zurückzuführen. Das würde erklären 1) das Weglassen von ›Zeit‹ und ›Wahrheit‹, 2) die Betonung einer strengen Symmetrie *(›da un lato – e dall'altro‹),* die in der Tat auf dem Budapester Bild eingehalten ist, 3) die Erwähnung von ›Giuoco‹ und ›Piacere‹, wobei der Irrtum durch die Anwesenheit *zweier* neckischer Putti auf der Budapester Version zu erklären wäre. Beide Kompositionen sind natürlich durch Michelangelos Venus beeinflußt (Karton für Bartolommeo Bettini, farbig ausgeführt von Jacopo Pontormo, Bronzinos Lehrer); er zeigt bereits das Motiv der Umarmung in Verbindung mit dem der Masken.

80 Shakespeare, *Rape of Lucrece,* Zeile 939 ff. [Deutsche Übersetzung nach Wilhelm Jordan. A. d. Ü.]

81 Stephen Hawes, Bibl. 136, S. 215 ff. Ich bin Samuel C. Chew dafür zu Dank verpflichtet, daß er mich auf diese interessante Passage und auf den Holzschnitt aufmerksam gemacht hat, der in den Ausgaben von 1509 und 1517 erscheint.

81a Allein das Metropolitan Museum besitzt mehr als ein halbes Dutzend Zeichnungen von G. B. Tiepolo (drei Abbildungen in Bibl. 227a, Nr. 40, 42 und 49), die solche Sujets wie ›Zeit und Glück‹ (Chronos und Fortuna), ›Chronos-Zeit und Wahrheit‹, Chronos auf einem von Drachen gezogenen Wagen, Venus überläßt Amor Chronos-Zeit etc. beinhalten. Die als unser Frontispiz reproduzierte Zeichnung (37.165.12) stellt meiner Meinung nach die ›Zeit‹ dar, die die ›Zukunft‹ auf ihren Weg schickt, wobei die schwermütige Gestalt, die dem Betrachter den Rücken zukehrt, die ›Vergangenheit‹ verkörpert.

82 Sonette XII, XV, XVI, XIX, LV, LX, LXIII, LXIV, LXV, LXXIII, LXXIV, LXXVI, LXXVII. *Rape of Lucrece,* Strophen 133–143 (Zeile 925 ff.).

83 Hinsichtlich dieses und einiger verwandter Bilder von Poussin siehe E. Panofsky, Bibl. 241, insbes. S. 241. Zum *Ballo della Vita Humana* vgl. auch die bei Patch, Bibl. 254, S. 171, angeführten Variationen über das Rad der Fortuna und hinsichtlich des Ursprungs des Motivs der Seifenblasen: H. Janson, Bibl. 155 (ein weiterer Aufsatz zu diesem Motiv, von W. Stechow, erscheint in *Art Bulletin*). Eine ziemlich schwache Umgestaltung des ›Ballo‹-Themas findet man auf J. W. Baumgartens (?) Darstellung der Vier Jahreszeiten, die nach der Pfeife der ›Zeit‹ tanzen, Abb. bei J. Held, Bibl. 141, Sp. 361/362.

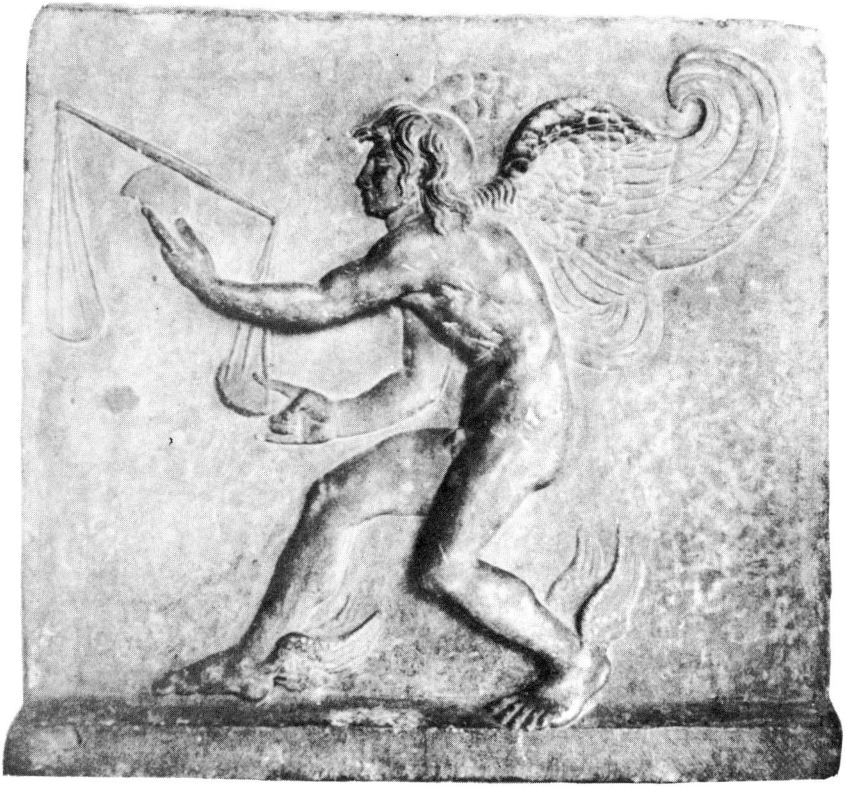

35 Kairos. Antikes Relief, Turin, Museum

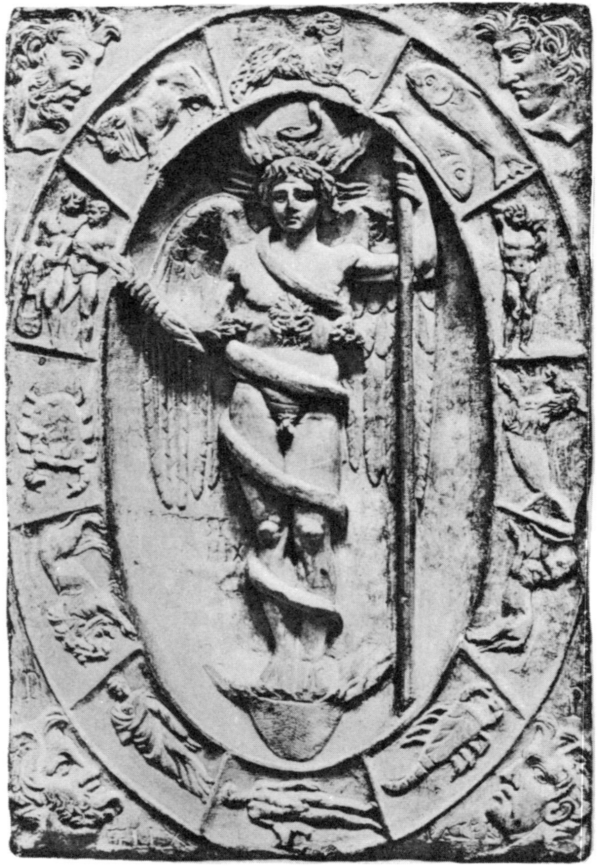

36 Phanes. Antikes Relief, Modena, Museum

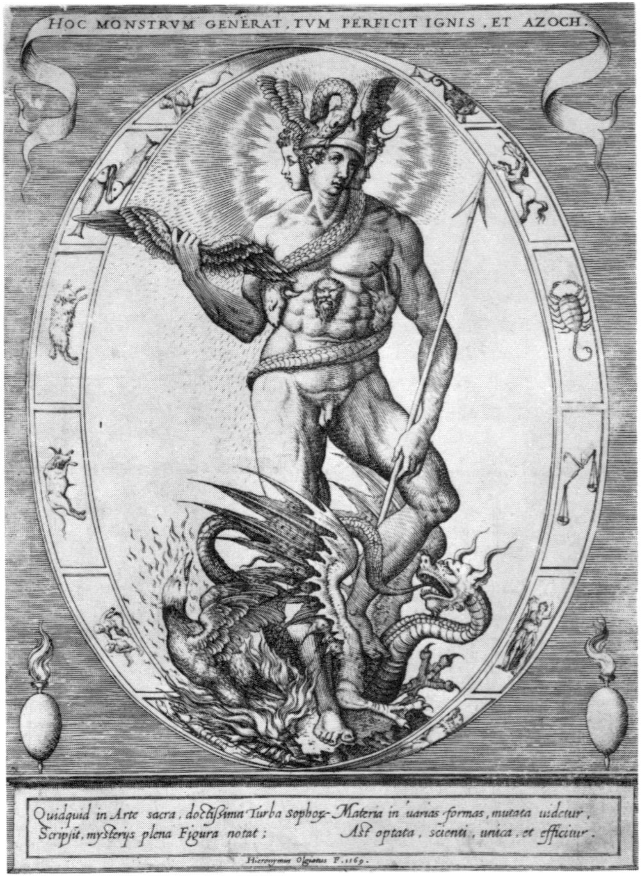

37 Girolamo Olgiati, Allegorie der Alchimie. Stich, 1569 datiert

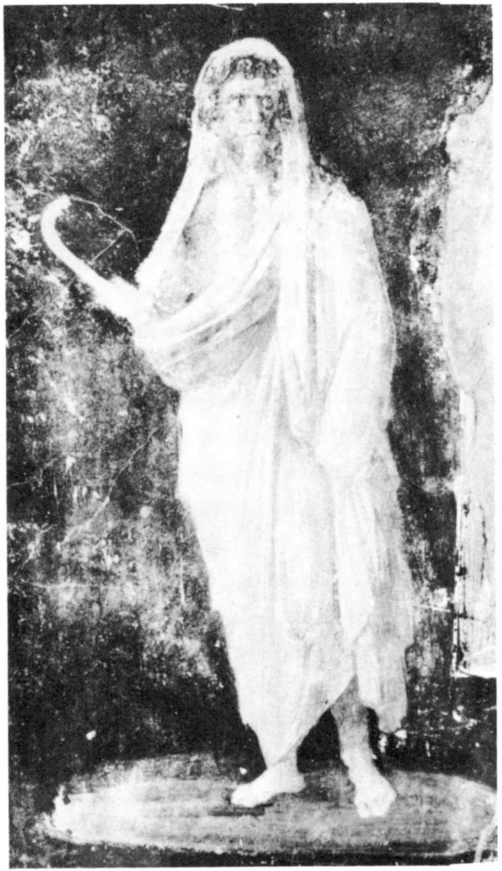
38

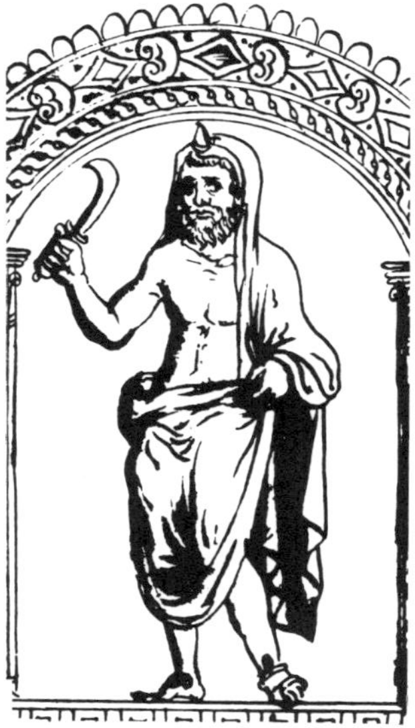
39

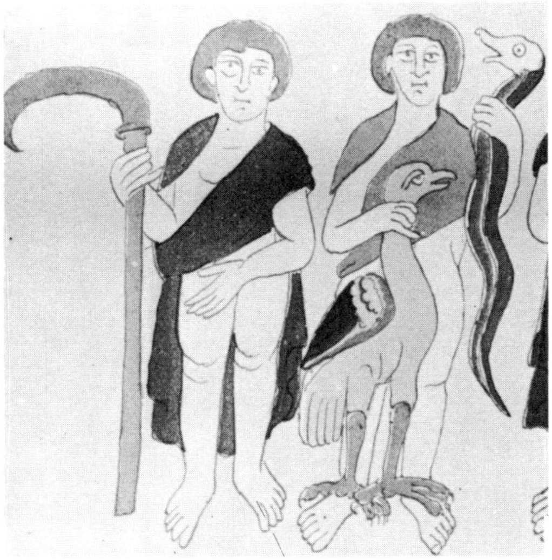
40

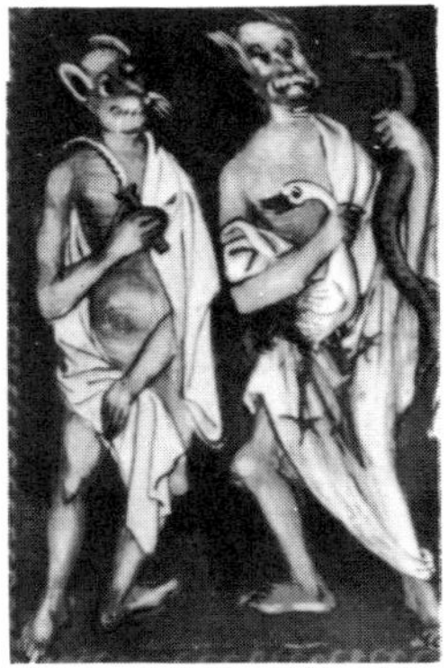
41

38 Saturn. Pompejanisches Wandbild aus der Casa dei Dioscuri, Neapel, Museo Nazionale

39 Saturn. Aus dem Chronographen von 354 (Renaissancekopie), Rom, Vatikanische Bibliothek

40 Saturn und Jupiter. Aus: Hrabanus Maurus, De Universo, Montecassino, 11. Jahrhundert

41 Saturn und Jupiter. Aus: Hrabanus Maurus, De Universo, Rom, Vatikanische Bibliothek, Cod. Pal. lat. 291, 15. Jahrhundert

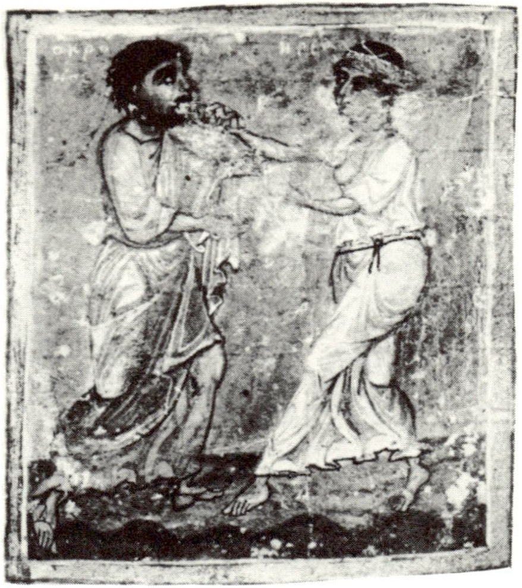

42

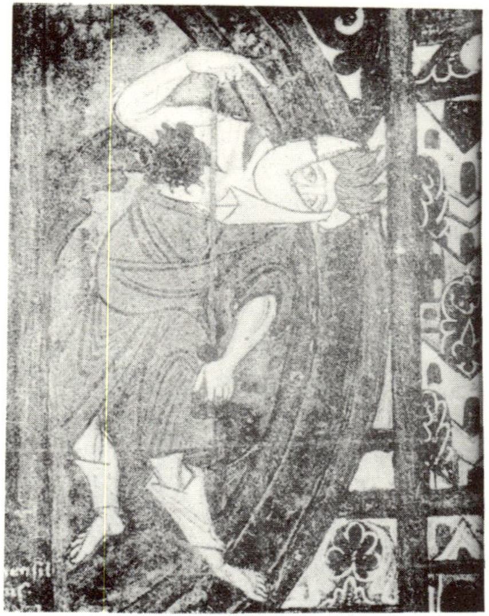

43

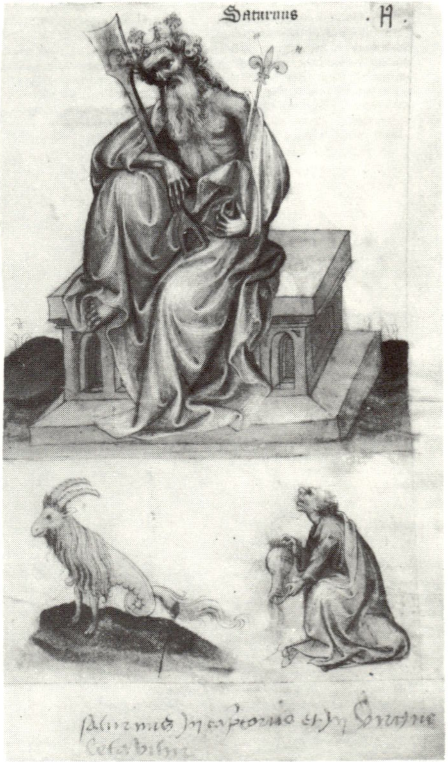

45

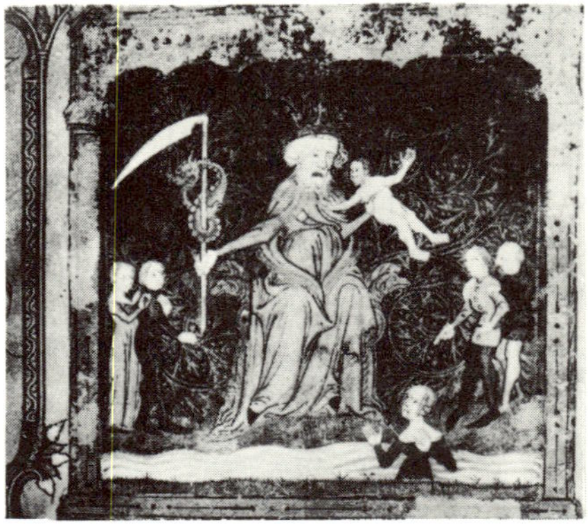

42 Saturn und Rhea. Berg Athos, Panteleimon, Cod. 6, fol. 162, v., 11. Jahrhundert

43 Tod. München, Staatsbibliothek, Clm. 13601, fol. 94, frühes 11. Jahrhundert

45 Saturn. Rom, Vatikanische Bibliothek, Cod. Reg. 1480, fol. 5, 14. Jahrhundert

44 Saturn. New York, The J. P. Morgan Library, Ms. 785, fol. 34, etwa 1400 n. Chr.

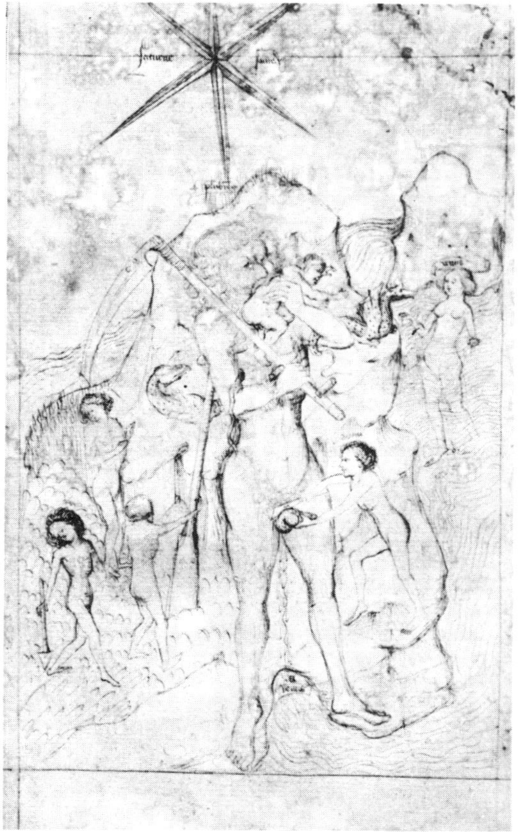

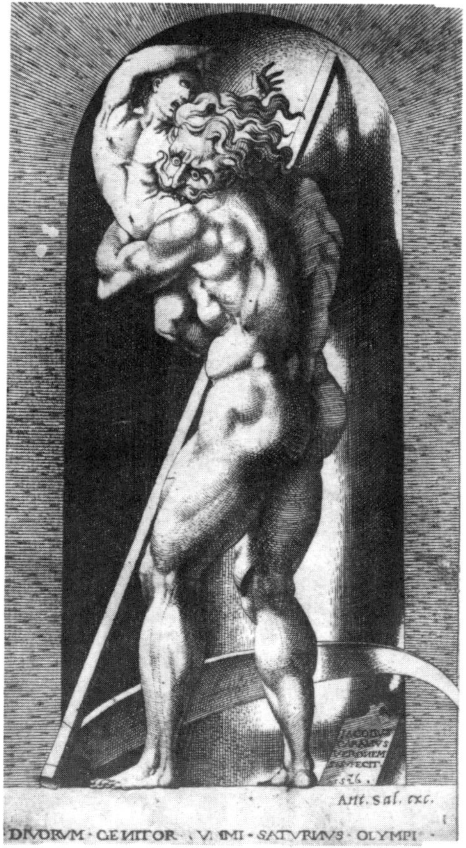

46 Saturn. Silberstiftzeichnung, Dresden, Kupferstichkabinett, erstes Drittel des 15. Jahrhunderts

47 Jacopo Caraglio (nach Rosso Fiorentino), Saturn. Stich, B. 24, 1526 datiert

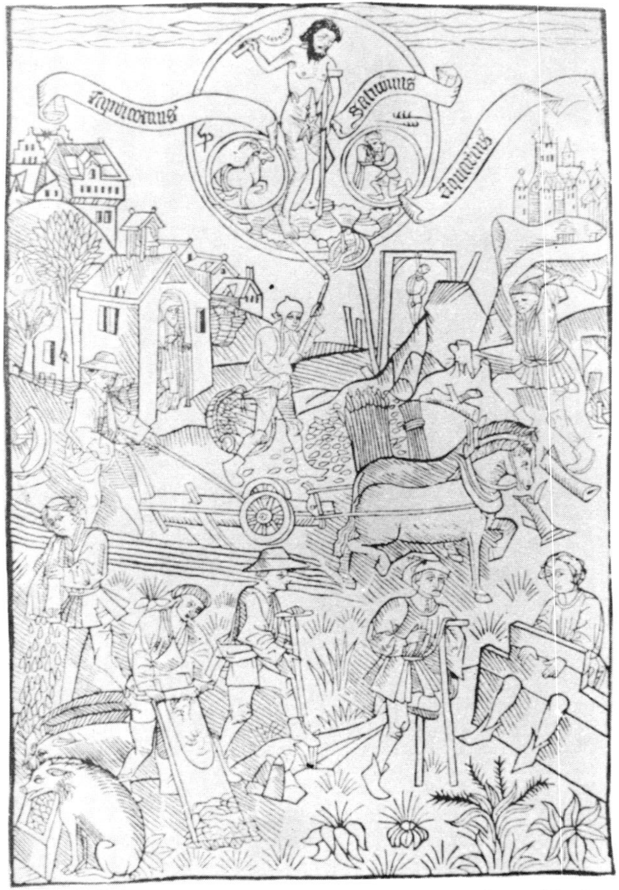

48 Saturn und seine ›Kinder‹. Holzschnitt aus einem Blockbuch, Mitte des 15. Jahrhunderts

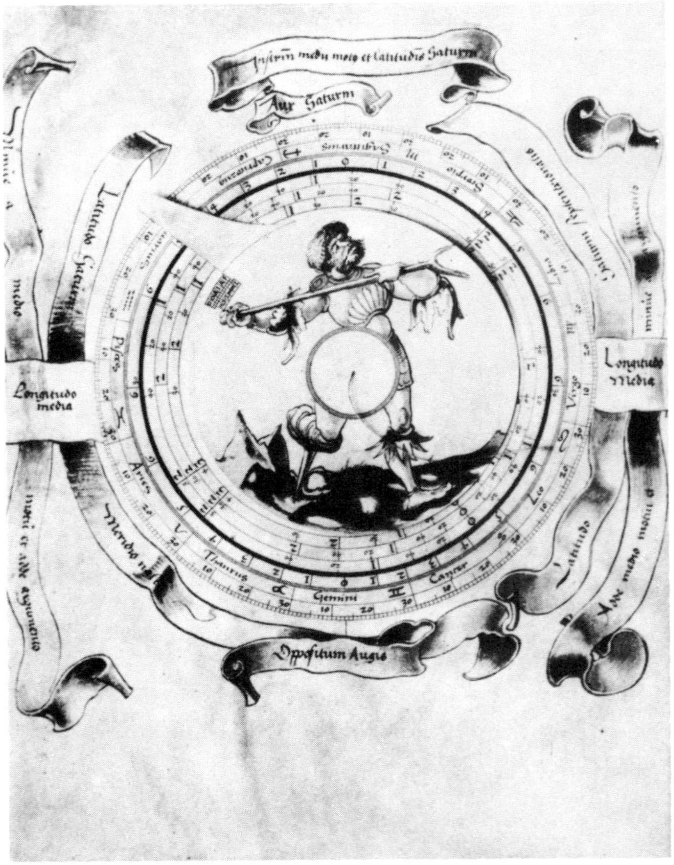

49 Saturn. Rom, Vatikanische Bibliothek, Cod. Pal. lat. 1368, fol. 1, v., 16. Jahrhundert

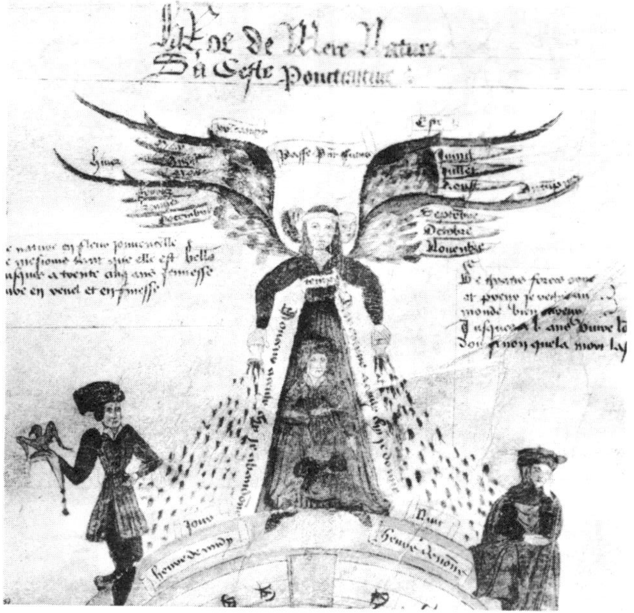

50 Die Zeit. Detail aus einer französischen Miniatur, etwa 1400 n. Chr.

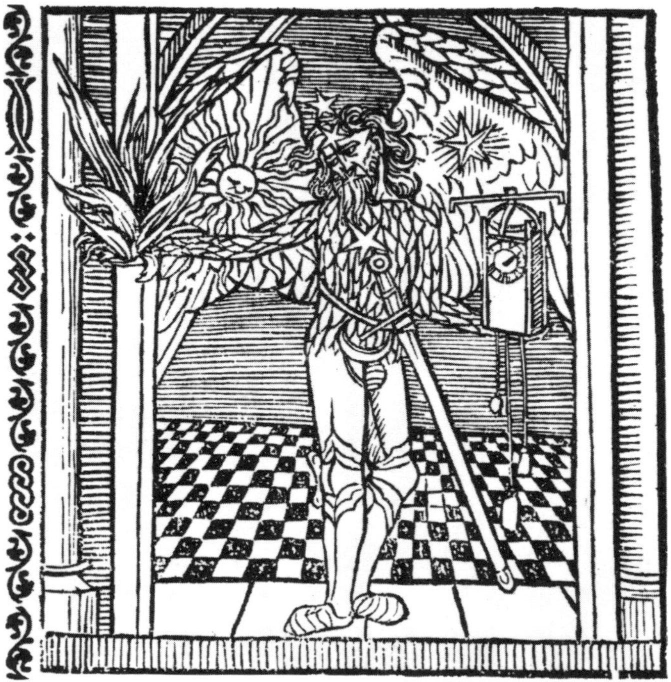

51 Die Zeit. Holzschnitt aus: Stephen Hawes, The Pastime of Pleasure, London 1509

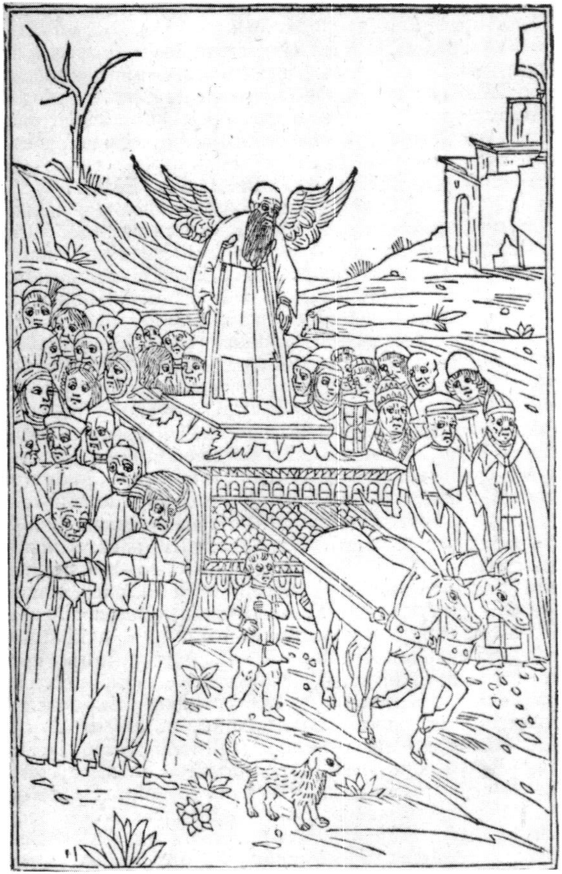

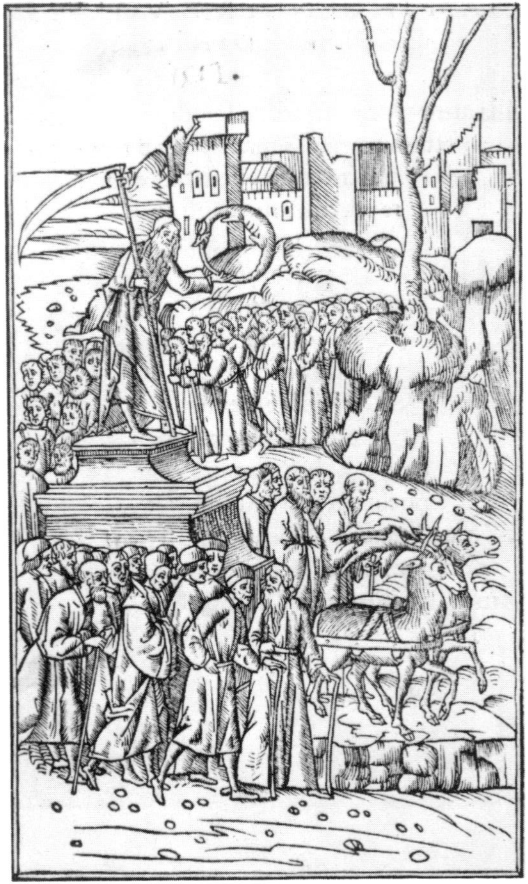

52 Der Triumph der Zeit. Holzschnitt aus Petrarca (Jacopo Capcasa di Codeca), Venedig 1493, fol. 05, v.

53 Der Triumph der Zeit. Holzschnitt aus Petrarca (Gregorio de Gregorii), Triest 1508

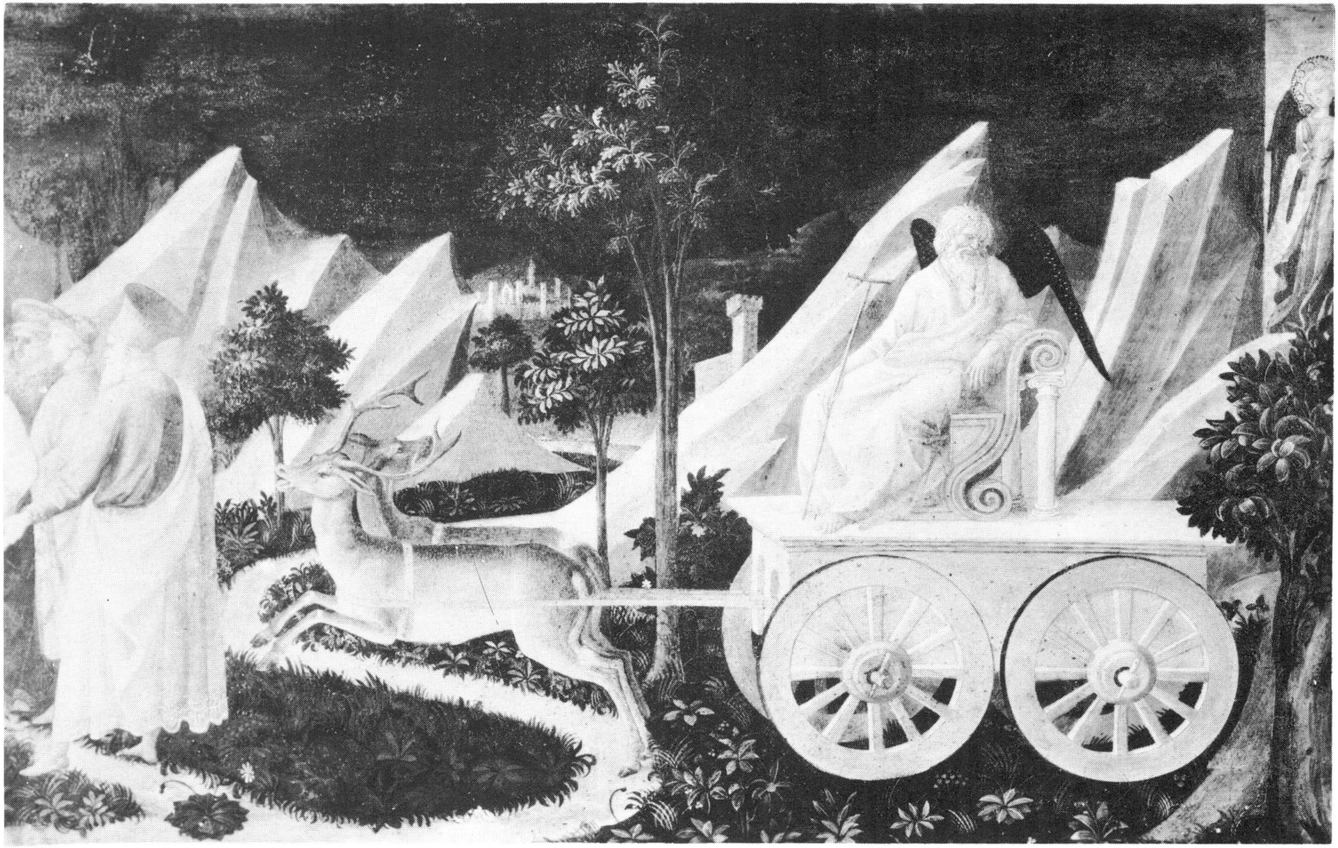

54 Jacopo Pesellino: Der Triumph der Zeit. Boston, The Isabella Stewart Gardner Museum (mit freundlicher Erlaubnis des Museums)

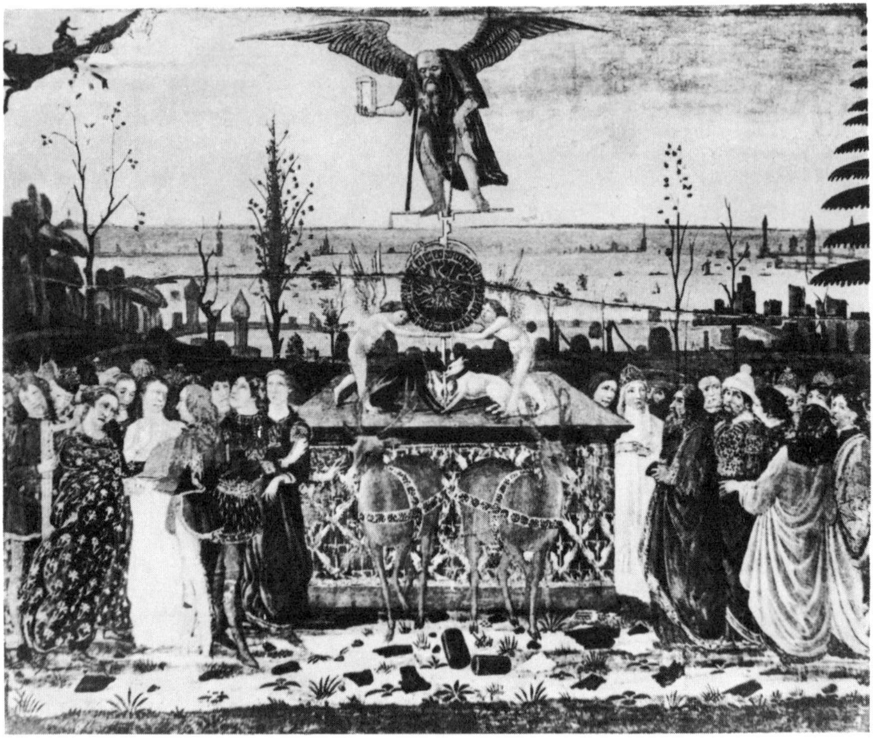

55 Jacopo del Sellaio (?), Der Triumph der Zeit. Fiesole, Oratorio di S. Ansano

56 Der Triumph der Zeit. Holzschnitt aus Petrarca (V. Valgrisi), Venedig 1560, fol. 203, v. ▷

57 Chronos beschneidet Amors Flügel. Stich aus Otho Venius, Les Emblèmes de l'Amour Humain, Brüssel 1567, S. 237 ▷

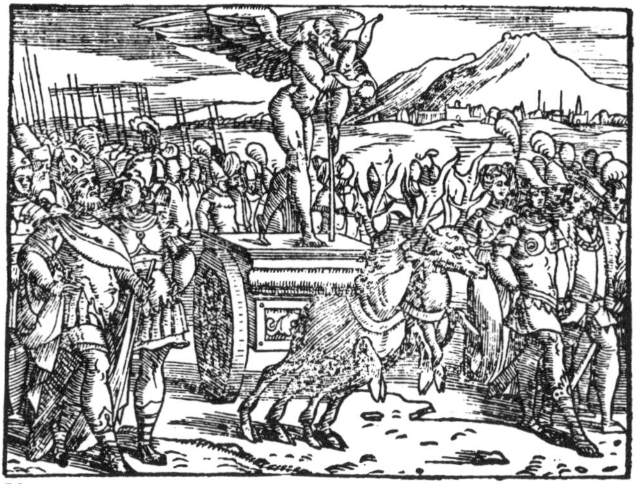

56

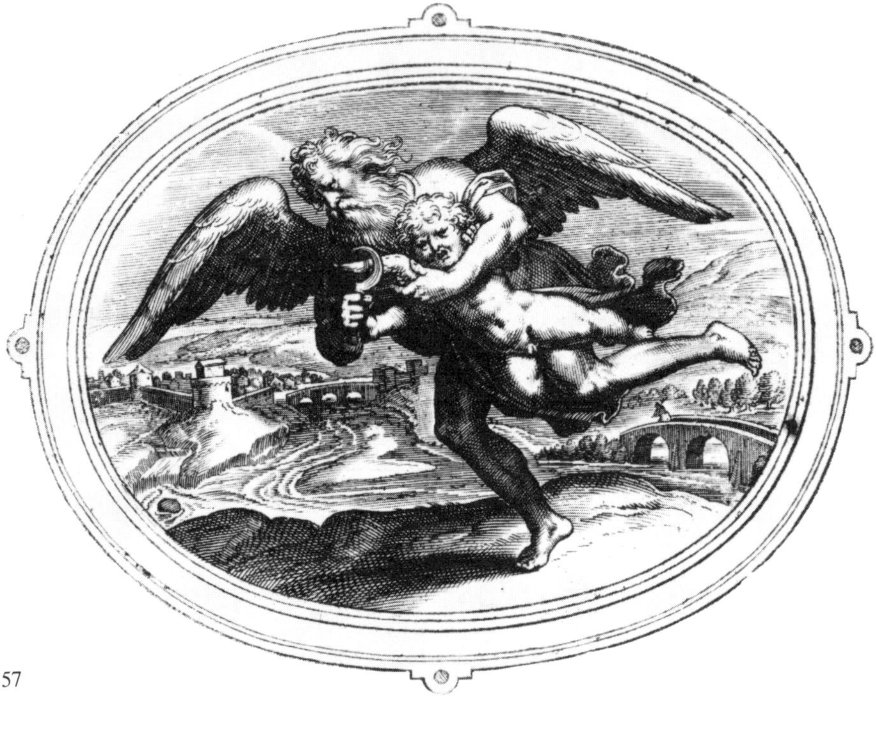

57

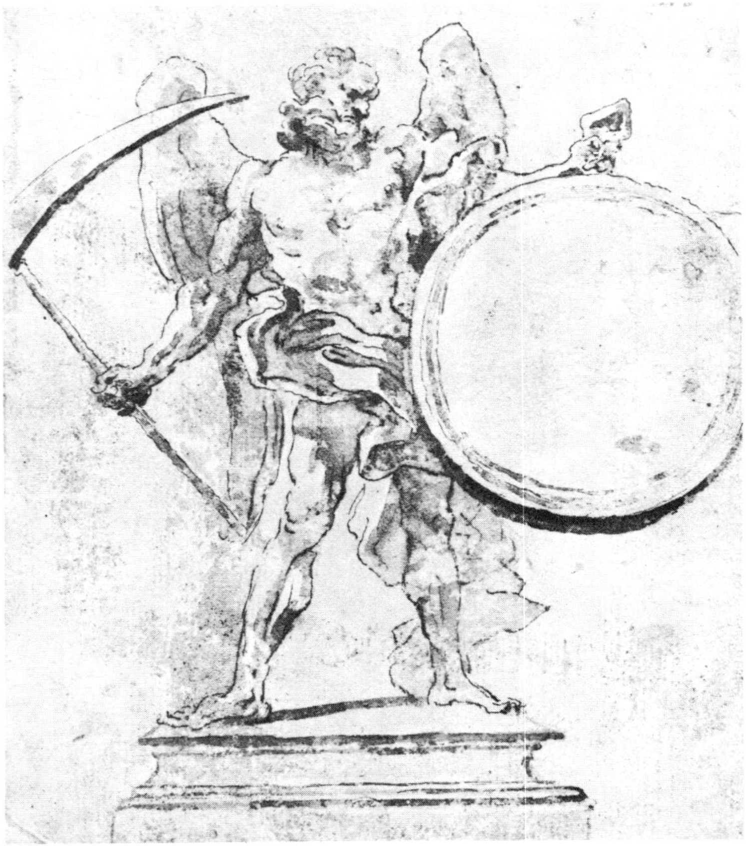

58a Gianlorenzo Bernini, Chronos mit Rundschild. Lavierte Federzeichnung, Besitz unbekannt

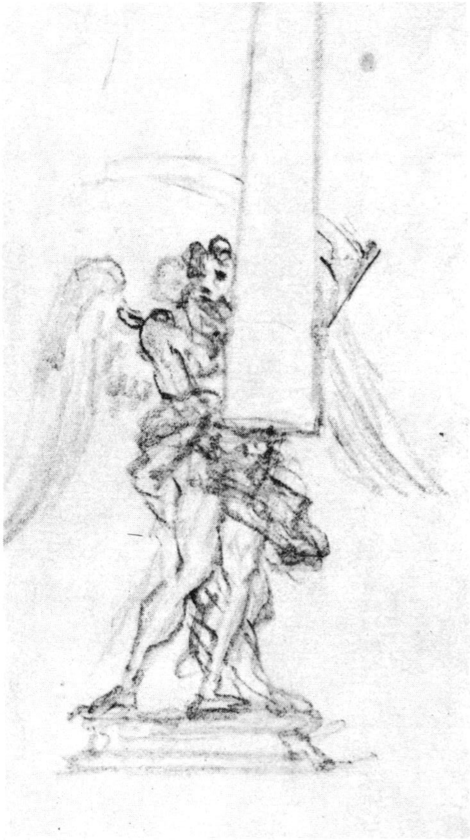

58b Gianlorenzo Bernini, Chronos mit Obelisk. Kreidezeichnung, Leipzig, Stadtbibliothek, Art. fol. 90, S. 15

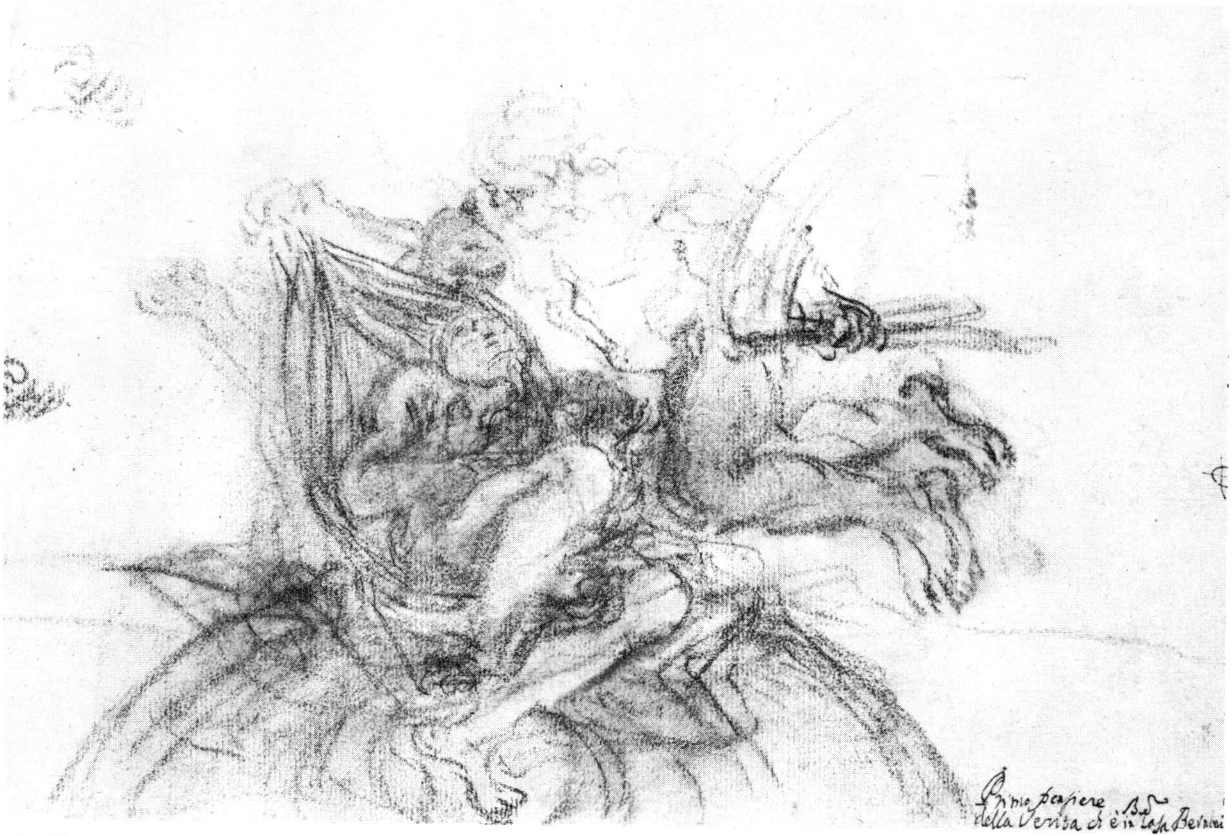

59 Gianlorenzo Bernini, Die Zeit enthüllt die Wahrheit. Kreidezeichnung, Leipzig, Stadtbibliothek, Art. fol. 90, S. 72

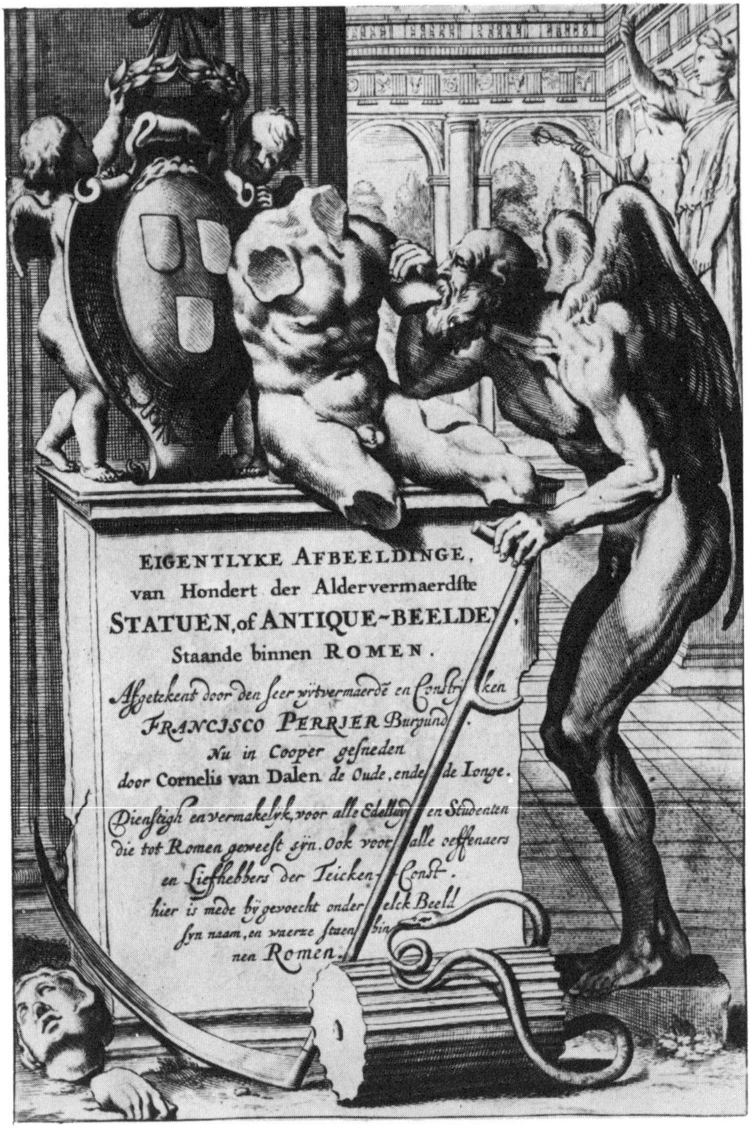

60 Die Zerstörerin Zeit. Frontispiz (Stich) aus: Fr. Perrier, Segmenta nobilium signorum et statuarum . . . , Rom 1638

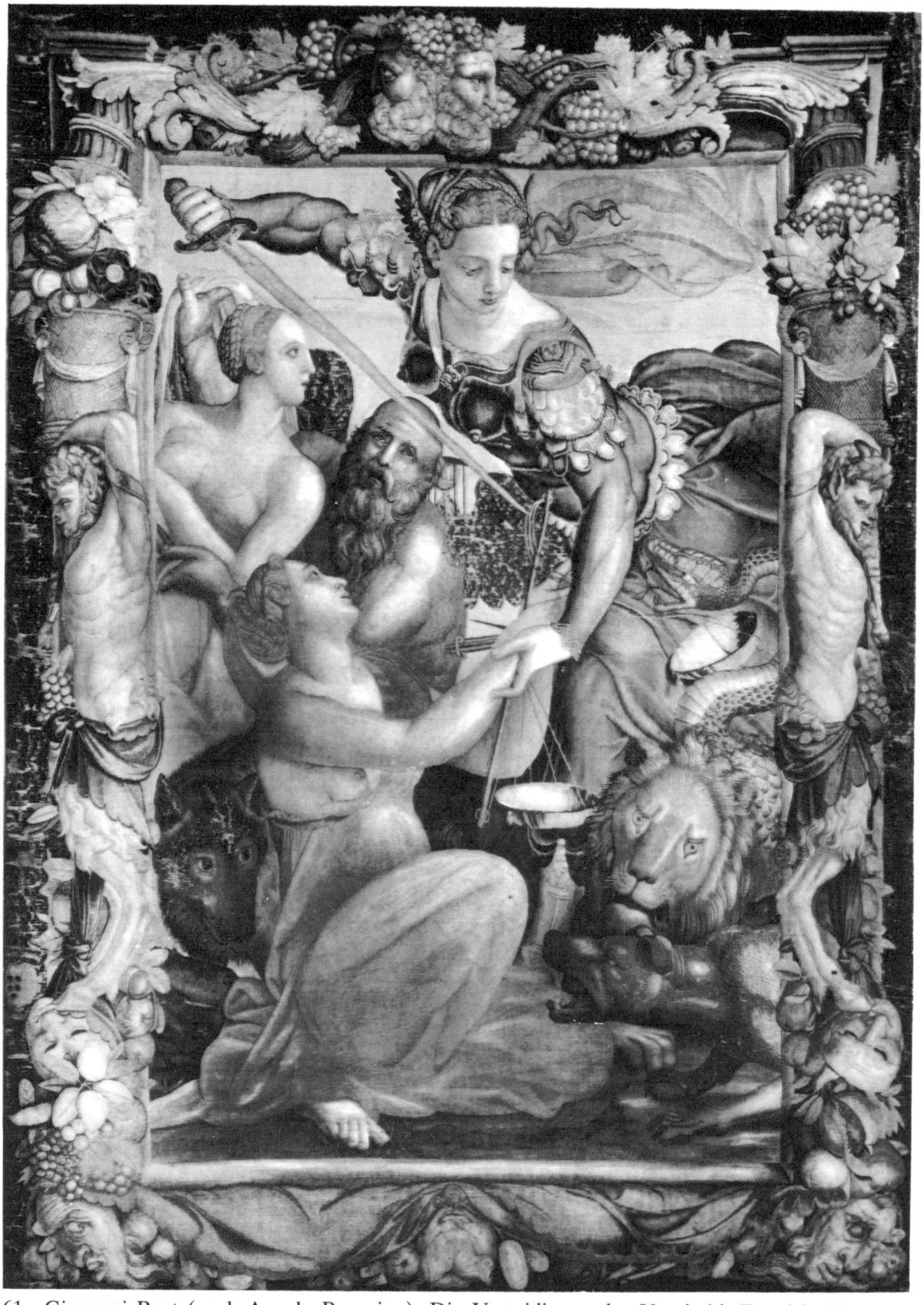

61 Giovanni Rost (nach Angelo Bronzino), Die Verteidigung der Unschuld. Teppich, Florenz, Galleria degli Arrazzi

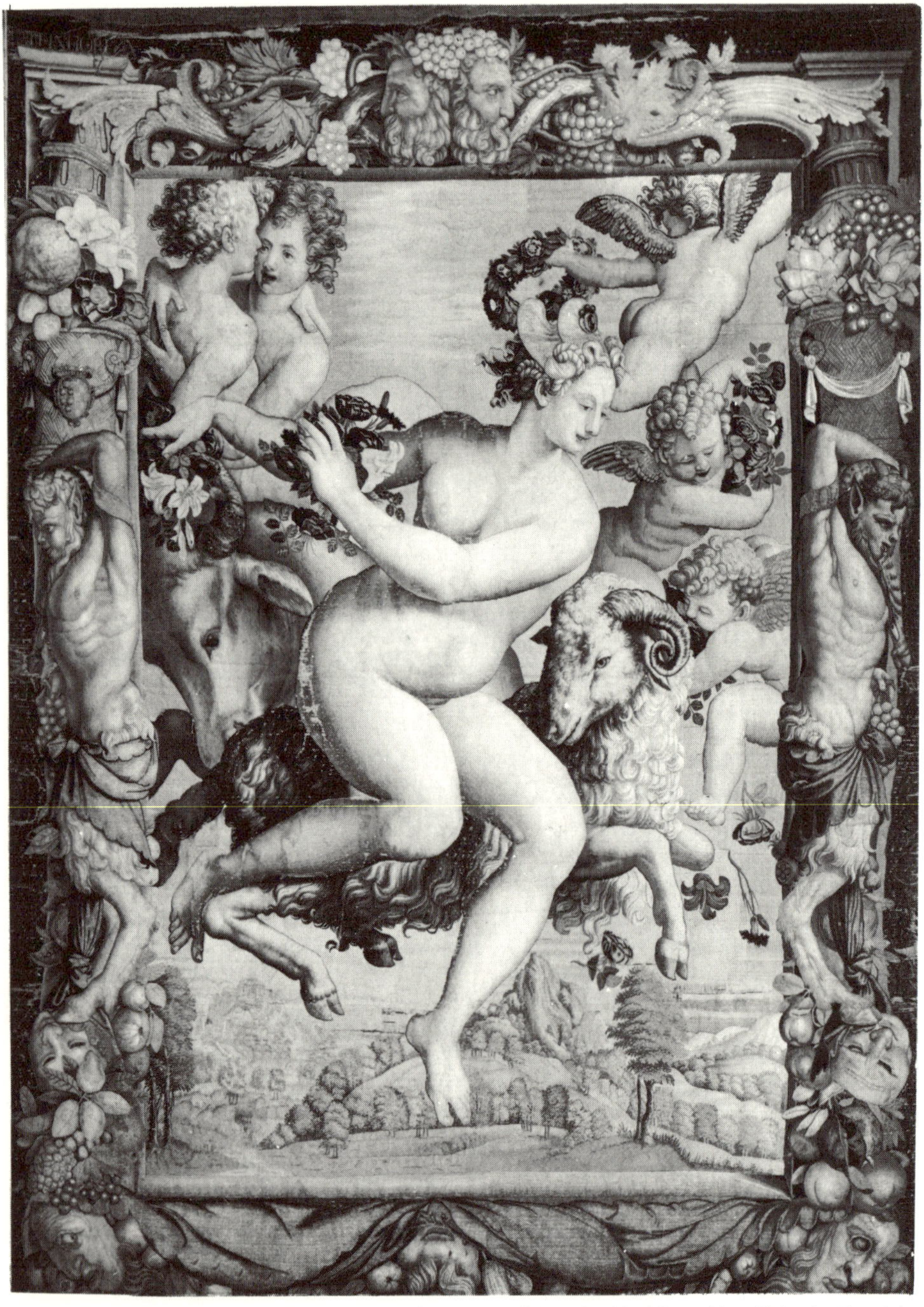

62 Giovanni Rost (nach Angelo Bronzino), ›Flora‹ (hier als ›Frühling‹ identifiziert). Teppich, Florenz, Galleria degli Arrazzi

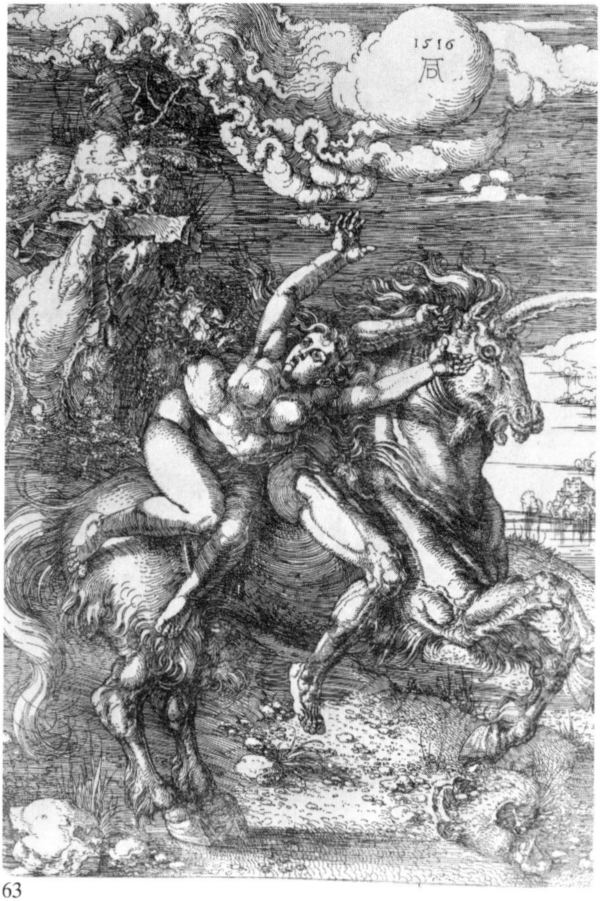

63

63 Albrecht Dürer, Der Raub der Proserpina. Radierung, B. 72, 1516 datiert

64 Der Raub der Proserpina. Paris, Bibliothèque Nationale, Ms. Fr. 1584, fol. 144, 14. Jahrhundert

65 Allegorie der Faulheit. Leyden, Universitätsbibliothek, Cod. Voss. G. G. F. 4, fol. 257, 1401 datiert

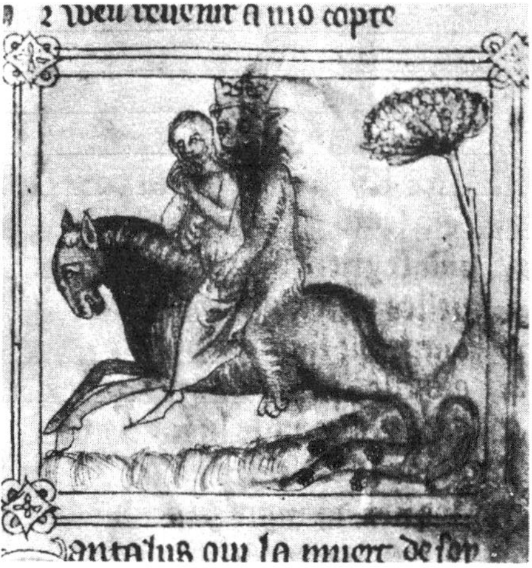

64

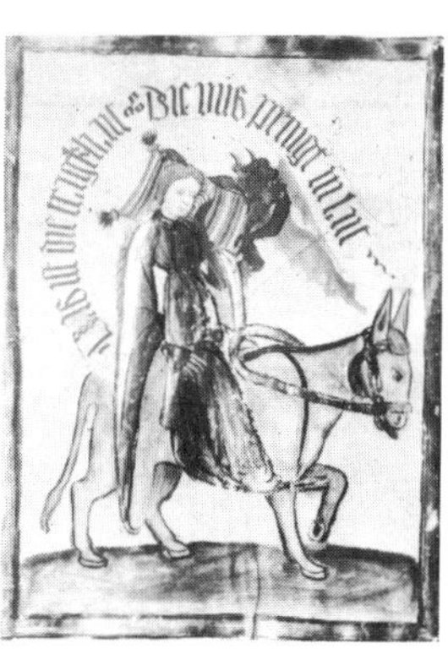

65

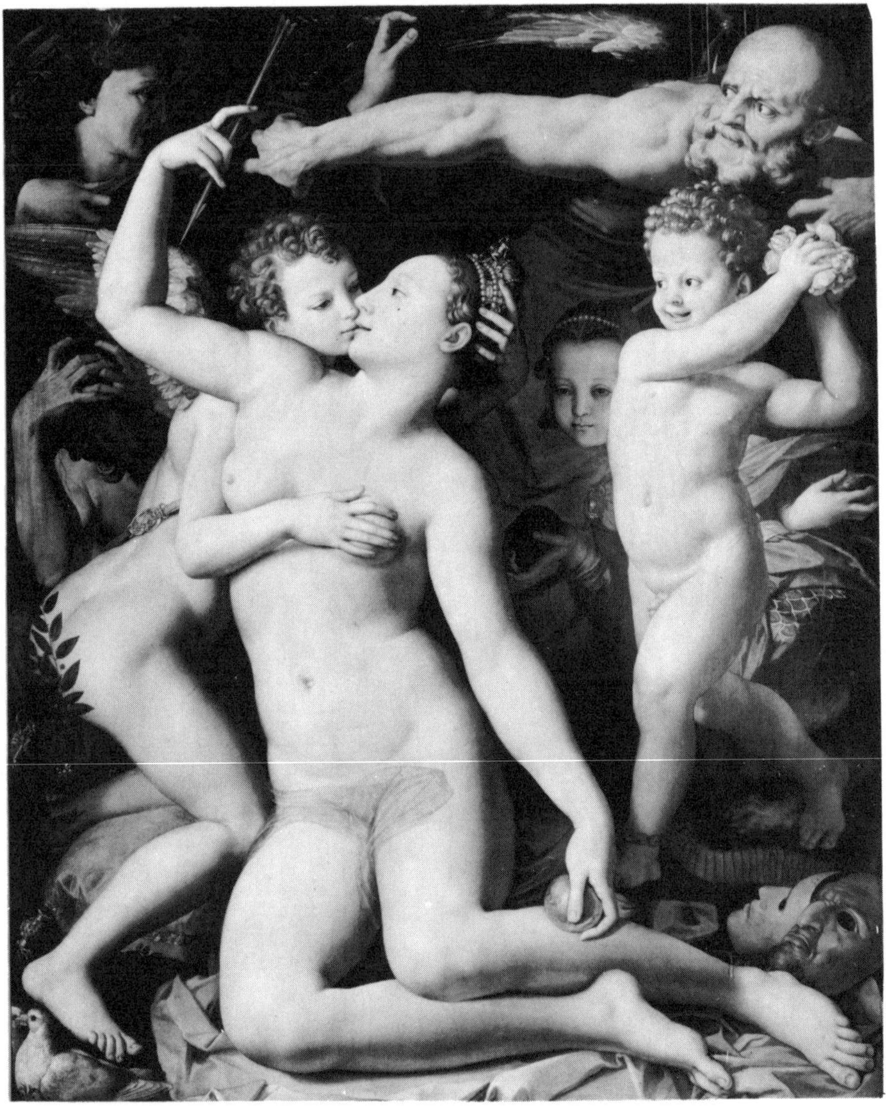

66 Angelo Bronzino, Die Enthüllung der Üppigkeit. London, National Gallery

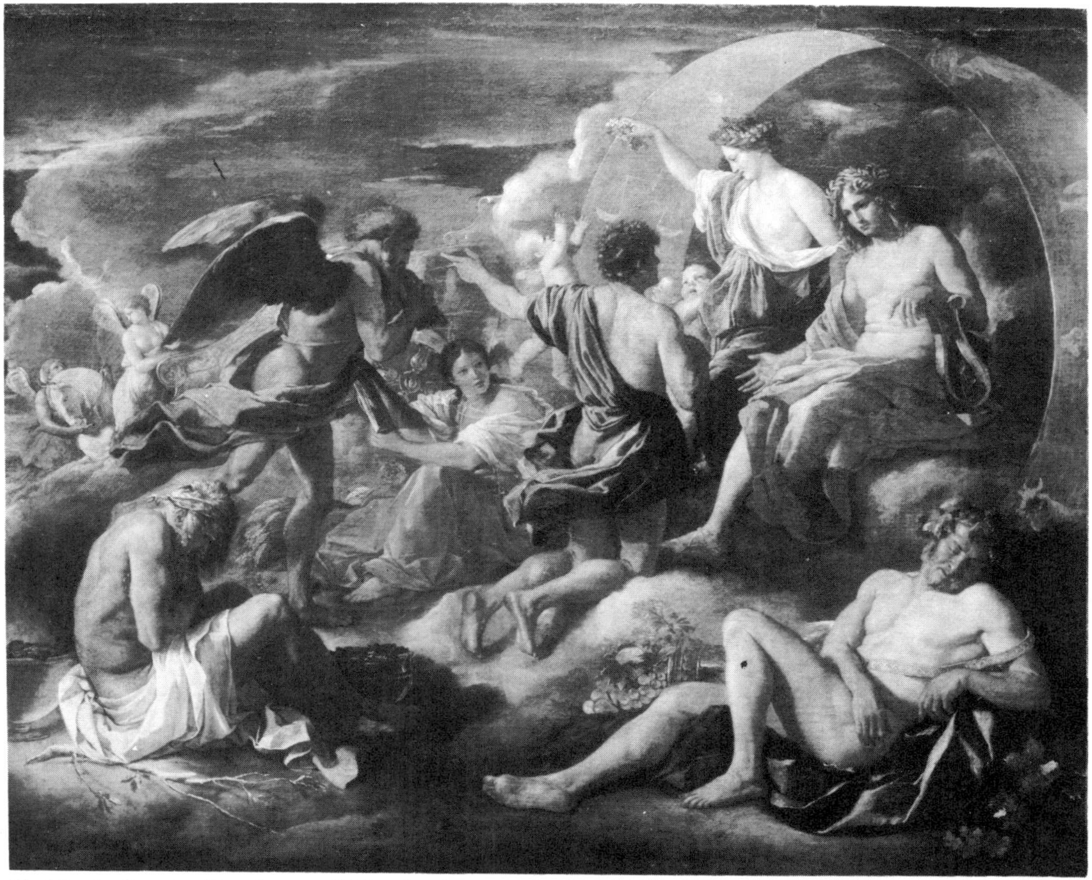

67 Nicolas Poussin, Phaethon vor Helios. Berlin, Staatl. Museen Preußischer Kulturbesitz

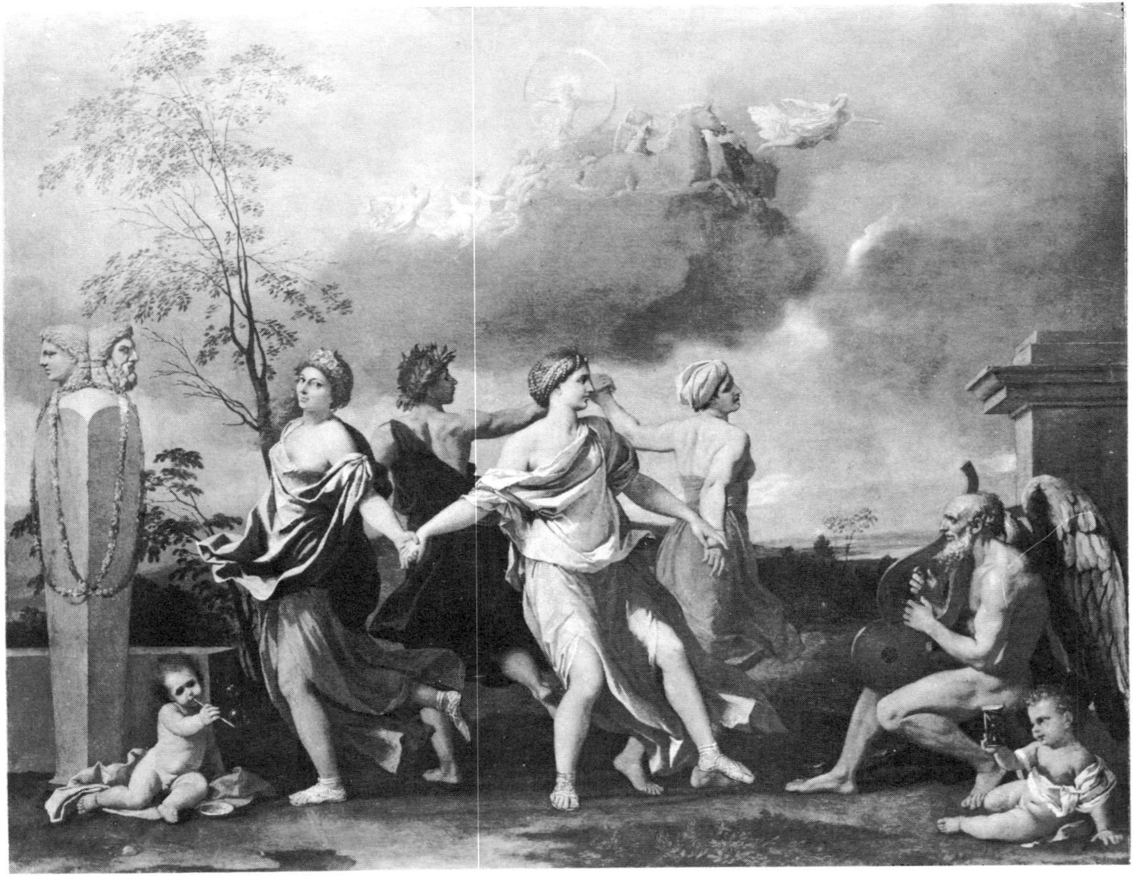

68 Nicolas Poussin, ›Il Ballo della Vita Humana‹, London, Wallace Collection

IV Der blinde Amor

Während die Gestalt des Vater Chronos sich infolge der Verschmelzung zweier ursprünglich unabhängiger Elemente als ziemlich kompliziertes Gebilde erwies, ist der Fall Amors auf den ersten Blick ein viel einfacherer. Der kleine geflügelte, mit Pfeil und Bogen bewaffnete Knabe war eine der hellenistischen und römischen Kunst sehr vertraute Gestalt. Nur war diese Figur in der Literatur der Antike sehr selten blind, und in der antiken Kunst war sie es nie.

Der Glaube, daß »der Liebende (...) gegen das, was er liebt, verblendet (wird), so daß er das Gerechte und Gute und Schöne schlecht herausfindet«[1], wird natürlich häufig in der antiken Literatur ausgesprochen, in der es von Phrasen wie *caecus amor, caeca libido, caeca cupido, caecus amor sui* wimmelt.[2]

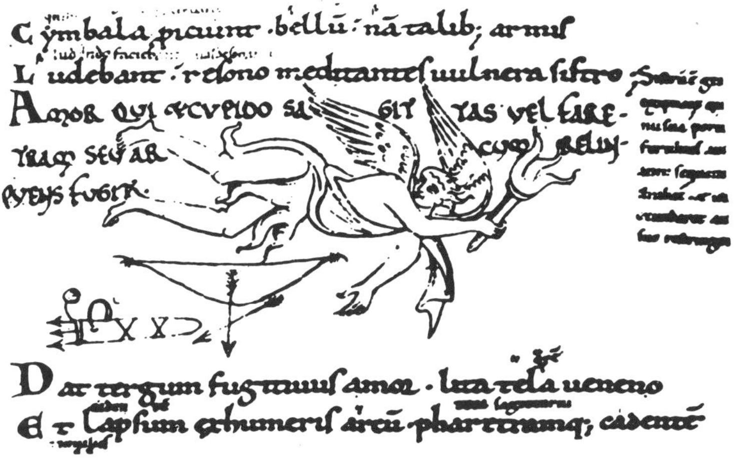

Fliegender Amor. Lyon, Bibliothèque du Palais des Arts, Ms. 22, fol 17, v, 11./12. Jahrhundert

Aber diese Blindheit kennzeichnet die Liebe als eine seelische Empfindung von oftmals deutlich egoistischem Wesen. Wenn die Liebe als Gestalt ins Auge gefaßt wird, wie zum Beispiel von Properz[3], der sie in einer berühmten Elegie beschreibt, »wie sie die Künstler schildern«, dann erscheint sie als nacktes, geflügeltes Kind, das Pfeil und Bogen oder eine Fackel oder beides trägt. Das sind ihre Attribute in Senecas *Octavia,* in Apuleius' *Goldenem Esel* und in vielen hellenistischen Epigrammen.[4] Wenn wir Theokrits spaßhaften Vergleich ausscheiden, den er zwischen Eros und Plutus (Reichtum) zog, dessen ›Blindheit‹ sprichwörtlich war, seitdem Hipponax die ungerechte Verteilung der weltlichen Güter beklagt hatte[5], so bleibt nur ein kleines lateinisches Gedicht, in dem Amor als blind beschrieben wird, aber dieses Gedicht ist sehr späten Datums und von ziemlich zweifelhafter Echtheit.[6]

Die zahllosen Darstellungen Amors in der hellenistischen und römischen Kunst stimmen mit den Beschreibungen Properz', Senecas und Apuleius' überein. Keine von ihnen zeigt das Motiv einer die Augen verdeckenden Binde, und wo immer moderne Archäologen einen Amor mit verbundenen Augen als von antiker Herkunft erwähnen (Renaissanceautoren waren sich über die Tatsache, daß Amor in der Kunst der Antike nicht blind war, vollkommen im klaren), da kann bewiesen werden, daß ihre Feststellungen falsch sind.[7] Die wenigen byzantinischen und karolingischen Kunstwerke, in denen das nackte, kindliche Abbild Amors, wie das vieler anderer heidnischer Gottheiten, direkt aus den antiken Quellen wieder zum Leben erweckt wurde, bestätigen die Tatsache, daß das Motiv der Augenbinde der griechischen und römischen Ikonographie fremd war. Es fehlt auf den byzantinischen Rosettenkästchen (Abb. 69)[8] und in den Oppian-Illustrationen (Abb. 70)[9], wo Eros als die große Macht erscheint, die über die Triebe von Göttern, Menschen und Tieren regiert, und ebenso fehlt es auf den karolingischen Miniaturen, die man in den Manuskripten von Hrabanus Maurus' *De universo* (Abb. 71)[10] und Prudentius' *Psychomachia* findet, wo Amor und sein (angeblicher) Bruder Jocus (Spaß) dargestellt werden, wie sie fliegend dem schmählichen Sturz der Üppigkeit folgen (Textabb. S. 153 und Abb. 72).[11]

Die mittelalterlichen Darstellungen Amors, die nicht von klassischen Vorbildern abgeleitet, sondern frei auf der Grundlage literarischer Quellen rekonstruiert wurden, entsprechen natürlich den durch den Text gebotenen Hinweisen. Wenn wir die Epen beiseite lassen, die sich direkt mit den homerischen oder vergilschen Stoffen, wie etwa den verschiedenen Versionen des Trojanischen Sagenzyklus, befassen, wo Amor als ordentliches Mitglied des antiken Pantheon erscheint und entsprechend geschildert wird[12], können diese Texte in zwei Hauptabteilungen gegliedert werden. Eine Gruppe ›paraphrasiert‹ das Bild des kleinen heidnischen Amor, das noch immer in jedermanns Erinnerung lebte, aber, da es seine ursprüngliche Bedeutung verloren hatte, allmählich auf metaphorische oder allegorische Weise gedeutet worden war. Die andere Gruppe stützt sich auf einen spezifisch mittelalterlichen Begriff hoher Liebe, die, wenn sie personifiziert wurde, als eine irreale, vom klassischen Bild sich vollkommen unterscheidende Gestalt erschien, die jedoch mit etwas ausgestattet war, was man Gefühlswahrhaftigkeit nennen könnte. Im ersten Fall haben wir es mit einer interpretierenden Beschreibung Amors zu tun, die in der moralisierenden Mythenschreibung entwickelt und überliefert wurde; im zweiten Falle haben wir eine metaphysische Verherrlichung der Liebe vor uns, die sich in der idealistischen Dichtung entwickelte, mögen auch noch so viele Einzelheiten der Beschreibung der klassischen Literatur oder der spätantiken und mittelalterlichen Gelehrsamkeit entnommen sein.[13]

Platons Theorie der Liebe hat in der griechischen und römischen Dichtung keine Spuren hinterlassen. Lehrhafte Dichter wie Lukrez oder Oppian verherrlichten die Liebe als allmächtige und allgegenwärtige Macht, dachten sich diese Macht aber als ein natürliches, nicht metaphysisches Prinzip, das das stoffliche Universum durchdringt, doch nicht übersteigt. In der Lyrik wurde die Liebe andererseits als das heftigste der menschlichen Gefühle geschildert, wonnevoll und quälend, lebenspendend und tötend; aber weder Theokrit noch Tibull, weder Kallimachos noch Ovid würden daran gedacht haben, das Objekt dieser Empfindung in ein ›überhimmlisches Reich‹ zu erheben.

Das platonische Kredo fand jedoch im islamischen Orient Anklang, wo es den glühenden Mystizismus der Al Ghāzāli und Omar Khayyām hervorrief, und es wurde von den Kirchenvätern übernommen, die Platons Theorie der Liebe in die Theorie der göttlichen αγαπηoder *caritas* umwandelten, ungefähr auf dieselbe Weise, wie sie seine Erkenntnistheorie zu einer Logik des Willens Gottes gemacht hatten. Der Begriff der *caritas,* ursprünglich auf die ›Liebe, die Gott zu uns hat‹ (1. Joh., 4, 16) beschränkt, wurde später auf die selbstlose Liebe des Menschen zu Gott und seinen Mitmenschen ausgedehnt. Aber selbst dann bildete die *caritas (appetitus boni* oder *amor Dei* oder *amor spiritualis)* einen scharfen Gegensatz zu den verschiedenen Formen ›sinnlicher‹ Liebe, die unter die Rubrik *cupiditas (appetitus mali* oder *amor mundi* oder *amor carnalis)* fielen.

Dieser Gegensatz wurde gemildert, als die Dichtung des 12. Jahrhunderts – wahrscheinlich unter orientalischem Einfluß – die sinnliche Liebe zu dem veredelte, was die Troubadoure und ihre Nachfolger ›Amour‹, ›Amore‹ oder

›Minne‹ nannten, während die Theologie des 12. Jahrhunderts auf einen emotionalen Mystizismus auswich und fromme Leidenschaften auf die Jungfrau Maria richtete. Der Begriff der ›sinnlichen Liebe‹ wurde spiritualisiert und zur gleichen Zeit mit einem Geist der Frauenverehrung erfüllt, der dem heidnischen Westen wie dem islamischen Osten gleichermaßen fremd war.

So war auf dieser Grundlage das 13. Jahrhundert in der Lage, eine zeitweilige Versöhnung von *cupiditas* und *caritas* zu erreichen, vergleichbar etwa der Versöhnung klassisch-antiker und mittelalterlicher Prinzipien in der Skulptur der Hochgotik und der thomistischen Theologie. Während die alte Antithese in der konservativeren Ethik und Dichtung noch wie eh und je bestand[14], erreichte die schöpferische Kraft einer neuen Generation die unauflösliche Verschmelzung des konkreten Gegenstands menschlicher Liebe mit jener metaphysischen Wesenheit mehr oder weniger religiösen Charakters. Der *Roman de la Rose* setzte eine mystische Blume an die Stelle der wirklichen Frau; Guido Guinicelli und die anderen Vertreter des ›dolce stil nuovo‹ verwandelten sie in einen Engel; und in Dantes Werk sperrt sich das von Beatrice verkörperte übernatürliche Prinzip in einem solchen Maße gegen eine Ausdeutung, daß es von den Kommentatoren als Offenbarung, Glaube, göttliche Gnade, als die scholastische Theologie, die Kirche und schließlich als die platonische Philosophie interpretiert werden konnte.

Diese Harmonie sollte jedoch, wie alle Versöhnungen widerstreitender Prinzipien, nicht dauern. Petrarca vermenschlichte und versinnlichte wieder den Gegenstand seiner Leidenschaft, während er ihn zur selben Zeit vergötterte, ja vergöttlichte. Im Gegensatz zu Dantes Beatrice bleibt Petrarcas Laura immer ein wirklicher Mensch und wird als Frau desto erstrebenswerter, je mehr sie als Idee verherrlicht, ja selbst als Heilige behandelt wird, die der Glorie Christi teilhaftig ist. Die theologische Antithese zwischen *caritas* und *cupiditas,* die zeitweise durch den ›dolce stil nuovo‹ und Dante aufgehoben worden war, erschien bei Petrarca wieder als psychologische Spannung. Petrarca war groß genug, diese Spannung ins Gewaltige zu steigern. Aber bei seinen Nachahmern sollte sein Einfluß (der die ›chronische Krankheit der italienischen Dichtung‹ genannt worden ist) jene rührselige und leicht doppeldeutige Haltung hervorrufen – ›sinnlich-übersinnlich‹, um Goethes Mephistopheles zu zitieren –, die noch heute fälschlich als ›platonische Liebe‹ bezeichnet wird.[14a]

Die meisten Vertreter des ›dolce stil nuovo‹ versuchen keine visuelle Beschreibung der Liebe, weil sie sie mit einem so spirituellen und erhabenen Prinzip gleichsetzen, daß es *per definitionem* den Bereich sinnlicher Erfahrung übersteigt. *»E non si può conoscer per lo viso«,* wie Guido Cavalcanti es ausdrückt[15], oder

> *»Ma io dico ch'Amor non ha sustanza,*
> *Ne è cosa corporal ch'abbia figura«,*

um einen anonymen Dichter aus derselben Zeit zu zitieren.[16] Andere Quellen, insbesondere die Autoren allegorischer Epen nach Art des *Roman de la Rose,* beschreiben ›il Signor Amore‹ oder ›le Dieu Amour‹ als sichtbare Gestalt oder eher als Vision. Darin wird der Gott nicht mehr als Kind dargestellt, sondern als hübscher Jüngling von fürstlicher Erscheinung, der oftmals von einem niedrigen Diener oder einem ganzen Gefolge untergeordneter Personifizierungen begleitet wird.[17] Er behält die Flügel, ist aber nun in glänzende Gewänder gekleidet, sein Haupt umschließt eine Krone oder ein Kranz (Abb. 73 und 74). Oft sitzt er auf einem Thron oder wird als Herr einer Burg oder Stadt dargestellt. In anderen Beispielen erscheint er in einem schönen Garten, am liebsten im Wipfel eines Baums (Abb. 75), ein Motiv, das, glaube ich, auf Apuleius zurückgeführt werden kann.[18] Er ist mit einer Fackel bewaffnet oder einer Fackel und einem Speer oder mit zwei Speeren oder mit Pfeil und Bogen oder, sehr häufig, mit zwei Bogen, einem aus glattem weißem Holz oder Elfenbein und einem dunklen, knotigen; zu jedem Bogen hat er die passenden Pfeile: goldene, um Liebe zu bewirken, und schwarze, im allgemeinen bleierne, um sie auszulöschen.[19] Die Schönheit von ›Amore‹ wird oft mit der der Engel verglichen *(»il semble que se fust uns anges«,* heißt es im *Roman de la Rose),* und Dante geht so weit, ›Amore‹ mit genau denselben Worten zu charakterisieren, die im Markus-Evangelium gebraucht werden, um den Engel zu beschreiben, der den heiligen Frauen Christi Auferstehung verkündet: *»Che mi parve nella mia camera lungo me sedere un giovane vestito di bianchissime vestimenta.«*[20]

In diesen poetischen Schilderungen wie auch in den Werken der Kunst, die von jenen inspiriert wurden, ist ›Amour‹, ›Amore‹, ›Frouwe Amour‹, ›Venus Cupido‹ oder die ›Liebe‹, wie immer sie auch bezeichnet wird[21], niemals blind und könnte auch nicht blind sein angesichts des platonischen Glaubens, daß die edelste der Empfindungen die menschliche Seele durch den edelsten der Sinne betritt. Diesbezügliche Aussagen sind in der hochmittelalterlichen Dichtung sehr häufig: *»E'l suo cominciamento è per vedere«;*[22] oder: *»E gli occhi in prima generan l'Amore«;*[23] oder: *»Vien da veduta forma che s'intende«.*[24] Ein Petrarca-Kommentator des 16. Jahrhunderts bemerkt, als er über das Bild der Liebe spricht, daß es widersinnig wäre, wenn das Organ, durch das die Liebe entsteht und erfreut, nämlich das Auge, blind statt schön wäre, »denn die Ursache der

Liebe ist nichts anderes als die Schönheit, und das Schöne ist strahlend anzuschauen«.[25]

Bei den Ablegern des *Roman de la Rose* aus dem 14. Jahrhundert ist indessen ein interessantes Phänomen zu beobachten. Während im Original die Scharfsichtigkeit der Liebe als selbstverständlich angenommen wird, scheuen einige der späteren Dichter keinen Aufwand, um diesen Umstand ausdrücklich zu betonen und absolut deutlich zu machen, daß ihrer Meinung nach Amor nicht blind sei. John Lydgates Übertragung der ›*Echecs Amoureux*‹ zum Beispiel enthält die folgenden Zeilen:

> »*Though somme seyn, in special,*
> *That he seeth ryght nothing at al,*
> *But is as blinde as stok or stone . . .*
> *I espyed by his chere*
> *That his sight was ryghte clere.*«[26]

Und Chaucer sagt:

> »*And al be men seyn that blind is he,*
> *Al-gate me thoughte he mighte wel y-see.*«[27]

Ähnlich beschreibt Petrarca ›Amore‹ in seinem 118. Sonett mit den folgenden Worten:

> »*Cieco non già, ma faretrato il veggo,*
> *Nudo, se non quanto vergogna il vela;*
> *Garzon con l'ali, non pinto ma vivo . . .*«[28]

Beteuerungen wie diese setzen natürlich die Existenz der Meinung voraus, Amor *sei* blind, und die von Bildern, die ihn so darstellen. Die Entwicklung dieser Auffassung kann in jener anderen Gruppe textlicher Quellen beobachtet werden, die wir als ›moralisierende Mythenschreibung‹ klassifiziert haben.

Die bereits erwähnte Elegie von Properz[29] beschreibt nicht nur das Bild Amors, sondern gibt auch eine allegorische Auslegung seiner charakteristischen Aspekte: die kindliche Erscheinung symbolisiert das ›unsinnige‹ Benehmen Verliebter, die Flügel bezeichnen die flatterhafte Unbeständigkeit verliebter Empfindungen und die Pfeile die unheilbaren Wunden, die der menschlichen Seele durch die Liebe zugefügt werden. So zeigt sich, daß die römische Dichtung – und Rhetorik – bereits eine moralisierende Interpretation des Bildes Amors entwickelt hatte, das von Anfang an entschieden pessimistisch war, denn die Liebe wurde als eine gefährliche und schmerzliche Erfahrung betrachtet, die den

Geist zu einem wankelmütigen, kindischen Zustand erniedrigt. In der mythographischen Literatur hielt sich diese nachteilige Interpretation nicht nur, sondern entwickelte sich sogar und erlangte ein Gewicht, das von den Historikern der ›poetischen Liebe‹ häufig übersehen wird.

Die Autoren der Spätantike, die das mythographische Material dem Mittelalter überlieferten, gingen in genau derselben Weise vor wie Properz. Was die mittelalterlichen Autoren betrifft, so wurde, während ihre Aufmerksamkeit sich noch immer auf den kleinen nackten Götzen heidnischen Angedenkens konzentrierte, ihr Mißfallen an seiner Bedeutung durch ihre theologische Einstellung vertieft und brachte sie dazu, die unerfreulichen Züge Amors zu vermehren. Servius gibt in seinem Vergil-Kommentar die ›Moralisierung‹ Properz' noch ohne bemerkenswerte Änderung weiter.[30] Isidor von Sevilla und Hrabanus Maurus fügen eine Deutung der Fackel, *»quia inflammat«,* hinzu[31], und der Mythographus II fühlt sich verpflichtet, die Nacktheit Amors ebenso zu erklären, wie Fulgentius die Nacktheit von Amors Mutter, Venus, erklärt hatte: »die Verworfenheit der Liebe ist immer offenbar und nie verborgen«.[32] Der Mythographus III (das heißt, vielleicht, Alexander Neckham) faßt den gesamten Inhalt dieser Überlieferung zusammen, fügt verschiedene humanistische Details, wie zum Beispiel das Motiv der zwei Pfeile, hinzu und bietet abweichende Deutungen bestimmter charakteristischer Merkmale.[33]

Nun tun die unmittelbaren Nachfolger Alexander Neckhams den entscheidenden Schritt, indem sie die Blindheit den anderen Attributen Amors hinzufügen. In Thomasin von Zerclaeres Lehrgedicht mit dem Titel *Der Wälsche Gast* (um 1215) sagt die Liebe: »Ich bin blind und mache blind«[34], und von Petrarcas vorsichtig antikisierenden Beschreibungen[35] und wenigen anderen Spezialfällen abgesehen gibt es nach dem Mythographus III kaum noch eine Beschreibung des ›heidnischen‹ Amor, die nicht auf seiner Blindheit bestünde, wie wörtlich auch immer der früheren Überlieferung in anderer Hinsicht gefolgt werden mag. Das trifft auf die französische Originalfassung des *Moralisierten Ovid* zu[36], auf den *Tesoretto* von Brunetto Latini[37], Dantes Lehrer, auf Berchorius' Einleitung zum *Moralisierten Ovid* auf Lateinisch[38], auf den *Libellus De Imaginibus Deorum,* den wir als Abriß der Abhandlung von Berchorius erwähnt hatten[39], auf Boccaccios *Genealogia Deorum* (wo Amor mit verbundenen Augen statt als wirklich blind und mit Greifenklauen als Füßen geschildert wird)[40], und schließlich auf die kleinen anonymen Gedichte, die die populären Darstellungen des *Amor Carnalis*[41] oder des *Amor Mundanus*[42] erläutern.

Die allegorischen Ausdeutungen dieser neu erworbenen Behinderung sind so wenig schmeichelhaft wie möglich. Amor ist nackt und blind, weil er »die

Menschen ihrer Kleider, ihrer Besitztümer, ihrer gesunden Sinne und ihrer Klugheit beraubt«. Er ist blind, »weil er nicht darauf achtet, wohin er sich wendet, insofern die Liebe über Arme wie Reiche, über Häßliche wie Schöne herfällt. Er wird auch blind genannt, weil die Menschen von ihm geblendet werden, denn nichts ist blinder als ein Mensch, der von der Liebe zu einem Menschen oder einer Sache gelenkt wird.« Oder: »Die Maler bedecken seine Augen mit einer Binde, um die Tatsache zu unterstreichen, daß verliebte Leute nicht wissen, wohin sie treiben, da sie ohne Urteil oder Unterscheidungsvermögen sind und von bloßer Leidenschaft getrieben werden.«[43]

Betrachtungen wie diese wurden auch von Verfassern von Sonetten und anderen kürzeren Gedichten eifrig ausgebeutet, so von Federico dell'Amba (um 1290), dessen Amor

> *»Spoglia i cor di libertà regnante,*
> *E fascia gli occhi della providenza«*[44]

und der ihn in einem anderen Gedicht eher mit einem Teufel als mit einem Engel vergleicht *(»L'Amore del Diavol tien semblanza«)*[45], bis hin zu einer Unmenge von Renaissance- und auch Barockpoeten, die die traditionelle ›Moralisierung‹ unermüdlich paraphrasieren.

Diese zwei auseinandergehenden Meinungsströmungen erklären den Nachdruck, mit dem einige der ›idealistischen‹ Dichter des 14. Jahrhunderts den Umstand unterstreichen, daß des Liebesgottes »sight was ryghte clere«. Und da sie die erbauende spirituelle Liebe der entwürdigenden sinnlichen Leidenschaft gegenüberstellen, handeln sie sozusagen als Zeugen in einem Rechtshandel des helläugigen ›Amore‹, der in der philosophischen Dichtung gepriesen wird, gegen den blinden Amor, der von den moralisierenden Mythographen ersonnen und gebrandmarkt wurde.[46]

Für den modernen Betrachter bedeutet die Binde über Amors Augen (wenn überhaupt etwas) eine scherzhafte Anspielung auf die irrationale und oft recht rätselhafte Art verliebter Empfindungen und Entscheidungen. Nach den Regeln der traditionellen Ikonographie jedoch stellt die Blindheit Amor ausdrücklich auf die Negativseite der Moral. Ob nun die Bezeichnung *caecus* als »außerstande zu sehen« (blind im engeren Sinne, physisch oder geistig) oder als »nicht in der Lage, gesehen zu werden« (verborgen, geheim, unsichtbar) oder als »das Auge oder den Geist am Sehen hindernd« (dunkel, lichtlos, schwarz) interpretiert wird: Blindheit »teilt uns nur etwas Negatives und nichts Positives mit, und unter einem Blinden verstehen wir gemeinhin den Sünder«, um mit den Worten eines mittelalterlichen Moralisten zu reden.[47] Blindheit ist daher immer mit dem Bösen verbunden, ausgenommen die Blindheit Homers, die vermutlich dazu diente, seinen Geist durch sinnliche Gelüste unverdorben zu erhalten, und die Blindheit Justitias, die ihre Unparteilichkeit garantieren soll. Beide dieser Deutungen jedoch sind dem antiken wie dem mittelalterlichen Denken fremd; vor allem die Gestalt der Justitia mit verbundenen Augen ist eine humanistische Erfindung sehr jungen Ursprungs.[48]

Im Mittelalter finden wir daher eine feststehende gedankliche Beziehung zwischen Tag (den die Sonne regiert), Leben und Neuem Testament und zwischen Nacht (vom Mond regiert), Tod und Altem Testament. Diese Zusammenhänge werden in zahlreichen Darstellungen der Kreuzigung hervorgehoben, wo die verschiedenen Symbole des Guten, einschließlich der Verkörperung der Kirche, zur Rechten Christi erscheinen, während die Symbole des Bösen, einschließlich der Verkörperung der Synagoge, ihm zur Linken stehen. Die umfassendste Darstellung dieser Anordnung ist im Uta-Evangeliar (frühes 11. Jahrhundert) zu finden. Hier wird die Verkörperung der Kirche einer Verkörperung des Lebens zugeordnet, während die Inschrift *Pia gratia surgit in ortu* die Vorstellung der Morgendämmerung hineinbringt; auf der anderen Seite werden die Verkörperung der Synagoge und eine Personifikation des Todes zusammengestellt, während die Inschrift *Lex tenet in occasum* die Vorstellung der Abenddämmerung eröffnet.[49] In diesem Falle hat die Synagoge (Abb. 78) noch nicht die Augenbinde. Der Umstand, daß sie ins Dunkel stürzt, wird lediglich dadurch angezeigt, daß man den oberen Teil ihres Kopfes einschließlich der Augen so hinter der Rahmung verschwinden läßt, wie die untergehende Sonne hinter dem Horizont versinkt. Um dieselbe Zeit aber, oder auch ein wenig früher, wurde die Blindheit langsam durch ein neues Symbol bezeichnet: die Binde. Dieses Attribut gehört in dieselbe Gruppe wie andere spezifisch mittelalterliche Motive, so zum Beispiel das Rad der Fortuna[49a], der Spiegel der Klugheit oder die Leiter der Philosophie, die sich von den Attributen antiker Personifikationen darin unterscheiden, daß sie einer *Metapher* sichtbare Gestalt geben, statt eine *Funktion* anzuzeigen. Die Augenbinde erschien das erste Mal auf einer Miniatur von etwa 975, wo die Nacht – *caeca nox,* wie sie in der Literatur der Antike ständig genannt wird – als Frau mit verbundenen Augen dargestellt ist (Abb. 76).[50] Und im Hinblick auf die oben erwähnten Wechselbeziehungen können wir leicht erkennen, wie das Motiv zunächst auf die ›umnachtete‹ Synagoge übertragen wurde (Abb. 79)[51] und dann mit einer nochmaligen Erweiterung des Begriffs auf Verkörperungen wie den Unglauben[52] und, etwa um dieselbe Zeit, den Tod.

Die Synagoge mit verbundenen Augen (oft beschrieben mit der Wendung: *»Vetus testamentum velatum, novum testamentum revelatum«*) wurde gemeinhin mit dem Vers aus Jeremia in Verbindung gebracht: »Die Krone unsers Haupts ist abgefallen. O weh, daß wir so gesündigt haben. Darum ist auch unser Herz betrübt, und unsre Augen sind finster worden«.[53] Sie taucht bereits in der Mitte des 12. Jahrhunderts auf und sollte bald in einem solchen Maße zu einer Standardfigur der Kunst und Literatur des Mittelalters werden, daß der Kopist des Uta-Evangeliars im 15. Jahrhundert automatisch die Gestalt, die nur »ins Dunkel taucht«, durch eine mit verbundenen Augen ersetzte.[53a] Der Tod mit verbundenen Augen erscheint etwas später: die möglicherweise frühesten und sicherlich eindrucksvollsten Darstellungen sind in den untereinander zusammenhängenden Apokalyptischen Zyklen an den Westfassaden von Notre-Dame in Paris, Amiens und Reims zu finden, wo eine grausame Frauengestalt mit verbundenen Augen *(la Mort)* dabei gezeigt wird, wie sie ihr Opfer ausweidet (Abb. 81).[54] Aber das Motiv der Augenbinde blieb häufig auch dann erhalten, wenn der Tod als bloßes Skelett dargestellt wurde. Shakespeares John of Gaunt schwelgt noch in den Gefühlsmöglichkeiten der Vorstellung des Todes mit verbundenen Augen, wenn er die Verbannung seines Sohnes betrauert:

> *»My oil-dried lamp and time-bewasted light*
> *Shall be extinct with age and endless night.*
> *My inch of taper will be burnt and done,*
> *And blindfold Death not let me see my son.«*
> (In ewger Nacht erlischt mein schwindend Licht,
> Die Lampe, der vor Alter Öl gebricht;
> Mit meinem Endchen Kerze ist's geschehn,
> Und blinder Tod läßt mich den Sohn nicht sehn.)[55]

So begann der blinde Amor seine Karriere in recht furchterregender Gesellschaft: er gehörte zur Nacht, zu Synagoge, Unglauben, Tod und Fortuna (der klassischen *caeca Fortuna*), die, wir wissen nicht genau wann, sich ebenfalls der Gruppe der Verkörperungen mit verbundenen Augen zugesellt hatte.[56] Innerhalb dieser Gruppe wurde er besonders Fortuna und dem Tode zugeordnet, weil diese drei im intransitiven wie auch im transitiven Sinne blind waren. Sie waren blind nicht nur als Personifikationen eines unerleuchteten Geisteszustandes oder einer lichtlosen Daseinsform, sondern auch als Verkörperungen einer aktiven Kraft, die sich wie jemand ohne Augen verhielt: sie pflegten blindlings zu treffen oder zu verfehlen, gänzlich ohne Rücksicht auf Alter, gesellschaftliche Stellung und persönliche Verdienste.[57] Ein französischer Dichter des 15. Jahrhunderts namens Pierre Michault faßte diese Gedanken in einem bemerkenswerten Gedicht zusammen, das *La Danse aux Aveugles* heißt, in dem die Liebe, Fortuna und der Tod als die drei großen blinden Mächte beschrieben werden, die die Menschheit nach dem Klang ihrer willkürlichen, aber unwiderruflichen Anordnungen tanzen lassen:

> *»Amour, Fortune et Mort, aveugles et bandés,*
> *Font danser les humains chacun par accordance.«* (Abb. 82)[58]

Dieses Bild des ›blinden Amor‹ – oder des ›mythographischen Amor‹, wie wir ihn im Unterschied zur ›poetischen Liebe‹ nennen könnten – entwickelte sich je nach den historischen Bedingungen auf verschiedene Weise.

Möglicherweise aufgrund der Tatsache, daß die Wörter ›Liebe‹ und ›Minne‹ im Deutschen weiblichen Geschlechts sind, zeigt die deutsche Kunst eine starke Neigung, den blinden Amor durch eine nackte weibliche Gestalt zu verkörpern. Das ist bereits bei den Illustrationen im *Wälschen Gast* der Fall, wo die ›blinde und blendende Liebe‹ als nackte Frau dargestellt wird, mit offenen oder geschlossenen Augen, je nach Gewissenhaftigkeit der Illustratoren, aber noch nicht mit verbundenen Augen. Sie schießt dem ›Liebenden‹ oder ›Narren‹ einen Pfeil ins Auge, während der ›Weise‹ gegen ihre Waffen unempfindlich ist (Abb. 85).[59] In Deutschland wurde an der Gestalt einer nackten Frau – mit oder ohne Augenbinde – in zahllosen spätmittelalterlichen Darstellungen der rein sinnlichen Liebe festgehalten (Abb. 84).[60]

In Frankreich und Flandern andererseits war der Einfluß der bildlichen Tradition, die sich im Bannkreis des *Roman de la Rose* und ähnlicher Gedichte gebildet hatte, so stark, daß der ›mythographische Amor‹, der in den Illustrationen des *Ovid Moralisé* und ihren Ausläufern zu finden war, dazu neigte, trotz verbundener Augen die fürstliche Kleidung und die vollendete Erscheinung des ›Dieu Amour‹ beizubehalten; und das trotz der Tatsache, daß die Texte selber, zu denen die Darstellungen mit verbundenen Augen gehören, ausdrücklich eine nackte kindliche Gestalt fordern – ein lehrreiches Beispiel für die Hartnäckigkeit, mit der feststehende Darstellungstraditionen sich gegen den Anspruch des geschriebenen Wortes behaupten können (Abb. 86 und 87).[61]

Im italienischen Trecento und Quattrocento sollte der Prozeß dessen, was wir ›Pseudomorphose‹ genannt haben, abgeschlossen werden. Hier schrumpfte Amor, ohne sein Geschlecht zu wechseln, in seiner Größe, wurde seiner Gewänder beraubt und so zu dem populären *garzone* oder *putto* in der Kunst der Renaissance und des Barock, der – abgesehen von seiner neu erworbenen Blindheit – wieder die Erscheinung des antiken *puer alatus* annahm.

Jedoch war auch in Italien diese Entwicklung kein einfacher Prozeß. Eine Zeitlang wurde kein grundsätzlicher Unterschied zwischen der Darstellung einer nackten Gestalt mit Augenbinde, wie sie die mythographischen Texte erforderten, und jenem zwitterhaften französischen Typus gemacht, bei dem die Augenbinde in Verbindung mit der höfischen Kleidung des ›Dieu Amour‹ erschien;[62] und der typische Amor der Renaissance, wie er sich in Piero della Francescas herrlicher Figur in S. Francesco in Arezzo präsentiert (Abb. 92), hatte sich von einem sehr fremdartigen und wirklich dämonischen Bilde zu befreien. Dieses Bild erscheint in einer Gruppe von Darstellungen, die Amor als nackten oder praktisch nackten, geflügelten Knaben schildern und somit die frühesten Rückwendungen zum antiken Typus bilden. Aber sie zeigen Amor nicht nur mit verbundenen Augen, sondern auch mit Krallen, wie sie auf Darstellungen des Teufels und manchmal des Todes gebräuchlich waren.[63] Durch dieses neue Schandmal wurde Amor tatsächlich in den *diavolo* verwandelt, mit dem ihn Federico dell'Amba in seinem Sonett verglichen hatte.

Das bekannteste Beispiel dieses Typs erscheint in der an Giotto erinnernden Allegorie der Keuschheit (die nun allgemein auf etwa 1320/25 datiert wird) in S. Francesco in Assisi (Abb. 88).[64] Hier werden Amor und sein nackter Gefährte *Ardor* durch *Mors* – ein Skelett mit einer Sense – und *Penitentia* – eine geflügelte Frauengestalt in Mönchskleidern, die eine Geißel in der Hand hält – vom ›Turm der Keuschheit‹ vertrieben; die ganze Komposition ist absichtsvoll dem Muster der Vertreibung aus dem Paradies nachgebildet. Amor wird als zwölf- oder dreizehnjähriger Knabe mit Flügeln und einer Krone aus Rosen dargestellt. Seine Augen sind verbunden, und er ist vollkommen nackt bis auf das Band seines Köchers, auf das die Herzen seiner Opfer wie die Skalpe auf den Gürtel eines Indianers gefädelt sind. Anstelle menschlicher Füße hat er Greifenklauen.

Sonderbare Darstellungen wie diese können jahrhundertelang sporadisch wiedererscheinen, so daß es an krallenbewehrten Amors auch in späteren Epochen nicht mangelt. Sie kommen auf einigen *tondi* und Cassonebildern des Quattrocento vor[65], und einen nicht nur klauenbewehrten, sondern auch mit Rosen bekränzten und mit einer Schnur voller Herzen umgürteten Amor kann man auf einem Gobelin des 16. Jahrhunderts sehen, der Petrarcas ›Triumph der Liebe‹ darstellt (Abb. 89).[66] Aber diese späteren Beispiele sind offenbar von der Figur in Assisi hergeleitet und sagen somit nicht viel über den Ursprung dieser letzteren aus.

In der Burg von Sabbionara di Avio dagegen finden wir ein seltsames Wandbild (wahrscheinlich um 1370 ausgeführt), das sich nicht vom Fresko in Assisi herleiten kann, sondern aus einer gesonderten, offenbar früheren Überlieferung kommen muß als die Darstellung in Assisi. Denn während der Amor in Sabbionara wie der in Assisi blind (soweit das aus dem geschlossen werden kann, was von seinem Kopf noch da ist), geflügelt, nackt und knabenhaft ist und einen Bogen und Pfeile und Greifenklauen hat, fehlen ihm die aufgefädelten Herzen, und er wird, durchaus überraschend, auf einem galoppierenden Pferd stehend dargestellt (Abb. 91).[67]

Somit existiert der Amor mit Krallenfüßen in zwei voneinander unabhängigen Versionen: zu Fuß und mit der Herzenskette oder auf einem Pferd und ohne sie. Die Schlußfolgerung ist, daß beide Versionen aus einer gemeinsamen Quelle stammen, die die Verbindung von Herzenskette und Pferd zeigt. Diese gemeinsame Quelle ist durch einen seltsamen Zufall auf uns gekommen, und zwar nicht direkt, sondern in einer absichtlichen Umkehrung; aber diese umgekehrte Beschreibung ist so genau und umfassend, daß wir nur sozusagen die Pluszeichen in Minuszeichen verwandeln müssen, um das Original wiederherzustellen. Diese Umkehrung wurde mit emsigem Fleiß von dem gelehrten, kunstliebenden Dichter und Juristen namens Francesco Barberino bewerkstelligt, der vor dem Jahre 1318 eine Abhandlung ausarbeitete, niederschrieb, illustrierte und weitschweifig kommentierte, die den Titel *Documenti d'Amore* trägt.[68]

Die Illustrationen dieser Abhandlung verbinden tatsächlich die Merkmale der Darstellungen in Assisi und Sabbionara (Abb. 90). Sie zeigen die nackte Knabengestalt Amors, die Flügel, die Krallen, die Rosen, den Köcher, die aufgefädelten Herzen und das Pferd – nur in abweichender Zusammenstellung und mit entgegengesetzter Intention. Barberino unterscheidet zwischen der göttlichen Liebe, der erlaubten Liebe zwischen den Menschen und den verbotenen sinnlichen Leidenschaften, die zu niedrig sind, als daß sie den Namen Liebe verdienten, und die unter dem Niveau der Betrachtungen eines ernsthaften Denkers liegen.[69] Er sucht, den ›Amor Divino‹ zu verherrlichen, und um das desto eindrucksvoller zu tun, kommentiert er ein Bild, das ehemals von Männern, die er die *saggi* nennt, erfunden worden war. Dieses Bild hatte den ›mythographischen‹ oder niederen Amor dargestellt, aber Barberino deutete es auf eine Weise um, daß jede Einzelheit einen neuen günstigen Sinn erhielt.

> *»Io non descrivo in altra guisa amore«,* sagt er
> *»Che faesser li saggi che tractaro*
> *In dimostrar l'effetto suo in figura . . .*
> *E color che'l vedranno,*
> *Non credan ch'io faccia per mutare,*
> *Ma per far novo in altro interpretare.*

Che quel che facto e molto da laudare
Secondo lor perfecta intelligença . . .
Et anco amor comandando m'informa
Com'io'l ritragga in una bella forma.
Nudo con ali, ciecho, e fanciul fue
Saviamente ritracto a saettare,
Deritto stante in mobile sostegno.
Or io non muto este facteçe sue,
Ne do ne tolgo, ma vo figurare
Una mia cosa e sol per me la tegno.

Io nol fo ciecho che da ben nel segno,
Ma non si ferma che paia perfetto,
Se non in loco d'ogni vilta netto . . .
Fanciul nol faccio a simile parere
Che parria poca avesse conoscença,
Ma follo quasi nel'adoloscença . . .
Io, si gli o facti i pie suoi di falcone,
A intendimento del forte gremire
Che fa di lor chel sa chel sosterranno . . .
Nudo l'o facto per mostrar com'anno
Le sue vertu spiritual natura . . .
E poi per honestura,
Non per significança; il covre alquanto
Lo dipintor di ghirlanda e non manto . . .
Diedi al cavallo in faretra per pena
Li dardi per mostrar che inamorato
A seco quel dond'egli e poi lanciato . . .«[70]

Das heißt: »Ich schildere die Liebe in keiner anderen Gestalt, als es die gelehrten Männer taten, die sich damit befaßten, ihre Auswirkungen in einem Bilde darzutun . . . Und die, die mein Bild sich ansehen werden, dürfen nicht denken, daß ich es um es zu verändern mache, sondern um es durch eine andere Deutung zu erneuern. Denn was sie erdacht haben, ist dank ihrer vollkommenen Klugheit sehr zu loben . . . Und auch die Liebe lehrt mich durch ihre Befehle, wie sie in schöner Weise darzustellen sei. Sie ist klüglich als nackter, geflügelter, blinder Knabe abgebildet worden, der gerade Pfeile abschießt, während er aufrecht auf einem beweglichen Untersatz steht (d. h. einem Pferd). Ich nun verändere seine Züge nicht, weder füge ich hinzu, noch lasse ich weg. Ich möchte etwas Eigenes darstellen, und nur für mich behalte ich es. Ich stelle ihn nicht blind dar, denn er trifft sein Ziel gut. Aber er hält nicht an, damit er vollkommen erscheine, es sei denn, an einem Ort, der bar aller Unreinheit ist... Aus ähnlichen Gründen zeige ich ihn nicht als Knaben, denn dann könnte er so wirken, als habe er wenig Einsicht; ich stelle ihn fast als Jüngling dar... Wenn ich ihm Falkenfüße gegeben habe, so sollen sie den festen Griff bedeuten, mit dem er die festhält, von denen er weiß, daß sie ihn ertragen werden ... Ich habe ihn nackt dargestellt, um zu zeigen, daß seine Tugenden geistiger Natur sind, und der Maler bedeckt ihn ein wenig mit einer Girlande, nicht mit einem Mantel, nur um der Sittsamkeit willen, nicht, um eine besondere Bedeutung mitzuteilen ... Dem Pferd habe ich die Pfeile im Köcher als Last beigegeben, um zu zeigen, daß der Verliebte mit sich trägt, wovon er später getroffen wird (das soll heißen: die Liebe kommt nur zu denen, die latent auf sie vorbereitet sind)...«

Abgesehen von der Tatsache, daß Amor keine verbundenen Augen hat, – darin hielt sich Barberino nicht an sein Versprechen, »weder hinzuzufügen, noch wegzulassen« – kann das Bild, das in diesem Gedicht erklärt und in seinem weitschweifigen lateinischen Kommentar noch verwegener interpretiert wird, dazu verwendet werden, das ›traditionelle‹ Bild zu rekonstruieren, das das Vorbild für den Amor in Assisi wie den in Sabbionara war. Dieses Vorbild – das natürlich nicht den ›Amor Divino‹ darstellt, wie es Barberinos ›Neudeutung‹ tut, sondern die weniger heilige Art Liebe – muß eine ganze Zeit, bevor Barberino seine Abhandlung verfaßte, erfunden worden sein, gleichwohl sicherlich nicht vor dem 13. Jahrhundert. Es muß, wie das Wandbild in Sabbionara, ein Pferd enthalten haben, das den Liebenden symbolisierte.[70a] Wie das Fresko in Assisi muß es den blinden Amor mit der Kette der Herzen umgürtet (die Barberino auf das Pferd übertrug) und mit Rosen umkränzt gezeigt haben, die ursprünglich nicht den Verdienst bedeuteten, »der durch Befolgen der Befehle der Göttlichen Liebe zu erwerben ist«, wie Barberino schrieb, sondern die weltlichen Freuden. Wie beide Versionen muß das Urbild schließlich die Krallen enthalten haben, die Barberino als Falkenkrallen deutete, die den festen Griff des ›Amor Divino‹ symbolisieren; ursprünglich waren es gewiß Greifenklauen, wie im Bilde des von Boccaccio geschilderten ›mythographischen Amor‹, und sie bezeichneten eher eine teuflische als eine engelhafte Art von ›Besessenheit‹.

Und so ist leicht einzusehen, warum Boccaccio, als er versuchte, Barberinos Allegorie zu beschreiben, die lobhudelnde ›Neudeutung‹ des gelehrten Poeten mit dem weniger schmeichelhaften Original durcheinanderbrachte, wie es sich im

Fresko in Assisi spiegelt, und unwillkürlich dahin kam, eben jenes zu beschreiben: »In einigen seiner Gedichte in der Volkssprache«, schreibt er, »bedeckt Francesco Barberino, keine unbedeutende Persönlichkeit, die Augen Amors mit einer Binde, gibt ihm Greifenfüße und umgürtet ihn mit einem Gehänge voller Herzen.«[71]

Aus dieser ziemlich verwickelten Sachlage treten zwei Tatsachen hervor: erstens (wie bereits aus unseren Zitaten Lydgates, Chaucers und Petrarcas geschlossen werden konnte): daß im 14. Jahrhundert die Blindheit Amors eine so präzise Bedeutung hatte, daß sein Bild von einer Personifizierung der Göttlichen Liebe zu einer Personifizierung verbotener Sinnlichkeit oder umgekehrt werden konnte, indem einfach die Augenbinde hinzugefügt oder fortgenommen wurde. Zweitens: daß der gebräuchliche Renaissancetypus Amors, der nackte ›blinde Knabe mit dem Bogen‹ als ein kleines Ungeheuer auf die Welt kam, das zum Zwecke der Mahnung geschaffen worden war.

Allerdings war dieses kleine Ungeheuer den nackten *putti* so ähnlich, die um dieselbe Zeit in rein dekorativer Eigenschaft in die Kunst des Trecento einzudringen begannen (ein berühmtes Beispiel ist in Trainis ›Triumph des Todes‹ auf dem Camposanto in Pisa zu erblicken), daß eine Verschmelzung beinahe unvermeidlich war. Der ›Assisi-Typus‹, wie er genannt werden kann, wurde im wörtlichen wie übertragenen Sinne ›vermenschlicht‹ und über die bewußte Nachahmung antiker Vorbilder zu dem für die Renaissance typischen Amor entwickelt: nackt, knabenhaft oder auch kindlich, geflügelt, mit Pfeil und Bogen bewaffnet (weniger häufig mit einer Fackel), die Augen mit der *benda* oder *fascia* bedeckt, sein Äußeres aber nicht mehr durch Greifenklauen verschandelt (Abb. 92). Die Familie dieser Amors ist Legion, und sie verdrängten vollkommen das teuflische kleine Ungeheuer aus Assisi wie auch die engelgleichen Gestalten des ›Amore‹ oder ›Le Dieu Amour‹, die ihre mittelalterlichen Vorgänger gewesen waren.

Als dieses Bild des nackten Knaben, dessen Augen herkömmlicherweise und vielsagend verbunden waren, zu einer überall zu findenden Erscheinung wurde, trug das Motiv der Augenbinde häufig keine besondere Bedeutung mehr. Es war in der Kunst meistens so alltäglich und bedeutungslos, wie in der Dichtung die Bezeichnungen *il fanciul cieco,* ›der blinde Knabe‹ oder *le dieu aveugle.* Die Mehrheit der Renaissance-Künstler, der *»vulgo de'moderni pittori«,* um mit den Worten Andrea Gesualdos, eines humanistischen Petrarca-Kommentators, zu sprechen, begann, den blinden Amor und den sehenden fast wahllos nebeneinander zu verwenden.[72] In den Illustrationen zu Petrarcas ›Die Triumphe‹ erscheinen beide Typen ganz nach Belieben. Der französische Illustrator, der 1554 eine in manch anderer Hinsicht archäologisch verläßliche Kopie von Oppians *Cynegetica* anfertigte, versah automatisch alle Amors, die er aus dem byzantinischen Original kopierte, mit Augenbinden (Abb. 93 und 94). Und auch die Illustratoren von Andrea Alciatis *Emblemata* – der ersten und berühmtesten der zahllosen, im 16. und 17. Jahrhundert so populären Sammlungen illustrierter Epigramme oder epigrammatischer Bilderparaphrasen – bezeigen im Laufe der Zeit Mißachtung oder Mangel an Verständnis gegenüber Alciatis Sinngebungen und Vorstellungen. In den späteren Ausgaben verlieren selbst jene Amors, deren Blindheit für das Verständnis des Textes wesentlich ist, durch die Unachtsamkeit der Zeichner und Holzschneider ihre Augenbinden.[73]

Nichtsdestoweniger war die ursprüngliche Unterscheidung zwischen dem blinden und dem sehenden Amor keineswegs vergessen. Die Gelehrten und die gebildeteren Künstler blieben sich der ursprünglichen Bedeutung beider Typen bewußt. Tatsächlich blieben die Auseinandersetzungen über Blindheit oder Nichtblindheit Amors in der Literatur der Renaissance sehr lebhaft, mit dem Unterschied allerdings, daß sie auf eine eindeutig humanistische Ebene übertragen wurden und somit die Neigung bekamen, entweder zu einem bloßen *jeu d'esprit* zu degenerieren oder sich mit den neoplatonistischen Theorien der Liebe zu verbinden, die wir in den folgenden Kapiteln erörtern werden.

Manchmal bemühten die Autoren ihren Witz – selbst Shakespeare in *A Midsummer Night's Dream,* I, 1 – , indem sie die guten alten ›Moralisierungen‹ à la Mythographus III oder Berchorius gewandt paraphrasierten[74] oder umgekehrt die Ungereimtheiten der mythographischen Darstellung nachwiesen; Alciati selber bemerkt zum Beispiel zu der logischen Absurdität der traditionellen Augenbinde:

> »Ist er blind, deckt man im fur nicht
> Die Augen, dan er sunst nit gsicht?«
> (Wenn er blind wäre, welchen Nutzen hätte die Binde,
> da sie des blinden Knaben Augen verbirgt? Würde er weniger sehen?)[75]

Andere Autoren, insbesondere die Emblematiker, versuchen, das Motiv der Augenbinde mit einer neuartigen und pointierteren Bedeutung zu versehen, wie es bei einem amüsanten Stich von Otho van Veen der Fall ist: er zeigt die blinde Fortuna, die Amor die Augen verbindet und ihn auf ihre Kugel stellt, womit die Erfahrung illustriert werden soll, daß die Liebe sich mit dem Glück wandelt (Abb. 105).[75a] Andere wieder gehen näher auf die verschiedenen Katastrophen ein, die durch Amors Blindheit hervorgerufen werden können, wenn er den

Falschen trifft oder aus Versehen zu einem bleiernen Pfeil statt einem goldenen greift.[75b] Eine Version dieses Themas, eine Art Renaissance-Variation über die *Danse aux Aveugles,* ist wirklich eindrucksvoll, wenn sie von fähigen Künstlern dargestellt wird: Liebe und Tod machen sich gemeinsam zu einer Jagd auf, der Tod trägt dienstfertig die beiden Köcher und der kleine Amor die Bogen. Aber blind, wie sie beide sind, verwechseln sie versehentlich die Waffen (oder, nach einer anderen Version, absichtlich: der Tod stiehlt Amor die Waffen, während dieser schläft, und legt seine an deren Stelle). So sind die Alten dazu verdammt, sich zu verlieben, und die Jungen sind dazu verdammt zu sterben, bevor sie noch zu leben begonnen haben (Abb. 102 und 104).[76]

Wie zu erwarten war, wiesen die Wortführer der neoplatonischen Theorien in der Renaissance ebenso nachdrücklich die Meinung zurück, die Liebe sei blind, wie es die mittelalterlichen Verfechter der poetischen Liebe getan hatten, und sie verwandten die Gestalt des blinden Amor, wenn überhaupt, als Kontrast, um ihre erhabene Auffassung zur Geltung zu bringen.[76a] Es ist aber bemerkenswert, daß sich ihre Argumente bisweilen nicht nur auf philosophische, sondern auch auf historische Betrachtungen gründen: »Die griechische und römische Antike wußte nichts von Amors Blindheit«, schreibt Mario Equicola in seiner berühmten Abhandlung *Di natura d'Amore,* »und das Sprichwort sagt, daß die Liebe ihren Ursprung im Anschauen hat. Plato, Alexander von Aphrodisias und Properz, die das Bild Amors deutlich beschreiben, geben ihm weder einen Schleier, noch machen sie ihn blind.«[77]

So hat die Augenbinde Amors, trotz ihrer beliebigen Verwendung in der Kunst der Renaissance, die Neigung, ihre spezifische Bedeutung immer dort zu behalten, wo eine niedere, rein sinnliche und profane Form der Liebe bewußt gegen eine höhere, spirituellere und geheiligtere Form gesetzt wird, sei sie ehelich, ›platonisch‹ oder christlich. Was im Mittelalter eine Alternative zwischen ›poetischer Liebe‹ und ›mythographischem Amor‹ gewesen war, wurde nun zu einer Rivalität zwischen ›Amor sacro‹ und ›Amor profano‹. Zum Beispiel: wenn Amor über Pan triumphiert, der die schlichten Instinkte der Natur symbolisiert, dann ist er niemals blind.[78] Wo er andererseits gefesselt und bestraft wird, sind seine Augen fast immer verbunden.[79] Das trifft besonders auf die sorgsameren Darstellungen der Rivalität zwischen Eros und Anteros zu, die in der Renaissance oft als Kampf zwischen sinnlicher Liebe und Tugend fehlinterpretiert wurde. Die Funktion des klassischen Anteros, der als Sohn von Venus oder Nemesis galt, war, die Gegenseitigkeit in den Liebesbeziehungen zu garantieren; während dies aber von kundigen Altertumswissenschaftlern klar erkannt wurde (Abb. 96), waren Moralisten und Humanisten mit einer Vorliebe für Platon schnell bei der Hand, die Präposition αντι mit ›gegen‹ anstatt mit ›dafür‹ zu erklären, und verwandelten so den Gott gegenseitiger Liebe in eine Personifizierung keuscher Reinheit.[79a] Einer dieser Humanisten, Petrus Haedus oder Hoedus (*recte* Cavretto), gab seinen Einwänden gegen die Liebe den Titel *Anterici;* ein anderer, namens J. B. Fulgosus (*recte* da Campo Fregoso), veröffentlichte einen lehrhaften Traktat ähnlicher Ausrichtung unter dem Titel *Anteros;* und das Titelkupfer dieses Buches zeigt Amor mit verbundenen Augen an einen Baum gefesselt, dessen Zweige die Mittel gegen die sinnliche Leidenschaft symbolisieren, nämlich Heirat, Gebet, Arbeit und Enthaltsamkeit; seine zerbrochenen Waffen liegen am Boden verstreut, und seine bösen Auswirkungen werden durch den Spott, die Armut etc. verkörpert, während der Teufel (*Mors Aeterna)* dargestellt wird, wie er mit einer liebeskranken Seele davonläuft (Abb. 95).[80] Häufiger wird Anteros als hübscher, strahlender Jüngling wiedergegeben, der den besiegten Eros (Amor) an einen Baum fesselt und seine Waffen verbrennt; und wenn der Illustrator nicht von der nachlässigen Sorte war, hat Amor verbundene Augen (Abb. 100).

Die Gegenreformation verlagerte diese Antithese zwischen ›reiner‹ und ›sinnlicher‹ Liebe auf die Ebene der Frömmigkeit und interpretierte sie oft im Geiste eines süßlichen Pietismus. Bemerkenswert unter den vielen hübschen Bildern, die zu diesem Zwecke geschaffen wurden, ist ein kleiner Stich, der auf die frühchristliche Idee vom Menschenfischer zurückgreift[81], zur gleichen Zeit aber den hellenistischen Typus der zwei *putti,* die in einem Angelwettstreit liegen, aufnimmt. Das Ergebnis ist: ein Amor mit verbundenen Augen *(L'Amour mondain)* fischt mit einem sehenden, mit einem Heiligenschein ausgestatteten, jedoch gleichfalls kindlichen *Saint Amour* um die Wette nach menschlichen Herzen, und die Bildunterschrift lautet: *»Mittam vobis piscatores multos«* (Jerem. 16, 16; Abb. 103, vgl. auch Abb. 97).[82]

Gelegentlich wird der siegreiche Gegner des blinden Amor ausdrücklich mit der platonischen Liebe gleichgesetzt, wie auf einem Stich, auf dem der *Amor Platonicus* seinen Widersacher, dessen Augen verbunden sind, verjagt, indem er zwei Fackeln schwenkt (Abb. 101).[83] Eine sehr viel geistreichere Allegorie zu diesem Thema aber erdachte Lucas Cranach d. Ä. (Abb. 106). Eines seiner Bilder, das im Pennsylvania Museum of Art aufbewahrt wird, zeigt einen kleinen Amor, der sich eigenhändig die Binde von den Augen nimmt und somit sich selber zu einer Verkörperung der ›sehenden‹ Liebe verwandelt. Um dies tun zu können, stützt er sich überaus wörtlich auf Platon, denn er steht auf einem imposanten Folianten mit dem Titel *Platonis opera,* von wo aus er zu höheren Sphären aufzusteigen scheint.[84]

Anmerkungen

1 Platon, *Leges,* V, 731e, deutsche Übersetzung zitiert nach: Platon, Sämtliche Werke 6, Nomoi, nach der Übersetzung von Hieronymus Müller, herausgegeben von Walter F. Otto, Ernesto Grassi und Gert Plamböck, Hamburg (1959), S. 109. Es ist zu beachten, daß der Passage Τυφλουται γαρ περι το φιλουμενον ο φιλων ωστε τα δικαια και τα αγαθα και τα καλα κακως κρινει der Satz folgt: το δε αληθεια γε παντων αμαρτηματων δια την σφοδρα εαυτου φιλιαν αιτιον εκαστω γιγνεται εκαστοτε.

2 Vgl. zum Beispiel Catull, *Carmina,* 67, 25: »*impia mens caeco flagrabat amore*«. Lukrez, *De Rer. Nat.*, IV, 1153: »*Nam faciunt homines plerumque cupidine caeci*«. Ovid, *Fasti,* II, 762: »*et caeco raptus amore fuit*«. Ovid, *Metam.*, III, 620: »*praedae tam caeca cupido est*«. Cicero, *De invent.*, I, 2: »*caeca ac temeraria ... cupiditas*«. Seneca, *Dial.*, I, 6, 1: »*Caecam libidinem*«. Seneca, ebd., VII, 10, 2: »*amorem rerum suarum caecum et improvidum*«. Seneca, ebd., VII, 14, 2: »*Evenit autem hoc*« (d. h. der Verlust der Tugend) *nimia intemperantia et amore caecae rei*«. Seneca, *Epist.*, CIX, 16: »*quos amor sui excaecat*«. Properz, *Eleg.*, II, 14, 17:

»*Ante pedes caecis lucebat semita nobis,*
Scilicet insano nemo in amore videt«.

Horaz, *Satir.*, I, 3, 39: »*amatorem ... amicae turpia decipiunt caecum vitia*«. Valerius Flaccus, *Argonaut.*, VI, 454: »*Quid, si caecus amor saevusque accesserit ignis?*« Gregor von Nazianz, *Poemata moralia,* XXIX (Bibl. 214, Bd. 37, Sp. 895/6): »*Tam caeca res est amor et praepostera*«.

3 Properz, *Eleg.*, III, 12:

»*Quicumque ille fuit, puerum qui pinxit Amorem,*
Nonne putas miras hunc habuisse manus?
Hic primum vidit sine sensu vivere amantes
Et levibus curis magna perire bona.
Idem non frustra ventosas addidit alas,
Fecit et humano corde volare deum.
Scilicet alterna quoniam iactamur in unda.
Nostraque non ullis permanet aura locis.
Et merito hamatis manus est armata sagittis,
Et pharetra ex humero Gnosia utroque iacet.
Ante ferit quoniam, tuti quam cernimus hostem,
Nec quisquam ex illo vulnere sanus abit ...«

4 Seneca, *Octavia,* I, 557 ff.:

»*Volucrem esse Amorem fingit immitem deum*
mortalis error, armat et telis manus
arcuque sacras, instruit saeva face
genitumque credit Venere, Vulcano satum.«

In Wirklichkeit ist die Liebe Seneca zufolge »*vis maga mentis, blandus atque animi calor*«, von der Jugend erzeugt, von Üppigkeit und Müßiggang gehegt. Apuleius, *Metam.*, IV, 30: »*puerum suum pennatum illum et satis temerarium, qui, malis suis moribus contempta disciplina publica, flammis et sagittis armatus per alienas domos nocte discurrens ... committit tanta flagitia.*« Weitere Beispiele kommen in der lateinischen wie in der griechischen Literatur in großer Anzahl vor (vgl. z. B. die Epigramme in der *Anthologia Graeca,* wie zum Beispiel Bibl. 10, Bd. III, S. 244, Nr. 440, oder Bd. V., S. 272, Nr. 196; S. 276, Nr. 201). Zum Weiterleben dieser Auffassung in der byzantinischen Literatur, vgl. den unten zitierten Abschnitt.

5 Theokrit, *Idyll.*, X, 19f. . . . τυφλὸς δ'ουκ αυτὸς ο πλουτος, 'Αλλὰ καὶ ωφρόντιστος ερως. Zur sprichwörtlichen Blindheit Plutus' siehe Roscher, Bibl. 290, Stichwort ›Plutos‹, Sp. 2583ff.

6 *Antholog. Lat.*, Bibl. 11, Bd. I, S. 209, Nr. 812:

> *»Parce puer, si forte tuas sonus improbus aures . . .*
> *Sed postquam aurata delegit cuspide telum*
> *Caecus Amor tenuique offendit volnere pectus,*
> *Tum pudor et sacri reverentia pectoris omnem*
> *Labitur in noxam . . .«*

7 Zu Amor in der Kunst der Antike siehe Roscher, Bibl. 290, Stichwort ›Eros‹ und Daremberg-Saglio, Bibl. 70, Bd. I, 2, S. 1595, Stichwort ›Cupido‹. F. Wickhoffs Behauptung, Darstellungen des blinden Amor seien auf Monumenten wie dem wohlbekannten Phaedra-Sarkophag in Pisa zu sehen (Bibl. 398), ist ein offenkundiger *›lapsus calami‹*. E. Müntz, Bibl. 226, S. 48 (und er ist auch für F. von Bezold, Bibl. 33, S. 41, der Gewährsmann) versichert, daß *»un abbé de St. Êtienne de Caen, au XIIIe siècle, faisait graver autour d'un Cupidon aux yeux bandés et portant le carquois, l'inscription ›ecce mitto angelum meum‹.«* Das fragliche Siegel hingegen – der ›contre-sceau‹ des Abtes Nicolas von St. Etienne de Caen von 1282 – zeigt keinen blinden Amor, sondern eine gekrönte, geflügelte Viktoria, die einen Kranz in der Hand hält; vgl. G. Demay, Bibl. 73, S. IV und S. X, Nr. 64.

8 A. Goldschmidt und L. Weitzmann, Bibl. 116, Bd. I, Nr. 23.

9 Oppian, *Cynegetica,* II, 410ff. Zu den Manuskripten, siehe A. W. Byvanck, Bibl. 52. Es existieren drei illustrierte Manuskripte: Venedig, Cod. Marc. Graec. 479 (11. Jahrh.), Paris, Bibl. Nat., Ms. Grec 2736 (15. Jahrh., die Illustrationen aus dem ersteren kopiert) und Paris, Bibl. Nat., Ms. Grec 2737, das eine Kopie von Ms. Grec 2736 ist, die 1554 von Ange Vergèce ausgeführt wurde. Unsere Abb. 93 und 94 (die entsprechende Miniatur im Marcianus-Manuskript ist bei Charles Diehl, Bibl. 75, Tf. LXXX abgebildet) zeigt Eros, der die olympischen Götter angreift. Links sind Athene, Venus (?) und zwei nicht identifizierte Gottheiten zu sehen, rechts erscheint Zeus am Himmel ebenso Hermes (erkennbar an einer Inschrift), der heftig mit jemandem streitet, der wie ein byzantinischer Hofbeamter aussieht, während eine Dame aus einem Fenster sieht. Diese Szene kann man entweder als Hermes, Argos und Io oder besser als Hermes, Aglauros und Herse interpretieren (vgl. Ovid, *Metam.,* II, 707ff; eine ganz ähnliche Darstellung dieser Begebenheit findet man auf Bartolommeo Montagnas Stich B. 18, Abb. in A. M. Hind, Bibl. 146, S. 487, Nr. 40). Die christliche Heilige, die von einem Satyr attackiert wird, kann die hl. Theodora von Alexandrien sein (vgl. Cod. Vat. Barb. Graec. 372, fol. 195, oder London, Brit. Mus., Ms. Add. 19352, fol. 157). Unsere Abb. 70 zeigt Eros, der alle Arten von Tieren verfolgt; eine Parallele in der byzantinischen Literatur findet man in Eusthatius Makrembolites, Bibl. 88, Bd. II, S. 63, wo es von Eros heißt, er benutze seine Pfeile, um die Männer zu besiegen, seine Fackel, um die Frauen zu besiegen, seinen Bogen, um die wilden Tiere zu besiegen, seine Flügel, um die Vögel zu besiegen, und seine Nacktheit, um die Fische zu besiegen:

> Ἔρως τὸ μειράκιον οπλα πυρ φερον
> Τόξον, πτερων, γυμνωσιν ιχθυων βελος.

Zur Tatsache, daß Amor im Pariser Ms. Graec. 2737 blind ist, nicht aber in den zwei früheren Manuskripten, vgl. unten S. 168f.

10 A. M. Amelli, Bibl. 7, Tf. CXII, als einziges Beispiel der Darstellungstradition Amors in der mittelalterlichen Kunst in dem im übrigen sehr instruktiven Aufsatz 'Amor' von L. Freund, Bibl. 100, erwähnt. Zum Hrabanus-Text, siehe unten.

11 Prudentius, *Psychomachia,* I, 432–439. Vgl. R. Stettiner, Bibl. 325, Tafelband, Tf. 4 (hier nur Jocus); 5, 1; 22, 4 (unsere Abb. 72); 43, 2; 60, 10; 98, 14; 116, 4; 186, 10; 197 (das jüngste Manuskript dieser Gruppe, 1289 datiert, mit Jocus in gotischer Tracht). Der *locus classicus* der

Kombination von Jocus und Amor ist Horaz, *Carmina,* I, 2, wo Venus auf folgende Weise angeredet wird:

»Sive tu mavis, Ericyna ridens,
Quam locus circumvolat et Cupido . . .«

12 Vgl. z. B. Konrad von Würzburg, *Der trojanische Krieg,* Bibl. 173, S. 12, Zeile 964ff.

13 Vgl. F. Wickhoff, Bibl. 398. Außerdem: K. Vossler, Bibl. 385; P. Rousselot, Bibl. 291; E. Wechssler, Bibl. 389 und 390; H. Pflaum, Bibl. 265, S. 1ff.; unlängst C. S. Lewis, Bibl. 193. Zu islamischen Einflüssen siehe A. R. Nykl. Bibl. 231.

14 Vgl. z. B. das schöne Sonett von Guittone d'Arezzo: *»Donna del cielo, gloriosa Madre«* (V. Nannucci, Bibl. 227, Bd. I, S. 163), wo der Dichter die Jungfrau Maria anfleht, ihn mit *»quel divino amore«* zu erfüllen, der ihn vor den *»saette aspre e quadre«* Amors erretten wird.

14a Zur neoplatonischen Theorie der Liebe, wie sie von Marsilio Ficino und seinen Nachfolgern entwickelt wurde, siehe das folgende Kapitel.

15 V. Nannucci, a. a. O., S. 290

16 V. Nannucci, a. a. O., S. 294.

17 Vgl. F. Wickhoff, Bibl. 398, L. Freund, Bibl. 100; des weiteren H. Kohlhaussen, Bibl. 172 passim, besonders S. 39ff.; R. Koechlin, Bibl. 169; und ders., Bibl. 170, insbesondere die Nrn. 1068, 1071, 1076, 1077, 1080, 1092, 1094, 1098.

18 Zum Motiv der Verkörperung der ›Liebe‹, die dem Autor auf einem Baum erscheint, das besonders durch Guillaume de Machauts *Dit dou Vergier* (Bibl. 205) populär wurde, aber bereits in der französischen Literatur des 13. Jahrhunderts auftaucht, siehe R. Koechlin, Bibl. 169. Die Vorstellung entstammt der hellenistischen Dichtung, wo Amor-Eros oft mit von Zweig zu Zweig flatternden Vögeln verglichen wird (vgl. z. B. Theokrit, *Idyll.,* XV, 120ff.:

. . . οι δε τε κωροι υπερπωτωνται Ἔρωτες,
οιοι αηδονιδηες αεξομενων επι δενδρων
πωτωνται πτερυγων πειρωμενοι οαον απ' οζψ,

oder *Antholog. Graeca,* Bibl. 10, Bd. III, S. 244, Nr. 440), und wurde in der Malerei oft dargestellt; das Weiterleben dieser Vorstellung wird durch Verse wie die aus einem Gedicht von Guido Guinicelli (V. Nannucci, Bibl. 227, S. 33) belegt:

»Al cor gentil ripare sempre amore
Siccome augello in selva alla verdura«,

oder selbst durch Carmens *Ah, l'amore è strano augello.* Was aber den *Dit dou Vergier* betrifft, so scheint der *locus classicus* Apuleius, *Metam.,* V, 24 zu sein: *Nec deus amator humi iacentem* (i. e. Psychen) *deserens involavit proximam cupressum deque eius alto cacumine sic eam graviter commotus adfatur«.*

19 Vgl. vor allem den *Roman de la Rose,* Zeile 865ff. (Bibl. 288, Bd. II, S. 45; zu illustrierten Manuskripten, siehe A. Kuhn, Bibl. 176) und seine zahlreichen Nachahmungen, wie zum Beispiel die *Echecs Amoureux* (E. Sieper, Bibl. 318) oder John Lydgates *Reson and Sensuallyte,* die eine Übersetzung der *Echecs Amoureux* sind. (Bibl. 204). E. Langlois, Bibl. 288, S. 303, und Sieper, Bibl. 204, Bd. II, S. 123, bieten eine Anzahl weiterer Beispiele. Die Quelle dieses Gedankens ist natürlich Ovid, *Metam.* I, 467ff., wo Amor einen goldenen und einen bleiernen Pfeil hat. Das Mittelalter steigerte nicht nur die Zahl der Pfeile von zwei auf zehn oder mehr und versah sie mit besonderen symbolischen Bedeutungen (wobei die goldenen Pfeile ›Biautez, Simplesse, Franchise, Compaignie, Biaus Semblanz‹ und die bleiernen ›Orgiauz, Vilainie, Honte, Desesperance, Noviaus Pensers‹ bedeuten), es erfand auch einen besonderen Bogen für jede Art Pfeile. Boccaccio, *Amorosa Visione,* V, kehrt zu Ovids klassischer Einfachheit zurück:

»In man teneva una saetta d'oro,
Di piombo un'altra . . .«

20 *Vita Nuova,* XII, zitiert von F. Wickhoff, Bibl. 398. Die Parallelstelle im Markus-Evangelium, ebenfalls bei Wickhoff zitiert, lautet: »*viderunt juvenem sedentem in dextris coopertum stola candida*« (XVI, 5). Der bescheidene kleine Engel der Liebe, der in Dantes *Ballata per una ghirlandetta* erscheint, darf jedoch nicht mit dem heidnischen ›*puer alatus*‹ verwechselt werden: er ist natürlich dem gewaltigen ›Amore‹, der in der *Vita Nuova* erscheint, untergeordnet und deshalb ein bloßer ›*angiolel d'amore umile*‹, er bleibt aber ein Engel, und Dante stellt ihn sich bestimmt nicht nackt und mit den klassischen Attributen ausgestattet vor.

21 Zur Verschmelzung von Amor und ›Fraw Venus Minne‹, vgl. H. Kohlhaussen, Bibl. 172.

22 Ser Pace, Nannucci, Bibl. 227, S. 293.

23 Jacopo da Lentino, Nannucci, ebd.

24 Guido Cavalcanti, Nannucci, ebd., S. 287. Vgl. auch die Troubadoure wie Uc Brunet, F. Diez, Bibl. 76, 1883, S. 122.

25 Petrarca, Bibl. 262, fol. 184: »*Ne si conviene, che quella parte onde amor nasce et piace, cioè la vista, non bella ma cieca sia, non altro essendo d'amore principio che la bellezza, ma il bello, come vuol inferire, è luminoso in vista.*«

26 J. Lydgate, Bibl. 204, Zeile 5379 ff. Zur Parallelpassage in den *Echecs Amoureux* vgl. E. Sieper, Bibl. 318.

27 Chaucer, *The legend of good women,* Zeile 169 f.

28 Petrarca, *Canzoniere,* Sonett CXVIII: »*Non d'atra e tempestosa onda marina . . .*«

29 Siehe oben, S. 96.

30 Servius, *In Vergil. Aen.*, I, 663: »*Nam quia turpitudinis est stulta cupiditas, puer pingitur, ut inter quas curam Clymenen narrabat inanem, id est amorem, item quia imperfectus est in amantibus sermo sicut in puero . . . Alatus autem ideo est, quia amantibus nec levius nec mutabilius invenitur . . . sagittas vero ideo gestare dicitur, quia et ipsae incertae velocesque sunt.*«

31 Hrabanus Maurus, *De Universo,* XV, 6 (Migne, *Patrolog. Lat.*, Bd. III, Sp. 432): »*Cupidinem vocatum ferunt propter amorem. Est enim daemon fornicationis, qui ideo alatus pingitur, quia nihil amantibus levius, nihil mutabilius invenitur. Puer pingitur, quia stultus est et irrationalis amor. Sagittam et facem tenere fingitur, quia amor cor vulnerat, facem, quia inflammat.*« Die Passage ist wörtlich Isidor von Sevilla, *Etymologiae,* VIII, 9, 80 entnommen.

32 Mythographus II, 35, Bibl. 38, S. 86: »*Qui pharetratus, nudus, cum face, pennatus, puer dipingitur. Pharetratus ideo, quia sicut sagittae corpus, ita mentem vulnerat amor. Nudus, quia amoris turpitudo semper manifesta est et nusquam occulta. Cum face autem, quia turpis amor cum calore et fervore quodam accenditur. Pennatus, quia amor cito pertransit et amantibus nec levius aliquid nec mutabilius invenitur. Puer autem fingitur, quia sicut pueris per imperitiam facundia, sic quoque nimium amantibus per voluptatem deficit.*« Vgl. Fulgentius, *Mitologiae,* II, 1, S. 40 Helm: »*Hanc* (d. h. Venerem) *etiam nudam pingunt, sive quod nudos sibi adfectatos dimittat, sive* qùod libidinis crimen numquam celatum sit, *sive quod numquam nisi nudis conveniat.*« Diesbezügliche Behauptungen blieben natürlich bei den späteren ›Moralisierungen‹ von Venus und Amor typisch: vgl. z. B. Mythographus III, II, 1. Bibl. 38, S. 228, oder ›The Walleys‹, Bibl. 386, fol. VIII: »*dicitur esse nuda propter ipsius indecentiam inevitabilem.*«

33 Mythographus III, II, 18, Bibl. 38, S. 239: »*Pingitur autem Amor puer, quia turpitudinis est stulta cupiditas, et quia imperfectus est in amantibus, sicut in pueris, sermo . . . Alatus, quia amantibus non levius aliquid nec mutabilius. Sagittas fert, quae et ipsae incertae sunt et veloces; sive, ut vult Remigius, quia conscientia criminis perpetrati stimulet mentem. Aurea autem sagitta amorem mittit, plumbea tollit . . . Ideo nudus, quia turpitudo a nudis peragitur; vel quia in ea turpitudine nihil est secretum.*«

34 Vgl. A. von Oechelhäuser, Bibl. 232, S. 25, Nr. 19, Abb. auch in H. Kohlhaussen, Bibl. 172, S. 40.

35 Vgl. außer Sonett CXVIII noch *Africa,* III, Zeile 215ff. (Bibl. 263) und *Trionfi,* Triumphus Amoris, Zeile 23ff.:

> *»Sopr'un carro di fuoco un garzon crudo*
> *Con arco in mano e con saetti a'fianchi*
> *Contra le qual non val elmo nè scudo:*
> *Sopra l'omeri avea sol due grand'ali*
> *Di color mille, e tutto l'altro ignudo.«*

36 *Ovide Moralisé I,* Zeile 668ff., hrsg. von C. de Boer, Bibl. 40, Bd. I, S. 75:

> *»Venus tient et porte un brandon*
> *Et Cupido l'arc et la floiche . . .*
> *Jocus et Cupido sont point*
> *Au pointures nu, sans veue,*
> *Quar fole amours et jex desnue*
> *Les musars de robe et d'avoir*
> *D'entendement et de savoir,*
> *D'amor et de bones vertus.*
> *Pour ce sont il paint avugle,*
> *Qu'amours et jex mains folz avugle.«*

Zur Verbindung von *›jex‹* und *›amours‹* und Venus, siehe S. 98.

37 B. Latini, *Tesoretto,* Zeile 2256ff., Bibl. 183, S. 375:

> *»E'n una gran charriera*
> *Io vidi dritto stante*
> *Ignudo un fresco fante,*
> *Ch'auea l'archo e li strali*
> *E auea penne ed ali.*
> *Ma neente uedea . . .«*

38 ›Th. Walleys‹, Bibl. 386, fol. VIII, v.: *»Vel dic quod Cupido filius Veneris est amor carnalis flius voluptatis: qui alatus pingitur pro eo quod amor subito volare sepe videtur. Constat enim quod homo quandoque subito et sine deliberatione amore alicuius persone inflammatur: et ideo amor iste alatus et volatilis dici potest. Cecus autem iste deus pingitur quia quo se ingerat aduertere non videtur: quia amor ita solet se ponere in pauperem sicut in diuitem in turpem sicut in pulchrum: in religiosum sicut in laicum. Cecus autem aliter dici postest: quia per ipsum etiam homines excecari videntur. Nihil enim est cecius homine inflammato amore alicuius persone vel alicuius rei. Unde dicit Seneca quod amor iudicium nescit. Breviter igitur voluerunt poete duos deos depingere cecos scilicet cupidinem et fortunam: quia scilicet cupido et amor (sicut dictum est) ita cecus est quod aliquando nititur in impossibile sicut patuit in Narcisso qui umbram propriam usque ad mortem amauit. Sicut etiam quotidie videmus quod una utilis persona amabit nobilissimam vel econtrario. Fortuna etiam ac si ceca esset, quandoque subito promouet indignos et deprimit dignos. Roma. II. Cecitas ex parte contigit in israel.«*

39 Cod. Vat. Reg. 1290, fol. 2, vgl. H. Liebeschütz, Bibl. 194, Tf. XVIII und S. 118: »*Huic* (i. e. Veneri) *et Cupido, filius suus alatus et cecus, assistebat, qui sagita et arcu, quos tenebat, Appolinem sagitaverat . . .* «

40 Boccaccio, *Genealogia Deorum,* IX, 4: »*Hunc puerum fingunt, ut aetatem suscipientium passionem hanc et mores designent . . . Alatus praeterea dicitur, ut passionati instabilitas demonstretur . . . Arcum atque sagittas ideo ferre fingitur, ut insipientium repentina captivitas ostendatur . . . Has aureas esse dicunt et plumbeas, ut per aureas dilectionem sumamus . . . Per plumbeas autem odium volunt . . . Fax autem illi superaddita ostendit animorum incendia . . .*

Oculos autem illi fascia tegunt, ut advertamus amantes ignorare quo tendant, nulla eorum esse iudicia, nullae rerum distinctiones, sed sola passione duci. Pedes autem gryphis illi ideo apponunt, ut declaretur, quoniam tenacissima sit passio, nec facile inerti impressa ocio solvitur.« Zu den Greifenklauen siehe unten S. 120.

41 Heitz, Bibl. 137, Bd. 59, 1925, Nr. 14 (teilweise bei L. Freund, Bibl. 100, Sp. 645 und in unserer Abb. 84 reproduziert). *Amor Carnalis* wird als nackte, geflügelte Frau mit verbundenen Augen dargestellt, die mit Pfeil und Bogen versehen ist, und zu deren Füßen ein Salbentopf steht. Unter ihr sind ein Totenschädel, ein Schwert und der Höllenrachen mit der Inschrift ›*Finis amoris*‹ zu sehen. Der hl. Gregor, der hl. Hieronymus, der hl. Augustinus (zweimal), Aristoteles, ein ›Philosophus‹ (Platon?), der hl. Bernhard, der hl. Ambrosius, Moses und die ›Experiencia Jurisconsultorum‹ warnen vor ihr, wie es auch der Autor mit den Worten tut: »Dein salb ist falsch vnd vngerecht, das klag ich armer knecht.« Die Hauptinschrift lautet:

»Die lieb ist nacket vnd plint vnd plos.
Des kumbt manger man von treu wegen in der helle schos.
Sie hat zween flugel die sein vnstill.
Sie ist zu allen zeitten wo sie will.
Sie kann salben vnd verwunden,
Wo sie woll zu stunden.
Ire wort sind listig vnd behend.
Gar pitter ist der snoden lieb end.«

42 Cod. Casanatensis 1404, fol. 2 V, abgeb. in F. Saxl, Bibl. 295, Tf. XXVI, Abb. 45:

»Amor mundanus cernit omnia lumine ceco.
Disce, quid sit amor. Amor est insania mentis,
Dulce malum, mala dulcedo, gratissimus error.«

L. G. Gyraldus, Bibl. 127, Bd. I, Sp. 409, zitiert einen kleinen mittelalterlichen Reim im Stile derer, die in John Ridewalls *Fulgentius Metaforalis* erscheinen:

»Caecus et alatus,
Nudus, puer et pharetratus.«

43 Manchmal wird die Narrheit der Liebe, die durch die Augenbinde symbolisiert wird, noch direkter ausgedrückt, wie es zum Beispiel bei John Ridewalls Darstellung des *Amor fatuus* der Fall ist, in H. Liebeschütz, Bibl. 194, S. 53, Tf. XI, Abb. 15. Es ist die *»imago pueri nudi, in cuius capite erat scriptum ›Ego sum ignorans et nichil scio‹«*. Er trägt ein Schwert und eine Fackel; ein Band, das über seine Stirn läuft, trägt die Inschrift: *»Qui me diligit, insipiens est.«*

44 V. Nannucci, Bibl. 227, Bd. I, S. 365:

»Se Amor, da cui procede bene e male,
Fusse vivibil cosa per natura,
Sarebbe senza fallo appunto tale
Com'el si mostra nella dipintura:
Garzone col turcassio alla cintura,
Saettando, cieco, nudo e ricco d'ale.
Dall'ale sembra angelica figura,
Ma chi l'assaggia, egli è guerrier mortale,
Che spoglia i cor di libertà regnante,
E fascia gli occhi della providenza
Saettando disianza perigliosa . . .«

Vgl. auch V. Nannucci, ebd., S. 367: *»Amore accieca il cor più cognoscente.«*

45 V. Nannucci, ebd., S. 366.

46 Auch Petrarca hat auf Amor als *Caecus deus* hingewiesen, jedoch lediglich bei der Beschreibung der unseligen Liebesbeziehung Sophonisbes mit Masinissa und Syphax: *Africa,* V, Zeile 119, Bibl. 263, S. 106.

47 Petrus Berchorius, Bibl. 27, Stichwort ›Cecus, Cecitas‹: *»Nota quod cecitas est privatio visus, unde cecitas dicit mihi proprie aliquid negativum et nihil positivum ... Nota igitur generaliter per cecum intelligitur peccator.«*

48 Nach antiker Überlieferung wurde Blindheit über Homer (und Stesichoros) als Strafe dafür verhängt, Helena ›geschmäht‹ zu haben (vgl. z. B. Platon, *Phaidros,* 243a). Nur in Suidas, *Lexikon* (Bibl. 330, Bd. III, S. 252), wurde sie in einem positiven Sinne gedeutet. Die Blindheit der Justitia ist von E. von Mueller, Bibl. 225, überzeugend behandelt worden, und es zeigt sich, daß diese Idee auf einer ›ägyptischen‹ Allegorie beruht, die von Plutarch und Diodorus Siculus überliefert wurde, in der der Oberrichter ohne Augen dargestellt wurde, um seine Unparteilichkeit zu versinnbildlichen, während seine Kollegen keine Hände hatten, womit sie hätten Bestechungsgelder annehmen können. Diese fragwürdige Auffassung sagte der klassischen Antike nicht zu, die sich im Gegenteil die Justitia mit stechenden und furchteinflößenden Augen vorstellte (A. Gellius, *Noctes Atticae,* XIV, 4). Die ›ägyptische‹ Auffassung wurde erst durch ihre Wiederentdeckung durch die Humanisten des 16. Jahrhunderts wiederbelebt. Eine Justitia mit verbundenen Augen erscheint zum ersten Mal um 1530: In Sebastian Brants *Narrenschiff* (1494, lateinische Übersetzung 1497) verbindet der Narr der Justitia noch die Augen, um ihre redliche Absicht zu durchkreuzen. In Cesare Ripas *Iconologia* ist ›Giustizia‹ die einzige Personifizierung, bei der die *›occhi bendati‹* eine günstige Bedeutung haben – im Gegensatz zu ›Ambitione‹, ›Cupido‹, ›Cupidità‹, ›Errore‹, ›Favore‹, ›Ira‹, ›Ignoranza‹ und ›Impeto‹ – aber auch hier ist das Motiv auf die Darstellungen der weltlichen Gerechtigkeit beschränkt, wogegen die göttliche Gerechtigkeit *›occhi miri‹* hat, weswegen in einigen späteren Publikationen, die sich mit *›utrumque ius‹* befassen, Justitia mit zwei Köpfen dargestellt wird, einem mit verbundenen Augen und einem sehenden.

49 Vgl. G. Swarzenski, Bibl. 333, Tf. XIII.

49a Vgl. die treffenden Bemerkungen in H. R. Patch, Bibl. 254, S. 176ff. Wie fremd die Idee der Augenbinde der klassischen Antike war, wird durch die Tatsache veranschaulicht, daß Apuleius die blinde Fortuna *›exoculata‹* nennt (*Metam.,* VII, 2).

50 Berlin, Staatsbibl., Cod. theol. lat. fol. 192, Abb. in Adolph Goldschmidt, Bibl. 118, Bd. II, Tf. 107. Der Typus, von dem diese Figur mit verbundenen Augen abgeleitet sein könnte, spiegelt sich in einer Miniatur in Verdun, Bibl. de la Ville, Ms. 1, fol. 17 (unsere Abb. 77), die die ›Nacht‹ zeigt – ebenfalls als Brustbild in einem Medaillon innerhalb der üblichen Anordnung entsprechend plaziert –, wie sie ihr Gesicht mit einem Schleier bedeckt. Ein dunkler Schleier, dunkle Farben und eine dunkle Gloriole oder Mandorla sind die normalen Kennzeichen der Nacht in der mittelalterlichen Kunst. In einer Archivolte in der Kathedrale von Chartres aber ist sie als blind dadurch gekennzeichnet, daß der ›Tag‹ sie an der Hand führt, wie auch durch ihren fein beobachteten Gesichtsausdruck (E. Houvet, Bibl. 149, Bd. II, Tf. 22, unsere Abb. 80). Das veranschaulicht die antikisierende Einstellung, die in der französischen Skulptur dieser Zeit oft zu bemerken ist.

51 Vgl. insbesondere P. Weber, Bibl. 388, SS. 70, 74, 76, 90, 112. Unsere Abb. 79 stellt einen besonders interessanten Typ aus Verdun, Bibl. de la Ville, Ms. 119 dar. Auf die beiden Verduner Manuskripte machte mich Hanns Swarzenski aufmerksam, dem ich auch für die Erlaubnis, seine Fotografien zu reproduzieren, zu Dank verpflichtet bin.

52 E. Houvet, Bibl. 149, Bd. I, Tf. 86

53 Die Klagelieder, V, 16, 17. Die Blindheit der Synagoge wird manchmal durch einen Schleier oder ein Tuch ausgedrückt, wie es bei einer Miniatur im Antiphonarium von St. Peter der Fall ist (G. Swarzenski, Bibl. 334, S. 112, Tf. CI, Abb. 341). Auf dieser Miniatur wird die Erinnerung an die Jeremia-Verse dadurch augenscheinlich, daß die Hand der Figur auf ihrem Herzen liegt.

53a Clm. 8201, 1415 datiert, Abb. in P. Weber, Bibl. 388, S. 66. Die Synagoge trägt auch den jüdischen Hut, der im Zusammenhang mit der steigenden Flut des Antisemitismus zu ihrer Tracht hinzugefügt worden war, und die auf S. 127, Anm. 25 zitierte Gestalt des Todes ist gegen ein Skelett ausgetauscht worden.

54 Das Pariser Relief ist bei Viollet-le-Duc, Bibl. 377, Bd. VIII, 1866, S. 158, Abb. 20 reproduziert. Zu Amiens siehe Georges Durand, Bibl. 79, Tf. XXXVIII, 4. Zu Reims: P. Vitry, Bibl. 383, Bd. I, Tf. LXXXII.

55 Richard II., I, 3. [Es ist zu beachten, daß die deutsche Fassung von Tieck-Schlegel das Wort ›blindfold‹ (mit verbundenen Augen) mit ›blind‹ wiedergibt. A. d. Ü.] Das Wort ›blindfold‹ wird von Shakespeare nur in dieser Passage und in Venus und Adonis, I, 554 *(›blindfold Fury‹)* verwandt. Amor – abgesehen von der berühmten Wendung *›blind bow-boy‹* [›der kleine blinde Schütze‹ bei Tieck-Schlegel, A. d. Ü.] in Romeo und Julia, II, 4 – wird blind genannt in *Much Ado* [Viel Lärm um nichts] I, 1; *King Lear,* IV, 6; *Two Gentlemen of Verona* [Zwei Herren aus Verona], IV, 4 *(›blinded God)* [›blinder Gott‹ bei Tieck-Schlegel]; *Tempest* (Sturm), IV, 1 *(›blind boy‹);* Sonett CXXXVII *(›blind fool Love‹)* und *Midsummer Night's Dream* [Sommernachtstraum] I, 1 (siehe S. 183, Anm. 74). *›Blind Fortune‹* kommt in *Merchant of Venice* II, 1 und *Coriolanus* IV, 6 vor. *›Blind concealing Night‹* [die blinde verheimlichende Nacht] in *Rape of Lucrece* [Die Schändung der Lukrezia], Vers 675.

56 Vgl. J.B. Carter, Bibl. 57, S. 38 und spezieller H.R. Patch, Bibl. 255, S. 191ff. Zu den Illustrationen , siehe ders., Bibl. 254, insbesondere S. 12 und 44, Tfln. 3, 4 und 9. Vgl. auch A. Doren, Bibl. 77. Die Phrase *›caeca Mors‹* scheint im antiken Schrifttum nicht vorzukommen.

57 Außerdem wußte man von Amor, daß er den Tod im spirituellen Sinne bedeute. Ridewalls Bild des *Amor fatuus,* das ich S. 177, Anm. 42 erwähnte, trägt die Inschrift ›MORS DE ME CRESCIT‹.

58 Zu diesem Gedicht und seinen Illustrationen vgl. A. de Laborde, Bibl. 177, denn in diesem lehrhaften Zyklus wird der Tod gewöhnlich dazu gebracht, auf einem *›bœ uf chevauchant moult lent‹* zu reiten, um eine Passage von etwa 1340 zu zitieren. Siehe ebenfalls P. de Keyser (der bedauerlicherweise die Untersuchung Labordes nicht kennt), Bibl. 163, insbesondere SS. 57ff. Die Illustrationen zu Michauts Gedicht scheinen nicht nur der Grund für verschiedene einzelne Darstellungen und Bilder des Todes, der auf einem Ochsen reitet, zu sein, sondern auch dafür, daß der Triumphwagen des Todes auf Darstellungen in Petrarcas *Trionfi* fast durchweg von zwei schwarzen Ochsen gezogen wird. Dieses Motiv wird in Petrarcas Text nicht erwähnt, war aber so populär geworden, daß Ripa unter dem Stichwort ›Carro della Morte‹ nicht zögert, es dem Dichter selber zuzuschreiben, wie er es auch mit Chronos' Stundenglas und Krücken tut.

59 A. von Oechelhäuser, Bibl. 232. Die illustrierten Manuskripte, die uns überliefert sind, sind allesamt aus dem 14. Jahrhundert und jünger, aber es wird mit Sicherheit angenommen, daß ihre Illustrationen Vorbilder spiegeln, die erfunden wurden, als das Gedicht verfaßt wurde, das war um 1215. Eine amüsante Verbindung aus der deutschen ›blinden Venus‹ und dem bei allen Völkern verbreiteten ›blinden Amor‹ ist zu finden in *Tricinia. Kurtzweilige teutsche Lieder zu dreyen Stimmen, nach Art der Neapolitanen oder Welschen Villanellen,* Nürnberg 1576:

> »Venus, du und dein Kind,
> seid alle beide blind
> und pflegt euch zu verblenden.«

(zitiert bei A. Schering, Bibl. 302, Nr. 139; ich danke Herrn Oliver Strunk für diesen Hinweis).

60 Der Holzschnitt von *Amor Carnalis* (siehe S. 177, Anm. 41). Einige nackte Figuren, deren Augen aber nicht verbunden sind und die auf Darstellungen ähnlicher Art aus dem 15. Jahrhundert erscheinen, werden unten angeführt.

61 Ein Beispiel aus dem 14. Jahrhundert in der Pariser Bibliothèque Nat., Ms. Fr. 373, fol. 207, mit dem thronenden Amor und den drei Grazien in modischen Gewändern ist abgebildet bei A.

Warburg, Bibl. 387, Bd. II, Tf. LXIV, Abb. 113; unsere Abb. 86 (Frankreich, 14. Jahrh.). Ein späteres Beispiel (möglicherweise bereits von solchen italienischen Darstellungen wie der aus Cod. Vat. Reg. 1290 beeinflußt, abgeb. bei A. Warburg, ebd., Abb. 112 und bei H. Liebeschütz, Bibl. 194, Tf. XVIII, Abb. 28) findet man in dem flämischen Manuskript in Kopenhagen, Thott 399, fol. 9v (unsere Abb. 87), das als Vorbild für eine Druckausgabe der französischen Fassung von Berchorius' *Metamorphosis Ovidiana* diente (vgl. M. D. Henkel, Bibl. 142, 1922); hier sind die Grazien nackt, und Amor schwebt in der Luft, aber er ist immer noch ein junger Mann, kein Kind, und trägt statt seiner Augenbinde elegante Kleider.

62 Das wird durch ein Manuskript von Richard de Fournivals *Bestiaire d'Amour* belegt, das in der J. P. Morgan Library aufbewahrt wird und auf das mich Fräulein Helen Franc aufmerksam machte (M. 459, Norditalien, erste Hälfte des 14. Jahrh.). Auf fol. 28v, wo Amor mit verbundenen Augen einen Pfeil auf den Liebhaber abschießt, ist er nackt, wie es bei der ›Minne‹ auf unserer Abb. 85 aus dem *Wälschen Gast* der Fall ist (vgl. dagegen unsere Abb. 73 aus dem *Roman de la Rose*). Auf der Seite gegenüber, fol. 29, wo er den Liebhaber mit seiner Dame aussöhnt, wird er zu Pferde und in höfischer Kleidung dargestellt.

63 Vgl. besonders Francesco Trainis berühmtes Fresko auf dem Camposanto in Pisa, aber auch solche frühen Beispiele wie ›Mors‹ im Leofric-Missale, abgebildet bei John O. Westwood, Bibl. 396, Tf. 33, fast genau mit London, Brit. Mus., Ms. Cott. Tib. c. VI, fol. 6v identisch.

64 Gute Abbildungen in I. B. Supino, Bibl. 331, Tf. LI.

65 Florentinische Cassonetafel, Abb. bei Prince d'Essling und E. Müntz, Bibl. 87, S. 1, Text S. 115. Ebenso ein norditalienisches Fresko im Louvre, abgebildet bei R. van Marle, Bibl. 210, Bd. II, 1932, Abb. 483, das Venus und einige ihrer bedeutenden Opfer zeigt (Samson, Achilles, Paris, Troilus, Tristan und Lanzelot). Venus wird von zwei Amoretten mit Klauen statt Füßen begleitet, und die ganze Komposition ähnelt den sogenannten *Planetenkinderbildern.*

66 Prince d'Essling und E. Müntz, Bibl. 87, S. 212, bessere Abbildung bei E. von Birk, Bibl. 35, Tf. VIII hinter S. 248. Ein blinder Amor mit der Kette aus Herzen, jedoch nicht mit Greifenklauen, ist auf einem Gobelin des 16. Jahrhunderts aus Frankreich zu sehen, der die ›Irdische Liebe‹ darstellt (Paris, Musée des Arts Décoratifs).

67 Die Wandbilder in Sabbionara wurden veröffentlicht von A. Morassi, Bibl. 221, und J. Weingartner, Bibl. 393. Unsere Abb. 91 ist nach einer Fotografie reproduziert, die mir Signor G. Gerola, R. Soprintendente delle Belle Arti per la Venezia Tridentina, freundlicherweise zur Verfügung stellte; ihm möchte ich meinen aufrichtigen Dank sagen. Der Kopf Amors ist zerstört, aber das Vorhandensein des flatternden Bandes, wie auch die ziemlich pessimistische Stimmung des ganzen Zyklus sprechen für Weingartners Annahme, daß die Figur ursprünglich verbundene Augen hatte. Sowohl Morassi als auch Weingartner unterlassen es, diesen *»pargolo antico trasmutato a metà in fiera dalla torbida coscienza mediovale«* mit der Figur in Assisi und ihren Ablegern einerseits und Francesco Barberinos Allegorie andererseits in Verbindung zu bringen. Eine Zeichnung, die auf das Wandbild in Sabbionara zurückgeht (Amor mit Menschenfüßen!), ist von J. P. Richter, Bibl. 280, Tf. 9, veröffentlicht worden, sie hat sich aber als Fälschung erwiesen (vgl. G. B. Cervellini, Bibl. 64, und H. Beenken, Bibl. 23).

68 Die *Documenti d'Amore,* 1640 gedruckt, werden aufbewahrt im Cod. Vat. Barb. XLVI, 18 (jetzt 4076, gemeinhin als A zitiert) und Cod. Vat. Barb. XLVI, 19 (jetzt 4077, gemeinhin als B zitiert). Beide wurden von F. Egidi, Bibl. 20, beschrieben und zum Teil veröffentlicht; vgl. auch A. Thomas, Bibl. 341. Unsere Abb. 90 (Bibl. 81, Tf. gegenüber von S. 8, die entsprechende Illustration in B abgeb., ebd., S. 8) gehört zum Text Bibl. 20, Bd. III, S. 407ff. Eine fast identische Komposition dient in beiden Manuskripten als Frontispiz (Bibl. 81, Tf. gegenüber von S. 4 und S. 4 Text Bibl. 20, Bd. I, S. 14ff.). Außerdem erscheint dieselbe Gestalt Amors, aber halb so groß und ohne Pferd: 1) in A, fol. 90 (Bibl. 81, S. 83) und B, fol. 79 (ebd., S. 82), die Amor zeigen, wie er der ›Unschuld‹ Rosen zuwirft; 2) in A, fol. 98v, und B, fol. 87, v (beide ebd., S. 86, Bildlegenden werden hier richtiggestellt), die Amor über ›Solicitudo‹, ›Perseverantia‹, ›Veritas‹

und ›Fortitudo‹ zeigen, wie er ein Buch schließt, das selbst ›Aeternitas‹ nicht von allein schließen kann; 3) in A, fol. 98, v, und B, fol. 87, v (beide ebd., S. 89): Amor, vom Tod, der die ›Donna‹ getötet hat, in Stücke geschnitten. Es wäre eine Untersuchung wert, inwieweit Barberino, der auch während der Renaissance viel gelesen wurde (vgl. z. B. Mario Equicola, I, 5, Bibl. 84, fol. 11v ff.; Ripa, Stichwort ›Eternità‹), Petrarcas *Trionfi* beeinflußte.

69 F. Egidi, Bibl. 20, Bd. I, S. 9ff. Die verbotene Liebe wird nach Isidorus (S. 175, Anm. 31) als *»uno furore inordinato ...«* definiert.

70 F. Egidi, ebd., Bd. III, S. 409ff. Das *»Io nol fo ciecho«* nimmt offenbar Petrarcas *»Cieco non già ...«* vorweg. Die Erläuterungen, die Barberino in seinem lateinischen Kommentar zu seinem Frontispiz gibt (ebd., Bd. I, S. 9ff.), sind noch gewagter als die in seinem italienischen Gedicht; die drei Pfeile Amors symbolisieren die Dreieinigkeit, der Umstand, daß das Pferd den Köcher tragen muß, bedeutet, daß der Mensch für die Mittel zu sorgen hat, durch die sein Herz und seine Werke mit Gott vereinigt werden können (ebd., Bd. I, S. 20) etc.

70a B. L. Ullman machte den reizvollen Vorschlag, daß das seltsame Motiv eines nackten knabenhaften Amor, der seitlich auf einem Pferd steht, von klassischen Darstellungen stammen könnte, die Eros auf dem Rücken eines Zentauren zeigen (siehe z. B. Clarac, Bibl. 66, Bd. II, Tf. 150, Nr. 181). Daß dieser Typus dem Mittelalter bekannt war, wird durch *aquamanilia* des 13. Jahrhunderts bezeugt, wie eines bei O. von Falke und E. Meyer, Bibl. 88a, Tf. 120, Nr. 273, abgebildet ist.

71 Boccaccio, *Genealogia Deorum,* IX, 4: *»Franciscus de Barberino non postponendus homo in quibusdam suis poematibus vulgaribus huic* (d. h. Cupidini) *oculos fascea velat et griphis pedes attribuit, atque cingulo cordium pleno circundat«* (was sich Giov. Paolo Lomazzo, VII, 10, Bibl. 199, S. 570, zu eigen machte). Der Zusammenhang zwischen Boccaccios Beschreibung, Barberinos Text und der Figur in Assisi wurde von H. Thode, Bibl. 339, S. 87, zuerst festgestellt, der richtig beobachtete, daß Barberinos Allegorie sich sowohl von Boccaccios Paraphrase, als auch von der Figur in Assisi unterschied, daraus aber auf die Existenz einer anderen, nun verlorenen Erfindung Barberinos schloß. Egidi, Bibl. 81, S. 14, behauptet fälschlich, daß Barberinos Erfindung auf dem Wandbild in Assisi ›imitiert‹ worden sei, ohne Boccaccio zu erwähnen. Thomas, Bibl. 341, S. 74, erwähnt nicht die Figur in Assisi, weist aber auf den Widerspruch zwischen Barberino und Boccaccio hin, den er beschuldigt, den ersteren oberflächlich gelesen zu haben. Supino, Bibl. 331, S. 97ff., nimmt keinen klaren Standpunkt ein. Unsere Annahme einer ursprünglichen Allegorie von ungünstiger Bedeutung, die von Barberino bewußt umgekehrt wurde, wird gestützt durch Barberinos eigene Erklärungen, durch das Wandbild in Sabbionara, das den vorangehenden Autoren unbekannt war, und schließlich durch den Umstand, daß Boccaccios eigene Beschreibung Amors (vgl. oben) ebenfalls die Greifenklauen erwähnt. Boccaccios Vermengung der Allegorie Barberinos mit der Figur in Assisi ist um so verständlicher, als die beiden Auffassungen vom rein Visuellen aus betrachtet wirklich viel gemeinsam haben; darüber hinaus scheint Boccaccios Erinnerung an Barberinos Schriften ein bißchen vage gewesen zu sein (vgl. den in dieser Anmerkung zitierten Abschnitt und die Darstellung in *Genealogia Deorum,* XV, zitiert bei A. Thomas, Bibl. 341, S. 35).

72 Petrarca, Bibl. 262, fol. 184: *»Cieco, com'alcuni il dissero et il vulgo de'moderni pittori il dipinge.«*

73 Es ist lehrreich, die Illustrationen der folgenden Emblemata zu vergleichen: CV *(Potentissimus affectus Amor),* CVI *(Potentia Amoris),* CVII *(Vis Amoris),* CX *(Anteros, Amor Virtutis, alium Cupidinem superans),* CXIII *(In statuam Amoris),* CLIV *(De Morte et Amore)* und CLV *(In formosam fato praereptam).* Die Emblemata CV, CVI und CVII erfordern keine Erläuterung, zum Inhalt der anderen vgl. die folgenden Paragraphen.

Es ist bezeichnend, daß die Unbekümmertheit gegenüber ikonographischer Richtigkeit mit der Lyoner Ausgabe von 1551 beginnt, deren Holzschnitte – allgemein Bernard Salmon zugeschrieben – den früheren in ihrer künstlerischen Qualität weit überlegen sind.

	EMBL. CV (Blindheit beliebig, aber überwiegend)	EMBL. CVI (Blindheit beliebig, aber überwiegend)	EMBL. CVII (Blindheit beliebig, aber überwiegend)	EMBL. CXIII (Blindheit beliebig)
Steyner 1531	fol. A 4v blind	fol. D 8 blind	fol. D 7 blind	fol. E 7v blind
Wechel 1534	S. 11 blind	S. 80 nicht blind	S. 77 nicht blind	S. 102 nicht blind
Lyon 1551	S. 115 nicht blind	S. 116 nicht blind	S. 117 nicht blind	S. 123 nicht blind
Lyon 1608 (wie alle Ausgaben nach 1574)	S. 476 nicht blind	S. 481 nicht blind	S. 476 nicht blind	S. 512 nicht blind

	EMBL. CX (Blindheit Amors erforderlich)	EMBL. CLIV (Blindheit beider Figuren erforderlich)	EMBL. CLV (Blindheit beider Figuren erforderlich)
Steyner 1531	fol. E 1v blind	fol. D. 3v beide blind	
Wechel 1534	S. 86 blind	S. 69 Amor blind, der Tod nicht blind	S. 70 Amor blind, der Tod nicht blind
Lyon 1551	S. 120 nicht blind	S. 167 beide Figuren nicht blind	S. 168 beide Figuren nicht blind
Lyon 1608 (wie alle Ausg. nach 1574)	S. 499 nicht blind	S. 713ff. beide Figuren nicht blind (die zu den Emblemen CLIV und CLV gehörenden Holzschnitte vertauscht).	S. 713ff. beide Figuren nicht blind

74 Vgl. z. B. die in Claude Mignaults Kommentar zu Alciati, *Emblemata* CXIII (Bibl. 5, S. 512ff.) und in Natalis Comes (Natale Conti), *Mythologiae,* IV, 13 (Bibl. 67, S. 403ff.) angeführten Beispiele. Es mag genügen, zwei Beispiele zu zitieren, die wegen ihrer Autoren von Interesse sind. Eines ist ein kleines, Enea Silvio Piccolomini zugeschriebenes Gedicht, das einen deutschen Holzschnitt des fünfzehnten Jahrhunderts erläutert (Heitz, Bibl. 137, Bd. 44, 1916, Nr. 13):

»... *Pingitur et nudus nullum servare pudorem,*
Et meminit simplex et manifestus amans.
Pingitur et cecus, quia non bene cernit honestum
Nec scit, quo virtus, quo ferat error amans;
Vel quia, que peccet credit secreta latere,
Cuncta nec in sese lumina versa videt...«

Das andere ist Helenas Beschreibung der Liebe in *Midsummer Night's Dream,* I, 1, deren Inhalt immer noch mit dem der alten ›Moralisierungen‹ identisch ist, obwohl ihre Einstellung »zart traurig« und empfindsam anstatt abwertend und rationalistisch ist:

»Things base and vile, holding no quantity
Love can transpose to form and dignity.
Love looks not with the eyes, but with the mind;
And therefore is wing'd Cupid *painted* blind.
Not hath love's mind of any judgment taste:
Wings and no eyes figur unheedy haste:
And therefore is love said to be a child,
Because in choise he is so oft beguil'd...«
[Dem schlechtesten Ding an Art und an Gehalt
Leiht Liebe dennoch Ansehn und Gestalt.
Sie sieht mit dem Gemüt, nicht mit den Augen,
Und ihr Gemüt kann nie zum Urteil taugen.
Drum nennt man ja den Gott der Liebe blind.
Auch malt man ihn geflügelt und als Kind,
Weil er, von Spiel zu Spielen fortgezogen,
In seiner Wahl so häufig wird betrogen.

Deutsche Übersetzung zitiert nach der Übertragung A. W. Schlegels. A. d. Ü.]

75 Alciati, *Emblemata,* CXIII:

»*Si caecus, vittamque gerit, quid taenia caeco*
Utilis est? Ideo num minus ille videt?«

[Die deutsche Versübersetzung ist entnommen: Clarissimi Viri D. Andreae Alciati Emblematum libellus ... Parisiis. Apud Christianum Wechelum ... Anno MDXLII, reprographischer Nachdruck Darmstadt 1967, S. 217].

75a Otho Venius, Bibl. 370, S. 157. Der Stich basiert auf Ovids *»Et cum fortuna statque caditque fides« (Ex Ponto Epistolae,* II, 3, 10) und auf einer pseudo-ciceronischen Passage, die lautet: *»Non solum ipsa fortuna caeca est, sed etiam plerumque caecos efficit quos complexa est, adeo ut spernant amores veteres ac indulgent novis.«* Der begleitende *quatrain* lautet jedoch:

»*Benda gl'occhi al Amor Fortuna cieca,*
E mobile lo tien sul globo tondo,
E miracol non è s'ei cade al fondo,
Poiche l'vn cieco l'altro cieco accieca.«

75b Vgl. z. B. Achilles Bocchius (Achille Bocchi), Bibl. 37, I, SYMB. XII, S. 28f., mit dem Titel ›*Cupidini caeco puello haud credito*‹.

76 Die erste Version wird in Alciati, *Emblemata,* CLIV behandelt, die zweite, ebd., CLV. Der ursprünglich zu CLIV gehörende Holzschnitt, der in den späteren Ausgaben irrtümlich für CLV verwandt wurde, stellte offenbar die Anregung für ein verlorengegangenes Gemälde von

Matthew Bril dar, das durch einen anonymen Stich überliefert ist (Abb. bei Anton Mayer, Bibl. 212, Tf. III, unsere Abb. 104), und dessen Thema daher durch Alciatis Distichon angemessen beschrieben werden kann:

»Cur puerum, Mors, ausa dolis es carpere Amorem?
Tela tua ut iaceret, dum propria esse putat.«

Es ist ein feines Unterscheidungsmerkmal, daß im Falle des Emblems CLIV, das angeblich bei Gelegenheit einer großen Pest erdacht wurde, die Verwechslung zufällig geschieht, während im Falle des Emblems CLV, das den Tod eines bestimmten schönen Mädchens beklagt, der Tod die Auswechselung aus böser Absicht herbeiführt. Nach Claude Mignault wurde das Motiv als solches einem Gedicht von ›Johannes Marius Belga‹ entlehnt, das mit dem bei J. Stecher, Bibl. 190, Bd. III, 1885, S. 39ff., abgedruckten identifiziert werden kann. Jedoch ist dieses Gedicht, das erste von *Trois contes intitulez de Cupido et Atropos,* wiederum von einem italienischen Original von Seraphin Ciminelli dal-l'Aquila übersetzt, und in beiden Gedichten geschieht der Austausch der Pfeile, als Amor und der Tod in einer Taverne zuviel getrunken haben. Der ganze Fall veranschaulicht das komplizierte Wechselspiel zwischen nördlichen und italienischen, mittelalterlichen und klassischen Vorstellungen in Kunst und Literatur der Renaissance.

76a Vgl. z. B. Natalis Comes, Bibl. 67, mit einer langwierigen Erörterung von ›rechter‹ und ›falscher‹ Liebe, von denen eine blind, die andere klarsichtig ist; Giuseppe Betussi, *Il Raverta,* abgedruckt bei G. Zonta, Bibl. 413, S. 31; oder Leo Hebraeus, *Dialoghi d'amore,* Bibl. 192, S. 136, im besten ›mythographischen‹ Stile moralisierend.

77 Mario Equicola, II, 4, Bibl. 84, fol. 67: *»De cecità nulla montione si fa, et il proverbio è ›amore nasce del vedere‹. Platone, Allessandro, Aphrodiseo et Propertio, quali distintamente della pittura di Amore parlano, velo non gli danno, nè cieco il fanno. Se Vergilio et Catullo cieco amor nominano, intendono latente et occulto. Se Platone nelle leggi afferma l'amante circa la cosa amate inciecarsi, è che li amanti giudicano bello quello gli piace.«* (Vgl. auch V. Cartari, Bibl. 56, S. 246.)

78 Die Beispiele sind sehr zahlreich. Es soll genügen, eine Correggio zugeschriebene Zeichnung zu nennen, Abb. bei A. Venturi, Bibl. 372, Tf. 175; ferner Achilles Bocchius, Bibl. 37, III, SYMB. LXXV, S. 110; Cartari, Bibl. 56, S. 250 (um so interessanter, da der ebd. S. 247 über Menschen triumphierende Amor blind ist). Das Thema ist klassisch, ein hübsches Beispiel findet man in Bibl. 151, Tf. 709.

79 Die Bestrafung Amors ist ein Lieblingsmotiv der hellenistischen Kunst und Literatur. Vgl. O. Jahn, Bibl. 152, S. 153ff. (zu den Epigrammen siehe *Antholog. Graeca,* Bibl. 10, Bd. V, S. 272ff., Nrn. 195–199). Aber hier wird die Bestrafung als Rache ausgeführt, das heißt, durch diejenigen, die unter der Liebe zu leiden gehabt haben, z. B durch Psyche, durch den Künstler, der das Bild des gefesselten Amor geschaffen hatte (das ist natürlich ein Scherz der Epigrammatiker), oder durch rachsüchtige Heroinen, wie es bei Ausonius' Gedicht *Amor cruciatus* der Fall ist. (Vgl. A. Warburg, Bibl. 387, Bd. I, SS. 183–359). Der gefesselte Amor wurde anscheinend nicht eher ein Symbol der Keuschheit, als Petrarca dieses Motiv in seinem *Triumphus Pudicitiae* (Vers 94ff.) verwandte. Es ist zu bemerken, daß auch Ausonius' Gedicht, das im Quattrocento häufig illustriert wurde (vgl. A. Warburg, a. a. O.), von Boccaccio folgendermaßen interpretiert worden ist (*Genealogia Deorum,* IX, 4): *»Eum* (i. e. Cupidinem) *cruci affixum si sapimus, documentum est quod quidem sequimur, quotiens animo in vires revocato laudabili exercitio mollitiem superamus nostram et apertis oculis perspectamus quo trahebamur ignavia.«*

79a Vgl. E. Panofsky, Bibl. 242, Renaissance- und Barockdarstellungen von Anteros im unverfälschten antiken Sinn, d. h. als Verkörperung der ›Gegenseitigen Liebe‹, sind zum Beispiel bei V. Cartari, Bibl. 56, S. 242, zu finden; in Annibale Carraccis Eckbildern in der Galleria Farnese, Bibl. 242, Abb. 2; und in Otho van Veens *Amorum Emblemata,* Bibl. 370, S. 11 (vgl. auch S. 9, 15 und 17). Als Verkörperung der Tugend, die die sinnliche Liebe überwindet, erscheint er auf Guido Renis Gemälde in Pisa (Bibl. 242, Abb. 4 und 5) und auf den Holzschnitten, die Alciatis Emblem CX illustrieren; zu diesen siehe S. 122, Anm. 73 und Abb. 100. Der wirkliche

Zweikampf zwischen Eros und Anteros (Typ *Psychomachia*), mit einem Eros mit verbundenen Augen, ist auf einem Fresko im Palazzo Zuccari in Rom (W. Körte, Bibl. 171, S. 24f. und Tf. 27, 18A) und auf verschiedenen Barockgemälden zu sehen (z. B. Giov. Baglione, Abb. bei H. Voss, Bibl. 384, S. 127). In der Kunst der Antike wurde die Rivalität zwischen Eros und Anteros, wie es scheint, nicht nur als Ringkampf (Bibl. 242, Abb. 1) oder Fackelwettlauf, sondern auch auf andere Weise wiedergegeben, wie zum Beispiel: zwei Amoretten beaufsichtigen einen Hahnenkampf (z. B. die rotfigurige Pyxis, Abb. bei C. E. Morgan, Bibl. 224a; ein Sarkophag im Louvre, unsere Abb. 98; ein Phaeton-Sarkophag, C. Robert, Bibl. 287, Bd. III, 3, Tf. CXV, Abb. 350b); zwei Amoretten spielen das *astragaloi*-Spiel (z. B. C. Robert, ebd., Abb. 350a); zwei Amoretten beim Angelwettstreit (z. B. *Museo Borbonico,* XI, 1835, Tf. LVI, verzeichnet von W. Helbig, Bibl. 140, Nr. 820, unsere Abb. 97). Ein jüngst entdecktes Mosaik aus Antiochien (R. Stillwell, Bibl. 326a, Tf. 48, Nr. 64, S. 189, unsere Abb. 99) zeigt eine ganze Sammlung dieser Motive, die mit anderen in rein dekorativer Weise verbunden sind: zwei Amoretten überwachen einen Hahnenkampf, ein Amor (der eine Kombination der zwei bei *Helbig,* Nr. 820, abgebildeten ist) angelt, ein stehender Amor, ein schlafender Amor und ein alter Mann, der einen Amor in einen Vogelkäfig steckt, der schon einen weiteren enthält, eine ziemlich getreue Kopie von *Helbig,* Nr. 825 (Abb. bei P. Herrmann, Bibl. 144, Tf. 199, und Daremberg-Saglio, Bibl. 70, Bd. I, 2, S. 1608). Zu dem berühmten pompejanischen Fresko, das als Bestrafung Amors bekannt ist, siehe S. 166.

80 G. B. Fulgosus, Bibl. 108 (vgl. M. Equicola, I, 12, Bibl. 84, fol. 26ff.). Eine französische Übersetzung (Paris 1581) trägt den Titel *Contramours.* Zu Petrus Hoedus, der in seinen *Anterici* (Bibl. 131) Anteros mit Hippolyt und Joseph vergleicht, siehe M. Equicola, I, 15, fol. 31f.

81 Vgl. L. Strauch, Bibl. 327. Zu angelnden Amoretten in der hellenistischen Kunst siehe oben.

82 Un Père Capucin, Bibl. 257, fol. 5 v, 6. Das Bild wird außerdem durch ein Couplet erläutert:

»O sainct Amour, pesche mon coeur,
L'Amour mondain n'est qu'un mcoqueur«,

wie auch durch drei Strophen, die darauf hinauslaufen, daß die ›Irdische Liebe‹ nach den ›verweichlichtsten‹ Herzen fischt, während die ›Himmliche Liebe‹ *»choisit les nobles et mieux naiz«* (vgl. auch ebd., S. 59f., wo die *Victoire d'Amour* nach dem Vorbild des Kampfes zwischen Eros und Anteros, wie oben geschildert, dargestellt wird: die ›Himmlische Liebe‹ hat den blinden Amor besiegt, der mit seinen zerbrochenen Waffen am Boden liegt, und schüttelt einem kleinen Mädchen die Hand, das die Seele verkörpert). Die in diesem Bändchen enthaltenen Embleme sind meistenteils aus Otho van Veens (Venius oder Vaenius) *Amoris Divini Emblemata,* Bibl. 371, und aus Hermannus Hugo, *Pia Desideria,* Bibl. 150, kopiert. aber der Angelwettstreit findet sich bei keinem von beiden. Eine weitere charakteristische Publikation derselben Art ist Benedictus Hafftenius, *Schola Cordis,* Bibl. 132.

83 Achilles Bocchius, Bibl. 37, I, SYMB. XX, S. 44, mit dem Titel *Platonico Cupidini.* Weitere Amors mit verbundenen Augen, die immer ungünstige Bedeutungen haben, erscheinen bei Bocchius, ebd., I, SYMB. VII, S. 18; III, SYMB. LXX, S. 150; III, SYMB. LXXXIX.

84 Das Bild wird verzeichnet, jedoch nicht abgebildet, bei J. G. Johnson, Bibl. 156, Bd. III, 1913, Nr. 738, und bei M. I. Friedländer und J. Rosenberg, Bibl. 104, S. 68, Nr. 204 q.

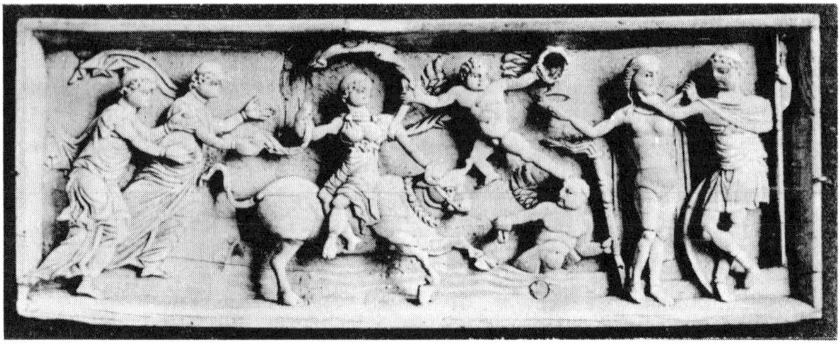

69

69 Der Raub der Europa. Byzantinisches Elfenbeinkästchen, London, Victoria and Albert Museum, etwa 1000 n. Chr.

70 Amor verfolgt die Tiere. Paris, Bibliothèque Nationale, Ms. Grec 2736, fol. 28, v., 15. Jahrhundert

71 Venus, Amor und Pan. Aus: Hrabanus Maurus, De Universo, Montecassino, 11. Jahrhundert ▷

72 Amor und Jocus, in der Luft liegend. Leyden, Universitätsbibliothek, Cod. Voss. lat. Oct. 16, fol. 40, v., 9./10. Jahrhundert ▷

70

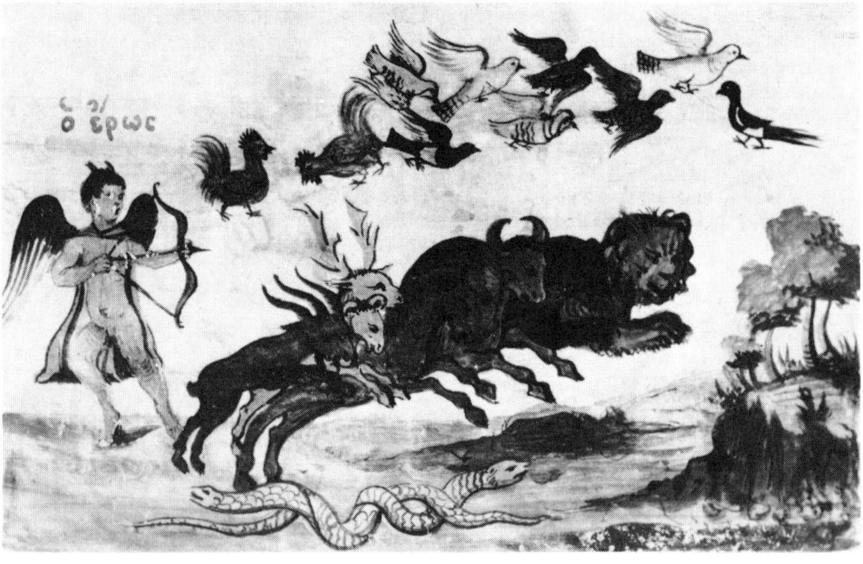

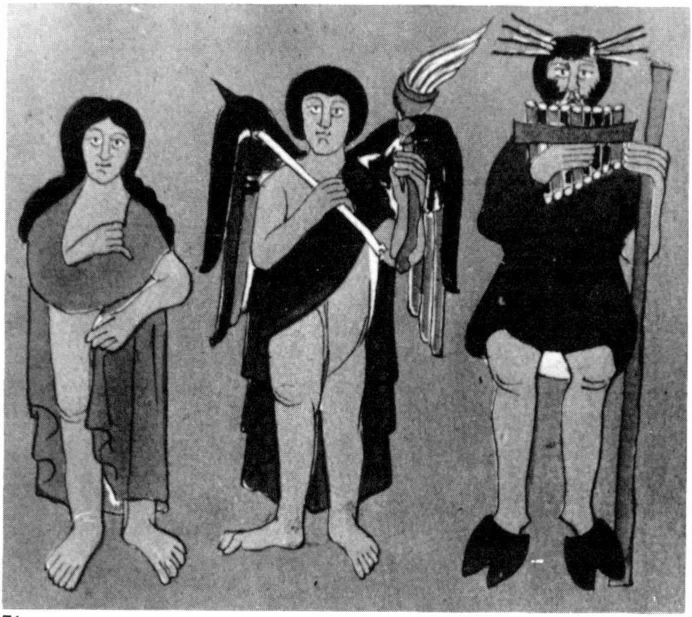

71

72

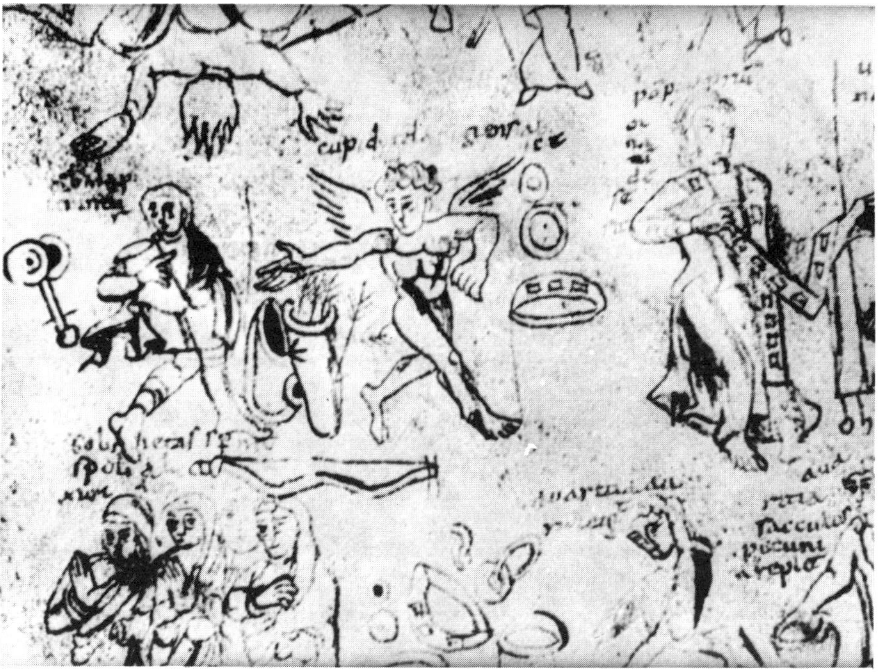

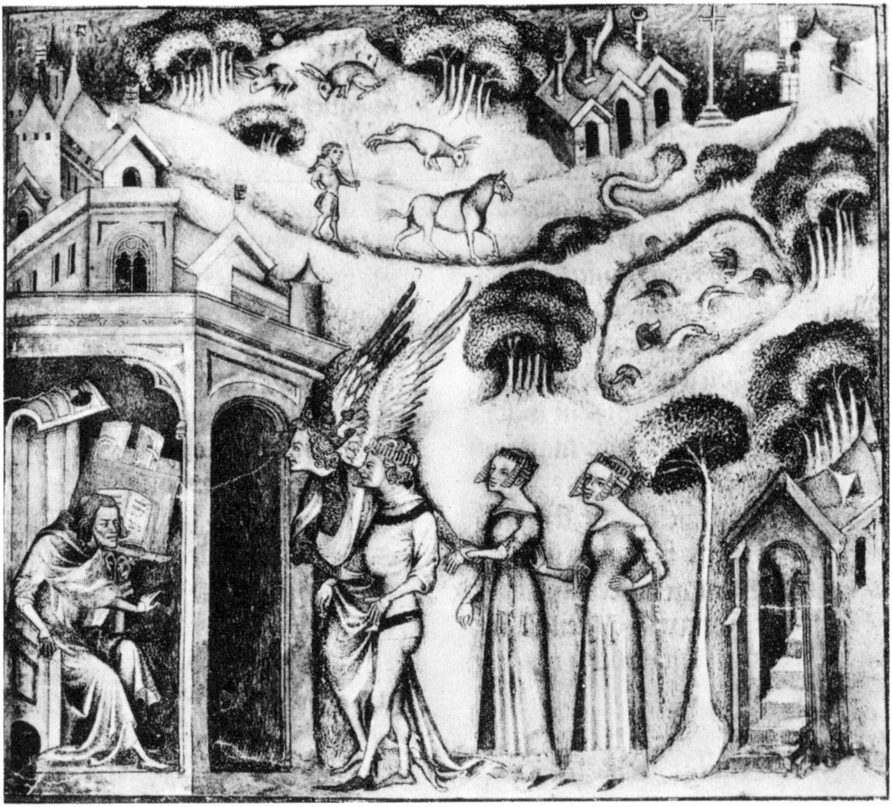

74 Amor stellt dem Dichter Guillaume de Machaut seine Kinder vor. Paris, Bibliothèque Nationale, Ms. Fr. 1584, fol. D, 14. Jahrhundert

▷

73 Amor und Liebender. Aus: ›Le Roman de la Rose‹. Wien, Nationalbibliothek, Cod. 2592, fol. 13, v., 14. Jahrhundert

75 Amor auf einem Baum. Paris, Bibliothèque Nationale, Ms. Fr. 1584, fol. 1, v., 14. Jahrhundert

76 Die blinde Nacht. Berlin, Staatsbibliothek, Cod. theol. lat. fol. 192, etwa 975 n. Chr.

78 Synagoge. München, Staatsbibliothek, Clm. 13601, fol. 94, frühes 11. Jahrhundert

79 Synagoge und Ecclesia. Verdun, Bibliothèque de la Ville, Ms. 119, 12. Jahrhundert

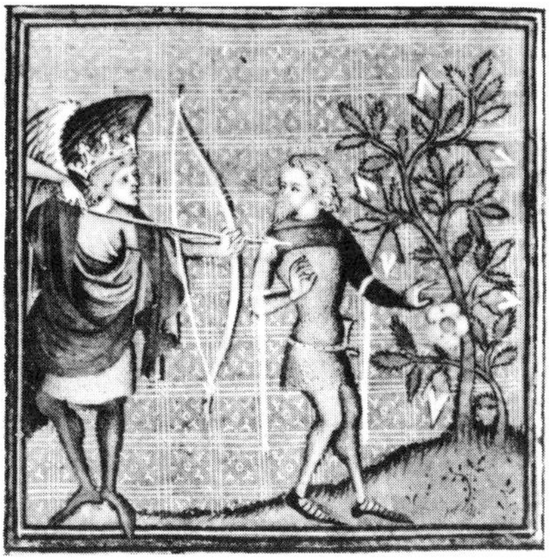

73

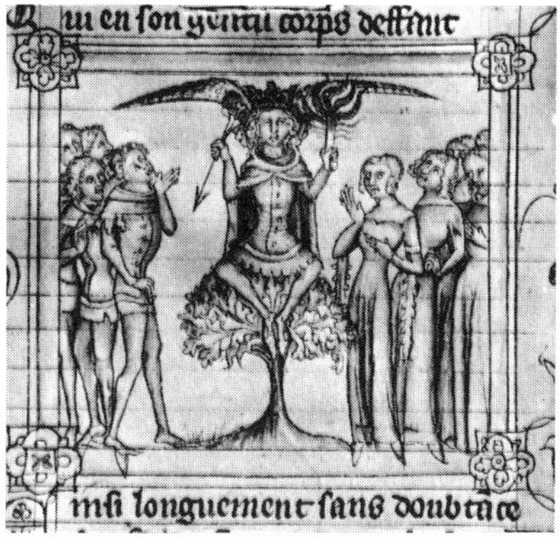

75

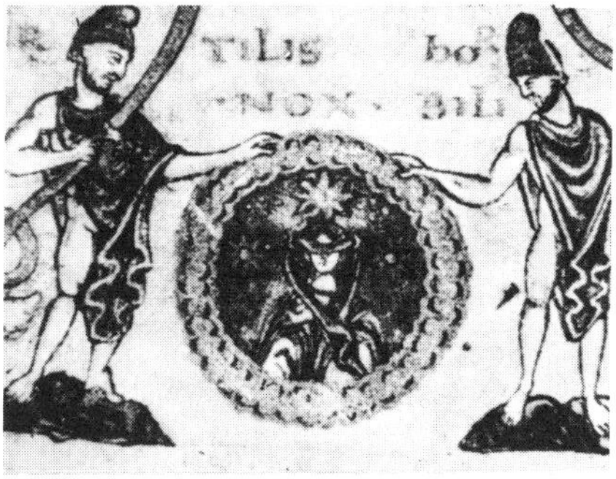

76

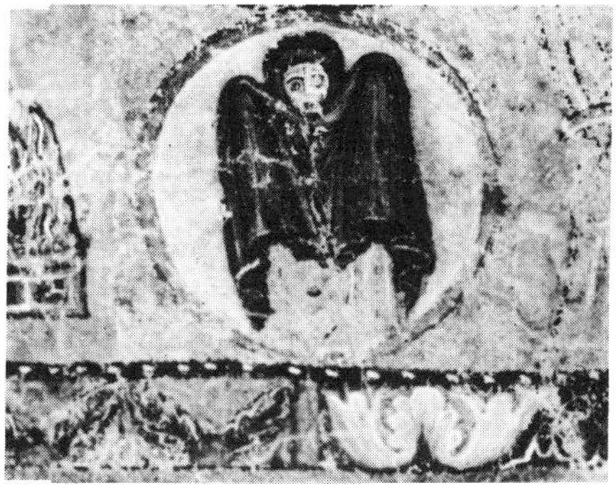

77

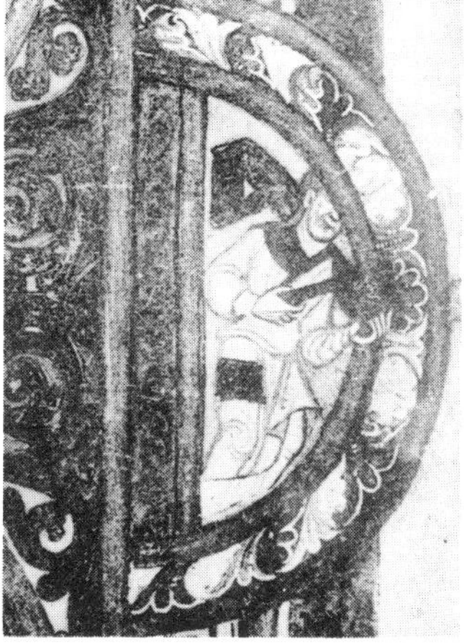

78

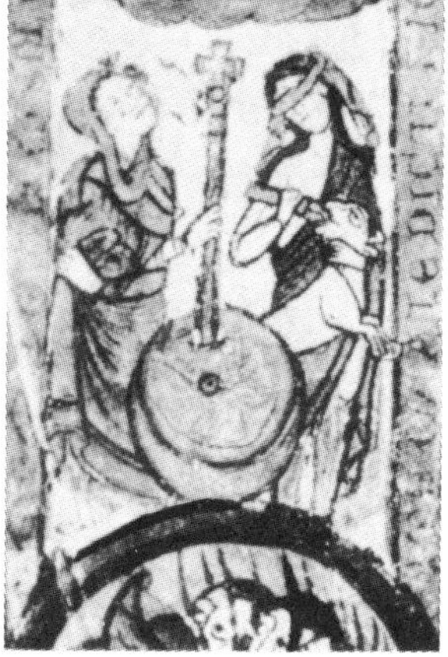

79

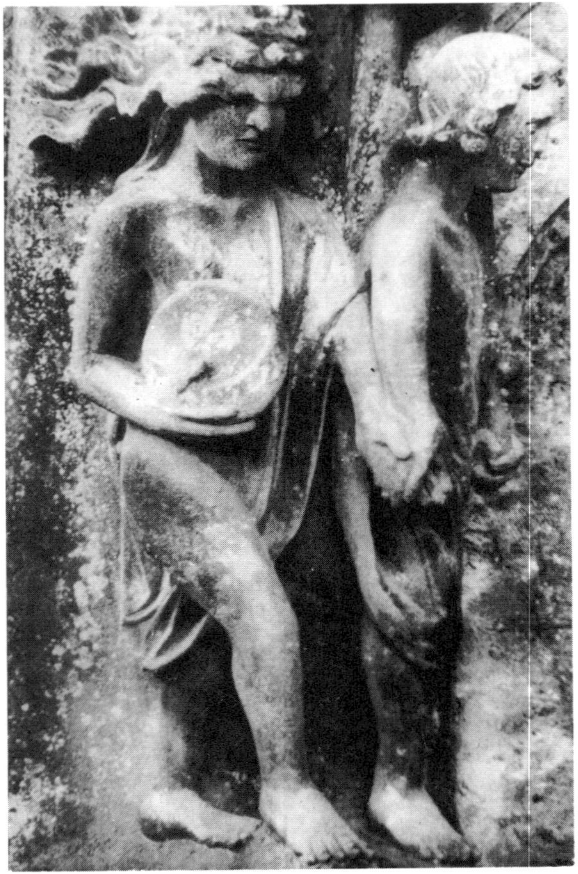

80 Die blinde Nacht, vom Tage geführt. Chartres, Kathedrale, nördliches Querschiff, etwa 1220/25

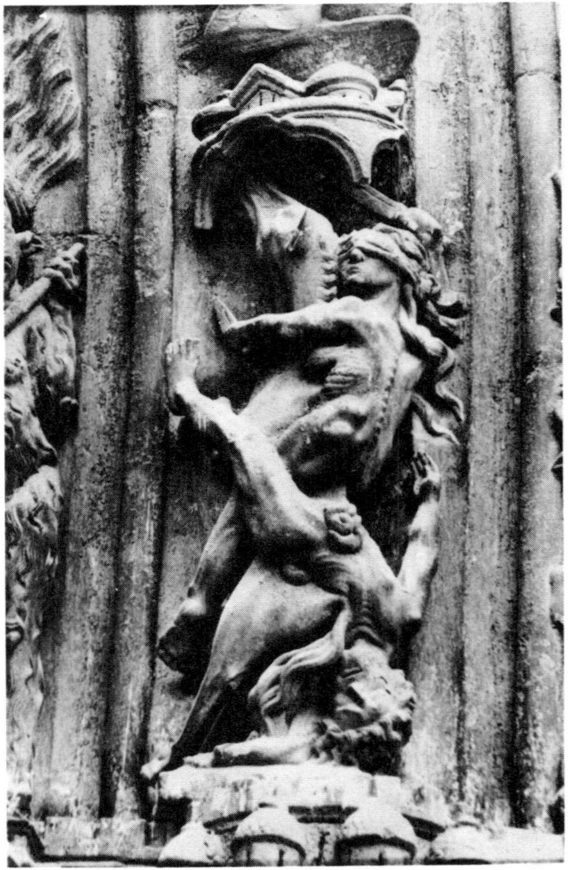

81 Der blinde Tod. Paris, Notre Dame, Westfassade, etwa 1220

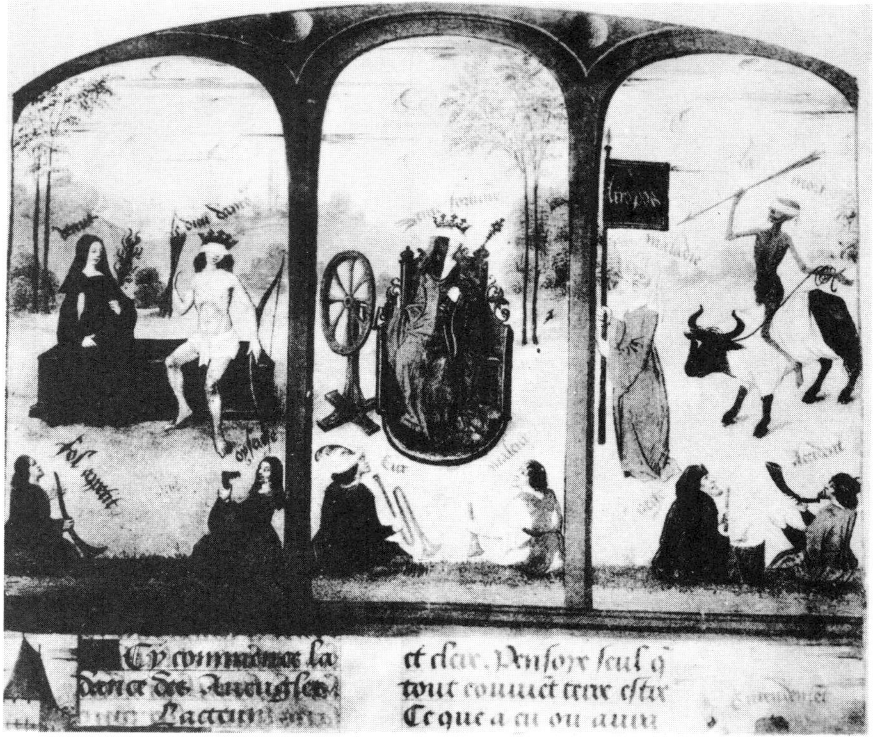

82 ›La Danse aux Aveugles‹. Genf, Bibliothèque Universitaire, Ms. 182, fol. 198, 15. Jahrhundert

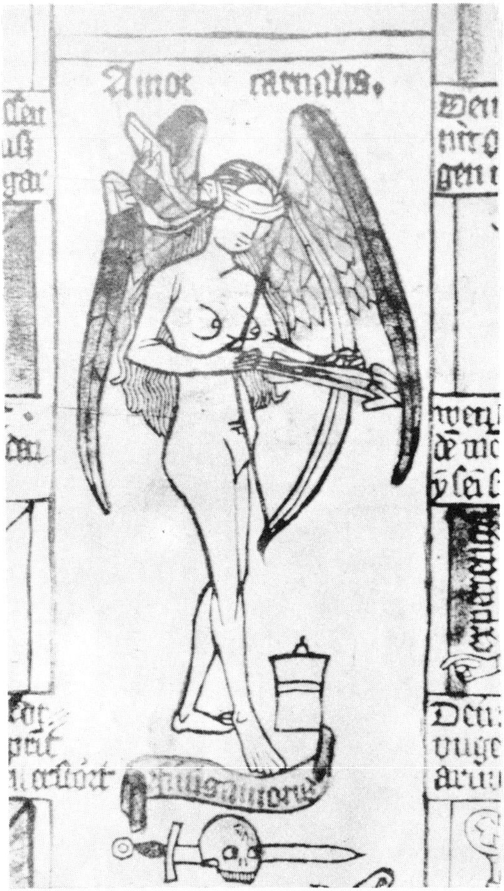

84

83 Das Laster und seine Anhänger. Aus: Thomasin von Zerclaere, Der Wälsche Gast, Zürich, Privatsammlung, um 1380

84 ›Amor Carnalis‹. Detail aus einem deutschen Holzschnitt, etwa 1475

85 Die Liebe schießt auf den närrischen und auf den weisen Menschen. Aus: Thomasin von Zerclaere, Der Wälsche Gast, Zürich, Privatsammlung, um 1380

83

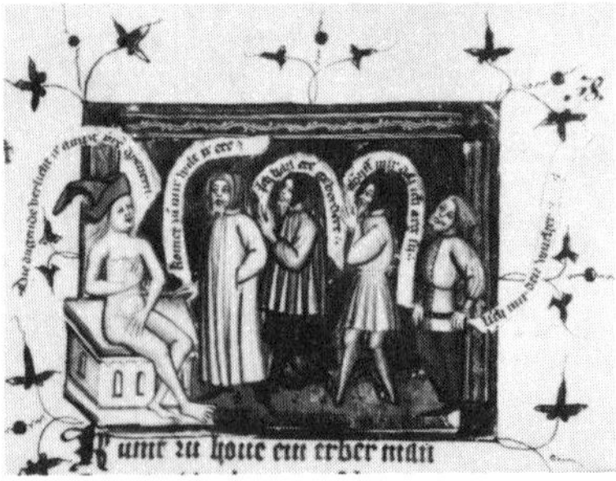

85

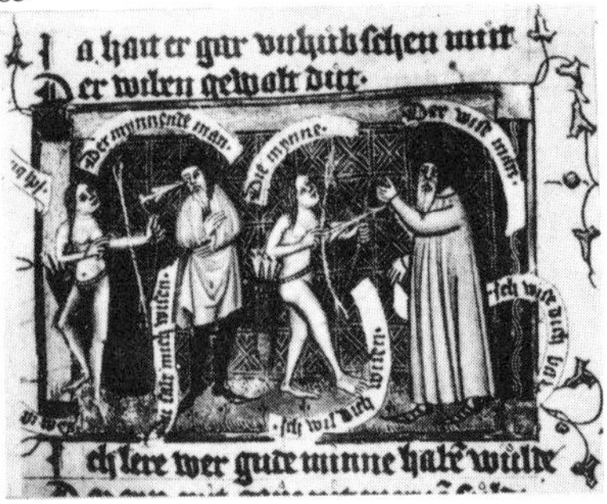

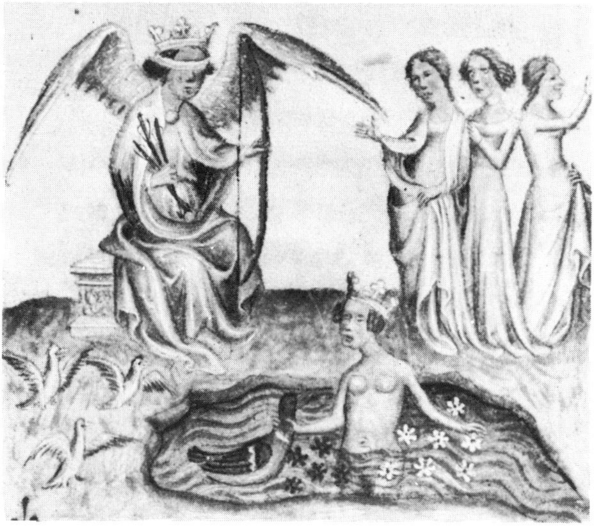

86 Der blinde Amor, Venus und die drei Grazien. Paris, Bibliothèque Nationale, Ms. Fr. 373, fol. 207, 14. Jahrhundert

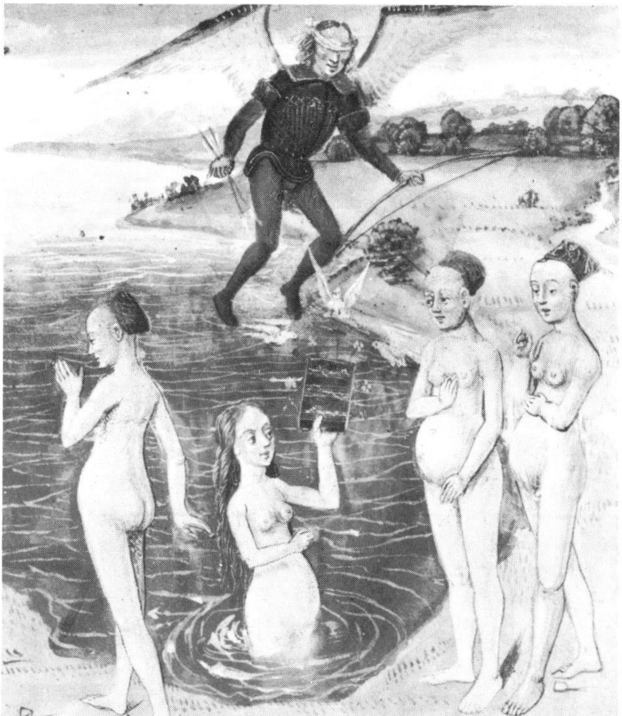

87 Der blinde Amor, Venus und die drei Grazien. Kopenhagen, Königliche Bibliothek, Ms. Thott 399, fol. 9, v., um 1480

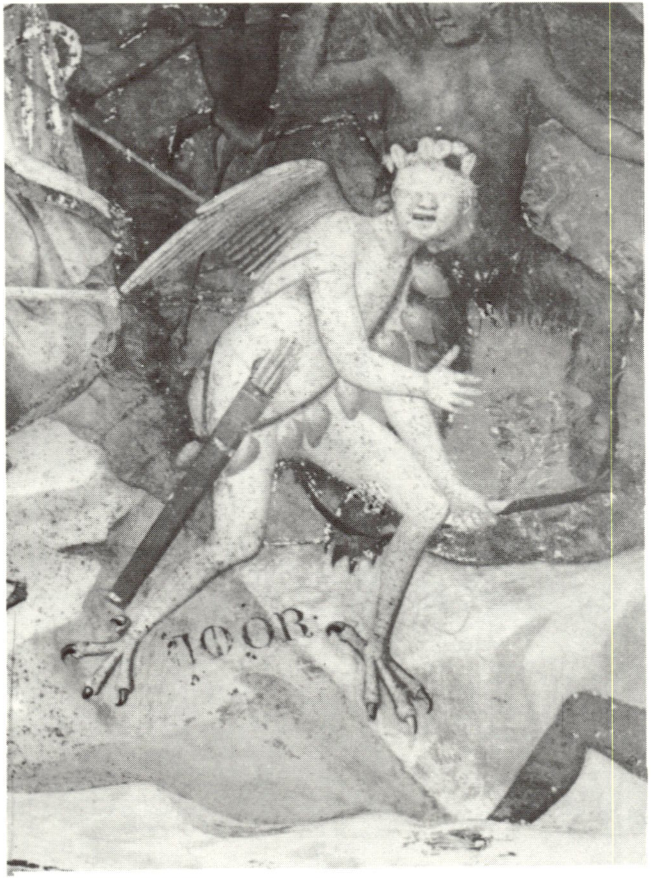

88 Der blinde Amor. Detail aus der Allegorie der Keuschheit, Assisi, S. Francesco, um 1320–25

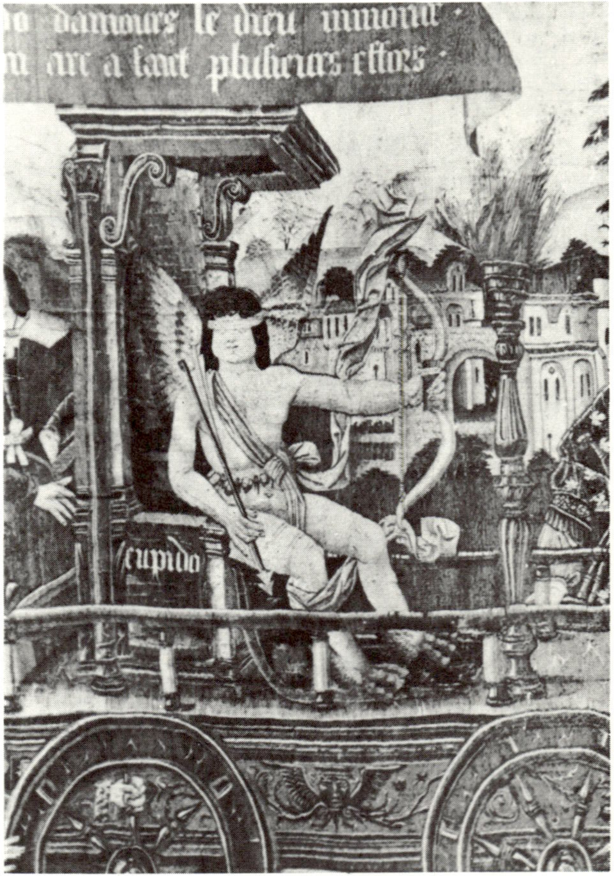

89 Der blinde Amor. Detail aus dem Triumph der Liebe, Flämischer Wandteppich, Wien, Gobelinsammlung, 16. Jahrhundert

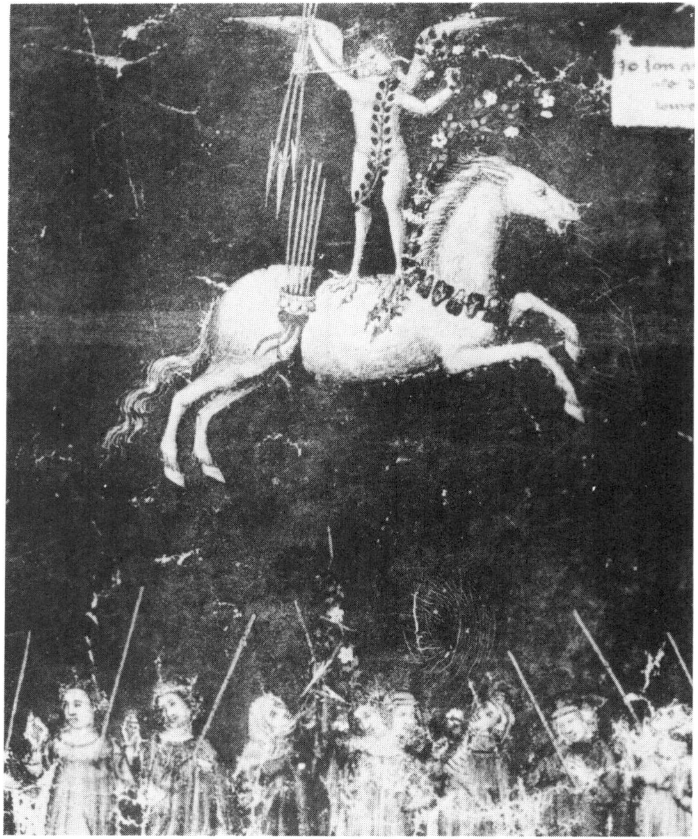

90 Francesco Barberino, Amor Divino. Rom, Vatikanische Bibliothek, Detail aus Cod. Barb. 4076 (vorm. XLVI, 18) fol. 99, v., vor 1318

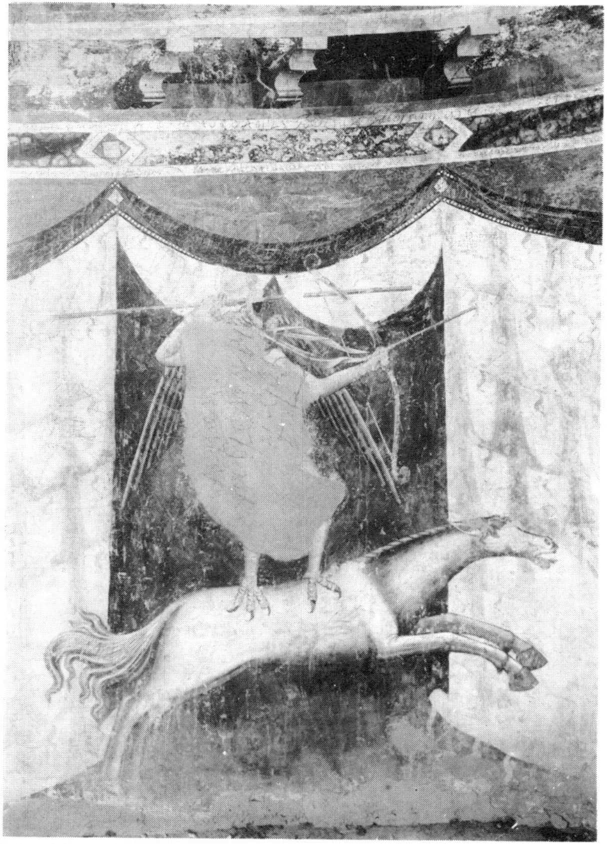

91 Allegorie der Liebe. Fresko im Schloß von Sabbionara sul Avio, um 1370

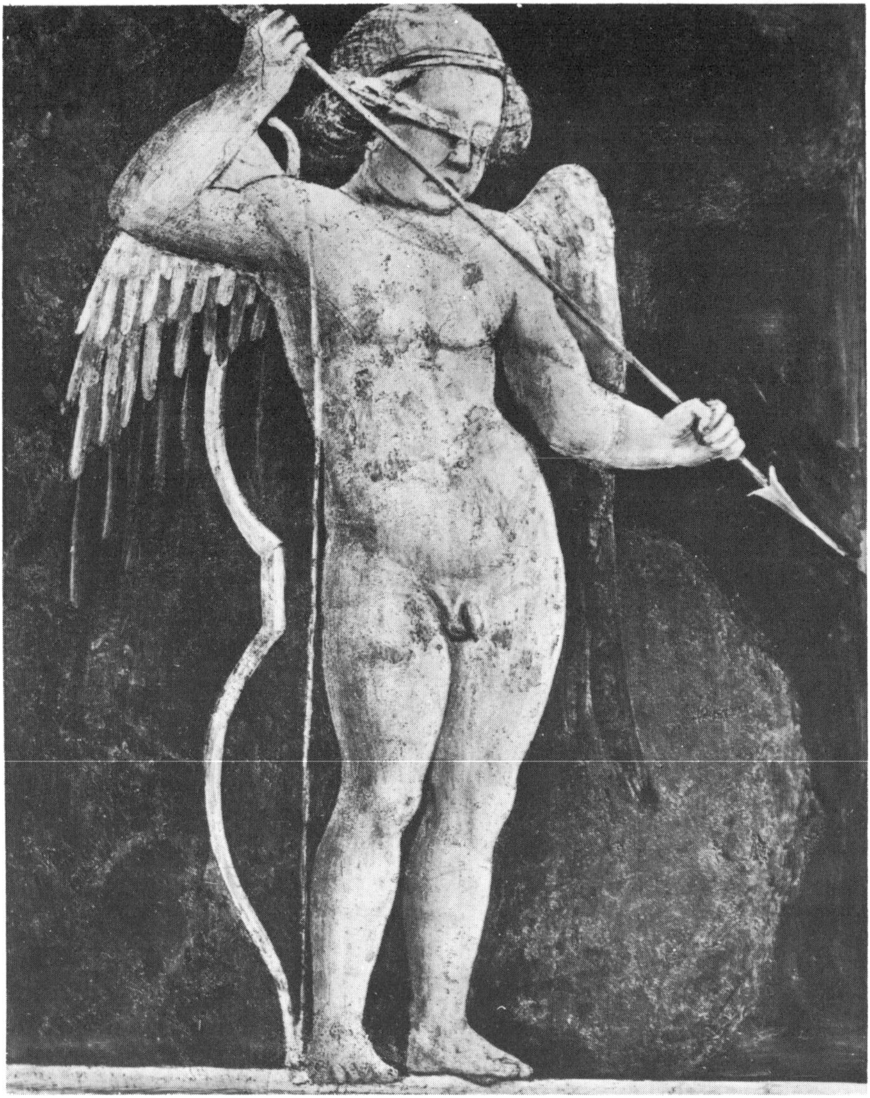

92 Piero della Francesca, Der blinde Amor, Arezzo, S. Francesco

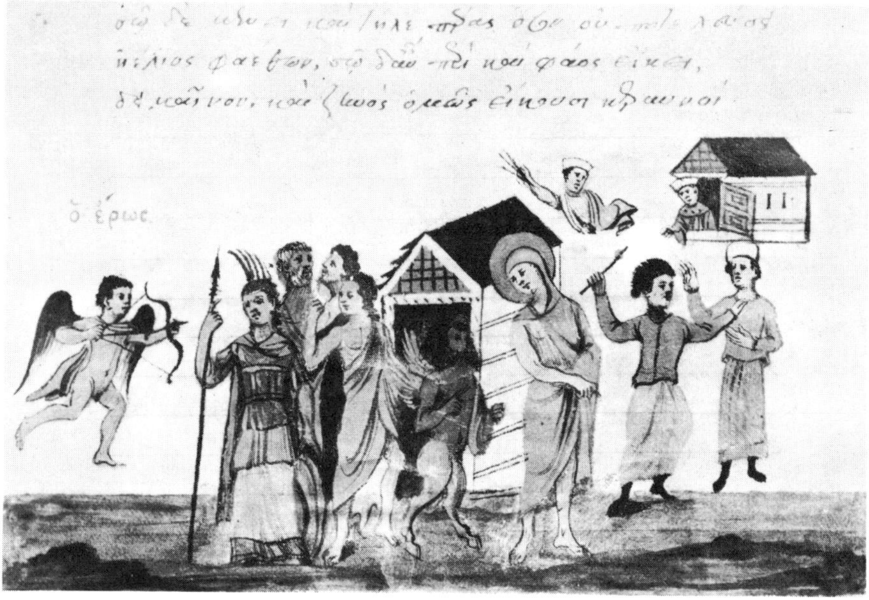

93 Amor greift die heidnischen Götter an. Paris, Bibliothèque Nationale, Ms. Grec 2736, fol. 28, 15. Jahrhundert

94 Der blinde Amor greift die heidnischen Götter an (französische Kopie von Abb. 93, 1554 datiert). Paris, Bibliothèque Nationale, Ms. Grec 2737, fol. 29, v.

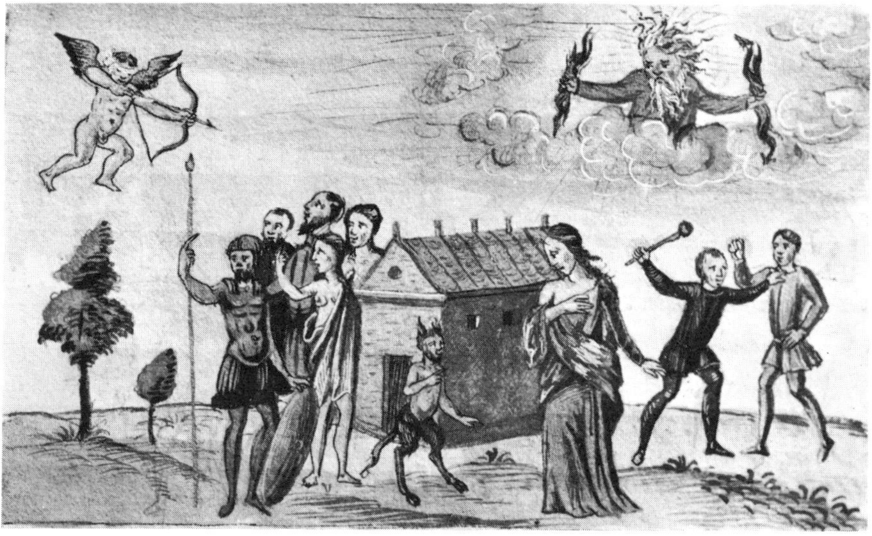

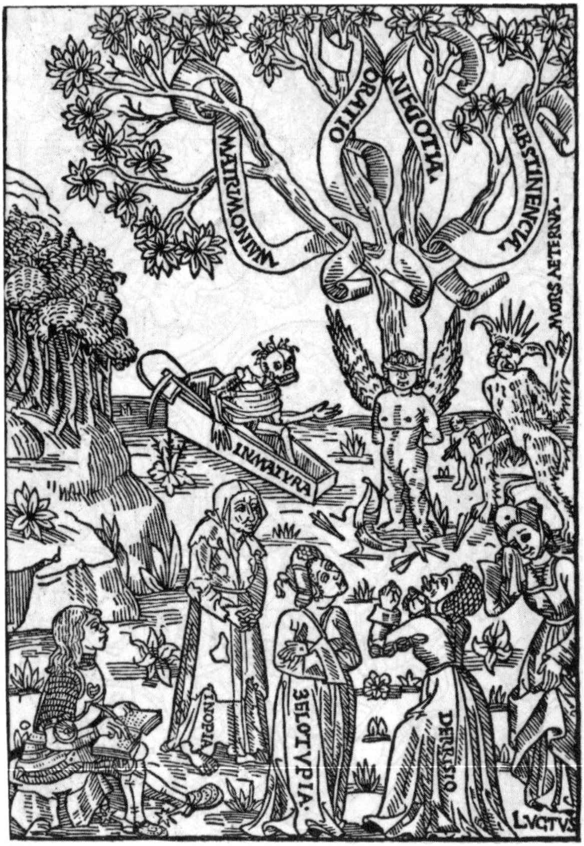

95

95 Amors Entwaffnung. Frontispiz (Holzschnitt) aus: G. B. Fulgosus, Anteros. Mailand 1496

96 Eros und Anteros. Holzschnitt aus: V. Cartari, Immagini dei Dei degl'Antichi, 1584, S. 242

97 Eros und Anteros beim Fischen. Pompejanisches Wandbild (nach: Museo Borbonico, Band XI, Tafel LVI), Neapel, Museo Nazionale

96

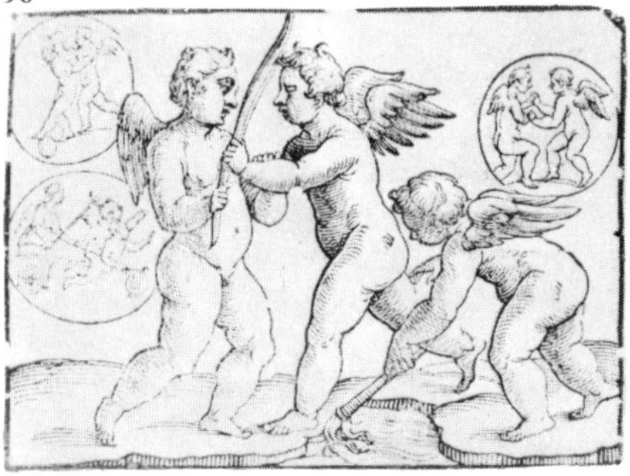

97

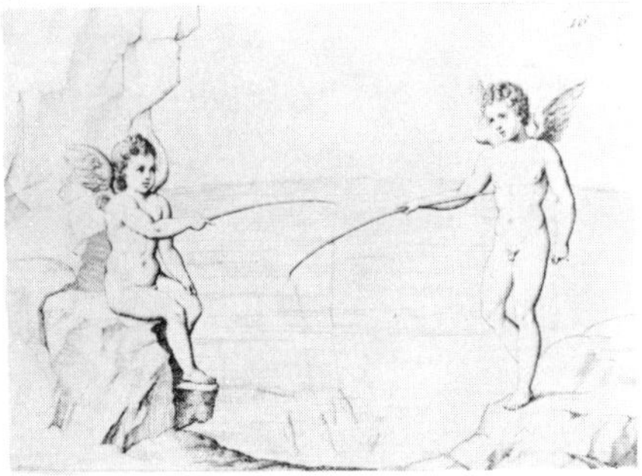

98 Eros und Anteros beaufsichtigen einen Hahnenkampf. Römischer Sarkophag. Paris, Louvre

99 Variationen über das Thema ›Amor‹. Mosaik aus Antiochia. Baltimore, Baltimore Museum of Art

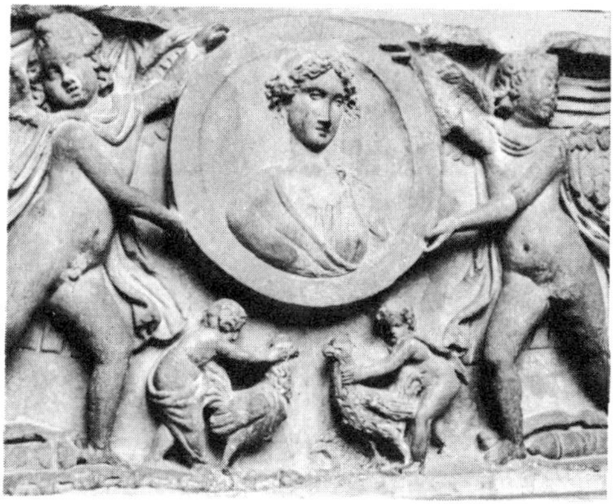

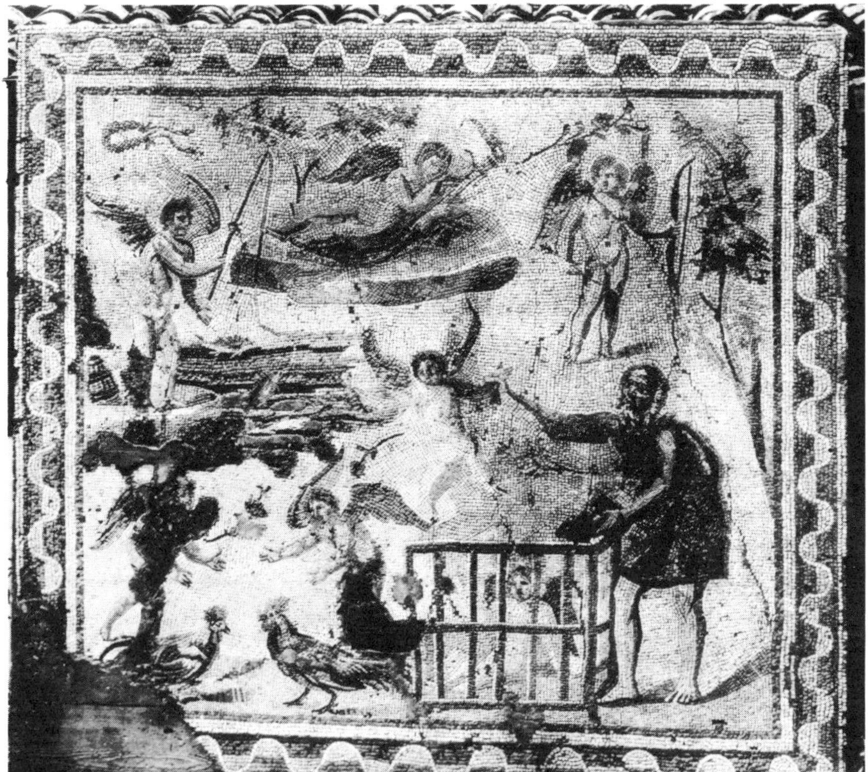

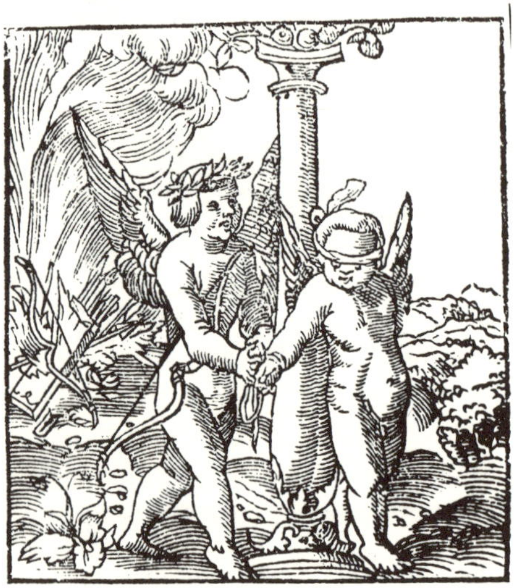

100 Eros und Anteros. Holzschnitt aus: Andrea Alciati, Emblemata. Basel (Wechel) 1534, S. 76

102 Der Tod stiehlt Amor die Waffen. Holzschnitt aus: Andrea Alciati, Emblemata. Basel (Wechel) 1534, S. 70

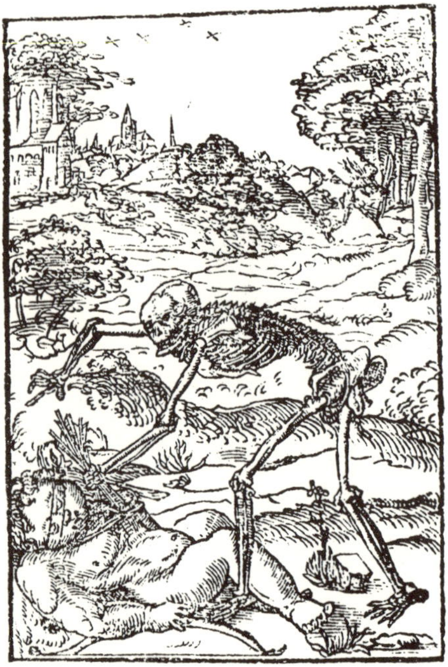

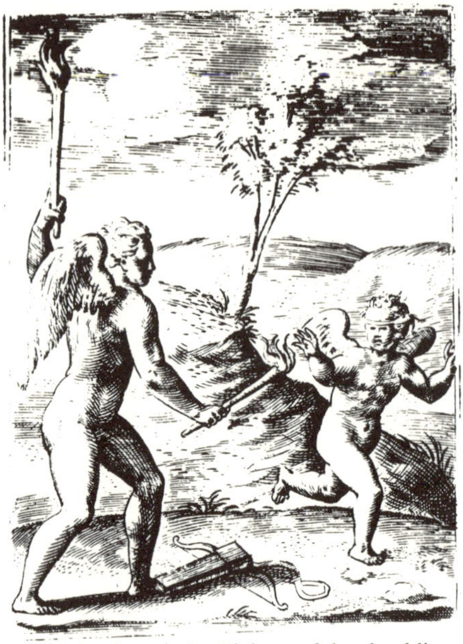

101 Die platonische Liebe verfolgt den blinden Amor. Stich aus: Achilles Bocchius, Symbol. Quaest. Libri IV. Bologna 1574, S. XLIV

103 ›Saint Amour‹ und ›Amour Mondain‹ fischen nach Herzen. Stich aus: Un Père Capucin, Les Emblèmes d'Amour divin et humain ensemble. Paris 1631, fol. 5, v.

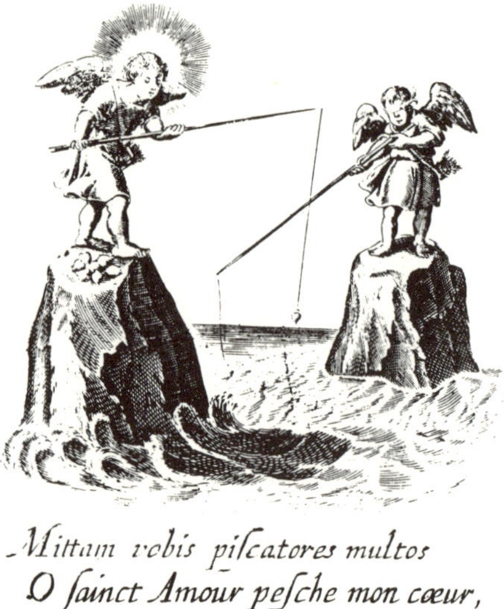

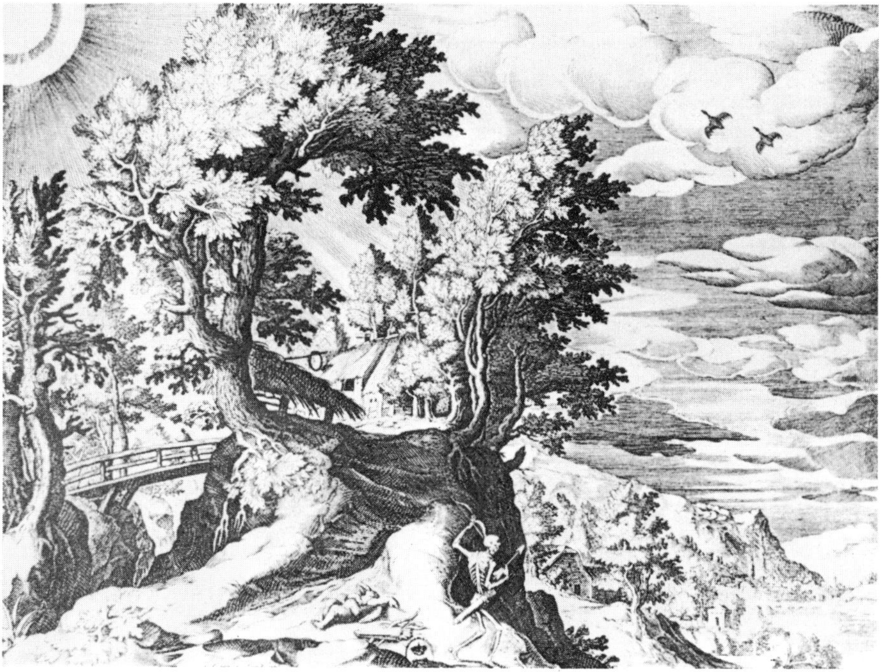

104 Der Tod stiehlt Amor die Waffen. Stich nach einem verlorenen Bild von Matthäus Bril

105 Die blinde Fortuna blendet Amor. Stich aus: Otho Venius, Les Emblèmes de l'Amour Humain. Brüssel 1667, S. 157

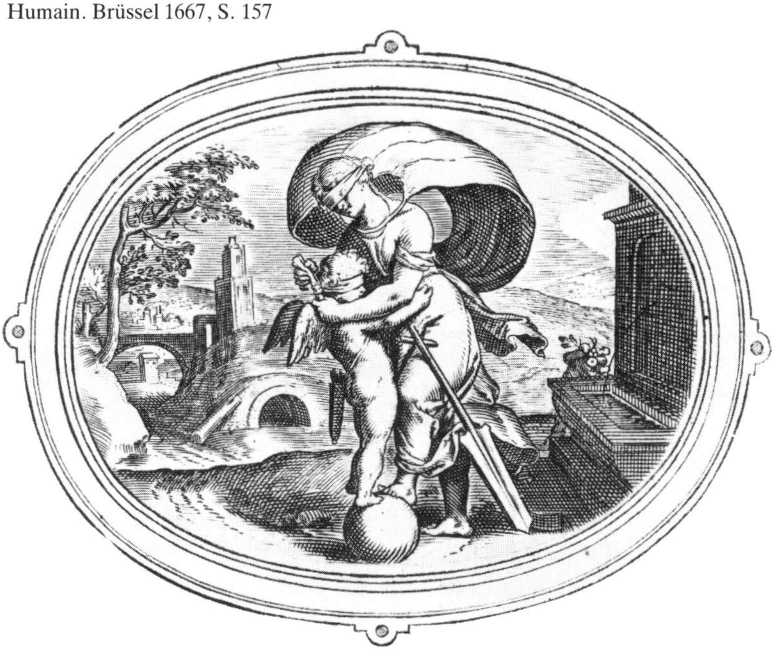

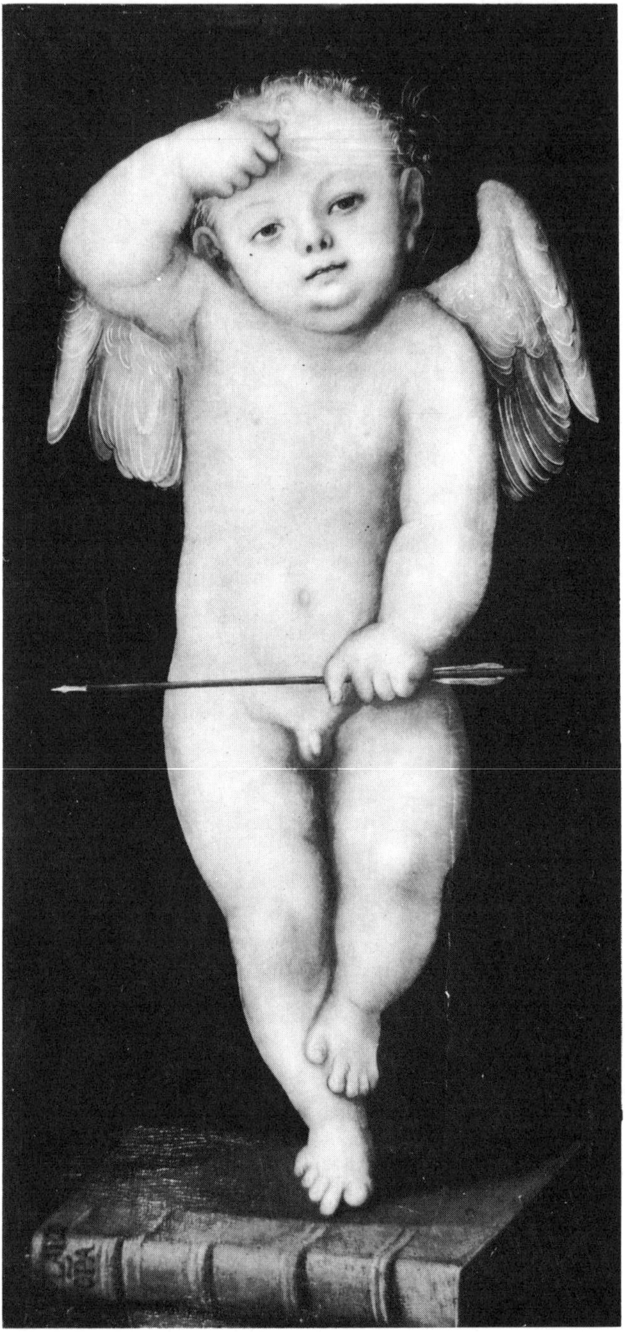

106 Lucas Cranach d. Ä., Amor nimmt sich die Augenbinde ab. Philadelphia, Pennsylvania Museum of Art

V Die neoplatonische Bewegung in Florenz und Oberitalien
(Bandinelli und Tizian)

Daß ein Maler aus der deutschen Provinz wie Lucas Cranach einen unter Berufung auf die platonischen Lehren sich selbst ›sehendmachenden‹ Amor darstellen konnte, ist ein beredter Beweis für die Popularität, die die ›platonische‹ Theorie der Liebe während des ersten Viertels des 16. Jahrhunderts erlangt hatte. Zu Cranachs Lebzeiten war diese Theorie bereits durch viele hübsche

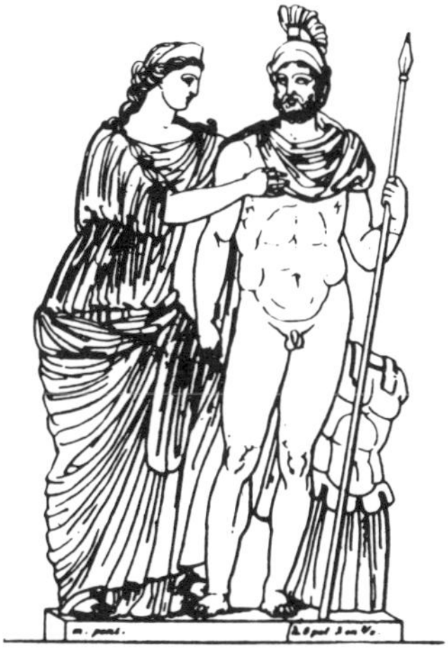

Commodus und Crispina als Mars und Venus (nach Clarac). Rom, Kapitolinisches Museum

Büchlein unters Volk gebracht worden und zum unvermeidlichen Thema modischer Unterhaltungen geworden. Ursprünglich hingegen und in unverfälschter Form war sie Teil eines philosophischen Systems gewesen, das zu den kühnsten Gedankengebäuden gezählt werden muß, die menschlicher Geist je errichtete.

Dieses System hatte seinen Ursprung in der ›Platonischen Akademie‹ von Florenz, einer auserwählten Gruppe von Männern, die miteinander verbunden waren durch gegenseitige Freundschaft, den gemeinsamen Sinn für Geselligkeit und menschliche Kultur, eine geradezu fromme Verehrung Platons und die liebevolle Bewunderung für einen gütigen, zartfühlenden kleinen Gelehrten: Marsilio Ficino (1433–1499).

Dieser ›Philosophus Platonicus, Theologus und Medicus‹, der halb ernsthaft, halb spielerisch sein Leben nach dem Platons gestaltete und dessen mäßig behagliche Villa in Careggi (ein Geschenk Cosimo de'Medicis) die Bedeutung hatte, der *Akademe redivivus* zu sein, war nicht nur die Seele, sondern auch der schöpferische Geist einer zwanglosen ›Gesellschaft‹, die eher eine Kombination aus Klub, Forschungsseminar und Sekte, als eine Akademie im heutigen Sinne war. Ihr gehörten neben vielen anderen an: Cristoforo Landino, der berühmte Kommentator Vergils, Horaz' und Dantes, Autor der bekannten *Quaestiones Camaldulenses*; Lorenzo der Prächtige; Pico della Mirandola, der den intellektuellen Horizont der *›Platonica familia‹* durch die Einführung des Studiums orientalischer Quellen erweiterte und im allgemeinen eine vergleichsweise selbständige Haltung Ficino gegenüber bewahrte; Francesco Cattani di Diacceto (auf den das Gegenteil zutrifft) und Angelo Poliziano.[1]

Die Aufgaben, die Ficino auf sich genommen hatte, waren dreierlei: erstens, mit Hilfe von Übersetzungen ins Lateinische – in Abrissen und Kommentaren – die Originaldokumente des Platonismus zugänglich zu machen, die nicht allein Platon, sondern auch die ›Platoniker‹ enthielten, nämlich Plotin und spätere Autoren wie Proclus, Porphyrius, Jamblichus, Dionysius Pseudo-Areopagita, ›Hermes Trismegistos‹ und ›Orpheus‹.[2] Zweitens, diese enorme Menge an Unterweisung zu einem logischen, lebendigen System zusammenzufassen, das tauglich wäre, dem gesamten kulturellen Erbe der Zeit, Vergil und Cicero, wie dem hl. Augustinus und Dante, der klassischen Mythologie wie der Physik, Astrologie und Medizin einen neuen Sinn zu verleihen. Drittens, dieses System mit der christlichen Religion in Einklang zu bringen.

Gewiß, Philo von Alexandrien hatte versucht, die jüdische Religion (oder vielmehr eine Mischung aus Judentum und hellenistischen Mysterienkulten)[3] einer platonischen Deutung zu unterziehen, und es war für christliche Denker ein Grundproblem gewesen, ein ständig zunehmendes Ausmaß an antiken Ideen in ihr Gedankengebäude einzubauen. Aber niemals zuvor war ein Versuch unternommen worden, die christliche Theologie, hochentwickelt wie sie war, mit einer bedeutenden heidnischen Philosophie zu verquicken, ohne die Einzigartigkeit und Vollkommenheit beider zu schmälern. Schon der Titel des stolzesten Werks

Ficinos, *Theologia Platonica,* verkündet sein Bestreben, das ›platonische‹ System in das Christentum einzugliedern sowie seinen ›vollen Einklang‹ mit diesem zu beweisen.[4]

Ficinos System[5] nimmt in etwa eine Mittelstellung zwischen der scholastischen Auffassung, der zufolge Gott sich außerhalb des endlichen Universums befindet, und den späteren pantheistischen Theorien ein, nach denen das Universum unendlich und Gott mit ihm identisch ist. Ficino dachte sich Gott ganz ähnlich so, wie Plotin das Ἕν, das unbeschreibliche Eine, verstanden hatte. Von den zwei Methoden aber, die von den armen Sterblichen angewandt werden beim Versuch, das Unbeschreibliche zu definieren – i. e. die Negation aller Aussagen (Plotin) und die Kennzeichnung in Begriffen offenbaren Widerspruchs (Cusanus' *coincidentia oppositorum*) –, wendet Ficino beide an: sein Gott ist *uniformis* und *omniformis, actus,* nicht aber *motus.* Gott erschuf die Welt, indem ›Er sich selbst dachte‹, denn in Ihm sind ›Sein, Denken und Wollen‹ dasselbe; und während Er nicht im Universum ist, das grenzenlos, aber nicht eigentlich unendlich ist, ist das Universum in Ihm: Gott ›füllt es, ohne gefüllt zu werden, Er durchdringt es, ohne durchdrungen zu werden und umschließt es, ohne umschlossen zu werden‹.[6]

Dieses Universum, so eigenartig vom Höchsten Wesen unterschieden, doch nicht geschieden, entfaltet sich in vier Rangordnungen von stufenweise abnehmender Vollkommenheit: 1) der Weltgeist (griechisch:Νους, lateinisch: *mens mundana, intellectus divinus sive angelicus*), der ein rein intelligibler und überhimmlischer Bereich ist; wie Gott ist er unverweslich und unveränderlich, aber im Gegensatz zu Ihm ist er vielgestaltig, indem er die Ideen und Intelligenzen (Engel) enthält, die die Urbilder alles dessen sind, was in den tieferen Bereichen existiert; 2) die Weltseele (griechisch: Ψυχή, lateinisch: *anima mundana*), die noch unverweslich, aber nicht mehr unveränderlich ist; sie bewegt sich mit selbstverursachter Bewegung (*per se mobilis*) und ist kein Bereich reiner Formen mehr, sondern ein Bereich reiner Ursachen; sie ist daher identisch mit der himmlischen oder translunaren Welt, die in die bekannten neun Sphären oder Himmel unterteilt ist: den Feuerhimmel, die Sphäre der Fixsterne und die sieben Sphären der Planeten; 3) das Reich der Natur, das heißt: die sublunare oder irdische Welt, die verweslich ist, weil sie aus Form und Materie zusammengesetzt ist und sich deshalb auflösen kann, wenn sich diese Komponenten trennen; sie bewegt sich nicht *per se,* sondern durch und mit der himmlischen Welt, mit der sie durch ein ziemlich vage gekennzeichnetes Medium verbunden ist, das *spiritus mundanus,* auch *nodus* oder *vinculum* genannt wird; 4) das Reich der Materie, die formlos und leblos ist; sie ist mit Gestalt, Bewegung und sogar Existenz nur insofern ausgestattet, als sie aufhört, sie selbst zu sein, und mit der Form eine Einheit eingeht, um so am Reich der Natur mitzuwirken.

Dieses ganze Universum ist ein *divinum animal*; es wird belebt und seine verschiedenen Rangordungen werden miteinander verbunden durch eine ›göttliche Einwirkung, die von Gott ausströmt, die Himmel durchdringt, durch die Elemente herabsteigt und in der Materie endet‹.[7] Ein ununterbrochener Strom übernatürlicher Energie fließt von oben nach unten und kehrt von unten nach oben zurück, auf diese Weise einen *circuitus spiritualis* bildend, um Ficinos Lieblingsausdruck zu gebrauchen.[8] Der Weltgeist beschaut und liebt Gott beständig, während er zur selben Zeit der Weltseele unter ihm zugetan ist. Die Weltseele wiederum setzt die statischen Ideen und Intelligenzen, die im Weltgeist enthalten sind, in dynamische Ursachen um, die die sublunare Welt bewegen und befruchten, und regt somit die Natur dazu an, sichtbare Dinge hervorzubringen – wobei die Beziehung des Weltgeistes zu Gott auf der einen Seite und zur Weltseele auf der anderen der Beziehung Saturns zu seinem Vater Uranus und zu seinem Sohn Jupiter vergleichbar ist.[9]

Bei all ihrer Vergänglichkeit hat die sublunare Welt teil am ewigen Leben und an der Schönheit Gottes, die ihr durch die ›göttliche Einwirkung‹ mitgeteilt werden. Aber auf ihrem Wege durch den himmlischen Bereich ist die ›Herrlichkeit der göttlichen Güte‹, wie die Schönheit von den Neoplatonikern difiniert wird[10], in so viele Strahlen zerteilt worden, wie es Sphären oder Himmel gibt. Daher gibt es keine vollkommene Schönheit auf Erden. Jeder Mensch, jedes Tier, jede Pflanze und jedes Mineral wird ›beeinflußt‹ (daher kommt dieser jetzt triviale Ausdruck, der ursprünglich ein kosmologischer Begriff ist) durch einen oder mehrere Himmelskörper. Der Einfluß des Mars ist es, der einen Wolf von einem Löwen unterscheidet (denn der letztere ist ein der Sonne unterstehendes Tier); die aufgespeicherte Einwirkung von Sonne und Jupiter ist es, die für die medizinischen Eigenschaften der grünen Minze verantwortlich ist. Jedes Naturobjekt oder -phänomen ist gleichsam mit himmlischer Energie geladen.[11]

Das neoplatonische Universum hat keinen Raum für so etwas wie die Hölle. Pico nennt das Reich der Materie *Il mondo sotterraneo*;[12] aber selbst die Materie in ihrer völlig negativen Beschaffenheit[13] kann nicht als Übel betrachtet werden, um so weniger, als ohne Materie die Natur nicht existieren könnte.[14] Doch aufgrund dieses negativen Charakters kann die Materie, ja muß sie Böses verursachen[15], denn ihr ›Nichtssein‹ wirkt als passiver Widerstand gegen das *summum bonum:* die Materie hat die Neigung, gestaltlos zu bleiben, und wirft leicht die Formen von sich, die ihr aufgezwungen worden sind.[16] Das erklärt die Unvollkommenheit der sublunaren Welt: himmlische Formen sind nicht nur unverweslich, sondern auch ›rein, vollkommen, wirkend, leidenschaftslos und friedlich‹; die sublunaren Dinge, durch die Materie verunreinigt, wie sie sind, sind nicht nur vergänglich, sondern auch ›krüppelhaft, wirkungslos, unzähligen Leidenschaften unterworfen und, wenn sie aktiv sind, dazu gezwungen, einander bis zum Untergang zu bekämpfen‹.[17]

Das Reich der Natur, als Bekundung der ›göttlichen Einwirkung‹ so voller Kraft und Schönheit, wenn man es gegen die Gestalt- und Leblosigkeit der baren Materie hält, ist also zur selben Zeit ein Ort nicht endenden Kämpfens, der Widerwärtigkeit und Trübsal, wenn man es mit der himmlischen, ganz zu schweigen der überhimmlischen Welt vergleicht. Für einen Florentiner Neoplatoniker ist es nicht unvereinbar, sondern unvermeidlich, sich über die ›Gegenwart des Geistigen im Stofflichen‹ zu begeistern[18] und doch über die irdische Welt als ein ›Gefängnis‹ zu klagen, in dem die reinen Formen und Ideen ›erstickt‹, ›übertönt‹, ›verwirrt und gestört‹ und ›bis zur Unkenntlichkeit entstellt‹ werden. Als Spiegelung des *splendor divinae bonitatis* hat das Leben auf Erden teil an der glückseligen Reinheit eines überhimmlischen Reichs – aber als eine Daseinsform, die unauflöslich an die Materie gefesselt ist, teilt es mit ihr die Düsterkeit und das Leid dessen, was die Griechen Hades oder Tartaros nannten, wobei der zweite Name wahrscheinlich vom Griechischen ταράττειυ abgeleitet ist, was ›stören, verwirren‹ bedeutet.[19]

Metaphern wie diese werden meistens auf jene reine Form oder Idee angewandt, die selbst während ihrer stofflichen Inkarnation sich ihrer überhimmli-

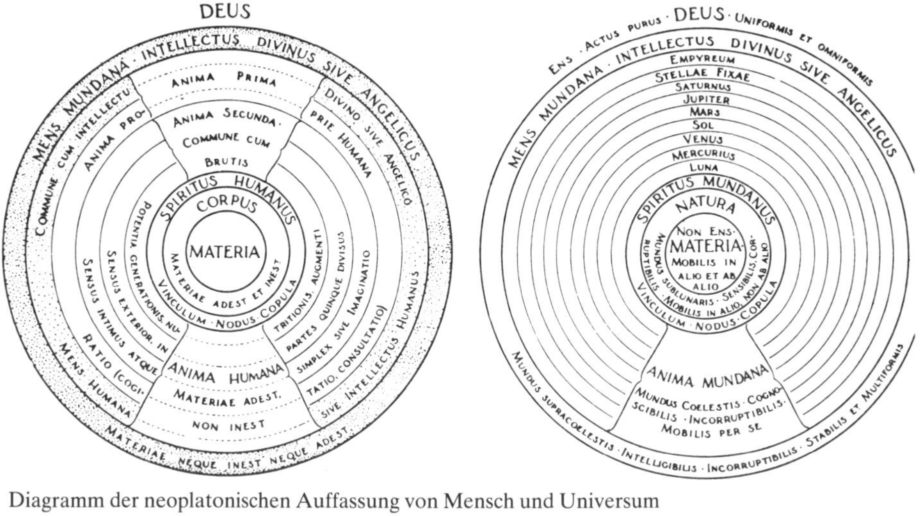

Diagramm der neoplatonischen Auffassung von Mensch und Universum

schen Herkunft bewußt bleibt: die menschliche Seele in ihrem Verhältnis zum Leib, in dem sie wie *apud inferos* lebt.

Ficino und seine Nachfolger teilten den uralten Glauben an eine strukturelle Analogie zwischen Makrokosmos und Mikrokosmos. Aber sie interpretierten diese Analogie auf ganz eigene Weise, die ich mit Hilfe eines Diagramms etwas deutlicher zu machen versuchen möchte.[20] Wie das Universum aus der materiellen Welt (Natur) und dem immateriellen Reich jenseits der Bahn des Mondes besteht, so ist der Mensch aus Leib und Seele zusammengesetzt, wobei der Leib eine der Materie inhärente Form, die Seele aber nur eine ihr adhärente Form ist. Und so wie der *spiritus mundanus* den sublunaren mit dem translunaren Bereich verbindet, so verbindet ein *spiritus humanus* den Leib mit der Seele. Die Seele nun besteht aus fünf Fähigkeiten, die unter die Rubriken *anima prima* und *anima secunda* fallen.

Die *anima secunda* oder ›niedere Seele‹ lebt in engem Kontakt zum Körper und besteht aus jenen drei Fähigkeiten, die die physiologischen Funktionen bestimmen und von diesen abhängen: die Fähigkeiten von Fortpflanzung, Ernährung und Wachstum *(potentia generationis, nutritionis, augmenti);* die äußere Wahrnehmung, d. h. die fünf Sinne, die die Signale der Außenwelt empfangen und übermitteln *(sensus exterior, in partes quinque divisus),* und schließlich die innere Wahrnehmung oder Imagination, die diese verstreuten Signale zu stimmigen psychologischen Bildern zusammensetzt *(sensus intimus atque simplex, imaginatio).* Die niedere Seele ist daher nicht frei, sondern durch das ›Verhängnis‹ bestimmt.[21]

Die *anima prima* oder höhere Seele enthält nur zwei Fähigkeiten: die Vernunft *(ratio)* und den Geist *(mens, intellectus humanus sive angelicus).* Die Vernunft steht der niederen Seele näher: sie koordiniert die von der Imagination gelieferten Bilder nach den Regeln der Logik. Der Geist dagegen kann die Wahrheit durch direktes Beschauen der überhimmlischen Ideen erfassen. Wo die Vernunft logisch und reflexiv ist, ist der Geist intuitiv und schöpferisch. Die Vernunft wird in die Erfahrungen, Wünsche und Nöte des Leibes hineingezogen, die durch Sinne und Imagination mitgeteilt werden. Der Geist hingegen steht mit dem *intellectus divinus* in Verbindung oder hat sogar teil an ihm, wofür ein Beweis in der Tatsache zu sehen ist, daß das menschliche Denken nicht in der Lage wäre, die Begriffe Ewigkeit und Unendlichkeit zu erfassen, wenn es nicht am Wesen des Ewigen und Unendlichen teilhätte.[22]

Im Unterschied zur niederen Seele ist die Vernunft frei, das heißt: sie kann sich entweder erlauben, sich von niederen Empfindungen und Gemütserregungen davontragen zu lassen oder aber diese überwinden. Das bedeutet Kampf; und obgleich der Geist bei diesem Kampf nicht Partei ergreift, ist er doch insofern indirekt davon berührt, als er die Vernunft während des Kampfes zu erleuchten hat. Denn die Vernunft kann die Ansprüche der niederen Natur des Menschen nur dadurch überwinden, daß sie eine höhere Autorität um Erleuchtung nachsucht, und folglich ist der Geist häufig gezwungen, auf den Tumult unter sich zu blicken, anstatt zum überhimmlischen Reich über sich hinaufzuschauen, wie es seine eigentliche Aufgabe ist.

All das erklärt die einzigartige Stellung des Menschen im neoplatonischen System. Er teilt die Fähigkeiten seiner niederen Seele mit den vernunftlosen Tieren; er teilt den Geist mit dem *intellectus divinus*; und er teilt seine Vernunft mit nichts im Universum: seine Vernunft ist ausschließlich menschlich, eine Fähigkeit, die den Tieren unerreichbar ist, aber unter der reinen Intelligenz Gottes und der Engel steht und dennoch imstande ist, sich in beide Richtungen zu bewegen. Das ist der Sinn von Ficinos Definition des Menschen als »einer rationalen Seele, die am göttlichen Geist teilhat und einen Körper verwendet«[23], eine Definition, die nicht mehr und nicht weniger besagt, als daß der Mensch das »Verbindungsglied zwischen Gott und der Welt« ist[24], oder das »Zentrum des Universums«, wie Pico della Mirandola es ausdrückt:[25] »Der Mensch steigt zum höheren Reich auf, ohne die niedere Welt abzulegen, und er kann zur niederen Welt herabsteigen, ohne der höheren zu entsagen.«[26]

Diese Stellung des Menschen ist so erhaben wie problematisch. Mit seinen sinnlichen Trieben, die zwischen Unterwerfung und Auflehnung hin- und hergerissen sind, seiner Vernunft, die abwechselnd vor Fehlschlägen und Erfolgen steht, und selbst mit seinem ungefährdeten Geist, der oft von seiner eigentlichen Aufgabe abgelenkt ist, ist des Menschen »unsterbliche Seele stets unglücklich im Körper«;[27] sie »schläft, träumt, rast und leidet« in ihm[28] und ist von nie endender Sehnsucht erfüllt, die schließlich erst gestillt werden kann, wenn sie dorthin »zurückkehrt, woher sie kam«.

Dennoch: wenn die Seele des Menschen sich von ihrem Sturz erholt und sich, wenn auch düster, ihrer präexistentiellen Erfahrungen zu erinnern beginnt[29], dann kann der Geist sich von all den indirekten Störungen lösen, die normalerweise seine Aktivität behindern; dann kann der Mensch selbst während seines Erdenlebens eine diesseitige Glückseligkeit erlangen, die ihm zugleich seine Erlösung im nachfolgenden Leben garantiert.[29a] Diese weltliche Glückseligkeit ist zwiefach: der vom Geist erleuchteten Vernunft des Menschen kann die Aufgabe übertragen werden, das menschliche Leben und Geschick auf Erden zu vervollkommnen, und sein Geist kann direkt in das Reich ewiger Wahrheit und Schönheit vordringen. Im ersten Fall übt er die moralischen Tugenden, die unter dem Begriff *iustitia* zusammengefaßt sind, und zeichnet sich im tätigen Leben aus; dadurch eifert er den biblischen Gestalten Lea und Martha nach und verbindet sich kosmologisch mit Jupiter. Im zweiten Fall fügt er die theologischen Tugenden *(religio)* zu den moralischen und weiht sich einem kontemplativen Leben, wodurch er dem Beispiel Rahels und Magdalenas folgt und sich der Leitung Saturns unterwirft.

Welcher dieser beiden Möglichkeiten der Vorzug zu geben sei, darüber gab es beträchtliche Meinungsverschiedenheiten innerhalb der ›Platonischen Akademie‹. In seinem berühmten Dialog über das ›Tätige und das Kontemplative Leben‹ versucht Landino, unparteiisch zu sein. Er vergleicht *iustitia* und *religio,* die Prinzipien des Handelns und der Kontemplation, mit zwei Flügeln, die beide »die Seele zu höheren Sphären emportragen«;[30] er zitiert Vergil als Zeugen für die Auffassung, daß nicht nur fromme Weise und Gelehrte, sondern auch redliche und aufrechte Menschen der Tat würdig der Lobpreisung und Erlösung seien;[31] und schließlich versucht er, einen Kompromiß zu finden in dem Sinne, daß Martha und Maria Schwestern gewesen seien, die unter demselben Dach gewohnt hätten, und daß beide Gott wohlgefällig gewesen seien. Aber immerhin schließt er mit der Erklärung: »Wir wollen uns an Martha halten, um unseren Pflichten gegenüber der Menschheit nicht untreu zu werden, aber weit mehr wollen wir uns mit Maria verbünden, auf daß unser Geist sich an Nektar und Ambrosia laben möge«.[32]

Ficino ist sehr viel radikaler in der Parteinahme für die Sache der *vita contemplativa.* Bei ihm ist die intuitive Erfassung, nicht die rationale Umsetzung der ewigen Werte, praktisch der einzige Weg zu diesseitiger Glückseligkeit. Dieser Weg steht jedem offen, der »ernsthaft seinen Geist dem Streben nach dem Wahren, Guten und Schönen widmet«; aber vollendetes Glück erreicht man nur in jenen außerordentlichen Augenblicken, da die Kontemplation sich zur Ekstase steigert. Dann zieht sich der Geist, »mit immateriellem Auge sehend«[33], »nicht nur aus dem Körper, sondern auch aus den Sinnen und der Imagination zurück« und verwandelt sich so zu einem »Werkzeug des Göttlichen«.[34] Diese unaussprechliche Seligkeit, die die Sibyllen, die jüdischen Propheten und die christlichen Schwärmer erlebten – die bevorzugten Beispiele sind Moses und der hl. Paulus[35] – ist natürlich, was Platon als die θεία μανία oder den *furor divinus* beschreibt: der ›schöne Wahnsinn‹ des Dichters (wir wollen im Gedächtnis behalten, daß der völlig unmittelalterliche Begriff des Genies, wie er sich in diesem Ausdruck spiegelt, in Ficinos Philosophie seinen Ursprung hat); die Verzückung des Sehers; die Ekstasen des Mystikers und der Taumel des

Liebenden.[36] Von diesen vier Formen beseelter Verrücktheit jedoch ist der *furor amatorius,* ein »freiwilliger Tod«[37], um Ficinos Worte zu gebrauchen, die mächtigste und erhabenste.

Ein Denker, der Platon als einen »attisches Griechisch sprechenden Moses«[38] ansah und die Verzückungen Paulus' in einem Atem mit dem *amor Socraticus* nannte, konnte keinen wesentlichen Unterschied zwischen dem platonischen ερως und der christlichen *caritas* erblicken.[39] Als Ficino einem Freund eine Abschrift seines Kommentars zu Platons Symposium und eine Abschrift seiner Abhandlung *De Christiana Religione* schenkte, schrieb er zur Erklärung: »Hiermit schicke ich dir wie versprochen den *Amor;* aber ich sende dir auch die *Religio,* um dir zu zeigen, daß meine Liebe fromm und meine Frömmigkeit verliebt ist.«[40]

Der Gedanke der Liebe ist in der Tat die eigentliche Achse des philosophischen Systems Ficinos. Die Liebe ist die treibende Kraft, die Gott dazu bringt – oder durch die Gott vielmehr sich selbst dazu bringt –, Sein Wesen in die Welt zu ergießen, und die umgekehrt Seine Geschöpfe dazu bringt, die Wiedervereinigung mit Ihm zu suchen. Nach Ficino ist *amor* nur eine andere Bezeichnung für jenen von allein zurückkehrenden Strom *(circuitus spiritualis)* von Gott in die Welt und aus der Welt zurück zu Gott.[41] Der liebende Mensch schaltet sich selbst in diesen mystischen Kreislauf ein.

Liebe ist immer ein Verlangen *(desiderio),* aber nicht jedes Verlangen ist Liebe. Wenn das Verlangen keine Verbindung zu den Erkenntniskräften hat, bleibt es ein bloßer natürlicher Drang, wie die blinde Macht, die die Pflanze zum Wachsen oder den Stein zum Fallen bringt.[42] Nur wenn das Verlangen, von den *virtù cognitive* geleitet, sich eines höchsten Ziels bewußt wird, verdient es den Namen Liebe. Ist dieses höchste Ziel die göttliche Güte, die sich in der Schönheit kundtut, dann muß die Liebe als »ein Verlangen nach dem Genuß der Schönheit«[43] bezeichnet werden, oder einfach als *desiderio di bellezza.*[44] Diese Schönheit, erinnern wir uns, ist über das ganze Universum verteilt; aber sie existiert vornehmlich in zwei Formen, die symbolisiert werden durch die ›Zwei Venusse‹ (oder ›Zwillingsvenusse‹, wie sie von den Neoplatonikern oft genannt werden)[45], von denen in Platons Symposium die Rede ist: 'Αφροδίτη Ουρανία und 'Αφροδίτη Πάνδημος.

'Αφροδίτη Ουρανία oder Venus Coelestis, das heißt, die himmlische Venus, ist die Tochter Uranus' und hat keine Mutter, was bedeutet, daß sie in eine vollkommen immaterielle Sphäre gehört, denn das Wort *mater* (Mutter) wurde mit dem Wort *materia* (Materie) in Verbindung gebracht. Sie weilt in der höchsten, überhimmlischen Zone des Universums, d. h. dem Bereich des Weltgeistes, und die Schönheit, die durch sie symbolisiert wird, ist die uranfängliche und universale Herrlichkeit des Göttlichen. Sie kann folglich mit der *caritas* verglichen werden, der Mittlerin zwischen dem menschlichen Geist und Gott.[46]

Die andere Venus, 'Αφροδίτη Πάνδημος oder Venus Vulgaris, ist die Tochter Zeus–Jupiters und Dione–Junos. Ihre Wohnung ist die Zone zwischen dem Weltgeist und der sublunaren Welt, das heißt, der Bereich der Weltseele (es ist in der Tat nicht ganz richtig, ihren Namen mit ›irdische Venus‹ zu übersetzen; sie sollte besser ›natürliche Venus‹ genannt werden).[47] Die durch sie symbolisierte Schönheit ist daher ein ins einzelne gehendes Abbild der uranfänglichen Schönheit, die nun nicht mehr von der körperlichen Welt getrennt, sondern in ihr verwirklicht ist. Während die himmlische Venus eine reine *intelligentia* ist, ist die andere Venus eine *vis generandi,* die, wie Lukrez' Venus Genetrix, den Dingen in der Natur Leben und Gestalt verleiht und dadurch die intelligible Schönheit unserer Wahrnehmung und Imagination faßbar macht.

Jede Venus wird von einem entsprechenden Eros oder Amor begleitet, der mit Recht als ihr Sohn betrachtet wird, weil jede Form von Schönheit eine entsprechende Form von Liebe erzeugt. Die himmlische Liebe oder *amor divinus* bemächtigt sich der höchsten Fähigkeiten im Menschen, d. h. des Geistes oder Intellekts, und bringt ihn dazu, die intelligible Herrlichkeit göttlicher Schönheit zu beschauen. Der Sohn der anderen Venus, *amor vulgaris,* ergreift die vermittelnden Fähigkeiten im Menschen, d. h. die Imagination und die sinnliche Wahrnehmung, und bringt diesen dazu, ein Gleichnis der göttlichen Schönheit in der Körperwelt hervorzubringen.

Bei Ficino sind beide Venusse und beide Arten der Liebe »ehrenwert und lobenswert«, denn beide betreiben die Erschaffung von Schönheit, wenn auch jede auf ihre Weise.[48] Jedoch besteht ein Wertunterschied zwischen der ›kontemplativen‹ Form der Liebe, die sich vom Sichtbaren und Besonderen zum Intelligiblen und Universalen erhebt[49], und der ›tätigen‹ Form der Liebe, die innerhalb der Sphäre des Sichtbaren Befriedigung findet; und überhaupt kein Wert kann der bloßen Lust beigemessen werden, die aus der Sphäre des Sehens zu der des Berührens herabsinkt, und der die Bezeichnung Liebe von Platonikern mit Selbstachtung nicht gegeben werden sollte. Nur der, bei dem die Seherfahrung lediglich der erste, wenngleich unvermeidliche Schritt auf die intelligible und universale Schönheit zu ist, erreicht die Stufe jener ›göttlichen Liebe‹, die ihn den Heiligen und Propheten gleichstellt. Wer sich mit der sichtbaren Schönheit zufriedengibt, bleibt innerhalb des Herrschaftsbereichs der ›menschlichen Liebe‹. Und wer selbst für die sichtbare Schönheit unempfänglich ist oder sich zur Ausschweifung erniedrigt oder, schlimmer noch, einen schon erlangten kontemplativen Zustand um sinnlicher Freuden willen aufgibt, fällt der ›viehischen

Liebe‹ *(amor ferinus)* zum Opfer[50], die, Ficino zufolge, eher eine Krankheit als ein Laster ist: sie ist eine Form des Wahnsinns, der durch die Stauung schädlicher Säfte im Herzen bewirkt wird.[51]

Persönlich führte Ficino ein keusches, enthaltsames Leben, das, so dachte er, der Würde zukomme und die Gesundheit des Gelehrten erhalte. Aber sein Kommentar zum Symposium ist beileibe kein Moralkodex. Er widersetzt sich moralischen Zuordnungen auf eben dieselbe Weise, wie seine ganze Philosophie sich solchen einander ausschließenden Alternativen wie Optimismus oder Pessimismus, Immanenz oder Transzendenz, Sensualismus oder Intellektualismus entzieht.

Wir können leicht erkennen, warum diese Philosophie unbedingt die Phantasie all jener anregen mußte, die in einer Zeit wachsender geistiger Spannungen nach neuen Ausdrucksformen für die erschreckenden, doch fruchtbaren Konflikte der Epoche verlangten: die Konflikte zwischen Freiheit und Zwang, Glauben und Denken, grenzenlosem Verlangen und begrenztem Gelingen. Zur gleichen Zeit indessen mußte der Lobpreis einer hohen, von den ›niedrigen Trieben‹ geschiedenen Liebe, die dennoch das tiefe Vergnügen an sichtbarer und fühlbarer Schönheit zugestand, den Geschmack einer kultivierten oder scheinkultivierten Gesellschaft ansprechen.

So hatten die Standardwerke, die die neoplatonische Theorie der Liebe darlegten, d. h. Ficinos Kommentar zu Platons *Symposium,* später allgemein als ›Ficinos *Convinto*‹ bezeichnet, und Pico della Mirandolas Kommentar zu einem langen Gedicht von Girolamo Benivieni, das wiederum eine Versifizierung der Lehre Ficinos ist, nur eine karge Nachfolge, so weit es sich um streng philosophische Bücher handelt;[52] Leone Ebreos *Dialoghi d'Amore* sind die einzige Abhandlung im 16. Jahrhundert, die als Werk eines schöpferischen Denkers betrachtet werden kann.[53] Einen kolossalen Einfluß jedoch, sowohl direkt wie indirekt, übten sie auf Künstler und Dichter aus sowie auf die, die man ›Dichterphilosophen‹ nennen könnte: von Michelangelo bis hin zu Giordano Bruno, Tasso, Spenser, Donne und sogar Shaftesbury.[54] Auf der anderen Seite riefen sie eine Lawine von ›Dialogen über die Liebe‹, meist oberitalienischer Provenienz, hervor, und diese scheinen in der Gesellschaft des 16. Jahrhunderts eine Rolle gespielt zu haben, nicht unähnlich der der populärwissenschaftlichen Bücher über die Psychoanalyse heutzutage. Was einmal eine esoterische Philosophie gewesen war, wurde zu einer Art Gesellschaftsspiel, so daß ›es schließlich die Höflinge für einen unverzichtbaren Teil ihrer Aufgabe hielten, zu wissen, wie viele und welche Arten der Liebe es gebe«, um die sarkastische Bemerkung eines Philologen des 16. Jahrhunderts zu zitieren.[55]

Die Prototypen dieser Dialoge sind die *Asolani* von Pietro Bembo[56] und der *Cortigiano* des Grafen Baldassar Castiglione (aus Mantua gebürtig), der Bembo gegenüber seine Schuld begleicht, indem er ihn zum Wortführer der ›platonischen‹ Lehre macht.[57] An wirklichem Verständnis für Ficinos Philosophie, Schreibkunst und Visionskraft sind die *Asolani* und, in etwas geringerem Maße, der *Cortigiano* allen anderen Beispielen ihrer Art weit überlegen, von denen einige jedoch einen größeren Anspruch auf Tiefe und Bildung zu erkennen geben.[58] Doch waren Bembo und Castiglione keineswegs schöpferische Denker. Sie wollten ihre Leser entzücken – Bembo mit rein dichterischen Absichten, Castiglione mit sanft erzieherischen Vorsätzen – durch den Zauber einer verfeinerten gesellschaftlichen Atmosphäre und eines schönen Stils. Es ist mit Recht gesagt worden, daß ihre Reaktion auf die neoplatonische Philosophie »durchaus ästhetisch« war.[59]

Als Folge davon wurden die Florentiner Lehren in einer oftmals attraktiven[60], aber stets verwässernden und, was wichtiger ist, ›sozialisierten‹ und verweiblichten Form verbreitet.

Der Schauplatz von Ficinos *Convinto* ist ein prächtiges Zimmer der Villa Medici in Careggi, wo sich neun Mitglieder der ›Platonischen Familie‹ versammelt haben, um den 7. November (angeblich Platons Geburts- und Todestag) mit einer weihevollen Wiederaufführung des originalen Symposiums feierlich zu begehen.[61] Der Schauplatz des typischen ›Dialogs über die Liebe‹ ist in die duftenden Gärten vornehmer Damen[62] oder sogar in die Boudoirs gebildeter Kurtisanen verlegt worden, von denen eine, Tullia d'Aragona, sich der Mühe unterzog, selbst einen Dialog ›Über die Unendlichkeit der Liebe‹ zu schreiben.[63] Wenn die Florentiner auf konkrete Beispiele körperlicher und moralischer Schönheit verweisen, führen sie noch immer Phaidros und Alkibiades an. Die Verfasser der ›Dialoghi‹ definieren, beschreiben und preisen die Schönheit und Tugend der Frau[64] und zeigen häufig großes Interesse an Fragen der Etikette im Hinblick auf die Beziehung zwischen den Geschlechtern.[65] Was Wunder, daß hier gerade die Unterscheidung zwischen ›himmlischer‹ und ›gewöhnlicher‹ Liebe bisweilen in einer recht verzerrten Form erscheint. Einige Autoren reduzieren sie zum bloßen Unterschied zwischen ›schicklicher‹ und ›unschicklicher‹ Zuneigung[66], andere weiten die Kluft zwischen den ›zwei Venussen‹ derart aus, daß das Aufsteigen von der ›Venus Volgare‹ zur ›Venus Celeste‹ aussichtslos erscheint.[67] Kurz: was diese Sorte Literatur wirklich lehrt, ist eine Mischung aus Petrarca und Emily Post* in neoplatonischer Sprachverpackung.[68]

*Amerikanische Kolumnistin und Schriftstellerin (1873–1960).

Der Unterschied zwischen Ficino und Pico auf der einen Seite und Bembo und Castiglione auf der anderen weist auf den Unterschied zwischen Venedig und Florenz. Wo die florentinische Kunst auf Zeichnung, plastischer Klarheit und tektonischer Gliederung basiert, gründet die venezianische Kunst auf Farbe und Atmosphäre, malerischer Saftigkeit und musikalischer Harmonie.[69] Das Florentiner Schönheitsideal hat seinen exemplarischen Ausdruck in den Statuen stolz aufgereckter Davide, das venezianische in Gemälden ruhender Venusse gefunden.

Dieser Gegensatz stellt sich auf bezeichnende Weise in zwei Kompositionen dar – die eine aus Florenz, die andere aus Venedig –, die beide die neoplatonische Theorie der Liebe in Bilder übersetzen; ihre Beziehung zueinander ist mit der zwischen einem orthodoxen florentinischen Traktat über die Liebe und Pietro Bembos *Asolani* vergleichbar.

Die eine dieser Darstellungen ist ein Stich nach Baccio Bandinelli, der von Vasari als ›Der Kampf zwischen Amor und Apollo, dem alle Götter beiwohnen‹ beschrieben wird (Abb. 107).[70] Er zeigt zwei Gruppen antiker Gottheiten, die sich beiderseits einer tiefen Schlucht verschanzt haben. Die Gruppe zur Linken umfaßt Saturn, Merkur, Diana und Hercules (das heißt, die Gottheiten des tiefen Nachdenkens, des Scharfsinns, der Keuschheit und der männlichen Tugend) und wird von Jupiter und Apollo angeführt; dieser hat soeben einen Pfeil auf seine Gegner abgeschossen. Die andere Gruppe, die hauptsächlich aus Vulkan mit seinen Gehilfen und verschiedenen anonymen nackten Gestalten beiderlei Geschlechts besteht, wird von Venus und einem satyrhaften Amor angeführt, der auf ihr Betreiben hin seinen Pfeil auf Jupiter richtet. Über der Gruppe um Apollo wird der Himmel heiter, während die andere Hälfte der Szene, mit dem Tempel der Venus und brennenden Ruinen im Hintergrund, von düsterem Rauch verdunkelt wird, der aus einer gewaltigen Trompete strömt. Auf den Wolken in der Mitte schwebt eine schöne Frau, die ihren linken Arm in einer schmerzlichen Gebärde erhoben hat; den Blick hat sie hinunter auf die Venus-Gruppe gerichtet, aber in ihrer ausgestreckten Rechten hält sie über die Anhänger Apolls ein Gefäß, aus dem eine rauchlose Flamme lodert.

Der Sinn dieses Stichs wird durch die folgenden Distichen erläutert: »Hier kämpfen die göttliche Vernunft und die lästige menschliche Wollust gegeneinander, mit dir, edelmütiger Geist, als Schiedsrichter. Doch du wirfst Licht auf ehrenwerte Taten hier und deckst dort ruchlose mit Wolken zu. Siegt die Vernunft, wird sie am Firmament zusammen mit der Sonne scheinen. Wenn Venus siegt, so wird ihr Ruhm ein bloßer Rauch auf Erden sein. Lernt daraus, ihr Sterblichen, daß die Sterne so hoch über den Wolken stehen, wie die geheiligte Vernunft steht über lasterhaften Trieben.«[71]

Diese Erläuterung wird diejenigen, die im System und der Terminologie des orthodoxen Florentiner Neoplatonismus nicht bewandert sind, eher verwirren als aufklären. Aufmerksame Leser Ficinos und Picos hingegen werden sogleich erfassen, daß dieser Kampf, der von Amor, Venus und Vulkan (der hier als deren Waffenschmied auftritt) gegen den Sonnengott Apollo mit seinem Gefolge weiserer und tugendhafterer Gottheiten geführt wird, einerseits die gespannten Beziehungen zwischen der niederen Seele und der Vernunft, andererseits die eigentümliche Stellung des Geistes darstellt. Man wird sich erinnern, daß beim Kampf zwischen der Vernunft und den niederen Trieben *mens,* der Geist, keine Partei ergreift, noch das Ergebnis direkt beeinflußt (daher die Bezeichnung ›*arbitrio tuo*‹). Hingegen kann *mens* den Aufruhr unter ihr nicht völlig ignorieren (daher der Blick hinab und die verärgerte Gebärde der Gestalt der ›Mens‹), und sie hat die Vernunft mit der Flamme göttlicher Weisheit zu erleuchten.[72]

Mit diesem Stich im Gedächtnis ist es interessant, Tizians ›Himmlische und irdische Liebe‹[73] in der Galleria Borghese zu betrachten, die nicht später als etwa 1515 gemalt worden ist, als der Einfluß der *Asolani* Bembos auf dem Höhepunkt war (Abb. 108). Obwohl diese beiden Kompositionen in Stil und Stimmung kaum stärker voneinander abweichen können, haben sie doch einige Einzelheiten gemein. In beiden Fällen kann man ein mit himmlischem Feuer gefülltes Gefäß in der Hand der am meisten ins Auge fallenden Gestalt sehen, in beiden Fällen wird der Gegensatz zwischen einem erhabenen und einem weniger edlen Prinzip ausgedrückt, und in beiden Fällen wird dieser Gegensatz durch das vertraute Hilfsmittel des zweigeteilten ›*paysage moralisé*‹ symbolisiert:[74] der Hintergrund des Tizian-Gemäldes ist ebenfalls in zwei Hälften geteilt, eine düster beleuchtete Szenerie mit einer befestigten Stadt und zwei Hasen oder Kaninchen (Symbole der tierischen Liebe und Fruchtbarkeit)[75] und eine ländlichere und weniger üppige, aber hellere Landschaft mit einer Schafherde und einer Dorfkirche.

Die zwei Frauen auf Tizians Bild haben große Ähnlichkeit mit zwei Personifizierungen, die Cesare Ripa unter den Stichworten ›Felicità Eterna‹ (Ewige Glückseligkeit) und ›Felicità Breve‹ (Kurzes oder Vergängliches Glück) beschrieben und erläutert hat. ›Felicità Eterna‹ ist eine strahlend schöne, blonde junge Frau, deren Nacktheit ihre Verachtung gegenüber vergänglichen irdischen Dingen anzeigt; eine Flamme in ihrer rechten Hand symbolisiert die Liebe Gottes. ›Felicità Breve‹ ist eine ›Dame‹, deren gelb-weißes Kleid ›Befriedigung‹ bedeutet. Sie ist mit kostbaren Edelsteinen geschmückt und hält ein Gefäß voll Gold und Edelsteinen in Händen, Symbole vergeblichen und kurzlebigen Glücks.

Aus dieser Beschreibung ersehen wir, daß Ende des 16. Jahrhunderts die Nebeneinanderstellung einer nackten Frau, die eine Flamme trägt (das Attribut der ›Mens‹ auf dem Stich Bandinellis, wie auch des christlichen ›Glaubens‹ und der ›Caritas‹), und einer reich gekleideten Dame noch immer als Antithese von ewigen und zeitlichen Werten verstanden wurde. Doch würden Ripas Begriffe Tizians Gemälde nicht angemessen kennzeichnen. ›Felicitá Eterna‹ und ›Felicitá Breve‹ bilden einen moralischen oder auch theologischen Gegensatz, der so unversöhnlich ist, wie er auf zwei Gobelins im Musée des Art Décoratifs wiedergegeben ist, wo ein Mann, durch harte Arbeit, Selbstkasteiung, Glaube und Hoffnung gestärkt und durch die Gnade Gottes errettet, das Gegenstück zu einer Dame bildet, die weltlichem Trachten hingegeben bleibt und sich an den blinden Amor bindet (Abb. 116 und 117).[76] Tizians Bild dagegen ist kein Dokument eines neumittelalterlichen Moralismus, sondern eines neuplatonischen Humanismus. Seine Gestalten drücken keinen Gegensatz zwischen Gut und Böse aus, sondern symbolisieren ein und dasselbe Prinzip in zwei Existenzweisen und zwei Vollkommenheitsgraden. Die hochgesinnte nackte Gestalt verachtet nicht das weltliche Geschöpf, dessen Sitz sie zu teilen geruht, sondern scheint ihr mit freundlich überzeugendem Blick die Geheimnisse einer höheren Sphäre mitzuteilen; und niemand kann die mehr als schwesterliche Ähnlichkeit der beiden Gestalten übersehen.

Tatsächlich müßte der Titel von Tizians Bild *Geminae Veneres* lauten. Es stellt die ›Zwillingsvenusse‹ in Ficinos Sinn mit allen ficinianischen Implikationen dar. Die nackte Figur ist die ›Venere Celeste‹, die das Prinzip universaler und ewiger, aber nur intelligibler Schönheit symbolisiert. Die andere ist die ›Venere Volgare‹, die die ›Zeugungskraft‹ symbolisiert, die das vergängliche, aber sichtbare und greifbare Abbild der Schönheit auf Erden schafft: die Menschen und Tiere, Blumen und Bäume, Gold und Edelsteine und die von Kunst und Handwerk geschaffenen Werke. Beide sind daher, wie Ficino es ausdrückte, »auf ihre Weise ehrenwert und lobenswert«.[77]

Daß Amor sich zwischen den zwei Venussen befindet, obwohl etwas näher zur ›irdischen‹ oder ›natürlichen‹, und das Wasser im Brunnen aufrührt, kann die neoplatonische Auffassung wiedergeben, daß die Liebe, ein Prinzip kosmischer ›Vermischung‹, als eine Mittlerin zwischen Himmel und Erde fungiert;[78] und gerade die Tatsache, daß Tizians Brunnen ein antiker Sarkophag ist[79], der, ursprünglich dazu bestimmt, ein Leichnam aufzunehmen, nun aber zu einem Lebensquell umgewandelt ist, kann nur die Vorstellung dessen unterstreichen, was Ficino die *vis generandi* genannt hat.

Tizian hatte keinen Grund, seine ›Himmlische und irdische Liebe‹ mit einem gelehrten lateinischen Poem zu erläutern. Auch diejenigen, die den richtigen

Titel *Geminae Veneres* nicht kennen, können das Bild verstehen, und eher ist es der Gelehrte als der ›naive Betrachter‹, der meint, es sei schwierig zu deuten. Wo Bandinelli kompliziert und streng linear ist, ist Tizian einfach und auf sinnliche Weise koloristisch. Wo Bandinelli dunkel und spitzfindig ist, ist Tizian klar und poetisch. Und wo Bandinelli ›Vernunft und Sinnlichkeit‹ im heftigen, unentschiedenen Kampfe zeigt, da schildert Tizian die wundervolle Harmonie zwischen der intelligiblen und der sichtbaren Schönheit. Kurz: in einem Fall haben wir den Neoplatonismus, wie ihn ein Florentiner Manierist, im anderen Falle, wie ihn ein Vertreter der venezianischen Hochrenaissance deutet.

Bei all seiner Originalität ist Tizians Bild nicht ohne Bezug zu früheren Traditionen, seien sie ikonographisch oder kompositionell.

Der Renaissance war die Tatsache wohlbekannt, daß Praxiteles zwei berühmte Statuen der Venus geschaffen hatte, eine bekleidet, die andere nackt, und daß die nackte, nachdem die Einwohner von Kos sie abgelehnt hatten, der Glanzpunkt der Insel Knidos geworden war.[80] Wahrscheinlich auf diese Information hin wurde Mantegna geraten, »zwei Venusse, eine nackt, die andere bekleidet« *»doi Veneri, una vestida, laltra nuda«,* in sein ›Reich des Kosmus‹ einzubeziehen[81], eine Ansammlung antiker Gottheiten, die nach der Vertreibung unerwünschter Elemente der Musik Orpheus' lauschen. Daß diese *doi Veneri* bereits dazu bestimmt waren, die himmlische und die ›irdische‹ oder ›natürliche‹ Venus darzustellen, kann nicht bewiesen werden, erscheint jedoch als sehr wahrscheinlich, denn einige der gelehrten Freunde Isabella d'Estes, für die das Komus-Bild gemalt wurde, waren bedeutende Autoritäten der ›platonischen‹ Liebe[82], und Lukian hatte sich auf die nackte Figur von Knidos als einer 'Αφροδίτη Οὐρανία bezogen.[83] Auf jeden Fall war die Nebeneinanderstellung einer nackten und einer bekleideten Venus nachweislich einer Gruppe von Humanisten und Künstlern, die mit Tizians eigenem Freundeskreis eng verbunden waren, vertraut.

Das Kompositionsschema dagegen stammt von einem sehr frühen Typus, für den der Begriff ›Disputierbild‹ eine gute Bezeichnung wäre: eine Darstellung zweier allegorischer Figuren, die zwei voneinander abweichende moralische oder theologische Grundhaltungen symbolisieren und verfechten. Es ist interessant zu bemerken, daß es solche Disputationen oder συνχρίσεις in der Literatur der Antike häufig gab, wogegen die antike Kunst sich auf die dramatischere Darstellung tatsächlicher Kämpfe, etwa zwischen Apollo und Marsyas oder zwischen den Musen und Sirenen, beschränkt hatte: es bedurfte der christlichen Betonung des ›Wortes‹, um einen ›Dialog‹-Typus[84] hervorzubringen, der auf die Dispute abstrakter Personifizierungen angewandt werden konnte. Wo die

Disputteilnehmer für Begriffe wie ›Natur‹ und ›Vernunft‹ (Abb. 111) oder ›Natur‹ und ›Gnade‹ stehen (wobei ›Natur‹ oft mit Eva, ›Vernunft‹ oder ›Gnade‹ mit der Jungfrau Maria, das heißt, der ›Neuen Eva‹ gleichgesetzt werden), ist eine von ihnen häufig nackt, während die andere bekleidet ist; und es ist gut möglich, daß die Kehrseite der französischen Konstantinsmedaille (um 1400), auf der ›Natur‹ und ›Gnade‹ beiderseits eines Lebensborns dargestellt sind (Abb. 110), Tizian ebensogut bekannt war wie der Avers den Bildhauern der Certosa von Pavia.[85]

In all diesen Beispielen, wie auch auf einer amüsanten byzantinischen Miniatur, auf der der hl. Basilius zwischen dem ›Weltlichen Glück‹ und dem ›Himmlischen Leben‹ dargestellt ist (Abb. 109)[86], steht die bekleidete Frau für das höhere Prinzip und umgekehrt, wogegen auf Tizians *Geminae Veneres* die Rollen vertauscht sind. Das ist angesichts der Ambivalenz der Nacktheit als ikonographisches Motiv nicht überraschend. Nicht nur in der Bibel, sondern auch in der römischen Literatur wurde wirkliche Nacktheit oft für anstößig gehalten, weil sie entweder Armut oder Schamlosigkeit bezeichnete.[87] Im übertragenen Sinne jedoch wurde sie meistens mit Einfachheit, Ehrlichkeit und dem wahren Wesen einer Sache gleichgesetzt, im Gegensatz zu Ausflucht, Falschheit und äußerlichem Schein. Alles ist »bloß und entdeckt vor den Augen« Gottes.[88] Ein γυμνὸς λόγος ist eine schlichte, ehrliche Rede. *Nuda virtus* ist die wahre, in den guten alten Zeiten wertgeschätzte Tugend, als Reichtum und gesellschaftliches Ansehen nicht zählten[89], und Horaz spricht bereits von *nuda Veritas*[90], obwohl sich die griechischen Autoren recht bezeichnenderweise die Wahrheit eher mit einfachen Gewändern bekleidet vorstellten.[91]

Als am Ende der klassischen Periode der Antike die Nacktheit im öffentlichen Leben tatsächlich so ungewöhnlich geworden war, daß sie ›erklärt‹ werden mußte wie jedes andere ›ikonographische‹ Merkmal, da konnte die Erklärung folglich so nachteilig wie günstig ausfallen. Die gleichen Autoren, die mit Verunglimpfungen der Nacktheit von Amor und Venus freigebig waren, interpretierten die Nacktheit der Grazien als ein Zeichen unverdorbener Schönheit und Aufrichtigkeit.[92] Im Mittelalter wurden die Rossebändiger auf dem Monte Cavallo für Darstellungen zweier junger Philosophen namens Phidias und Praxiteles gehalten, die nackt porträtiert werden wollten, weil sie keine irdischen Besitztümer brauchten und alles »bloß und entdeckt vor ihren Augen« war.[93]

Die mittelalterliche Moraltheologie unterschied vier symbolische Bedeutungen der Nacktheit: *nuditas naturalis,* der natürliche Zustand des Menschen, der der Demut förderlich ist; *nuditas temporalis,* der Mangel an irdischen Gütern, der freiwillig (wie bei den Aposteln oder Mönchen) oder durch Armut erzwungen sein kann; *nuditas virtualis,* ein Symbol der Unschuld (vor allem der Unschuld, die durch die Beichte erlangt wird) und *nuditas criminalis,* ein Zeichen von Wollust, Eitelkeit und von Mangel jeglicher Tugend.[94] Die künstlerische Praxis dagegen hatte die letzte dieser vier Arten praktisch ausgeschlossen[95], und wo immer die mittelalterliche Kunst den bewußten Gegensatz zwischen einer nackten und einer bekleideten Figur darstellte, kennzeichnete das Fehlen von Kleidern das unterlegene Prinzip. Ein gutes Beispiel für die *nuditas naturalis* wird durch die oben erwähnten Dialoge zwischen ›Natur‹ und ›Gnade‹ oder ›Natur‹ und ›Vernunft‹ geliefert.

Es bedurfte des Geistes der Proto-Renaissance, um die Nacktheit Amors als ein Symbol des ›spirituellen Wesens‹ der Liebe zu deuten (Francesco Barberino) oder um eine völlig nackte Gestalt zur Darstellung der Tugend heranzuziehen; doch auch da erschien ein Mann zunächst weniger anstößig als eine Frau. Nicolo Pisano konnte einen nackten Hercules als Verkörperung des ›Mutes‹ schon um 1260 verwenden (Kanzel im Baptisterium in Pisa)[96], aber sein Sohn Giovanni wagte es nicht vor 1302/1310, in die Gruppe der Tugenden, die an seinem Altar in der Kathedrale von Pisa die königliche Gestalt der *Maria-Sponsa-Ecclesia* trägt, eine nach der antiken ›Venus Pudica‹ gestaltete ›Mäßigkeit‹ oder ›Keuschheit‹ einzufügen (Abb. 113).[97]

Ikonographisch sind diese nackten Verkörperungen von Tugenden noch streng kirchlichen Charakters, und das trifft ebenso auf die frühesten Darstellungen der ›nackten Wahrheit‹ zu, die zuerst (um 1350) in Gesellschaft der bekleideten *Misericordia* auftaucht, um den Vers aus Psalm LXXXV zu illustrieren: »Gnade und Wahrheit begegnen einander, Gerechtigkeit und Friede küssen sich« (Abb. 112 und 114).[98] Im italienischen Quattrocento indessen wurde der Begriff der ›nackten Wahrheit‹ schließlich auf die weltliche Ebene übertragen. Dafür verantwortlich war hauptsächlich Leone Battista Alberti, der in seinem Traktat ›Über die Malerei‹ (erste lateinische Fassung 1436) die Aufmerksamkeit der modern eingestellten Maler auf die ›Verleumdung des Appeles‹ lenkte, wie sie von Lukian geschildert wird: die Überführung und Bestrafung eines unschuldigen Opfers, das von ›Reue‹ und ›Wahrheit‹ nachträglich verteidigt wird.[99] In seiner Beschreibung dieser Allegorie folgte Alberti der gewissenhaften Übersetzung des griechischen Textes durch Guarino da Verona. Während aber Lukian die Erscheinung der Wahrheit als schweigsam und die Reue als ›weinend und voller Scham‹ beschrieben hatte, drehte Alberti die Situation um, indem er schrieb: »nach der Reue erschien ein junges Mädchen, verschämt und schüchtern, mit Namen Wahrheit« *(»una fanciulletta vergogniosa et pudica, chiamata: la Verità«).*[100] Diese Verschiebung des Epithetons *pudica* oder *pudibunda* von der

Reue zur Wahrheit – ein so geringfügiger Wechsel, daß er bis jetzt der Aufmerksamkeit entgangen ist – ist dennoch von Bedeutung. Denn während die Reue ein der Scham verwandtes Schuldgefühl in sich schließt, ist nicht einzusehen, weshalb die Wahrheit »verschämt und schüchtern« sein sollte – es sei denn ihrer Nacktheit wegen: es ist offenbar, daß Alberti sich die Wahrheit bereits als nackte Gestalt nach dem Typus der ›Venus Pudica‹ vorstellte, wie sie auf Botticellis Tafelbild in den Uffizien und vielen anderen Paraphrasen und Darstellungen des Verleumdungs-Themas erscheint (Abb. 115).

So wurde die Gestalt der *nuda Veritas* zu einer der populärsten Personifizierungen in der Kunst der Renaissance und des Barock; wir sind ihr bereits bei den zahlreichen Darstellungen der ›von der Zeit enthüllten Wahrheit‹ begegnet. Und die Nacktheit als solche wurde schließlich, besonders wenn sie ihrem Gegenteil gegenübergestellt wurde, als Symbol der Wahrheit im allgemeinen philosophischen Sinne verstanden. Sie wurde als Ausdruck der angeborenen Schönheit (φυσιχὸν χὰλλος, *pulchritudo innata*) im Gegensatz zum bloß aufgesetzten Liebreiz (επείσαχτον χάλλος, *ornamentum)* gedeutet;[101] und mit dem Emporkommen der neoplatonischen Bewegung bedeutete sie schließlich das Ideale und Intelligible im Gegensatz zum Körperlichen und Fühlbaren, das einfache und ›wahre‹ Wesen im Gegensatz zu seinen wechselnden und wandelbaren ›Abbildern‹.[102] So ist leicht zu erkennen, warum der erste Autor, der auf Tizians ›Himmlische und irdische Liebe‹ zu sprechen kommt, ein Dichter namens S. Francucci (1613), die nackte Figur als *Beltà disornata* deuten und ihr Lob auf Kosten ihrer geputzten Gefährtin singen konnte: »Sie weiß, daß das edle Herz ungeschmückte Schönheit liebt und ehrt, während das grausame Herz sich an grausamem Pomp, der ihm gleicht, ergötzt. Und wenn die Schönheit, reich an natürlichen Reizen, arm ist an Gold, schaut es (das grausame Herz) auf sie herab: als würde die Sonne am Himmel sich je mit etwas anderem als ihren Strahlen schmücken.«[102a]

Die ›Himmlische und die irdische Liebe‹ scheint das einzige Bild zu sein, auf dem Tizian der neoplatonischen Philosophie bewußt Tribut zollte. Aber die Idee der zwei Venus-Gestalten, von denen die eine das ethische, die andere ein bloß natürliches Prinzip symbolisiert, fehlt auch nicht in seinem späteren Werk. Während Darstellungen, wie zum Beispiel die zahlreichen Variationen der ›Ruhenden Venus‹, der ›Toilette der Venus‹[103], des ›Festes der Venus‹ nach Philostratus[104], von ›Venus und Adonis‹ etc. die Göttin als Gottheit der kreatürlichen Schönheit und sinnlichen Liebe verherrlichen, idealisieren sie andere als eine Gottheit des ehelichen Glücks.

In dieser Rolle erscheint Venus auf zwei der berühmtesten ›symbolischen‹ Bilder Tizians: der sogenannten ›Allegorie des Marquis Alfonso d'Avalos‹ im Louvre und der sogenannten ›Erziehung Amors‹ in der Galleria Borghese.

Die ›Allegorie des Marquis Alfonso d'Avalos‹ – die in Wirklichkeit nichts mit diesem verdienstvollen General zu tun hat[105] – zeigt einen vornehmen, würdevoll aussehenden Mann in Rüstung, der zärtlich, doch respektvoll die Brust einer jungen Frau berührt, die eine große Glaskugel nachdenklich auf ihrem Schoße hält (Abb. 118). Sie wird von drei Gestalten, die sich von rechts nähern, begrüßt: dem geflügelten Amor, der auf der Schulter ein Bündel Stöcke trägt, von einem mit Myrte bekränzten Mädchen, dessen Ausdruck und Gebärde tiefe Verehrung offenbaren, und einer dritten Figur, die einen großen Korb voll Rosen hochhebt und mit freudiger Erregung zum Himmel blickt.

Das Thema dieses Bildes ist nicht das Abschiednehmen eines *condottiere,* der in den Krieg zieht, wie man das annahm, als man die männliche Gestalt als den Marquis d'Avalos identifizieren zu können glaubte, sondern im Gegenteil die glückliche Vereinigung eines verlobten oder frisch vermählten Paares. Die Geste des Mannes findet man auf Darstellungen wie der Verlobung Jakobs und Rahels[106] oder, in noch hieratischerer Form, auf Rembrandts ›Jüdischer Braut‹; und die drei zusätzlichen Gestalten sind keine anderen als Liebe, Treue und Hoffnung, die mit für die Gelegenheit passenden Attributen ausgestattet sind.

Amor steht *per definitionem* für die Liebe; aber das Bündel, das er statt der gewohnten Waffen trägt, ist ein bekanntes Symbol der Eintracht.[107] Das leidenschaftlich erregte Mädchen hinter ihm wird durch Ausdruck und Gebärde als Treue gekennzeichnet;[108] aber aufgrund ihres Myrtenkranzes erweist sie sich als für die besondere Aufgabe einer ›Fede Maritale‹ geeignet, denn die Myrte, die immergrüne Pflanze der Venus und somit Symbol der ewigen Liebe, wurde in der klassischen Literatur *myrtus coniugalis* genannt.[109] Die dritte Figur schließlich wird durch ihren ekstatischen Blick (*occhi alzati,* wie Ripa es nennt)[110] als Hoffnung identifiziert, aber auch durch den Korb voller Blumen, die das Attribut der Hoffnung sind, denn die »Hoffnung ist die Vorfreude auf die Früchte«;[111] daß aber die Blumen Rosen sind, drückt eine ähnliche Bedeutung aus, wie die Ersetzung von Amors Köcher durch ein Bündel, denn die Rose bedeutet ›die Freuden dauernder Sympathie‹.[112]

Die Bedeutung der Kugel auf dem Schoß der Dame ist weniger leicht zu erklären, denn die Kugel ist eine der variabelsten Größen in ikonographischen Gleichungen. Otto Brendel, der eine Monographie über das Thema vorbereitet, schlägt eine Interpretation als ›Harmonie‹ vor, eine der gewöhnlichsten Bedeutungen der Kugel als der ›vollkommensten Form‹[113], und das paßt gut zum

Symbolgehalt des Bündels von Amor und der Rosen der Hoffnung. Daß aber die Kugel aus Glas besteht, kennzeichnet diese Harmonie als leicht zerbrechlich, weil Glas »durch seine Zerbrechlichkeit die Eitelkeit aller Dinge auf Erden kundtut«.[114] Und das ist vielleicht die feinste Pointe der ganzen Allegorie. Während der Mann feierlich von seiner Braut Besitz nimmt und ihr Liebe, Treue und Hoffnung weiht, sieht sie sich, indem sie seine Herrschaft und seine Zuneigung annimmt, verantwortlich für etwas, was so vollkommen wie empfindlich ist: ihr gemeinsames Glück.

Tizians Gemälde ist indessen nicht nur ein allegorisches, sondern auch ein mythologisches Porträt. Die zärtliche Beziehung zwischen einer schönen Frau und einem Mann in Rüstung, verbunden mit der Gegenwart Amors, weist auf Mars und Venus. Und wirklich: während einige Nachfolger und Nachahmer Tizians die allegorischen Elemente der ›d'Avalos‹-Komposition (nicht sehr erfolgreich) zu variieren versuchten[115], verwandten andere es als Vorbild für Doppelporträts eleganter, als Mars und Venus sich ausgebender Paare. Dies ist zum Beispiel der Fall bei einem Gemälde der Schule Paolo Veroneses[116], bei zwei Bildern von Paris Bordone, von denen eines zumindest nachweislich ein Hochzeitsbild ist, denn die Dame wird dargestellt, wie sie eine Frucht pflückt, und zwar keine Zitrone, sondern eine Quitte, die Hochzeitsfrucht par excellence (Abb. 121)[117] und bei einem Bild von Rubens.[118]

Es mag in der Tat eigentümlich erscheinen, angesehene Paare und selbst Neuvermählte in der Gestalt von Mars und Venus zu porträtieren, deren Beziehung nicht gerade die legalste war. Doch war dieser Kunstgriff nicht ohne Vorbild und Berechtigung. Eine Verbindung von Schönheit und Tapferkeit erscheint gewissermaßen natürlicher als eine Verbindung von Schönheit und Handwerk; tatsächlich gibt es Hinweise bei Hesiod und Pausanias dafür, daß Mars schon lange der legitime Gatte der Venus war, bevor Homer sie an Vulkan verheiratete[119], und daß sie eine Tochter namens Ἁρμονία, d. h. Harmonie hatten. Diese alte Überlieferung wurde durch die Homerische Version nie ganz verwischt. Sie lebte in ziemlich verzerrter Form in der spätantiken und mittelalterlichen Mythenschreibung[120] und in den gelehrten Schriften der Renaissance weiter;[121] sie wurde von einem byzantinischen Dichter namens Maximos Planudes als selbstverständlich vorausgesetzt, der die Hochzeitsfeier von Mars und Venus schildert, als wäre diese nie mit Vulkan verheiratet gewesen;[122] und, was noch wichtiger ist, sie blieb immer die Grundlage der kosmologischen und, später, astrologischen Spekulationen. Bei Lukrez, der, wie wir uns erinnern, Venus als die große Zeugungskraft in der Natur interpretierte, ist allein sie in der Lage, das durch Mars symbolisierte zerstörerische Prinzip zu neutralisieren;[123] in der *Dionysiaca* des Nonnos und in Statius' *Thebais* wurde die Vorstellung, daß nur Liebe und Schönheit Streit und Haß mildern können und ihre Vereinigung universale Harmonie zur Folge hat, so wichtig, daß Harmonia, die Tochter von Venus und Mars, in beiden Gedichten beinahe allgegenwärtig ist;[124] in jedem astrologischen Traktat finden wir das Axiom, daß Venus durch ihre Milde Mars' Wildheit besänftigt, während er, ihr ›Freier‹, nie stark genug ist, ihre sanfte Gewalt zu brechen. Die Florentiner Neoplatoniker lieferten tiefgründige metaphysische Erklärungen für diese Lehre.[125]

Wenn also Tizian ein vornehmes Paar mit Mars und Venus gleichsetzte, dann verglich er ihre Vereinigung nicht mit der heimlichen Leidenschaft der Liebenden Homers, sondern mit der glückverheißenden Verschmelzung zweier kosmischer Mächte, die Harmonie hervorbringt. Er stellte damit einen der antoninischen Epoche der römischen Kunst bereits vertrauten Typus wieder her, als allegorische Mythendeutung und mythologische Porträtmalerei gleichermaßen *en vogue* waren. Tizian mag wohl die oft kopierte Marmorgruppe ›Commodus und Crispina‹ gekannt haben, die das kaiserliche Paar sozusagen als ›Mars und Venus in Konjunktion‹ darstellt[126], und deren Komposition der des ›d'Avalos‹-Bildes nicht unähnlich ist, abgesehen von der Tatsache, daß dort Venus und nicht Mars die aktivere Rolle spielt (Textabb. S. 203).

Es ist eine allgemein anerkannte Tatsache, daß die sogenannte ›Allegorie des Marquis d'Avalos‹ in verschiedener Hinsicht eines der spätesten Meisterwerke Tizians vorwegnimmt: die ›Erziehung Amors‹ in der Galleria Borghese (Abb. 119).[127] Auf ihm ist eine schöne junge Frau mit einer kleinen Krone im Haar damit beschäftigt – ihr Ärmel wird über dem Ellbogen durch eine Art Armband festgehalten, wie auf dem Bild im Louvre –, einem kleinen Amor, der sich in ihren Schoß schmiegt, die Augen zu verbinden, während ein zweiter Amor mit unverbundenen Augen sich über ihre Schulter lehnt und ihre Aufmerksamkeit auf sich lenkt. Zwei Mägde kommen von rechts mit den Waffen der Liebe herbei. Eine von ihnen reicht den Bogen her, die andere, etwas näher zur Hauptgruppe, trägt den Köcher.

Der allgemeine Sinn des Bildes ist nicht dunkel. Da in Tizians Werk kein weiterer blinder Amor erscheint, sind wir berechtigt, den Gegensatz zwischen den zwei kleinen Liebesgöttern als beabsichtigt zu deuten. Das Motiv der gekrönten jungen Frau, die über ihre Schulter auf Amor blickt, stammt von einer klassischen Formel her, die ausdrückt, was man ›übernatürliche Überredung‹ nennen könnte. Diese Formel wird zum Beispiel bei hellenistischen Darstellungen Polyphems oder Paris' verwandt, die der Aufreizung durch Eros nachgeben (Abb. 120);[128] mit dem in einen Engel verwandelten Eros dokumentiert sich ihr

Einfluß auf die Kunst der Renaissance in Michelangelos Jesaia. Die Heldin unseres Bildes jedoch ist eher einem Abraten als einer Überredung ausgesetzt. Sie verbindet die Augen Amors in ihrem Schoße, und dem normalen Verlauf der Ereignisse nach würden ihm Bogen und Pfeile, die von den zwei Mägden hereingebracht werden, gegeben werden, damit er in die Welt hinausziehen und tun kann, ›was er will‹.

Dem widersetzt sich der andere Amor mit Nachdruck: scharfsinnig wie er ist, sieht er Scherereien voraus, falls die gefährlichen Waffen einem blinden kleinen Burschen ausgehändigt werden sollten, der seine Pfeile aufs Geratewohl verschießt, um auf diese Weise kurzlebige und ernüchternde Leidenschaften zu schaffen. Ob er das Abnehmen der Binde von den Augen seines Rivalen vorschlägt[129] oder Bogen und Pfeile für sich selber fordert, kann nur vermutet werden, obgleich die letztere Deutung glaubhafter erscheint angesichts des Umstands, daß nur ein Satz Waffen verfügbar ist und die Magd im Vordergrund, ängstlich das Gesicht ihrer Herrin prüfend, den Köcher zurückhält, als wisse sie nicht, was sie tun solle. Eines jedoch ist gewiß: die Heldin wird den Weg einschlagen, der ihr von dem kleinen Ratgeber an ihrer Schulter empfohlen wird: dem blinden Amor wird nicht erlaubt werden, mit seinem Bogen und den Pfeilen Schaden anzurichten. Sie hat bereits aufgehört, ihm die Augen zu verbinden, und leiht ihr Ohr seinem Rivalen mit dem gedankenvollen und leicht verdrießlichen Gesichtsausdruck dessen, der ›der Vernunft lauscht‹. Überdies zeigt die Magd mit dem Köcher eine Familienähnlichkeit mit der Gestalt der ›Ehelichen Treue‹ auf der ›d'Avalos‹-Allegorie; da sie jedoch verführerischer gekleidet ist, könnte man sie passender ›Eheliche Liebe‹ nennen. Ihre energische, ernste Gefährtin, die in ein Jagdkostüm mit Schulterriemen gekleidet ist, soll offensichtlich den Gedanken an eine Diana nahelegen, die Göttin der Keuschheit.

Somit enthält auch Tizians ›Erziehung Amors‹ alle notwendigen Bestandteile eines Hochzeitsbildes. Die Heldin ist nicht weniger individuell dargestellt als die der ›Allegorie des Marquis Alfonso d'Avalos‹; und welches Thema könnte angemessener sein als ›Die Wahl der Schönheit zwischen dem blinden Amor und der hellsichtigen Liebe‹ – oder, um die Lieblingsausdrücke der Zeit zu gebrauchen, zwischen Eros und ›Anteros, Amor Virtutis‹[130], besonders, da die Eheliche Liebe und die Keuschheit anwesend sind, um eine weise Entscheidung zu garantieren?

Es bleibt aber noch das Problem, für die Hauptfigur einen passenden Namen zu finden. Als konkreter Mensch ist sie natürlich eine schöne Braut, die dem blinden Gott mutwilliger Abenteuer Lebewohl sagt.[131] Aber wer ist sie als ›Symbolgestalt‹?

Francucci, wiederum unser frühester Zeuge, identifiziert sie als Venus und nennt die beiden Mägde »zwei der Liebe feindliche Nymphen«, die darauf erpicht sind, den »hinterlistigen Amor mit den verbundenen Augen« zu besiegen. Er weiß sogar ihre Namen: eine ist *»Dori, Ninfa pudica e bella«* und die andere, »zur Jagd gerüstet«, ist *»Armilla, gloria dell'honestate«*.[131a] Diese Deutung wurde von Jacopo Manilli (1650) gebilligt, der das Bild kurz als *»una Venere con due Ninfe«* verzeichnet[132], wogegen Carlo Ridolfi (1648) das Sujet als *»le Gratie con Cupidine et alcune pastorelle«* beschreibt.[133] Ridolfis Interpretation – ungenau auch vom Standpunkt des rein Faktischen, denn auf dem Bilde gibt es nicht mehr als fünf Figuren – ist von den modernen Kunsthistorikern abgelehnt worden, die sich mehr oder weniger auf Manillis *Venere* geeinigt haben. Gegen die Identifizierung der Hauptgestalt als Venus ist in der Tat nichts einzuwenden, um so weniger, wenn diese Venus – die sich von Eros ab- und Anteros zuwendet – als Ἀφροδίτη Ἀποστροφία oder ›Venus Verticordia‹ gedeutet wird, die als die »dritte Venus neben der himmlischen und der irdischen« angesehen und verehrt wurde, weil sie »sich unkeuschen Wünschen widersetzt, die Seele von ihnen befreit und den Sinn der Mädchen und Frauen von fleischlicher Liebe zur Reinheit wendet«.[134]

Doch kann Ridolfis überraschende Behauptung, obgleich sie vielleicht einem bloßen Mißverständnis der wiederholten Hinweise Francuccis auf die drei Grazien zuzuschreiben ist[134a], eine frühere Deutung widerspiegeln, die, wenn sie im Lichte der Renaissance-Ideen betrachtet wird, mit der Venus-Theorie sehr gut vereinbar ist. Denn während die gängigen mythographischen Quellen die drei Grazien als so etwas wie die Dienerinnen der Venus oder ihre ›Zofen‹ schildern *(pedissequae)*, waren die platonisierenden Humanisten der Renaissance darauf gekommen, ihr Verhältnis zu Venus auf philosophischere Weise zu interpretieren. Man stellte sich die drei Grazien als Modifikationen der Wesenheit vor, die Venus war, dergestalt, daß sie als eine ›Dreiheit‹ dessen bezeichnet wurden, wovon Venus die ›Einheit‹ war: man glaubte, sie verkörperten die Dreifaltigkeit der Venus, d. h. der höchsten Schönheit, auf dieselbe Weise, wie Gott-Vater, Sohn und Heiliger Geist als die Dreifaltigkeit Gottes betrachtet werden. So war es möglich, ihre herkömmlichen Namen (Aglaia, Euphrosyne, Thalia) durch andere zu ersetzen, die ihre Wesensgleichheit mit Venus direkt ausdrückten. Sie wurden zum Beispiel *Pulchritudo, Amor* und *Voluptas* oder *Pulchritudo, Amor* und *Castitas* genannt (beide Benennungen sind auf Medaillen von Niccolò Fiorentino zu finden, Abb. 124)[135], und das nicht trotz, sondern aufgrund der Tatsache, daß es normalerweise ein Vorrecht von Venus selbst war, mit *pulchritudo* gleichgesetzt zu werden. Von daher gesehen besteht nur ein kleiner Unterschied zwischen den beiden Interpretationen der ›Erziehung Amors‹ von

Tizian. In beiden Fällen wäre die Dame, die ihre Wahl zwischen dem blinden Amor und der hellsichtigen Liebe trifft, eine Verkörperung der Schönheit, ob nun die drei Hauptfiguren gedeutet werden – wie, meine ich, es die angemessenste Einschätzung ist – als Venus Verticordia, die von zwei *ninfe* begleitet wird, die ›Eheliche Liebe‹ und ›Keuschheit‹ bedeuten, oder aber als die ›Grazie‹ *Pulchritudo,* die von ihren ›Schwestern‹ *Voluptas* und *Castitas* begleitet wird.[136]

Anmerkungen

1 Zum Florentiner Neoplatonismus vgl. insbesondere Arnaldo della Torre, Bibl. 360, und, jüngst erschienen, N. A. Robb, Bibl. 286 (mit nützlicher Bibliographie). Zu Ficino im besonderen vgl. G. Saitta, Bibl. 293, und, jüngst erschienen, H. J. Hak, Bibl. 133; des weiteren E. Cassirer, Bibl. 59, passim.

2 Die Renaissance hatte sich Platon noch über die Schriften seiner Nachfolger zu nähern, und nicht vor Leibniz wurde eine grundlegende Unterscheidung zwischen platonischen und neoplatonischen Elementen gemacht oder auch nur postuliert; vgl. R. Klibansky, Bibl. 165. Es ist interessant zu bemerken, daß Ficino mit 22 Jahren bereits Jamblichus, Proclus, Dionysius Pseudo-Areopagita und ›Hermes Trismegistos‹ verarbeitet hatte, während Platon nur *»winkte hem van verre«* (H. J. Hak, Bibl. 133, S. 18).

3 Vgl. E. R. Goodenough, Bibl. 120.

4 Vgl. Ficinos Brief an den Erzbischof Giovanni Niccolini, zitiert von H. J. Hak, Bibl. 133, S. 63.

5 Die folgende flüchtige Zusammenfassung des ficinianischen Systems soll natürlich nur die Begriffe hervorheben, die sich für den Zweck dieser Untersuchung als wichtig erweisen werden.

6 Ficino, *Dialogus inter Deum et animam theologus,* Bibl. 90, S. 610 (übersetzt bei E. Cassirer, Bibl. 59, S. 201): *»Coelum et terram ego impleo et penetro et contineo. Impleo, non impleor, quia ipsa sum plenitudo. Penetro, non penetror, quia ipsa sum penetrandi potestas. Contineo, non contineor, quia ipsa sum continendi facultas.«*

7 Ficino, *Theolog. Platon.,* X, 7, Bibl. 90, S. 234: *». . . divinus influxus, ex Deo manans, per coelos penetrans, descendens per elementa, in inferiorem materiam desinens . . .«*

8 Ficino, a. a. O., IX, 4, S. 211 (zitiert von E. Cassirer, Bibl. 59, S. 141).

9 Zur Verknüpfung von Saturn mit *mens* und der Kontemplation und von Jupiter mit *anima-ratio* und dem tätigen Leben siehe E. Panofsky und F. Saxl, Bibl. 253. Eine der knappsten und klarsten Darstellungen dieser Lehre findet man in Pico della Mirandolas Kommentar zu Benivieni, Bibl. 267, I, 7, fol. 10 und II, 17, fol. 30, v. Sogar die Kastration Uranus' durch Saturn konnte als symbolischer Ausdruck dafür gedeutet werden, daß das All-Eine (Gott), nachdem es den Weltgeist hervorgebracht hatte, zu erzeugen aufhörte, wogegen die Kastration Saturns durch Jupiter weggelassen werden mußte: Jupiter fesselt ihn nur, was bedeutet, daß die *mens* unveränderlich (kontemplativ), die *anima-ratio* hingegen *mobilis per se* (tätig) ist. Zur weiteren Unterrichtung über Picos Kommentar zu Benivieni siehe N. A. Robb, Bibl. 286, S. 60f., 297, 305f.

10 Ficino, *In Convivium Platonis Commentarium* (fortan als *Conv.* zitiert), II, 3, Bibl. 90, S. 1324. Aus dieser Definition folgt, daß der orthodoxe Neoplatonismus Plotins Einwänden gegen die übliche, rein phänomenale Begriffsbestimmung der Schönheit als harmonisches Verhältnis der Teile in Beziehung auf das Ganze und zueinander, in Verbindung mit angenehmer Farbe,

beipflichten mußte; vgl. z. B. Ficino, *Conv.*, V, 3, Bibl. 90, S. 1335, oder sein Kommentar zu Plotin, *Ennead.*, I, 6, Bibl. 90, S. 1574, wo auch die Überlegenheit der optischen Schönheit gegenüber der akustischen betont wird: *»pulchritudo est gratia quaedam quae magis est in his, quae videntur, quam quae audiuntur, magis etiam, quae cogitantur, neque est proportio.«* Zum Konflikt der neoplatonischen mit der ›phänomenalen‹ Definition der Schönheit in den Kunsttheorien des 16. Jahrhunderts siehe E. Panofsky, Bibl. 244, S. 27ff., 55ff., 122ff. Zur Bewertung optischer und akustischer Schönheit siehe S. 232, Anm. 69.

11 Von da aus gesehen wird die Grenzlinie zwischen Wissenschaft und Magie so fließend wie die zwischen der Freude an irdischer Schönheit und der Verehrung göttlicher Güte. Für Ficino ist ein zweckvoller Gebrauch der Kräfte der Gestirne, selbst die Anfertigung astrologischer Talismane, im wesentlichen identisch mit dem Gebrauch der Pflanzen in der Medizin, weil auch diese ihre Fähigkeiten den Himmelskörpern verdanken.

12 Pico, I, 9, Bibl. 267, fol. 12ff. und passim.

13 Ficino, Kommentar zu Plotin, *Ennead.*, II, 4, Bibl. 90, S. 1642ff., insbes. Kapitel 7, 11, 13 und 16. Ficinos Plotinkommentare sind in der Oxforder Plotin-Ausgabe von G. F. Creuzer, 1835, abgedruckt.

14 Ficino, Kommentar zu Dionys. Areopag., Bibl. 90, S. 1084: *»Materia neque malum est, neque proprium bonum, sed aliquid necessarium.«*

15 Ficino, Kommentar zu Plotin, *Ennead.*, I, 8, Bibl. 90, S. 1581ff., insbesondere Kapitel 8 (*»Quomodo materia est causa mali«*) und 10.

16 Ficino, Kommentar zu Plotin, *Ennead.*, II, 4, Kapitel 16, Bibl. 90, S. 1654. Die Materie ist *»non* simpliciter *quasi nihilum, sed extrema ad primum ens oppositio ... Proinde, cum acceptis bonis, id est formis, adhuc restet informis ..., formarumque iacturae sit prona, merito adhuc dicitur esse malum«*.

17 Ficino, Kommentar zu Plotin, *Ennead.*, I, 8, Kapitel 8, Bibl. 90, S. 1587: *»Formae quidem sub coelo a coelestibus longe degenerant. Illinc* (müßte heißen: *Illic*) *enim purae sunt et integrae et efficaces, passionis expertes, neque pugnaces. Hi* (müßte heißen: *Hic*) *autem commixtione aliqua inquinatae mancae, inefficaces, innumeris subditae passionibus, et, siquid agunt, ad perniciem inter se pugnantes.«*

18 N. A. Robb, Bibl. 286, S. 66.

19 Christoforo Landino, Bibl. 179, fol. L 3, v. Weitere einschlägige Passagen siehe unten.

20 Die in diesem Diagramm verwandten Begriffe sind hauptsächlich entnommen: Ficino, Kommentar zu Plotin, *Ennead.*, I, 1, Bibl. 90, S. 1549ff. und *De vita triplici*, III, 22, Bibl. 90, S. 564.

21 Ficino, Kommentar zu Plotin, *Ennead.*, III, 2, Bibl. 90, S. 1619: *»Quomodo anima rationalis non subest fato, irrationalis verso subest.«* Vgl. auch S. 1673ff.

22 Ficino, *Theolog. Platon.*, VIII, 16, Bibl. 90, S. 200, zitiert von E. Cassirer, Bibl. 59, S. 74.

23 Ficino, *In Platonis Alcibiadem Epitome*, Bibl. 90, S. 133: *»Est autem homo anima rationalis, mentis particeps, corpore utens.«*

24 Ficino, *Theolog. Platon.*, III, 2, Bibl. 90, S. 119, wo die menschliche Seele *»essentia tertia et media«* genannt wird.

25 Vgl. N. A. Robb, Bibl. 286, S. 67ff.; H. J. Hak, Bibl. 133, S. 93ff.; E. Cassirer, Bibl. 59, S. 68ff. Über Picos berühmte *›Oratio de hominis dignitate‹*, wo dieser Begriff großartig entwickelt wird, siehe insbesondere E. Cassirer, ebd., S. 90.

26 Ficino, *Theolog. Platon.*, II, 2.

27 Ficino, *Quaestiones quinque de mente*, Bibl. 90, S. 680.

28 Ficino, Brief an Locterius Neronius, zitiert S. 296, Anm. 76.

29 Siehe z. B. Landino, Bibl. 179, fol. A 5v/A 6. Die menschliche Seele, in *»hanc ultimam faecem«* gestürzt, bleibt von ihrem Sturz betäubt, bis sie eine Erinnerung an ihren früheren Zustand wiederfindet, »jedoch dunkel«. Diese Erinnerung verursacht ihren *»ardor divinarum rerum«*, den sie innerhalb der Grenzen ihrer leiblichen Existenz zu stillen sucht, aber erst nach dem Tode

kann diese Sehnsucht enden: »*At vero cum iam omni mortalitate exuti fuerint animi nostri, et in simplicem quandam naturam reversi, tum demum diuturnam sitim dei cognoscendi non modo sedare, sed penitus extinguere licebit.*«

29a Für die Florentiner Neoplatoniker war es selbstverständlich, die platonische Idee der Präexistenz und Wiedergeburt mit dem Dogma der Auferstehung im christlichen Sinne zu verbinden. C. Tolnay, Bibl. 355, zitiert (S. 306, Anm. 1) eine Passage aus Ficinos Kommentar zu Platons *Phaidon:* »*ubi videtur* (d. h. Plato) *mortuorum resurrectionem vaticinari*«; im Princetoner Exemplar von Landinos *Quaestiones Camaldulenses,* IV, fol. L. 6v (wo Alberti die platonische Theorie der Wiedergeburt erläutert) hat eine Hand des frühen 16. Jahrhunderts *in margine* hinzugesetzt: »*Opinio Platonis de resurrectione*«.

30 Landino, Bibl. 179, fol. A 5v/A 6. Wenn die Seele jene ›blasse Erinnerung‹ an ihre frühere Existenz wiedergefunden hat, »*iustitiaque ac religione, veluti duabus alis suffulta, se in altum erigit, atque dei lucem, quoad animi acies contagione corporis hebetata patitur, non sine summa voluptate intuetur*« (vgl. auch a. a. O., fol. K 2v/3, mit einer instruktiven Erklärung der ›*duae alae*‹: »*totidem virtutum genera, et aes, quae vitae actiones emendant, quas uno nomine iustitiam nuncupat, et eas, quibus in veri cognitionem ducimur, quas iure optimo religionem nominant* ...«). Zum platonischen Ursprung der Deutung der Gerechtigkeit nicht als ›spezielle Tugend neben Umsicht, Seelenstärke und Enthaltsamkeit‹, sondern als ›jene fundamentale Kraft in der Seele, die jeder von ihnen ihre besondere Aufgabe zuweist‹, und zur Bedeutung dieser Auffassung für das Programm der ›Stanza della Segnatura‹ siehe E. Wind, Bibl. 405.

31 Landino, Bibl. 179, fol. A 5v: »*Laudat igitur* (nämlich Vergil) *eos qui diuturna investigatione varias disciplinas atque scientias exogitarunt ... Sed ut ne alterum vitae genus inhonoratum relinqueret, et rectas actiones sic persequitur:*

›Hic manus ob patriam pugnando vulnera passi,
Quique sacerdotes casti, dum vita manebat,
Quique pii vates et Phoebo digna locuti‹.«

Ein ähnlicher Kommentar zur selben Passage (Aen. VI, 660 ff.) ist im vierten Dialog, fol. L 5, zu finden.

32 Landino, Bibl. 179, fol. C 2: »*Sorores enim sunt, sub eodem tecto habitant Maria atque Martha, amboe deo placent, Martha ut pascat, Maria ut pascatur ... Quapropter haerebimus Marthae, ne humanitatis officium deseramus; multo tamen magis Mariae coniungemur, ut mens nostra Ambrosia Nectareque alatur.*« Im Kern bekräftigt diese versöhnliche Erklärung die Einrede zugunsten der vita contemplativa, fol. B 2: »*Vides igitur minime contemnendam esse vitam, quae in agendo versatur. Maxime enim naturam humanam contingit suaque industria suisque laboribus mortalium genus inter sese suavi vinculo colligat et, ut iustitiam et religionem colat, efficit. Verum, cum mens nostra (qua sola homines sumus) non mortali actione sed immortali cognitione perficiatur ...: Quis non viderit speculationem esse longe anteponendam?*«

33 Pico, II, 7, Bibl. 267, fol. 23.

34 Ficino, *De vita triplici,* I, 6, Bibl. 90, S. 498.

35 Vgl. z. B. Pico, a. a. O.: »*Con questo viso vidde Moyse vidde Paolo, viddono molti altri eletti la faccia de Dio, et questo e quello che nostri Theologi* (d. h. die Neoplatoniker) *chiamano la cognitione intellettuale, cognitione intuitiva.*«

36 Ficino, *Conv.,* VII, 14 und 15, Bibl. 90, S. 1361 ff.; vgl. den Kommentar zu Platon, *Phaidros,* IV ff., ebd., S. 1365 ff. und verschiedene andere Passagen.

37 Ficino, *Conv.,* II, 8, Bibl. 90, S. 1327; vgl. B. Castiglione, *Il Cortigiano,* wo die Liebe ›vital morte‹ genannt wird (zitiert in N. A. Robb, Bibl. 286, S. 193).

38 Ficino, *De Christian. Relig.,* XV, Bibl. 90, S. 29 und *Concordia Mosis et Platonis,* ebd., S. 866 ff.

39 Zur neoplatonischen Theorie der Liebe siehe insbesondere E. Cassirer, Bibl. 59, S. 138 ff; H. J. Hak, Bibl. 133, S. 93 ff; N. A. Robb, Bibl. 286, S. 75 ff. (über Ficinos Kommentar zum Symposion) und S. 112 ff. (über Benivieni und Pico).

40 Ficino, Brief an Filippo (nicht Luca) Controni, Bibl. 90, S. 632 (vgl. E. Cassirer, Bibl. 59, S. 139): *»Mitto ad te amorem, quem promiseram. Mitto etiam religionem, ut agnoscas et amorem meum religiosum esse, et religionem amatoriam.«*

41 Ficino, *Conv.*, II, 2, Bibl. 90, S. 1324: *»Quoniam si Deus ad se rapit mundum mundusque rapitur, unus quidem continuus attractus est a Deo incipiens, transiens in mundum, in Deum denique desinens, qui quasi circulo quodam in idem, unde manabit, iterum remeat. Circulus itaque unus et idem a Deo in mundum, a mundo in Deum, tribus nominibus nuncupatur: prout in Deo incipit et allicit, pulchritudo; prout in mundum transiens ipsum rapit, amor; prout in autorem remeans ipsi suum opus coniungit, voluptas.«* Das Verbum *allicere* legt die alte etymologische Ableitung von καλλος (Schönheit) aus καλειν (›rufen‹) nahe, die bei den Neoplatonikern sehr populär war.

42 Pico, II, 2, Bibl. 267, fol. 19, zitiert auf S. 288.

43 Ficino, *Conv.*, I, 4, Bibl. 90, S. 1322: *»Amor sit fruendae pulchritudinis desiderium.«* Die italienische Übersetzung dieser Definition *(»Amore è desiderio di fruire la bellezza«)* ist in allen späteren Abhandlungen und Dialogen über die Liebe endlos wiederholt worden.

44 Pico, II, 2, Bibl. 267, fol. 18, v.

45 Ficino, *Conv.*, II, 7, Bibl. 90, S. 1326 *(»De duobus amoris generibus ac de Duplici Venere«)*, der *locus classicus* der in den folgenden Abschnitten zusammengefaßten Lehre. Vgl. auch den Kommentar zu Plotin, *Ennead.*, III, 5, ebd., S. 1713 ff., insbesondere Kapitel 2 und 3 *(›Geminae Veneres‹)* und Kommentar zu Plotin, *Ennead.*, I, 6, S. 1574 ff., insbesondere Kapitel 4: *»Duplex pulchritudo est . . .«*

46 Ficino, *Comm. in Enn.* I, 6, S. 1574.

47 Zu Picos unficinianischer Deutung der zwei Venusse, siehe S. 230 f., Anm. 51.

48 Ficino, *Conv.*, II, 7, Bibl. 90, S. 1327. Vgl. ebd., VI, 7, S. 1344: *»Sint igitur duae in anima Veneres: prima coelestis, secunda vero vulgaris. Amorem habeant ambae, coelestis ad divinam pulchritudinem cogitandam, vulgaris ad eandem in mundi materia generandam . . . immo vero utraque fertur ad pulchritudinem generandam, sed suo utraque modo.«*

49 Eine detaillierte Beschreibung der Stadien, durch die dieses Ziel erreicht werden kann, verglichen mit den Sprossen der Jakobsleiter, finden wir bei Pico, III, 10, Bibl. 267, fol. 64 ff.: 1) Freude an der sichtbaren Schönheit eines Individuums (Sinne). 2) Idealisierung dieser individuellen sichtbaren Schönheit (Imagination). 3) Ihre Deutung als bloßes Beispiel sichtbarer Schönheit im allgemeinen (Vernunft, angewandt auf die Seherfahrung). 4) Deutung sichtbarer Schönheit als Ausdruck moralischer Werte (*›Conversione dell'anima in se‹*, die Vernunft kehrt sich von der Seherfahrung ab). 5) Deutung dieser moralischen Werte als Spiegelungen metaphysischer (die Vernunft dankt sozusagen zugunsten des Geistes ab). 6) Deutung der metaphysischen Werte als Funktionen einer einzigen universalen und intelligiblen Schönheit (der Geist des Menschen verbindet sich mit dem Weltgeist). Man wird bemerken, daß in diesem System (das die Phantasie der metaphysischen Dichter viele Jahrhunderte lang beschäftigte) der Aufstieg von Stufe 4 zu Stufe 6 in einer immateriellen Sphäre den von Stufe 1 zu Stufe 3 wiederholt, so daß die bloße Liebe zur ›inneren Schönheit‹ jedes Individuums, ganz zu schweigen von seinen moralischen Werten, noch nicht die Vollendung platonischer Liebe ausmacht; vgl. Pico, II, 10, Bibl. 267, fol. 24, v.

50 Ficino, *Conv.*, IV, 8, Bibl. 90, S. 1345: *»Amor . . . omnis incipit ab aspectu. Sed contemplativi hominis amor ab aspectu ascendit in mentem. Voluptuosi ab aspectu descendit in tactum. Activi remanet in aspectu . . . Contemplativi hominis amor divinus, activi humanus, voluptuosi ferinus cognominatur.«* Vgl. ebd., II, 7, S. 1327: *»Siquis generationis avidior contemplationem deserat, aut generationem praeter modum cum feminis, vel contra naturae ordinem cum masculis prosequatur, aut forman corporis pulchritudini animae praeferat, is utique dignitate amoris abutitur.«*

51 Ficino, *Conv.*, VII, 3, Bibl. 90, S. 1357. Ficino, der Arzt, war selbstverständlich mit der

medizinischen Theorie vertraut, daß die nicht kontrollierbare Liebe eine Form des Wahnsinns, *hereos* genannt, sei (vgl. J. L. Lowes, Bibl. 202). Die Scheidung zwischen göttlicher, menschlicher und tierischer Liebe findet man auch bei Pico, II, 5, Bibl. 267, fol. 20v/21 und sehr ausführlich II, 24 und 25, fol. 36v ff. Es besteht jedoch der folgende Unterschied: Ficino kann seine drei Arten von Liebe behandeln, ohne die Anzahl der von Platon und Plotin erörterten Venusse erhöhen zu müssen, weil er den *amor ferinus* dadurch erledigt, daß er ihn einfach eine Art Geisteskrankheit nennt, die weder mit Venus, noch mit den Fähigkeiten der menschlichen Seele irgend etwas zu tun hat. Pico, ein weniger orthodoxer Platoniker und weniger dazu geneigt, moralische Probleme vom medizinischen Standpunkt aus zu betrachten, wollte die drei Formen der Liebe mit den drei psychischen Fähigkeiten in Verbindung bringen. Folglich brauchte er diesen Fähigkeiten entsprechend drei Venusse und führte eine ›Zweite Himmlische Venus‹ ein, die ihm zufolge die Tochter Saturns ist und so eine Mittelstellung zwischen Platons ’Αφροδιτη Ουρανια (Tochter des Uranos) und ’Αφροδιτη Πανδημος (Tochter von Zeus und Dione) einnimmt. Die letztere hört somit auf, eine ›ehrenwerte und preisenswerte‹ Gestalt zu sein. Eine gewisse Rechtfertigung dafür könnte darin gefunden werden, daß die Mythographen sich nicht darüber einigen konnten, ob das Meer, aus dem die mutterlose Venus aufgetaucht war, durch die Genitalien Uranus’ oder Saturns befruchtet worden sei (vgl. z. B. Mythographus III, I, 7, Bibl. 38, S. 155). Auf einer Übersichtstabelle würde sich der Unterschied zwischen Pico und Ficino folgendermaßen zeigen:

	FICINO		PICO	
Arten der Liebe	Entsprechende Fähigkeiten der menschlichen Seele	Entsprechende Venus	Entsprechende Fähigkeiten der menschlichen Seele	Entsprechende Venus
Amor divinus (Amore divino)	Mens (intellectus)	Venus Coelestis, Tochter des Uranus	Intelletto	Venere Celeste I, Tochter des Uranus
Amor humanus (Amore humano)	Alle anderen Fähigkeiten der menschlichen Seele	Venus Vulgaris, Tochter von Zeus und Dione	Ragione	Venere Celeste II, Tochter Saturns
Amor ferinus (Amore bestiale)	– – – (Wahnsinn)	– – – (Wahnsinn)	Senso	Venere Volgare, Tochter von Zeus und Dione

52 Eine Abhandlung von Ficinos treuestem Schüler, Francesco Cattani di Diacceto, Bibl. 62, ist nur ein ›Leitfaden‹ der orthodoxen Florentiner Theorie.

53 Vgl. N. A. Robb, Bibl. 286, S. 197ff., und spezieller H. Pflaum, Bibl. 265 durchweg.

54 Zu Bruno, vgl. E. Cassirer, Bibl. 59 passim; zum Einfluß des Florentiner ›Neoplatonismus‹ in England, ders., Bibl. 60.

55 Tomitano, Bibl. 358, zitiert von G. Toffanin, Bibl. 344, S. 137. Zu den ›Dialogen über die Liebe‹ im allgemeinen siehe H. Pflaum, Bibl. 265; N. A. Robb, Bibl. 286, S. 176ff. (mit weiteren Verweisen). Außerdem siehe G. Toffanin, a. a. O.; G. G. Ferrero, Bibl. 89.

56 Erste Ausgabe: Venedig 1505; zweite Ausgabe: Venedig 1515. Vgl. N. A. Robb, Bibl. 286, S. 184ff. mit weiteren Verweisen.

57 Vgl. N. A. Robb, a. a. O., S. 190ff. mit weiteren Verweisen.

58 Der größte Teil dieser Bildung ist Mario Equicola, Bibl. 84 entlehnt (vgl. oben). Zu Equicola, siehe N. A. Robb, Bibl. 286, S. 187ff., wo jedoch die Ausgabe von 1554 irrtümlich die zweite genannt wird, und J. Cartwright, Bibl. 58, passim. Equicolas Abhandlung, bereits 1494 in Latein begonnen, bildet eine Kategorie für sich. Sie ist weder ein philosophischer Traktat, noch ein Kunstwerk, sondern eine Art Enzyklopädie, und sie ist besonders interessant wegen ihrer historischen Einstellung, die zu der Zeit einzigartig ist. Im ersten Buch gibt der Autor nicht nur einen Überblick über die Literatur über die Liebe in der Renaissance von Ficino bis Giovanni Jacopo Calandra (sein Kollege am Hofe Isabella d'Estes), dessen Traktat *Aura* offensichtlich nie im Druck erschien, sondern er faßt auch die Meinungen von Guittone d'Arezzo, Guido Cavalcanti, Dante, Petrarca, Francesco Barberino, Boccaccio, sogar ›Joan de Meun‹ (als Autor des *Roman de la Rose*) und den Troubadours zusammen.

59 N. A. Robb, Bibl. 286, S. 192.

60 Es ist ohne weiteres zu verstehen, daß Spenser mehr von Castigliones *Cortigiano* inspiriert wurde, als von den esoterischen Traktaten der Florentiner Urväter; vgl. den ausgezeichneten Aufsatz von R. W. Lee, Bibl. 186.

61 Ficino, Bibl. 90, S. 1320. Der platonische Freundeskreis pflegte tatsächlich dieses Datum mit einem *Convivium* feierlich zu begehen.

62 Bembos *Asolani* spielen in den Gärten von Caterina Cornaro, der Exkönigin von Zypern, wo der Hochzeit ihrer Lieblingshofdame drei Tage mit Lustbarkeiten und edlen Gesprächen über den Wert der Liebe voraufgehen. Im ersten Buch wird die Liebe herabgesetzt, im zweiten gepriesen und im dritten wird das Problem durch die ›platonische‹ Theorie der zwei Arten von Liebe beigelegt. Ein weiterer Dialog, der in einem Park spielt, ist G. Betussis *Leonora,* abgedruckt bei G. Zonta, Bibl. 413.

63 Abgedruckt bei G. Zonta, a. a. O., Betussis Dialog *Raverta* spielt im Boudoir der venezianischen Dichterin Franceschina Baffa oder Beffa.

64 Gelegentlich wird die Schönheit sogar in Termini mathematischer Proportionen definiert – was vom neoplatonischen Standpunkt aus sehr unorthodox ist (vgl. S. 227f., Anm. 10).

65 Zur platonisierenden Metaphysik des Küssens siehe z. B. N. A. Robb, Bibl. 286, S. 191 und G. Toffanin, Bibl. 344.

66 Vgl. z. B. M. Equicola, Bibl. 84, Buch V, oder V. Cartari, Bibl. 56, S. 454, wo der Unterschied zwischen »*amore dishonesto e brutto*« und »*amore bello e honesto*« letztlich auf die Beziehung unserer Seele zu »*quello che è rio*« und »*le cose buone*« hinausläuft. Diese Auffassung greift auf die Remigius' zurück, wie sie von Mythographus III, II, 18, Bibl. 38, S. 239 zitiert wird: »*Duae autem secundum Remigium sunt Veneres; una casta et pudica, quam honestis praeesse amoribus quamque Vulcani dicit uxorem; dicitur altera voluptaria, libidinum dea, cuius Hermaphroditum dicit flium esse. Itidemque amores duo, alter bonus et pudicus, quo sapientia et virtutes amantur; alter impudicus et malus, quo ad vitia inclinamur*« (die Remigius-Passage wird zitiert bei H. Liebeschütz, Bibl. 194, S. 45).

67 Das trifft besonders auf G. Betussis *Raverta* zu, wo die ›Venere Volgare‹ nach Pico statt nach Ficino charakterisiert wird, und zwar ohne Rücksicht darauf, daß Pico eine zweite ›Venere Celeste‹ als Zwischenform eingeführt hatte.

68 Zu diesem Wiederaufleben des Petrarcismus innerhalb des Systems der platonisierenden Philosophie siehe insbesondere G. Toffanin, Bibl. 344, S. 134ff. und G. G. Ferrero, Bibl. 89. Benedetto Varchi, der Haupt-›Platoniker‹ in der Mitte des 16. Jahrhunderts, zitiert Petrarca fast auf jeder Seite (Bibl. 365, S. 271–457). Folglich machte Aretino sich nicht nur über die neoplatonische Redeweise lustig (*Il Filosofo,* insbesondere V, 4), sondern auch über die zahlreichen Zitate aus Dante und Petrarca, die er in seinen *Raggionamenti* in einen Dialog einfügt, der keineswegs erhaben ist (Bibl. 12 und 13).

69 Es sind oft Parallelen zwischen den großen venezianischen Malern und den beiden Gabrielis

gezogen worden (während Florenz zu der Zeit praktisch keine bedeutende Musik hatte), und es wurde die Aufmerksamkeit auf die enorme Rolle der Musik in den Gemälden von Giovanni Bellini, Giorgione, Tizian und Veronese gerichtet. In diesem Zusammenhang ist interessant zu bemerken, daß Bembo und Betussi das Ohr, nicht das Auge, als Vermittler spiritueller Schönheit und Liebe ansehen (Bembo, *Asolani,* III, Bibl. 26, S. 217; Betussi, *Raverta,* Bibl. 413). Das ist vom orthodoxen Standpunkt aus ein Verbrechen.

70 Vasari, Bibl. 366, Bd. V, S. 427: »*La zuffa di Cupido e d'Apollo, presenti tutti gli Dei*«. Vasari schreibt den Stich – datiert 1545, ein Jahr nach Erscheinen von Ficinos *Convito* (Convivium auf Italienisch) – Enea Vico zu, aber die allgemeine Ansicht scheint Bartschs Zuschreibung an Nicolas Beatrizet beizupflichten (*Le Peintre Graveur,* Bd. XV, S. 262, Nr. 44)

71 *»En Ratio dia, en hominum aerumnosa Cupido*
Arbitrio pugnant, Mens generosa, tuo.

Tu vero hinc lucem factis pratendis honestis,
Illinc obscura nube profana tegis.

Si vincat Ratio, cum sole micabit in astris;
Si Venus in terris gloria fumus erit.
Discite, mortales, tam praestant nubibus astra,
Quam ratio ignavis sancta cupidinibus.«

72 Siehe S. 209.

73 Vgl. E. Panofsky, Bibl. 243, S. 173ff. mit Verweisen auf frühere Interpretationen. Der nunmehr gebräuchliche Titel (*Amore celeste e mondano*), der, relativ gesehen, völlig richtig ist, scheint das erste Mal bei D. Montelatici, Bibl. 219, zu erscheinen.

74 Siehe S. 81.

75 Vgl. z. B. Ripa, Stichwort ›Feconditಠ.

76 Siehe R. van Marle, Bibl. 210, Bd. II, 1932, S. 462. Das Motiv der Falle wird durch Psalm XXV, 15 (Vulgata) begründet: »*Oculi mei semper ad dominum, quoniam ipse evellet de laqueo pedes meos.*« Außerdem zeigt der ›Amour-sacré›-Teppich den Phoenix (›*figura resurrectionis*‹) und den Pelikan (›*figura passionis*‹) und zitiert die folgenden Psalmenverse (vom Weber alle Zahlen verstümmelt): XCVII, 11; XVII, 15; XXX, 1; XVI, 10; CII, 6. Das Gegenstück zeigt ein elegantes Liebespaar im Hintergrund und trägt die Inschriften zahlreicher Schimpfreden gegen Amor von Ovid, Tibull, Seneca, Properz und dem hl. Ambrosius. Der blinde Amor trägt noch immer die Kette aus Herzen um die Taille.

77 Siehe S. 212.

78 Vgl. S. 211ff. Außerdem vgl. Ficino, *Conv.*, 1, 2, 3, Bibl. 90, S. 1321 (›Amor‹ rührt von ›Chaos‹ her), und insbesondere ebd., VI, 3, S. 1341: »*Atque ita amorem ex huiusmodi mixtione medium quendam effectum esse volumus inter pulchrum et non pulchrum, utriusque participem.*« Auf die symbolische Bedeutung der Handlung von Tizians Amor wurde ich von Otto Brendel aufmerksam gemacht.

79 Die Reliefs auf dem Sarkophag, die von Tizian im klassischen Stil nachempfunden wurden, sind noch nicht erläutert worden.

80 Plinius, *Nat. Hist.*, XXXVI, 20 (J. A. Overbeck, Bibl. 236, Nr. 1227). Die Passage ist bei L. G. Gyraldus, Bibl. 127, Bd. I, Sp. 395 und bei M. Equicola, II, 3, Bibl. 84, fol. 60, v zitiert.

81 Zu diesem Bild, das von Mantegna unvollendet hinterlassen und von Lorenzo Costa beendet wurde (nun im Louvre), siehe R. Förster, Bibl. 96, S. 78, 154, 173; ebenso J. Cartwright, Bibl. 58, Bd. I, S. 365ff.

82 Equicola war Isabellas Privatsekretär, und Bembo und Calandra waren sogar direkt mit dem ›Komus‹-Bild befaßt, für das verschiedene Künstler in Erwägung gezogen worden waren, bevor Mantegna den Auftrag annahm: Bembo wurde gebeten, an Giovanni Bellini heranzutreten und

ihn mit der *invenzione* zu versehen, falls er annehmen sollte, und Calandra führte mit Mantegna die Verhandlungen weiter und lieferte die Beschreibung, aus der die *doi-Venere*-Passage zitiert wurde. Das endgültige Programm soll von einem gewissen Paride da Ceresara ausgearbeitet worden sein (vgl. J. Cartwright, Bibl. 58, S. 372).

83 Lukian, De Imaginibus, 23 (Overbeck, Bibl. 236, Nr. 1232).

84 Siehe F. Saxl, Bibl. 297; ebenso W. Artelt, Bibl. 14.

85 Vgl. E. Panofsky, Bibl. 243, S. 176 und Tf. LXIII, Abb. 110 und 111. Der Einfluß der Konstantinmedaille wurde zuerst von G. von Bezold, Bibl. 34, vermutet; zu den Reliefs der Certosa di Pavia siehe J. von Schlosser, Bibl. 303, Tf. XXII und Abb. 14. Zur Herkunft des Typus, der hier in leicht säkularisierter Form erscheint, siehe die Miniatur in Verdun, Bibl. de la Ville, Ms. 119 (unsere Abb. 79), wo ›Kirche‹ und ›Synagoge‹ (letzte halbnackt) beiderseits eines kreisförmigen, brunnenähnlichen Gegenstandes plaziert sind, aus dem ein kleines Kreuz auftaucht.

86 Paris, Bibl. Nat., Ms. Grec. 923, fol. 272. Die Ausdeutung dieser Miniatur, auf die mich Kurt Weitzmann aufmerksam machte, ist bei Basilius, *Homilia dicta tempore famis et siccitatis,* Migne, *Patrol. Graec.*, Bd. 31, Sp. 325 zu finden: weltliches Glück und himmlisches Leben werden mit zwei Töchtern verglichen, von denen die eine lüstern, die andere keusch und mit Christus verlobt ist. Dem Vater wird angeraten, die keusche Tochter, »die dank ihrer angeborenen Tugend mit dem Wesen und dem Titel einer Braut ausgestattet ist«, nicht zugunsten ihrer Schwester zu kurz kommen zu lassen, und ihm wird empfohlen, sie mit »schicklicher Kleidung« zu versehen, »damit sie von ihrem Bräutigam nicht zurückgewiesen wird, wenn sie vor ihm erscheint«.

87 Charakteristische Passagen aus der Bibel sind (neben *Genesis,* III, 7 und IX, 21ff.): *Apokalypse,* III, 18 und XVI, 15; *Jeremia* XIII, 26 und *Nahum,* III, 5. Was die römische Literatur angeht, siehe z.B. Cicero, *Tuscul.*, IV, 33 (70/71) mit einem Zitat von Ennius: *»Flagiti principium est nudare inter cives corpora.«*

88 *Hebr.*, IV, 13: *»Omnia autem nuda et aperta sunt oculis eius.«*

89 Petronius, *Sat.*, 88: *»Priscis temporibus cum adhuc nuda virtus placeret.«* Vgl. Seneca, *De Beneficiis,* III, 18: *»Virtus... non eligit domum nec censum, nudo homine contenta est.«*

90 Horaz, *Carmina,* I, 24, 7.

91 Philostratus, *Imagines,* I, 27 (Amphiaraos).

92 Vgl. z.B. Fulgentius, *Mitologiae,* II, 1, S. 40 Helm: *»Ideo nudae sunt Carites, quia omnis gratia nescit subtilem ornatum«;* Servius, *Comm. in Aen.*, I, 720: *»Ideo autem nudae sunt, quod gratiae sine fuco esse debent«;* Mythographus III, II, 2, Bibl. 38, S. 229: *»Nudae pinguntur, quia gratia sine fuco, id est non simulata et ficta, sed pura et sincera esse debet.«* Diese positive Deutung der nackten Grazien sollte sich in der Dichtung der Renaissance ebenso halten wie die negative Deutung des nackten Amor.

93 *Mirabilia Urbis Romae*, II, 2, Bibl. 217. Es sollte bemerkt werden, daß die hier verwandte Phrase (*»Omnia nuda et aperta«*) ein Zitat aus *Hebr.* Iv, 13 ist.

94 Siehe P. Berchorius, Bibl. 27, Stichwort ›Nudus, Nuditas‹.

95 *Nuditas naturalis* findet man in Szenen der Genesis, beim Jüngsten Gericht, bei Seelen, die ihren Körper verlassen, Wilden und natürlich in Märtyrerszenen und wissenschaftlichen Abbildungen; *nuditas criminalis* in Darstellungen heidnischer Gottheiten, von Teufeln, Lastern und sündigen Menschen. Vgl., um ein paar charakteristische Beispiele zu nennen, die ›mythographischen‹ Darstellungen des nackten Amor (zusätzlich zu den oben erwähnten siehe z.B. P. Kristeller, Bibl. 174, Tf. C); Bilder wie den ›Liebeszauber‹ im Städtischen Museum Leipzig und die Mehrheit der profanen Darstellungen in der Epoche der Gotik, die in den niederen Künsten besonders häufig sind (vgl. R. van Marle, Bib. 210; H. Kohlhaussen, Bibl. 172; W. Bode und W.F. Volbach, Bibl. 39). Zwei schlagende Beispiele sind in *Der Wälsche Gast* zu finden: die von den Lastern geknebelte ›Sündige Seele‹ (A. von Oechelhäuser, Bibl.

232, S. 56, Nr. 80) und die ›Untugend‹ mit ihren Anhängern ebd., S. 59, Nr. 84; in einigen Manuskripten trägt die ›Untugend‹ wie auf unserer Abb. 83 fälschlicherweise die Inschrift ›Dugende‹).

96 G. Swarzenski, Bibl. 332, Tf. 27.

97 Siehe P. Bacci, Bibl. 19, Abb. 26 und 27; A. Venturi, Bibl. 373, Tf. 101 und 102; zum Zusammenhang mit der Skulptur der Antike siehe J. von Schlosser, Bibl. 306, S. 141ff. Trotz Baccis erhellender Bemerkungen (S. 63ff.) besteht immer noch einige Verwirrung, was die Ikonographie der Kanzel angeht (vgl. z. B. W. R. Valentiner, Bibl. 363, S. 76ff.). Wie Bacci gezeigt hat, stellt die nackte Figur nicht die ›Klugheit‹, sondern ›Enthaltsamkeit‹ oder ›Keuschheit‹ dar, während die efeubekränzte Figur, die einen Zirkel und ein Füllhorn trägt (Bacci, Tf. 23), nicht die ›Enthaltsamkeit‹, sondern die 'Klugheit' ist; Bacci verweist zutreffend auf den hl. Ambrosius, *De Paradiso,* wo nebenbei die Herkunft eben des Füllhorns – Symbol des Reichtums – in dem Satz zu finden ist: *»Non enim angusta, sed dives utilitatum prudentia est«* (Migne, *Patrol. Lat.,* Bd. 14, Sp. 297). Desgleichen ist die von den vier Kardinaltugenden getragene Figur, eine gekrönte Frau, die zwei Kinder stillt (Bacci, Abb. 22 und 29), keine Allegorie der Erde oder auch Pisas, sondern sie ist von Bacci zutreffend als Verkörperung der Kirche identifiziert worden. Diese Interpretation kann durch die folgende Passage aus dem maßgeblichsten Kommentar zum *Hohelied Salomons* erhärtet werden: *»Ecclesiae huius ubera sunt duo testamenta, de quibus rudes animae lac doctrinae sumunt, sicut parvuli lac de uberibus matrum sugunt«* (Honorius Augustudun., *Expositio in Cantic.,* I, 1, Migne *Patrol. Lat.,* Bd. 172, Sp. 361; vgl. auch P. Berchorius, Bibl. 27, Stichwort ›Ubera‹). Die einzige noch der Erklärung harrende Figur ist der Hercules (Bacci, Abb. 21), der, im Gegensatz zum Hercules an Nicolo Pisanos Kanzel, nicht für die ›Seelenstärke‹ stehen kann, weil diese Tugend bereits von einer der vier Gestalten wiedergegeben wird, die die Maria-Sponsa-Ecclesia tragen. Er kann den Begriff *virtus generalis* im Gegensatz zu den sieben (oder mehr) besonderen Tugenden symbolisieren. Dieser Begriff war ausgesprochen ›modern‹: im dritten Viertel des 15. Jahrhunderts betrachtete Antonio Filarete die Darstellung der Tugend *»in una sola figura«* noch als ein neues Problem (vgl. E. Panofsky, Bibl. 243, S. 151ff., 187ff.); aber er hatte in Francesco Barberino einen Vorläufer (vgl. S. 165ff.), der zu der Zeit, als Giovanni Pisanos Kanzel entstand, die Ansicht zurückzuweisen versucht hatte, daß die ›Tugend im allgemeinen‹ nicht darstellbar sei, und vorgeschlagen hatte, sie durch eine Samson oder Hercules ähnelnde Figur, die einen Löwen in Stücke reißt, darzustellen (F. Egidi, Bibl. 81, S. 92 und Abb. S. 89).

98 *Psalm* LXXXV, 11. Das früheste dem Autor bekannte Beispiel ist noch immer eine Miniatur im Cod. Pal. lat. 1993 von 1350/51, unsere Abb. 114; vgl. R. Salomon, Bibl. 294, S. 29, Tf. XXXII. Normalerweise wird diese Szene durch zwei in Tücher gehüllte Frauen dargestellt, die einander wie bei einer ›Heimsuchung‹ begegnen, und das trifft auch auf den Utrechter Psalter und seine Ableger zu. Aber in dieser Gruppe von Manuskripten wird der folgende Vers (›Wahrheit sproßt auf aus der Erde, und Gerechtigkeit schaut hernieder vom Himmel‹) durch eine Figurengruppe illustriert, die anscheinend eine nackte Wahrheit enthält: die Wahrheit wird durch ein so gut wie nacktes Kind dargestellt, das von einer Frau, die die Erde bedeutet, hochgehoben wird; vgl. E. T. De Wald, Bibl. 74, S. 38, Tf. LXXVIII, und M. R. James, Bibl. 154, S. 31, fol. 150, v, unsere Abb. 112 (die Frau fälschlich als Wahrheit statt als Erde identifiziert). Jedoch hat De Wald absolut recht mit dem Hinweis, daß von der Darstellungstradition her betrachtet diese Gruppe nichts anderes als eine Jungfrau Maria mit dem Jesuskind ist, wobei Christus, nach Johannes, XIV, 6, *Veritas* ist.

99 Vgl. R. Förster, Bibl. 98, und R. Altrocchi, Bibl. 6.

100 Vgl. R. Förster, Bibl. 98, S. 33f., wo auch die anderen Versionen abgedruckt sind, und R. Altrocchi, Bibl. 6, S. 459 zur Datierung der Übersetzung Guarinis; und S. 487 zum *Triompho della Calumnia* von Bernardo Rucellai. Der fragliche Satz lautet in den verschiedenen Fassungen folgendermaßen:

<table>
<tr><th>Lukian, Calumn., 5</th><th>Guarino Guarini von Verona (1408)</th><th>L. B. Alberti (Lateinische Fassung, 1436)</th><th>Anonyme Übersetzung von 1472 (Berlin, Staatsbibl. Cod. Hamilton 416)</th><th>Bernardo Rucellai, Triompho della Calumnia (um 1493)</th></tr>
<tr><td>επεστρέφετο γουν | d. h., Μετάνοια | εις τουπισω δακρύουσα καὶ μετ' αιδους πάνυ την 'Αλήθειαν προσιουσαν υπέβλεπεν.</td><td>»obortis igitur lacrimis hec (d. h. Penitentia) retrovertitur, ut propius accedentem Veritatem pudibunda suscipiat.«</td><td>»Poenitentia, proxime sequente pudica et verecunda Veritate.«</td><td>»lacrimando si volta indietro la Verità, che ne viene vergognosa et timida raguardando.«</td><td>»La tarda penitentia in negro amanto Sguarda la verità, ch'è nuda e pura.«</td></tr>
</table>

101 Vgl. E. Panofsky, Bibl. 243, S. 174, mit einem Zitat einer Passage aus Alberti (*De re aedificat.*, VI, 2) und seiner klassischen Quelle (Cicero, *De Nat. Deor.*, I, 79). Vgl. auch Properz, *Eleg.*, I, 2, worauf mich Professor Godolphin aufmerksam machte: *»Quid iuvat ornato procedere, vita, capillo Et tenues Coa veste movere sinus? . . .«*

102 Instruktive Beispiele ikonographischer Nacktheit in Ripas *Iconologia* – außer der bereits erörterten ›Felicità Eterna‹ – sind: ›Amicizia‹, ›Anima‹, ›Bellezza‹, ›Chiarezza‹, ›Ingegno‹, ›Sapienza‹, ›Verità‹, ›Virtù heroica‹. In der Ausgabe Venedig 1645 (Bibl. 284) kommt eine Personifizierung der ›Idea‹ hinzu: auch sie ist nackt, um sie als *›sostanza semplicissima‹* zu kennzeichnen (nach Ficino), aber sie trägt einen durchsichtigen, weißen Schleier, um ihre Reinheit anzuzeigen; wie die ›Felicità Eterna‹ und Tizians ›Venere Celeste‹ trägt sie auch eine Flamme.

102a Die Passage in Francuccis *La Galleria del Illustrissimo Signore Scipione Cardinal Borghese,* die eine Zeitlang sich der Verifizierung zu widersetzen schien (vgl. E. Panofsky, Bibl. 243, S. 174), ist von Hanns Swarzenski in der Vatikanischen Bibliothek, Fondo Borghese, S. IV, Tom. 102, fol. 55v identifiziert worden. Strophe 166, im Text übersetzt, lautet:

»Sapea Costei che quanto s'ama e apprezza
Disornata beltà da cor gentile,
Tanto barbaro cor prende vaghezza
Di barbarica pompa a lui simile.
E se pouera è d'or ricca bellezza
Di natie gratie, ei la si prende a utile:
Quasi che d'altro s'adornasse mai
Nel Cielo il sol che de'suoi proprii rai.«

103 Vgl. S. Poglayen-Neuwall, Bibl. 271.

104 Vgl. F. Wickhoff, Bibl. 399.

105 Siehe den überzeugenden Aufsatz von K. Wilczek, Bibl. 400. Wilczek datiert das Bild versuchsweise nicht auf 1533, wie allgemein als gültig angenommen worden war, sondern auf das fünfte Jahrzehnt des Jahrhunderts, was ein wenig zu weit in die entgegengesetzte Richtung zu gehen scheint.

106 Gemälde von Dirk Zandvoort, Berliner Privatsammlung; Jacob Rosenberg hat mich darauf aufmerksam gemacht.

107 Ripa, Stichwort ›Concordia‹. Der *fascio* bedeutet *»la moltitudine de gl'animi uniti insieme col vincolo della carità et della sincerità.«* Außerdem Stichwort ›Unione Civile‹. In der Kunst findet man das Bündel als Symbol der Einheit z. B. in Paolo Veroneses ›Virtù Coniugali‹ in der Villa

Barbaro-Giacomelli in Masèr (Abb. in G. Fiocco, Bibl. 91, Tf. XXXVIII) und sogar in Rembrandts ›Eendracht van het Land‹ im Boymans-van Beuningen-Museum in Rotterdam.

108 Vgl. Ripa, Stichwort ›Fede Cattolica‹ (*»Donna . . . che si tenga la destra mano sopra il petto«*), und zahllose Darstellungen des ›Glaubens‹, betender Heiliger etc. Auf Veroneses ›Fedeltà‹ oder ›Glückliche Eintracht‹ (Brit. Mus. Nr. 1326, Abb. bei G. Fiocco, Bibl. 91, Tf. LXXXIX, 2) ist die getreue Dame fast eine Kopie der Gestalt auf Tizians Gemälde; ein Hund, das sprichwörtliche Symbol der Treue (z. B. Ripa, Stichwort ›Fedeltà‹), ist an ihren Gürtel gekettet, während ein Amor versucht, ihn zu befreien (vgl. zu diesem Motiv ein Bild von Sebastiano Ricci, das Amor zeigt, der einen Hund von Venus wegzerrt, betitelt ›Amour jaloux de la Fidélité‹, Bordeaux, Musée, Nr. 56).

109 Plinius, Nat. Hist., XV, 122. Zur Myrte als Pflanze der Venus siehe Pauly-Wissowa, Bibl. 256, Bd. XVI, V, Stichwort ›Myrtos‹, insbes. Sp. 1182. Zu späteren Epochen siehe z. B. Mythographus III, II, 1, Bibl. 38, S. 229; Boccaccio, *Geneal. Deor.*, III, 22 etc.

110 Ripa, Stichwort ›Speranza divina e certa‹.

111 Ripa, Stichwort ›Speranza‹ II: *»La ghirlanda di fiori . . . significa Speranza, sperandosi i frutti all'apparire, che fanni i fiori.«*

112 Ripa, Stichwort ›Amicizia‹ II: *»La rosa significa la piaccevolezza quale sempre deve essere tra gli amici, essendo fra loro continua unione di volontà.«*

113 Vgl. z. B. Ripa, Stichwort ›Scienza‹: *»La palla dimostra che la scienza non ha contrarietà d'opinioni, come l'orbe non ha contrarietà di moto.«*

114 Ripa, Stichwort ›Miseria Mondana‹ (eine Frau, deren Kopf in einer Kugel aus durchsichtigem Glas steckt): *»Il vetro . . . mostra la vanità delle cose mondane per la fragilità sua.«*

115 Zwei von diesen Variationen abgebildet bei O. Fischel, Bibl. 94, S. 212. So populär war das ›D'Avalos‹-Bild, daß es sogar als Fayence kopiert wurde (Rom, Palazzo Venezia, wobei die Glaskugel gegen eine Wassermelone ausgetauscht ist).

116 Frankfurt, Städelsches Kunstinstitut, Nr. 893. Wie auf dem Bild von Sebastiano Ricci ist Amor in einen Kampf mit einem Hund verwickelt, der in diesem Fall der Angreifer ist.

117 Wien, Kunsthistorisches Museum, Nr. 233. Ich möchte Frau Eleanor C. Marquand dafür danken, daß sie die ›Zitrone‹ auf diesem Bild als Quitte identifiziert und mich auf eine große Zahl von Texten aufmerksam gemacht hat, die die alte Sitte bezeugen, die angeblich durch ein Gesetz des Solon sanktioniert war, nämlich Paare an ihrem Hochzeitstag mit einem Quittengericht zu beschenken; vgl. z. B. Ripa, Stichwort ›Matrimonio‹ und H. N. Ellacombe, Bibl. 83, S. 234f. Das andere Bild von Bordone (Wien, Nr. 246) zeigt Mars, der Amor entwaffnet, während Venus einen Myrtenstrauß an ihren Busen hält und eine junge Frau mit weiteren Myrtenzweigen beschäftigt ist.

118 Dulwich Gallery, Abb. bei R. Oldenbourg, Bibl. 234, S. 330.

119 Vgl. Roscher, Bibl. 290, Stichwort ›Ares‹, insbesondere Sp. 646, und ›Harmonia‹. Prof. Godolphin hat mich auf eine alte Überlieferung aufmerksam gemacht, nach der Hephaistos wiederum nicht mit Aphrodite, sondern mit Charis verheiratet war (Homer, *Il.* XVIII, 382), oder mit Aglaia (Hesiod, *Theogon.*, 945).

120 Vgl. z. B. Mythographus I, 150.151 und Mythographus II, 78, wo Harmonia fälschlich Hermione genannt (was beinahe die allgemeine Regel in der mittelalterlichen Literatur ist) und außerdem als *»ex Martis et Veneris* adulterio nata« bezeichnet wird.

121 Siehe z. B. Natalis Comes, Bibl. 67, IX, 14, S. 1007ff. Natale Conti gibt den richtigen Namen an, bleibt aber bei *»adulterio nata«,* obgleich er die Passage aus Hesiod zitiert.

122 Das schöne kleine Gedicht wurde publiziert von C. R. Holtzinger, Bibl. 147. Zu Planudes, dem bekannten Kompilator der *Anthologia Graeca,* Übersetzer vieler lateinischer Werke ins Griechische und eine Zeitlang byzantinischer Gesandter in Venedig, siehe K. Krumbacher, Bibl. 175, S. 543ff.

123 Vgl. S. 94, Anm. 77.

124 Statius, *Thebais,* III, 295ff. wird zitiert von V. Cartari, Bibl. 56, S. 266, am Schluß seines Kapitels über Venus.

125 Vgl. z. B. Pico, II, 6, Bibl. 267, fol. 22, oder Ficino, *Conv.*, V, 8, Bibl. 90, S. 1339: *»Diis aliis, id est planetis aliis, Mars fortitudine praestat ... Venus hunc domat ... Martis, ut ita dicamus, compescit malignitatem ... Mars autem Venerem nunquam domat ... Mars iterum sequitur Venerem, Venus Martem non sequitur, quoniam audacia amoris pedissequa est, non amor audaciae.«*

126 Siehe H. Stuart Jones, Bibl. 157, Tf. 73, und S. Reinach, Bibl. 277, Bd. I, S. 346 (erwähnt bei J. J. Bernouilli, Bibl. 32, Bd. II, 2, 1891, S. 249). Vgl. auch S. Reinach, a. a. O., Bd. I, S. 165 und Bd. III, S. 257. Ich möchte Prof. Margarete Bieber dafür danken, daß sie meine Aufmerksamkeit auf diese Gruppen gelenkt hat.

127 Es besteht jedoch ein Unterschied zwischen einem bedeutenden Meister, der auf seine eigenen Erfindungen zurückgreift und sie umgestaltet, und mittelmäßigen Nachahmern, die derartige *pasticci* zusammenbrauen, wie die ›Erziehung Amors‹, die von W. R. Valentiner, Bibl. 364, Bd. I, 1930, Tf. 25 publiziert wurde (jetzt Chicago Art Institute), und ihre Verwandten in Genua und München (Alte Pinakothek, Nr. 484, ehemals 1116, von Morelli mit Recht als »nicht einmal ein Schul-Bild« charakterisiert; vgl. G. Morelli, Bibl. 223, S. 61).

128 Th. Schreiber, Bibl. 308, Tf. IX, XXVIII und LXV; C. Robert, Bibl. 287, Bd. II, Abb. S. 17.

129 Diese Deutung oder eine sehr ähnliche ist bereits im Katalog der *Mostra di Tiziano,* Bibl. 369, Nr. 84 vorgeschlagen worden: »... *si vede Venere che benda Amore a prima di lasciarli andare, forse per quello che dietro le spalle le susurra Imene, dubita se stringer la benda.«* Alle anderen Interpretationen, soweit sie dem Autor bekannt sind, sind ziemlich abwegig. Auch L. Venturis reizvolle Hypothese, der zufolge das Thema Apuleius, *Metam.*, V, 29 (Bibl. 374a) entlehnt sei, ist nicht überzeugend. Apuleius' Erzählung setzt einen halbwüchsigen Amor, kein kleines Kind voraus, und sie erklärt nicht das Motiv des Augen-Verbindens. Außerdem sind Venus' Drohungen, »einen anderen Sohn, besser als du hegen« zu wollen oder »einen meiner kleinen Diener (zu) adoptieren, dem ich die Flügel, Flammen, Pfeil und Bogen übergeben werde, die ich dir gab, damit er besseren Gebrauch von ihnen macht«, nicht ausgeführt.

130 Es besteht eine gewisse Ähnlichkeit zwischen Tizians Gemälde in der Galleria Borghese und dem wohlbekannten Wandbild aus Pompeji, ›Bestrafung Amors‹ genannt (unsere Abb. 122), wo ein Amor Venus über die Schulter blickt, während ein zweiter, der dazu verurteilt ist, als *fossor* zu arbeiten, von einer strengen Frau fortgezogen wird, die verschiedentlich wiederum als Venus, als Peitho oder Nemesis gedeutet wird (P. Hermann, Bibl. 144, beigefügte Tafel und S. 5ff.; R. Curtius, Bibl. 69, S. 280ff., Abb. 165 und 166; O. Jahn, Bibl. 152, insbesondere S. 166). Eine andere Version (P. Hermann, a. a. O., Textband, Abb. 7) zeigt Venus allein mit zwei Amors. Meiner Meinung nach stellt diese Komposition die Bestrafung Eros' dar, einer Beschwerde Anteros' folgend, der, wir erinnern uns, Unaufrichtigkeit in Liebesangelegenheiten zu verhindern oder zu verfolgen hatte. Das würde Curtius' Identifizierung der zweiten Frau als Nemesis erhärten, die als Mutter Anteros' betrachtet wurde und wie ihr Sohn besonders interessiert war, Liebenden Gerechtigkeit widerfahren zu lassen (vgl. Pausanias, *Periegesis,* I, 33, 6).

131 Zur Auffassung der Heirat als eines ›Lebewohls an Amor‹ (der Gedanke ist, daß die Braut jede Menge Liebhaber haben könnte, wenn sie nur wollte, es aber vorzog, sich auf einen würdigen Ehemann zu beschränken) siehe E. Panofsky, Bibl. 242, S. 199, Anm. 3.

131a S. Francucci, la Galleria del Illustrissimo Signore Scipione Cardinal Borghese, fol. 111ff. Die Beschreibung ist sehr lang (mehr als 20 Strophen), weil Francucci seine Armilla dazu verwendet, die unerläßliche Schilderung idealer weiblicher Schönheit vorzubringen. Der *»perfido Amor bendato«* erscheint in Strophe 400, und in Strophe 401 sagt der Autor von Armilla: »... *non è Amor mai cieco, qual'hor apre i begli occhi, o, ch'egli è teco.«*

132 Jacopo Manilli, Bibl. 208, S. 64.

133 Carlo Ridolfi, Bibl. 283, Bd. I, S. 197. G. P. Lomazzo, VII, 10, Bibl. 199, S. 570, scheint das Borghese-Bild mit anderen Darstellungen der Venus zu verwechseln, wenn er schreibt: *»Fu dipinto* (d. h. Amor) *dal nostro Ticiano appoggiato sopra la spalla di Venere con le altre stagioni, la primavera ornata di verde, co'l specchio in mano, li colombi à piedi di Cupido.«*

134 Siehe Roscher, Bibl. 290, Stichwort ›Verticordia‹. Die der Renaissance bekannten *loci classici* (vgl. z. B. L. G. Gyraldus, Bibl. 127, Bd. I, Sp. 390, und V. Cartari, Bibl. 56, S. 260) sind: Pausanias, *Periegesis,* IX, 16, 2; Valerius Maximus, *Fact. et* Dict., VIII, 15 und Ovid, *Fasti* IV, 157 ff. Cartaris Darstellung lautet folgendermaßen: *»E come che da Venere venghino non meno gli honesti pensieri che le lascive voglie, le votarono già i Romani . . . un tempio, acchiocch'ella rivoltasse gli animi delle donne loro . . . à più honeste voglie, et la chiamarono Verticordia . . . Et era questa Venere de'Romani simile a quella che da'Greci fu chiamata Apostrofia . . . perchè era contraria à dishonesti desiderii, et rimoveva dalle menti humane le libidinose voglie . . . Apresso di costoro* (d. h. Thebani) *fù anco una Venere celeste, dalla quale veniva quel puro e sincero Amore, che in tutto è alieno dal congiungimento de i corpi, et un'altra ve ne fù, detta popolare et commune, che faceva l'Amore, d'onde viene la generatione humana.«* Es ist interessant zu bemerken, daß der klassische Typus der Venus mit einem Amor, der an ihrer Schulter ruht, zu Recht oder Unrecht mit dieser Venus Verticordia gleichgesetzt worden ist (vgl. Roscher, Bibl. 290; O. Jahn, Bibl. 152 und E. Babelon, Bibl. 18, Bd. I, S. 383).

134a Francucci, a. a. O., Strophe 382, beschreibt die beiden ›Nymphen‹ wie folgt:

> *»Ambe son belle, ambe leggiadre, e altere,*
> *E di gratia celeste ambe fornite,*
> *Si che ceder potrian di numer solo*
> *De le tre Gratie all'amoroso stuolo.«*

In Strophe 396 sagt er, daß die Drei Grazien »mit ihren Armen Armillas schönen Hals umschlingen«.

135 Vgl. insbesondere A. Warburg, Bibl. 387, Bd. I, Tf. VII, Abb. 11 und SS. 29 und 327 mit dem Zitat einer Passage von Pico, wo er schreibt: *»Qui* (d. h. Orpheus) *profunde et intellectualiter divisionem* unitatis *Venereae in* trinitatem *Gratiarum intellexerit.«* Vgl. auch Ficino, *Conv.,* V, 2, Bibl. 90, S. 1335, oder der Brief, ebd., S. 816. Im Kommentar zu Plotin, *Ennead.,* I, 3, sagt Ficino, daß die drei Eigenschaften des Göttlichen Geistes, der die uranfängliche Schönheit ist, *»quasi Gratiae tres se invicem complectentes ad integram pulchritudinem plenamque gratiam aeque conducunt«.*

136 Ein etwas späterer Maler, Francesco Vanni (1565–1609), hat die klassische Gruppe der Drei Grazien mit der Idee von Eros und Anteros verbunden, indem er ihr einen schlafenden Amor mit verbundenen Augen und einen scharfsichtigen beigab, der fröhlich herumflattert und seine Pfeile verschießt (Rom, Galleria Borghese, unsere Abb. 123). Achilles Bocchius, Bibl. 37, SYMB. LXXX, S. 170 f., vertraut Eros und Anteros den Drei Grazien sogar zur Erziehung an.

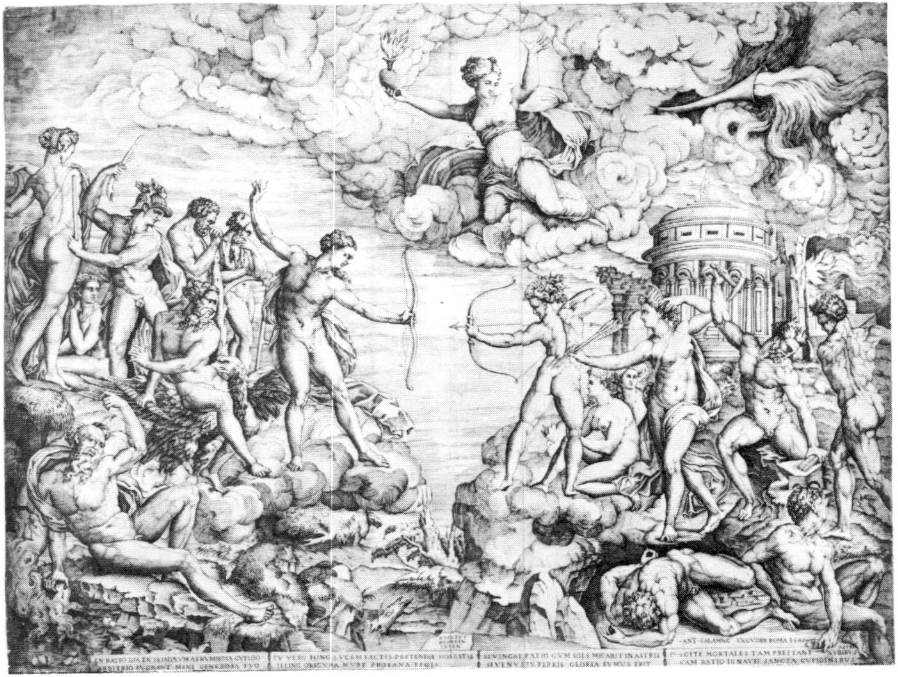

107 (nach) Baccio Bandinelli, Der Kampf zwischen Vernunft und Liebe. Stich, B. 44, 1545 datiert

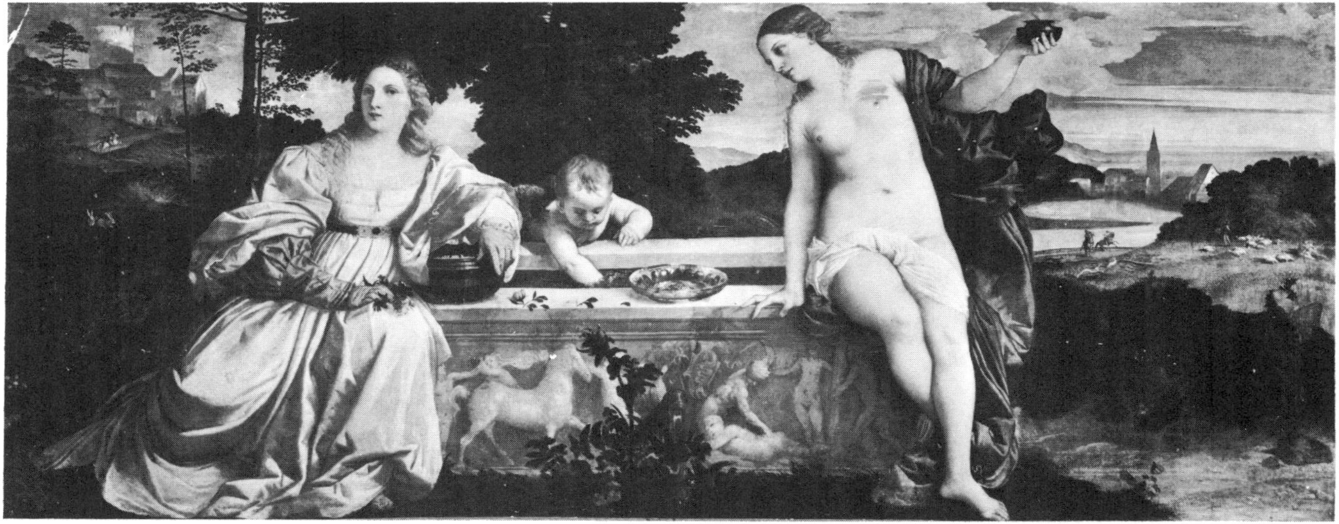

108 Tizian, ›Die himmlische und die irdische Liebe‹. Rom, Galleria Borghese

109 Der hl. Basilius zwischen dem weltlichen Glück und dem himmlischen Leben. Paris, Bibliothèque Nationale, Ms. Grec 923, fol. 272, 9. Jahrhundert

110 Natur und Gnade. Konstantinsmedaille. Wien, Kunsthistorisches Museum, um 1400 n. Chr.

111 Natur und Vernunft. Paris, Bibliothèque Nationale, Ms. Fr. 379, fol. 33, um 1500

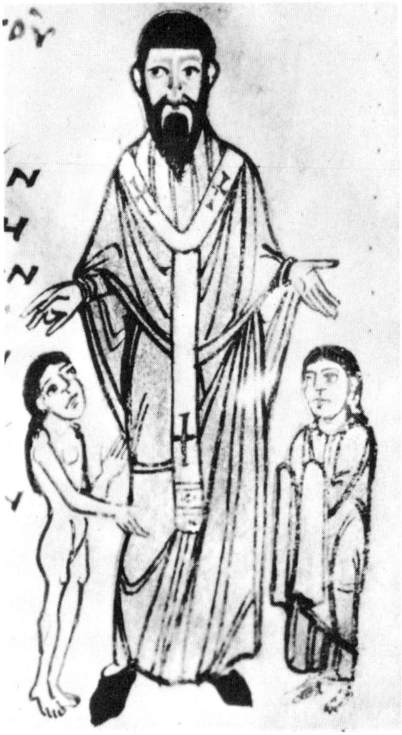

109

111

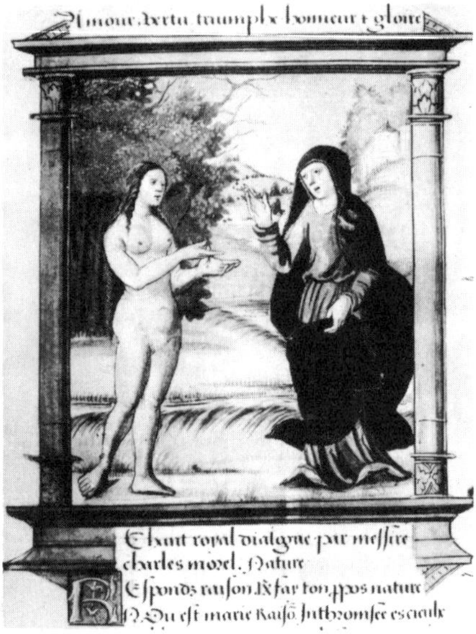

110

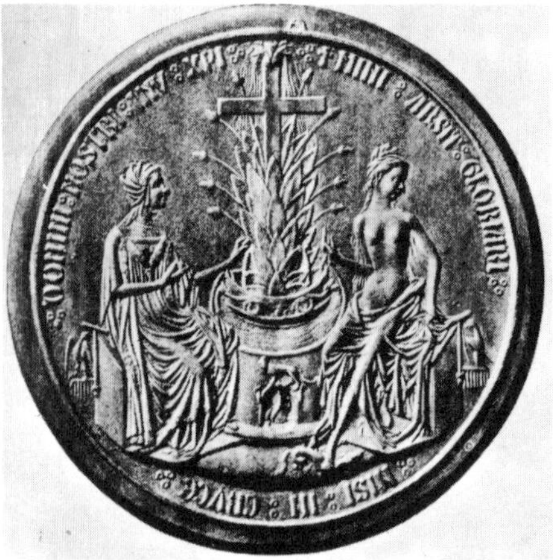

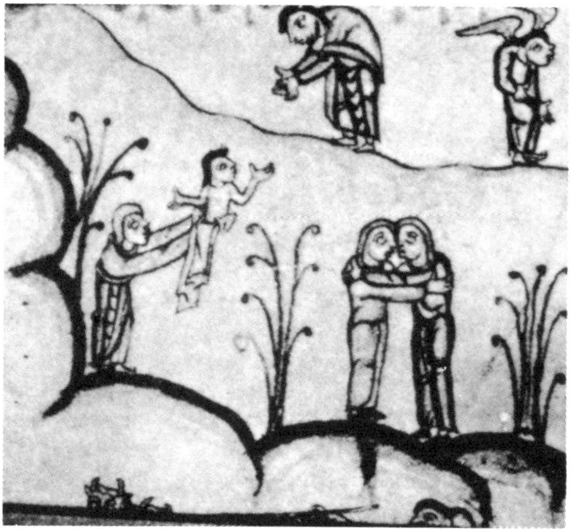

112

113

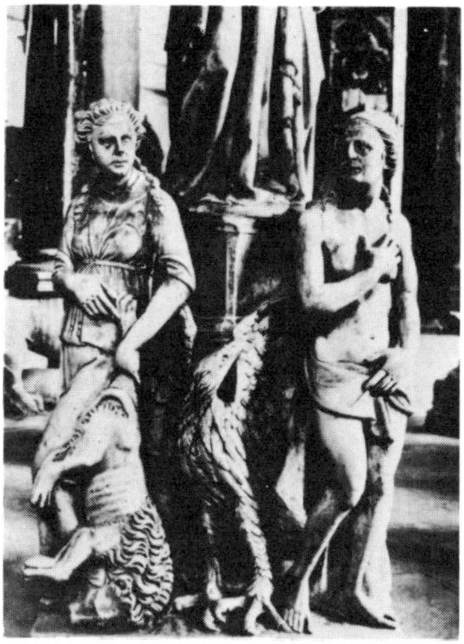

112 Die Erde hält die Wahrheit in die Höhe. London, British Museum, Ms. Cotton, Galba E. IV, fol. 150, v., 11. Jahrhundert

113 Giovanni Pisano, Standhaftigkeit und Keuschheit. Detail der Kanzel in der Kathedrale von Pisa

114 Opicinus de Canistris, Nackte Wahrheit. Cod. Pal. lat. 1993, fol. 26, 1350–51 datiert

115 Sandro Botticelli, Nackte Wahrheit. Detail aus der ›Verleumdung des Apelles‹, Florenz, Uffizien

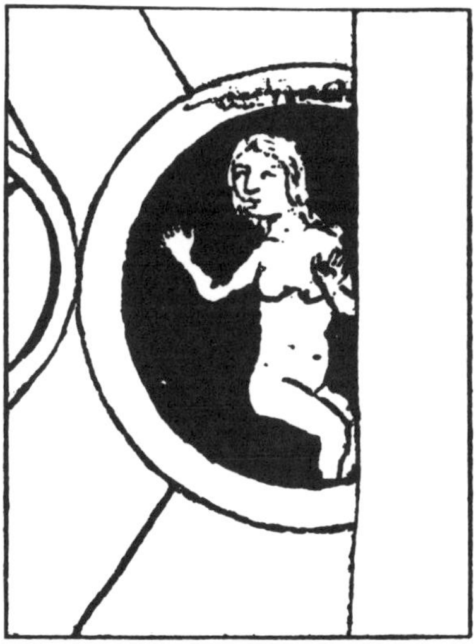

114

115

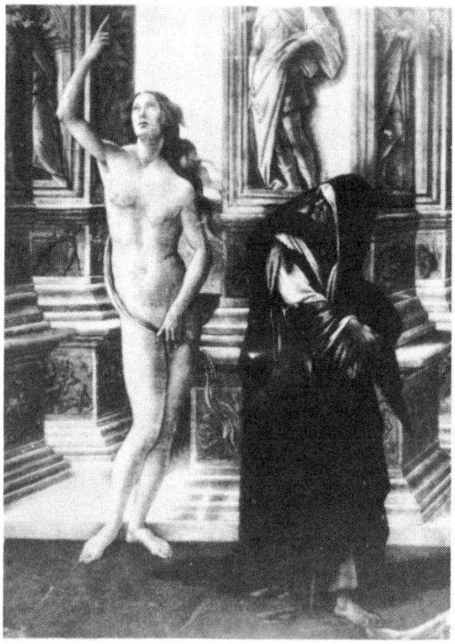

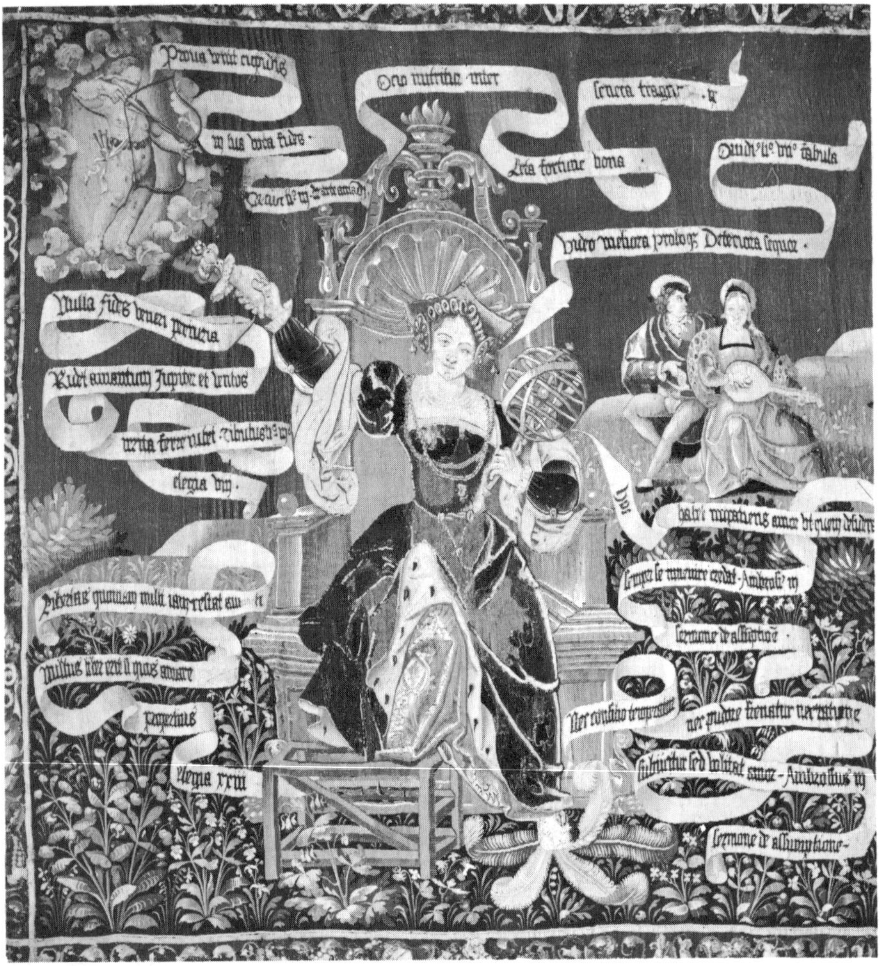

116 Allegorie der profanen Liebe. Französischer Gobelin, Paris, Musée des Arts Décoratifs, 16. Jahrhundert

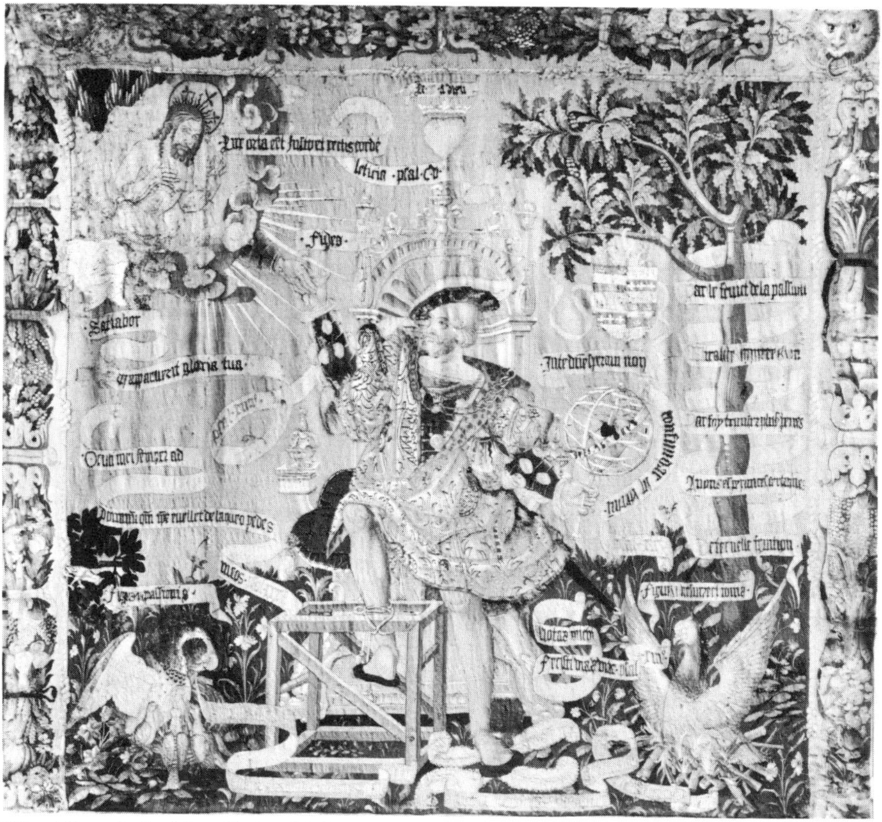

117 Allegorie der himmlischen Liebe. Französischer Gobelin. Paris, Musée des Arts Décoratifs, 16. Jahrhundert

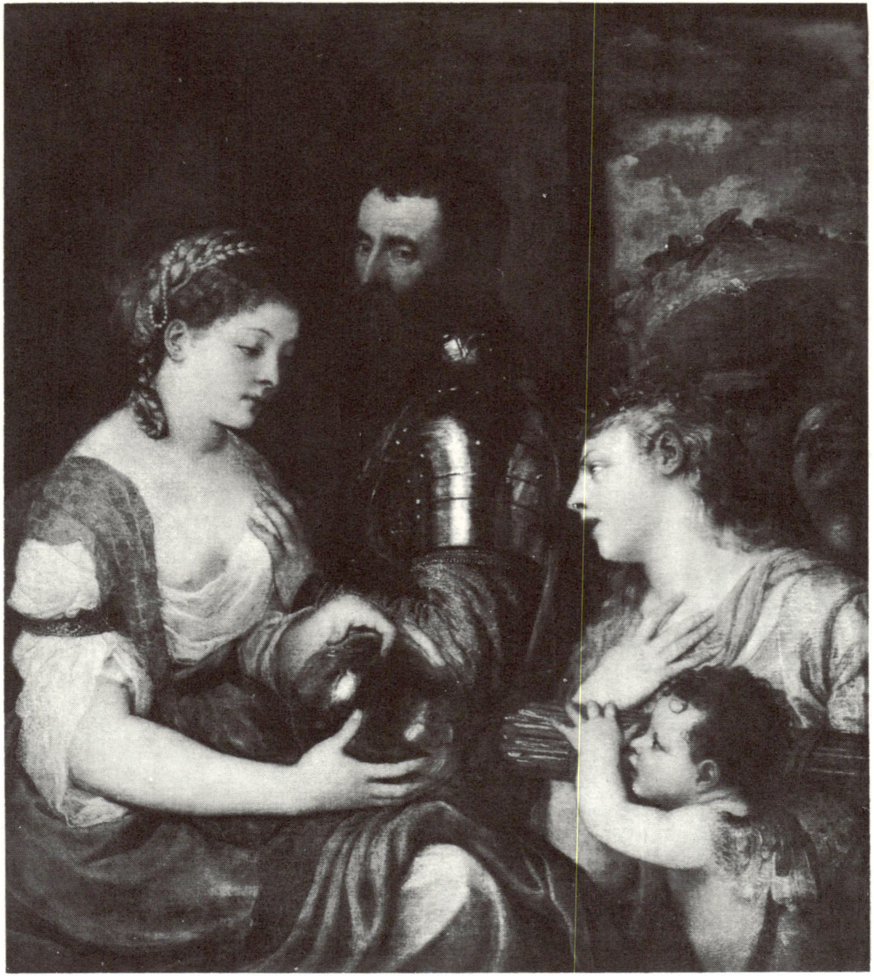

118 Tizian, Die sogenannte ›Allegorie des Marquis d’Avalos‹. Paris, Louvre

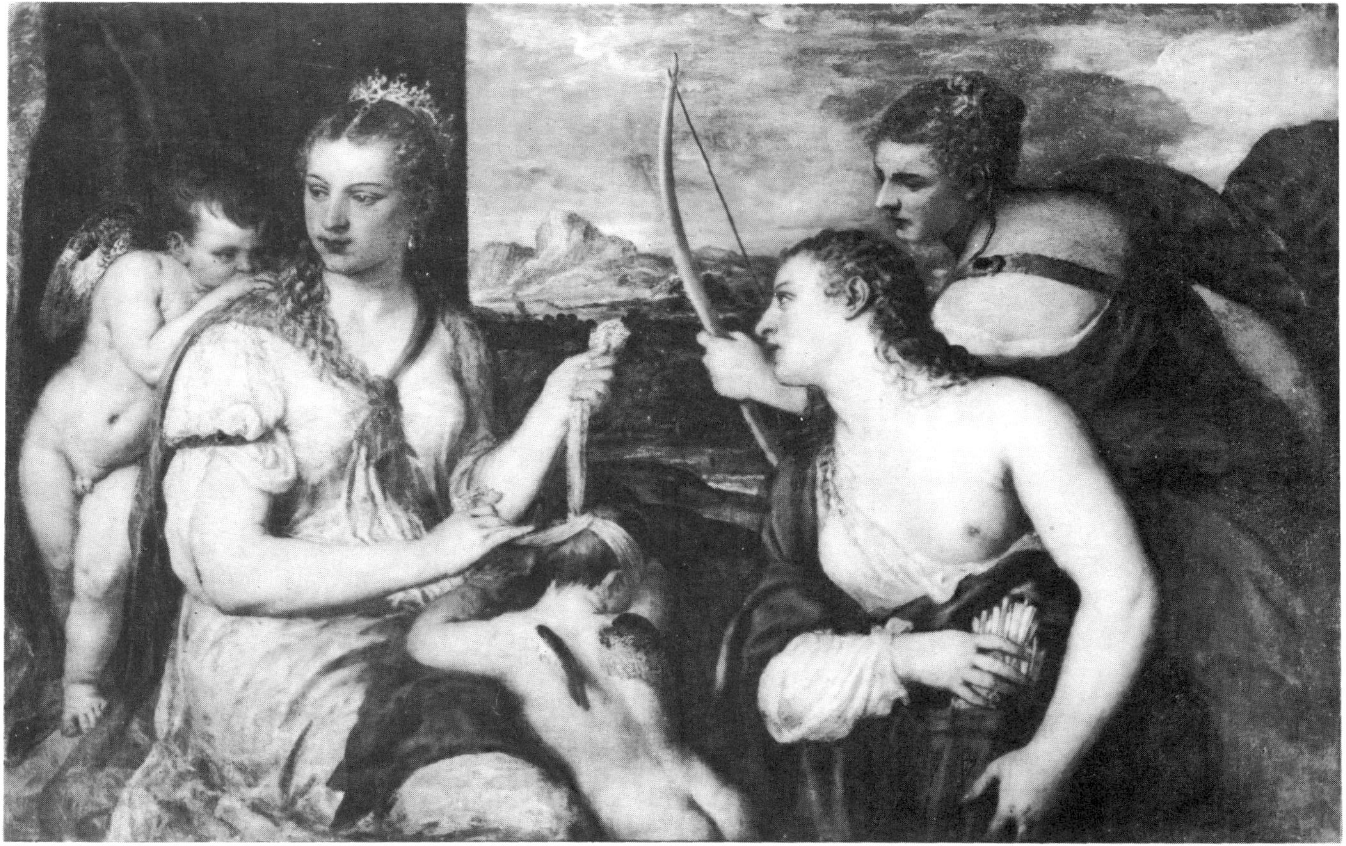

119 Tizian, ›Die Erziehung Amors‹. Rom, Galleria Borghese

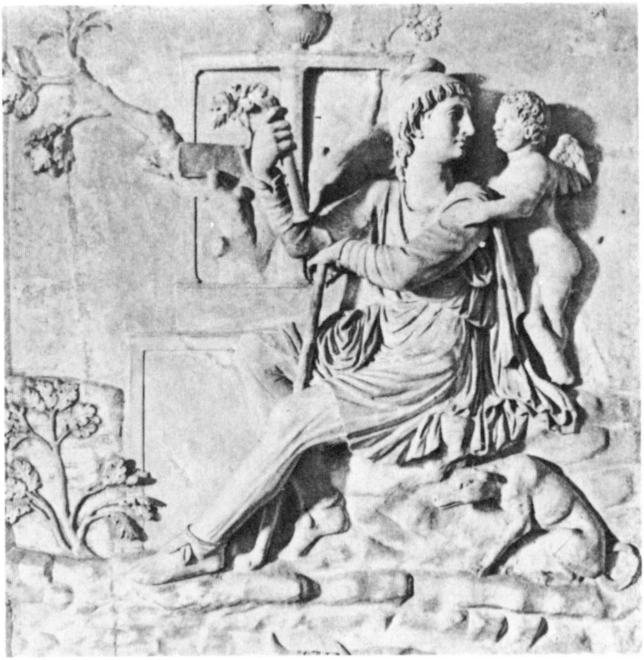

120 Das Urteil des Paris. Detail eines römischen Reliefs. Rom, Palazzo Spada

121 Paris Bordone, Hochzeitsallegorie. Wien, Kunsthistorisches Museum

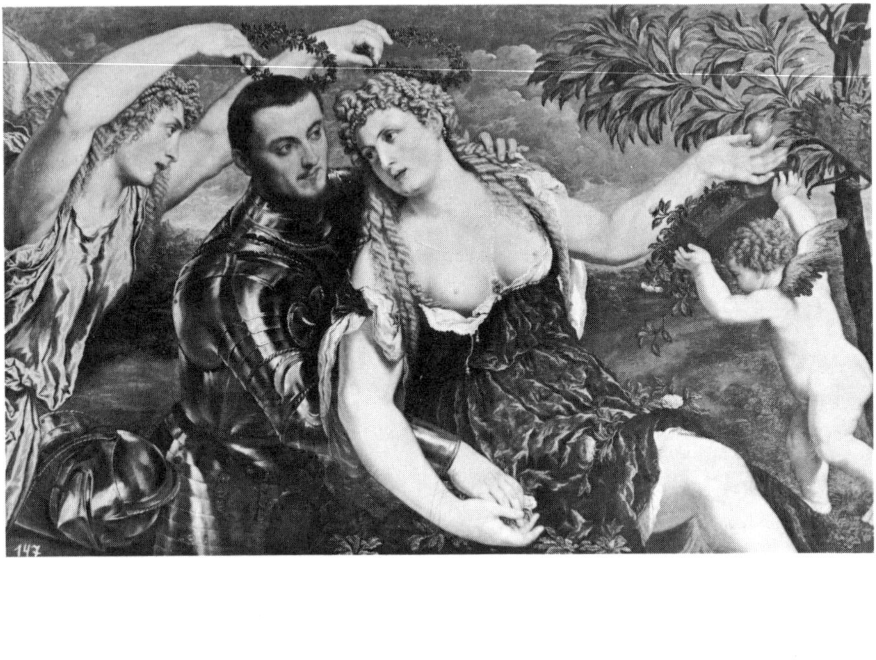

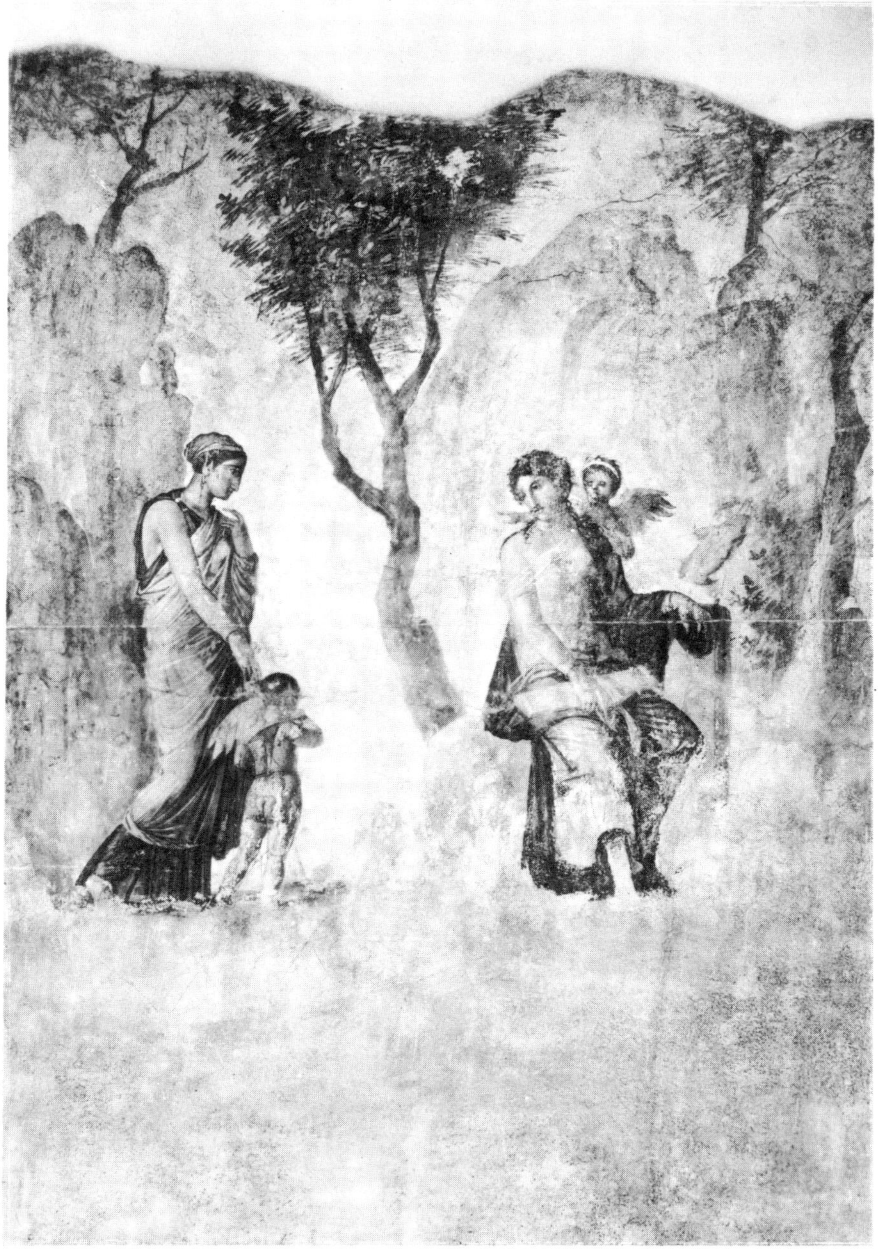

122 Die Bestrafung Amors. Pompejanisches Wandbild. Neapel, Museo Nazionale

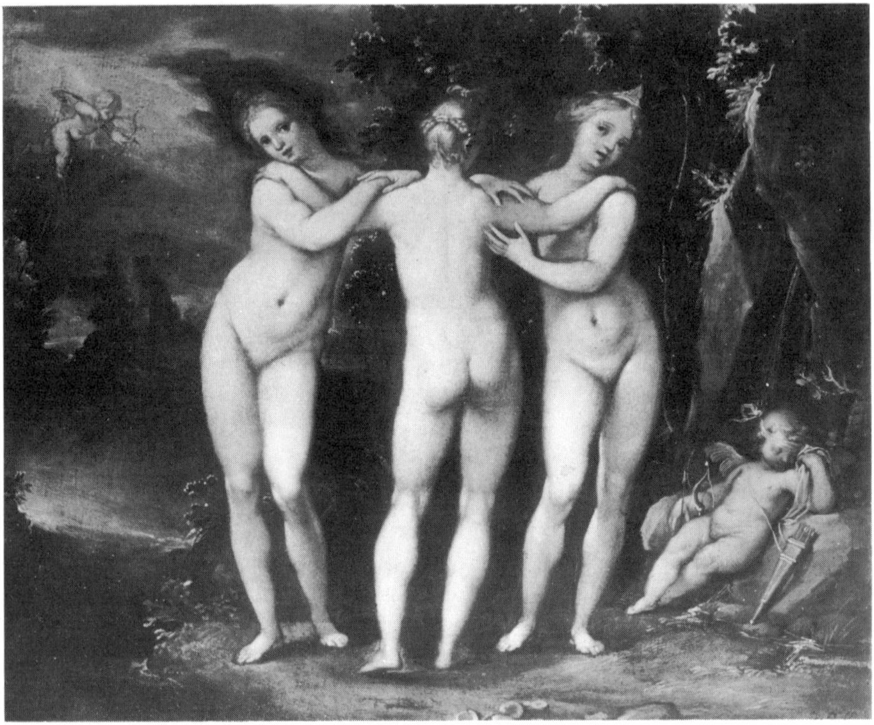

123 Francesco Vanni, Die drei Grazien. Rom, Galleria Borghese

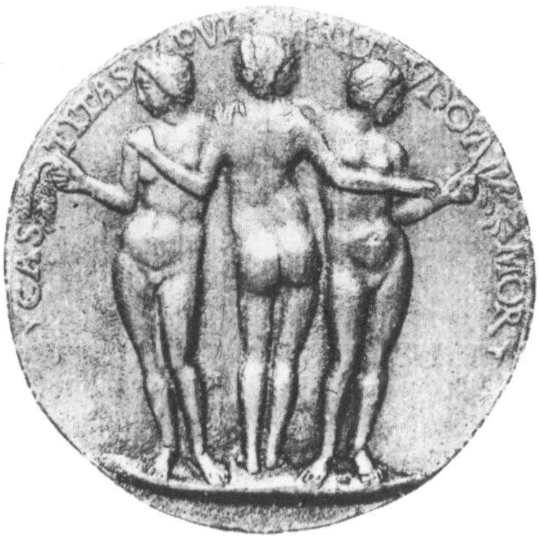

124 Niccolò Fiorentino, Medaillon mit den Drei Grazien

VI Die neoplatonische Bewegung und Michelangelo

»Michelangelo war ein Mann mit einem sehr guten und umfassenden Gedächtnis«, schreibt Vasari, »so daß er die Werke anderer nur einmal zu sehen brauchte, um sie vollkommen in Erinnerung zu behalten und sich ihrer in einer Weise zu bedienen, daß kaum jemand das je bemerkt hat.«[1]

Dieses »daß kaum jemand das je bemerkt hat« ist leicht zu verstehen. Denn wenn Michelangelo die ›Werke anderer‹, antike oder zeitgenössische, auswertete, dann unterwarf er sie einer so radikalen Umformung, daß die Ergebnisse

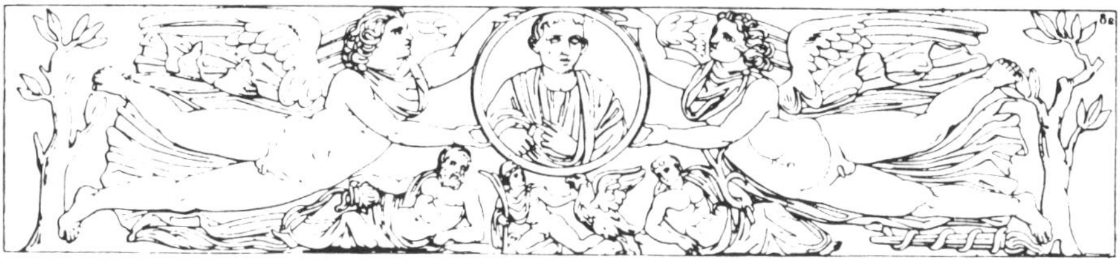

Römischer Sarkophag (nach Clarac). Paris, Louvre

nicht weniger ›michelangelesk‹ erscheinen als seine selbständigen Schöpfungen. In der Tat macht uns insbesondere ein Vergleich zwischen Michelangelos ›Anleihen‹ und ihren Vorbildern bestimmte Kompositionsprinzipien bewußt, die durch und durch sein eigen sind und im wesentlichen unverändert blieben, bis sein Stil die fundamentale Veränderung erfuhr, die in seinen allerspätesten Werken erkennbar ist.[2]

Wir können die Motive, zu denen er von Piero di Cosimo angeregt wurde, als Beispiel heranziehen; wir können den *Ignudo* zur Linken Jeremias oder das Standbild Giuliano de' Medicis mit dem Belvedere-Torso vergleichen, die Erythräische Sibylle mit der Zentralgestalt in Signorellis ›Jugend Moses‹, die

Kämpfergruppe auf der Zeichnung Fr. 157 mit einer Szene in Signorellis ›Inferno‹, die ›Madonna an der Treppe‹ mit neoattischen Grabreliefs oder die gedrehte Gestalt auf der Zeichnung Fr. 103 (Abb. 126) mit der brennenden Kreusa, die auf den Medea-Sarkophagen zu sehen ist. (Abb. 125)[3] – wir können fast konstant die folgenden Veränderungen beobachten:

1) Durch das Schließen von Vertiefungen und die Beseitigung von Vorsprüngen werden die Einheiten, Figuren und Gruppen zu einer kompakten Masse verdichtet, die sich von dem sie umgebenden Raum streng abhebt. Michelangelos angebliche Behauptung, eine gute Skulptur müsse einen Berg hinunterrollen können, ohne zu zerbrechen, ist, wenngleich apokryph, eine recht gute Kennzeichnung seines künstlerischen Ideals.

2) Ob wir unsere Aufmerksamkeit auf das Flächenmuster richten, also auf den Anblick, der dem Auge von einem Bild, einem Relief oder einer Skulptur direkt geboten wird, wenn man sie von einem festen Blickpunkt aus betrachtet, oder ob wir unsere Aufmerksamkeit auf den dreidimensionalen Körper richten: in beiden Fällen unterscheiden sich Michelangelos Figuren von ihren Vorbildern durch eine scharfe Akzentuierung dessen, was man die ›Grundrichtungen des Raumes‹ nennen könnte. Er neigt dazu, Schräglinien durch Horizontalen oder Vertikalen zu ersetzen und skurzierte Körper entweder frontal oder orthogonal abzubilden (das heißt, er läßt sie in einem Winkel von 90 Grad auf die Frontfläche stoßen). Des weiteren wird den horizontalen und vertikalen Linien wie auch den Front- und Orthogonalflächen dadurch Nachdruck verliehen, daß sie des öfteren für zwei oder mehr bedeutende Punkte der Figur als *loci* dienen. Als Resultat scheint der ganze Aufbau, sowohl in der Bildebene als auch im dreidimensionalen Raum, durch ein inneres Koordinatensystem bestimmt zu sein.

3) Die Strenge dieses rechtwinkligen Systems wirkt sich jedoch nicht als statisches, sondern als dynamisches Prinzip aus. Während einige Schrägmotive beseitigt werden, werden andere beibehalten und erhalten dadurch eine Betonung, daß sie mit den Grundrichtungen scharf kontrastieren. Außerdem weicht die Symmetrie oft einer Antithese zwischen zwei Hälften, einer ›geschlossenen‹ und strengen und einer ›offenen‹ und beweglichen; Winkel von 45 Grad sind sehr häufig. Überdies wird geraden Linien und ebenen Oberflächen durch ausbauchende Konvexformen gewissermaßen entgegengearbeitet. –

Auf Zeichnungen und bei unvollendeten Skulpturen werden diese Kontraste weiter dadurch vertieft, daß die Binnenformung nicht durch verlängerte gekrümmte Striche erzielt wird, wie sie auf einer Zeichnung Dürers oder Raffaels der schwellenden Bewegung der organischen Form zu folgen scheinen, sondern durch kurze, gerade Schrägschraffuren, die der Rundung, die sie bezeichnen sollen, widersprechen.

Zur Kontrolle ist es interessant, Umgestaltungen von Werken Michelangelos seitens seiner Nachfolger und Nachahmer mit den Umformungen der Vorbilder von seiten Michelangelos zu vergleichen. Es zeigt sich, daß seine Nachahmer durchweg genau die Merkmale beseitigen, die wir als spezifisch michelangelesk ansahen, und somit die Tatsache bestätigen, daß Michelangelos Stil weder hochrenaissancehaft noch ›manieristisch‹[4] und schon gar nicht barock ist.[5]

Hochrenaissance-Figuren sind in der Regel um eine zentrale Achse herum aufgebaut, die als Drehpunkt für eine freie, doch ausbalancierte Bewegung des Kopfes, der Schultern, des Beckens und der Extremitäten dient. Diese Freiheit ist jedoch gebändigt gemäß dem, was Adolf Hildebrand das Prinzip der Reliefanschauung genannt hat, das er fälschlicherweise für ein allgemeines Kunstgesetz hielt, während es doch lediglich eine besondere Regel ist, die sich auf antike und antikisierende Stilrichtungen bezieht: die Masse wird des ›Quälenden‹ enthoben[6], so daß der Betrachter, selbst wenn er einer rundplastischen Statue gegenübertritt, das Gefühl entbehren kann, »um ein kubisches Objekt herumgezwungen« zu werden. Das wird durch die Vervollkommnung dessen erreicht, was ich das ›Flächenmuster‹ genannt habe. Es ist so angelegt, daß es erstens einen harmonischen Anblick an sich bietet (annähernde Symmetrie, Bevorzugung gemäßigter Winkel im Gegensatz zu strengen Horizontalen, Vertikalen und Diagonalen und die Betonung wogender Konturen, die immer für besonders ›harmonisch‹ gehalten wurden); zweitens, daß es den Aufbau dreidimensionaler Körper klärt: vom Betrachter wird nicht erwartet, daß er ›Unzulänglichkeiten‹ mit Hilfe seiner eigenen Vorstellungskraft wettmacht, sondern er wird mit einem Bild beschert, das frei ist von exzessiven Verkürzungen, störenden Überschneidungen etc. Ästhetisch gesehen ist eine Skulptur der Hochrenaissance daher eher ein Relief als ein ›Rund‹-Objekt, und wir verstehen, warum Leonardo da Vinci die bloße Vorstellung dreidimensionaler Skulptur in Abrede stellte, indem er behauptete, eine Statue sei in Wirklichkeit nichts anderes als die Kombination zweier Reliefs, von denen eines die Figur von vorn, das andere von hinten zeige.[7]

Im Gegensatz dazu weicht die manieristische *figura serpentinata*[8] nicht nur keineswegs dem aus, was Hildebrand das »Quälende des Kubischen« genannt hat, sondern sie schwelgt geradezu darin. Die Verzerrungen und Skurzierungen manieristischer Skulpturen wären unerklärlich, wenn sie durch die Vorstellungskraft des Betrachters nicht ergänzt würden. Infolgedessen scheint eine manieristische Skulptur, weit davon entfernt, dem Auge des Betrachters zu gestatten, bei einer hervorstechenden oder befriedigenden Ansicht zu verweilen, »sich allmählich zu drehen, um so nicht nur eine, sondern hundert und mehr Ansichten zu bieten«, um Benvenuto Cellini, einen der Hauptvertreter dieses Stils, zu zitieren.[9] Da jede dieser Ansichten genauso interessant und andererseits genauso ›unvollständig‹ ist wie die andere, fühlt der Betrachter sich in der Tat genötigt, um die Statue herumzugehen, und es ist kein Zufall, daß die manieristische Epoche Freiplastik wie Brunnen und Denkmäler im Überfluß besitzt, wogegen Hochrenaissance-Skulpturen mit Vorliebe in Nischen gestellt oder gegen die Wand gesetzt wurden.

Im Unterschied zum manieristischen Prinzip der ›Viel-Ansicht‹ oder, wie ich es nennen möchte, der ›Dreh-Ansicht‹ bei Skulpturen[10] tendiert die Kunst des Barock dazu, das Prinzip der ›Ein-Ansicht‹ wiederherzustellen, allerdings auf einer Grundlage, die sich von der in der Hochrenaissance vorherrschenden ›Reliefanschauung‹ vollkommen unterscheidet. Das Barock gibt die manieristische Vorliebe für verwickelte Kompositionen und verzerrte Haltungen nicht zugunsten klassischer Beherrschung und Ausgewogenheit auf, sondern zugunsten einer anscheinend grenzenlosen Freiheit der Anordnung, der Beleuchtung und des Ausdrucks; und Barockskulpturen zwingen uns nicht mehr um sich herum, nicht weil die plastischen Einheiten gedämpft wären, als sollten sie sich einem tatsächlichen Reliefniveau anpassen, sondern weil sie mit dem umliegenden Raum zu einem zusammenhängenden Wahrnehmungsbild verschmolzen sind, das zweidimensional nur in demselben Sinn und Umfang ist, wie das Abbild auf unserer Netzhaut es ist. Folglich ist die Komposition nur insoweit flächenhaft, wie sie unserer subjektiven Seherfahrung entspricht, als objektive Anordnung ist sie nicht flächenhaft. Ihre Form ist eher die einer Bühne im Theater als der eines Reliefs vergleichbar. Selbst freistehende Monumente wie Berninis ›Vier-Ströme-Brunnen‹ auf der Piazza Navona oder die unzähligen Parkskulpturen des 17. Jahrhunderts bieten eher eine Vielzahl von ›Ein-Ansichten‹ (von denen jede ›zufriedenstellend‹ im Verhältnis zur architektonischen oder quasi-architektonischen Umgebung erscheint) als unendlich viele ›Dreh-Ansichten‹, wie es bei manieristischen Werken ähnlicher Art der Fall ist.

Der reife Stil Michelangelos, dem die Freiplastik zuwider war, unterscheidet sich vom Manierismus darin, daß seine Figuren mit wenigen wohlbegründeten Ausnahmen[11] den Betrachter zwingen, seine Aufmerksamkeit auf eine hervorstechende Ansicht zu richten, die ihm vollständig und endgültig erscheint.[12] Er unterscheidet sich vom Barock darin, daß diese hervorstechende Ansicht nicht auf subjektiver Seherfahrung, sondern auf objektiver Frontalisierung beruht.

Und er unterscheidet sich von der Hochrenaissance darin, daß die ästhetische und psychologische Wirkung dieser Frontalisierung jener diametral entgegengesetzt ist, die durch die Anwendung der Hildebrandschen Reliefanschauung erzielt wird. Michelangelo lehnt es ab, die Macht des Kubischen der Harmonie des Flächenmusters zu opfern; in bestimmten Fällen übersteigt die Tiefe seiner Figuren sogar deren Breite. Er ›quält‹ den Betrachter, nicht indem er ihn um die Figur herumzwingt, sondern, viel wirkungsvoller, indem er ihn vor Körpermassen aufhält, die an die Wand gekettet oder in eine flache Nische halb eingesperrt zu sein scheinen und deren Formen einen stummen, tödlichen Kampf von Kräften ausdrücken, die für immer ineinander verkrallt sind.

Die *figura serpentinata* der Manieristen, die das bietet, was ich ›Dreh-Ansicht‹ genannt habe, scheint aus weicher Materie zu bestehen, die auf jede beliebige Länge gestreckt und in jede Richtung gedreht werden kann. Sie vermittelt den Eindruck einer unsicheren, instabilen Stellung, die jedoch in das klassische Gleichgewicht verwandelt werden könnte, wenn die ziellose Unbeständigkeit der Figuren von einer stabilisierenden, kontrollierenden Kraft geleitet würde. Bei Michelangelo fehlt eine solche kontrollierende Kraft nicht. Im Gegenteil, jede seiner Figuren ist, wie wir gesehen haben, einem Raumsystem von geradezu ägyptischer Strenge unterworfen. Aber die Tatsache, daß dieses Raumsystem Organismen von vollkommen unägyptischer Vitalität aufgezwungen worden ist, erweckt den Eindruck eines endlosen inneren Konflikts. Und dieser innere Konflikt ist es und nicht das Fehlen äußerer Lenkung und Beherrschung, der sich in den ›brutalen Verzerrungen, widersprüchlichen Proportionen und dem uneinheitlichen Aufbau‹ der Figuren Michelangelos ausdrückt.[13] Ihr Elend ist wesenhaft und unvermeidlich, wo das ihrer manieristischen Gegenstücke zufällig und bedingt ist.

Zweifellos lag in dieser Zeit eine kulturelle *malaise* in der Luft, die durch die gerade gewonnene Erkenntnis der Unvereinbarkeit von mittelalterlich-christlichen Vorstellungen mit klassischer Gelehrsamkeit hervorgerufen wurde. Es ist aber nicht nur dieses Unbehagen einer vorübergehenden geschichtlichen Situation, die sich in Michelangelos Figuren spiegelt: sie leiden an der Erfahrung des Menschen selbst. Erbarmungslos gefesselt wie sie sind, können sie ihrer Gefangenschaft, die so sichtbar wie unentrinnbar ist, nicht entfliehen.[14] Ihre Auflehnung nimmt zu, je schärfer der Konflikt wird; manchmal wird ein Grenzpunkt erreicht, so daß ihre Lebensenergien zusammenbrechen. Selbst wo keine wirklichen physischen Widerstände dargestellt werden, wie bei den Sklaven oder den Soldaten in der Schlacht von Cascina, da scheinen ihre Bewegungen von Anfang an gehemmt zu sein oder gelähmt, bevor sie zu Ende geführt werden konnten, und ihre schrecklichsten Verzerrungen und Muskelspannungen scheinen niemals auf wirkliche Bewegung und schon gar nicht auf Fortbewegung hinauszulaufen. Auf der anderen Seite fehlt vollkommene Gelassenheit der Welt Michelangelos ebenso wie die vollbrachte Tat. Während die triumphale Bewegung des jugendlichen Bezwingers in der ›Sieger‹-Gruppe (Abb. 173) und selbst Christi Verdammungsgebärde im Jüngsten Gericht von nachdenklicher Schwermut gehemmt zu sein scheinen, bezeichnen Haltungen der Ruhe nicht friedliche Gelassenheit, sondern absolute Erschöpfung, tödliche Erstarrung und unausgesetzte Müdigkeit.

So sind Michelangelos Gestalten nicht in bezug auf eine Hauptachse konzipiert, sondern in bezug auf die Oberflächen eines rechteckigen Blocks, wobei die Formen aus dem Stein hervortreten wie aus dem Wasser eines langsam ablaufenden Wasserbeckens.[15] Sie sind mit den charakteristischen Schrägschraffuren modelliert, die selbst auf einer Zeichnung wie Meißelspuren aussehen; sie sind an die Grenzen ihres plastischen Volumens gebunden, anstatt sich mit dem Raum zu verbinden; und ihre Energien verzehren sich in einem inneren Widerstreit einander reizender und lähmender Kräfte. Alle diese Stilprinzipien und technischen Gewohnheiten haben eine mehr als formale Bedeutung: sie sind symptomatisch gerade für das Wesen der Persönlichkeit Michelangelos.

Sie offenbaren die geradezu totemistische Haltung des geborenen Steinbildhauers, der die Bezeichnung Skulptur jedem Werk verweigerte, das *»per via di porre«* (›durch Hinzufügen‹, Modellieren in Ton oder Wachs), anstatt *»per forza di levare«* (›durch Wegnehmen‹, durch direktes Behauen des ›harten Alpengesteins‹) hervorgebracht wurde[16], und zutiefst niedergeschlagen war, wenn ein behauenes Stück Marmor entzweigegangen oder von Zerstörung bedroht war.[17] Sie verleihen der Isolierung eines Mannes sichtbaren Ausdruck, der vor Berührungen mit seinen Mitmenschen zurückschreckte und dessen Neigung zu Menschen seines eigenen Geschlechts stark genug war, um die normalen Formen von Liebe aufzuheben, doch nicht stark genug, sie zu ersetzen.[18] Und sie spiegeln die Überzeugungen eines Platonikers.

Daß Michelangelos Dichtung voller ›platonischer‹ Ideen ist, wurde schon von seinen Zeitgenossen beobachtet[19] und wird nahezu einhellig in der modernen Forschung anerkannt.[20] Natürlich konnte gerade er, ein Florentiner, dessen Verehrung und gelehrte Kenntnis Dantes sprichwörtlich war[21] und dessen Schriften von Reminiszenzen an Petrarca geradezu überquellen[22], sein Denken und Sprechen nicht davor bewahren, von prä-ficinianischen Elementen gefärbt zu werden. Aber diese Beimischung ist unwesentlich, verglichen mit der Bedeutung des unverfälschten Neoplatonismus, mit dem der Schüler Polizianos schon als Junge in Berührung gekommen war. Und gerade sein ernstes Studium der *Divina Commedia* Dantes mußte unfehlbar sein Interesse an den Lehren der ›Platonischen Akademie‹ vertiefen. Niemand las Dante ohne Kommentar. Und von den zehn oder elf Dante-Ausgaben, die vor 1500 gedruckt wurden, sind neun mit dem Kommentar Cristoforo Landinos versehen, in dem jede Zeile des Dichters auf der Basis des Neoplatonismus interpretiert und mit den Theorien verknüpft wird, die in Landinos anderen Schriften dargelegt werden. Wir wissen, daß Michelangelo mit diesem Kommentar nicht weniger vertraut war, als mit dem Dante-Text selber[23], und es ist mehr als wahrscheinlich, daß er, wenn nicht Ficinos lateinische Werke, so doch Picos italienischen Kommentar zur *Canzona d'Amore* von Benivieni kannte.[24]

All das ist nicht außergewöhnlich. Bei einem italienischen Künstler des 16. Jahrhunderts ist das Vorhandensein neoplatonischer Einflüsse leichter zu erklären, als es ihr Fehlen wäre. Aber unter allen seinen Zeitgenossen war Michelangelo der einzige, der den Neoplatonismus nicht nur in bestimmten Aspekten, sondern in seiner Ganzheit übernahm und nicht als überzeugendes philosophisches System, schon gar nicht als Tagesmode, sondern als metaphysische Rechtfertigung seines eigenen Ich. Seine eigenen Gefühlserfahrungen, die ihren ersten Höhepunkt in seiner Liebe zu Tommaso Cavalieri und ihren zweiten in seiner Freundschaft mit Vittoria Colonna erreichten, kamen der Vorstellung der platonischen Liebe in ihrem unverfälschten Sinne nahe. Während der neoplatonische Glaube an die ›Anwesenheit des Geistigen im Stofflichen‹ seiner Kunst- und Liebesbegeisterung für die Schönheit den philosophischen Hintergrund lieferte, stimmte der entgegengesetzte Aspekt des Neoplatonismus, die Deutung des menschlichen Lebens als unwirkliche, übernommene und quälende Daseinsform, vergleichbar einem Leben im Hades, mit jener unergründlich tiefen Unzufriedenheit mit sich und dem Universum überein, die gerade das Kennzeichen des Genies Michelangelos ist. Wie Piero di Cosimo der einzige echte Epikureer unter den vielen von Lukrez beeinflußten Künstlern genannt werden könnte, so könnte man Michelangelo als den einzigen echten Platoniker unter den vielen vom Neoplatonismus beeinflußten Künstlern bezeichnen.

So unterscheiden sich Michelangelos Verse, die das empfindliche italienische Ohr als hart und kantig wahrnimmt, von den wohlklingenden Erzeugnissen seiner Zeitgenossen darin, daß sie den Ton der Wahrheit enthalten. In ihnen drücken die vertrauten neoplatonischen Anschauungen dieselben psychischen und geistigen Realitäten aus, die sich in seinen Bildwerken zeigen.

Seine hartnäckige Bevorzugung der mühevollen ›*scoltura per forza di levare*‹ und seine Voreingenommenheit für die Blockform verleihen den Gedichten eine psychologische Bedeutung – und gleichzeitig einen philosophischen Sinn –, wobei er in ihnen Plotins allegorische Interpretation des Prozesses wieder aufnimmt, durch den die Gestalt der Skulptur aus dem widerstrebenden Stein befreit wird.[25] Die übermenschliche oder gar übernatürliche Schönheit seiner Figuren, die nicht durch bewußte Gedanken oder bestimmte Gefühle bezeichnet wird[26], sondern wie in Trance verdüstert erscheint oder vor Erregung eines *furor divinus* glüht, gibt seine neoplatonische Überzeugung wieder – und spiegelt sich in dieser –, daß, was der verzückte Geist im ›Spiegel‹ individueller Formen und geistiger Qualitäten bewundert[27], nur ein Reflex der einen, unbeschreiblichen Herrlichkeit des göttlichen Lichtes ist, dessen die Seele vor ihrem Abstieg zur Erde sich erfreute[28], an das sie sich seitdem sehnsüchtig erinnert[29] und das sie zeitweise, *»della carne ancor vestita«*, wiedererlangen kann.[30] Und wenn Michelangelo, wie so viele andere es getan hatten und weiter taten, vom menschlichen Körper als dem ›*carcer terreno*‹, dem ›irdischen Gefängnis‹ der unsterblichen Seele sprach[31], dann setzte er diese vielgebrauchte Metapher in die gequälten Körperhaltungen des Kämpfens oder Unterliegens um. Seine Gestalten symbolisieren den Kampf, den die Seele führt, um der Gefangenschaft der Materie zu entfliehen. Aber ihre plastische Isolierung kennzeichnet die Undurchdringlichkeit dieses Gefängnisses.

Es ist bedeutsam, daß Leonardo da Vinci, Michelangelos Gegner im Leben wie in der Kunst, sich zu einer Philosophie bekannte, die das genaue Gegenteil des Neoplatonismus war. Bei Leonardo, dessen Figuren so ungezwungen sind wie die Michelangelos ›gehemmt‹[32] und dessen Prinzip des *sfumato* den plastischen Körper mit dem Raum in Einklang bringt, wird die Seele nicht vom Körper in Gefangenschaft gehalten, sondern der Körper – oder um genauer zu sein, die ›Quintessenz‹ seiner stofflichen Elemente – wird von der Seele gefangengehalten. Für Leonardo bedeutet der Tod nicht die Befreiung und Heimkehr der Seele, die nach neoplatonischer Auffassung dorthin zurückkehren kann, woher sie kam, wenn der Körper aufgehört hat, sie einzukerkern; er bedeutet im Gegenteil die Befreiung und Heimkehr der Elemente, die freigelassen werden, wenn die Seele aufgehört hat, sie zusammenzuhalten: »Siehe«, schreibt Leonardo, »die Hoffnung und das Verlangen nach Heimkehr und Rückkehr zu unserem ersten Zustand ist dem Zwange ähnlich, der die Motten ins Licht treibt. Der Mensch, der mit ungestillter Sehnsucht und voller Freude stets dem neuen Frühling, stets dem neuen Sommer, stets den neuen Monaten und neuen Jahren entgegensieht – er bemerkt nicht, daß er sich nach seiner eigenen Vernichtung sehnt. Aber dieser Wunsch ist die Quintessenz, der wahre Geist der Elemente, der sich durch die Seele eingekerkert sieht und sich immer danach sehnt, aus dem menschlichen Körper zu Ihm zurückzukehren, der ihn gesandt hat.«[33]

Michelangelos Werke spiegeln diese neoplatonische Haltung nicht allein in Form und Motiven, sondern auch in Ikonographie und Gehalt wider, obwohl wir von ihnen nicht erwarten dürfen, daß sie bloße Illustrationen des Systems Ficinos seien, wie Bandinellis ›Kampf zwischen Vernunft und Sinnlichkeit‹ (Abb. 107).[34] Wo Bandinelli Personifizierungen erfindet, um die subtileren Fragen der neoplatonischen Theorie zu interpretieren, macht Michelangelo auf seiner Suche nach sichtbaren Symbolen für Leben und Schicksal des Menschen, wie er sie erfahren hat, vom Neoplatonismus Gebrauch.

Diese neoplatonische Symbolik tritt besonders deutlich am Grabmal für Julius II. und in der Medici-Kapelle zutage.[35] Denn von den frühesten Zeiten der Menschheitsgeschichte an hat die Grabkunst die metaphysischen Vorstellungen des Menschen direkter und eindeutiger bekundet als jede andere Form künstlerischen Ausdrucks.[36]

Die alten Ägypter wollten eher für die Zukunft der Toten Vorsorge treffen, als deren vergangenes Leben verherrlichen. Grabskulpturen und -reliefs, jedem menschlichen Auge verborgen, waren bestimmt, den Toten mit dem Notwendigsten für die Zeit nach dem Tode zu versehen: mit vielen Speisen und Getränken, mit Sklaven, mit den Freuden der Jagd und des Fischfangs und, vor allem, mit einem unzerstörbaren Leib. Der Kā, der umherschweifende Geist des Toten, würde die Grabkammer durch eine Scheintür betreten, in die Grabstatue schlüpfen und sie benutzen, wie die Seelen der Lebenden deren Leib benutzen, während die Bilder an den Wänden auf magische Weise lebendig würden, um den Wünschen ihres Herrn zu dienen. Gerade die Unbeweglichkeit ägyptischer Statuen bestätigt die Tatsache, daß sie kein menschliches, mit wirklichem Leben begabtes Wesen porträtieren, sondern einen menschlichen Körper rekonstruieren sollen, der für immer darauf wartet, durch magische Kräfte belebt zu werden.

Die Griechen, viel mehr mit dem Leben auf der Erde beschäftigt als mit dem Leben im Jenseits und bereit, ihre Toten zu verbrennen, statt sie zu mumifizieren, kehrten diese Anschauung um. Die griechische Bezeichnung für Grab ist μνῆμα, das heißt: Andenken/Denkmal; und die antike Grabkunst wurde dementsprechend *rückschauend* und *darstellend*, wo die ägyptische *vorschauend* und *magisch* gewesen war. Die attischen *stelai* zeigen Helden, die den Feind besiegen, Krieger, die in der Schlacht sterben, Frauen, die von ihren Gatten Abschied nehmen, während sie zur letzten Reise rüsten, und ein römischer

Staatsmann oder Kaufmann konnte die Etappen seiner Karriere in den Reliefs seines Sarkophags wiederholen.[37]

Beim Untergang der Kultur der Antike und dem gleichzeitigen Eindringen orientalischer Glaubensvorstellungen kann man eine interessante Reaktion beobachten. Die Grabkunst richtete sich wieder auf die Zukunft statt auf die Vergangenheit aus. Aber die Zukunft wurde nun als Übergang zu einer völlig anderen Daseinsstufe angesehen, nicht nur als zum Dauerzustand erklärte Fortsetzung des irdischen Lebens. Während die äyptische Grabkunst ein magisches Mittel gewesen war, die Toten mit ihren körperlichen Gaben und materiellen Besitztümern zu versehen, brachte die spätantike und frühchristliche Grabkunst Symbole hervor, die die geistige Erlösung vorwegnahmen. Das ewige Leben wurde durch Glaube und Hoffnung statt durch Magie garantiert, und man stellte es sich nicht als Verewigung der konkreten Persönlichkeit, sondern als Himmelfahrt der unsterblichen Seele vor.

Auf heidnischen Darstellungen wurde dieser Gedanke an Denkmälern wie den *sarcophagi clipeati* direkt ausgedrückt, auf denen die Bildnisse der Toten, in ein Medaillon oder eine Muschel gefaßt, von Siegesgöttinnen emporgetragen werden, und er wurde indirekt angedeutet durch die Darstellung bacchischer Szenen oder passender Mythen, wie etwa denen von Ganymed, Endymion, Meleagros oder Prometheus. Die frühchristliche Kunst konnte beide dieser Kunstmittel leicht übernehmen, mit dem einzigen Unterschied, daß Engel an die Stelle der Siegesgöttinnen traten und daß christliche Szenen und Symbole die Stelle der heidnischen einnahmen. Selbst die lebensgroßen Porträts, die auf afrikanischen *stelai* gefunden wurden, nehmen die Zukunft voraus, anstatt der Vergangenheit zu gedenken: die Toten werden als *orantes* dargestellt, die häufig von Symbolen der Erlösung wie Vögeln, Fischen, Lämmern oder Kerzenleuchtern umgeben sind.

Mehrere Jahrhunderte lang unterließ es die christliche Grabkunst, das vergangene Leben der Toten darzustellen, mit Ausnahme natürlich der Taten der Heiligen, deren Gräber eher Schreine als Grabstätten waren, und symbolischer Anspielungen auf Eigenschaften und Handlungen, die streng kirchlich betrachtet denkwürdig waren. Stifter pflegten auf ihren Grabmälern mit einem kleinen Modell der Kirche, die sie gebaut hatten, wiedergegeben zu werden;[38] tugendhafte Bischöfe wurden dargestellt, wie sie ein Symbol des Lasters oder Unglaubens mit ihrem Krummstab durchbohren.[39] Einen mildtätigen Priester darzustellen, der von den Bettlern betrauert wird, die er während seines Lebens unterstützt hatte (Abb. 134), war nach den Maßstäben von um 1200 ungefähr das Äußerste zulässiger Verherrlichung.

Die bescheidene Grabplatte dieses Presbyters Bruno, ›*qui sua pauperibus tribuit*‹ (gestorben 1194)[40], zeigt fast alle charakteristischen Merkmale der monumentalen gotischen Mauergräber, die gemeinhin als *enfeus* bekannt sind.[41] Diese *enfeus*, die letztlich von den Nischengräbern herstammen, die in heidnischer und frühchristlicher Zeit gleichermaßen häufig sind, sollten der Theorie der Erlösung, wie sie die Theologie des Hochmittelalters entwickelt hatte, sichtbare Gestalt verleihen. Der Sarkophag, der in einer gewölbten Mauervertiefung steht, dient als *lit de parade*, auf dem das liegende Abbild des Toten ruht (*gisant*), von *pleureurs* betrauert und von Priestern umgeben, die die Riten des Trauergottesdienstes vollziehen. Die Erdenszene wird von dem schützenden Bild der Jungfrau Maria überragt, die oft von bestimmten Heiligen begleitet ist, während das Oberteil der Gewölbeleiste, die die Nische umfaßt, die Himmelfahrt der Seele in der Gestalt einer kleinen menschlichen Figur zeigt, die von Engeln emporgetragen wird. Der ganze Aufbau wird vom Bilde Christi oder Gottvaters gekrönt.

Als die gotische Welle über Italien hinwegging, wurde dieses *enfeu*-Schema weitgehend übernommen, wobei Giovanni Pisano den Weg zu seiner weiteren Entwicklung wies. Die Engel zum Beispiel ziehen nun häufig Vorhänge von dem liegenden Bildnis fort, anstatt das Abbild der Seele emporzutragen, und ersetzen dadurch die zelebrierenden Priester, während auf die *pleureurs* und das krönende Bild Christi oder Gottvaters in späteren Beispielen oftmals verzichtet wird.[42] Der allgemeine Aufbau indessen blieb so ziemlich derselbe, auch als die gotischen Formen durch antikisierende ersetzt wurden, und er ist noch in den repräsentativen Mauergräbern der Früh- und Hochrenaissance erkennbar.

Der einzige grundsätzliche Wandel, der auf ein neues ›humanistisches‹ Gefühl hinweist, war das langsame Eindringen des Biographischen und Eulogistischen, das man während des 14. Jahrhunderts beobachten kann. Lebensgroße Skulpturen, die den Toten als lebende Persönlichkeit darstellen, wurden über seinem liegenden Abbild aufgestellt oder an dessen Stelle gesetzt.[43] Darstellungen der Tugenden und, späterhin, der Freien Künste wurden hinzugefügt, um seinen Charakter und seine Talente zu verherrlichen. Auf den Reliefs, die die Sarkophage zierten, waren Fürsten zu sehen, die zwischen ihren geistlichen und weltlichen Ratgebern thronen[44], und ehe noch Fürsten so geehrt worden waren, hatten die Bologneser Professoren darauf bestanden, ihre Vorlesungen wenigstens *in effigie* jenseits des Grabes fortzusetzen.[45]

Vor dem zweiten oder dritten Jahrzehnt des 14. Jahrhunderts wurden jedoch allegorische Bilder und sinnbildliche Darstellungen symbolischen Charakters nicht durch Wiedergaben individueller Episoden oder Vorfälle ergänzt, wie etwa die Szenen aus dem Leben des Bischofs Simone Saltarelli an seinem

Grabmal in S. Caterina in Pisa (Abb. 133)[46] oder die kriegerischen Heldentaten der Scaligeri auf ihren Gräbern in Verona.[47]

Alles in allem hielt sich diese Wiederbelebung einer rückgewandten Haltung, die sich häufig auf bloße Zutaten zum altehrwürdigen *enfeu*-Schema beschränkte, durchaus innerhalb der Grenzen christlicher Tradition. Fälle wie die anmaßenden Monumente der Scaligeri oder Colleoni, deren Reiterstandbilder weltliche wie religiöse Szenen überragen, sind vergleichsweise selten; und noch seltener sind solche Beispiele ausgemachten Heidentums wie Andrea Riccios Reliefs am Grabmal des großen Anatomen Marcantonio della Torre, auf denen kein christliches Symbol zu entdecken ist und das ganze Leben des Wissenschaftlers, die Vollziehung eines veritablen *Suovetaurilia*-Opfers eingeschlossen, in durch und durch antikem Kostüm und Rahmen gezeigt wird.[48]

Das Quattrocento, insbesondere in Florenz, neigte sogar dazu, die komplizierte Ikonographie der aufwendigeren Grabmäler des 14. Jahrhunderts zugunsten von würdiger Einfachheit und Klarheit des Aufbaus einzuschränken, worin ein Höhepunkt mit Bernardo Rossellinos Grabmal für Leonardo Bruni (1444) erreicht wurde;[49] und nicht vor dem letzten Drittel des 15. Jahrhunderts begannen antike Themen, die so ausgewählt wurden, daß sie eine christliche Interpretation zuließen, zunächst in ziemlich unauffällige Stellen einzusickern.[50] Etwa um dieselbe Zeit zeigten die Grabmäler weltlicher Persönlichkeiten die ersten Anzeichen von Großspurigkeit. Die Gestalt der Fama jedoch hielt erst ganz zum Schluß der Hochrenaissance ihren Einzug in die Grabkunst.[51] Tatsächlich sollen die würdevollsten Denkmäler der ›besten Periode‹, wie etwa Andrea Sansovinos Rovere-Gräber in S. Maria del Popolo (1505–07), den Betrachter mehr durch ihre Zurückhaltung als durch ihr Gepränge beeindrucken, zumindest soweit es die Ikonographie betrifft.

Um den Standort von Michelangelos Grabmal für Julius II. innerhalb des Ganges der Entwicklung zu bestimmen, haben wir die ursprünglichen Pläne zu betrachten – »die jedes antike Kaisergrab an Schönheit und Pracht, großartiger Ausschmückung und Reichtum an Skulpturen« übertreffen[52] – und nicht so sehr das traurige Gebilde, das dann letztlich in S. Pietro in Vincoli errichtet wurde.[53]

Nach dem ersten Entwurf (1505) war das Grabmal ein freistehender Bau von eindrucksvollen Ausmaßen (12 × 18 Ellen oder 7,20 m × 10,80 m), der ein ovales Grabgemach enthielt. Das Untergeschoß war außen mit einer fortlaufenden Reihe Nischen geschmückt, von denen jede eine Siegesgruppe enthielt, die von zwei Hermen flankiert wurde, an die Sklaven (*prigioni*) in verschiedenen

Haltungen gekettet waren. An den Ecken des Gesimses standen vier große Skulpturen, nämlich Moses und – Vasari zufolge – Paulus, die *Vita Activa* und die *Vita Contemplativa*. Eine gestufte Pyramide stieg zu einer zweiten Plattform empor, die als Basis für zwei Engel diente, die etwas trugen, was verschiedentlich als *arca* (Sarg) oder *bara* (Bahre oder Sänfte) bezeichnet wird und möglicherweise eine *sella gestatoria* mit dem Bilde des sitzenden Papstes war.[54] Einer der Engel lächelte, »als wäre er froh, daß die Seele des Papstes unter die seligen Geister aufgenommen worden sei«, der andere weinte, »als wäre er betrübt darüber, daß die Welt eines solchen Mannes beraubt worden war«.[55] Außer durch die »mehr als vierzig« Marmorstatuen (ihre wirkliche Zahl war vermutlich 47) wurde das Grabmal von vielen dekorativen Skulpturen und mehreren (möglicherweise sechs) Bronzereliefs geziert, die »die Taten eines so bedeutenden Papstes« darstellten (Abb. 131 und 132).

1513, nach dem Tode des Papstes, beschloß man, das Denkmal in ein seltsames Mittelding zwischen Mausoleum und Nischengrab umzuwandeln, das etwa 7,70 m in den Raum vorsprang. Das ikonographische Programm wurde noch komplizierter. Während der untere Bereich praktisch unverändert blieb, von der Änderung der Proportionen und den Folgen hieraus abgesehen, wurde die Zahl der Skulpturen auf dem Gesims auf sechs erhöht, die nun im rechten Winkel zueinander statt diagonal angeordnet waren.[56] Auf einem mächtigen Katafalk war das Bildnis des Papstes zu sehen, der von vier Engeln gestützt wurde, zwei zu seinen Häupten und zwei zu seinen Füßen, und diese Gruppe wurde von einer hohen, aus der Wand vortretenden Apsis (*capelletta*) überragt. Diese enthielt fünf sehr große Statuen, nämlich eine Madonna und vermutlich vier Heilige. Die Anzahl der Reliefs wurde dagegen auf drei verringert, eines in der Mitte auf jeder Seite. Im Zusammenhang mit diesem zweiten Entwurf wurden der Moses (für die rechte vordere Ecke des Gesimses bestimmt) und die zwei Sklaven im Louvre (für die linke vordere Ecke des Untergeschosses bestimmt) während der folgenden Jahre ausgeführt, und die Architekturteile, die heute noch das Untergeschoß des Grabmals in S. Pietro in Vincoli bilden, wurden von einem erfahrenen Steinmetzen vollendet (Abb. 135, 136 und 137).

Das Jahr 1516 markiert den Beginn eines quälenden Reduktionsprozesses. Was einmal ein dreidimensionaler Bau gewesen war, näherte sich nun der Form eines weniger als 3 m vorspringenden Nischengrabes. Der untere Bereich der Stirnseite blieb natürlich unverändert, aber der komplizierte Aufbau, der 1513 geplant war, wurde zugunsten eines zweiten Geschosses aufgegeben, das mit dem unteren abschloß. Sein zentrales Element war eine Nische mit dem von Engeln getragenen Papst, deren Zahl aber wiederum auf zwei verringert wurde; seine

Seitenteile wiesen kleinere Nischen mit Sitzfiguren auf, die von rechteckigen Reliefs überragt wurden.

Im Jahre 1526 schrumpfte dieses Zwischenprojekt schlicht und einfach zu einem Nischengrab zusammen, und in einem Vertrag des Jahres 1532 einigten sich die Parteien auf eine Gliederung, die der 1516 geplanten ähnlich war, jedoch nicht mehr aus der Wand vorragte und sich augenscheinlich nicht sehr von der jetzigen Anordnung unterschied. Wenn man von dem Bildnis des nun auf seinem Sarkophag liegenden Papstes absieht, so wurde die Zahl der Statuen, die von Michelangelo ausgeführt werden sollten, auf sechs verringert: eine Sibylle, ein Prophet, eine Madonna, der Moses – der nun in die Mitte des Untergeschosses versetzt wurde – und die zwei Louvre-Sklaven. Deren Einbeziehung war ein offenkundiger *pis-aller;* sie wurden nur hereingenommen, weil sie zufällig fertig waren und weil es sonst nichts gab, was die Nischen zu beiden Seiten von Moses hätte ausfüllen können. Aber sie paßten nicht mehr ins Programm, und so ist leicht zu verstehen, warum zehn Jahre später Michelangelo selber vorschlug, sie ganz wegzunehmen und durch Darstellungen von Rahel und Lea als Verkörperungen des kontemplativen und des tätigen Lebens zu ersetzen. Und in dieser Gestalt wurde das Grabmahl zwischen 1542 und 1545 errichtet.

Im selben Moment jedoch, als die Reduzierung auf ein einfaches Nischengrab sich als unvermeidlich erwiesen hatte, das heißt, um 1532, unternahm Michelangelo einen letzten verzweifelten Versuch, den Verlust an architektonischer Großartigkeit mit skulpturaler Gewalt wettzumachen. Er beschloß, die 1513–14 vollendete Architektur ganz aufzugeben, um so Platz zu schaffen für vier beträchtlich größere Sklaven, denen an Gewalt der Bewegung und Mächtigkeit ihres Volumens (ihre Tiefe ist größer als ihre Breite) keine andere antike oder zeitgenössische Skulptur je gleichkam, und für neue Siegesdarstellungen ähnlicher Größe. Dieser Plan war genauso hochgradig unvernünftig wie Michelangelos späte Entwürfe für S. Giovanni dei Fiorentini, wo er ebenfalls erwog, alles bereits Ausgeführte zugunsten einer utopischen Vision zu verwerfen.[57] Er mußte auf jeden Fall mißlingen. Nur die vier unvollendeten ›Boboli‹-Sklaven, die nun in der Akademie in Florenz aufbewahrt werden, und die ›Sieger‹-Gruppe im Palazzo Vecchio (Abb. 173) sind Zeugen dieser äußerst heroischen Episode in dem, was Condivi *la tragedia della Sepoltura* nennt.[58]

Wenn das Grabmal für Julius II., wie von Vasari und Condivi beschrieben, nach dem Entwurf von 1505 ausgeführt worden wäre (Abb. 131 und 132), dann wäre der Papst wie ein *triumphator* ins Jenseits eingezogen, feierlich angekündigt von der ›Freude‹ und gefolgt von der ›Klage‹. Die Reliefs hätten seine Taten unsterblich gemacht; die Sklaven hätten entweder die »von diesem Papst unterworfenen und der Apostolischen Kirche dienstbar gemachten Provinzen«[59] oder die Freien Künste und technischen Fähigkeiten wie Malerei, Bildhauerei und Architektur verkörpert (um damit anzuzeigen, daß »alle Tugenden mit Papst Julius gemeinsam Gefangene des Todes seien, weil sie nie wieder einen Mann fänden, der sie so begünstigen und pflegen werde, wie er es getan«[60]) oder eventuell beides;[61] und die Skulpturengruppen in den Nischen wären Darstellungen des Sieges im wörtlichen, nicht im übertragenen Sinne gewesen.

Trotzdem wäre es falsch, das Grabmal, auch in seiner ersten Gestalt, als bloßes Triumphdenkmal *all'antica* zu interpretieren.[62] Gewiß, schon die Idee eines tatsächlichen Mausoleums mit einer begehbaren Grabkammer hat etwas ›Heidnisches‹ an sich. Der Skulpturenschmuck mag sowohl durch die Bogen des Konstantin und Septimus Severus, als auch durch solche merkwürdig antikisierenden Gebilde beeinflußt worden sein wie dem auf Filippino Lippis Fresko des hl. Philipp, der den Drachen bekehrt. Dieses Fresko war gerade fertiggestellt, als Michelangelo Florenz verließ und nach Rom ging; und die widersprüchlichen und zögernden Äußerungen der Biographen mögen durchaus die allgemeine Ansicht ihrer Zeit widerspiegeln.

Und dennoch: daß das Grabmal für Julius II. nie als ein Denkmal bloßen menschlichen Stolzes und Ruhms gemeint gewesen sein kann, ist erwiesen: erstens durch die Engel, die den toten Papst zu seinem ewigen Bestimmungsort geleiten – eine offenbare Weiterentwicklung eines Motivs, das in der Grabkunst des Mittelalters fortwährend anzutreffen ist, und zweitens durch die vier Statuen auf dem Gesims, die Moses und wahrscheinlich Paulus mit den Verkörperungen des tätigen und des kontemplativen Lebens darstellten.[63] Diese Motive sollten höchstwahrscheinlich die Vision eines Reiches jenseits bloßer politischer und militärischer Kämpfe und Triumphe eröffnen. Aber dieses Reich ist nicht ganz identisch mit dem christlichen Paradies, wie es voll Zuversicht in den Grabmälern einer früheren Epoche dargestellt worden war.

In diesen wird ein scharfer Gegensatz zwischen der irdischen und der himmlischen Sphäre dargestellt, so daß in den mittelalterlichen *enfeus* und auch in solchen Denkmälern des Trecento wie dem Grabmal des Bischofs Saltarelli (Abb. 133) sich das Bildnis, das den Toten als physisches Wesen porträtiert, von dem kleinen Abbild seiner Seele zu unterscheiden pflegt. Beim Juliusgrab indes sind Himmel und Erde nicht mehr voneinander geschieden. Die vier gigantischen Gestalten auf dem Gesims, so wie sie angeordnet sind zwischen dem unteren Bereich mit den Sklaven und Siegesdarstellungen einerseits und der krönenden Gruppe der zwei Engel, die die *bara* mit dem Papst tragen, andererseits, dienen als Vermittler zwischen der irdischen und der himmlischen Sphäre. Dank ihnen erscheint die Apotheose des Papstes nicht als plötzliche und wundersame Verwandlung, sondern als schrittweiser und geradezu natürlicher Aufstieg; mit anderen Worten, nicht als Auferstehung im Sinne des orthodoxen christlichen Dogmas, sondern als Aufsteigen im Sinne der neoplatonischen Philosophie.[64]

Im Anschluß an die Lehre der Florentiner Akademie, wie sie von Landino formuliert worden war, sind die *vita activa* wie auch die *vita contemplativa,* wir erinnern uns, die zwei Wege zu Gott, obgleich tätige Rechtschaffenheit lediglich die Voraussetzung kontemplativer Erleuchtung ist. Und wenn Landino *iustitia* und *religio* mit den »zwei Flügeln, mit denen die Seele sich zum Himmel emporschwingt«, vergleicht, so kann diese Metapher durchaus auf die zwei Engel angewandt werden, von denen der eine das Ende eines gerechten, fruchtbaren Lebens der Tat beklagt, während der andere sich über den Anfang eines Lebens freut, das dem immerwährenden Beschauen Gottes geweiht ist.

Die Florentiner Neoplatoniker nannten Moses und Paulus stets zusammen als die bedeutendsten Beispiele derer, die durch eine vollkommene Verschmelzung von Tat und Vision geistige Unsterblichkeit schon während ihres Lebens auf Erden erlangten. Denn obwohl Moses im Gedächtnis der Menschheit eher als Gesetzgeber und Anführer lebt und nicht so sehr als Seher, sah doch auch er »mit dem inneren Auge«[65], und in seinem Charakter eines Führers und eines inspirierten Propheten ist er von Michelangelo auch dargestellt worden. Angesichts der Tatsache, daß das Wort ›kontemplativ‹ im 16. Jahrhundert zu einem neoplatonischen Begriff geworden war und so verwandt wurde, wird Condivis naive Beschreibung Moses' als »Oberhaupt und Anführer der Hebräer, zu sehen in der Haltung eines kontemplativen Denkers, das Antlitz voll Licht und Heiligem Geist, der den Betrachter mit Liebe und Furcht erfüllt«[66], der berühmtesten Skulptur Michelangelos gerechter als die noch immer verbreitete Auffassung, daß Moses, nachdem er sich aus unerklärlichen Gründen niedergesetzt habe, durch den Tanz um das Goldene Kalb erzürnt und eben im Begriff sei, aufzuspringen und die Gesetzestafeln zu zertrümmern – eine Deutung, die man niemals hätte erfinden können, wäre die Statue nicht von ihrem vorgesehenen Platz verbannt worden. Michelangelos Moses sieht nichts anderes, als was die Neoplatoniker die »Herrlichkeit des göttlichen Lichts« nannten. Wie die Sibyllen und Propheten an der Decke der Sixtina und die mittelalterlichen Evangelisten, die die Vorgänger beider sind[67], offenbart er durch seine plötzlich innehaltende Bewegung und seinen ehrfurchtgebietenden Ausdruck nicht zornige Überraschung, sondern jene übernatürliche Erregung, die, um Ficino zu zitieren, »den Leib versteint und beinahe tötet, während sie die Seele entführt«.[68] So symbolisieren die Figuren auf dem Gesims die Mächte, die, indem sie als Mittler zwischen der irdischen und der translunaren Welt wirken, Unsterblichkeit garantieren. Demzufolge symbolisiert die Dekoration des Untergeschosses, während sie die persönlichen Leistungen des Papstes verherrlicht, gleichzeitig das Erdenleben als solches.

Der Sinn von Siegesdarstellungen und Gefangenen war keineswegs auf eine Triumphsymbolik im engeren Sinne beschränkt, es sei denn, sie waren dazu bestimmt, einem ausgesprochen heidnischen Milieu Farbe zu verleihen, wie es bei dem bereits erwähnten Fresko von Filippino Lippi der Fall ist. Einem Betrachter des 16. Jahrhunderts, der, wenn nicht mit neoplatonischen Ideen, so doch mit der Tradition der *Psychomachia* vertraut war, pflegte angesichts einer ›Sieges‹-Gruppe vor allem der moralische Kampf zwischen Gut und Böse in den Sinn zu kommen und nicht so sehr ein kriegerischer Triumph. Michelangelos spätere ›Sieger‹-Gruppe wurde in der Tat immer in symbolischem Sinne gedeutet: Vincenzo Danti verwandte sie als Darstellung der Ehre, die über die Ehrlosigkeit siegt, Giovanni Bologna verwandelte sie in einen ›Kampf zwischen Tugend und Laster‹ und Caravaggio übersetzte sie mit einem ironischen Dreh, der für Michelangelos widerstrebendsten Bewunderer charakteristisch ist, in eine Illustration des Sprichworts *Amor vincit omnia.*

Auch gefesselte Sklaven waren der Renaissance als moralische Allegorien vertraut. Sie wurden als Symbole der sündhaften, von ihren physischen Begierden in Knechtschaft gehaltenen Seele verwandt. Und höchstwahrscheinlich ist es diese Eigenschaft, in der sie an Antonio Federighis Weihwasserbecken in der Kathedrale von Siena erscheinen, das Michelangelo wohlbekannt war und das mit Recht als ein bescheidener Vorläufer des Juliusgrabes betrachtet worden ist (Abb. 138).[69] Mittelalterlichen Kerzenleuchtern nicht unähnlich[70], symbolisiert es ein christliches Universum, das, auf den vier Ecken der Welt erbaut und auf der Erde ruhend (die Schildkröten), sich über das Stadium der Natur (die Sklaven) und des Heidentums (die *bucrania*) zum Stande der Gnade erhebt (das Weihwasser). Ferner wird auf einem Stich von Cristoforo Robetta (B. 17; Abb. 139) der Gegensatz zwischen dem freien Geist des Menschen und der versklavten menschlichen Natur dargestellt: jener wird durch einen leidenschaftslosen Jüngling wiedergegeben, der den Verführungsmächten von ›Wein, Weib und Gesang‹, verkörpert durch einen Satyr, der ein Trinkhorn hebt, ein nacktes Mädchen, das Harfe spielt, und ein weiteres nacktes Mädchen, das seine Brust darbietet, gegenüber vollkommen unzugänglich ist; die menschliche Natur wird durch einen gefesselten und sich vor Pein windenden Jüngling versinnbildlicht.

Michelangelos Sklaven teilen dagegen eine spezifischere Bedeutung mit. Es ist seit langem bekannt, daß der ›Sterbende Sklave‹ im Louvre von der Darstellung eines Affen begleitet ist, der aus der gestaltlosen Steinmasse hervortritt, und es ist angenommen worden, dieser Affe könne ein Attribut sein, das diesen Sklaven als Verkörperung der ›Malerei‹ kennzeichne.[71] Diese Auslegung würde mit ikonographischen Überlieferungen übereinstimmen, wie auch mit Condivis Versicherung, daß die Sklaven die Künste verkörperten; aber sie ist nicht vereinbar mit der Tatsache, daß auch ein Affe, schwächer zwar, aber nicht weniger unverkennbar skizziert, mit dem ›Rebellischen Sklaven‹ verbunden ist: sein runder Schädel, die niedrige viereckige Stirn und das vorstehende Maul sind hinter dem linken Knie des Sklaven klar zu erkennen (Abb. 140). Der Affe kann somit nicht als ein bestimmtes Symbol gedeutet werden, das einen individuellen Sklaven vom anderen unterscheiden sollte, sondern er muß ein Gattungssymbol sein, das die Bedeutung der Sklaven als Kategorie erhellt.

Nun war die verbreiteste Bedeutung des Affen – viel verbreiteter als seine Verknüpfung mit der Malerei, ganz zu schweigen von den anderen Künsten und Zünften – eine moralische: dem Menschen in Erscheinung und Benehmen näher verwandt als jedes andere Tier, doch ohne Vernunft und sprichwörtlich lüstern *(turpissima bestia, simillima nostri),* wurde der Affe als Symbol alles Untermenschlichen im Menschen benutzt, der Wollust, Habgier, Völlerei und Schamlosigkeit im weitestmöglichen Sinne.[72] Folglich wäre der ›Generalnenner‹ der Sklaven, wie er durch den Affen gekennzeichnet wird: die tierische Natur. Und das ruft uns in Erinnerung, daß die Neoplatoniker die ›niedere Seele‹ *commune cum brutis* genannt hatten: das, was der Mensch mit den vernunftlosen Tieren gemein hat. Von da aus gesehen sind die Affen, die niedere Seele bezeichnend, vollkommen logische Attribute gefesselter Gefangener. An die Hermen gekettet, in denen die Materie selbst sozusagen ihr Angesicht sehen läßt, symbolisieren die Sklaven die menschliche Seele, insofern sie unfrei ist. Erinnern wir uns der uralten Gleichnisse vom *carcer terreno* und der *prigion oscura*[73] und der neoplatonischen Bezeichnung für das Prinzip, das die immaterielle Seele an den stofflichen Leib bindet: es wurde *vinculum* genannt, was sowohl ›Verbindung‹ als auch ›Fessel‹ bedeutet.[74] Einige Sätze, in denen Ficino die unglückliche Lage der Seele nach ihrem Abstieg in die stoffliche Welt beschreibt, könnten als Paraphrase der Sklaven Michelangelos dienen, von denen ursprünglich zwanzig an der Zahl geplant waren, in unzähligen Haltungen der Auflehnung und Erschöpfung[75] (unnötig zu sagen, daß der ›Sterbende Sklave‹ im Louvre in Wirklichkeit kein Sterbender ist): »Wenn ein wenig Dampf (Ficino spricht von den Auswirkungen des *humor melancholicus* auf die geistige Gesundheit) uns so viel antun kann, wieviel mehr muß die himmlische Seele sich von ihrem ursprünglichen Zustand entfernen, wenn sie, zu Beginn unseres Lebens, aus der Reinheit, mit der sie geschaffen ward, herabfällt und in den Kerker eines finsteren, irdischen und sterblichen Körpers gesperrt wird? ... Die Pythagoreer und Platoniker sagen, daß unser Geist, solange unsere erhabene Seele in einem gemeinen Körper zu wirken verurteilt ist, von dauernder Unruhe emporgeschleudert und niedergeworfen wird, und daß er *oft schläft* und *immer in Wahn befangen* ist, so daß unsere Bewegungen, Taten und Leidenschaften nichts sind als die *Schwindelanfälle unpäßlicher Leute,* die *Träume von Schläfern* und die *Faseleien Irrer*«.[76]

Wenn die Sklaven die menschliche Seele verkörpern, die von der Materie geknechtet und daher der Seele der vernunftlosen Tiere vergleichbar ist, verkörpern die Darstellungen des Sieges die *anima proprie humana,* das heißt, die menschliche Seele im Stande der Freiheit und in der Lage, die niederen Regungen mit Hilfe der Vernunft zu besiegen. Die Sklaven und die Siegesdarstellungen bedingen einander, um so ein Bild des Lebens des Menschen auf Erden mit seinen Niederlagen und Pyrrhussiegen zu geben.

Denn die reinen Siege der Vernunft, so wert sie es auch sind, in den Bilderreliefs mit den ›Heldentaten‹ des Papstes gepriesen und verherrlicht zu werden, reichen nicht hin, Unsterblichkeit zu garantieren. Das irdische Leben, sei es noch so verdienstvoll, bleibt, wir erinnern uns, ein Leben im Hades. Ein dauernder Sieg kann allein durch jene höchste Kraft in der Seele des Menschen erreicht werden, die nicht an den irdischen Kämpfen teilnimmt und Erleuchtung bringt statt zu besiegen: die *mens* oder der *intellectus angelicus,* deren zwiefacher Aspekt durch die Gestalten des tätigen und des kontemplativen Lebens symbolisiert und durch Moses und Paulus verkörpert wird.

So ist der Sinn des Grabmals für Julius II. ein Triumph nicht so sehr im politischen und militärischen Sinne, als in einem geistigen.[77] Der Papst wird ›verewigt‹ nicht nur durch den weltlichen Ruhm, sondern auch durch die ewige Erlösung[78], und nicht nur als Individuum, sondern auch als Repräsentant der Menschheit. Im wahren Geiste einer Philosophie, die alles Sichtbare mit einer transzendenten Bedeutung versah, sind szenische Darstellungen, Allegorien und Personifizierungen einem Programm dienstbar gemacht worden, das eine künstlerische Entsprechung zu Ficinos *Theologia Platonica* und *Consonantia Mosis et Platonis* genannt werden könnte; es sperrt sich gegen die abgenutzte Alternative zwischen Verherrlichung des Lebens auf Erden einerseits und der Vorwegnahme eines Lebens danach andererseits.

Bezeichnenderweise wurde dieses vollkommene Gleichgewicht zwischen Heidnischem und Christlichem bereits als ziemlich unorthodox angesehen, als der Papst gestorben war. Im Entwurf von 1513 (Abb. 135, 136 und 137) wurde das christliche Element durch die Hinzufügung der *capelletta* mit der Madonna und

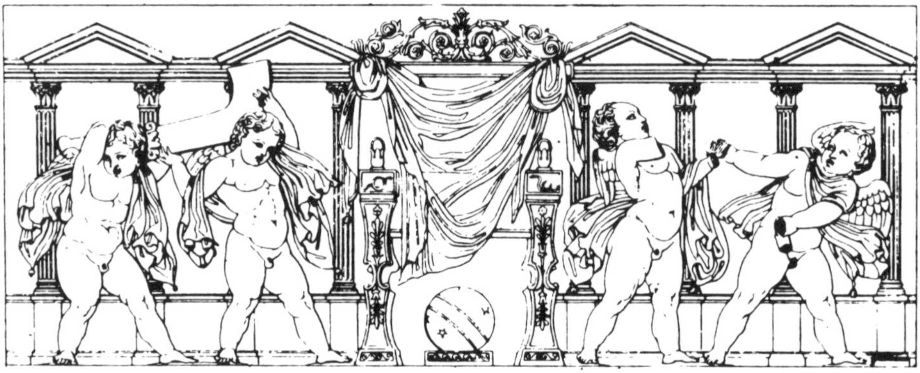

Saturns Thron (nach Clarac). Römisches Relief, Paris, Louvre

den Heiligen, eine offenbare Rückwendung zum *enfeu*-Typus, enorm gestärkt. Im Jahr 1542, als die Sklaven und Siegesdarstellungen ebenfalls verworfen worden waren, war die Versinnbildlichung der irdischen Sphäre gänzlich beseitigt. Das Endergebnis bezeugt nicht nur die persönliche Enttäuschung des Künstlers, sondern es symbolisiert auch den Mißerfolg des neoplatonischen Systems beim Versuch, eine dauerhafte Harmonie zwischen den auseinanderstrebenden Tendenzen der nachmittelalterlichen Kultur herzustellen: ein Denkmal des ›Einklangs zwischen Moses und Platon‹ hatte sich zu einem Denkmal der Gegenreformation entwickelt.

Michelangelos zweites großes Projekt auf dem Gebiet der Grabmalkunst, die Medici-Kapelle[79], kam gleichfalls nicht völlig zum Abschluß. Aber in diesem Fall ist das vorhandene Monument, das 1534 unvollendet zurückblieb, als Michelangelo Florenz für immer verließ, ein unvollständiges, doch kein entstelltes Dokument seiner grundsätzlichen Ziele. Das endgültige Programm, das schon gegen Ende des Jahres 1520 festgelegt worden war[80], kann als eine ausführlichere Wiederholung der Ideen gekennzeichnet werden, die der zweite Entwurf des Grabmals für Julius II. enthielt, in dem das ›platonische‹ Element dem christlichen untergeordnet, jedoch nicht geopfert worden war. Doch verfolgte Michelangelo diese Ideen nicht direkt, sondern griff vielmehr nach verschiedenen tastenden Schritten in andere Richtungen auf sie zurück.

Als Lorenzo de'Medici der Jüngere 1519 gestorben war, beschloß man, die Neue Sakristei von S. Lorenzo auf die gleiche Weise als Gedenkkapelle für die jüngere Generation der Familie zu nutzen, wie die Alte Sakristei für die ältere genutzt worden war. Sie hatte die Gräber der zwei *Magnifici,* Lorenzos des Prächtigen (gestorben 1492) und Giulianos (1478 von den Pazzi ermordet), sowie der zwei *Duchi* aufzunehmen, Lorenzos des Jüngeren, Herzogs von Urbino, und Giulianos des Jüngeren, Herzogs von Nemours (gestorben 1516).[81]

Ursprünglich hatte Michelangelo geplant, diese vier Gräber in einem freistehenden Bau zusammenzufassen, der entweder als ein massiver Baukomplex (Zeichnung Fr. 48, Abb. 146) oder als sogenannter Janusbogen *(arcus quadrifons)* konzipiert war.[82] Auf dieses Projekt[83] wurde zugunsten zweier Doppelgräber an jeder Seitenwand verzichtet, eines für die *Duchi,* das andere für die *Magnifici,* während die Eingangswand gegenüber vom Altar mit einer Madonna, flankiert von zwei Standbildern der Familienheiligen der Medicis, Cosmas und Damian, geschmückt werden sollte (Zeichnung Fr. 47, Abb. 147; durch einfache Verdoppelung der auf Fr. 48 gezeigten Frontseite erzielt).

Die endgültige Lösung wurde dadurch erreicht, daß die Seitenwände allein den *Duchi* zugewiesen wurden, während die ›Sacra Conversazione‹ an der Eingangswand mit den Gräbern der *Magnifici* zu einer einheitlichen Komposition verschmolzen wurde. Originalstudien zu dieser seltsamen Verbindung aus Doppel-Nischengrab und Altarbild sind die Zeichnungen Fr. 9a und 9b. Auf Fr. 9a (Abb. 150) ist der Aufbau noch nicht in die Achse gebracht und enthält keine Figuren, aber im Mittelpunkt eines zwischen die Sarkophage und die ›Sacra Conversazione‹ eingeschobenen Bereichs sieht man die Gestalt der Fama, die die Gedenktafeln »in der richtigen Lage hält«.[84] Auf Fr. 9b (Abb. 151) ist die Komposition strenger zusammengefaßt, und Sitzfiguren der Verstorbenen sind in der Zwischenzone plaziert, deren Mitte leer bleibt. Ein Plan, der sich enger der endgültigen Anordnung nähert, ist in einer großen Anzahl Kopien überliefert, die darauf hinauslaufen darzustellen, daß schließlich die Zwischenzone ganz aufgegeben wurde, während kleinere Statuen in Nischen mit Rundbogenabschluß über den zwei Heiligen angeordnet wurden (Abb. 152).[85]

Was die Einzelgräber der *Duchi* betrifft, so ist uns nur eine einzige unbestreitbare Skizze, Fr. 55, überliefert (Abb. 148; vgl. auch Abb. 149)[86], und auch hier scheint das Grab eher der äußeren Erscheinung nach als in seiner Ikonographie und Bestimmung ein Einzelgrab zu sein. Im ganzen steht die Zeichnung Fr. 55 der Architektur, den Skulpturen und Modellen, wie sie tatsächlich ausgeführt wurden, viel näher als jede andere Studie.[87] Aber der Raum in der Mitte wäre, da er genau ein Quadrat bildet, für eine Porträtstatue nicht geeignet, wogegen die Sitzfiguren, die den Sarkophag flankieren und in der tatsächlichen Anordnung nicht wieder erscheinen, eher den Eindruck von Porträtstatuen als von allegorischen Gestalten, schon gar nicht von Heiligenfiguren vermitteln.[88] Somit erscheint es als wahrscheinlicher, daß die Zeichnung Fr. 55, obwohl sie nur einen einzigen Sarkophag zeigt, ursprünglich für die Doppelgräber bestimmt war (Verrocchios berühmter Sarkophag in der Alten Sakristei enthält ebenfalls die Leichname zweier Personen, von Giovanni und Piero de'Medici). Später wurde die Komposition zur Ausführung der Einzelgräber übernommen, wobei natürlich die zwei Sitzfiguren zu beiden Seiten des Sarkophags entfernt werden mußten.[89]

Dieses Material, so unvollständig es ist, setzt uns in die Lage, die Entwicklung des ikonographischen Programms festzustellen. Das freistehende Denkmal, das auf Fr. 48 skizziert ist, enthielt nur Reliefs – von denen vier wahrscheinlich die Vier Jahreszeiten darstellten und damit die Idee der Zeit in einer bis jetzt traditionellen Form versinnbildlichten[89a] – und acht Statuen Trauernder. Die Madonna mit den Heiligen, die Darstellungen der Verstorbenen und die unter den Sarkophagen ruhenden Fluß-Gottheiten wurden im Zusammenhang mit dem Doppelgrab-Projekt geplant (Fr. 47), und die Idee, die Verkörperungen der Tageszeiten an die Stelle der Vier Jahreszeiten zu setzen, scheint noch etwas später aufzutauchen (Fr. 55 und die Randskizze auf Fr. 47).

Das endgültige Programm enthielt folgende Hauptbestandteile:
1 Das Doppelgrab der *Magnifici* gegenüber vom Altar *(›la sepoltura in testa‹,* wie Michelangelo es nennt), Abb. 153. Über den Sarkophagen ohne Darstellungen der Verstorbenen hätte es die ›Medici-Madonna‹, flankiert von den Heiligen Cosmas und Damian, zeigen sollen, wie sie in S. Lorenzo heute zu sehen sind; und über diesen kleinere Statuen, von denen eine als der David im Bargello identifiziert worden ist.[90]
2 Die Gräber von Giuliano und Lorenzo de'Medici (Abb. 144 und 145). Zusätzlich zu den in S. Lorenzo vorhandenen Figuren, nämlich den Sitzfiguren der Herzöge und den vier Tageszeiten, sollten sie zeigen:
a) zwei am Fuße jedes Grabes lagernde Flußgötter (das Modell eines von ihnen wird in der Akademie in Florenz aufbewahrt);
b) Statuen der ›sich grämenden Erde‹ und des ›lächelnden Himmels‹ in den Nischen beiderseits des Standbildes Giulianos[91], die ›Erde‹ natürlich über der ›Nacht‹, die Darstellung des ›Himmels‹ über dem ›Tag‹.[92] Das Thema der entsprechenden Statuen am Grabe Lorenzos ist eine Frage von Vermutungen: möglicherweise sollten sie entweder ›Wahrheit‹ und ›Gerechtigkeit‹, entsprechend Psalm LXXXV, 12, sein: »Wahrheit sproßt auf aus der Erde, und Gerechtigkeit schaut hernieder vom Himmel«, oder so etwas wie Landinos *Iustitia* und *Religio*.[93]

c) Eine kunstvolle, auf der Zeichnung Fr. 55 schon erkennbare plastische Ausschmückung des Gesimses: sie bestand aus leeren Thronen oben auf den Doppelpilastern, die man in der Medici-Kapelle noch sehen kann, obwohl sie ihrer reichgeschmückten Rückenlehnen beraubt sind;[94] aus Siegestrophäen in der Mitte und aus zwei Paaren kauernder Kinder über den Seitennischen, von denen eines als der Hockende Knabe in Leningrad identifiziert worden ist.[95]

Zusätzlich war geplant, die großen Lünetten über den drei Grabmälern mit Fresken zu schmücken. In der Lünette über dem Grab der *Magnifici* sollte die Auferstehung Christi dargestellt werden (Zeichnung Fr. 19 und 59), während die Lünetten über den Gräbern der *Duchi* die Eherne Schlange auf der einen Seite (Zeichnung Fr. 51) und, möglicherweise, die Geschichte Judiths auf der anderen Seite gezeigt haben würden.[96]

Es ist bemerkt worden, die Statuen von Giuliano und Lorenzo de'Medici seien der Madonna zugewandt.[97] Und sie haben sich in der Tat der *sepoltura in testa* zuzuwenden, um die Mittler des Seelenheils, die Jungfrau Maria und die Heiligen, sowie den Hauptbeweis der Unsterblichkeit im strengen christlichen Sinne, die Auferstehung Christi, zu erblicken.

Gleichzeitig stellt jedes der Herzogsgräber eine Apotheose dar, wie sie von Ficino und seinem Kreis verstanden wurde: das Aufsteigen der Seele durch die Stufenordnungen des neoplatonischen Universums.[98]

Wie man sich erinnern wird, nannten die Florentiner Neoplatoniker den Bereich der Materie *il mondo sotterraneo* und verglichen das Dasein der menschlichen Seele, solange sie im Körper ›eingekerkert‹ ist, einem Leben *apud inferos*.[99] Es ist daher nicht gewagt, die Flußgötter, zuunterst an den Grabmälern plaziert, wie sie es hätten sein sollen, als die vier Flüsse des Hades zu identifizieren: als Acheron, Styx, Phlegethon und Kozytus. Die Flüsse spielten sowohl in Platons *Phaidon*[100] als auch in Dantes *Inferno* eine wichtige Rolle, aber die Florentiner Neoplatoniker interpretierten sie auf völlig andere Weise. Bei Platon wie bei Dante bedeuten sie die vier Stufen sühnender Strafe, die die menschliche Seele nach dem Tode erwarten. Bei Landino und Pico bedeuten sie die vierfache Gestalt der Materie, die die menschliche Seele im Augenblick der Geburt gefangennimmt. Sobald sie ihr überhimmlisches Zuhause verlassen und den Fluß Lethe durchquert hat, der sie die Glückseligkeit ihres früheren Daseins vergessen läßt, sieht sie sich ›der Freude beraubt‹ (Acheron, das vermutlich vom griechischen α und χαίρειν, ›sich freuen‹, kommt): sie wird von Sorgen heimgesucht (Styx), fällt ›glühenden Leidenschaften, wie wahnsinniger Wut oder Raserei‹ zum Opfer (Phlegethon, vom griechischen φλός, ›Flamme‹) und bleibt im Sumpf ewigen tränenreichen Kummers stecken (Kozytus, vom griechischen κώκυμα, ›Klage‹, oder um Landino zu zitieren, *il pianto che significa confermato dolore*).[101] Somit stehen die vier Flüsse des Hades für »alle jene Übel, die einem einzigen Grunde entspringen: Materie«[102], und die die Glückseligkeit der Seele vernichten: »Der tiefe Schlund der Sinne wird stets von den Fluten Acherons, Styx', Kozytus' und Phlegethons geschüttelt«, wie Ficino es ausdrückt.[103] Und so populär war diese neoplatonische Auslegung der vier Flüsse der Unterwelt, daß sie sogar in Vincenzo Cartaris *Imagini* auftaucht.[104]

Wenn also Michelangelos Flußgötter das bedeuten, was Pico den *mondo sotterraneo* nennt, das heißt, den Bereich reiner Materie, dann stehen die Tageszeiten, die die nächst höhere Zone der herzöglichen Grabmäler einnehmen, für die irdische Welt, d. h. das Reich der Natur, das aus Materie und Form besteht. Dieser Bereich, der das Leben des Menschen auf der Erde umschließt, ist in der Tat die einzige der Zeit unterworfene Sphäre. Reine Materie ist nicht weniger ewig und unzerstörbar als reine Form, und die himmlischen Sphären bringen die Zeit hervor, ohne ihr unterworfen zu sein. Allein die vorübergehende Einheit von Materie und Form in der Natur muß unabwendbar anfangen und aufhören.

Daß die Darstellungen der Morgendämmerung, des Tages, des Abends und der Nacht zunächst die zerstörerische Macht der Zeit bezeichnen sollten, wird durch Michelangelos eigene Worte belegt: »Der Tag und die Nacht reden, und sie sagen: mit unserem raschen Lauf haben wir den Herzog Giuliano zum Tode geführt«[105], und ebenso durch Condivis Äußerung, daß der Tag und die Nacht zusammen *il Tempo che consuma il tutto* symbolisieren sollten; ihm zufolge hatte Michelangelo sogar geplant, diesen beiden Figuren eine Maus beizugeben, »weil dieses Tierchen fortwährend nagt und frißt wie die alles-verschlingende Zeit«.[106]

Doch hat in der Medici-Kapelle diese Idee nicht in konventionellen Allegorien und Personifizierungen der Zeit, zum Beispiel den Vier Jahreszeiten, wie ursprünglich geplant, Gestalt angenommen, sondern in vier Figuren, die, ohne Vorläufer in der früheren Ikonographie, den Eindruck unermeßlicher und unstillbarer Qual vermitteln. Den Sklaven am Grabmal für Julius II. nicht unähnlich, scheinen sie »zu träumen, zu schlafen, zu leiden und zu rasen«: die ›Aurora‹ erwacht mit tiefem Abscheu vor dem Leben im allgemeinen, der ›Giorno‹ krümmt sich vor grundloser und fruchtloser Wut, der ›Crepuscolo‹ ist von unsäglichen Strapazen erschöpft, und sogar die Nacht findet – ihre Augen sind nicht ganz geschlossen – keine wirkliche Ruhe.

Während also die vier Flußgottheiten die vierfache Erscheinung der Materie als eines Quells möglichen Übels bezeichnen, stellen die vier Tageszeiten die vierfache Erscheinung des Erdenlebens als eines Zustands wirklichen Leidens dar, wobei der innere Zusammenhang zwischen den beiden Figurengruppen leicht zu erkennen ist. Für einen Renaissancephilosophen war es eine Selbstverständlichkeit, daß die vier Formen der Materie, die durch die vier Flüsse des Hades versinnbildlicht wurden, nur die vier Elemente sein konnten, wobei Acheron die Luft, Phlegethon das Feuer, Styx die Erde und Kozytus das Wasser bedeutete.[107] Auf der anderen Seite glaubte man einhellig von eben diesen vier Elementen, daß sie wesensgleich mit den vier Säften *(humores)* seien, aus denen der menschliche Körper zusammengesetzt sei und die die menschliche Psychologie ausmachten. Und diese vier Säfte wurden wiederum unter anderem mit den vier Jahreszeiten und den vier Tageszeiten in Verbindung gebracht: die Luft wurde mit dem sanguinischen Temperament, dem Frühling und dem Morgen, verbunden, das Feuer mit dem cholerischen Temperament, dem Sommer und dem Mittag, die Erde mit dem melancholischen Temperament, dem Herbst und der Abenddämmerung und das Wasser mit dem phlegmatischen Temperament, dem Winter und der Nacht.[108]

Nach diesem kosmologischen Schema, das im Zusammenhang mit Bronzinos sogenanntem ›Flora‹-Teppich bereits erwähnt wurde und seine poetische Faszination die Jahrhunderte hindurch bewahrt hat, umschließen Michelangelos Tageszeiten in der Tat das gesamte Leben der Natur, da es auf den vier Elementen beruht[109], und sie können somit auf vollkommen konsequente Weise mit den vier Flußgöttern in Beziehung gebracht werden. Acheron, der ›Freudlose‹, würde seinen Platz unter der Aurora gehabt haben, denn sowohl von Acheron wie der Morgendämmerung war man der Meinung, sie entsprächen dem Element der Luft und dem sanguinischen Temperament; Phlegethon, der ›Flammende‹, unter dem ›Giorno‹, denn von Phlegethon und dem Mittag glaubte man, sie entsprächen dem Element des Feuers und dem cholerischen Temperament; Styx, der ›Traurigdüstere‹, unter dem ›Crepuscolo‹, denn von Styx und dem Abend nahm man an, sie entsprächen dem Element der Erde und dem *humor melancholicus;* und Kozytus, der ›Tränenstrom‹, unter der ›Notte‹, denn Kozytus und die Nacht glaubte man dem Element des Wassers und dem Phlegma zugehörig.

Michelangelos Tageszeiten ›personifizieren‹ natürlich nicht die vier Temperamente. Sie versinnbildlichen jedoch die verschiedenen störenden und bedrückenden Einflüsse, denen die menschliche Seele unterworfen ist, solange sie in einem aus den vier ›materiellen‹ Grundprinzipien zusammengesetzten Körper wohnt. Bei den Neoplatonikern und insbesondere bei Michelangelo, der gefühlsmäßig außerstande war, eine wirklich freudige oder wirklich entspannt-gelassene Figur zu schaffen, unterscheiden sich der ›sanguinische‹ und der ›phlegmatische‹ Zustand vom ›cholerischen‹ und vom ›melancholischen‹, aber sie sind durchaus nicht glücklicher. Ein zeitgenössischer Betrachter, mit der Theorie vertraut, daß melancholische Trübsal durch jeden der vier Körpersäfte, den sanguinischen eingeschlossen, verursacht werden könne – hätte die ›Vier Tageszeiten‹ als Paradigma der *melancholia ex sanguine,* der *melancholia ex phlegmate,* der *melancholia ex cholera* und der *melancholia ex cholera nigra* deuten können.[110]

Aus dem dumpfen Bereich der Materie und dem gequälten, zeitverhafteten Bereich der Natur treten die Bildnisse Giulianos und Lorenzos, der als der ›Pensieroso‹ oder ›Pensoso‹ bekannt war, aus dem 16. Jahrhundert hervor.[111] Diese Bildnisse, die in ihrem Charakter so unpersönlich sind, daß sie Michelangelos Zeitgenossen befremdeten, und von Figuren flankiert sind, die den Übergang von einer niedrigeren Daseinsform zu einer höheren anzeigen, sind weder Porträts lebender Personen noch Verkörperungen abstrakter Ideen. Es ist mit Recht gesagt worden, daß sie eher die verewigten Seelen der Verstorbenen als deren konkrete Persönlichkeit darstellten, und daß ihre kompositionelle Beziehung zu den Tageszeiten unter ihnen an jene römischen Sarkophage erinnere, auf denen das Bild des Toten aus der Sphäre des irdischen Lebens, die durch die liegenden Figuren ›Ozeans‹ und der ›Erde‹ symbolisiert wird (Textabb. S. 251), fortgetragen wird.[112]

Doch bezeichnen, wenngleich verwandelt, die Bildnisse Giuliano und Lorenzo dei Medicis einen deutlichen Gegensatz, der nicht nur durch Haltung und Ausdruck, sondern auch durch ganz bestimmte Attribute ausgedrückt wird; und dieser Gegensatz kann nicht angemessener als mit den Begriffen der alten Antithese zwischen tätigem und kontemplativem Leben beschrieben werden.[113]

Vom neoplatonischen Standpunkt aus besteht kein Widerspruch zwischen der Tatsache einerseits, daß die beiden Herzöge als verewigte Seelen dargestellt sind, und dem Umstand andererseits, daß Giuliano als *vir activus* gekennzeichnet ist, während Lorenzo als *vir contemplativus* charakterisiert ist.[114] Im Gegenteil, diese Kennzeichnungen begründen ihre Apotheose. Denn wie wir wissen, geschieht es nur durch das Führen eines wahrhaft tätigen und eines wahrhaft kontemplativen Lebens, das entweder von *iustitia* oder *religio* regiert wird, daß der Mensch dem *circulus vitiosus* bloß naturbedingten Existierens entfliehen und diesseitige Glückseligkeit wie auch ewige Unsterblichkeit erlangen kann.

Wie kann nun der ideale *vir contemplativus* und der ideale *vir activus* nach den neoplatonischen Regeln dargestellt werden? Nur, indem ersterer als vollkommener Jünger Saturns und letzterer als vollkommener Jünger Jupiters gekennzeichnet wird. Schon Plotin, wir erinnern uns, hatte Saturn als Νους, den Weltgeist, und Jupiter als Ψυχή, die Weltseele, gedeutet. Infolgedessen wurde angenommen, die menschliche Seele werde auf ihrem Abstieg zur Erde von Saturn mit der ›Fähigkeit der Erkenntnis und des Denkens‹ und von Jupiter mit der ›Fähigkeit des Handelns‹ begabt.[114a] Und für die Florentiner Neoplatoniker war es eine Selbstverständlichkeit, daß die ›Kinder‹ Saturns – die Unglücklichsten aller Sterblichen in der normalen schicksalsdeutenden Astrologie – in Wahrheit zu einem Leben geistiger Versenkung prädestiniert seien, wogegen die Kinder Jupiters für ein Leben rationaler Tätigkeit ausersehen seien.

Es ist an dieser Stelle nicht möglich, auf die umfassenderen Aspekte dieser Lehre einzugehen, die in Verbindung mit einer ›Wiederentdeckung‹ der Aristotelischen Theorie, wonach alle großen Männer Melancholiker waren, zum modernen Geniebegriff führen sollte, noch ist es nötig, das durch eine Auswahl von Texten zu veranschaulichen. Es soll genügen, eine charakteristische Passage aus Pico della Mirandolas Kommentar zu Benivieni anzuführen: »Saturn bedeutet die geistige Natur, die nur dem Verstehen und der Kontemplation gewidmet und darauf bedacht ist. Jupiter bedeutet das tätige Leben, das darin besteht, die Dinge, die ihm unterworfen sind, mit seinen Regeln zu verwalten, zu regieren und in Gang zu halten. Diese zwei Eigenschaften sind bei den beiden Planeten zu finden, die die gleichen Namen haben, nämlich Saturn und Jupiter. Denn wie man sagt, bringt Saturn kontemplative Menschen hervor, während Jupiter ihnen Fürstentümer, Regierungen und die Leitung der Völker überträgt.«[115]

In den Quellen, auf die sich diese Passage uneingeschränkt bezieht, das heißt, in den textlichen und bildlichen Belegen der Astrologie, haben das Saturnische und das Jupiterische (›Joviale‹) eine unverkennbare Ähnlichkeit mit dem, was die modernen Psychologen den ›introvertierten‹ und den ›extrovertierten‹ Typus nennen; die Astrologen der Antike nahmen sogar den Gedanken vorweg, daß sich so grundlegende Verschiedenheiten wie diese auch in solchen Besonderheiten wie der Einstellung zum Gelde widerspiegeln. Der kontemplative Saturniker ist »der Welt gegenüber verschlossen«, er ist mürrisch, schweigsam, vollkommen auf sein eigenes Ich bezogen, ein Freund der Einsamkeit und Dunkelheit und geizig oder zumindest sparsam. Der tätige Jupitermensch ist »offen der Welt gegenüber«, er ist umsichtig, redegewandt, gesellig, an seinen Mitmenschen interessiert und grenzenlos großzügig.[116]

In der Medici-Kapelle wird dieser Gegensatz sowohl auf allgemeine Weise durch den Unterschied zwischen der ›offenen‹ Komposition der Giuliano-Statue (Abb. 155) und der ›geschlossenen‹ des ›Penseroso‹ (Abb. 154) bezeichnet, als auch durch die zwei Paare der Personifikationen, die den beiden Statuen beigegeben sind: Giuliano sitzt über dem mannhaften ›Tag‹ und der fruchtbaren

›Nacht‹, der Μήτηϱ Νύξ oder *Mater Nox* der klassischen Dichtung[117], Lorenzo über der jungfräulichen ›Morgenröte‹ (zu beachten ist ihr ›Gürtel‹) und dem ältlichen ›Abend‹, dessen Alter und Gestimmtheit möglicherweise auf den Mythos von Aurora und ihrem Gatten Tithonus anspielen, dem ewiges Leben, doch nicht ewige Jugend gewährt worden war.[117a] Aber die Bedeutung des Saturnischen und Jupiterischen der beiden Darstellungen wird noch durch speziellere Züge betont. Wie das Gesicht der *Melencolia* Dürers, so wird das Gesicht des ›Penseroso‹ von einem tiefen Schatten verdunkelt, der auf die *facies nigra* des saturnischen Melancholikers anspielt. Der Zeigefinger seiner linken Hand liegt mit der Gebärde des saturnischen Schweigens auf seinem Mund.[118] Sein Ellbogen ruht auf einer geschlossenen Geldkassette, einem typischen Symbol saturnischen Geizes;[119] und um den Symbolgehalt noch deutlicher zu machen, ist die Vorderseite dieser Geldkassette mit dem Kopf einer Fledermaus verziert, des emblematischen Tiers aus Dürers Kupferstich *Melencolia I.*[120]

Giuliano, auf der anderen Seite, hält ein Fürstenzepter in der Hand und mit seiner offenen Linken bietet er zwei Münzen dar. Diese beiden Motive, die ihn, der sich selbst in sichtbarer Tätigkeit ›verausgabt‹, gegen jenen abheben, der sich in ichbezogener Kontemplation ›abschließt‹, werden von Ripa unter dem Stichwort ›Magnanimità‹ beschrieben, und das ist ein ebenso jovialer Zug, wie der Geiz ein saturnischer ist: *»Iupiter dat magnanimitatem animi«,* um einen der populärsten astrologischen Texte zu zitieren.[121] Was Wunder, daß wir auf den Florentiner Stichen, die die Kinder Jupiters darstellen, einen Fürsten antreffen, der ein Zepter in der Hand hält und seinen Untertanen Gunsterweise erteilt (Abb. 156).[122] Es ist angenommen worden, daß die Grundkomposition der Giuliano-Statue durch zwei byzantinische Reliefs an der Fassade von San Marco angeregt worden sein könnte, die den hl. Georg und den hl. Demetrius darstellen (Abb. 157);[123] sollte diese Vermutung zutreffen – sie ist nicht durchaus unwahrscheinlich angesichts der Tatsache, daß Michelangelo, kurz bevor er die Giuliano-Statue begann, Venedig nochmals besucht hatte –, dann wäre es um so bezeichnender, daß er das Attribut dieser Heiligen, das Schwert, gegen die Symbole jupiterischen Edelmuts austauschte.

Der kontemplative Denker wie der großmütig Handelnde haben das Recht auf eine neoplatonische Apotheose. Ihr Vollzug wird durch die Motive symbolisiert, die den vierten und höchsten Abschnitt der Herzoggräber schmücken. Dieser Bereich könnte als die überhimmlische Sphäre oberhalb der himmlischen gedeutet werden. Die Trophäen in der Mitte bezeichnen den endgültigen Triumph über die niederen Formen des Daseins; die vor Kummer und Angst sich zusammenkauernden Kinder bedeuten vielleicht ungeborene Seelen, die dazu verurteilt sind, in die tieferen Sphären hinabzusteigen;[124] und der leere Thron ist eines der ältesten und gebräuchlichsten Symbole für die unsichtbare Gegenwart eines Unsterblichen. Die Bereitstellung leerer Throne für das Jüngste Gericht, die sogenannte Hetoimasia, basiert vermutlich auf Daniel 7,9. Aber ihre Wiedergabe in der Kunst[125] hat heidnische Darstellungen zum Vorbild, die in großer Zahl auf uns gekommen sind. Im alten Rom spielten leere Throne eine Rolle bei Bußzeremonien für bestimmte Gottheiten und, wichtiger noch, anläßlich der *ludi scaenici,* wenn sie feierlich ins Theater getragen und aufgestellt wurden, damit die Götter darauf Platz nähmen. Nach dem Tode Caesars wurde ihm und später anderen vergöttlichten Kaisern dieses Privileg eingeräumt.[126] Wenn Michelangelo unter Hadrian gelebt hätte, er hätte kein beredteres Symbol wählen können, um damit das Denkmal eines *Divus Caesar* zu krönen. Aber in der Medici-Kapelle wären die leeren Throne von den Geschichten aus dem Alten Testament überragt worden, die den gesamten Gehalt der Herzoggräber der christlichen Idee der Erlösung untergeordnet hätten, übersetzt in die Bilder an der *sepoltura in testa.*

Auch für die Kuppel ist ein Fresko vorgesehen gewesen. Sebastiano del Piombo bezieht sich in einem Brief vom 7. Juli 1533 auf diesen Plan, wo er schreibt: »Was die Malerei in der Laternenwölbung angeht, so überläßt Unser Herr (d. h. Papst Clemens VII.) dir zu tun, was du möchtest. Ich denke, der Ganymed würde dort hübsch aussehen, du könntest ihm einen Heiligenschein geben, so daß er wie der heilige Johannes der Apokalypse aussähe, der in den Himmel emporgetragen wird.«[127] Niemand, dem der Spottgeist aufgeht, der für Sebastianos Briefstil so charakteristisch und besonders häufig in seinen Briefen an seinen *›compare‹* Michelangelo zu finden ist, wird verkennen, daß dieser Vorschlag ein Scherz ist.[128] Aber er ist ein sehr guter Scherz. Denn ob nun Sebastiano sich daran erinnerte oder nicht – im *Moralisierten Ovid* war Ganymed tatsächlich als Vorwegnahme des Evangelisten Johannes interpretiert worden, wobei der Adler Christus oder die vollkommene Reinheit bedeutete, die Johannes in die Lage versetzte, die Geheimnisse des Himmels zu offenbaren;[129] und auf diese Deutung bezog man sich noch im 16. Jahrhundert.[130]

Moralisierungen dieser Art waren noch der Renaissance geläufig; die Humanisten machten sich sogar kein Gewissen daraus, die Verse *Sinite parvuli ad me veniant* und *Nisi efficiamur sicut parvuli . . .* im Zusammenhang mit Jupiters Liebe zu einem hübschen Knaben zu zitieren;[131] und es ist leicht einzusehen, daß der Kirche solche gutgemeinten Christianisierungen heidnischer Mythen anstößiger vorkamen als ihre Behandlung in der unverfälschten antiken Dichtung.[132] Dennoch stellen sie lediglich ein Kapitel in der Geschichte der Deutungen dar, denen der Mythos Ganymeds, des einzigen Lieblings Zeus', der je zum Olymp zugelassen wurde, im Laufe der Jahrhunderte unterworfen war.

Im 4. Jahrhundert v. Chr. finden wir bereits zwei gegensätzliche Auffassungen: während Platon meinte, der Mythos von Ganymed sei von den Kretern erfunden worden, um die Liebesbeziehungen zwischen Männern und Knaben oder Jünglingen zu rechtfertigen[133], deutete Xenophon ihn als Moralallegorie, die die Überlegenheit des Geistes gegenüber dem Leibe bezeichne; ihm zufolge bezeuge schon der Name Ganymed, vermutlich vom griechischen γάνυσθαι (›sich erfreuen‹) und μήδεα (›Verstand‹), die Tatsache, daß geistige, nicht körperliche Vorzüge die Zuneigung der Götter gewinnen und Unsterblichkeit garantieren.[134]

Die realistischere Version des Ganymed-Themas (die später natürlich von den Kirchenvätern in ihren Schmähschriften gegen das Heidentum ausgeschlachtet wurde)[135] wurde entweder im euhemerischen Geiste weiterentwickelt[136] oder als Sternmythos gedeutet.[137] Die idealistische Version andererseits wurde von der moralischen Ebene auf die metaphysische oder sogar mystische Ebene übertragen. Auf einem der römischen Sarkophage, die den Aufstieg der Seele über den irdischen Bereich von Erde und Ozean hinaus darstellen, werden Ganymed und der Adler in den Mittelpunkt der Komposition gestellt (Textabb. S. 251).[138]

Das Hochmittelalter gab sich entweder mit der euhemeristischen und der astronomischen Auslegung zufrieden[139] oder aber erging sich, als die Zeit für die spezifisch christliche Moralisierung gekommen war, darin, derartige Querverbindungen wie zwischen Ganymed und dem Evangelisten Johannes zu ziehen. Für die Renaissance war es jedoch selbstverständlich, eine Deutung vorzuziehen, die den Ganymed-Mythos mit der neoplatonischen Lehre des *furor divinus* in Verbindung brachte.

In seinem Kommentar zu Dante, *Purgatorio* IX, 19ff., zieht Landino ausdrücklich einen Trennungsstrich zwischen der neoplatonischen und der christlichen Interpretation, wie sie von seinen altmodischen Vorgängern verfochten wurde. Er zitiert Francesco da Buti (1324–85), dem zufolge der Adler *la divina charità* bedeute, während der Schauplatz der Entführung Ganymeds, der Wald des Idagebirges, den Umstand ins Gedächtnis rufe, daß Eremiten, die im Walde Buße tun, mit größerer Wahrscheinlichkeit erlöst würden als andere Sterbliche; und er sagt, diese Interpretation sei *»pietosa et accomodata alla christiana religione«*. Er aber zieht es vor zu denken, Ganymed bezeichne den Geist *(mens)* im Gegensatz zu den niederen Anlagen der menschlichen Seele, und seine Entführung bedeute den Aufstieg des Geistes zu einem Zustand entrückter Kontemplation: »Ganymed bedeutete in diesem Falle die *mens humana,* die von Jupiter, das heißt, dem Höchsten Wesen geliebt wird. Seine Gefährten bedeuten die anderen Gaben der Seele, nämlich die pflanzliche und die sinnliche. Jupiter, der gewahr wird, daß der Geist im Wald ist – das heißt, von menschlichen Dingen entfernt –, trägt ihn mit Hilfe des Adlers zum Himmel empor. So läßt er seine Gefährten zurück – das heißt, die pflanzliche und die empfindende Seele; und nachdem er fortgetragen oder, wie Platon sagt, vom Leib geschieden ist und die leiblichen Dinge vergißt, beschränkt er sich vollkommen darauf, die Geheimnisse des Himmels zu erschauen.«[140] Diese neoplatonische Deutung, die durch die xenophonische Etymologie erhärtet schien, wurde von den Humanisten, wie zum Beispiel Alciati (dessen Emblem IV den doppelten Titel 'γάνυσθαι μήδεσι und *In Deo laetandum* trägt)[141], Achille Bocchi[142] und Natale Conti[143], fast einhellig akzeptiert; und sie wirft ein Licht auf den Gegenstand im Scherz von Sebastiano del Piombo: ›der‹ Ganymed, den er in seinem Brief an Michelangelo erwähnt, ist offenbar der auf der Zeichnung, die Michelangelo ein halbes Jahr, bevor dieser Brief geschrieben wurde, für seinen jungen Freund Tommaso Cavalieri gemacht hatte und die in der Zwischenzeit sehr berühmt geworden war (Abb. 158).[144] Sie zeigt Ganymed im Trancezustand, ohne eigenen Willen oder Gedanken, durch den eisernen Griff des riesenhaften Adlers zu passiver Unbeweglichkeit gezwungen, während die Stellung seiner Arme die Haltung eines bewußtlosen Menschen oder Leichnams andeutet[145], und seine Seele tatsächlich *rimossa dal corpo* ist, um Landinos Worte zu gebrauchen.

So kann kein Zweifel darüber bestehen, daß diese Zeichnung den *furor divinus* versinnbildlicht[146] oder, um genauer zu sein, den *furor amatorius,* und dies nicht in abstrakter und allgemeiner Weise, sondern als Ausdruck der wahrhaft platonischen, alles durchdringenden und alles auslöschenden Leidenschaft, die Michelangelos Leben erschüttert hatte, als er Tommaso Cavalieri begegnet war.

Wir wissen durch Zufall, daß die Ganymed-Zeichnung, die er gegen Ende 1532 Cavalieri geschenkt hatte, mit einer zweiten verbunden war, und daß der Besitzer diese beiden als zusammengehörig ansah: der Tityos (Fr. 6; Abb. 159).[147] Tityos ist einer der vier großen Sünder, die im Hades gequält werden und von denen die anderen Tantalus, Ixion und Sisyphus sind. Er wurde dafür bestraft, daß er über Latona, die Mutter Apollos und Dianas, hergefallen war, und seine Strafe war der Prometheus' ähnlich, nur daß seine ›unsterbliche Leber‹[148] von einem Geier statt von einem Adler verschlungen wurde.[149] Da man von der Leber glaubte, sie erzeuge das Blut und sei daher der Sitz der körperlichen Leidenschaften (Petrarca, wie viele andere, sah sie als das Ziel der Pfeile Amors an)[150], ist leicht einzusehen, wie die Strafe, die dem unglücklichen Liebhaber Latonas auferlegt worden war, schließlich als Allegorie der ›Qualen, die übermäßige Liebe hervorruft‹, gedeutet werden konnte:

»Sed Tityos nobis hic est, in amore iacentem
Quem volucres lacerant, atque exest anxius angor
Aut aliae quaevis scindunt cuppedine curae«;[151]

wie Lukrez es ausdrückt. »Das Elend der Liebenden wächst«, Bembo zufolge, »weil er seine Qualen mit seinem eigenen Ich nährt. So auch Tityos, der mit seiner Leber den Geier nährt«[152], und Ripas Allegorie der ›Qualen der Liebe‹ besteht aus »einem traurigen Mann ... mit geöffneter Brust, der von einem Geier zerfleischt wird«.[153]

So waren die beiden Zeichnungen in der Tat ›Gegenstücke‹ ihrem Gehalt nach, wenn auch nicht im buchstäblichen Sinn. Der auf den Schwingen eines Adlers zum Himmel aufsteigende Ganymed symbolisiert die Ekstase platonischer Liebe, die mächtig bis zur Vernichtung ist, aber die Seele aus ihren physischen Banden befreit und in eine Sphäre olympischer Wonnen trägt. Tityos, der im Hades von einem Geier gepeinigt wird, symbolisiert die Qualen der sinnlichen Leidenschaft, die die Seele versklavt und gar noch unter ihren normalen irdischen Zustand herabwürdigt. Zusammengenommen könnten die beiden Zeichnungen Michelangelos Version des Themas ›*Amor Sacro e Profano*‹ genannt werden. Auf beiden Zeichnungen wurde die traditionelle allegorische Deutung eines mythologischen Themas hingenommen, sie wurde aber mit der tieferen Bedeutung eines persönlichen Bekenntnisses ausgestattet, so daß beide Formen der Liebe als die zwei Aspekte ein und derselben ganz besonders tragischen Erfahrung begriffen wurden.[154] Wenn die ›Boboli‹-Sklaven und die Siegesgruppe im Palazzo Vecchio (Abb. 173) tatsächlich erst 1532–34 ausgeführt wurden, dann bestünde die Möglichkeit der Annahme, daß auch diese fünf Skulpturen, obgleich sie fraglos für das Grabmal Julius II. bestimmt waren, dennoch Michelangelos Leidenschaft für Cavalieri widerspiegeln. Die Einsetzung eines schwingenlosen Siegers, den sein eigener Triumph betrübt, an die Stelle frohlockender geflügelter Siegesgottheiten und der tragische Gegensatz zwischen Jugend und hohem Alter (1532 war Michelangelo 57 Jahre alt) rufen unwillkürlich die Zeile in Erinnerung: *»Resto prigion d'un Cavalier armato«*.[155]

Eine ähnlich subjektive Deutung einer mythologischen ›Moralität‹ kann man bei einer dritten Zeichnung feststellen, die Michelangelo für Tommaso Cavalieri gemacht hatte: Phaethons Sturz.[156] Sie existiert in drei Fassungen (Fr. 57, 75, 58; Abb. 162, 163, 164), von denen die letzte (Fr. 58) Cavalieri Anfang September 1533 erhielt, während die erste (Fr. 57) einige Zeit davor angefertigt worden zu sein scheint,[157] vielleicht sogar vor den Zeichnungen von Ganymed und Tityos.

Wenn man von den unvermeidlichen euhemeristischen und naturalistischen Interpretationen absieht,[158] so gibt es nur eine allegorische Deutung des Phaethon-Mythos: man glaubte, das Schicksal des wagemutigen Sterblichen, der versucht hatte, den menschlichen Begrenzungen zu trotzen, symbolisiere das Schicksal eines jeden *temerarius,* der so vermessen ist, die Schranken seiner ihm zugewiesenen ›Beschaffenheit und Lage‹ zu überschreiten.[159]

Wenn wir das bedenken, so ist die Phaethon-Zeichnung, die Michelangelo Cavalieri ganz zu Beginn ihrer Freundschaft gab, als der Ausdruck des Gefühls absoluter Unterlegenheit zu verstehen, die in den ersten Briefen Michelangelos an den jungen Edelmann zutage tritt: »Ganz unbedacht habe ich gewagt, an Euch zu schreiben, und ich war so vermessen *(presuntuoso),* den ersten Schritt zu tun, wo ich doch eigentlich auf einen von Euch hätte warten müssen, um darauf zu antworten«, schreibt Michelangelo am 1. Januar 1533, und: »Ihr, die Leuchte unseres Jahrhunderts, die ihresgleichen auf der Welt nicht hat, könnt Euch mit dem Werke irgendeines anderen Menschen nicht zufriedengeben, da Ihr niemanden habt, der Euch gleich oder ähnlich sei.«[160] Auch später schreibt er: »Obgleich ich höchst *vermessen* rede, so gänzlich Euch unterlegen, wie ich bin, glaube ich doch nicht, daß irgend etwas unserer Freundschaft im Wege stehen kann.«[161]

Dieses Gefühl äußerster Bescheidenheit ist rational betrachtet beinahe unverständlich, so daß man meinte, Michelangelos Briefe seien für Vittoria Colonna bestimmt gewesen, und Cavalieri habe lediglich als Vermittler gedient;[162] es ist jedoch zwingend mit einer metaphysischen Form der Liebe verknüpft. Da der platonische Liebende den konkreten Gegenstand seiner Leidenschaft mit einer metaphysischen Idee gleichsetzt, begabt er ihn mit geradezu göttlicher Erhabenheit und fühlt sich eines Gottes unwürdig, den er selbst erschaffen hat: »Und fürchtete er nicht den Ruf eines übertriebenen Wahnsinns, so opferte er auch, wie einem heiligen Bilde oder einem Gotte, dem Liebling.«[163]

So begreifen wir, wie Michelangelo seine eingebildete ›Vermessenheit‹ mit der Tollkühnheit Phaethons und zugleich das tödliche Feuer seiner Leidenschaft mit den flammenden Strahlen vergleichen konnte, durch die Phaethon untergegangen war. Daß eine so subjektive erotische Deutung des Phaethon-Mythos im 16. Jahrhundert möglich war, kann nicht nur aus Michelangelos eigener Dichtung[164], sondern auch aus einem Sonett geschlossen werden, das etwa um die gleiche Zeit Francesco Maria Molza verfaßt hatte, ein Dichter, der sich in Michelangelos Kreisen bewegte und sicherlich die Zeichnungen für Cavalieri kannte.

»Altero fiume, che a Fetonte involto
Nel fumo già de le saette ardenti

Il grembo de' tuoi rivi almi e lucenti
Apristi di pietà turbato il volto:

E le caste sorelle, a cui l'accolto
Dolor formò così dogliosi accenti,
Ch'en selve se n'andar meste e dolenti,
Pasci ancor su le sponde e pregi molto:

A me, ch'ndarno il pianto e la voce ergo,
Cinto di fuoco alla mia fiamma viva,
Pietoso dal tuo verde antro rispondi:

E se pur neghi entro'l gran letto albergo
Al duro incendio, almen su questa riva
Verdeggi anch'io con pure e nove frondi.«[165]

Die letzte nachweislich für Cavalieri angefertigte Zeichnung ist das Kinderbacchanal, das in der Kopie Fr. 187 (Abb. 165) erhalten ist.[166] Im Mittelpunkt zeigt es sieben *putti,* die einen toten Hirsch schleppen.[167] Weiter oben trifft eine Gruppe von Kindern Vorbereitungen zum Kochen eines Ferkels, während eine weitere Gruppe mit unübersehbaren Anzeichen von Betrunkenheit um ein Weinfaß herumtollt. In der Ecke links unten stillt eine alte Faunin ein Menschenkindlein, während noch ein zweites Kind auf ihrem Schoß spielt, und in der Ecke rechts unten machen sich vier Kinder über einen betrunkenen Mann lustig, der vielleicht Silen darstellen soll oder vielleicht auch nicht.[168]

Mehr als jedes andere Werk Michelangelos scheint diese Arbeit von heidnischem Geist durchdrungen. Auf ganz allgemeine Weise ist es mit den Reliefs am Sockel von Donatellos ›Judith‹[169] und mit Tizians ›Fest der Venus und Andrier‹ verknüpft, das Michelangelo möglicherweise gesehen hatte, als er 1529 bei Herzog Alfonso von Ferrara zu Gast war.[170] Verschiedene Motive sind römischen Sarkophagen entlehnt[171], während andere Figuren, wie etwa der Knabe, der sich gegen den Rauch schützt, als Eigenparodien bezeichnet werden könnten;[172] und eine eindeutige Verbindung besteht zwischen Michelangelos Kinderbacchanal und Piero di Cosimos Vespucci-Tafeln, nicht nur im allgemeinen Kompositionsschema, sondern auch in einzelnen Motiven: die Faunin, die das Kind stillt und in der Ecke links unten auf Michelangelos Zeichnung zu sehen ist, ist offensichtlich der bezaubernden Gruppe entlehnt, die auf Piero di Cosimos ›Entdeckung des Honigs‹ sich an derselben Stelle befindet (Abb. 31).[173] Rechts und links sind innerhalb des entlehnten Teils vertauscht, aber die formale Ähnlichkeit ist unverkennbar. Sie erstreckt sich sogar auf solche Einzelheiten wie das Motiv des Arms der Mutter, der diagonal über ihren Körper verläuft.

Der *contrapposto* hingegen, der auf Pieros Gemälde einen komischen Konflikt zwischen mütterlicher Pflicht und naiver Neugier verrät, wurde von Michelangelo dazu benutzt, hoffnungslose Verzagtheit und Teilnahmslosigkeit auszudrükken. Er verspürte einen verborgenen Unterton vor Kummer und Erniedrigung in dem, was Vasari *una letizia al vivo* genannt hatte. Es liegt wahrscheinlich wenig Heiterkeit in der ganzen Szene. Die Gruppe um das schöne tote Tier – demselben klassischen Kompositionstypus nachgebildet, der von Mantegna und Raffael für die Kreuzabnahme Christi verwandt worden war – kommt uns eher pathetisch als lustig vor; wenige von den Kindern sehen wirklich glücklich aus; und der ›Silenus‹, der das Gegenstück zu der alten müden Faunin bildet, bietet das Bild tödlicher Erstarrung – dergestalt, daß Michelangelo ein ähnliches Motiv für den toten Christus der viel späteren Pietà für Vittoria Colonna benutzen konnte.[174]

Der Symbolgehalt dieser seltsamen Zeichnung – wenn es überhaupt einen gibt – ist schwer zu erklären. Herkömmlicherweise wurden orgiastische Bacchanalszenen mit der ›Üppigkeit‹ in Verbindung gebracht[175], diese Deutung wäre aber zu moralistisch für Michelangelos übliche Einstellung. Mangels einer besseren Lösung könnten wir an Landinos Auslegung des Ganymed-Mythos erinnern. Bei seinem Flug in die höheren Sphären, hatte er gesagt, läßt der Geist die niederen Anlagen der Seele hinter sich, nämlich die ›sinnliche‹ und die ›pflanzliche‹, wobei die erstere die fünf Sinne und die Imagination umschließt, die letztere sich um nichts anderes als um Fortpflanzung, Ernährung und Wachstum zu sorgen hat (*»vis generationis, nutritionis, augmenti«,* wie Ficino es nennt).[176] Nun sind es diese höchst primitiven Naturfunktionen, innerhalb welcher sich die Szenen des Kinderbacchanals abspielen: Essen, Trinken (und das Gegenteil davon), das Stillen von Kindern und betrunkener Schlaf, all das vorgeführt von Wesen, die entweder zu jung oder von Tieren zu wenig unterschieden oder ihres Bewußtseins und ihrer Würde zu beraubt sind, um völlig menschlich zu sein. Wenn der Flug Ganymeds die entzückte Himmelfahrt des Geistes symbolisiert, und wenn ferner die Bestrafung Tityos' und Phaethons Sturz das Schicksal derer versinnbildlichen, die ihre Sinnlichkeit und Phantasie zu kontrollieren außerstande sind, dann könnte das Kinderbacchanal, dem eine verliebte Spannung völlig abgeht, folglich das Abbild einer noch tieferen Sphäre sein: der Sphäre des rein pflanzlichen Lebens, das ebensoweit unter der spezifisch menschlichen Würde liegt, wie der Geist sich über die spezifisch menschlichen Begrenzungen erhebt.

Die weiteren Arbeiten derselben Periode sollten an dieser Stelle betrachtet werden, obgleich wir nicht wissen, ob sie ebenfalls für Tommaso Cavalieri bestimmt waren. Sei dem wie ihm wolle, sie hängen durch ihre Ausdrucksqualitäten eng miteinander wie auch mit den bereits erörterten vier Zeichnungen zusammen.

Während in diesen traditionelle mythologische Themen mit einer symbolischen Bedeutung versehen werden, sind die beiden nun zu untersuchenden Arbeiten freie Erfindungen rein imaginativen Charakters: sie schildern Szenen, die nicht von konkreten, durch Michelangelos Auslegung verwandelte Personen, sondern von abstrakten Personifikationen dargestellt werden, die durch Michelangelos Visionskraft beseelt werden.

Eine dieser Kompositionen, der oft kopierte ›Traum‹ oder ›Sogno‹ (Zeichnung Th. 520, von etwas zweifelhafter Echtheit; Abb. 167)[177], zeigt einen Jüngling, der auf einem Kasten lehnt, der mit Masken aller Art gefüllt ist; seinen Oberkörper stützt er auf die Erdkugel, die durch den Äquator gekennzeichnet ist (auf den meisten Kopien sind die Kontinente zusätzlich eingezeichnet). Er wird von einem halbkreisförmigen Hof kleinerer Figuren und Gruppen umspielt, die auf unwirkliche, verschwommene Weise gezeichnet und so leicht als Traumvisionen erkennbar sind; sie stellen fraglos die sieben Todsünden dar, nämlich (von links nach rechts): Völlerei, Wollust, Geiz, Üppigkeit, Zorn, Neid und Faulheit. Aber ein geflügelter Genius oder ein Engel, der vom Himmel herunterkommt, weckt den Jüngling mit dem Klang einer Trompete.

Die Bedeutung dieser Zeichnung ist bereits von Hieronymus Tetius hinreichend erklärt worden, der in seiner Beschreibung des Palazzo Barberini, die 1642 gedruckt wurde, eine gemalte Kopie des ›Sogno‹ schildert und folgendermaßen interpretiert: »Meines Erachtens bezeichnet dieser Jüngling nichts anderes als den menschlichen Geist, der von den Lastern zur Tugend zurückgerufen wird, als werde er nach einer langen Reise in die Heimat zurückgeführt.«[178]

Diese Interpretation spricht für sich selbst und kann des weiteren durch die wohlbekannte Bedeutung der Masken als Symbole von Täuschung und Betrug[179] und ganz besonders durch das bestätigt werden, was Ripa über die Gestalt des ›Eifers als Wettstreit und Ansporn des Ruhms‹ sagt, den er mit einer Trompete in der Hand schildert: »Die Trompete des Ruhms weckt den Geist der Tugendsamen, jagt sie aus dem Schlummer der Faulheit auf und läßt sie dauernd wachbleiben.«[180] Tatsächlich könnte Michelangelos ›Sogno‹, der einen Darstellungstypus auswertet, der in der moralistischen Ikonographie ziemlich häufig ist, eine Entgegnung auf Dürers Stich genannt werden, der allgemein als der ›Traum des Doktors‹ bekannt ist (B. 76, Abb. 168), der in Wirklichkeit eine Allegorie der Faulheit ist. Auf ihm ist ein verhätschelter älterer Nichtstuer zu sehen, der neben seinem riesigen Ofen schläft, während sich der Teufel seinen Schlaf zunutze macht, um ihm mit einem Blasebalg einzublasen, sich die verführerische Erscheinung der Venus Carnalis vorzugaukeln.[181] In Michelangelos ›Sogno‹ haben wir einen kraftvollen Jüngling vor uns, der von sündigen Träumen umkreist ist, aber durch die Trompete eines hilfreichen Engels geweckt wird. Aber selbst diese Moralallegorie ist leicht von neoplatonischer Metaphysik gefärbt. Daß der Jüngling auf einer Kugel lehnt, kann damit erklärt werden, daß die Kugel häufig Unbeständigkeit bedeutet; es genügt, sich Giottos Darstellung der ›Inconstantia‹ und die zahllosen Schilderungen der wankelmütigen Göttin Fortuna in Erinnerung zu rufen, die manchmal der Verkörperung der Tugend mit der Erläuterung gegenübergestellt wurde: *»Sedes Fortunae rotunda; sedes Virtutis quadrata«.*[182] Aber diese Kugel wird als Erdkugel gekennzeichnet und deutet mithin auf die Situation des menschlichen Geistes, der sich zwischen dem trügerischen und unwirklichen Leben auf der Erde und dem himmlischen Reich befindet, aus dem die ihn weckende Inspiration herabsteigt, um die bösen Träume zu verjagen. Tetius spielt deutlich auf diese neoplatonische Nuance der Komposition an, wenn er von dem *longum postliminium* spricht, der ›Rückkehr des menschlichen Geistes in seine rechtmäßige Heimat nach einer langen Reise‹.

Die zweite Zeichnung, die ›Bogenschützen‹ oder, um Vasaris Bezeichnung zu gebrauchen, *Saettatori* (Zeichnung Fr. 298, eine ausgezeichnete Kopie Abb. 166), ist nicht weniger rätselhaft als das Kinderbacchanal.[183] Sie zeigt neun nackte Gestalten, darunter zwei Frauen, wie sie Pfeile auf eine Zielscheibe schießen, die an der Brust einer Herme hängt. Aber im Gegensatz zu dem kleinen Stuckrelief im Goldenen Hause Neros, das Michelangelo möglicherweise als Vorlage benutzte (Abb. 171), zielen die Gestalten nicht ruhig und bedacht: vier der Bogenschützen laufen, einer kniet, zwei liegen auf dem Boden, und die beiden Frauen schweben in der Luft. Hinter ihnen spannt eine satyrhafte Gestalt, die in wallende Tücher gehüllt ist, einen Bogen; zwei *putti* mischen sich unter die Schützen, während zwei weitere ein Feuer entfachen und mit Scheiten unterhalten, offensichtlich um die Pfeilspitzen zu härten, indem sie sie rotglühend in einen Pokal tauchen. Unter der Herme sieht man Amor auf einem Bündel schlafen.

Das Verwirrendste ist, daß, während der Bogen, den der ›Satyr‹ spannt, penibel genau wiedergegeben ist, die Schützen selber nicht mit Waffen versehen sind, obwohl man Pfeile in der Zielscheibe stecken sehen kann. Die Stecher und Maler, die die Zeichnung kopierten, zögerten denn auch nicht zu korrigieren, was, wie sie offensichtlich meinten, dem unfertigen Zustand des Originals zuzuschreiben sei. Aber das daraus sich ergebende Labyrinth von Bogen, Sehnen und Pfeilen ist der Wirkung der Komposition so abträglich, daß die Weglassung als absichtlich angesehen werden dürfte. Nach der sehr guten Kopie Fr. 298 zu urteilen, war das Original nicht weniger fertig als alle anderen Zeichnungen Michelangelos. Deshalb bin ich versucht zu glauben, daß die Bogen und Pfeile absichtlich weggelassen wurden, wenngleich nicht notwendigerweise aus ästhetischen Gründen, denn Michelangelo hätte das formale Problem, seine Figuren mit Waffen auszurüsten, sehr wohl lösen können, wenn er gewollt hätte. Es scheint die Annahme möglich, daß das Weglassen der Waffen eine bestimmte Idee ausdrückt. Einige der Gestalten laufen, einige schweben sogar auf das Ziel zu, andere brechen zusammen; es ist, als stünden sie im Bann einer unwiderstehlichen Macht, die sie handeln läßt, als schössen sie, während in Wahrheit sie selber die Pfeile sind. Wenn wir uns die Zeichnung in diesem Lichte betrachten, möchte es scheinen, daß die Waffen weggelassen worden sein könnten, um die Bogenschützen zu Werkzeugen einer Kraft außerhalb ihres Willens und Bewußtseins zu verwandeln, und diese Interpretation würde auch zu den anderen ikonographischen Merkmalen dieser Zeichnung passen.

In dem Versuch, seine Definition der Liebe als *desiderio della bellezza* (Verlangen nach Schönheit) zu erläutern, unterscheidet Pico della Mirandola, wie wir uns erinnern, zwischen dem unbewußten und dem bewußten Verlangen (*desiderio senza cognitione* und *desiderio con cognitione*). Nur das Verlangen, das bewußt nach Schönheit strebt, ist Liebe. Das Verlangen, das noch nicht von der Fähigkeit der Erkenntnis geleitet wird, ist ein bloßer Naturtrieb *(desiderio naturale),* so unwiderstehlich wie das Gesetz der Schwere und gegenwärtig in allem, was lebt, wohingegen das bewußte Verlangen auf vernünftige Wesen beschränkt ist; es lenkt die Geschöpfe automatisch auf ein Ziel hin, das nicht Schönheit, sondern Glück ist: »Und um die Bedeutung des *desiderio naturale* vollkommen zu verstehen, muß man bedenken, daß, da das Gute ja Gegenstand jedes Verlangens ist und jedes Geschöpf ein wenig Vollkommenheit besitzt, um an der göttlichen Güte teilzuhaben, . . . alle Geschöpfe notwendig ein bestimmtes Ziel *(fine)* haben müssen, in dem sie jenen Grad an Glückseligkeit, zu dem sie imstande sind, wiederfinden, und dorthin streben sie und wenden sie sich, wie alles Schwere zu seinem Mittelpunkt. Diese Neigung heißt bei Geschöpfen, die keine Erkenntnis besitzen, ›natürliches Verlangen‹ *(desiderio naturale),* ein mächtiges Zeugnis der göttlichen Vorsehung, durch die diese Geschöpfe auf ihr Ziel hingelenkt werden wie der Pfeil des Bogenschützen auf die Zielscheibe *(berzaglio),* die der Pfeil nicht kennt, sondern nur jener, der ihn mit dem Auge weisester Voraussicht zu jener hinjagt.«[184]

Da keine absolut überzeugende Erklärung der ›Saettatori‹ bis jetzt vorgeschlagen worden ist[185], erscheint es statthaft, sie versuchsweise mit dieser Passage aus einem Buch in Verbindung zu bringen, das Michelangelo aller Wahrscheinlichkeit nach bekannt war. Als Phantasie über das Thema *›desiderio naturale‹* interpretiert, könnte die Komposition als eine kühne Versinnbildlichung der unerbittlichen Macht wie der unfehlbaren Sicherheit des ›Naturtriebs‹ erklärt werden, dieweil das einzelne Geschöpf versagen und stürzen kann. Die Gestalten, die auf die Herme zugetrieben werden, die sie zu treffen beabsichtigen und die sie mit Pfeilen treffen, die sie nicht abgeschossen haben können, würden die Idee der ›Geschöpfe, die durch eine ihnen unbekannte Macht auf ihr Ziel hingelenkt werden‹, mit der Metapher der Pfeile, ›die die Zielscheibe treffen, die allein der Schütze sieht‹, in ein einziges Bildsymbol übersetzen. Die *putti* und der ›Satyr‹, die die Waffen vorbereiten und die Kräfte der Bogenschützen anspornen, könnten in Übereinstimmung mit ihrer üblichen Bedeutung als Verkörperung der Naturkräfte interpretiert werden, von denen diese Geschöpfe zum Handeln getrieben werden. Und die Tatsache, daß Amor schläft, würde auf beredte Weise den grundsätzlichen Gegensatz veranschaulichen, den Pico klarmachen wollte: die These, daß der *desiderio naturale,* bevor er nicht durch die Erkenntniskräfte kontrolliert wird, nichts mit Liebe zu tun hat, weder mit irdischer, noch mit himmlischer. Nur wenn der natürliche Drang in mit Erkenntnis begabten Wesen wirksam würde – nur dann verwandelte der *desiderio naturale* sich in das bewußte Verlangen nach Schönheit, und der Liebesgott würde erwachen.

Es ist enttäuschend, daß wir dieses Kapitel mit einem weiteren *›non liquet‹* abschließen mußten. Aber die symbolischen Schöpfungen von Genies sind unglücklicherweise schwerer auf ein bestimmtes Thema festzulegen als die allegorischen Erfindungen unbedeutenderer Künstler.

Wenn wir auf die Ikonographie der Werke Michelangelos in ihrer Gesamtheit zurückblicken, so können wir feststellen, daß weltliche Themen nur in seinen frühen Werken zu finden sind und dann wieder in der Periode zwischen 1525 und seiner endgültigen Rückkehr nach Rom im Jahre 1534, wobei ein Höhepunkt in den Anfangsstadien seiner Freundschaft mit Cavalieri erreicht wird. »Es ist, als greife er auf seine Jugend zurück«, ist gesagt worden, »da Michelangelo im Banne dieser Leidenschaft sich zur klassischen Antike zurückwandte und eine Reihe von Zeichnungen vollbrachte, die uns als in sich geschlossenes Bekenntnis anrühren.«[186]

Mit Ausnahme der Brutus-Büste[187], die eher ein politisches Dokument als eine Bekundung künstlerischer Neigungen ist, finden wir kein weltliches Thema unter Michelangelos Werken, die er nach 1534 hervorbrachte. Auch sein Stil entwikkelte sich nach und nach in einer den klassischen Idealen entgegengesetzten Richtung, und schließlich gab er die in seinen früheren Werken erkennbaren Kompositionsprinzipien auf. Seine gewaltigen, wenngleich gehemmten *contrapposti* hatten den Kampf zwischen dem Natürlichen und dem Spirituellen ausgedrückt. In seinen letzten Werken legt sich dieser Kampf, weil das Spirituelle die Schlacht gewonnen hat. Im Jüngsten Gericht, das alle Merkmale einer Übergangsperiode trägt, die der Entwicklung eines wirklichen ›Spät-Stils‹ voraufgeht, finden wir noch Reminiszenzen des Belvedere-Torsos, der Niobe-Gruppe und anderer hellenistischer Werke. Seine allerletzten Werke, beginnend mit der Kreuzigung Petri in der Paolinischen Kapelle[188] und begleitet von den Sonetten, in denen er sein früheres Interesse an den ›Lügen der Welt‹ beklagt und Zuflucht bei Christus sucht[189], zeigen eine immaterielle Transparenz und teilnahmslose Intensität, die an die mittelalterliche Kunst erinnert, und in verschiedenen Fällen kann die tatsächliche Verwendung gotischer Vorbilder festgestellt werden.[190]

So löste sich in Michelangelos letzten Werken der Dualismus zwischen Christlichem und Klassisch-Antikem. Aber es war eine Lösung über den Weg der Kapitulation. Eine andere Lösung wurde erst möglich, als der Konflikt zwischen diesen zwei Sphären nicht mehr real war, und das, weil das Prinzip der Wirklichkeit selbst sich auf das subjektive menschliche Bewußtsein verlagert hatte. Das geschah im Zeitalter des Barock, als völlig neue Formen des künstlerischen Ausdrucks, wie das moderne Drama, die moderne Oper und der moderne Roman neben die Cartesianische Formel ›*Cogito ergo sum*‹ traten, als die Erkenntnis unüberbrückbarer Gegensätze im Humor von Cervantes und Shakespeare ein Ventil finden konnte und als die gemeinsamen Anstrengungen der verschiedenen Künste Kirchen wie Paläste in grandiose Schaustücke verwandelten. Das war eine Lösung über den Weg subjektiver Befreiung. Aber diese subjektive Befreiung lief natürlich auf eine schrittweise Auflösung des christlichen Glaubens und der klassischen Humanität hinaus, deren Ergebnisse in der Welt von heute sehr deutlich zu erkennen sind.

Anmerkungen

1 Vasari, Bibl. 366, Bd. VII, S. 277; K. Frey, Bibl. 103, S. 251.

2 Siehe S. 229.

3 Zeichnungen von Michelangelo oder solche, die mit ihm zusammenhängen werden, als ›Fr.‹ angeführt, soweit sie bei Karl Frey, *Die Handzeichnungen Michelagniolos Buonarroti* (Bibl. 102), abgebildet sind, und als ›Th.‹ zitiert, soweit sie nicht in dieser Publikation, sondern bei H. Thode, *Michelangelo, Kritische Untersuchungen über seine Werke* (Bibl. 340), Bd. III, 1913 verzeichnet sind. Zu Michelangelo allgemein siehe E. Steinmann und R. Wittkower, Bibl. 323 (mit Nachtrag in E. Steinmann, Bibl. 324) und den ausgezeichneten Aufsatz *Michelangelo* von K. Tolnay in Thieme-Becker, Allgemeines Künstlerlexikon, Bibl. 349. Zum Einfluß der Kunst der Antike auf Michelangelo vgl. insbesondere F. Wickhoff, Bibl. 397; A. Grünwald, Bibl. 125 und Bibl. 126; J. Wilde, Bibl. 402; K. Tolnay, Bibl. 351, insbes. S. 103ff.; A. Hekler, Bibl. 138 (vgl. jedoch E. Panofsky, Bibl. 246). Zu den im Text angeführten Beispielen siehe unten und oben (Piero di Cosimo); K. Tolnay, Bibl. 351, S. 112 (Madonna an der Treppe; eine schlagende Parallele findet man in einer *stele* aus Syra, z. B. in Springer-Michaelis, Bibl. 320, Abb. 655); und E. Panofsky, Bibl. 246. Das Motiv der Zeichnung Fr. 103, die natürlich nach einem lebenden Modell angefertigt wurde, das in der Körperhaltung der Kreusa posierte, wurde nicht nur für die Schlacht von Cascina verwandt, sondern in weiterentwickelter Form auch im Fresko der Sintflut und der Libyschen Sibylle. Der Einfluß der Medea-Sarkophage (C. Robert, Bibl. 287, Bd. II, Tf. LXII-LXIV) tritt auch in dem Marmor-*tondo* in der Royal Academy in London zutage (Abb. 127), wobei die Haltung des Jesuskindes einem kleinen Jungen entlehnt ist, der über das Bruchstück einer Säule hinwegtritt. Es sollte auch bemerkt werden, daß eine klagende Gestalt von Bandinelli, die angeblich einer tanzenden Mänade nachgebildet wurde und nicht sehr überzeugend als »beim Laufen versteinert« (F. Antal, Bibl. 8, S. 71 und Tf. 9D) beschrieben worden ist, in Wirklichkeit eine weitere Adaption der Kreusa ist, wobei lediglich der rechte Arm einem zweiten Urbild nachgebildet wurde, das eine Mänade gewesen sein kann oder auch nicht.

4 Zur Definition des Manierismus, der in Wölfflins *Die Klassische Kunst* noch als ›der Verfall‹ beschrieben ist, siehe, W. Friedländer, Bibl. 105 und 106; des weiteren F. Antal, Bibl. 9.

5 Die Zahl der Beispiele ist unbegrenzt. Es ist lehrreich, Raffaels wohlbekannte Anleihen bei Michelangelo, wie zum Beispiel die Zeichnungen O. Fischel, Bibl. 93, Tf. 81 (Schlacht von Cascina), 82 und 85 (David), 172 (Matthäus), die kauernde Frau in der Kreuzabnahme in der Galleria Borghese (Madonna Doni), die Figuren der Kinder, die vom Jesuskind auf demselben Bild herrühren (G. Gronau, Bibl. 123) oder die Verkörperung des Muts in der Camera della Segnatura (eine Verbindung aus Ezechiel und Jesaia) mit ihren entsprechenden Urbildern zu vergleichen (Abb. 128, 129 und 130).

6 Adolf Hildebrand, Bibl. 145, S. 71 (und passim).

7 Leonardo da Vinci, Bibl. 376, Bd. I, S. 95: *»dice lo scultore che non può fare una figura, che non faccia infinite, per l'infiniti termini, che hanno le quantità continue. Rispondesi che l'infiniti termini di tal figura si riducono in due mezze figure, cioè una mezza del mezzo indietro, e l'altra mezza del mezzo inanti, le quali sendo ben proportionate, compongono una figura tonda.«*

8 Der Ausdruck, angeblich von Michelangelo selbst geprägt, ist zu finden bei G. P. Lomazzo, VI, 4, Bibl. 199, S. 296.

9 Benvenuto Cellini, Bibl. 63, S. 231: *»La scultura si comincia ancora ella per una sol veduta, di poi s'incommincia a volgere poco a poco . . . e così gli vien fatto questa grandissima fatica con cento vedute o più, alle quali egli è necessitato a levare di quel bellissimo modo, in che ella si dimostrava per quella prima veduta.«* In seinem Brief an Benedetto Varchi fordert Cellini etwas bescheidener *»otto vedute«* gleicher Vollkommenheit für jede Skulptur (G. G. Bottari und S. Ticozzi, Bibl. 47, Bd. I, 1822, S. 37).

10 Manieristische Reliefs zeigen demzufolge scharfe Gegensätze zwischen einer *relievo-schiacciato*-Behandlung und heftig vorspringenden Motiven. Cellinis ›Errettung der Andromeda‹ ist bei A. Hildebrand, Bibl. 145, Abb. 12, als warnendes Beispiel abgebildet.

11 Siehe, zum Beispiel, S. 295f., Anm. 56 und S. 328.

12 Vgl. C. Aru, Bibl. 15.

13 C. R. Morey, Bibl. 224, S. 62. Moreys Sätze verdienen ganz zitiert zu werden: »Michelangelos mächtige gehemmte Gestalten spiegeln die Unvereinbarkeit von christlichem Gefühl und antikem Ideal, von freiem Menschenwillen und dem Willen Gottes wider: die rationalen Formen klassischer Skulptur waren nicht für die Ekstase einer christlichen Mystik gemacht, sie winden sich, von einem unbekannten Geist besessen, und verraten durch brutale Verzerrungen, widersprüchliche Proportionen und uneinheitlichen Aufbau die Stärke des Zusammenpralls des mittelalterlichen Christentums mit der Renaissance.«

14 Siehe S. 268f.

15 Siehe Vasaris berühmte Beschreibung der ›Boboli‹-Sklaven, Bibl. 366, Bd. VII, S. 272ff. (Frey, Bibl. 103, S. 247). Man sollte in Erinnerung behalten, daß Vasari von einem »Modell, das in einer Wanne mit Wasser liegt«, nur metaphorisch spricht, um den äußerst wichtigen Umstand hervorzuheben, daß die Formen aus einer ebenen Oberfläche ›hervortreten‹, sei sie frontal oder orthogonal.

16 Zur Unterscheidung der Skulptur *›per forza di levare‹* von der *›per via di porre‹* siehe Michelangelos Brief an Benedetto Varchi, G. Milanesi, Bibl. 216, S. 522 (vgl. auch E. Löwy, Bibl. 198, und K. Borinski, Bibl. 44, Bd. II, S. 169f. Die Wendung *›pietra alpestra e dura‹* kehrt in Michelangelos Dichtung beharrlich wieder; siehe z. B. K. Frey, Bibl. 101, Nr. LXXXIV, CIX, 50, CIX, 92).

17 Vgl. Condivis Schilderung von Michelangelos Zorn über Bramantes sorglose Behandlung der Säulen der Alten Peterskirche (Frey, Bibl. 103, S. 110ff.) oder seine tiefe Besorgnis wegen des *›imbasamento‹* in seiner lange vergessenen Vorhalle der Mediceischen Bibliothek in Florenz (E. Panofsky, Bibl. 249, insbesondere S. 272).

18 Im Zusammenhang mit der ›Bewegung ohne Fortbewegung‹, die so charakteristisch für Michelangelos Stil ist, ist zu bemerken, daß den Psychoanalytikern zufolge eine emotionale Lage obenerwähnter Art bei normalen Personen zu Agoraphobie führen kann, weil jeder Impuls, sich in eine bestimmte Richtung zu bewegen, von einer Reaktion im entgegengesetzten Sinne aufgehalten wird.

19 Siehe Francesco Berni, zitiert z. B. bei Frey, Bibl. 101, Nr. CLXXII, und Condivi, Frey, Bibl. 103, S. 204.

20 Vgl. besonders K. Borinski, Bibl. 46; außerdem: L. von Scheffler, Bibl. 301; V. Kaiser, Bibl. 161; J. Oeri, Bibl. 233; E. Panofsky, Bibl. 244, S. 64 (mit einiger Betonung der aristotelischen Elemente in Michelangelos Kunsttheorie). Jüngst: G. G. Ferrero, Bibl. 89; C. Tolnay, Bibl. 357; ders., Bibl. 355; O. G. von Simson, Bibl. 319, S. 106ff.

21 Siehe insbesondere K. Borinski, Bibl. 46, S. 2ff. und passim.

22 Siehe insbesondere G. G. Ferrero, Bibl. 89, und K. Borinski, Bibl. 46, S. 19ff. Es ist interessant, daß Petrarca-Zitate auch unter den gelegentlichen Anmerkungen auf einigen Michelangelo-Zeichnungen zu finden sind, wie etwa *»Rott' è l'alta colonna«* auf Fr. 27, oder das *»La morte el fin d'una prigione scura«* auf einem Skizzenblatt in der Casa Buonarroti, das von C. Tolnay, Bibl. 347, S. 424, als *Trionfo della Morte,* II, 33 ermittelt und identifiziert worden ist. Aber noch interessanter ist, weil es Michelangelos Vertrautheit mit Petrarcas lateinischen Schriften zeigt, daß die ›etwas zweideutige‹ Zeile *»Valle lochus chlausa toto michi nullus in orbe«* auf der Zeichnung Fr. 54 ebenfalls ein Petrarca-Zitat ist: es ist der erste Vers einer kurzen Elegie auf Vaucluse, die in einem Brief an Philippe de Cabassoles, Bischof von Cavaillon, zu finden ist:

»Valle locus clausa toto mihi nullus in orbe
Gratior aut studiis aptior ora meis« (Petrarca, Bibl. 264, Bd. II, 1934, S. 330).

23 Vgl. die Passage aus Donato Giannottis *Dialoghi,* zitiert bei K. Borinski, Bibl. 46, S. 3.

24 Es besteht eine Ähnlichkeit zwischen Michelangelos Vokabular und demjenigen Benivienis, die kaum zufällig sein kann. Es mag genügen, ein paar Verse aus Benivienis *Canzona* zu zitieren (Pico, Bibl. 267, fol. 41v), die man mit Michelangelos Sonett, Frey, Bibl. 101, XCI, vergleichen kann:

> *». . . . . quanto ellume*
> *Del suo uiuo splendor fia al cor mio scorta«* (Str. 1).
>
> *»Ma perche al pigro ingegno amor quell'ale*
> *Promesso ha . . .«* (Str. 1)
>
> *»Rafrena el uan disio . . .«* (Str. 9).
>
> *». . . . . quinc'eleuando*
> *Di grado in grado se nell'increato*
> *Sol torna, ond'e formato«* (Str. 7).
>
> *»Quest'al ciel uolga, et quello ad terra hor pieghi«* (Str. 2).
>
> *»Quel lume in noi, che sopr'aciel ci tira«* (Str. 4).

25 Siehe Frey, Bibl. 101, LXXXIII, LXXXIV, CI, CXXXIV; vgl. oben und E. Panofsky, Bibl. 244, S. 65 und Anm. 59, 157, 281 ff. mit weiteren Verweisen.

26 In dieser Hinsicht ist Michelangelos Idee von ›Ausdruck‹ der klassizistischen Auffassung diametral entgegengesetzt, der zufolge eine Figur nur dann ausdrucksvoll ist, wenn der Betrachter nicht nur genau wahrnehmen kann, was die Gestalt ›ist‹, sondern auch, was sie ›denkt‹ (H. Jouin, Bibl. 158, S. 56, Vortrag von Charles le Brun). Was Wunder, daß in Roger de Piles' *›Balance des Peintres‹* Michelangelo nur mit 8 für *›expression‹* bewertet wird, gegenüber Raffael mit 18 und Le Brun mit 16 (vgl. J. v. Schlosser, Bibl. 305, S. 605).

27 Siehe z. B. Frey, Bibl. 101, CIX, 99, 104, 105.

28 Siehe z. B. Frey, ebd., CIX, 96, 105.

29 Siehe z. B. Frey, ebd., LXXV.

30 Frey, ebd., LXIV.

31 Frey, ebd., CIX, 103, 105. Zu den platonischen Quellen des oft wiederholten Vergleichs des menschlichen Körpers mit einem Gefängnis siehe W. Scotts Anmerkungen zu dem Traktat *Hermes de castigatione animae* (Bibl. 313, Bd. IV, 1936, S. 277 ff., insbesondere S. 335). In Platons *Phaidon,* 62b wird das Wort φρουρά gebraucht; in Axiochus 377 D εἱρκτή. Das *Corpus Hermeticum* hat ἡ ἐν τῳ σώματι ἐγκεκλεισμένη ψυχή. Zum Ausdruck ›salma‹ (taucht auf in Frey, Bibl. 101, CLII) vgl. z. B. Marc Aurels Definition des Menschen als einen ψυχάρνον βαστάζων νεκρόυ, »eine kleine Seele, die einen Leib schleppt«.

32 C. R. Morey, Bibl. 224, a. a. O.

33 J. P. Richter, Bibl. 281, Bd. II, Nr. 1162. *»Or vedi la speranza e'l desiderio del ripatriarsi e ritornare nel primo caso fa a similitudine della farfalla al lume, e'uomo che con continui desideri sempre con festa aspetta la nuova primavera, sempre la nuova state, sempre e nuovi mesi e nuovi anni . . .: E'non s'avede che desidera la sua disfazione; ma questo desiderio è la quintessenza, spirito degli elementi, che, trovandosi rinchiusi per l'anima, dallo umano corpo desidera sempre ritornare al suo mandatorio.«*

34 Vgl. S. 214 f.

35 Zur neoplatonischen Symbolik in der Decke der Sixtina siehe C. Tolnay, Bibl. 357. Zu den Zeichnungen für Tommaso Cavalieri und damit zusammenhängenden Sujets siehe S. 216 ff.

36 Vgl. A. della Seta, Bibl. 316.

37 Siehe K. Lehmann-Hartleben, Bibl. 188, S. 231–237.

38 Es ist kennzeichnend für den hohen gesellschaftlichen Rang französischer Architekten des

13. Jahrhunderts, daß das Privileg der Stifter, ein Modell der Kirche in der Hand zu halten, gelegentlich auf den *magister operis* ausgedehnt wurde (vgl. das Grab von Hugues Libergier, dem Erbauer von St. Nicaise in Reims, Abb. bei E. Moreau-Nélation, Bibl. 222, S. 33).

39 Das bekannteste Beispiel ist die Grabplatte Friedrichs von Wettin im Magdeburger Dom, der mit seinem Krummstab eine kleine Darstellung des Spinario durchstößt. Im 13. Jahrhundert ließ man prominente Personen auch auf dem Löwen und dem Drachen stehen (nach Psalm XCI), ein Typus, der ursprünglich Christus vorbehalten war, aber bereits im 12. Jahrhundert auf die Hl. Jungfrau übertragen worden war. Erzbischof Philipp von Heinsberg (1164–1191; sein Grab im Kölner Dom wurde fast zweihundert Jahre nach seinem Tode errichtet) durchsticht einen Löwen mit seinem Krummstab, und die Grabplatte ist von einer zinnenbekrönten Mauer umgeben, die an die Stadtmauer erinnert, die er gebaut hatte.

40 Hildesheim, Kreuzgang des Doms, Abb. z. B. bei H. Beenken, Bibl. 22, S. 247. Vgl. auch das Grabmal von Martin Fernández im Kreuzgang der Kathedrale von Leon, mit einer kunstvollen Darstellung der Keuschheit auf dem Sarkophag (F. B. Deknatel, Bibl. 71, Abb. 91–93). Die Krönung deutscher Könige auf den Gräbern von zwei Erzbischöfen von Mainz (Siegfried von Eppstein und Peter Aspelt oder Aichspalt) bezeichnet mehr ein einigermaßen bestrittenes Vorrecht ihres Amtes, als daß sie ihre persönlichen Taten versinnbildlichte.

41 Vgl. L. Pillion, Bibl. 268, und D. Jalabert, Bibl. 153.

42 *Pleureurs* sind noch in Tino da Camainos Grabmälern in S. Chiara in Neapel vorhanden; vgl. W. R. Valentiner, Bibl. 363, Abb. 4 und Tf. 60, 67, 70 und 71.

43 Vgl. W. R. Valentiner, ebd., passim. In Tino da Camainos Grabmal des Bischofs Antonio degli Orsi (Valentiner, S. 63, Tf. 27 und 34) finden wir einen interessanten Kompromiß: der Bischof ist sitzend dargestellt, hat aber die geschlossenen Augen und gefalteten Hände eines *gisant.*

44 Siehe W. R. Valentiner, ebd., Tf. 60, 62, 63, 72ff.

45 Siehe Corrado Ricci, Bibl. 278. Vereinzelt ist die *scuola*-Szene auch außerhalb von Bologna zu finden, wie im Grabmal von Cino de' Sinibaldi in Pistoia, das jetzt Agnolo di Ventura zugeschrieben wird, vgl. W. R. Valentiner, Bibl. 363, S. 84 und S. 11, Abb. 1

46 Siehe M. Weinberger, Bibl. 392. In diesem schönen Grabmal erscheinen die Motive der Engel, die Vorhänge aufziehen, und derer, die das Abbild der Seele emportragen, kombiniert.

47 Das Grabmal von Can Grande della Scala (gestorben 1329) zeigt die Verkörperung der Städte Belluno, Feltre, Padua und Vicenza sowie Begebenheiten aus ihrer Eroberung. Zur Triumphsymbolik an Grabmälern der Renaissance, siehe W. Weisbach, Bibl. 394, S. 98ff.

48 Siehe L. Planiscig, Bibl. 269, S. 371ff.; die *suovetaurilia*-Szene ist auf S. 487 abgebildet.

49 Hier, wie auch in Desiderio da Settignanos Grabmal Carlo Marzuppinis in derselben Kirche, werden Stellung und Leistungen der Verstorbenen nur durch das Buch in ihrem Schoß hervorgehoben.

50 Vgl. A. Warburg, Bibl. 387, Bd. I, S. 154ff. und F. Saxl, Bibl. 298, S. 108ff.

51 Die Gestalt der Fama in Michelangelos Plan für die Gräber der *Magnifici* in der Medici-Kapelle (Fr. 9a, unsere Abb. 150; siehe S. 271) scheint eines der frühesten Beispiele zu sein; aber die Idee wurde bereits im folgenden Plan, Fr. 9b, unsere Abb. 151, aufgegeben.

52 Vasari, Bibl. 366, Bd. VII, S. 164; Frey, Bibl. 103, S. 63.

53 Zur Geschichte des Grabmals, von C. Tolnay ausgezeichnet zusammengefaßt (Bibl. 349), siehe Thode, Bibl. 340, Bd. I, S. 127ff.; Tolnay, Bibl. 347, 348, 353; J. Wilde, Bibl. 401 und 403; E. Panofsky, Bibl. 250.

54 Vgl. E. Panofsky, ebd.

55 Vasari nennt daher die erste Figur ›Cielo‹, den Gott des Himmels, und die zweite ›Cibale‹ (recte Cybele), die Göttin der Erde. Damit kann er Michelangelos Plan für die Medici-Kapelle im Sinn gehabt haben (vgl. S. 272f.).

56 Diese Aufstellung stimmte sehr weitgehend mit Michelangelos stilistischen Grundsätzen überein. Die Statue des Moses, eine Eckfigur, die mit ihrer Nebenfigur verschränkt wäre, hatte

natürlich mehr als eine annehmbare Ansicht zu bieten; doch ist die Frontansicht deutlich vorherrschend. Dasselbe trifft für den ›Rebellischen Sklaven‹ im Louvre und die beiden ›Boboli‹-Sklaven zu (Thode, Bibl. 340, Bd. I, S. 213ff., Nr. I und IV), wo die Profilansicht die vorherrschende ist.

57 Vgl. E. Panofsky, Bibl. 237; C. Tolnay, Bibl. 346, mit weiteren Verweisen.

58 Frey, Bibl. 103, S. 152. Der Umstand, daß die Abmessungen der ›Boboli‹-Sklaven und der Siegesgruppe mit der 1513–14 ausgeführten und in S. Pietro in Vincoli vorhandenen Architektur ebenso unvereinbar sind, wie das späte Entstehungsdatum dieser Werke (C. Tolnay, Bibl. 349, datiert sie sogar auf zwischen 1532 und 1534), wurde von J. Wilde, Bibl. 403, nachgewiesen. Wildes brillante Hypothese über das Tonmodell in der Casa Buonarroti (Thode, Bibl. 340, Bd. III, Nr. 582, unsere Abb. 172), das ihm zufolge als Gegenstück der Siegesgruppe vorgesehen gewesen wäre, ist jedoch nicht in gleicher Weise überzeugend und wird im Anhang erörtert (S. 327ff.).

59 Vasari, erste Ausgabe (1550); Frey, Bibl. 103, S. 66

60 Condivi (1553); Frey, ebd.

61 Vasari, zweite Ausgabe (1568), Bibl. 366, Bd. VII, S. 164; Frey, ebd.

62 Diese Interpretation ist von C. Justi, Bibl. 160, und W. Weisbach, Bibl. 394, S. 109ff. verfochten worden. Weisbach geht so weit, den Zusammenhang der Siegesgruppe mit dem Grabmal Julius' II. zu bestreiten, weil ihre Ikonographie mit einer Triumphsymbolik im engeren Sinne des Begriffes nicht ganz vereinbar ist.

63 Vasari, zweite Ausgabe. Vasaris Identifizierung der zweiten männlichen Figur als Paulus ist nicht zu beanstanden, weil eine Nebeneinanderstellung von Moses und Paulus der Tradition entspricht, und zwar vom biblischen wie vom neoplatonischen Standpunkt aus gesehen. Seine Deutung der beiden weiblichen Gestalten als *Vita Activa* und *Vita Contemplativa* mag anfechtbar sein, weil es keinen urkundlichen Beweis für die Einbeziehung dieser Figuren vor 1542 gibt, als die Figuren von Rahel und Lea als Ersatz für die verworfenen Louvre-Sklaven hineingenommen wurden, wohingegen wir wissen, daß das Programm vor 1532 bereits eine Sibylle und einen Propheten enthielt. Somit wäre es theoretisch möglich, daß die 1505 geplanten zwei weiblichen Figuren Sibyllen und keine Verkörperungen des tätigen und des kontemplativen Lebens waren, und daß die 1513 geplanten sechs Sitzfiguren, die aller Wahrscheinlichkeit nach abwechselnd aus männlichen und weiblichen Figuren bestanden, Moses, Paulus, einen Propheten und drei Sibyllen statt Moses, Paulus, eine Sibylle, einen Propheten und die beiden Verkörperungen darstellten. Andererseits gibt es keinen überzeugenden Grund, diese oder irgendeine andere Vermutung der Behauptung Vasaris vorzuziehen.

64 Siehe insbesondere K. Borinski, Bibl. 46, S. 96ff., und O. G. von Simson, Bibl. 319, im allgemeinen Borinski folgend, aber mit einem ausgezeichneten Vergleich des Grabmals Julius' II. mit den früheren Denkmälern, die keine Zwischen- oder Übergangszone zwischen der irdischen und der himmlischen Sphäre zeigen (S. 48, 108).

65 Siehe S. 210f.

66 Condivi, Frey, Bibl. 103, S. 66

67 Die Motive der Propheten und Sibyllen sind teils der früheren italienischen Überlieferung entnommen (die Erythräische Sibylle von Signorelli, wie oben erwähnt; die Delphische von Quercia – Fonte Gaia – und Giovanni Pisano; der Jeremia von Ghibertis Johannes auf der früheren Tür zum Baptisterium in Florenz), teils der klassisch-antiken Kunst, wie es bei Jesaia und der Libyschen Sibylle der Fall ist. Zacharias und die Persische Sibylle hingegen sind mit dem Evangelistentypus verknüpft, der meistens für Matthäus verwandt wurde, und Joel hat eine schlagende Ähnlichkeit mir dem Evangelistentypus, der zum Beispiel von dem Johannes im Reimser Evangeliar, Morgan Library, M. 728, fol. 141, dargestellt wird, Abb. in Bibl. 228, Tf. 3. Zum möglichen Einfluß mittelalterlicher Evangelistendarstellungen auf große Renaissancekünstler, vgl. H. Kauffmann, Bibl. 162, S. 89, Tf. 19.

68 Die irrige Deutung der Bewegung des Moses scheint im Spätbarock ihren Ursprung zu haben, als das Volksinteresse sich auf das Dramatische konzentrierte und die neoplatonische Tradition in Vergessenheit geraten war (vgl. das Sonett von G. B. Zappi, 1706, publiziert bei Thode, Bibl. 340, Bd. I, S. 197); sie ist von Borinski, Bibl. 46, S. 122ff. bereits korrigiert worden. C. Tolnay hat mit Recht darauf hingewiesen, daß die Moses-Statue eine ›Weiterbildung der Propheten der Sixtinischen Decke‹ ist (Bibl. 349).

69 P. Schubring, Bibl. 311, S. 66, Tf. 11.

70 Siehe Adolph Goldschmidt, Bibl. 115, passim.

71 Thode, Bibl. 340, Bd. I, S. 181ff. Thode weist darauf hin, daß der Maler häufig *»Scimmia della natura«* genannt wurde (zur Geschichte dieser Metapher siehe E. Panofsky, Bibl. 244, S. 89, Anm. 95); er hätte aber auch Cesare Ripa, Stichwort ›Pittura‹, zitieren können.

72 Vgl. z. B. Ripa, ›Stichwort ›Sensi‹ (Gula) und ›Sfacciataggine‹; außerdem E. Mâle, Bibl. 207, S. 334f. In der mittelalterlichen Kunst symbolisiert so der *gefesselte* Menschenaffe oder Affe häufig den Zustand der Welt vor der Neuen Offenbarung (Verkündigung in Aix, Ste. Madeleine; Lucas Mosers Altarbild in Tiefenbronn, wo ein gefesselter Affe und eine zerbrochene Statue, das Heidentum bezeichnend, als Träger der Statue der Hl. Jungfrau dienen; Hubert van Eyck, Verkündigung im Metropolitan Museum in New York). In der Kunst der Renaissance wurde dieses Motiv oft verwandt, um die Unterjochung niederträchtiger Gefühle im allgemeinen zu bezeichnen, wie es in Dürers Stich B. 42 (Abb. 143) der Fall ist, oder bei der amüsanten Illustration in Jacobus Typotius, Bibl. 361, S. 55f., mit dem Motto *›Exacuerunt dentes suos‹*, was die Unterdrückung des *›genius Luxuriae‹* (Abb. 142) bedeutet. Wenn Pieter Breughels ›Gefesselte Affen‹ im Berliner Museum (Abb. 141) zu Recht als Abbilder der blinden und unglücklichen menschlichen Seele gedeutet werden (siehe C. Tolnay, Bibl. 345, S. 45), dann würde diese Deutung zu der von Michelangelo ausgedrückten Idee passen.

73 Siehe S. 258.

74 Vgl. S. 207ff. Pico, *Heptaplus*, IV, 1, Bibl. 266, fol. 5, v, hat die folgende Definition: *»Verum inter terrenum corpus et coelestem animi substantiam opus fuit medio vinculo, quod tam distantes naturas invicem copularet. Hinc munere delegatum tenue illud et spirituale corpusculum quod et medici et philosophi spiritum vocant.«*

75 Zusätzlich zu den zwei Sklaven im Louvre und den vier ›Boboli‹-Sklaven haben wir die sechs Sklaven, die auf der Zeichnung Th. 5 zu sehen sind (das untere Geschoß behält den Plan von 1505 bei), die sechs Sklaven auf der Zeichnung Fr. 3 (1513) und verschiedene Zeichnungen und Nachzeichnungen einzelner Sklaven (vgl. C. Tolnay, Bibl. 353).

76 Ficino, Brief an Locterius Neronius, Bibl. 90, S. 837, der S. 138 erwähnt wurde. Der Brief trägt die Inschrift: *»Anima in corpore dormit, somniat, delirat, aegrotat.«* Die hier übersetzte Passage lautet: *»Si fumus quidem exiguus tantam in nobis vim habet,- . . . quanto magis censendum est coelestem immortalemquem animum, quando ab initio ab ea puritate, qua creatur, delabitur, id est, quando obscuri terreni moribundique corporis carcere includitur, tunc, ut est apud Platonicos, e suo illo statu mutari? . . . Quamobrem totum id tempus, quod sublimis animus in infimo agit corpore, mentem nostram velut aegram perpetua quadam inquietudine hac et illac sursum deorsumve iactari necnon dormitare semperque delirare Pythagorici et Platonici arbitrantur, singulasque mortalium motiones, actiones, passiones nihil esse aliud quam vertigines aegrotantium, dormientium somnia, insanorum deliramena.«*

77 Das mag auch auf die seltenen Triumphdarstellungen an anderen Grabmälern der Renaissance zutreffen, die Weisbach, Bibl. 394, S. 102ff., zusammengetragen hat. Wie K. Lehmann-Hartleben gezeigt hat, war auch in römischer Zeit die Darstellung von Triumphhandlungen schon auf die Grabkunst übertragen und mit dem Gedanken einer Apotheose im religiösen Sinne verknüpft worden (Bibl. 189).

78 Der klassische Prototyp für das Untergeschoß des Grabmals für Julius II., ein Sarkophag im Vatikan (Abb. bei E. Panofsky, Bibl. 250, mit weiteren Verweisen), scheint vergleichsweise

einfache Vorstellungen im Hinblick auf Erdenleben und Unsterblichkeit auszudrücken: nach K. Lehmann-Hartleben würde die Darstellung der vom ›Tod‹ zur Tür geleiteten Eheleute, die mit Darstellungen der vier Jahreszeiten (Symbolen der Zeit) geschmückt und von nackten *genii* flankiert ist, die ihrerseits von Siegesgottheiten überragt werden, die Wiedervereinigung nach dem Tode und die Verleihung der ›Krone des Lebens‹ bezeugen.

79 Zur Geschichte der Medici-Kapelle vgl. insbesondere Thode, Bibl. 340, Bd. I, S. 429ff.; A. E. Popp, Bibl. 273; C. Tolnay, Bibl. 354.

80 Vgl. C. Tolnay, ebd., S. 22.

81 Der Gedanke, zu diesen vier Gräbern noch die zwei Medici-Päpste, Leo X. und Clemens VII., hinzuzufügen, tauchte zu spät auf, um das allgemeine Schema zu beeinflussen (23. Mai 1524). Die einzige Lösung, an die Michelangelo denken konnte, wäre gewesen, die Papstgräber in den kleinen Nebengelassen *(lavamani)* unterzubringen, aber die ganze Idee wurde bald verworfen.

82 Diesem Plan zufolge – von C. Tolnay, Bibl. 354, ans Licht gebracht – wären die vier Sarkophage auf den vier Bogen plaziert worden, während das Grab von Kardinal Giulio Medici (des späteren Papstes Clemens VII.) seinen Platz unter der Vierung gefunden hätte.

83 Siehe die Zeichnungen Fr. 48, 125a, 267b, 39, 70 (C. Tolnay, Bibl. 354, Abb. 8–12). Eine andere Skizze auf Fr. 70 (Tolnay, Abb. 16) könnte sich ebenfalls auf das freistehende Monument beziehen; daß das Vorragen der Sarkophage an den zurückweichenden Seiten nicht gezeigt wird, würde nicht gegen diese Annahme sprechen, weil die gleiche Auslassung auch auf Fr. 48 beobachtet werden kann. Die Identifizierung der Skizze Fr. 39 Mitte (Tolnay, Abb. 10) mit dem Janusbogen-Projekt erscheint recht zweifelhaft angesichts der Tatsache, daß die weiten Bogen durch einen waagerechten Architrav überbrückt werden, der einen massiven Bau wie auf Fr. 125a (Tolnay, Abb. 9) vorauszusetzen scheint.

84 Die Einbeziehung dieser Figur, die nur sehr schwach skizziert ist, scheint eine Art nachträglicher Einfall zu sein. Die Erläuterung *»La Fama tiene gli epitaffi a giacere«* sollte übersetzt werden: ›Fama hält die Gedenktafeln in der richtigen Lage.‹ Das Wort *epitaffi* kann keine liegenden Figuren, sondern nur die Tafeln meinen; das stimmt mit der Haltung der Figur auf der Zeichnung und damit überein, daß der Plan keine Bildnisstatuen enthielt.

85 Zeichnung Th. 531a (A. E. Popp, Bibl. 273, Tf. 28); vgl. Th. 246b, 386a, 424, 459b, 462, 531b. A. E. Popp, S. 131, hat gezeigt, daß die Bildnisse, die auf diesen Zeichnungen zu sehen sind, kaum jemals von Michelangelo geplant waren. Zur Zeichnung Th. 241 (Popp, Tf. 30a, und K. Borinski, Bibl. 46, Abb. gegenüber S. 136), siehe Popp, S. 129f.

86 Ob die Zeichnung Fr. 39, Skizze rechts oben (C. Tolnay, Bibl. 354, Abb. 13) sich auf die Einzel-Nischengräber bezieht oder eine Seite des freistehenden Denkmals wiedergibt, ist eine Frage von Vermutungen.

87 Bis auf die Zeichnung Th. 511a (A. E. Popp, Bibl. 273, Tf. 29), die eine freie Variation auf der Grundlage sowohl von Vorstudien, als auch der Grabmäler, wie sie ausgeführt wurden, ist, vgl. A. E. Popp, S. 134.

88 Vgl. die Zeichnung Fr. 9b.

89 Diese in der jüngsten Literatur im allgemeinen nicht akzeptierte Interpretation wurde von B. Berenson, Bibl. 28, Nr. 1497, vorgeschlagen. Der enge Zusammenhang von Fr. 55 mit der Phase der Doppel-Nischengräber wird auch dadurch belegt, daß eine der zurückgelehnten Figuren, die auf Fr. 55 zu sehen sind, auf Fr. 47 skizziert erscheint.

89a Vgl. A. E. Popp, Bibl. 273, S. 130 und 165ff.

90 Diese Identifizierung leistete A. E. Popp, ebd., S. 141f.

91 Notiz auf Fr. 162; vgl. Vasari, Bibl. 366, Bd. VI, S. 65; Frey, Bibl. 103, S. 360.

92 Vgl. die Zeichnung Th. 511a, wo jedoch rechts und links vertauscht sind. Auf dieser Zeichnung wird der ›Tag‹ als ›Sol‹ und die ›Nacht‹ als ›Luna‹ gekennzeichnet.

93 Vgl. S. 209f. Daß die zwei Statuen zu beiden Seiten Lorenzo de'Medicis die Elemente Feuer und Wasser dargestellt haben sollten (A. E. Popp, Bibl. 273, S. 164), ist nicht sehr wahrschein-

lich, weil die Figuren von ›Cielo‹ und ›Terra‹, die erstere lächelnd, letztere bekümmert, Himmel und Erde im metaphysischen Sinne verkörpern und nicht im Sinne der Elemente Luft und Erde. Die vier Elemente werden, wie es sich gehört, durch die Flußgötter in der untersten Zone der Komposition symbolisiert (vgl. unten).

94 Die Gründe für diese Einschränkung sind bis jetzt nicht völlig geklärt. Eine sorgfältige Studie zu den leeren Thronen ist in der Zeichnung Fr. 266 erhalten.

95 Auch diese Identifizierung verdanken wir A. E. Popp, Bibl. 273, S. 142.

96 Daß die Zeichnungen Fr. 19, 59 und 51 wahrscheinlich für die Dekoration der Lünetten in der Medici-Kapelle bestimmt waren, wurde zuerst von A. E. Popp, ebd., S. 158ff., erkannt. Daß die Judith-Szene (Vorwegnahme des Siegs der Hl. Jungfrau über den Teufel) als Gegenstück der Ehernen Schlange (Vorwegnahme der Passion Christi) ins Auge gefaßt worden sein könnte, wird durch die Sixtinische Decke und die apokryphe Zeichnung Fr. 306 nahegelegt, die eine michelangeleske Komposition des dritten Jahrzehnts wiederzugeben scheint, die für den auszufüllenden Raum nicht ungeeignet wäre.

97 C. Tolnay, Bibl. 355.

98 Die ›platonische‹ Interpretation der Medici-Kapelle wurde vorgeschlagen von V. Kaiser, Bibl. 161, und J. Oeri, Bibl. 233; sie wurde von K. Borinski, Bibl. 46, S. 97ff., ausgearbeitet, dessen Ansichten von O. G. von Simson, Bibl. 319, S. 106ff., gebilligt wurden, und sie wurde von C. Tolnay, Bibl. 355, endgültig durchgesetzt. Trotz Borinskis unkritischer Haltung gegenüber dem Material und seinen zahlreichen Tatsachenfehlern, ist es ihm als Verdienst zuzurechnen, daß er erkannt hat, daß eine Interpretation der Werke Michelangelos vielmehr auf den Florentiner Neoplatonikern als auf Platon selber basieren sollte, und daß er die Aufmerksamkeit auf die fraglichen Quellen gelenkt hat. Die folgende Analyse ist in hohem Maße sowohl Borinski, als auch Tolnay verpflichtet.

99 Siehe S. 207.

100 Vgl. J. Oeri, Bibl. 233; K. Borinski, Bibl. 46, S. 130ff.; O. G. von Simson, Bibl. 319, S. 107; C. Tolnay, Bibl. 355, S. 305.

101 Landino, Kommentar zu Dante, *Inferno,* XIV, 116, Bibl. 180, fol. LXXIv (vgl. auch ders., *Inferno* III, 78, fol. XXI; außerdem Landino, Bibl. 179, fol. K 2ff.)

102 Landino, Bibl. 179, fol. K. 2ff. »*Ex Hyle igitur unico flumine mala haec omnia eveniunt.*«

103 Ficino, Brief an Andrea Cambino, Bibl. 90, S. 671.

104 V. Cartari, Bibl. 56, S. 145: »*Circonda questa Palude l'Inferno, perchè altrove non si trova mestitia maggiore, et perciò vi fu anco il fiume Lete, Acheronte, Flegetonte, Cocito, et altri fiumi, che significano pianto, dolore, tristezza, ramarico et altre simili passioni, che sentono del continuo i dannati. Le quali i Platonici vogliono intendere, che siano in questo mondo, dicendo che l'anima allhora va in Inferno, quando discendo nel corpo mortale, ove trova il fiume Lete, che induce oblivione, da questo passa all'Acheronte, che vuol dire privatione di allegrezza, perchè scordatasi l'anima le cose del Cielo . . ., et è perciò circondata dalla Palude Stigia, et se ramarica sovente, et ne piange, che viene a fare il fiume Cocito, le cui acque sono tutte di lagrime et di pianto, si come Flegetonte le hà di fuoco et di fiamme, che mostrano l'ardore dell'ira et de gli altri affetti, che ci tormentano mentre che siamo nell'inferno di questo corpo.*«

105 »*Il Dì e la Notte parlano, e dicono: Noi abbiamo col nostro veloce corso condotto alla morte il duca Giuliano.*« (Fr. 162 und Frey, Bibl. 101, XVII.) Parallelen sind in der früheren Tradition zu finden, z. B. auf einem deutschen Holzschnitt von etwa 1470 (F. M. Haberditzl, Bibl. 129, I, S. 168 und Tf. CVIII, auch bei Panofsky, Bibl. 243, Tf. LXVIII, Abb. 102), wo der Tag und die Nacht, durch Sonne und Mond symbolisiert, folgende Verse sprechen: »wir tag und nacht dich ersleichen des kanstu n(it ent)weichen.« Daß der Rest des Textes von Michelangelo sich auf die neoplatonische Unsterblichkeitslehre bezöge (C. Tolnay, Bibl. 355, S. 302), ist aber kaum wahrscheinlich. Denn die Interpretation der Zeile: »*Che avrebbe di noi dunque fatto, mentre* vivea?« (»Was hätte er mit uns getan, wenn er am Leben wäre?«) als »Was würde seine *Seele* mit

uns getan haben, wenn er länger *gelebt hätte?«* (das heißt: ›wenn seine Seele aufgrund seines längeren Erdenlebens eine noch größere Macht ausüben würde?‹), wird durch den Text nicht gestützt. Die Einbeziehung der Fama in den Entwurf Fr. 9a zeigt allem Anschein nach, daß Michelangelo, bevor seine Pläne gereift waren, nicht absolut gegen die Ausarbeitung einer allegorischen Lobpreisung war.

106 Condivi, Frey, Bibl. 103, S. 136: *». . . significandosi per queste il Giorno et la Notte o per ambi duo il Tempo, che consuma il tutto . . . Et per la significatione del tempo voleua fare un topo . . . percioche tale animaluccio di continuo rode et consuma, non altrimenti chel tempo ogni cosa diuora.«* Zum Motiv der Maus, siehe S. 128, Anm. 42.

107 Siehe Pico, I, 9, Bibl. 267, fol. 12ff., und Ficino, *Argumentum in Phaedonem,* Bibl. 90, S. 1394: *»Acheron . . . respondet quoque aeri partique mundi meridianae. Phlegethon igni respondet atque orienti . . . Styx Cocytusque rispondet terrae atque occasui«* (vgl. auch Theol. Plat. XVIII, 10, Bibl. 90, S. 421). Jedoch bewahrte Ficinos philologisches Gewissen ihn davor, ernsthaft die Deutung der Flüsse im Hades als Symbole der stofflichen Elemente und ihrer Eigenschaften anzunehmen, denn er erkannte, daß Platon in rein eschatologischem Sinne von ihnen spricht: *»quae* (d. h. flumina) *quisquis secundum nostri corporis humores animique perturbationes* in hac vita *nos affligentes exponit, nonnihil adducit simile vero, veruntamen veritatem integram non assequitur. Plato enim et hic et in Republica significat praemia virtutum et supplicia vitiorum* ad alteram vitam *potissimum pertinere.« (Argum. in Phaed.* a. a. O. Hervorhebungen von mir.)

108 Siehe Ficinos Formulierung *»corporis humores animique perturbationes«* im in der vorhergehenden Anmerkung zitierten Absatz. Zur Verbindung von Nacht und Wasser vgl. auch die Phrase *»nox umida«* in Vergil, *Aen.,* V, 738 und 835.

109 E. Steinmann hatte völlig recht mit der Annahme, daß die Tageszeiten gewissermaßen den Einfluß der Elemente und Körpersäfte in sich schlössen (Bibl. 322). Er beging jedoch den Fehler, sich erstens fast ausschließlich auf ein Fastnachtslied zu berufen (»man stutzt von vorn herein«, sagt Thode), das nur ein schwacher Abglanz einer großen kosmologischen Tradition ist, zweitens das Programm in seiner Gesamtheit zu ignorieren, drittens die vier Figuren wahllos, statt auf der Grundlage der bestehenden Überlieferung, mit den vier Elementen etc. zu verbinden.

110 Zu dieser weitverbreiteten Theorie siehe Bibl. 252 und 253.

111 Vasari, Bibl. 366, Bd. VII, S. 196; Frey, Bibl. 103, S. 133.

112 C. Tolnay, Bibl. 355, S. 289, 292 und Abb. 10.

113 Es scheint, daß diese Interpretation zuerst von J. Richardson, Bibl. 279, Bd. III, S. 136ff., vorgeschlagen wurde. Jedoch betrachtete sie Borinski als erster im Zusammenhang mit den zeitgenössischen neoplatonischen Quellen.

114 Somit ist es durchaus möglich, C. Tolnays Deutung der Herzogsdarstellungen als *»immagini delle anime trapassate, divinizzate alla maniera antica«* hinzunehmen (Bibl. 355, S. 289), ohne zu negieren, daß ihr offenbarer Gegensatz die Antithese zwischen dem tätigen und dem kontemplativen Leben zum Ausdruck bringt, wobei beide den Anspruch auf Unsterblichkeit rechtfertigen.

114a Der *locus classicus* für diese Lehre, die auch während des Mittelalters nicht vergessen war, in der Renaissance aber eine neue Bedeutung erhielt, ist Makrobius, *Comm. in Somnium Scipionis,* I, 12–14: *»In Saturni* (näml. *sphaera producit anima) ratiocinationem et intelligentiam, quod* λογιστικόν *et* Θεωρητικόν *vocant; in Jovis vim agendi, quod* πρακτικόν *dicitur.«*

115 Pico, I, 7, Bibl. 267, fol. 10: *»Saturno è significatiuo della natura intellettuale, laquale solo attende et è uolto allo intendere et contemplare. Gioue è significatiuo della uita attiua, laquale consiste nel reggere, administrare et muovere con lo imperio suo le cose à se soggiette et inferiori. Queste dua proprietà si truouano ne pianeti da e medesimi nomi significati, cioè Saturno e Gioue; perchè come loro dicono, Saturno fa li huomini contemplatiui, Gioue dà loro principati, gouerni, et administratione di popoli.«*

116 Siehe statt aller weiteren Beispiele die Inschriften auf den Florentiner Stichen, die die Jupiterkinder darstellen (F. Lippmann, Bibl. 195, Tf. A II, B II.)

117 Vgl. J. B. Carter, Bibl. 57, Stichwort ›Nox‹ und C. F.M. Bruchmann, Bibl. 51, Stichwort Νύξ

117a K. Borinski, Bibl. 46, S. 157ff.

118 Vgl. Ripa, Stichwort ›Silentio‹: *»il dito indice alla bocca«; »un dito alle labbre della bocca«; »col dito alla bocca«.* Ripas ›Malanconico‹ (Stichwort ›Complessioni‹) ist der Mund sogar mit einem Verband verdeckt, der *»significa il silentio«.*

119 Im Cod. Vat. lat. 1398, fol. 11, ist Saturn dargestellt, wie er die Schlüssel zu einer verschlossenen Geldkassette in der Hand hält. Im Cod. Tubingensis M. d. 2 schickt sich der Melancholiker an, eine geldgefüllte Kassette zu vergraben, und die Attribute Geldbörse und/oder mit Münzen bedeckter Tisch sind auf Darstellungen von Saturn wie von Melancholikern überall zu finden (siehe die Illustrationen in *Melancholia,* Bibl. 253); in Leonardo Datis *Sfera* werden die Eigenschaften von Gedankentiefe und Geiz im selben Atem erwähnt: *»Disposti* (d. h. die Melancholiker) *a tucte larti davaritia, et a molti pensieri sempre hanno il core.«*

120 Daß Lorenzo in seiner linken Hand ein zerknülltes Taschentuch hält, kann dieselbe Idee ausdrücken wie die verhedderte Wolle in Ripas ›Pensiero‹.

121 Nach der Fassung der oben erwähnten Passage aus Makrobius, zu finden in den ›Kyeser‹-Manuskripten, abgedruckt bei A. Hauber, Bibl. 135, S. 54.

122 F. Lippmann, Bibl. 195, Tf. A II, B II.

123 E. Steinmann, Bibl. 322, S. 110f., Abb. 27 und 28.

124 K. Borinski, Bibl. 46, S. 135.

125 Siehe P. Durand, Bibl. 80; J. Wilpert, Bibl. 404, Bd. I, S. 58ff. Es ist charakteristisch, daß die hl. Maura in ihrer Vision (zitiert von Wilpert, ebd.) den Thron ›drapiert‹ sieht, wie er in allen heidnischen Darstellungen erscheint; vgl. Textabb. S. 270.

126 Siehe L. R. Taylor, Bibl. 335; ebenso A. L. Abaecherli, Bibl. 1.

127 G. Milanesi, Bibl. 225, S. 104.

128 Der Absatz ist nur von K. Borinski, Bibl. 46, S. 142, und mit ihm als Gewährsmann von O. G. von Simson, Bibl. 319, S. 109, ernstgenommen worden. Sogar bei geschäftlichen Unternehmungen bekommt Sebastiano es kaum fertig, völlig ernst zu sein; vgl. z. B. seinen amüsanten Vorschlag an Herzog Ferrante Gonzaga (P. D'Acchiardi, Bibl. 2, S. 276).

129 ›Thomas Walleys‹, Bibl. 386, fol. LXXXII.

130 Siehe zum Beispiel Claudius Minos' Kommentar zu Alciati, *Emblemata,* IV, Bibl. 5, S. 61ff. Der Adler (wobei das Wort *aquila* angeblich sich von *acumen* herleitet) wäre das Attribut des Evangelisten Johannes, *»ut eius in divinis rebus acumen longe perspicax et oculatum, ut ita dicam, ostenderent.«* Minos schließt die Passage mit dem Satz: *»Sed hic me cohibeo, quod id esse videam, Theologorum pensum.«*

131 Claudius Minos, ebd.

132 Siehe S. 125, Anm. 2.

133 Platon, *Leges,* I, 636c.

134 Xenophon, *Symposium,* VIII, 30.

135 Vgl. z. B. Augustinus, *De Civ. Dei,* VII, 26, und XVIII, 13, wahrscheinlich auf Cicero, *Tuscul.,* IV, 33 (70, 71) basierend. Cicero hält sich jedoch an die Interpretation Xenophons.

136 Siehe z. B. Fulgentius, *Mitol.,* I, 25, von Mythographus II, 198, übernommen.

137 Siehe Hyginus, *De Astronomia,* II, 29, von Mythographus III, 3, 5, Bibl. 38, S. 162, übernommen.

138 Clarac, Bibl. 66, Bd. II, Tf. 181, Nr. 28.

139 Die Traditionsreihe wird bei Boccaccio, *Geneal. Deor.,* VI, 4, zusammengefaßt.

140 Landino, Kommentar zu Dante, Bibl. 180, fol. CLVIv: *»Sia adunque Ganimede l'humana mente la quale Gioue, idest el sommo Idio ama. Sieno e suoi compagni l'altre potentie dell'anima come e vegetatiua et sensitiua* (wobei die letztere hier offensichtlich sowohl den *sensus exterior* als

auch den *sensus interior* oder die Imagination enthält). *Apposto adunque Gioue, che essa sia nella selua, idest remota delle cose mortali, et con l'aquila già detta la inalza al cielo. Onde essa abbandona e compagni, idest la vegetatiua et sensitiua; et abstratta et quasi, come dice Platone, rimossa dal corpo, è tutta posta nella contemplatione de' secreti del cielo.*«

141 Claudius Minos' Kommentar zu diesem Emblem (siehe S. 300, Anm. 131) ist fast eine Monographie Ganymeds.

142 A. Bocchius, Bibl. 37, SYMB. LXXVIII (»*Vera in cognitione dei cultuque voluptas*«; Οὐχ ἡδὺ σώματος ὀνομασθείς, ἀλλὰ ἡδὺ γνώμωιυ) und LXXIX (»*Pacati emblema hoc corporis atque animi est*«; Γάνυσθαι μήδεσι). Zu den Illustrationen dieser beiden *concetti* siehe unten.

143 Natalis Comes, Bibl. 67, IX, 13, ebenfalls sehr gelehrt und umfassend, entscheidet sich letztlich zugunsten der idealistischen Interpretation: »*Nam quid aliud per hanc fabulam demonstrabant sapientes, quam prudentem virum a Deo amari, et illum solum proxime accedere ad divinam naturam?*«

144 Die beste Replik des verlorenen Originals ist die Zeichnung Fr. 18. Zu anderen Kopien, Stichen etc., siehe Thode, Bibl. 349, Bd. II, S. 350ff. Es ist interessant zu bemerken, daß die Illustrationen der in Anm. 142 zitierten Embleme Bocchis (SYMB. LXVIII und LXIX) ebenfalls von Michelangelos Zeichnung entlehnt sind. Die zweite zweigt Ganymed jedoch verhüllt statt nackt (mit Bezug auf Plinius' Beschreibung in bezug auf den klassischen Bildhauer Leochares, *Nat. Hist.*, XXXIV, 8), um die vollkommene Harmonie von Seele und Leib zu versinnbildlichen, indem Ganymed durch die Adlerkrallen nicht verletzt wird.

145 Ein klassisches Vorbild, sehr stark restauriert und nur durch den Stich in Clarac, Bibl. 66, III, Tf. 407, Nr. 696, bekannt, ist von H. Hekler, Bibl. 138, S. 220, vorgeschlagen worden. Ein ähnlicher Typus ist durch ein Mosaik in Sousse überliefert (Bibl. 151, Tf. 136). Aber keine Darstellung vor Michelangelo zeigt Ganymed so fest im Griff des Adlers.

146 Vgl. K. Borinski, Bibl. 46, S. 142, mit Zitat Landinos. F. Wickhoff, Bibl. 397, S. 433, zitiert als dichterisches Gegenstück den Vers: »*Volo con le vostr'ale e senza piume*«, aus Frey, Bibl. 101, CIX, 19, und die zweite Strophe des Sonetts, Frey, ebd., XLIV.

147 Siehe Thode, Bibl. 340, Bd. II, S. 350 und 356ff., mit weiteren Verweisen. Die Reproduktion bei Frey ist seitenverkehrt; richtige Wiedergabe bei B. Berenson, Bibl. 28, Tf. CXLIII.

148 Vergil, *Aen.*, VI, 497.

149 Die homerische Version, nach der Tityos von zwei Geiern gepeinigt wurde (*Odyss.*, XI, 576ff.) fiel bis zum 16. Jahrhundert der Vergessenheit anheim. Seit Ovid, *Metam.* IV, 456ff., ist die Verbindung der vier oben erwähnten Charaktereigenschaften ein maßgebliches Kennzeichen der Schilderung und Darstellung des Hades oder des ›Reiches der Furien‹, wie der Hades in bezug auf Ovid, *Metam.*, IV, 453, oft genannt wird, wo die ›drei Schwestern‹ gewissermaßen als die Pförtnerinnen des Hades erwähnt werden. Die formale Ähnlichkeit zwischen Tityos und Prometheus hat in der modernen Literatur viel Verwirrung gestiftet. Auch Michelangelos Tityos wird gelegentlich falsch benannt (F. Wickhoff, Bibl. 397, S. 434; die Zeichnung wurde in der Tat von Rubens zu einem Prometheus verwandt, R. Oldenbourg, Bibl. 234, S. 74, Abb. 161), und Tizians Tityos im Prado wird immer noch beständig als Prometheus zitiert und reproduziert. Daß dieses Bild (Abb. 160) Tityos darstellt, wird nicht allein durch die Schlange bezeugt, die auf das unterirdische Reich hindeutet, sondern auch durch die Tatsache, daß es zu einer Serie gehört, die Sisyphus (noch existent), Tantalus und Ixion enthielt (die letzteren zwei Bilder werden im Inventar der Königin Maria von Ungarn erwähnt; R. Beer, Bibl. 24, Tf. CLXIV, Nr. 86). Die vier Bilder hingen zusammen in einem Raum, genannt ›*la pieza de las Furias*‹, was einfach das ›Hadeszimmer‹ bedeutet, und sie sind von V. Carducho, Bibl. 55, S. 349, genau beschrieben. Die Verwirrung scheint von Vasari verursacht worden zu sein, der einen sonst unbekannten Prometheus neben dem Tityos erwähnt, aber ausdrücklich hinzufügt, das Prometheus-Bild sei nie in Spanien angekommen (Bibl. 366, Bd. VII, S. 451, wiederholt von Lomazzo, VII, 32, Bibl. 199, S. 676, im Kapitel ›*Della forma delle tre furie infernali*‹).

150 Petrarca, *Africa,* Bibl. 263, worauf oben, S. 178, Anm. 46, Bezug genommen wurde.
151 Lukrez, *De Rer. Nat.,* III, 982ff.
152 P. Bembo, *Asolani,* I, Bibl. 26, S. 85.
153 Ripa, Stichwort ›Tormento d'Amore‹.
154 Vgl. z. B. den Brief an Bartolommeo Angiolini, Milanesi, Bibl. 216, S. 469.
155 Frey, Bibl. 101, LXXXVI. Von diesem Standpunkt aus ist die Interpretation der Siegesgruppe als eine Art spirituellen Selbstporträts mit platonischen Bedeutungen vollkommen vertretbar, und zwar trotz der Tatsache, daß sie für das Grabmal Julius' II. bestimmt war.
156 Thode, Bibl. 340, Bd. II, S. 358ff. Zu den klassischen Quellen vgl. die S. 291, Anm. 3, zitierten Aufsätze.
157 Die bei Thode angegebene Reihenfolge (Fr. 57, 75, 58) wird fast allgemein akzeptiert (A. E. Brinckmann, Bibl. 49, S. 45ff., schlägt hingegen die Reihenfolge Fr. 57, 58, 75 vor) und ist offensichtlich richtig. In Fr. 57 hält sich Michelangelo vergleichsweise eng an klassische Vorbilder, mit einer starken Asymmetrie, die auf der horizontalen Anordnung von Motiven beruht, die ursprünglich in einem waagerechten Raum sich auf einer Linie befanden. Fr. 75 ist streng in die Achse gebracht und fast betont nichtklassisch, so wie die Pferde in zwei symmetrische Gruppen gegliedert sind und Phaethon kopfüber in den Mittelpunkt der Komposition stürzt (vgl. die Illustrationen zu Alciatis Emblem LVI, unsere Abb. 170). Fr. 58 gibt die endgültige Lösung, insofern die in den beiden anderen Zeichnungen verfolgten Prinzipien miteinander verschmolzen sind.
158 Siehe z. B. Lukrez, *De Rer. Nat.,* V, 396ff.; Mythographus III, 8, 15, Bibl. 38, S. 208. Eine ganze Sammlung euhemeristischer und naturalistischer Interpretationen findet man bei Boccaccio, *Geneal. Deor,.* VII, 41, und bei Natalis Comes, Bibl. 67, VI, 1, S. 552.
159 Siehe z. B. den französischen *Moralisierten Ovid,* C. de Boer, Bibl. 40, Bd. I, S. 186ff. (Phaethon als anmaßender Philosoph, auch als Antichrist, während Sol für Christus steht); ›Thomas Walleys‹, Bibl. 386, fol. XXVIv (Phaethon bedeutet schlechte Richter und Prälaten); Gaguin, *De Sodoma* (das Geschick Phaethons als Entsprechung zu dem Sodoms, so dargestellt in einer Gruppe von *Cité de Dieu*-Manuskripten, obwohl er im Text nicht erwähnt wird; vgl. V. de Laborde, Bibl. 178, Bd. II, S. 410 und Tf. XLVII, CX); Landino, Kommentar zu Dante, *Inferno,* XVII, 106, Bibl. 180, fol. LXXIX (Phaethon und Icarus stehen für *»tutti quelli e quali mossi da troppa presumptione di se medesimi et da temerità ardiscono a fare imprese sopra le forze e le facultà loro«*); Alciati, *Emblemata,* LVI *In temerarios* (unsere Abb. 170).
160 G. Milanesi, Bibl. 216, S. 462–464 (zu beachten die Verwendung des Wortes ›*presuntuoso*‹, das an Landinos ›*presumptione*‹ erinnert).
161 Brief vom 28. Juli 1533, ebd., S. 468.
162 Siehe Milanesis Bemerkung zu dem Brief vom 28. Juli 1533.
163 Platon, *Phaidros,* 251 a [die deutsche Übersetzung folgt hier der Übertragung Friedrich Schleiermachers, zit. nach: Platon, Sämtliche Werke 4, Phaidros, Parmenides, Theaitetos, Sophistes, hrsg. von Walter F. Otto, Ernesto Grassi, Gert Plamböck, Hamburg (1958), S. 32 – A. d. Ü.].
164 Siehe insbesondere Frey, Bibl. 101, CIV, zitiert von K. Borinski, Bibl. 46, S. 35.
165 F. M. Molza, Bibl. 218, Nr. LVI, S. 145; vgl. E. Panofsky, Bibl. 246, S. 50. Ein von Molza an Michelangelo gerichtetes Sonett, abgedruckt ebd.; Michelangelos *rilievo*-Stil wird für eine kunstreiche Allegorie im Sonett Nr. CXXVII, S. 416, verwandt. Mit einer kurzen Unterbrechung lebte Molza von 1529 bis 1535 bei Kardinal Ippolito Farnese, der an den Cavalieri-Zeichnungen besonders interessiert war (vgl. Thode, Bibl. 340, Bd. II, S. 351).
166 Nach C. Tolnay, Bibl. 349. Zu den anderen Repliken, Stichen etc., siehe Thode, Bibl. 340, Bd. II, S. 363ff.
167 Seltsamerweise wird dieses offenkundig paarzehige Tier beharrlich als Esel bezeichnet; K. Borinski, Bibl. 46, S. 69, hat auf diese Annahme sogar eine ikonographische Erklärung gebaut.

168 Es gibt einen relativ ›idealistischen‹ Silenus-Typus in der Kunst der Renaissance.
169 K. Frey, Bibl. 102, Text zu Fr. 187.
170 Es ist interessant zu bemerken, daß der urinierende Knabe in Tizians ›Bacchanal‹ (*recte* Andrii) demselben Sarkophag-Typus entlehnt ist (Bibl. 66, Bd. II, Tf. 132, Nr. 38), der eine der Hauptquellen für Michelangelos Kinderbacchanal war.
171 Vgl. Thode, Bibl. 340, Bd. II, S. 363ff.; zu den klassischen Quellen vgl. die auf S. 291, Anm. 3, zusammengestellten Aufsätze.
172 Diese Figur ist eine verkleinerte Ausgabe der jungen Frau auf dem ›Opfer Noahs‹, die wiederum einem klassischen Vorbild nachgestaltet wurde (vgl. E. Gombrich, Bibl. 119). Die Figur des Knaben, der ein Holzbündel trägt, ist aus der entsprechenden Figur desselben Freskos entwickelt, und die ›Silenus‹-Gruppe ist in den meisten Zügen der ›Scham Noahs‹ nachgebildet.
173 Siehe S. 78ff.
174 Vgl. Thode, Bibl. 340, Bd. II, S. 492ff.
175 Vgl. E. Wind, Bibl. 406. Es ist kennzeichnend, daß F. G. Bonsignoris Übersetzung des Ovid (Bibl. 42) die Verse *Metam.*, XII, 219ff., folgendermaßen umschreibt: »*Uno degli centauri ardea di duplicata* luxuria: *cioè damore e per ebrieza di vino*« (zitiert bei C. Tolnay, Bibl. 351, S. 106, Anm. 2).
176 Siehe S. 208.
177 Weitere Verweise, siehe Thode, Bibl. 340, Bd. II, S. 375ff.; vgl. auch A. E. Brinckmann, Bibl. 49, Nr. 59, und T. Borenius und R. Wittkower, Bibl. 43, S. 39.
178 Hieronymus Tetius, Bibl. 337, S. 158: »*Mundi globo Juvenis innixus, nudo corpore, eodemque singulis membris affabre compaginato, primo se intuentibus offert; quem angelus, tuba ad aures admota, dormientem excitat: hunc non aliud referre crediderim, quam ipsam Hominis mentem a vitiis ad virtutes, longo veluti postliminio, revocatam; ac proinde, remota ab eius oculis longius, vitia circumspicies.*« Auf diese Passage wird in der *Michelangelo-Bibliographie,* Bibl. 323, Nr. 1901, hingewiesen, sie scheint aber in der jüngsten Literatur außer acht gelassen worden zu sein.
179 Siehe S. 121f.
180 Ripa, Stichwort ›Emulatione, Contesa e Stimolo di Gloria‹: »*La tromba parimente della fama escita gli animi de' virtuosi dal sonno della pigritia et fa che stiano in continue vigilie.*«
181 Vgl. E. Panofsky, Bibl. 251.
182 Vgl. A. Doren, Bibl. 77, und E. Cassirer, Bibl. 59, Tf. II; ebenso Ripa, Stichwort ›Fortuna‹ und ›Instabilità‹.
183 Siehe Thode, Bibl. 340, Bd. II, S. 365ff., ebenso A. E. Brinckmann, Bibl. 49, Nr. 52. Daß die Zeichnung Fr. 298 nur eine Kopie ist, ist von A. E. Popp, Bibl. 274 und 272, aufgedeckt worden. Der Verfasser muß zugeben, daß er sich irrte, als er ihre Echtheit verteidigte (Bibl. 245, S. 242). Zur Deutung siehe K. Borinski, Bibl. 46, S. 63ff.; R. Förster, Bibl. 97 (besprochen von E. Panofsky, Bibl. 246, Sp. 47). Zu klassischen Vorbildern A. Hekler, Bibl. 138, S. 222 (Kairos-Typus), und F. Weege, Bibl. 391, S. 179.
184 Pico, II, 2, Bibl. 267, fol. 18v–19, worauf oben Bezug genommen wurde: »*Et per piena intelligentia che cosa è desiderio naturale, e da intendere che essendolo oggietto del desiderio el bene, et hauendo ogni creatura qualche perfettione à se propria per participatione della bontà diuina... bisogna che habbia uno certo fine, nel quale quel grado, di che lei è capace di felicità, ritruoua, et in quello naturalmente si diriza et uolga, come ogni cosa graue al suo centro. Questa inclinatione nelle creature che non hanno cognitione, si chiama desiderio naturale, grande testimonio della prouidentia diuina, dalaquale sono state queste tali creature al suo fine dirizate, come la saetta del sagittario al suo berzaglio, il quale non è dalla saetta conosciuta, ma da colui che con occhio di sapientissima prouidentia uerso quello la muoue.*«
185 Unter den früheren Deutungen schien allein die von R. Förster, Bibl. 97, verfochtene akzeptabel zu sein, so daß der Verfasser sich an sie hielt, bis er zufällig auf die oben zitierte Passage aus Pico stieß (Bibl. 246, Sp. 47): es wurde angenommen, Michelangelos Zeichnung sei

durch Lukian, *Nigrinus,* 36, inspiriert worden, wo die Wirkung einer wohlformulierten philosophischen Rede mit der eines wohlgezielten Schusses verglichen wird. Denn diese Interpretation schien dadurch erhärtet zu werden, daß die homerische Wendung βάλλ' οὕτωζ, die am Ende der Lukian-Passage zitiert wird, als *motto* von Kardinal Alessandro Farnese übernommen und durch die mit einem Wappenschild versehene Herme illustriert wurde, die auf der Zeichnung Fr. 298 zu sehen ist. Das schien die Verbindung der *Saettatori*-Zeichnung mit der Lukian-Passage zu bestätigen, um so mehr, als das Motto von F. M. Molza vorgeschlagen worden war. Jedoch sind der schlafende Amor, die satyrhafte Figur und die *putti,* die die Waffen vorbereiten, sowie der Eindruck, daß die Figuren nicht aus eigenem Antrieb handeln, kaum mit dem Lukian-Text (übersetzt bei R. Förster, a. a. O.) in Übereinstimmung zu bringen, während die Motive vollkommen zu der Passage aus Pico passen würden. Als Molza Michelangelos Zeichnung sah, könnte er auf die Idee verfallen sein, die Herme mit dem Wappenschild zur Illustrierung des βάλλ' οὕτωζ-Mottos zu verwenden – das, nebenbei bemerkt, direkt Homer entnommen worden sein kann, statt Lukian – ganz unabhängig vom Gehalt der Erfindung Michelangelos.

186 F. Wickhoff, Bibl. 397, S. 433.

187 Vgl. C. Tolnay, Bibl. 350.

188 Siehe F. Baumgart und B. Biagetti, Bibl. 21, S. 16ff.

189 Frey, Bibl. 101, CL.

190 Vgl. z. B. die späten Kreuzigungen, die das alte Y-förmige Kreuz wieder aufnehmen (Fr. 129) oder (Fr. 128, 130) die Jungfrau Maria in einer ähnlichen Haltung zeigen wie in Werken des 14. Jahrhunderts, zum Beispiel in dem Mühlhausener Altarbild von 1385 (Abb. z. B. bei C. Glaser, Bibl. 113, S. 20); die Pietà Rondanini (vgl. C. Tolnay, Bibl. 352); die Verkündigung Fr. 140, die auf einen Typus zurückgreift, der durch Lorenzo Monacos Tafelbild in der Accademia in Florenz beispielhaft belegt ist (das wurde von C. Tolnay in einem Vortrag dargelegt, der meines Wissens noch nicht publiziert ist); und die Pietà im Dom in Florenz.

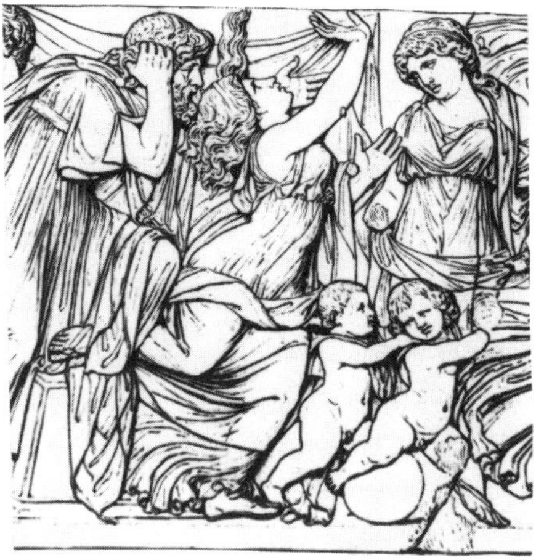

125 Detail eines Medea-Sarkophags. Berlin, Altes Museum

126 Michelangelo, Federzeichnung, Fr. 103

127 Michelangelo, Die Heilige Familie. Marmortondo, London, Königliche Akademie

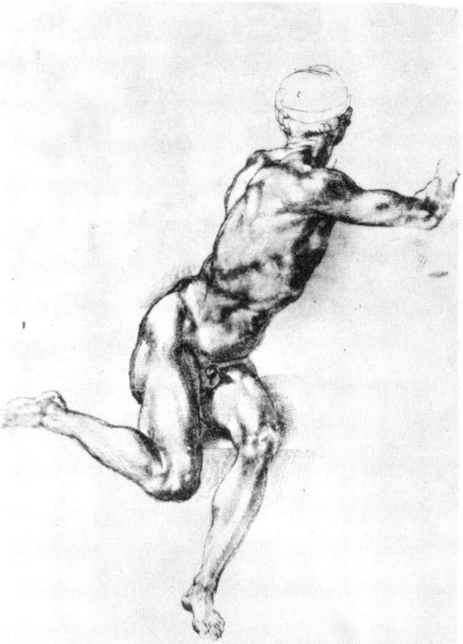

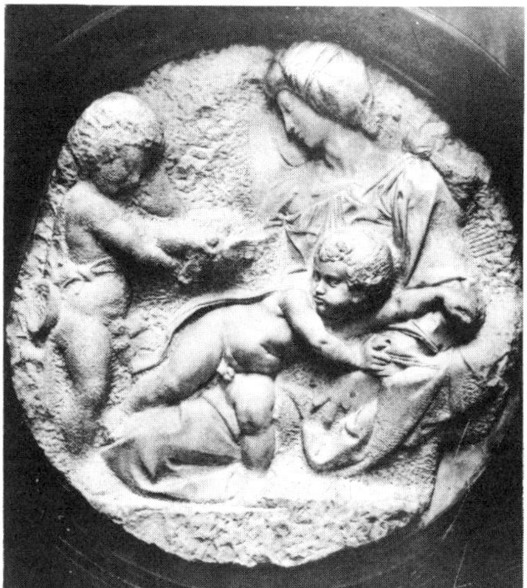

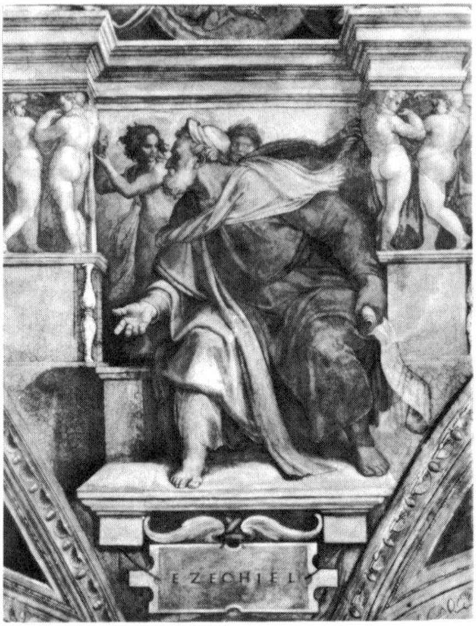

128 Michelangelo, Der Prophet Hesekiel. Rom, Sixtinische Kapelle

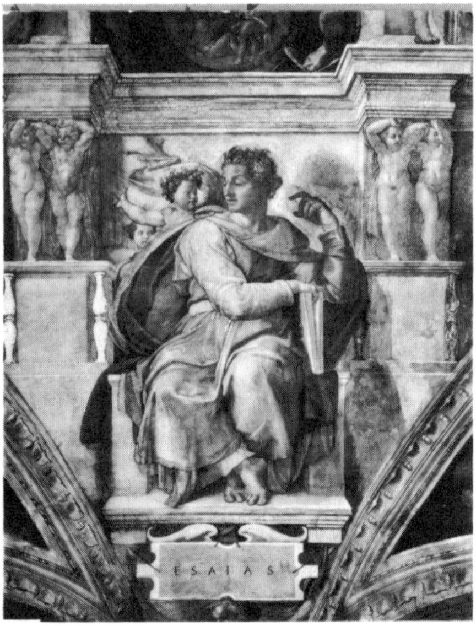

129 Michelangelo, Der Prophet Jesaia. Rom, Sixtinische Kapelle

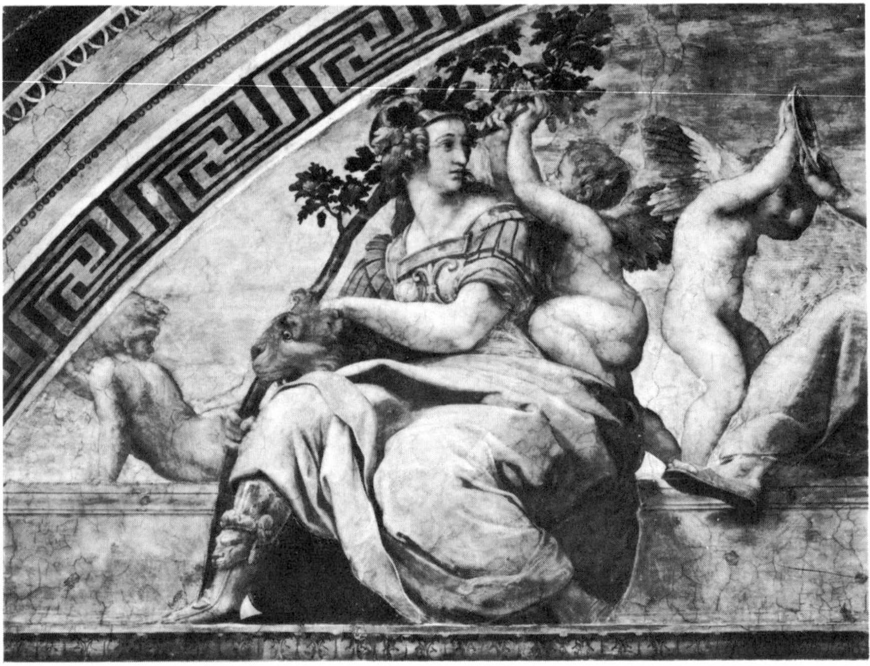

130 Raffael, Standhaftigkeit. Rom, Vatikan, Stanza della Segnatura

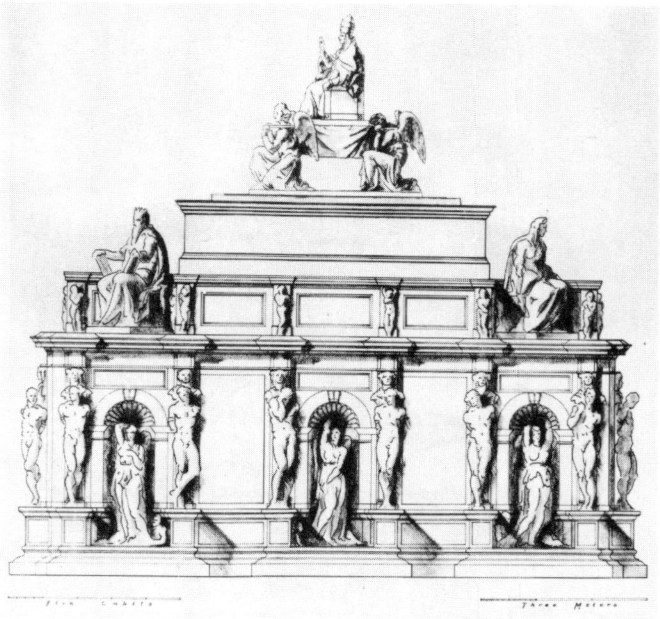

131 Michelangelo, Grabmal Julius' II, Rekonstruktion des ersten Plans (1505), Vorderansicht

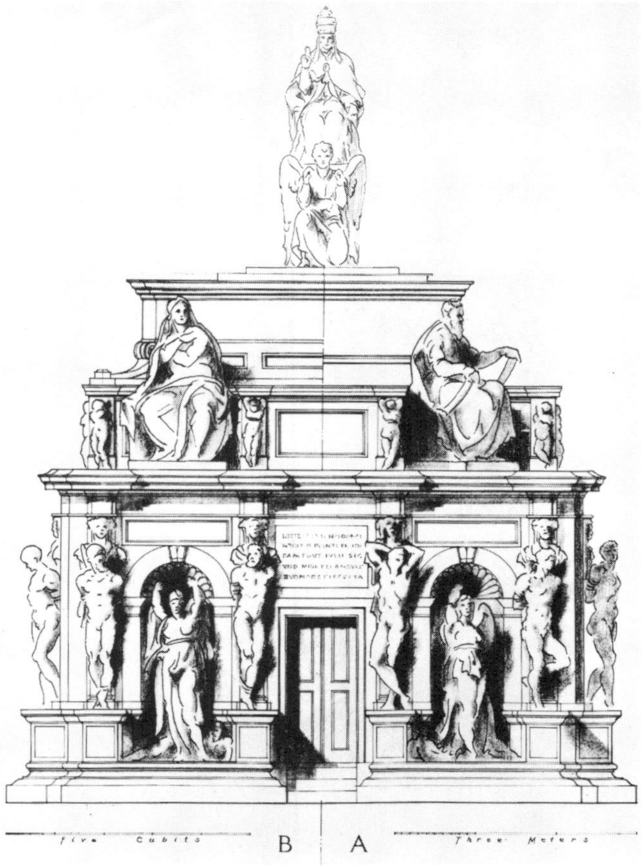

132 Michelangelo, Grabmal Julius' II. Rekonstruktion des ersten Plans (1505), Seitenansicht

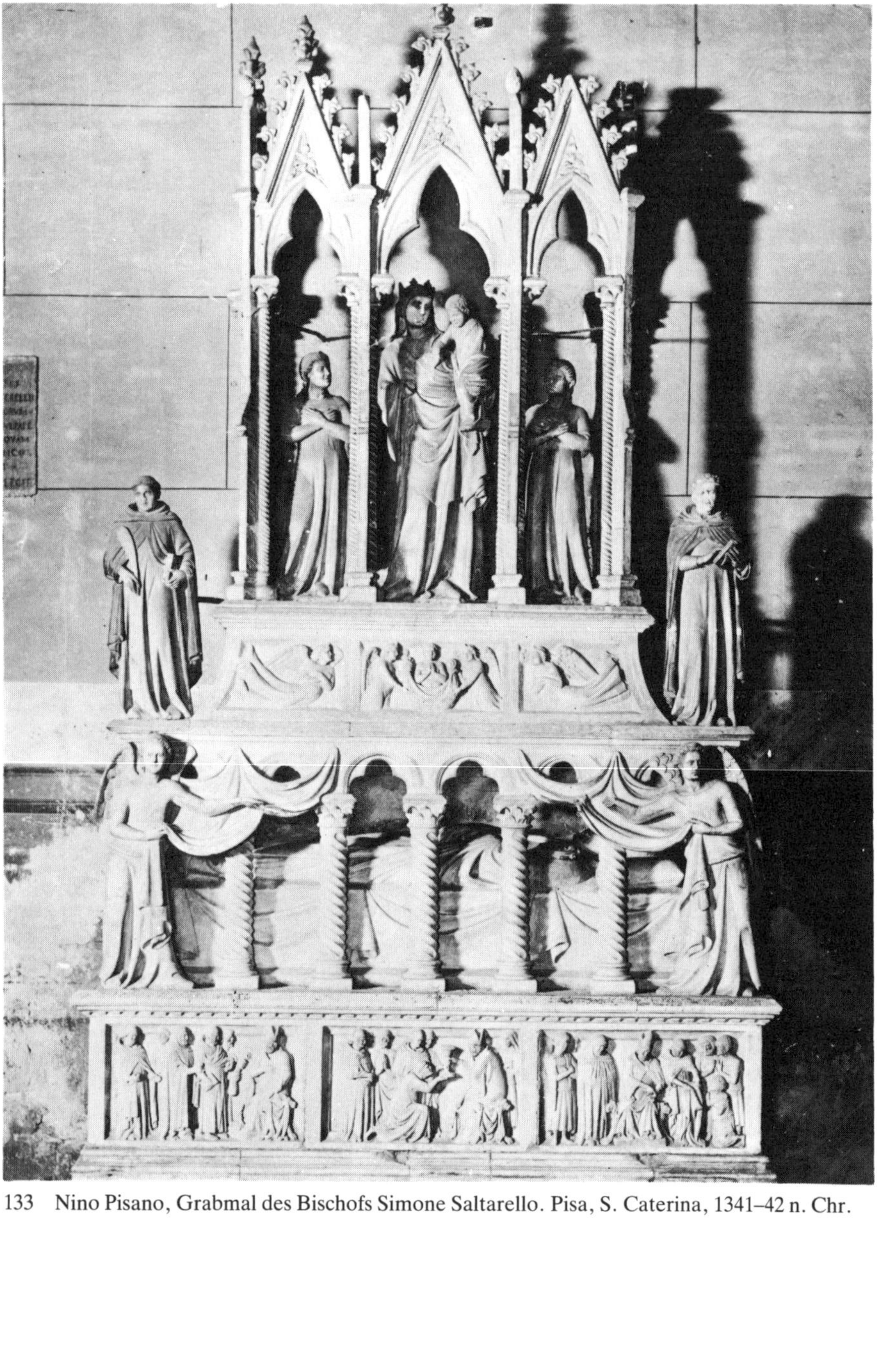

133 Nino Pisano, Grabmal des Bischofs Simone Saltarello. Pisa, S. Caterina, 1341–42 n. Chr.

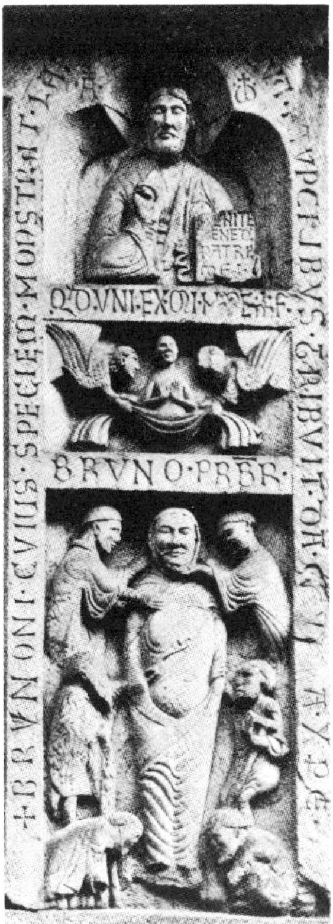

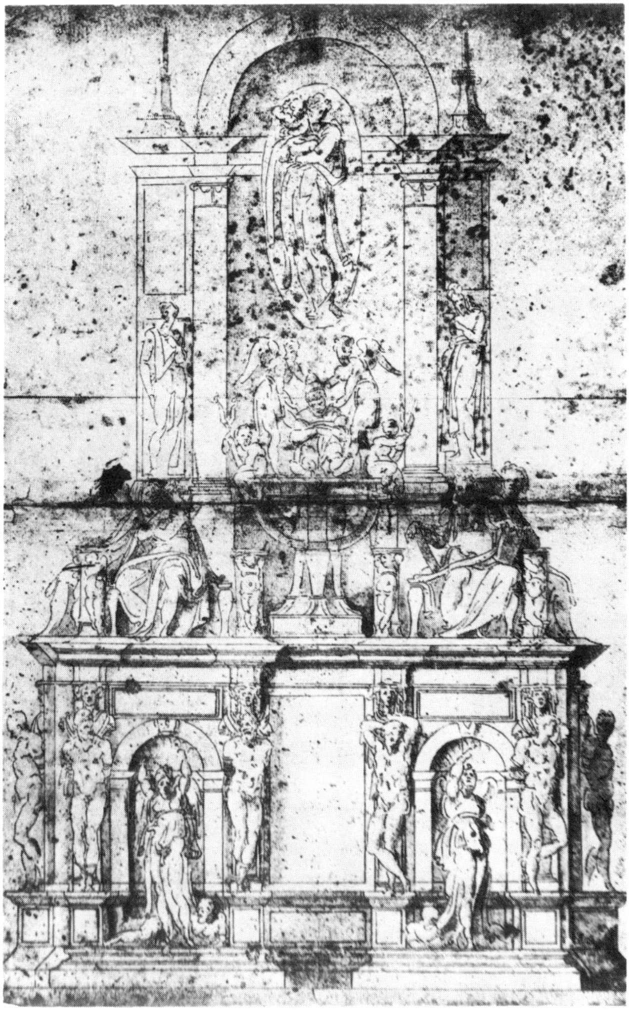

134 Grabplatte des Priesters Bruno (gest. 1194 n. Chr.). Hildesheim, Kreuzgang der Kathedrale

135 Werkstatt Michelangelos (Kopie), Entwurfszeichnung für das Grabmal Julius' II., zweiter Plan (1513). Lavierte Federzeichnung, Th. 5

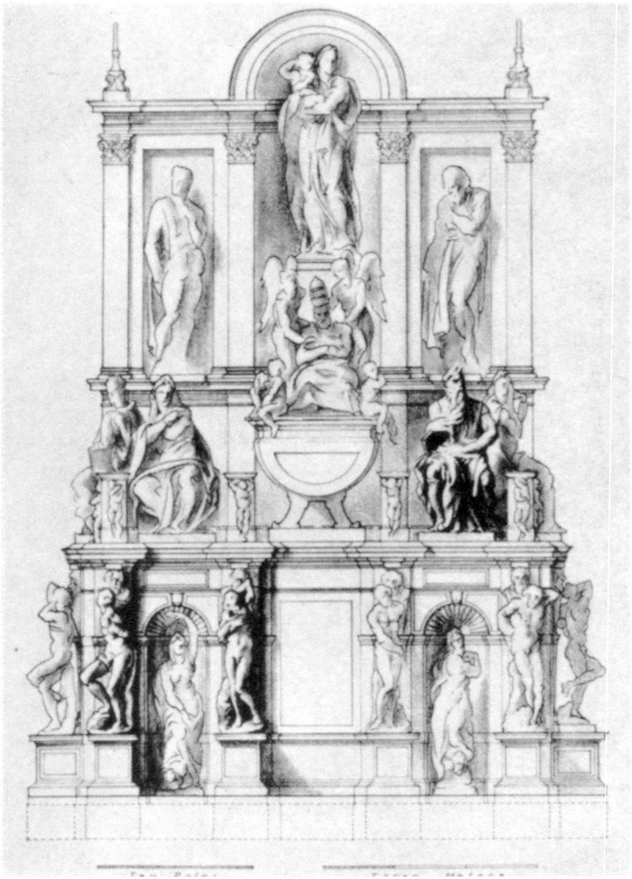

136 Michelangelo, Grabmal Julius' II., Rekonstruktion des zweiten Plans (1513), Vorderansicht, die den Moses und die beiden Sklaven aus dem Louvre an ihren Plätzen zeigt

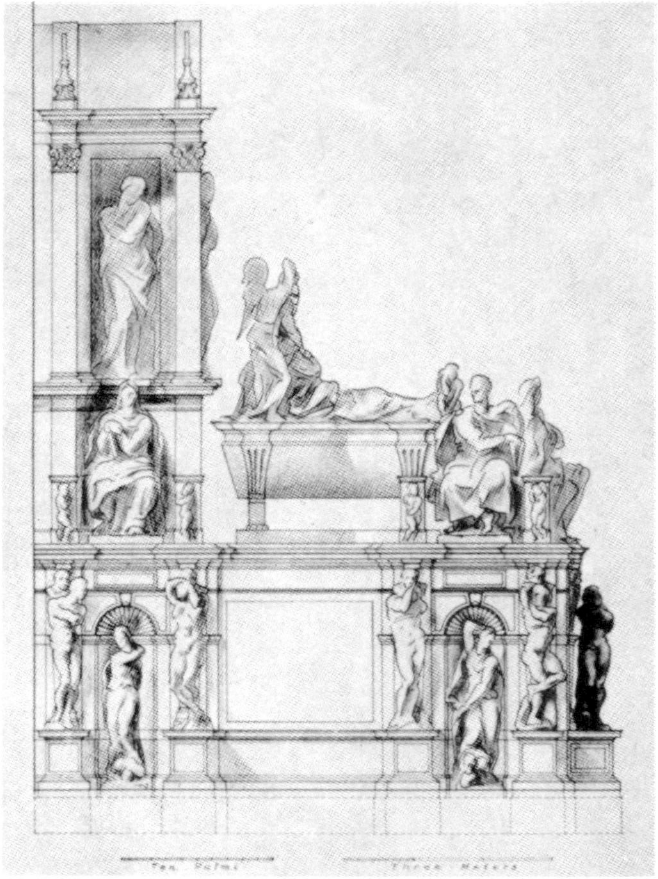

137 Michelangelo, Grabmal Julius' II., Rekonstruktion des zweiten Plans (1513), Seitenansicht, die den ›Rebellischen Sklaven‹ an seinem Platz zeigt

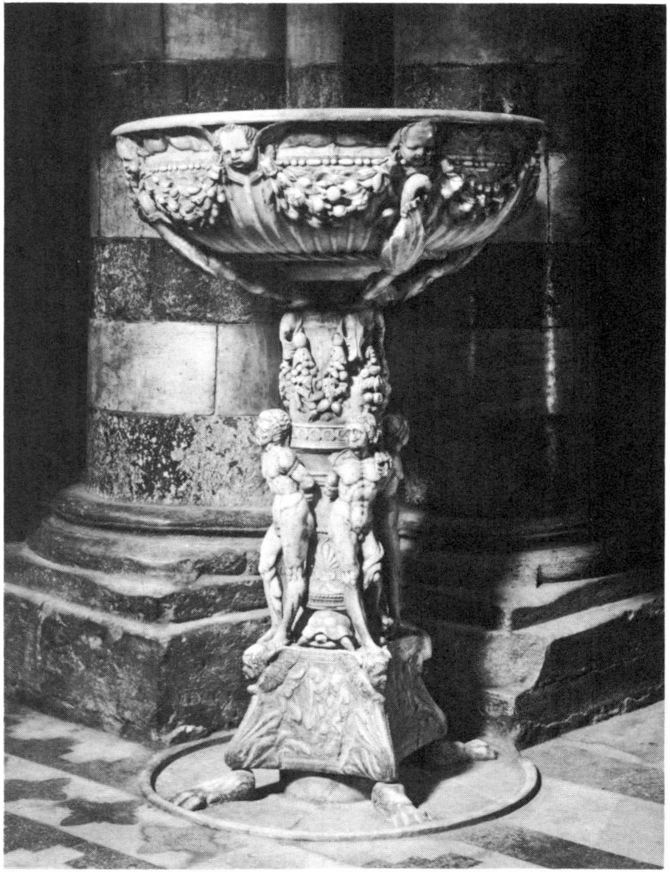

138 Antonio Federighi, Weihwasserbecken. Siena, Kathedrale

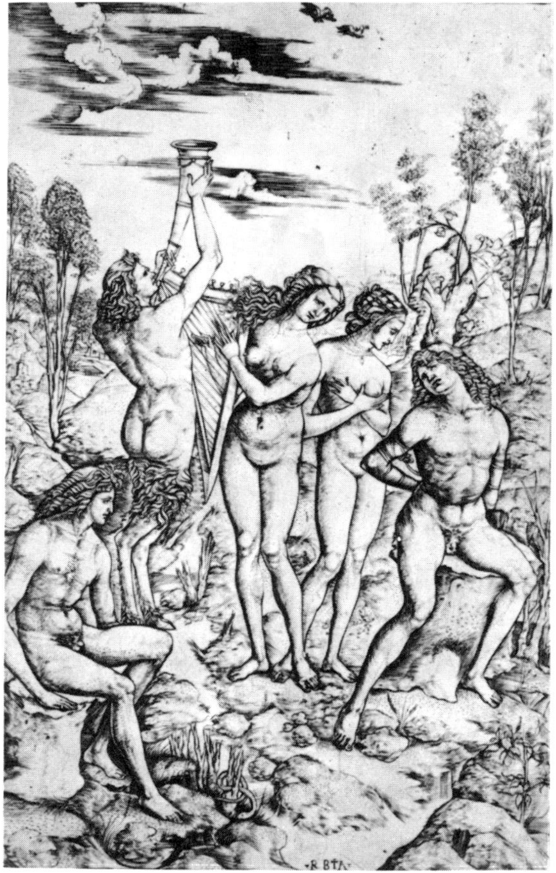

139 Cristoforo Robetta, Allegorischer Stich, B. 17

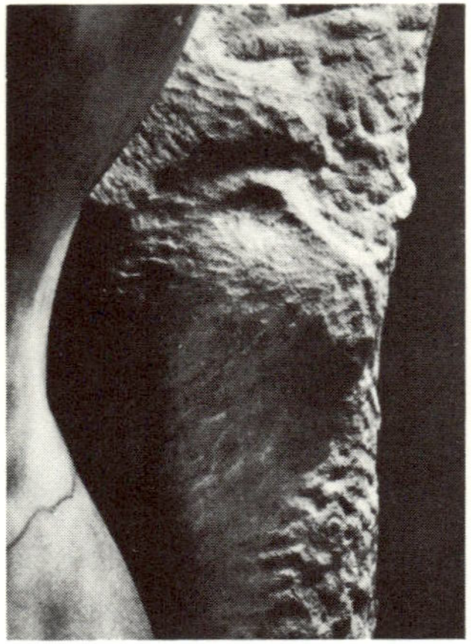

140

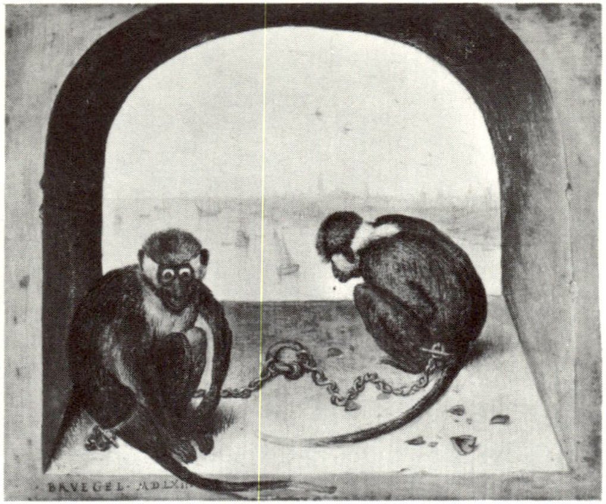

141

142

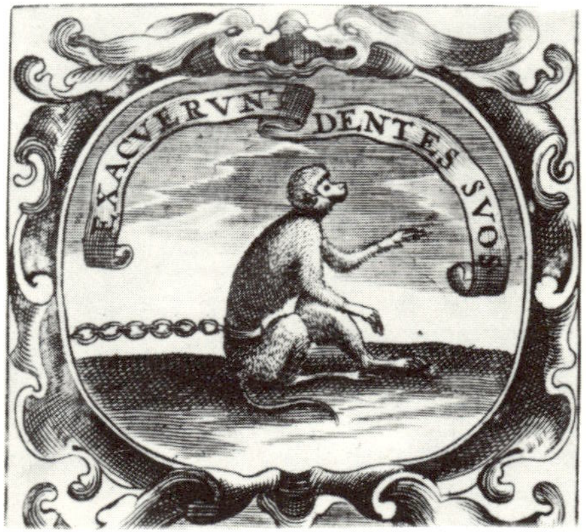

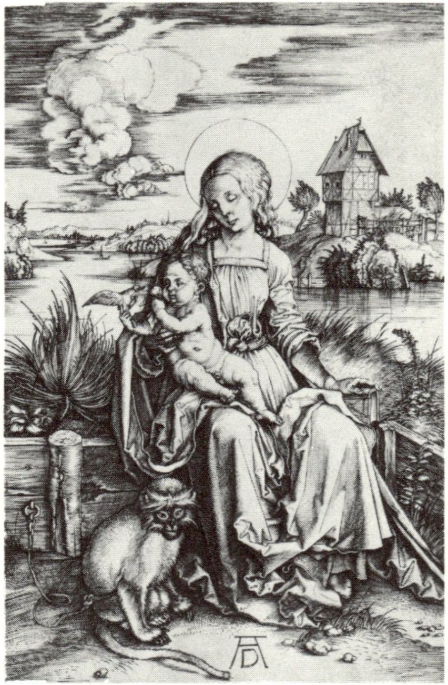

143

140 Michelangelo, Affe. Detail des ›Rebellischen Sklaven‹ im Louvre. Nach H. W. Janson, Apes and Ape Lore in the Middle Ages and the Renaissance

141 Pieter Breughel d. Ä., Zwei gefesselte Affen. Berlin, Staatl. Museen Preußischer Kulturbesitz, 1562 datiert

142 Gefesselter Affe, Symbol für die Unterjochung niederer Triebe. Stich aus: Jacobus Typotius, Symbola Divina et Humana, Antwerpen 1666, S. 55

143 Albrecht Dürer, Gefesselter Affe. Detail aus dem Stich B. 42 (Madonna)

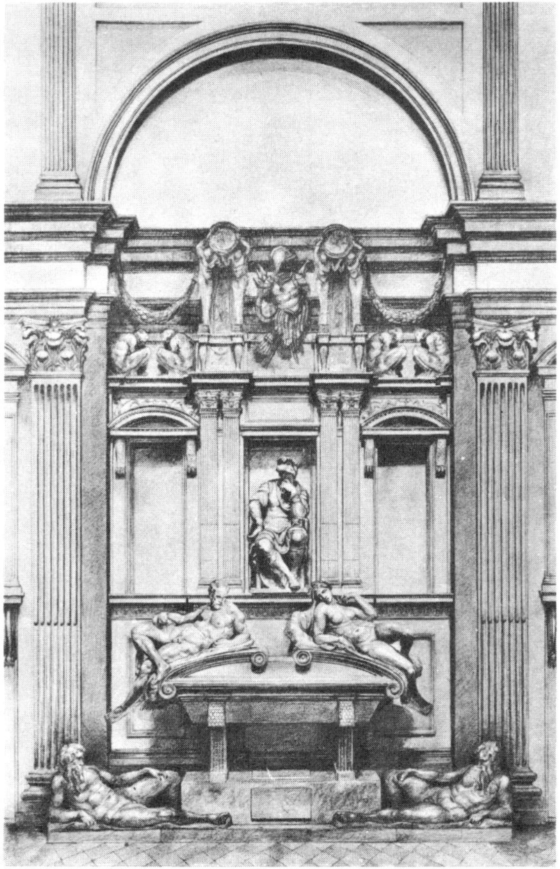

144 Michelangelo, Grabmal Lorenzos de'Medici. Florenz, S. Lorenzo. Vervollständigung von A. E. Popp, die die vollständige Dekoration des Gesimses und die Flußgötter zeigt, nicht jedoch das Fresko in der Lunette und die Skulpturen in den seitlichen Nischen

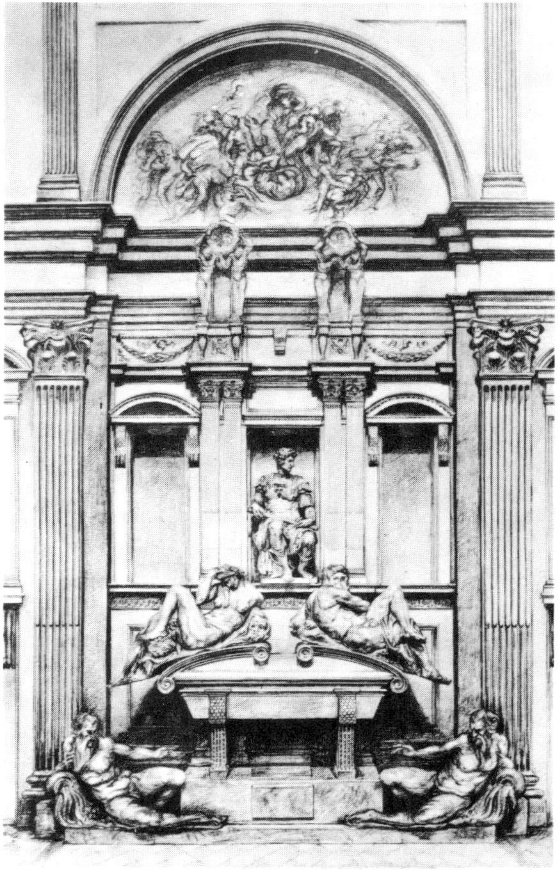

145 Michelangelo, Grabmal Giulianos de'Medici. Florenz, S. Lorenzo. Vervollständigung von A. E. Popp, die die vereinfachte Dekoration des Gesimses, das Fresko der Ehernen Schlange in der Lunette und die Flußgötter zeigt, nicht aber die Skulpturen in den Seitennischen

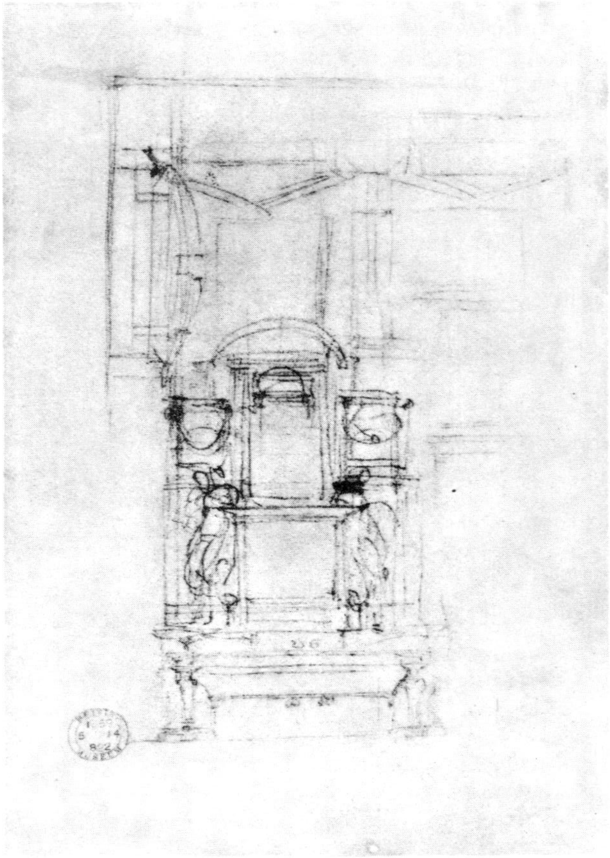

146 Michelangelo, Erster Plan für die Medicigräber (freistehendes Monument). Kreidezeichnung, Fr. 48

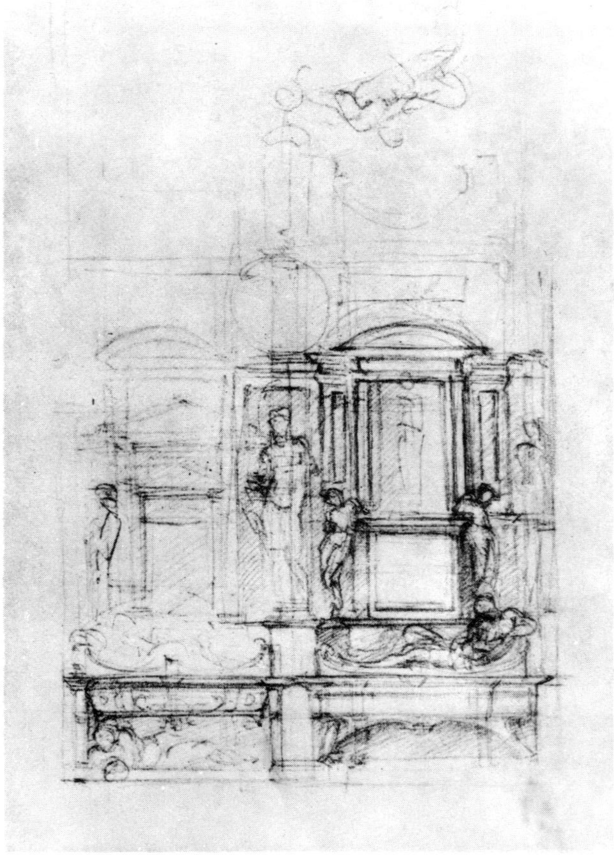

147 Michelangelo, Zweiter Plan für die Medicigräber (Zwei Wandgräber nebeneinander). Kreidezeichnung, Fr. 47

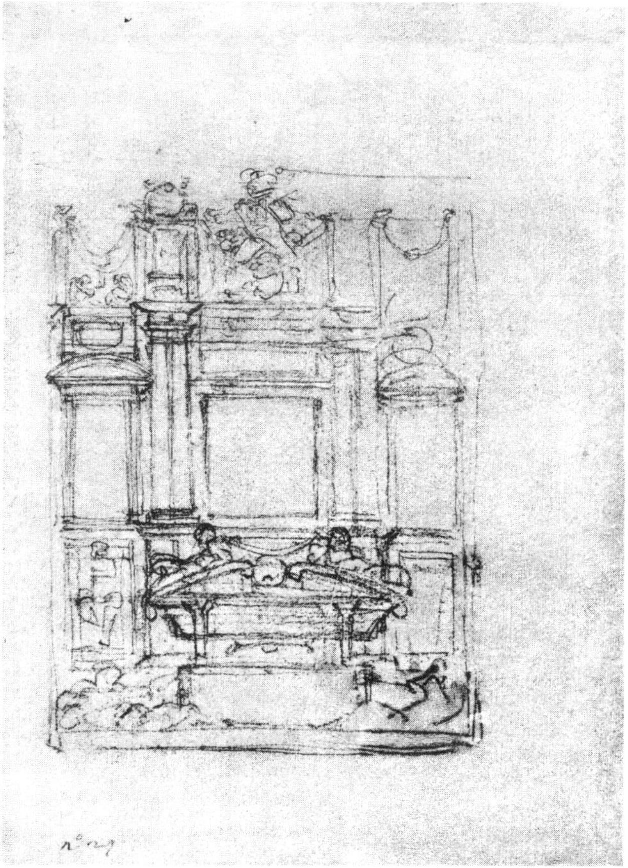

148 Michelangelo, Letzter Plan für die Medicigräber (einzelne Wandgräber, obwohl sie in dieser Fassung vielleicht noch für zwei Personen vorgesehen waren). Kreidezeichnung, Fr. 55

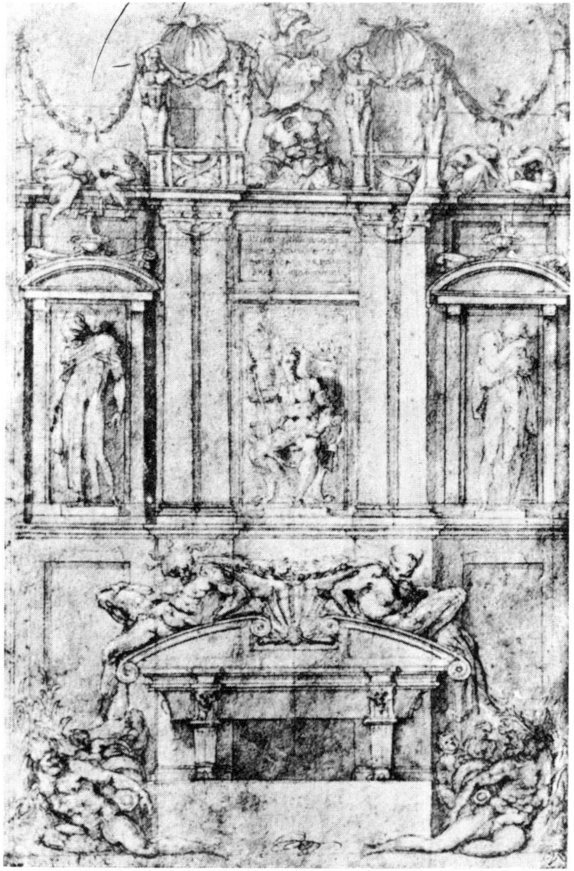

149 Freie Variationen über das Grabmal Giulianos de'Medici. Lavierte Federzeichnung, Th. 511a

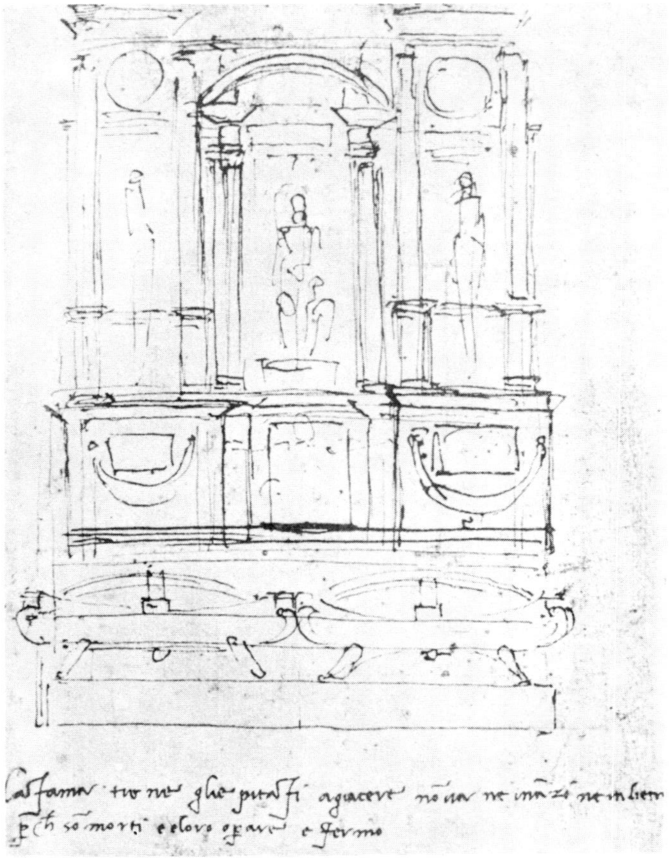

150 Michelangelo, Projekt der ›Sepoltura in Testa‹. Federzeichnung, Fr. 9a

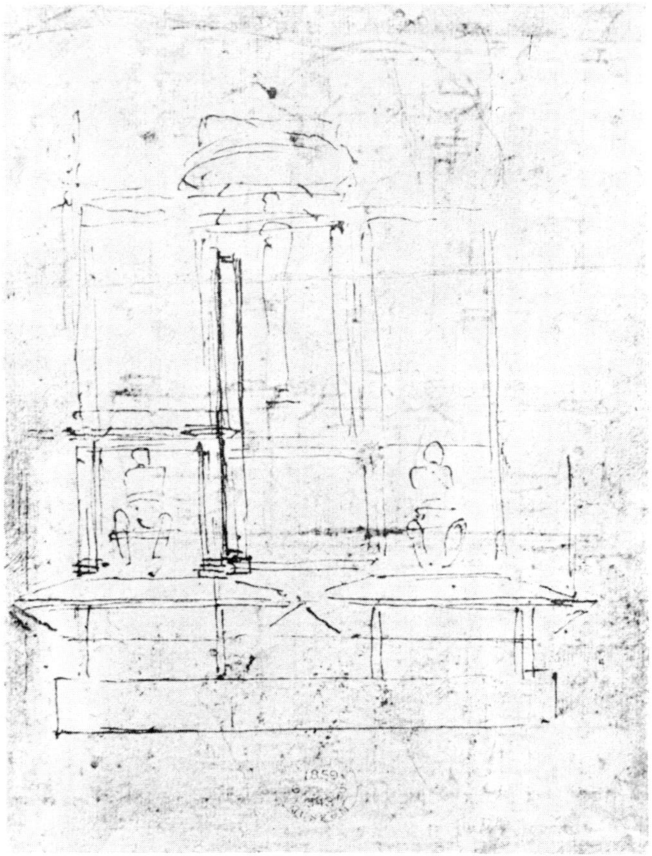

151 Michelangelo, Projekt der ›Sepoltura in Testa‹. Federzeichnung, Fr. 9b

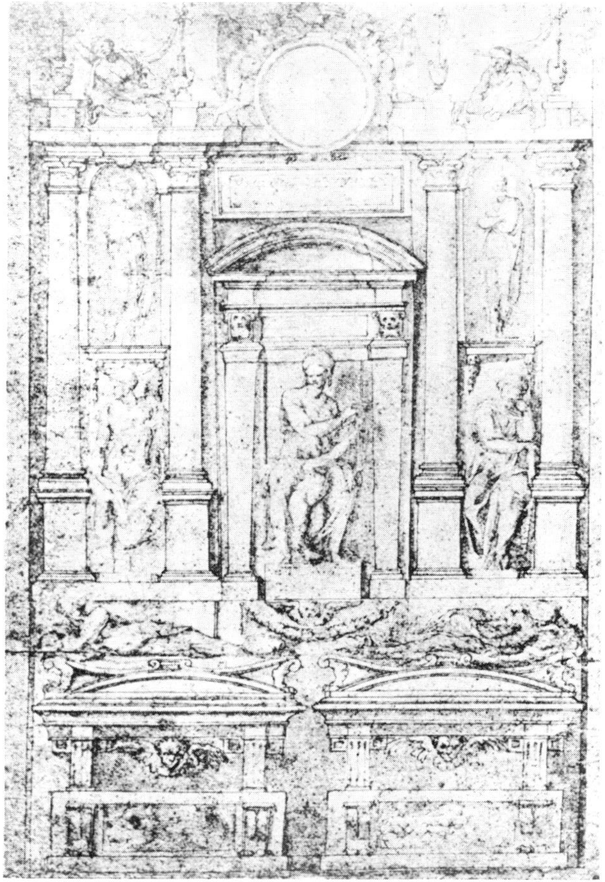

152 Freie Variationen über die ›Sepoltura in Testa‹. Lavierte Federzeichnung, Th. 531a

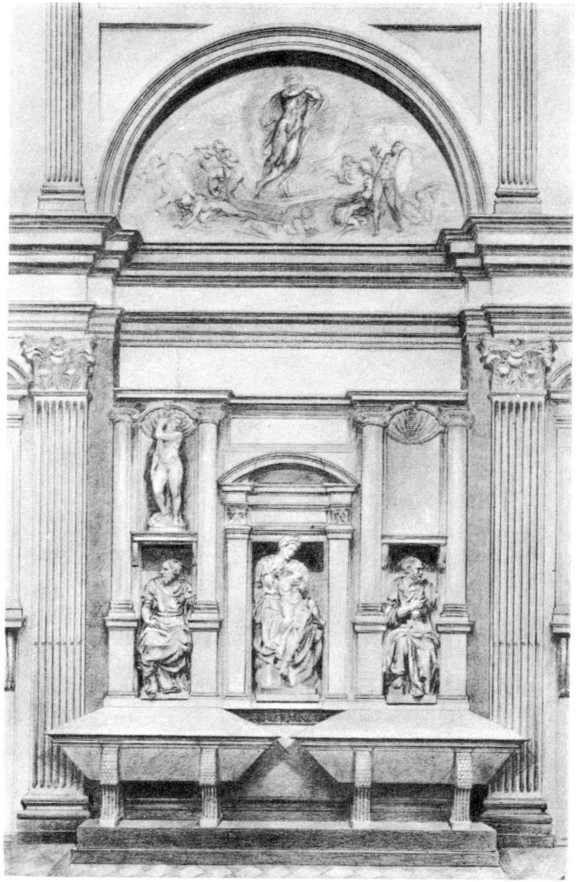

153 Michelangelo, Die ›Sepoltura in Testa‹. Vervollständigung von A. E. Popp, die den David (Bargello) an seinem Platz und das Fresko der Auferstehung in der Lunette zeigt

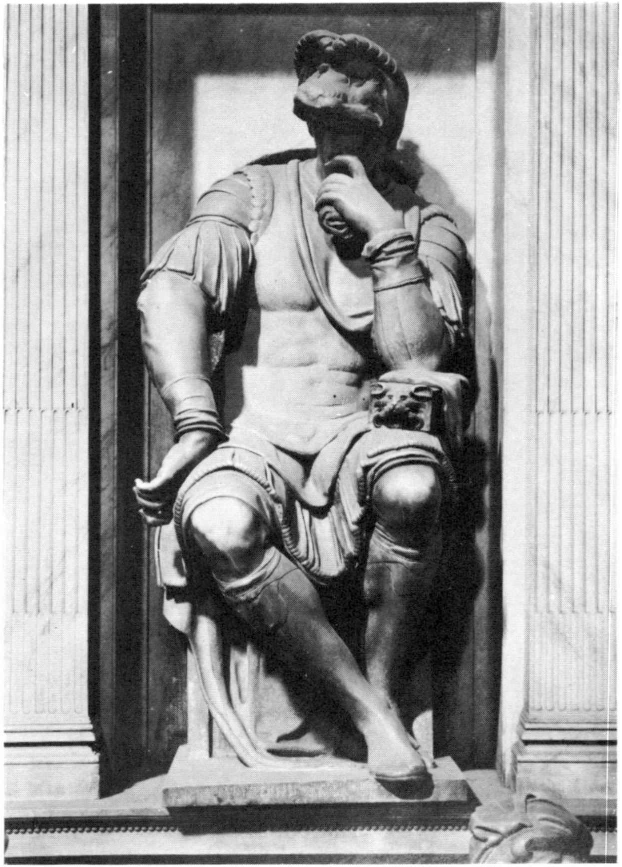

154 Michelangelo, Statue Lorenzos de'Medici, Florenz, S. Lorenzo

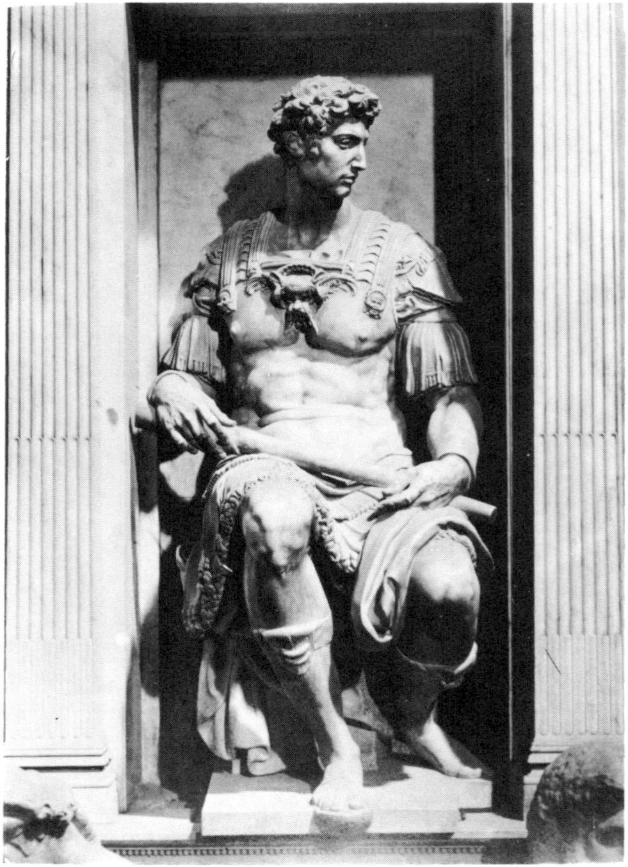

155 Michelangelo, Statue Giulianos de'Medici, Florenz, S. Lorenzo

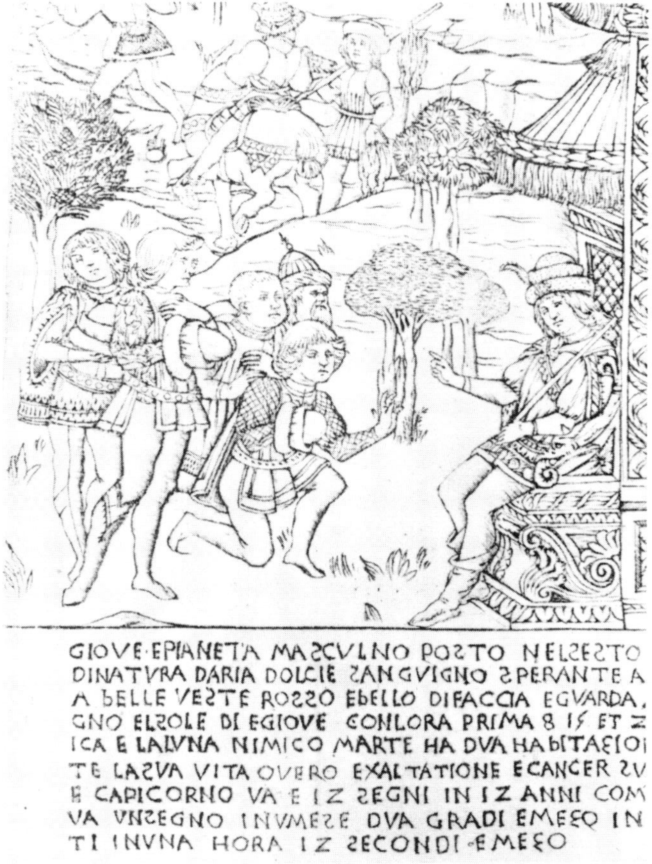

156 Fürst beim Erteilen von Gunstbezeigungen. Detail eines Florentiner Stichs von Jupiter und seinen ›Kindern‹, etwa 1460 n. Chr.

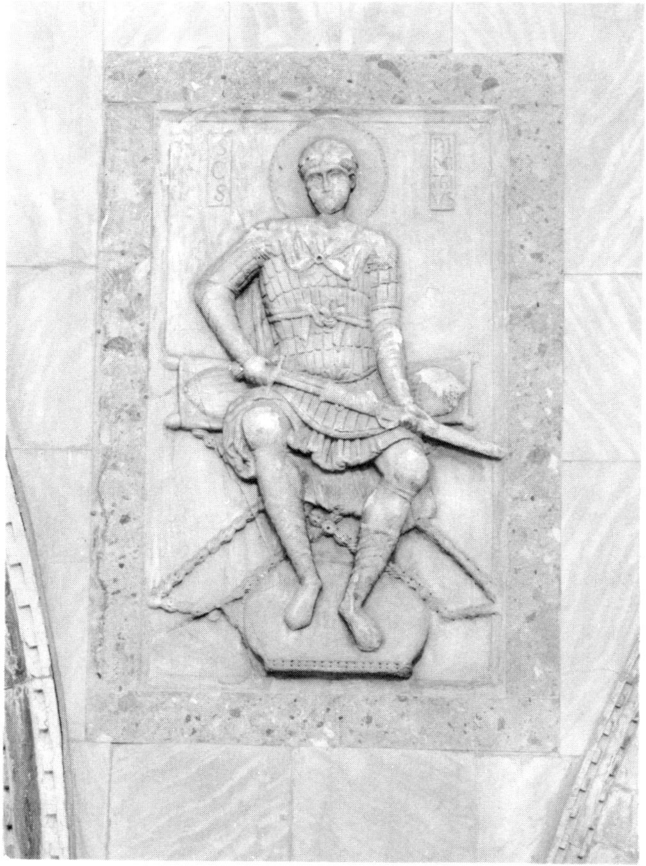

157 Der hl. Demetrius. Relief, Venedig, S. Marco, 13. Jahrhundert

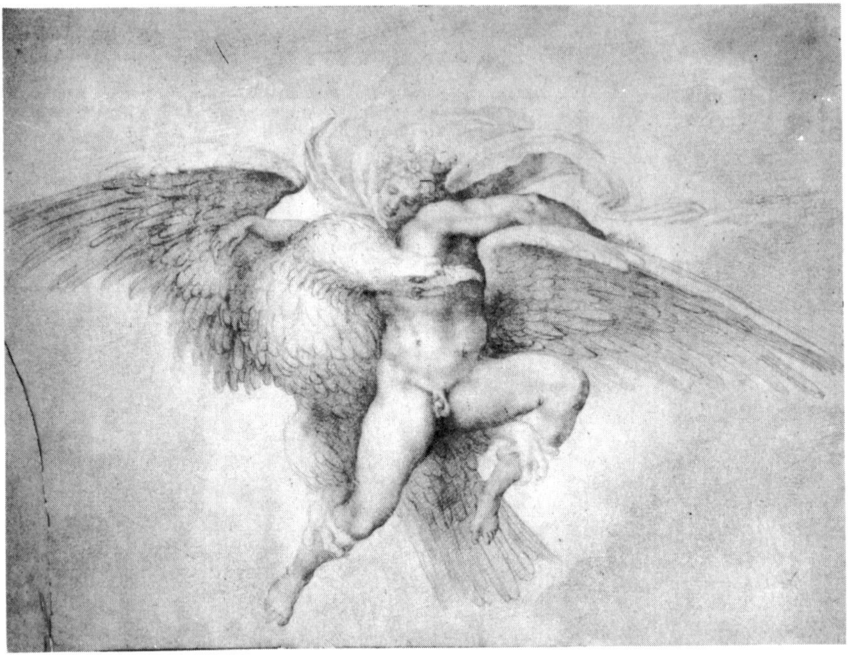
158 (nach) Michelangelo, Ganymed. Kreidezeichnung, Fr. 18

159 Michelangelo, Tityos. Kreidezeichnung, Fr. 6
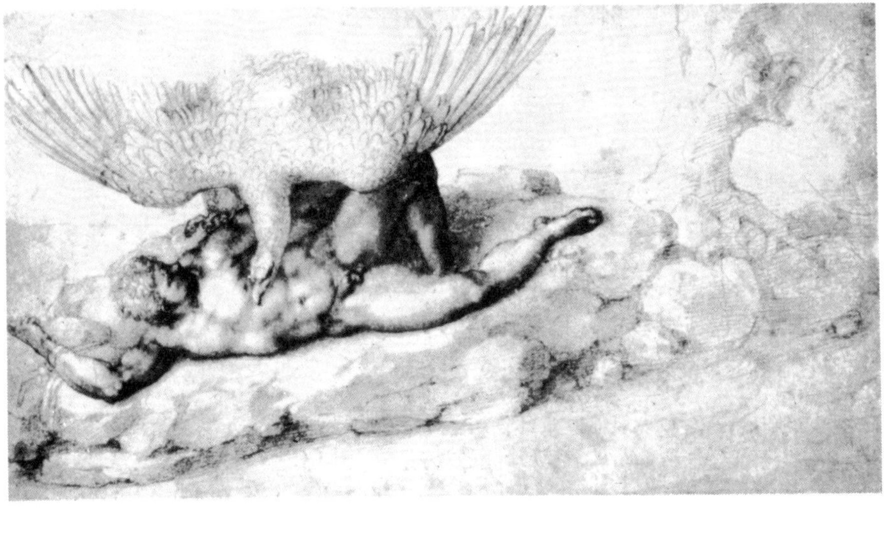

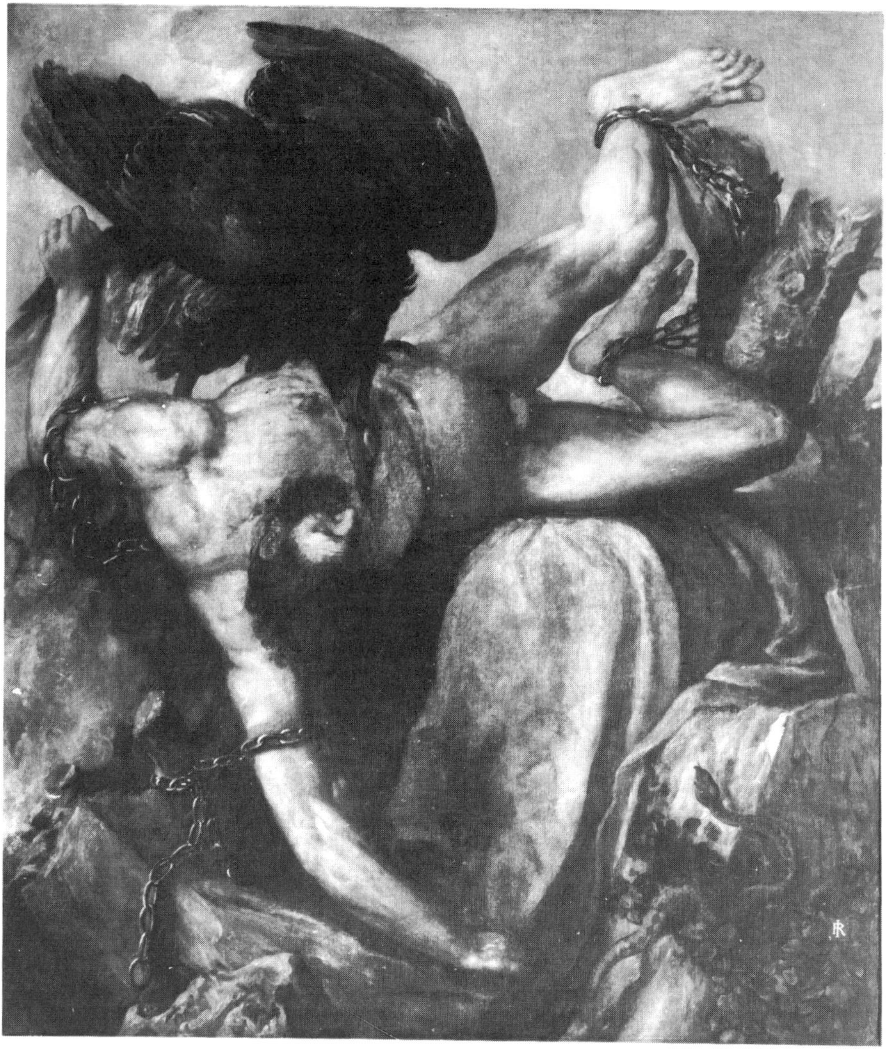

160 Tizian, ›Prometheus‹ (hier als Tityos identifiziert). Madrid, Prado

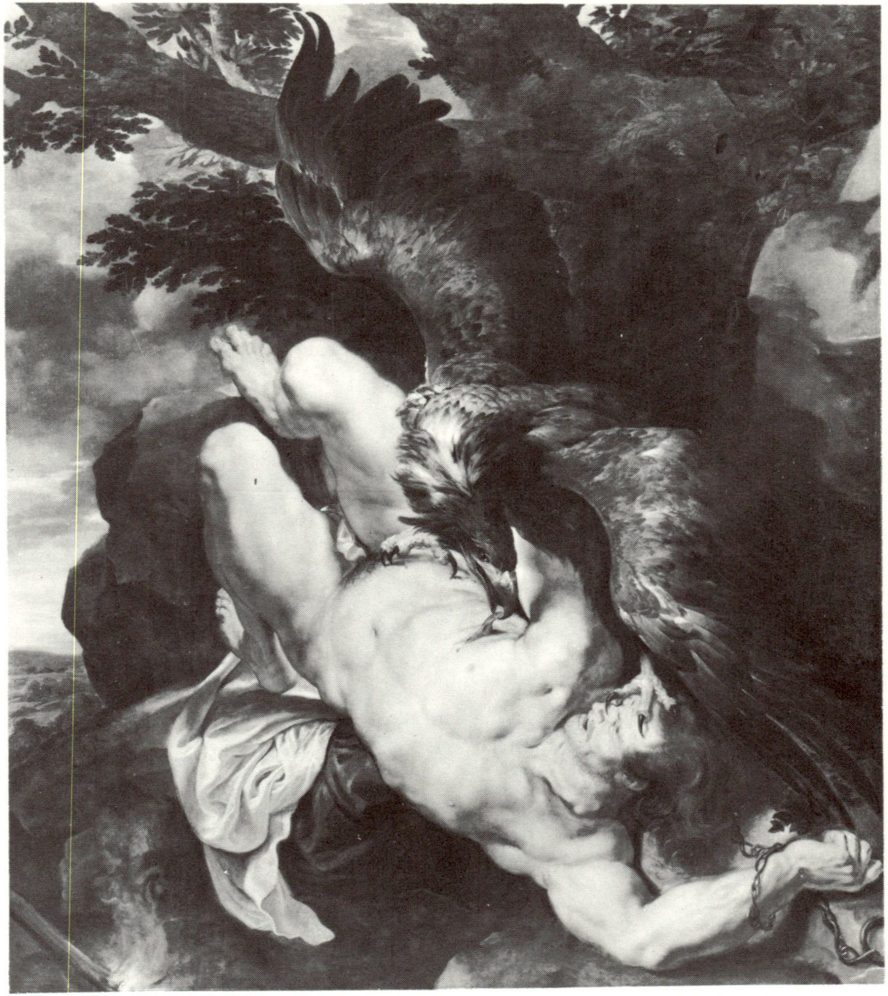

161 P. P. Rubens, Prometheus. Philadelphia, Philadelphia Museum of Art (mit freundlicher Genehmigung des Museums)

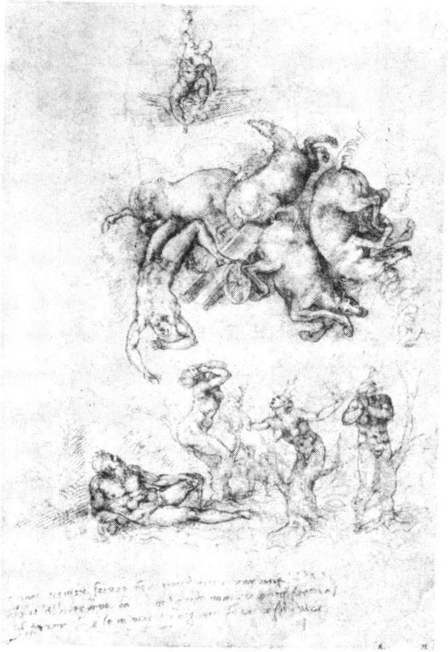

162 Michelangelo, Phaethons Sturz. Kreidezeichnung, Fr. 57

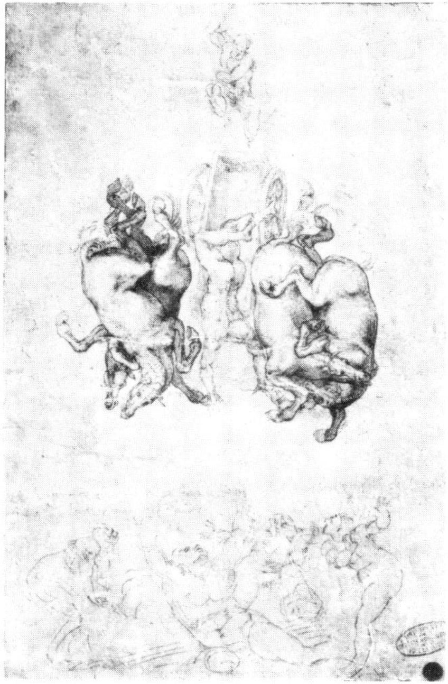

163 Michelangelo, Phaethons Sturz. Kreidezeichnung, Fr. 75

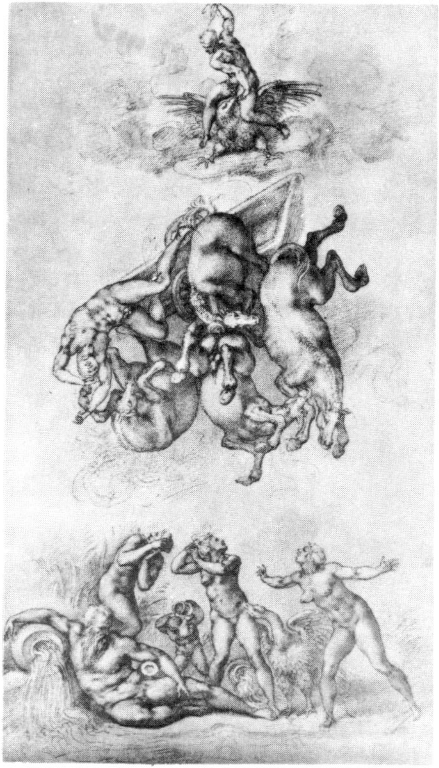

164 Michelangelo, Phaethons Sturz. Kreidezeichnung, Fr. 58

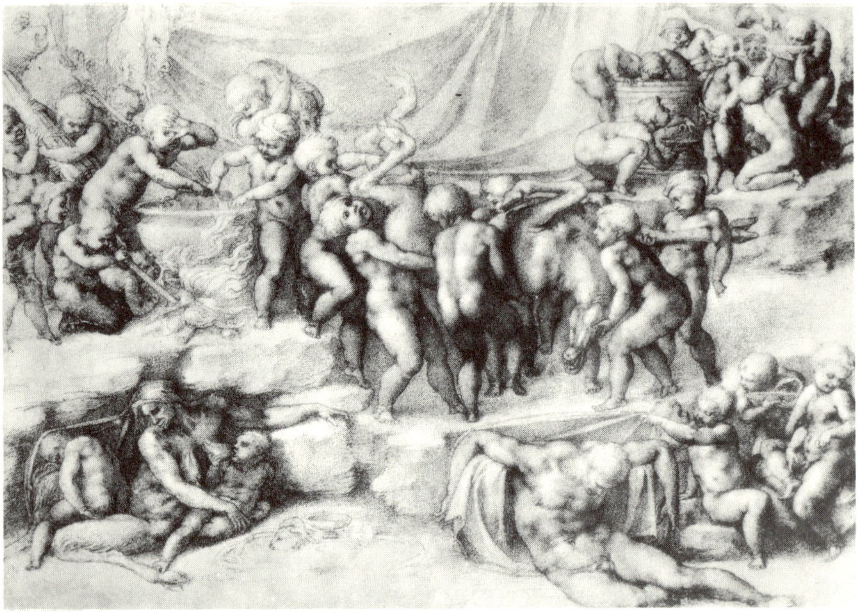

165 (nach) Michelangelo, Das Kinderbacchanal, Rötelzeichnung, Fr. 187

166 (nach) Michelangelo, Die Bogenschützen. Rötelzeichnung, Fr. 298

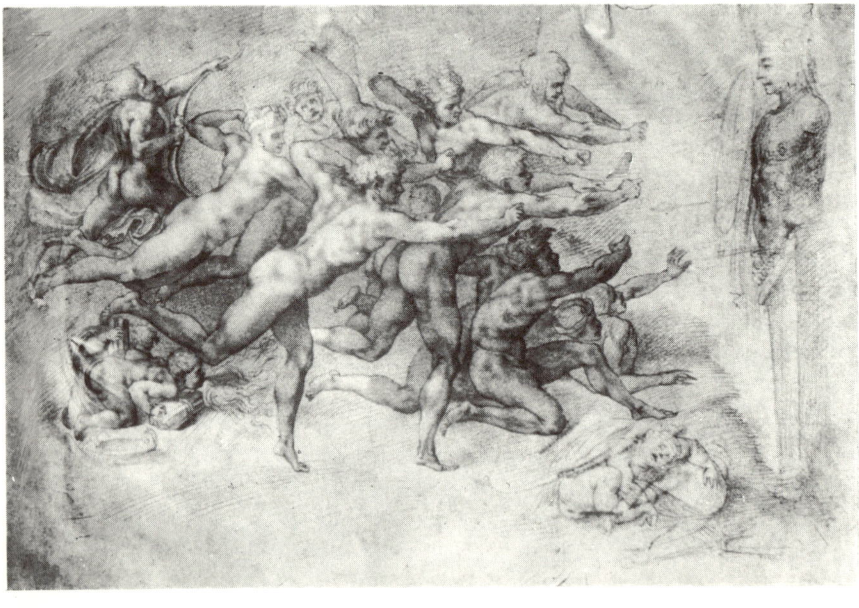

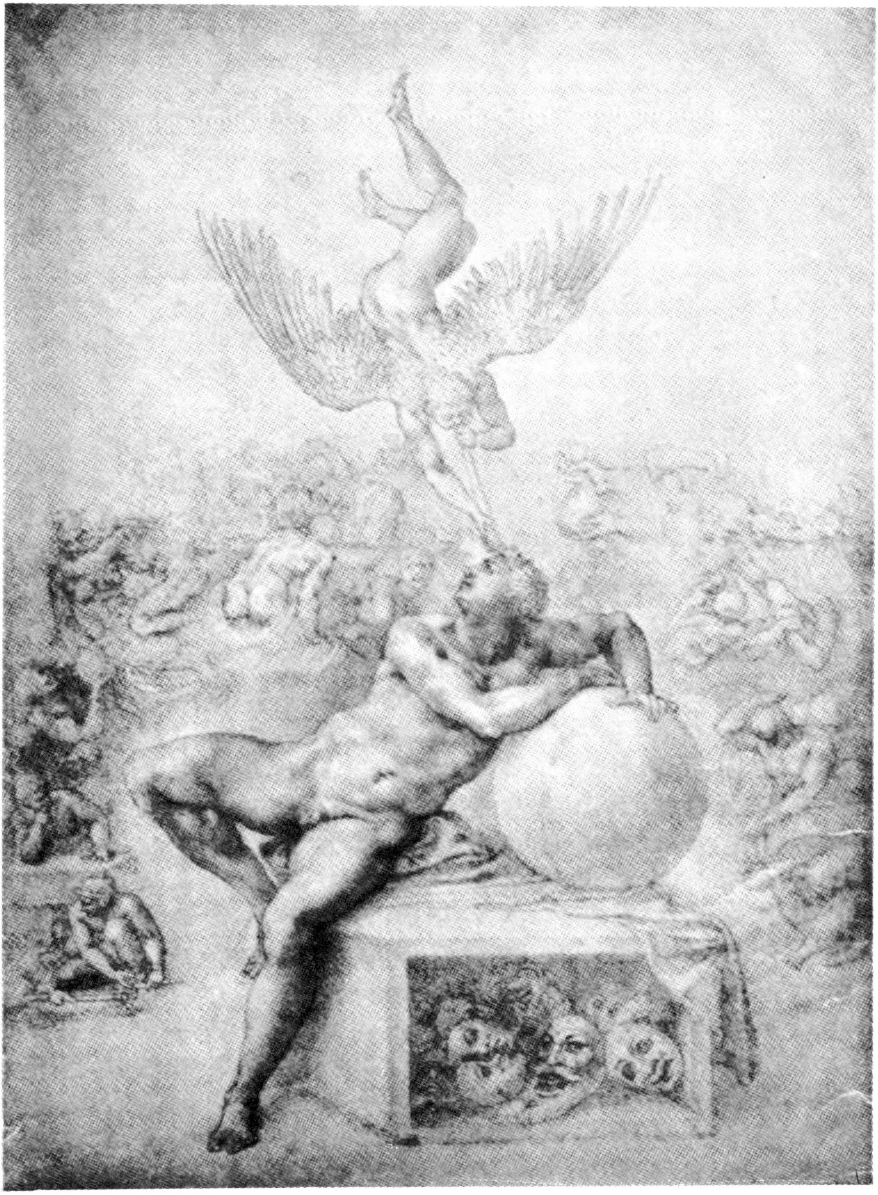

167 (nach) Michelangelo, Der Traum. Kreidezeichnung, Th. 520

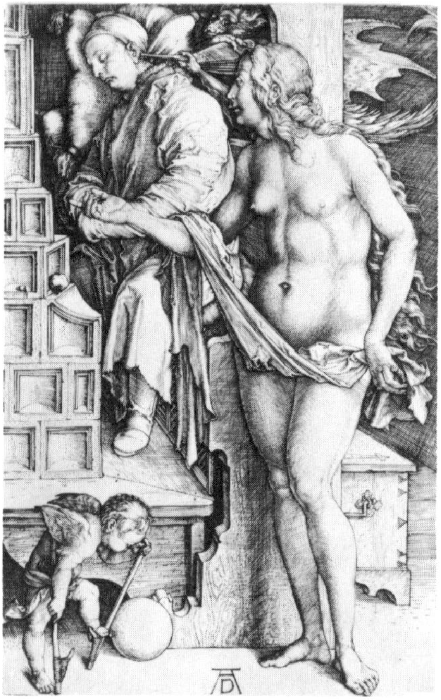

168

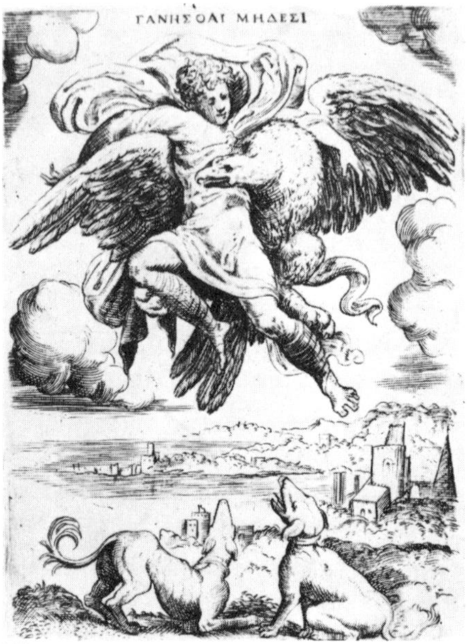

169

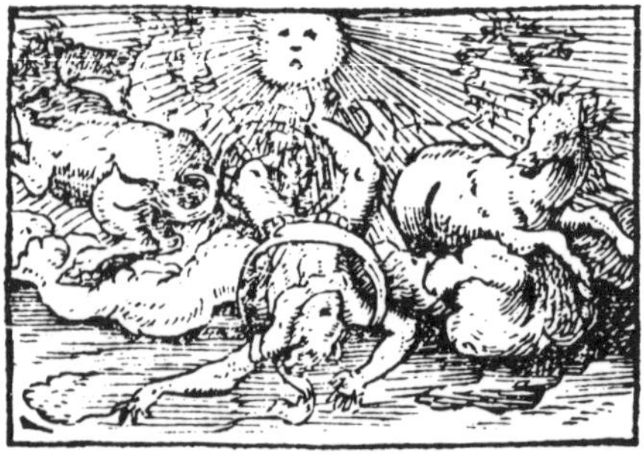

170

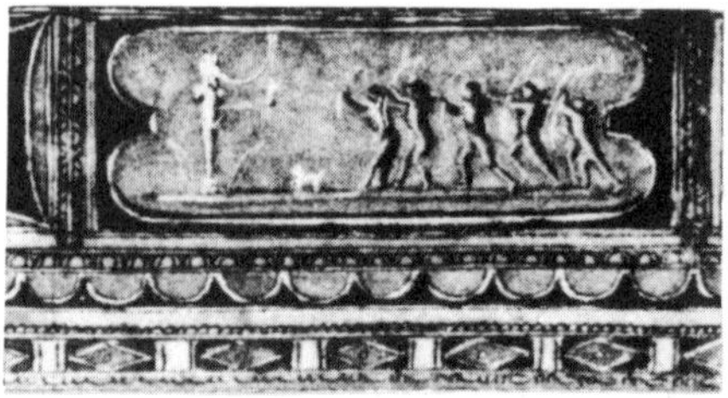

171

168 Albrecht Dürer, Der sogenannte ›Traum des Doktors‹. Stich, B. 76

169 Ganymed. Stich aus: Achilles Bocchius, Symbol. Quaest. Libri IV, Bologna 1574, S. CLXVIII

170 Phaethons Sturz. Holzschnitt aus: Andrea Alciati, Emblemata. Lyon 1551, S. LXIV

171 Bogenschießen. Stuckrelief im Goldenen Haus Neros (Kopie von Francisco de Olanda)

Anhang

Das Tonmodell in der Casa Buonarroti

In seinem Aufsatz über das Grabmal Julius' II.[1] versucht J. Wilde zu beweisen, daß das Tonmodell in der Casa Buonarroti (Abb. 172), das er nach der Auffindung des ›verlorenen‹ Kopfes erfolgreich ergänzt hatte, als Gegenstück zur Siegesgruppe im Palazzo Vecchio geplant gewesen sei und nicht, wie allgemein angenommen, als die berühmt-berüchtigte Marmorgruppe auf der Piazza della Signoria, mit der abwechselnd Michelangelo und Bandinelli beauftragt waren, und die schließlich von letzterem als ›Hercules und Cacus‹ ausgeführt wurde.[2]

Es trifft zu, daß Vasari in seiner Beschreibung des Lebens Bandinellis die Abmessungen des ›Zankapfels‹, nämlich eines gewaltigen Marmorblocks, der schon um 1508 gebrochen worden war, aber erst am 20. Juli 1525 nach Florenz verschifft wurde, mit 5:9,5 Ellen[3], seine Proportionen somit mit etwa 1 : 2 angibt, wogegen die Proportionen des Tonmodells etwa 1 : 3 sind. Jedoch werden in einer sehr viel verläßlicheren Quelle, den offiziellen Aufzeichnungen der Stadt Florenz nämlich, die Abmessungen des Blocks mit 2,5 : 8,5 Ellen und als annähernd quadratisch im Grundriß angegeben;[4] er war also sogar schlanker als 1 : 3. Das wird von Bandinellis Gruppe ›Hercules und Cacus‹ auf der Piazza della Signoria bestätigt, die vorn etwa die Proportion 1 : 3 und von der Seite 1 : 3,5 hat.[5] Also sprechen die Maße des Tonmodells nicht gegen einen Zusammenhang mit dem Projekt für die Piazza.

Was die Ikonographie betrifft, so sind die bekannten Tatsachen diese: 1) Um 1508 hatte Michelangelo geplant, den Block für eine Gruppe ›Hercules und Cacus‹ zu verwenden.[6] 2) 1525 plante er statt dessen, ihn für eine Gruppe ›Hercules und Antaeus‹ zu verwenden.[7] 3) Am 22. August 1528 wurde er formell beauftragt, *»una figura insieme o congiunta con altra, che et come parrà et piacerà a Michelagniolo decto«*[8] zu machen, das heißt: eine Figur zusammen mit einer anderen, ganz nach seinem Gutdünken. 4) Danach plante er, einen ›Samson mit zwei Philistern‹ zu machen; diese Komposition war Vasari bekannt und ist in zahlreichen Kopien, als Skulpturen wie als Zeichnungen, auf uns gekommen.[9]

Während es also tatsächlich keinen Beweis für Michelangelos Absicht gibt, in den Jahren zwischen 1525 und 1530 (als der Auftrag endgültig an Bardinelli ging) eine Gruppe ›Hercules und Cacus‹ zu machen, gibt es doch auch keinen Beweis für das Gegenteil. Denn der Auftrag von 1528 gab ihm, was das Thema betraf, *carte blanche;* und Vasaris Behauptung, Michelangelo habe das Thema ›Hercules und Cacus‹ zugunsten von ›Samson mit zwei Philistern‹ aufgegeben, schließt die Möglichkeit nicht aus, daß er auch, von Vasari unerwähnt, ein Modell einer Gruppe mit nur zwei Figuren hergestellt hatte, das entweder Hercules und Cacus, wie ursprünglich geplant, oder Samson mit nur einem Philister zeigte.[10] Das wäre auch mit dem offiziellen Auftrag von 1528 besser vereinbar gewesen, in dem nicht nur der Umstand erwähnt wird, daß der Block 1525 nach Florenz gebracht worden war *»per farne la Imagine et figura di Cacco«,* sondern auch ausdrücklich *»una figura insieme o congiunta con altra«* vertraglich festgelegt wird, was heißt, eine Gruppe mit nur zwei Figuren.

Es besteht daher keine Notwendigkeit, die alte Vermutung aufzugeben, daß das Tonmodell in der Casa Buonarroti für die Piazza della Signoria bestimmt gewesen sei, um so weniger, als diese alte Vermutung durch zwei Tatsachen erhärtet wird: 1) Das Tonmodell bietet, wie die Gruppe ›Samson mit zwei Philistern‹, aber im Unterschied zu allen anderen reifen Werken Michelangelos, eine Vielzahl zufriedenstellender Ansichten; die Neigung des Oberkörpers, die, wie Wilde darlegt, die Achsensymmetrie der Gruppe von bestimmten Blickpunkten aus beeinträchtige, wäre durch den erhobenen Arm mit einer Keule oder einem Kieferknochen ausgeglichen worden. Die Komposition scheint so für einen offenen Platz geeigneter, als für eine der Nischen am Grabmal Julius II. 2) Der von Wilde entdeckte Kopf ist der eines robusten und auch recht vulgär aussehenden bärtigen Kriegers in mittlerem Alter. Dieser Typus stimmt mit den traditionellen Zügen sowohl Hercules' als auch Samsons überein und ist tatsächlich mit dem Typus des Samson der Gruppe mit den zwei Philistern fast identisch; aber er wäre kaum als Gegenstück für den schlanken Jüngling der Siegesgruppe geeignet gewesen.

Anmerkungen

1 J. Wilde, Bibl. 403; vgl. ders., Bibl. 401.
2 Siehe Thode, Bibl. 340, Bd. II, S. 288ff. mit Verweisen zu allen hier angeführten Quellen.
3 Vasari, Bibl. 366, Bd. VI, S. 148; Frey, Bibl. 103, S. 365. In der Lebensbeschreibung Michelangelos, Bibl. 366, Bd. VII, S. 200 (Frey, Bibl. 103, S. 143) ist die Höhe sogar auf 9 Ellen verringert.
4 Florenz, Bibl. Riccardiana, Ms. Riccardiano 1854, fol. 128, abgedruckt bei G. Gaye, Bibl. 111, Bd. II, 1840, S. 464. Ich bin Herrn A. Panella sehr verbunden, daß er Gayes Wortlaut des Textes auf seine Richtigkeit überprüft hat. Vasaris Irrtum könnte sich aus dem Verdrucken einer 3 als 5 erklären. 3 zu 9 Ellen oder 3 zu 9,5 Ellen wäre annähernd richtig.
5 Man sollte sich daran erinnern, daß der breite Sockel mit den vier Tierköpfen an den Ecken nicht Teil des Blocks selber ist: er besteht, wie dem Verfasser von Herrn H. Arnasson dargelegt wurde, aus einem separaten Stück Marmor.
6 Vasari, Bibl. 366, Bd. VI, S. 148; Frey, Bibl. 103, S. 365.
7 Giovanni Cambi, Istorie, abgedruckt bei G. Gaye, Bibl. 111, a. a. O. S. 464; siehe die Zeichnungen Fr. 145 und 31, wo die Proportionen der Gruppe 1:2,5 auf Fr. 31 und der linken Skizze auf Fr. 145, und 1:2,8 auf der rechten Skizze von Fr. 145 sind.
8 G. Gaye, Bibl. 111, a. a. O., S. 98; G. Milanesi, Bibl. 216, S. 700.
9 Vasari, Bibl. 366, Bd. VI, S. 145; Frey, Bibl. 103, S. 368. Vgl. Bibl. 366, VII, S. 200; Frey, Bibl. 103, S. 143. Die Kopien dieser Komposition, publiziert von A. E. Brinckmann, Bibl. 50, zeigen Proportionen von etwa 1:2.5.
10 Diese Deutung wurde von K. Frey, Bibl. 102, Text zu Fr. 157 vorgeschlagen und von F. Knapp, Bibl. 166, S. 166 übernommen.

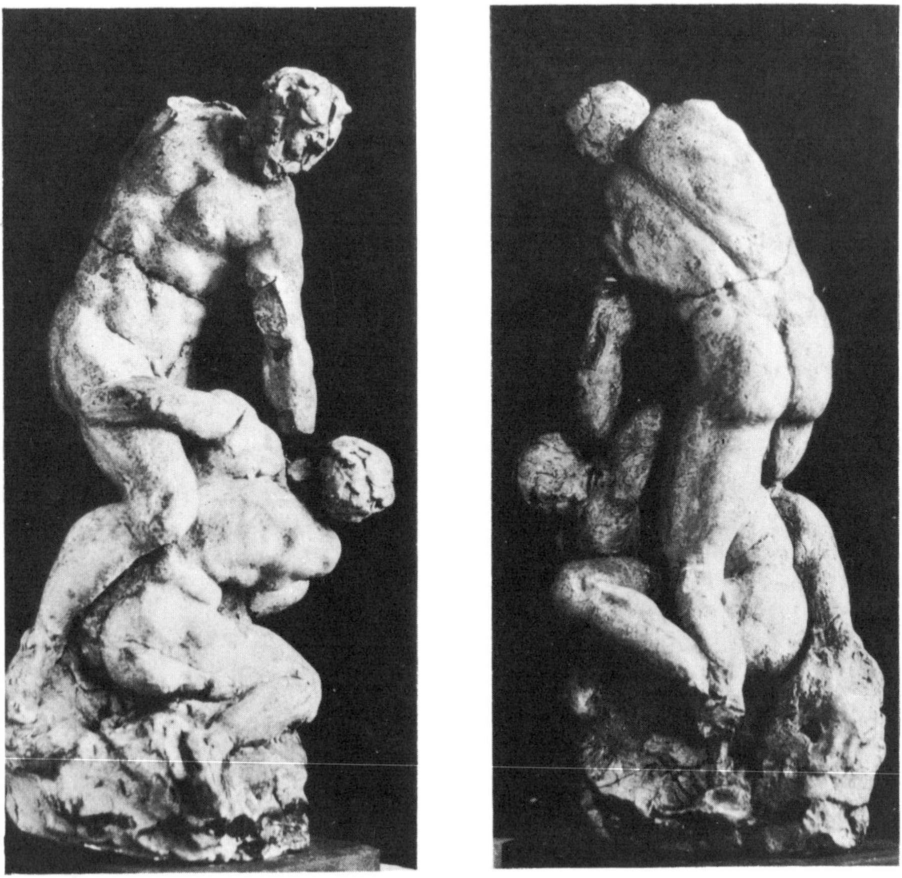

172 Michelangelo, Tonmodell für die Gruppe auf der Piazza della Signoria, vervollständigt von J. Wilde. Florenz, Casa Buonarroti

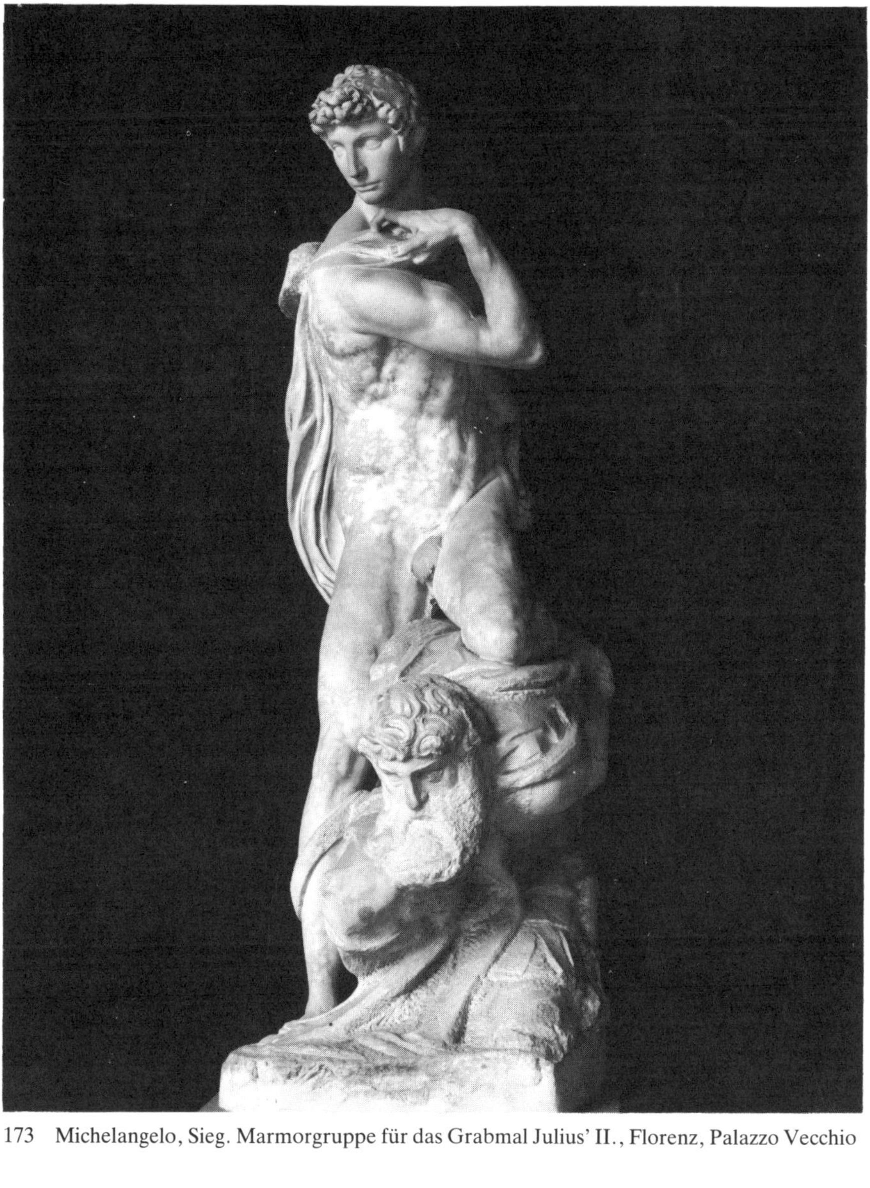

173 Michelangelo, Sieg. Marmorgruppe für das Grabmal Julius' II., Florenz, Palazzo Vecchio

Nachwort zur Neuauflage von Andreas Beyer
Ikonologie heute

Als Erwin Panofskys *Studies in Iconology* 1980 erstmals in deutscher Sprache erschienen, war es gelungen, ein aus heutiger Sicht kaum mehr verständliches Versäumnis nachzuholen. Während diese Aufsatzsammlung in der angelsächsischen Welt und andernorts lange schon zum Standardwerk avanciert war und zugleich als Synopse und wirkungsvolle Weiterführung einer Methode gewürdigt wurde, die die Kunstwissenschaften ebenso wie andere Disziplinen der Geistesgeschichte folgenreich beeinflußt hatte, waren Panofskys methodische Miszellaneen – nicht anders freilich als andere bedeutende Schriften seines umfangreichen Werks und nicht weniger die der Emigrantengeneration insgesamt – hierzulande allenfalls in Fachkreisen bekannt.

Jan Białostocki hat in seinem Vorwort zur deutschen Erstausgabe – das, weil es ja nichts von seiner Gültigkeit eingebüßt hat, auch dieser Neuauflage voransteht – die Entstehungsgeschichte der *Studies in Iconology* nachgezeichnet. Zu Recht betont er ihren durchaus populären Charakter und den Anspruch ihres Autors, ein Publikum zu erreichen, das nicht ausschließlich zum Kreis der Fachleute zählt. Und tatsächlich hat die Wirkungsgeschichte dieses Buches, auch die seiner deutschen Fassung, die besondere – nicht zuletzt in der angelsächsischen Emigration ausgebildete – Fähigkeit Panofskys belegt, auch noch den kompliziertesten Sachverhalt anschaulich und stets verstehbar darzustellen. Hierin vor allem ist die weitreichende Rezeption dieser Schrift begründet, die ihrem Autor und nicht weniger dem von ihm vertretenen Fach zu unvergleichlicher Wirkung verholfen hat.

Białostocki hat die *Studien* zudem als entscheidende Station im wissenschaftlichen Œuvre ihres Verfassers charakterisieren können, der hier gleichsam eine Summe zieht, die zugleich vieles von dem präludiert, was ihr Autor in der Folge aufgreifen und weiterführen sollte. So sind die *Studien* einmal methodische Grundlegung und Reflexion, sie erlauben andererseits aber auch in ihren Gegenständen und Themen einen Blick auf das Panorama von Panofskys intellektueller Biographie.

Bei aller emphatischen Anerkennung hat Białostocki die schon in den fünfziger Jahren vorgetragene und nie wirklich verstummte Kritik an Panofskys erkenntnistheoretischem Modell nicht verschwiegen. Auch auf die namentlich mit ihm verbundene Schulbildung hat er verwiesen, die die ikonologischen Ansätze nicht selten überanstrengt appliziere und so letztlich einer Verselbständigung seines erkenntnistheoretischen Systems Vorschub leiste.

Daß aber die Ikonologie – Panofsky hat seine Drei-Stufen-Lehre der Bildinterpretation in *Sinn und Deutung in der bildenden Kunst* (deutsche Ausgabe zuletzt Köln 1996) dargelegt – ungeachtet dieser Vorbehalte innerhalb der Kunstwissenschaften eine paradigmatische Verbindlichkeit errungen hat, ist heute unbestritten. Sie ist zu Recht als die »ertragreichste kunsthistorische Schule« apostrophiert worden und hat – mehr noch als die zu ihrer großen Antagonistin ausgerufene Form- und Stilanalyse – zur Ausbildung eines wirklichen methodischen Ansatzes geführt. Er macht in der Nachfolge Aby Warburgs – dem sich sowohl die Neudefinition des Begriffes der Ikonologie verdankt wie auch die von dessen »Kulturwissenschaftlicher Bibliothek« maßgeblich geförderte Erneuerung der Kunstgeschichte aus dem Geist der Kulturwissenschaften – den »logos« zur bedeutenden Voraussetzung der »ikone« und strebt ein auf unterschiedliche Felder applizierbares und wiederholbares Interpretationssystem an.

War die »kritische Ikonologie« auch zunächst ein Instrument der Kunstgeschichte, so ließe sich heute sogar behaupten, die Kunstgeschichte sei selbst nur Teil der Ikonologie, also einer umfassenden Wissenschaft der Bilder, die andere Gebiete nicht weniger fruchtbar zu erschließen vermag. Und so sehr sich in den vergangenen Jahrzehnten diese spezifische Kunstliteratur auch von den ursprünglichen Intentionen Warburgs und Panofskys entfernt haben mag, unterstreicht sie doch gerade darin die Dynamik, die jede erkenntnistheoretische Sinnsuche auszeichnet und doch eigentlich erst begründet.

Auch die jüngeren Forschungsansätze, wie sie etwa von der Hermeneutik und der Rezeptionsgeschichte in die Kunstgeschichte eingeführt worden sind, haben die ikonologische Denkschule nicht wirklich im Ansatz entkräften können. Und auch die von dieser Seite erhobenen Vorwürfe des Logozentrismus und der unzulässigen Vermischung von Frage und Gegenstand, von Werkzeug und Material, die zuletzt in der Gleichsetzung von Ikonologie und Ikonoklasmus gipfelten, haben möglicherweise Ansprüche an die Ikonologie gestellt, die diese weder leisten will noch kann. Schon deshalb haben sie die Selbsteinschätzung der ikonologischen Forschung nicht erschüttern und ihre weithin anhaltende Wirkung nicht schwächen können.

Trotzdem ist es wahr, daß gerade im vergangenen Jahrzehnt die Angriffe schärfer, die Abgrenzungsnöte offenbar dringender geworden sind. Daß sie dabei freilich meist nicht über die von Otto Pächt unmittelbar und von Ernst Gombrich späterhin formulierten Bedenken hinausreichen, belegt, daß die Kritik am Grundsätzlichen dieses Forschungsansatzes durch Wiederholung nicht treffsicherer wird. Vielmehr ist eine wirklich produktive Kritik wohl am ehesten an den jeweiligen Ergebnissen und Forschungsleistungen zu erbringen, kurz, an den Inhalten.

Und es spricht für die erstaunliche Erneuerungsfähigkeit und expansive Qualität der Ikonologie selbst, daß eine solche Kritik stets in ihren eigenen Reihen formuliert worden ist. Jan Białostocki etwa hat die Berücksichtigung der sozialen und ökonomischen Fakten durch eine »soziale Ikonologie« zu integrieren versucht. In eine vergleichbare Richtung zielt Martin Warnke in der auf ihn zurückgehenden Definition einer »politischen Ikonographie«, die die geisteswissenschaftliche Fixierung dieses Verfahrens, seine Philologisierung, zugunsten einer sozialhistorischen Variante verläßt. Horst Bredekamp hat den Einfluß neuplatonischer Philosopheme auf die bildende Kunst der Renaissance, der bei der Ausbildung dieser Methode bekanntlich eine konstituierende Rolle spielte, relativiert und damit den Beweis geführt, daß nicht das Verfahren selbst, wohl aber seine inhaltlichen Schwerpunkte der Überprüfung bedürfen.

Erst eine solche Verifikation, die zum Verlassen tradierter Denkmuster ebenso ermutigt wie zur Wahrnehmung veränderter Kodifizierungen, wird auch in der Auseinandersetzung mit der zeitgenössischen Bild-Welt und einer zunehmend multimedialen Gegenwart den kompetenten Zugriff der Kunstgeschichte sichern und die Überwindung ihrer gelegentlichen »semiotischen Indifferenz« (Wolfgang Brassat) überwinden helfen.

Das an der Hamburger Universität aus Anlaß von Erwin Panofskys einhundertstem Geburtstag 1992 durchgeführte Symposium hat Jan Białostockis Vermutung, daß man Panofskys Bedeutung für die Kunstgeschichte dereinst einmal auch jenseits seines theoretischen Beitrags zur Ausbildung der Ikonologie suchen würde, eindrucksvoll bestätigt. Tatsächlich hieße es ja, Panofskys Beitrag für dieses Fach sträflich zu unterschätzen, wollte man ihn auf die Ausformulierung eines systematischen Interpretationsverfahrens allein reduzieren. Eines Systems, das vielen zudem wie das Relikt einer überwunden geglaubten, aufklärerischen Moderne erscheint. Daß aber Panofsky nicht zum »gesunkenen Leitstern dessen, was einst der ›internationale Stil‹ der Kunstgeschichte hieß« geworden ist (Ulrich Raulff), sondern sich immer wieder neue Möglichkeiten zeigen, die den Königsweg zur Ikonologie finden helfen, hat jüngst Volker Breidecker mit der kritischen Edition des Briefwechsels zwischen Siegfried Kracauer und Erwin Panofsky unter Beweis gestellt. Wie überhaupt erst die noch ausstehende Edition von Panofskys umfangreichem Epistolar zuversichtlich erwarten läßt, daß sie weitergehenden Aufschluß über ein Denksystem und seine zeitgenössische Verpflichtung erlaubt.

Die *Studien zur Ikonologie* bleiben deshalb mehr als ein historisch gewordenes Monument geisteswissenschaftlicher Orientierung. Sie verweisen in konzisen Kapiteln auf ein Gesamtwerk, das, prominent etwa mit der bevorstehenden deutschsprachigen Edition von *Early Netherlandish Painting* (1953), die hiesige geisteswissenschaftliche Forschung weiterhin nicht weniger bewegen wird als eine an kunstwissenschaftlichen Fragen insgesamt zunehmend interessierte Öffentlichkeit.

Daß die heutige Forschung sich anschickt, kunst- und literarhistorische Fragen mit tiefenpsychologischen Methoden zu verbinden und unter dem Begriff der »Psycho-Ikonologie« (Klaus Herding) als vielversprechenden Ansatz in die Kunstgeschichte einbringt, mag als letzter Verweis auf die ungebrochene Aktualität einer kunstwissenschaftlichen Denkschule genügen, in die einzuführen sich die hier wieder verfügbar gemachten *Studien zur Ikonologie* wie ein Brevier empfehlen.

Zum Weiterlesen:

Horst Bredekamp/Michael Diers/Charlotte Schoell-Glass (Hrsg.): *Aby Warburg. Akten des internationalen Symposiums Hamburg 1990.* Mit Beiträgen von A. Beyer, H. Bredekamp, M. Brodersen, P. Burke, M. Deppner, M. Diers, H. Dilly, U. Fleckner, K. W. Forster, B. Götz, J. Grolle, K. Hoffmann, M. Iversen, K. Lippincott, K. Michels, U. Raulff, C. Schoell-Glass, S. Settis, M. Warnke, D. Wuttke, F. Zöllner. Weinheim 1991

Andreas Beyer (Hrsg.): *Die Lesbarkeit der Kunst. Zur Geistes-Gegenwart der Ikonologie.* Mit Beiträgen von I. Lavin, M. Warnke, J. Arrouye, S. Settis, B. Schellewald, H. Bredekamp, A. Beyer. Berlin 1992

Brendan Cassidy (Hrsg.): *Iconography at the Crossroads.* Princeton 1993

Michael Ann Holly: *Panofsky and the Foundations of Art History.* Ithaca/London 1994

Bruno Reudenbach (Hrsg.): *Erwin Panofsky. Beiträge des Symposiums Hamburg 1992.* Mit Beiträgen von H. Abels, O. Bätschmann, V. Breidecker, H. Bredekamp, H. Dilly, K. Herding, K. Hoffmann, H. Kugler, K. Michels, R. Prange, B. Reudenbach, W. Sauerländer, M. Warnke, U. Wendland, B. Wyss. Berlin 1994

Irving Lavin (Hrsg.): *Meaning in the Visual Arts: Views from the Outside. A Centennial Commemoration of Erwin Panofsky.* Princeton 1995

Volker Breidecker (Hrsg.): *Siegfried Kracauer – Erwin Panofsky. Briefwechsel 1941–1966.* Berlin 1996

Bibliographie der zitierten Werke

(Die in der Bibliographie aufgeführten Bücher sind die hier tatsächlich verwandten. Bekannte Autoren, etwa klassische Schriftsteller und Dichter wie Shakespeare und Chaucer, sind weggelassen worden, außer in solchen Fällen, in denen aus einem bestimmten Grund eine Spezialausgabe benutzt wurde.)

1 Abaecherli, A. L., Imperial Symbols on Certain Flavian Coins: *Classical Philology,* XXX, 1935, S. 131–140

2 Achiardi, P. d', *Sebastiano del Piombo,* Rom 1908

3 Alberti, L. B, *De re aedificatoria* . . ., Florenz 1805

4 Alciati, A., *Emblemata . . . denuo ab ipso autore recognita ac, quae desiderabantur, imaginibus locupletata,* Lyon 1551

5 Alciati, A., *Omnia Andreae Alciati . . . emblemata . . . adjectae novae appendices . . . per C. Minoem,* Paris 1608

Alciati, A., zu den Ausgaben von Steyner (1531) und Wechel (1534) *siehe:* Green

6 Atrocchi, R., The Calumny of Apelles in the Literature of the Quattrocento: *Publications of the Modern Language Association of America,* XXXVI, 1921, S. 454–491

7 Amelli, A. M. (Hrsg.), *Miniature sacre e profane dell'anno 1023, illustranti l'enciclopedia mediovale di Rabano Mauro,* Montecassino 1896 (Documenti per la storia della miniatura e dell'iconografia)

8 Antal, F., Some Examples of the Role of the Maenad in Florentine Art of the Later Fifteenth and Sixteenth Centuries (The Maenad under the Cross, Teil 2): *Journal of the Warburg Institute,* I, 1937, S. 71–73

9 Antal, F., Zum Problem des niederländischen Manierismus: *Kritische Berichte zur kunstgeschichtlichen Literatur,* II, 1928/29, S. 207–256

10 *Anthologia graeca,* The Greek Anthology, with an English translation by W. R. Paton . . ., London und New York 1916–26, 5 Bde. (The Loeb Classical Library)

11 *Anthologia latina; sive, poesis latinae supplementum,* F. Buecheler und A. Riese (Hrsg.), Leipzig 1894–1926, 2 Bde. in 5

12 Aretino, P., *Opere,* ordinate ed annotate per M. Fabi, Mailand 1881

13 Aretino, P., L'oeuvre du divin Aretin (Übers. von S. Apollinaire) Paris 1909/1910 (Bibliothèque des curieux, 2 Bde.)

14 Artelt, W., Die Quellen der mittelalterlichen Dialogdarstellung, Berlin 1934 (Kunstgeschichtliche Studien, Heft 3)

15 Aru, C., La ›veduta unica‹ e il problema del ›non finito‹ in Michelangelo: *L'Arte,* nuova serie VIII, 1937, S. 46–52

16 A(ustin), A. F. jr., Hylas and the Nymphs, by Piero di Cosimo: *Bulletin of the Wardworth Athenaeum*, X, Nr. 1, Januar 1932, S. 1–6

17 Babelon, E., Le Cabinet des antiques . . ., Paris 1887–88, 2 Bde. (Bibliothèque Nationale; département des médailles et des antiques)

18 Babelon, E., *Description historique et chronologique des monnaies* de la République romaine . . .,Paris 1885–86, 2 Bde.

19 Bacci, P., *La Ricostruzione del pergamo di Giovanni Pisano nel duomo di Pisa,* Mailand 1926
20 Barberino, F. (F. Egidi, Hrsg.), *I documenti d'amore di Francesco da Barberino,* Rom 1905–27 (Società filologica romana. Documenti di storia letteraria, 3–6)
21 Baumgart, F., und B. Biagetti, *Die Fresken des Michelangelo, L. Sabbatini und F. Zuccari in der Capella Paolina im Vatikan,* Città del Vaticano 1934 (Monumenti vaticani di archeologia e d'arte . . . Bd. 3)
22 Beenken, H., *Romanische Skulptur in Deutschland,* Leipzig 1924 (Handbücher der Kunstgeschichte)
23 Beenken, H. (Besprechung von J. P. Richter, *Altichiero . . .*): *Zeitschrift für Kunstgeschichte,* V, 1936, S. 78–80
24 Beer, R. (Hrsg.), Acten, Registen und Inventare aus dem Archivio General zu Simancas: *Jahrbuch der Kunstsammlungen des Allerhöchsten Kaiserhauses,* XII, 1891
25 Behrendsen, O., *Darstellungen von Planetengottheiten an und in deutschen Bauten,* Straßburg 1926
26 Bembo, P., *Opere del Cardinale P. Bembo,* Bd. I, Mailand 1808 (Società tipografica de' Classici Italiani)
27 Berchorius, Petrus (Pierre Bersuire, Bercheur), *Dictionarii sev repertorii moralis . . . pars prima-tertia,* Venedig 1583
Berchorius, Petrus *siehe* auch: Walleys
28 Berenson, B., *The Drawings of Florentine Painters,* New York 1903
29 Berenson, B., *The Florentine Painters of the Renaissance,* New York 1909
30 Berenson, B., *Italian Pictures of the Renaissance,* Oxford 1932
31 Berenson, B., *Pitture Italiane del Rinascimento,* Mailand 1936
32 Bernouilli, J. J., *Römische Ikonographie,* Stuttgart 1882–91, 2 Bde.
33 Bezold, F. von, *Das Fortleben der antiken Götter im mittelalterlichen Humanismus,* Bonn 1922
34 Bezold, G. von, Tizians irdische und himmliche Liebe: *Mitteilungen aus dem Germanischen Nationalmuseum,* 1903, S. 174–177
34a Bing, G., Nugae circa Veritatem: *Journal of the Warburg Institute,* I, 1937, S. 304–312
35 Birk, E. von, Inventar der im Besitze des Allerhöchsten Kaiserhauses befindlichen Niederländer Tapeten und Gobelins: *Jahrbuch der Kunstsammlungen des Allerhöchsten Kaiserhauses,* I, 1883, S. 213–248 (+ 13 Tafeln)
36 Boccaccio, G., *Genealogia Ioannis Boccatii etc.,* Venedig 1511
37 Bocchius (Bocchi), A., *Symbolicarum quaestionum de universo genere . . . libri quinque,* Bologna 1574
38 Bode, G. H. (Hrsg.), *Scriptores rerum mythicarum latini tres Romae nuper reperti,* Celle 1834, 2 Bde.
39 Bode, W., und W. F. Volbach, Mittelrheinische Ton- und Steinmodel aus der ersten Hälfte des XV. Jahrhunderts: *Jahrbuch der Königlich Preußischen Kunstsammlungen,* XXXIX, 1918, S. 89–134
40 Boer, C. de (Hrsg.), ›Ovide Moralisé‹: *Verhandelingen der koninklijke Akademie van Wetenschapen te Amsterdam;* Afdeeling Letterkunder, Bd. I: Neue Folge XV, 1915; Bd. II: Neue Folge XXI, 1920; Band III: Neue Folge XXX, 1931/32
41 Boll, F., und C. Bezold, *Sternglaube und Sterndeutung* (3. Aufl.), Leipzig und Berlin 1926
42 Bonsignori, G. (Übers.), *Ovidio methamorphoses vulgare,* Venedig 1497
43 Borenius, T., und R. Wittkower, *Catalogue of the Collection of Drawings by the Old Masters, formed by Sir Robert Mond,* London 1937
44 Borinski, K., *Die Antike in Poetik und Kunsttheorie,* Leipzig, 1914–24, 2 Bde.
45 Borinski, K., Die Deutung der Piero di Cosimo zugeschriebenen Prometheus-Bilder: *Sitzungsberichte der bayerischen Akademie der Wissenschaften,* phil.-hist. Klasse, Nr. 12, 1920
46 Borinski, K., Die Rätsel Michelangelos, München 1908

47 Bottari, G. G., und S. Ticozzi, *Raccolta di lettere sulla pittura, scultura, ed architettura,* Mailand 1822–25, 8 Bde.
48 Brauer, H., und R. Wittkower, *Die Zeichungen des Gianlorenzo Bernini,* Berlin 1931, 2 Bde. (Römische Forschungen der Bibliotheca Hertziana, Bde IX–X)
49 Brinckmann, A. E., *Michelangelo, Zeichnungen . . .* München 1925
50 Brinckmann, A. E., Die Simson-Gruppe des Michelangelo: *Belvedere,* XI, 1927, S. 155–159
51 Bruchmann, K. F. H., *Epitheta deorum, quae apud poetas graecos leguntur,* Leipzig 1893 (Ausführliches Lexikon der griechischen und römischen Mythologie, hrsg. von W. R. Roscher. Nachtrag 1893)
52 Byvanck, A. W., Die geillustreerde Handschriften van Oppians Cynegetica: *Mededelingen van het Nederlandsch historisch Instituut te Rome,* V, 1925, S. 34–64
53 Cambi, G., *Istorie,* Florenz 1785–86, 4 Bde. (Delizie degli eruditi toscani, Bde. XX-XXIII)
54 Camerarius, J., *Symbolorum et emblematum centuriae quattuor,* Nürnberg 1605
55 Carducho, V., *Dialogos de la Pintura,* Madrid 1865 (Biblioteca de el arte en España, Bd. I)
56 Cartari, V., *Immagini delli dei de gl'antichi . . .,* Venedig 1674
57 Carter, J. G. *Epitheta deorum, quae apud poetas latinos leguntur,* Leipzig 1902 (Ausführliches Lexikon der griechischen und römichen Mythologie, hrsg. W. H. Roscher, Nachtrag 1902)
58 Cartwright, J., *Isabella d'Este, Marchioness of Mantua, 1474–1539; a Study of the Renaissance,* New York 1903, 2 Bde.
59 Cassirer, E., *Individuum und Kosmos in der Philosophie der Renaissance,* Leipzig 1927 (Studien der Bibliothek Warburg, 10)
60 Cassirer, E., *Die platonische Renaissance in England und die Schule von Cambridge,* Leipzig 1932 (Studien der Bibliothek Warburg, 24)
61 Castiglione, B., *Il Cortigiano,* Venedig 1546
62 Cattani di Diacceto, F., *I tre libri d'amore,* Venedig 1561
63 Cellini, B. (C. Milanesi, Hrsg.), *I trattati dell'orificeria e della scultura,* Florenz 1857
64 Cervellini, G. B., La cronaca su Altichiero recentemente pubblicata è falsa: *Atti del R. Istituto Veneto,* XCV, 1936
65 *Christie's Season,* London 1928–31, 4 Bde.
66 Clarac, C. O. F. J.-B. de, *Musée de sculpture antique et moderne . . .* Paris, Text 1841–50, Tafeln 1826–53
67 Comes, Natalis (Conti, Natale), *Mythologiae, sive explicationis fabularum libri decem . . ., Frankfurt 1596*
Condivi, A., siehe: Frey, K., *Le Vite . . .*
68 Cumont, F., *Textes et monuments figurés relatifs aux mytères de Mithra,* Brüssel 1896, 2 Bde.
69 Curtius, L., *Die Wandmalerei Pompejis,* Leipzig 1929
70 Daremberg-Saglio (Hrsg.), *Dictionnaire des antiquités grecques et romaines,* Paris 1877–1919, 5 Bde.
71 Deknatel, F. B., The Thirteenth Century Sculptures of the Cathedrals of Burgos and Leon: *Art Bulletin,* XVII, 1935, S. 242–389
72 Delbrück, R., *Die Consulardiptychen und verwandte Denkmäler,* Berlin 1929 (Studien zur spätantiken Kunstgeschichte, 2)
73 Demay, G., *Inventaire des sceaux de Picardie . . .,* Paris 1877/75 (Inventaire des sceaux de l'Artois et de la Picardie, Bd. 2, 1875)
74 DeWald, E. T., *The Illustrations of the Utrecht Psalter,* Princeton 1932
75 Diehl, C., *La peinture byzantine,* Paris 1933 (Histoire de l'art byzantin)
76 Diez, F., *Die Posie der Troubadours,* Leipzig 1883
77 Doren, A., Fortuna im Mittelalter und in der Renaissance: *Vorträge der Bibliothek Warburg,* 1922/23, I, S. 71–144
78 D(ressler), L., The Peaceable Kingdom: *Bulletin of the Worcester Art Museum,* 1934, S. 25–30

79 Durand, G., *Monographie de l'église Notre-Dame, Cathédrale d'Amiens,* Paris 1901–03, 2 Bde. (Mémoires de la société des antiquaires de Picardie)
80 Durand, P., *Ètude sur l'étimacia, symbole du jugement dernier dans l'iconographie greque chrétienne,* Chartres 1868 (Extrait des Mémoires de la société archéologique d'Eure-et-Loire)
81 Egidi, F., Le miniature dei Codici Barberini dei ›Documenti d'Amore‹: *L'Arte,* V, 1902, S. 1–20; 78–95
82 Eisler, R., Orphisch-Dionysische Mysteriengedanken in der christlichen Antike: *Vorträge der Bibliothek Warburg,* 1922/23, II, S. 2 bis Ende
83 Ellacombe, H. N., *The Plant-lore and Garden-craft of Shakespeare,* London/New York, 1896
84 Equicola, M., *Libro di natura d'amore,* Venedig 1531
85 *Eruditorium Penitentiale,* Paris 1487
86 Essling, Prince d', *Les livres à figures vénitiens de la fin du XVe siècle et du commencement du XVIe,* Florenz und Paris 1907–14 (Études sur l'art de la gravure sur bois à Venise)
87 Essling, Prince d', und E. Müntz, *Pétrarque; ses études d'art, son influence sur les artistes, ses portraits, et ceux de Laure, l'illustration de ses écrits . . .,* Paris 1902
88 Eusthatius Makrembolites (L. H. Teucher, Hrsg.), *De Ismeniae et Imenes amoribus libellus, graece et latine,* Leipzig 1792
88a Falke, O. von, und E. Meyer, *Bronzegeräte des Mittelalters,* Berlin 1936
89 Ferrero, G. G., *Il Petrarchismo del Bembo e le rime di Michelangelo,* Turin 1935 (Estratto da l'Erma, VI, 1935)
90 Ficino, M., *Opera, & quae hactenus extetêre, & quae in lucem nunc primum prodiêre omnia . . .,* Basel 1576, 2 Bde.
91 Fiocco, G., Paolo Veronese, 1528–1588 . . ., Bologna um 1928
92 Fiocco, G., *Venetian painting of the Seicento and the Settecento,* Florenz und New York 1929 (The Pantheon Series)
93 Fischel, O., *Raphaels Zeichnungen,* Berlin 1913–23
94 Fischel, O., *Tizian* (Klassiker der Kunst, III, 4. Aufl.) Stuttgart 1911
95 Förster, R., Laocoon im Mittelalter und in der Renaissance: *Jahrbuch der Königlich Preußischen Kunstsammlungen,* XXVII, 1906, S. 149–178
96 Förster, R., Studien zu Mantegna und den Bildern im Studierzimmer der Isabella Gonzaga: *Jahrbuch der Königlich Preußischen Kunstsammlungen,* XXII, 1901, S. 78–87; 154–180
97 Förster, R., Tizians himmlische Liebe und Michelangelos Bogenschützen. *Neue Jahrbücher für das klassiche Altertum,* XXXV, 1915, S. 573–588
98 Förster, R., Die Verleumdung des Apelles in der Renaissance: *Jahrbuch der Königlich Preußischen Kunstsammlungen,* VII, 1887, S. 29–56; 89–113
99 Freudenthal, H., *Das Feuer im deutschen Glauben und Brauch,* Berlin 1931
100 Freund, L. ›Amor‹: *Reallexikon der deutschen Kunstgeschichte,* Stuttgart 1937, Bd. I, Sp. 641–651
101 Frey, K., (Hrsg.), *Die Dichtungen des Michelagniolo Buonarroti,* Berlin 1897
102 Frey, K., *Die Handzeichnungen Michelagniolos Buonarroti,* Berlin 1909–11, 3 Bde. (Bd. 3 hrsg. von F. Knapp)
103 Frey, K. (Hrsg.), *Le Vite di Michelangelo Buonarroti; scritte da Giorgio Vasari e da Ascanio Condivi,* Berlin 1887 (Sammlung ausgewählter Biographien Vasaris, II)
104 Friedländer, M. I., und J. Rosenberg, *Die Gemälde von Lucas Cranach,* Berlin 1932
105 Friedländer, W., Der antimanieristische Stil um 1590 und sein Verhältnis zum Übersinnlichen: *Vorträge der Bibliothek Warburg,* 1928–1929, S. 214–243
106 Friedländer, W., Die Entstehung des antiklassischen Stiles in der italienischen Malerei um 1520: *Repertorium für Kunstwissenschaft,* XLVI, 1925, S. 49–86
107 Fry, R., Pictures at the Burlington Fine Arts Club: *Burlington Magazine,* XXXVIII, 1921, S. 131–137

108 Fulgosus, G. B. (Battista da Campo Fregoso), *Anteros,* Mailand 1496
109 Furtwängler, A., *Die antiken Gemmen; Geschichte der Steinschneidekunst im klassischen Altertum,* Leipzig und Berlin 1900, 3 Bde.
110 Gamba, C., Piero di Cosimo e i suoi quadri mitologici: *Bolletino d'Arte,* serie 3, XXX, 1936, S. 45–57
111 Gaye, G., *Carteggio inedito d'artisti dei secoli XIV, XV, XVI,* Florenz 1839–1840, 3 Bde.
112 Giglioli, G. Q., La Calumnia di Apelle: *Rassegna d'arte,* VII, 1920, S. 173–182
113 Glaser, C., *Die altdeutsche Malerei,* München 1924
114 Goebel, H., *Wandteppiche,* Leipzig 1923–34, 3 Bde.
115 Goldschmidt, A., *Der Albanipsalter in Hildesheim und seine Beziehung zur symbolichen Kirchenskulptur des XII. Jahrhunderts,* Berlin 1895
116 Goldschmidt, A., und K. Weitzmann, *Die byzantinischen Elfenbeinskulpturen des X.–XIII. Jahrhunderts*, Berlin 1930–34, 2 Bde.
117 Goldschmidt, A., *Die Elfenbeinskulpturen aus der Zeit der karolingischen und sächsischen Kaiser,* Berlin 1914, 4 Bde. (Denkmäler der deutschen Kunst, II)
118 Goldschmidt, A., *German Illumination* (I. Carolingian period, – II. Ottonian period), Florenz und New York, 1928, 2 Bde. (The Pantheon Series)
119 Gombrich, E., A Classical Quotation in Michael Angelo's ›Sacrifice of Noah‹: *Journal of the Warburg Institute,* I, 1937, S. 69
120 Goodenough, E. R., *By Light, Light; the Mystic Gospel of Hellenistic Judaism,* New Haven und London 1935
121 Green, H. (Hrsg.), *Andreae Alciati emblematum fontes quattuor,* Manchester 1870 (The Holbein Society's Fac-simile Reprints, Bd. IV)
122 Greifenhagen, A., Zum Saturnglauben der Renaissance: *Die Antike,* XI, 1935, S. 67–84
123 Gronau, G., *Aus Raphaels Florentiner Tagen,* Berlin 1902
124 Grote, L., Carl Wilhelm Kolbe (1758–1835), ein Beitrag zum Sturm und Drang in der Malerei: *Zeitschrift des deutschen Vereins für Kunstwissenschaft,* III, 1936, S. 369–389
125 Grünwald, A., Über einige Werke Michelangelos in ihrem Verhältnis zur Antike: *Jahrbuch der Kunstsammlungen des Allerhöchsten Kaiserhauses,* XXVII, 1907, S. 125–153
126 Grünwald, A., Zur Arbeitsweise einiger hervorragender Meister der Renaissance: *Münchner Jahrbuch der bildenden Kunst,* VII, 1912, S. 165–177
127 Gyaldus, L. G. (Giraldi), *Opera omnia,* Leyden 1696
128 Haberditzl, F. M., Die Lehrer des Rubens: *Jahrbuch der Kunstsammlungen des Allerhöchsten Kaiserhauses,* XXVII, 1907, S. 161–235
129 Haberditzl, F. M., *Einblattdrucke des 15. Jahrhunderts in der Hofbibliothek zu Wien,* Wien 1920 (Gesellschaft für vervielfältigende Kunst, 1920)
130 Habich, G., *Sitzungsberichte der bayerischen Akademie der Wissenschaften,* phil.-hist. Klasse, 1920, Nr. 2
131 Haedus (Hoedus), P., *De amoris generibus,* Treviso 1492
132 Hafftenius (van Haeften), B., *Schola Cordis,* Antwerpen 1635
133 Hak, H. J., *Marsilio Ficino,* Amsterdam und Paris 1934 (Diss. theol., Utrecht 1934)
134 Hamann, R., Girl and the Ram: *The Burlington Magazine*, LX, 1932, S. 91–97
135 Hauber, A., *Planetenkinderbilder und Sternbilder; zur Geschichte des menschlichen Glaubens und Irrens*, Straßburg 1916
136 Hawes, Stephen (W. E. Mead, Hrsg.), *The Pastime of Pleasure*, London 1928 (Early English Text Society, Original Series, Bd. 173)
137 Heitz, P., *Einblattdrucke des fünfzehnten Jahrhunderts*, Straßburg 1899–1937, 92 Bde.
138 Hekler, A., Michelangelo und die Antike: *Wiener Jahrbuch für Kunstgeschichte*, VII, 1930, S. 201–223
139 Helbig, W., *Führer durch die öffentlichen Sammlungen klassischer Altertümer in Rom*, 3. Aufl.,

Leipzig 1912/13, 2 Bde. (Bd. I: Die vatikanischen Sammlungen)
140 Helbig, W., *Wandgemälde der vom Vesuv verschütteten Städte Campaniens*, Leipzig 1868
141 Held, J., ›Allegorie‹: *Reallexikon der deutschen Kunstgeschichte*, Stuttgart 1937, Bd. I, Sp. 346–365
142 Henkel, M. D., *De Houtsneden van Mansion's Ovide Moralisé*, Amsterdam 1922
143 Hermann, H. J., *Die deutschen romanischen Handschriften: Beschreibendes Verzeichnis der illustrierten Handschriften in Österreich*, N. F. Bd. VIII (Die illuminierten Handschriften und Inkunabeln der Nationalbibliothek in Wien), Teil II, Leipzig 1926
144 Hermann, P., *Denkmäler der Malerei des klassischen Altertums*, München 1904–31 (1. Serie)
145 Hildebrand, A., *Das Problem der Form in der bildenden Kunst*, 3. Aufl., Straßburg 1913
146 Hind, A. M., *Cataloque of Early Italian Engravings in the Department of Prints and Drawings in the British Museum*, London 1910
147 Holtzinger, C. R., von, Ein Idyll des Maximus Planudes: *Zeitschrift für das Oesterreichische Gymnasium*, LXIV, 1893, S. 385 ff.
148 Horne, H. P., The Last Communion of St. Jerome by Sandro Botticelli: *The Bulletin of the Metropolitan Museum of Art*, X, 1915, S. 52–56; 72–75; 101–105
149 Houvet, E., *La Cathédrale de Chartres; portail nord,* Chelles 1919
150 Hugo, P. Hermannus, *Pia desideria, emblematis, elegiis et affectibus SS. patrum illustrata*, Antwerpen 1624
151 *Inventaire des mosaiques de la Gaule et de l'Afrique*, Paris 1909–25 (Publié sous les auspices de l'Académie des inscriptions et belles-lettres), Bd. III
152 Jahn, O., Über einige auf Eros und Psyche bezügliche Kunstwerke: *Berichte der Gesellschaft der Wissenschaften zu Leipzig*, III, 1851, S. 153–179
153 Jalabert, D., Le tombeau gothique: *Revue de l'art ancien et moderne*, LXIV, 1933, S. 145–166, LXV, 1934, S. 11–30
154 (James, M. R.), *The Canterbury Psalter*, London 1935 (für die Freunde der Kathedrale von Canterbury veröffentlicht)
155 Janson, H., The Putto with the Death's Head: *The Art Bulletin*, XIX, 1937, S. 423–449
156 Johnson, J. G., *Catalogue of a collection of paintings and some art objects* . . ., Philadelphia, 1913–14, 3 Bde.
157 Jones, H. S., *The Sculptures in the Museo Capitolino (A Catalogue of the Ancient Sculptures preserved in the Municipal Collections of Rome, by Members of the British School at Rome*, Bd. I), Oxford 1912
158 Jouin, H. A., *Conférence de l'académie royale de peinture et de sculpture*, Paris 1883
159 Junker, H., Über iranische Quellen der hellenistischen Aion-Vorstellung: *Vorträge der Bibliothek Warburg*, 1921/22, S. 125–178
160 Justi, C., *Michelangelo; Beiträge zur Erklärung der Werke und des Menschen*, Leipzig 1900
161 Kaiser, V., Der Platonismus Michelangelos: *Zeitschrift für Völkerpsychologie und Sprachwissenschaft*, XV, 1884, S. 209–238; 1886, S. 138–187, 209–249
162 Kauffmann, H., *Donatello; eine Einführung in sein Bilden und Denken*, Berlin 1935
163 Keyser, P. de, I. Het ›Vrou Aventure‹ – Drukkersmerk van Jan van Doesborch; II. De Houtsnijder van Gerard Leeu's van den Drie Blinde Danssen (Gouda, 1482): *Gentsche Bijtragen tot de Kunstgeschiedenis*, I, 1934. S. 45–57; 57–66
164 Kittredge, G. L., To take time by the forelock: *Modern Language Notes*, VIII, 1893, S. 459–470
165 Klibansky, R., Ein Proklosfund und seine Bedeutung: *Sitzungsberichte der Heidelberger Akademie der Wissenschaften*, phil.-hist. Klasse, XIX, 1928/29, Nr. 5
166 Knapp, F., *Michelangelo* (Klassiker der Kunst, VV; 5. Auflage) Stuttgart o. J.
167 Knapp, F., *Pietro di Cosimo; ein Übergangsmeister vom Florentiner Quattrocento zum Cinquecento*, Halle a. S. 1899
168 Kock, T. (Hrsg.), *Comicorum atticorum fragmenta*, Leipzig 1880–88, 3 Bde.

169 Koechlin, R., Le dieu d'amour et le château d'amour sur les valves de boîtes è miroirs: *Gazette des beaux-arts,* Reihe 2, LXIII, 1921, S. 279–297

170 Koechlin, R., *Les ivoires gothiques français*, Paris 1924, 3 Bde.

171 Körte, W., *Der Palazzo Zuccari in Rom; sein Freskenschmuck und seine Geschichte*, Leipzig 1935 (Römische Forschungen der Bibliotheca Hertziana, Bd. XII)

172 Kohlhaussen, H., *Minnekästchen im Mittelalter*, Berlin 1928

173 Konrad von Würzburg (A. von Keller, Hrsg.), *Der trojanische Krieg,* Stuttgart 1858 (Bibliothek des Literarischen Vereins in Stuttgart, XLIV)

174 Kristeller, P., *Holzschnitte im königlichen Kupferstichkabinett zu Berlin*, Berlin 1915 (Graphische Gesellschaft, XXI)

175 Krumbacher, K., *Geschichte der byzantinischen Literatur, von Justinian bis zum Ende des Oströmischen Reiches*, München 1891 (Handbuch der klassischen Altertumswissenschaft)

176 Kuhn, A., Die Illustration des Rosenromans: *Jahrbuch der Kunstsammlungen des Allerhöchsten Kaiserhauses*, XXXI, 1913/14, S. 1–66

177 Laborde, A. de, *La mort cheveauchant un bœuf; origine de cette illustration de l'office des morts dans certains livres d'heures de la fin du XVe siècle*, Paris 1923

178 Laborde, A. de, *Les manuscrits à peintures de la Cité de Dieu de Saint Augustin*, Paris 1909, 3 Bde. (Société des bibliophiles français)

179 Landino, C., *Christophori Landini libri quattuor*, Straßburg 1508

180 Landino, C., *Commedia di Danthe Alighieri ... con l'espositione di Cristoforo Landino*, Venedig 1529

181 Landucci, L. (T. del Badia, Hrsg.), *Diario fiorentino dal 1480 al 1516*, Florenz 1883 (Biblioteca di carteggi, diarii, memorie)

182 Lange, K. und F. Fuhse, *Dürers schriftlicher Nachlaß auf Grund der Originalhandschriften und theilweise neu entdeckter alter Abschriften*, Halle a. S. 1893

183 Latini, B. (B. Wiese, Hrsg.), Der *Tesoretto* und *Favolello*: *Zeitschrift für romanische Phililogie*, VII, 1883, S. 236–389

184 Latini, B. (P. Chabaille, Hrsg.) *Il tesoro*, Bologna 1877–83, 4 Bde. (Collezione d'opere inedite o rare dei primi tre secoli della lingua)

185 Lazzaroni, M. und A. Muñoz, *Filarete, scultore e architetto del secolo XV*, Rom 1908

186 Lee, R. W., Castiglione's Influence on Edmund Spenser's Early Hymns:*Philological Quarterly*, VII, 1928, S. 65–77

187 Lehmann, P., Fuldaer Studien, neue Foge: *Sitzungsberichte der bayerischen Akademie der Wissenschaften*, phil.-hist. Klasse, 1927, Nr. 2

188 Lehmann-Hartleben, K., *Die antiken Hafenanlagen des Mittelmeeres; Beiträge zur Geschichte des Städtebaus im Altertum*, Leipzig 1923 (*Klio*, Beiheft XIV, neue Folge, Heft 1)

189 Lehmann-Hartleben, K., L'arco di Tito: *Bolletino della commissione archelologica communale, Roma*, LXII, 1934, S. 89–122

190 Leidinger, G., *Das sogenannte Evangeliar Otto's III. (Miniaturen aus Handschriften der königlichen Hof- und Staatsbibliothek zu München*, Bd. I), München 1912–28

191 Lemaire, Jean (J. Stecher, Hrsg.), *Œuvres de Jean Lemaire de Belges,* Louvain 1882

192 Leo Hebraeus, (S. Caramella, Hrsg.), *Leo Hebraeus, ... dialoghi d'amore*, Bari 1929 (Scrittori d'Italia, 114)

193 Lewis, C. S., *The Allegory of Love, a Study in Mediaeval Tradition*, Oxford 1936

194 Liebeschütz, H., *Fulgentius Metaforalis; ein Beitrag zur Geschichte der antiken Mythologie im Mittelalter*, Leipzig 1926 (Studien der Bibliothek Warburg, 4)

195 Lippmann, F., *The Seven Planets*, aus dem Deutschen übersetzt von F. Simmonds, London und New York 1895 (International Chalcographic Society)

196 Lippmann, F., *Zeichnungen von Albrecht Dürer*, Berlin 1883–1929, 7 Bde.

197 Lobeck, C. A., *Aglaophanus, sive, de theologiae mysticae graecorum* causis libri tres ...,

Königsberg 1829, 2 Bde.
198 Löwy, E., Stein und Erz in der statuarischen Kunst: *Kunstgeschichtliche Anzeigen, Beiblatt der Mitteilungen des Instituts für österreichische Geschichtsforschung*, XXXVI, 1915, S. 5–40
199 Lomazzo, G. P., *Trattato dell'arte della pittura, scoltura, et architettura*, Mailand 1585
200 London. Royal Academy of Arts. *A. Commemorative Catalogue of the Exhibition of Italian Art held in the Galleries of the Royal Academy, Burlington House, London, Jan.–Mar. 1930*, London 1931, 2 Bde.
201 Lovejoy, A. O., und G. Boas, *Primitivism and Related Ideas in Antiquity (A Documentary History of Primitivism and Related Ideas,* Bd.I), Baltimore 1935
202 Lowes, J. L., The Loveres Maladye of Heroes: *Modern Philology*, XI, 1914, S. 491–546
203 Lukomski, G., *I maestri della architettura classica Italiana da Vitruvio allo Scamozzi*, Mailand 1933
204 Lydgate, J. (E. Sieper, Hrsg.), *Lydgate's Reson and Sensuallyte*, London 1901–03 (Early English Text Society, extra series, LXXXIV, LXXXIX)
205 Machaut, Guillaume de, (E. Hoepffner, Hrsg.), *Œuvres de Guillaume Machaut*, Paris 1908–21 (Société des anciens textes français)
206 Mackeprang, M., V. Madsen und C. S. Petersen, *Greek and Latin Illuminated Manuscripts ... in Danish Collections*, Kopenhagen 1921
207 Mâle, E., *L'art religieux de la fin du moyen âge en France; étude sur l'iconographie du moyen âge et sur ses sources d'inspiration*, Paris 1925
208 Manilli, J., *Villa Borghese fuori di Porta Pinciana*, Rom 1650
209 Marle, R. van, *The Development of the Italian Schools of Painting*, Den Haag 1923–36, 16 Bde.
210 Marle, R. van, *Iconographie de l'art profane au moyen âge et à la renaissance et la décoration des demeures*, Den Haag 1931–32, 2 Bde.
211 M (ather), F. J. (Note to W. Rankin, Cassone-Fronts in American Collections): *The Burlington Magazine*, 1907, X, S. 335
212 Mayer, W., *Das Leben und die Werke der Brüder Mattheus und Paul Bril*, Leipzig 1910 (Kunstgeschichtliche Monographien, XIV)
213 McComb, A., *Agnolo Bronzino; his Life and Works*, Cambridge, Mass., 1928
214 Migne, J. P., *Patrologiae cursus completus; seu bibliotheca universalis ... omnium ss. patrum, doctorum scriptorumque ecclesiasticorum, sive latinorum, sive graecorum*, Paris 1857 ff.
215 Milanesi, G. (Hrsg.), *Les correspondants de Michelange. I. Sebastiano del Piombo*, Paris 1890 (Bibliothèque internationale de l'art)
216 Milanesi, G. (Hrsg.), *Le lettere di Michelangelo Buonarroti*, Florenz 1875
217 *Mirabilia urbis Romae. The Marvels of Rome, or a Picture of the Golden City*, engl. Ausgabe von F. M. Nichols, London und Rom 1889
218 Moltza, F.M., Poesie, Mailand 1808 (Società tipografica de' Classici Italiani)
219 Montelatici, D., *Villa Borghese fuori di Porta Pinciana, con l'ornamenti che si osservano nel di lei palazzo, e con le figure delle statue più singolari*, Rom 1700
220 *Monumenta Germaniae, Poetarum latinorum medii aevi*, Berlin 1881–1923, 4 Bde.
221 Morassi, A., Una ›Camera d'amore‹ nel Castello di Avio: *Festschrift für Julius Schlosser zum 60. Geburtstage*, Zürich (1926), S. 99–103
222 Moreau-Nélation, E., *La cathédrale de Reims*, Paris (1915)
223 Morelli, G., *Italian Painters ... The Galleries of Munich and Dresden (Italian Painters ...*, Bd. II), London 1893
224 Morey, C. R., *Christian Art*, London und New York um 1935
224a Morgan, Charles E. II., A Pyxis by the ›Eretria Painter‹: *Worcester Museum Annual*, II, 1936/37, S. 29–31
225 Mueller, E. von, Die Augenbinde der Justitia: *Zeitschrift für christliche Kunst*, XVIII, 1905, Nr. 4, Sp. 107–122; Nr. 5, Sp. 142–152

226 Müntz, E., La tradition antique au moyen âge: *Journal des savants*, 1888, S. 40–50
227 Nannucci, V., *Manuale della letteratura del primo secolo della lingua Italiana*, Florenz 1883
227a New York. The Metropolitan Museum of Art. *Tiepolo and his Contemporaries*, Ausstellung vom 14. März–24. April 1938, New York 1938
228 New York. Pierpont Morgan Library. *Exhibition of illuminated manuscripts held at the New York Public Library*, 1933/34
229 *The New Yorker*, XI, New York 1936
230 Nordenfalk, C., *Der Kalender vom Jahr 354 und die lateinische Buchmalerei des IV. Jahrhunderts*, Göteborg 1936 (Göteborgs K. Vetenskaps och vitterhets samhälle, Handlinger, 5. foljder, ser. A, bd. 5, nr. 2, 1936
231 Nykl, A. R., *'Alī ibn Ahmed telled Ibn Hazm, A Book Containing the Risāla known as The Dove's Neckring*, Paris 1931
232 Oechelhäuser, A. von, *Der Bilderkreis zum Wälschen Gaste des Thomasin von Zerclaere*, Heidelberg 1890
233 Oeri, J., Hellenisches in der Mediceercapelle: *Basler Nachrichten*, LXI, 3. Juli 1905
234 Oldenbourg, R., *Rubens* (Klassiker der Kunst, V; 4. Aufl.) Stuttgart o. J.
235 Omont, H., *Miniatures des plus anciens manuscrits grecs de la Bibliothèque Nationale du VIe au XIVe siècle*, Paris 1929
236 Overbeck, J. A., *Die antiken Schriftquellen zur Geschichte der bildenden Künste bei den Griechen*, Leipzig 1868
237 Panofsky, E., Bemerkungen zu Dagobert Frey's Michelangelostudien: *Archiv für Geschichte und Ästhetik der Architektur (Beilage zu Wasmuths Monatsheften für Baukunst und Städtebau)*, I,1920/21, S. 35–45
238 Panofsky, E., und F. Saxl, Classical Mythology in Mediaeval Art: *Metropolitan Museum Studies*, IV, 2. 1933, S. 228–280
239 Panofsky, E., The Early History of Man in a series of paintings by Piero di Cosimo: *Journal of the Warburg Institute*, I, 1937, S. 12–30
240 Panofsky, E., Das erste Blatt aus dem ›Libro‹ Giorgio Vasaris: Eine Studie über die Beurteilung der Gotik in der italienischen Renaissance: *Städel-Jahrbuch*, VI, 1930, S. 25–72
241 Panofsky, E., Et in Arcadia ego: *Philosophy and History*, Essays presented to Ernst Cassirer, Oxford 1936, S. 223–254
242 Panofsky, E., Der gefesselte Eros: *Oud Holland*, 50, 1933, S. 193–217
243 Panofsky, E., *Hercules am Scheidewege, und andere antike Bildstoffe in der neueren Kunst*, Leipzig 1930 (Studien der Bibliothek Warburg, 18)
244 Panofsky, E., ›*Idea*‹; *ein Beitrag zur Begriffsgeschichte der älteren Kunsttheorie*, Leipzig/Berlin 1924 (Studien der Bibliothek Warburg, 5)
245 Panofsky, E., Kopie oder Fälschung? Ein Beitrag zur Kritik einiger Zeichnungen aus der Werkstatt Michelangelos: *Zeitschrift für bildende Kunst*, LXI, 1927/28, S. 221–244
246 Panofsky, E., Die Michelangelo-Literatur seit 1914: *Wiener Jahrbuch für Kunstgeschichte*, I, 1921, Buchbesprechungen, Sp. 1–64
247 Panofsky, E., Piero di Cosimo's ›Discovery of Honey‹ in the Worcester Art Museum: *Worcester Art Museum Annual*, II, 1936/37, S. 32–43
248 Panofsky, E., Zum Problem der Beschreibung und Inhaltsdeutung von Werken der bildenden Kunst: *Logos*, XXI, 1932, S. 103–119
249 Panofsky, E., Die Treppe der Libreria di S. Lorenzo; Bemerkungen zu einer unveröffentlichten Skizze Michelangelos: *Monatshefte für Kunstwissenschaft*, XV, 1922, S. 262–274
250 Panofsky, E., The first two projects of Michelangelos's Tomb of Julius II: *Art Bulletin*, XIX, 1937, S. 561–579
251 Panofsky, E., Zwei Dürerprobleme: *Münchner Jahrbuch der bildenden Kunst*, Neue Folge, VIII, 1931, S. 1–48

252 Panofsky, E., und F. Saxl, *Dürers ›Melencolia I‹ , eine quellen- und typengeschichtliche Untersuchung*, Berlin und Leipzig 1923 (Studien der Bibliothek Warburg, 2)

253 Panofsky, E. und F. Saxl, Melancholia, Zweite Ausgabe von Bibl. 252

254 Patch, H. R., *The Goddess Fortuna in Mediaeval Literature*, Cambridge, Mass. 1927

255 Patch, H. R., *The Tradition of the Goddess Fortuna in Mediaeval Philosophy and Literature*, Northampton: 1922 (Smith College Studies in Modern Languages, Bd. III)

256 Pauly-Wissowa, *Realencyclopaedie der Klassischen Altertumswissenschaft*, Stuttgart 1894–1937

257 Un Père Capucin, *Les emblêmes d'amour divin et humain ensemble*, Paris 1631

258 Perrier, F., *Segmenta nobilium signorum et statuarum quae temporis dentem inuidium* (sic) *euasere*, Rom 1638; holländische Übers.: *Eigentlyke Afbeeldinge van Hondert der alderverma-erdste Statuen of Antique-Beelden Staande binnen Romen,* Amsterdam 1702

259 Petrarca, *Petrarcha* . . ., Venedig (Johannes Capsaca di Codeca) 1493

260 Petrarca, *Petrarcha con doi commenti sopra li sonetti et canzone*, Triest (Gregorio de Gregorii) 1508

261 Petrarca, *Il Petrarca con l'espositione d'A. Vellutello,* Venedig, 1560

262 Petrarca, *Il Petrarca con l'espositione de M. G. A. Gesualdo,* Venedig 1581

263 Petrarca (N. Festa, Hrsg.), *Petrarca, L'Africa,* edizione critica, Florenz 1926 (Edizione nazionale delle opere di Francesco Petrarca, I)

264 Petrarca (V. Rossi, Hrsg.) *Petrarca, Le Familiari,* edizione critica, Florenz 1933, 1937 (Edizione nazionale delle opere di Francesco Petrarca, X, XI)

265 Pflaum, H., *Die Idee der Liebe – Leone Ebreo,* Tübingen 1926 (Heidelberger Abhandlungen zur Philosophie und ihrer Geschichte, VII)

266 Pico della Mirandola, G., *Ioannis Pici Mirandulani philosophi . . . omnia quae extant opera,* Venedig 1557

267 Pico della Mirandola, *Opere di Giovanni Benivieni Firentino . . .con una canzona dello amor celeste & divino, col commento dello Ill. S. conte Giovanni Pico Mirandolano,* Venedig 1522

268 Pillion, L., Le portail roman de la Cathédrale de Reims: *Gazette des beaux-arts,* XXXII, 1904, S. 177–199

269 Planiscig, L., *Andrea Riccio,* Wien 1927

270 Poensgen, G., Beiträge zu Baldung und seinem Kreis: *Zeitschrift für Kunstgeschichte,* VI, 1937, S. 36–41

271 Poglayen-Neuwall, S., Eine Tizianeske Toilette der Venus aus dem Cranach-Kreis: *Münchner Jahrbuch der bildenden Kunst,* Neue Folge, VI, 1929, S. 167–199

272 Popp, A. E., Kopie oder Fälschung, zu dem Aufsatz von Erwin Panofsky: *Zeitschrift für bildende Kunst,* LXII, 1928/29, S. 54–67

273 Popp, A. E., *Die Medici-Kapelle Michelangelos,* München 1922

274 Popp, A. E., (Besprechung von A. E. Brinckmann, *Michelangelo Zeichnungen): Belvedere,* VIII, 1925, ›Forum‹, S. 72–75

275 Porter, A. K., *Romanesque Sculpture of the Pilgrimage Roads,* Boston 1923, 10 Bde.

276 Reinach, S., *Répertoire des reliefs grecs et romains,* Paris 1909–12, 3 Bde.

277 Reinach, S. *Répertoire de la statuaire grecque et romaine,* Paris 1897–1930, 6 Bde.

278 Ricci, C., *Monumenti sepolcrali di lettori dello studio bolognese nei secoli XIII, XIV, XV,* Bologna 1888

279 Richardson, J., *Traité de la peinture et de la sculpture,* Amsterdam 1728, 3 Bde.

280 Richter, J. P., *Altichiero,* Leipzig 1935

281 Richter, J. P., *The Literary Works of Leonardo da Vinci,* London 1883, 2 Bde.

282 Richter, J. P., *La Collezione Hertz e gli affreschi di Giulio Romano nel Palazzo Zuccari,* Leipzig 1928 (Römische Forschungen der Bibliotheca Hertziana, V)

283 Ridolfi, C. (D. von Hadeln, Hrsg.), *Le maraviglie dell'arte, overo le vite de gl'illustri pittori veneti, e dello stato,* Berlin 1914–24, 2 Bde.

284 Ripa, C., *Iconologia..., nella quale si descrivono diverse imagini di virtù, vitii passioni humanae...*, Rom 1613
285 Ripa, C., *Iconologia de Cesare Ripa... divisa in tre libri...*, Venedig 1645
286 Robb, N. A., *Neoplatonism of the Italian Renaissance,* London 1935
287 Robert, C., *Die antiken Sarkophag-Reliefs,* Berlin 1890–1919, 3 Bde.
288 Roman de la Rose (E. Langlois, Hrsg.), *Le Roman de la Rose par Guillaume de Lorris et Jean de Meun,* Paris 1914–24, 5 Bde. (Société des anciens textes français)
289 Rom, Vatikanische Bibliothek, *Menologio di Basilio II (Cod. Vaticano Greco,* 1613), Turin 1907 (Codices Vaticane selecti phototypice expressi consilio et opera curatorum Bibliothecae Vaticanae, VIII)
290 Roscher, W. H. (Hrsg.), *Ausführliches Lexikon der griechischen und römischen Mythologie,* Leipzig 1884–1924, 5 Bde.
291 Rousselot, P., *Pour l'histoire du problème de l'amour au moyen âge,* Münster 1908 (Beiträge zur Geschichte der Philosophie des Mittelalters, VI, 6)
292 Rusconi, G. A., *I dieci libri d'architettura,* Venedig 1660
293 Saitta, G., *La filosofia di Marsilio Ficino,* Messina 1923 (Studi filosofici, 15)
294 Salomon, R., *Opicinus de Canistris; Weltbild und Bekenntnisse eines avignonesischen Klerikers des 14. Jahrhunderts,* London 1936 (Sudies of the Warburg Institute, I a–b)
295 Saxl, F., Aller Tugenden und Laster Abbildung: *Festschrift für Julius Schlosser zum 60. Geburtstage,* Zürich (1926), S. 104–121
296 Saxl, F., Beiträge zu einer Geschichte der Planetendarstellungen im Orient und Occident: *Der Islam,* III, 1912, S. 151–177
297 Saxl, F., Frühes Christentum und spätes Heidentum in ihren künstlerischen Ausdrucksformen; I. Der Dialog als Thema der christlichen Kunst: *Wiener Jahrbuch für Kunstgeschichte,* II, 1923, S. 63–77
298 Saxl, F., *Mithras; typengeschichtliche Untersuchungen,* Berlin 1931
299 Saxl, F., Verzeichnis astrologischer und mythologischer illustrierter Handschriften des lateinischen Mittelalters in römischen Bibliotheken: *Sitzungsberichte der Heidelberger Akademie der Wissenschaften,* phil.-hist. Klasse, VI, 1915
300 Saxl, F., Veritas Filia Temporis: *Philosophy and History,* Essays presented to Ernst Cassirer, Oxford 1936, S. 197–222
301 Scheffler, L. von, *Michelangelo; eine Renaissancestudie,* Altenburg 1892
302 Schering, A., *Geschichte der Musik in Beispielen,* Leipzig 1931
303 Schlosser, J. von, Die ältesten Medaillen und die Antike: *Jahrbuch der Kunstsammlungen des Allerhöchsten Kaiserhauses,* XVIII, 1897, S. 64–108
304 Schlosser, J. von, Giustos Fresken in Padua und die Vorläufer der Stanza della Segnatura: *Jahrbuch der Kunstsammlungen des Allerhöchsten Kaiserhauses,* XVII, 1896, S. 13–100
305 Schlosser, J. von, *Die Kunstliteratur; ein Handbuch zur Quellenkunde der neueren Kunstgeschichte,* Wien 1924
306 Schlosser, J. von, Über einige Antiken Ghibertis: *Jahrbuch der Kunstsammlungen des Allerhöchsten Kaiserhauses,* XXIV, 1903, S. 124–159
307 Schramm, P. E., *Die deutschen Kaiser und Könige in Bildern ihrer Zeit,* Leipzig 1908, (Leipzig, Universität, Institut für Kultur- und Universalgeschichte; Veröffentlichungen, Die Entwicklung des menschlichen Bildnisses, 1)
308 Schreiber, *Die Hellenistischen Reliefbilder,* Leipzig 1894, 2 Bde.
309 Schubring, P., *Cassoni; Truhen und Truhenbilder der italienischen Frührenaissance,* Leipzig 1915
310 Schubring, P., *Cassoni,* Nachtrag, Leipzig 1923
311 Schubring, P., *Die Plastik Sienas im Quattrocento,* Berlin 1907
312 Schulze, H., *Die Werke des Angelo Bronzino,* Straßburg 1911

313 Scott, W., *Hermetica; The Ancient Greek and Latin Writings... ascribed to Hermes Trismegistus,* Oxford 1924–36, 4 Bde.
314 Servius, *Commentarii in Virgilii opera,* Straßburger Ausgabe von um 1473 (Rusch; Hain, Rep. Bibl. 14704)
315 Servius, *Commentarii in Virgilii opera,* Mailänder Ausgabe von 1475 (Zarotus; Hain, Rep. Bibl. 14708)
316 Seta, A., della, *Religione e arte figurata,* Rom 1912
317 Shapley, F. R., A Student of Ancient Ceramics, Antonio Pollajuolo: *The Art Bulletin,* II, 1919, S. 78–86
318 Sieper, E., *Les échecs amoureux...,* Weimar 1898 (Literarhistorische Forschungen, hg. von J. Schick und M. von Waldberg, Bd. IX)
319 Simson, O. G. von, *Zur Genealogie der weltlichen Apotheose im Barock,* Straßburg 1936 (Akademische Abhandlungen zur Kulturgeschichte)
320 Springer-Michaelis (Hrsg.), *Handbuch der Kunstgeschichte,* 9. Aufl., Leipzig 1911
321 Stark, C. B., *Systematik und Geschichte der Archäologie der Kunst* (Handbuch der Archäologie der Kunst, I), Leipzig 1880
322 Steinmann, E., *Das Geheimnis der Medicigräber Michelangelos,* Leipzig 1907 (Kunstgeschichtliche Monographien, 4)
323 Steinmann, E. und R. Wittkower, *Michelangelo-Bibliographie,* 1510–1926, Leipzig 1927 (Römische Forschungen der Bibliotheca Hertziana, Bd. 1)
324 Steinmann, E., *Michelangelo im Spiegel seiner Zeit,* Leipzig 1930 (Römische Forschungen der Bibliotheca Hertziana, Bd. VIII)
325 Stettiner, R., *Die illustrierten Prudentius-Handschriften,* Berlin 1895, 1905
326 Stevenson, B., *Home Book of Quotations,* New York 1934
326a Stillwell, R., *Antioch-on-the-Orontes,* II, Princeton, N. J. 1938
327 Strauch, L., ›Angler‹: *Reallexikon der deutschen Kunstgeschichte,* Stuttgart 1937, Bd. I, Sp. 694–698
328 Strzygowski, J., Die Calenderbilder des Chronographen vom Jahre 354: *Jahrbuch des Kaiserlichen, deutschen archaeologischen Instituts,* 1888, Ergänzungsheft 1
329 Strzygowski, J., *Koptische Kunst,* Wien 1904 (Catalogue général des antiquités égyptiennes du Musée du Caire)
330 Suidas (A. Adler, Hrsg.), *Suidae lexicon,* Leipzig 1928–35, 4 Bde. (Lexicographi graeci, Bd. I)
331 Supino, J. B., *Giotto,* Florenz 1920
332 Swarzenski, G., *Nicolo Pisano,* Frankfurt a. M. 1926 (Meister der Plastik, 1)
333 Swarzenski, G., *Die Regensburger Buchmalerei des X. und XI. Jahrhunderts,* Leipzig 1901 (Denkmäler der süddeutschen Malerei des frühen Mittelalters, 1)
334 Swarzenski, G., *Die Salzburger Malerei von den ersten Anfängen bis zur Blütezeit des romanischen Stils,* Leipzig 1908–13 (Denkmäler der süddeutschen Malerei des frühen Mittelalters, II)
335 Taylor, L. R., The ›Sellisternium‹ and the Theatrical ›Pompa‹: *Classical Philology,* XXX, 1935, S. 122–130
336 Terret, V., *La sculpture bourguignonne aux XII*[e] et *XIII*[e] *siècles, ses origines et ses sources d'inspiration; Cluny, Autun,* Paris 1914
337 Tetius, H., *Aedes Barberinae ad Quirinalem,* Rom 1642
338 Thiele, G., *Antike Himmelsbilder,* Berlin 1898
339 Thode, H., *Giotto,* Bielefeld und Leipzig 1899
340 Thode, H., *Michelangelo; Kritische Untersuchungen über seine Werke,* Berlin 1908–13, 3 Bde.
341 Thomas, A., *Francesco da Barberino et la littérature provençale en Italie au moyen âge,* Paris 1883 (Bibliothèque des écoles françaises d'Athènes et de Rome, 35)
Thomasin von Zerclaere, *siehe:* von Oechelhäuser

342 Tietze-Conrat, E., Lost Michelangelo Reconstructed: *The Burlington Magazine,* LXVIII, 1936, S. 163–170
343 Tinti, M., *Angelo Bronzino,* Florenz 1920 (Piccola Collezione d'Arte, 10)
344 Toffanin, G., *Il cinquecento* (Storia letteraria d'Italia), Mailand 1929
345 Tolnay, (Tolnai), K. (C.), von (de), *Pierre Bruegel l'Ancien,* Brüssel 1939 (Bibliothèque du XVIe siècle)
346 Tolnay, K., Zu den späteren architektonischen Projekten Michelangelos: *Jahrbuch der Königlich Preußischen Kunstsammlungen,* LI, 1930, S. 1–48 (LIII, 1932, S. 231–253)
347 Tolnay, K., Die Handzeichnungen Michelangelos im Archivio Buonarroti: *Münchner Jahrbuch der bildenden Kunst,* Neue Folge, V, 1928, S. 377–476
348 Tolnay, K., Die Handzeichnungen Michelangelos im Codex Vaticanus: *Repertorium für Kunstwissenschaft,* XLVIII, 1927, S. 157–205
349 Tolnay, K., ›Michelangelo‹: Thieme-Becker, *Allgemeines Künstlerlexikon,* Bd. XXIV, S. 515–526
350 Tolnay, K., Michelangelo's Bust of Brutus: *The Burlington Magazine,* LXVII, 1935, S. 23–29
351 Tolnay, K., Michelangelostudien; die Jugendwerke: *Jahrbuch der preußischen Kunstsammlungen,* LIV, 1933, S. 95–122
352 Tolnay, K., The Rondanini Pietà: *The Burlington Magazine,* LXV, 1935, S. 146–157
353 Tolnay, K., Eine Sklavenskizze Michelangelos: *Münchner Jahrbuch der bildenden Kunst,* Neue Folge, V, 1928, S. 70–85
354 Tolnay, K., Studi sulla Capella Medicea, I: *L'Arte,* nuova serie, V, 1934, S. 5–44
355 Tolnay, K., Studi sulla Capella Medicea, II: *L'Arte,* nuova serie, V, 1934, S. 281–307
356 Tolnay, K., The Visionary Evangelists of the Reichenau School: *The Burlington Magazine,* LXIX, 1936, S. 257–263
357 Tolnay, K., La volta della capella Sistina: *Bolletino d'arte,* serie 3, XXIX, 1935/36, S. 389–408
358 Tomitano, B., *Quattro libri della lingua Thoscana, ... ove si prova la philosophia esser necessaria al perfetto oratore, & poeta,* Padua 1570
359 Torr, C., *Ancient Ships,* Cambrigde 1895
360 Torre, A. della, *Storia dell'Accademia Platonica di Firenze,* Florenz 1902 (Publicazioni del R. Istituto de'studi superiori ... in Firenze. Sezione di filosofia e filologia, 28)
361 Typotius, (Typoets), J., *Symbolia divina et humana pontificum, imperatorum, regum,* Arnheim 1666
362 Ulmann, H., Piero di Cosimo: *Jahrbuch der Königlich Preußischen Kunstsammlungen,* XVII, 1896, S. 120–142
363 Valentiner, W. R., *Tino di Camaino, a Sienese Sculptor of the Fourteenth Century,* Paris 1935
364 Valentiner, W. R., *Unknown Masterpieces in Public and Private Collections,* London 1930
Valeys, *siehe:* Walleys
365 Varchi, B., *Lezzioni... sopra diverse materie, potiche e filosofiche, raccolte nuovamente,* Florenz 1590
366 Vasari, G. (G. Milanesi, Hrsg.), *Le vite de'più eccellenti pittori, scrittori ed architetti, scritte da Giorgio Vasari, pittore Aretiono,* Florenz 1878–1906, 9 Bde.
367 Vasari, G., (E. Jaeschke, Hrsg.), *Giorgio Vasari, Die Lebensbeschreibungen der berühmtesten Architekten, Bildhauer und Maler,* Bd. II: *Die Florentiner Maler des 15. Jahrhunderts,* Straßburg 1904
368 Vasari, G., (E. Bianchi, Hrsg.), *Le vite de' più eccellenti pittori, scultori, architetti...,* Florenz 1930
Vasari, *siehe:* Frey, *Le vite ...*
Veen, Otho van, *siehe:* Venius
369 Venedig. *Mostra Tiziano, Venezia, 25 apr. – 4 nov. 1935, Catalogo delle opere,* Venedig 1935
370 Venius (Vaenius, van Veen), O., *Amorum Emblemata,* Antwerpen 1608; Neudruck: *Les*

emblèmes de l'amour humain, Brüssel 1667
371 Venius, (Vaenius, van Veen), O., *Amoris divini emblemata,* Antwerpen 1615
372 Venturi, A., *Correggio,* Leipzig und Rom 1926 (Deutsche Ausgabe)
373 Venturi, A., *Giovanni Pisano; his Life and Work,* Paris 1928
374 Venturi, A., *Studi dal vero; attraverso le raccolte artistiche d'Europa,* Mailand 1927
374a Venturi, L., Contributi: *L'Arte,* nuova serie, III, 1932, S. 484
375 Venturi, L., *Pitture Italiane in America,* Mailand 1931
376 Vinci, Leonardo da (H. Ludwig, Hrsg.), *Das Buch der Malerei,* Wien 1881 (Quellenschriften zur Kunstgeschichte, 15–18)
377 Viollet-le-Duc, E. E., *Dictionnaire raisonné d'architecture française du XIe au XVIe siècle,* Paris 1858–68. 10 Bde.
378 *Vitruvius* (Giocondo, Fra) *M. Vitruvius per Jocundum solito castigatior factus cum figuris et tabula ut jam legi et intelligi possit,* Venedig 1511
379 *Vitruvius* (Cesariano, C.) *Di Lucio Vitruuio... libri dece..., commentato ed affigurato da Cesare Cesarino,* Como 1521
380 *Vitruvius* (Martin, J.) *M. V. P. Architectura ou art de bien bastir, mis de latin en françois par Jean Martin,* Paris 1547
381 Vitruvius (Poleni, J.) M. V. P. *Architectura ... cum exercitationibus notisque ... J. Poleni,* Udine 1825–30, 4 Bde.
382 *Vitruvius* (Ryff) *M. V. P. De Architectura, Vitruvius Teutsch, durch G. H. Rivium,* Nürnberg 1548
383 Vitry, P., *La cathédrale de Reims; architecture et sculpture,* Paris 1919, 2 Bde.
384 Voss, H., *Die Malerei des Barock in Rom,* Berlin 1924
385 Vossler, K., *Die philosophischen Grundlagen zum ›süßen neuen Stil‹ des G. Guinicelli, G. Cavalcanti und Dante Alighieri,* Heidelberg 1904
386 Walleys (Walleis, Valeys), T., *Metamorphosis Ovidiana moraliter... explanata,* Paris 1515
387 Warburg, A., Gesammelte Schriften, Leipzig, 1932, 2 Bde. (Ausg. Bibliothek Warburg)
388 Weber, P., *Geistliches Schauspiel und kirchliche Kunst in ihrem Verhältnis erläutert an einer Ikonographie der Kirche und Synagoge,* Stuttgart 1894
389 Wechssler, E., Eros und Minne: *Vorträge der Bibliothek Warburg,* 1921/22, S. 69–93
390 Wechssler, E., *Das Kulturproblem des Minnesangs; Studien zur Vorgeschichte der Renaissance* (Bd. I, *Minnesang und Christentum),* Halle a. S. 1909
391 Weege, F., Das goldene Haus des Nero: *Jahrbuch des Kaiserlichen deutschen archaeologischen Instituts,* XXVIII, 1913, S. 127–244
392 Weinberger, M., Nino Pisano: *The Art Bulletin,* XIX, 1937, S. 58–91
393 Weingartner, J., Die profane Wandmalerei Tirols im Mittelalter: *Münchner Jahrbuch der bildenden Kunst,* Neue Folge, V, 1928, S. 1–63
394 Weisbach, W., *Trionfi,* Berlin 1919
395 Weitzmann, K., Das Evangelion im Skevophylakion zu Lawra: *Seminarium Kondakovianum,* VIII, 1936, S. 83–98
396 Westwood, J. O., *Facsimiles of the Miniatures and Ornaments of Anglo-Saxon and Irish Manuscripts,* London 1868
397 Wickhoff, F., Die Antike im Bildungsgange Michelangelos: *Mitteilungen des Instituts für österreichische Geschichtsforschung,* III, 1882, S. 408–435
398 Wickhoff, F., *Die Gestalt Amors in der Phantasie des italienischen Mittelalters:* Jahrbuch der Königlich Preußischen Kunstsammlungen, XI, 1890, S. 41–53
399 Wickhoff, F., Venezianische Bilder: *Jahrbuch der Königlich Preußischen Kunstsammlungen,* XXIII, 1902, S. 118–123
400 Wilczek, K., Ein Bildnis des Alfonso Davalos von Tizian: *Zeitschrift für bildende Kunst,* LXIII, 1929/30, S. 240–247

401 Wilde, J., Due modelli di Michelangelo ricomposti: *Dedalo,* VIII, 1927/28, S. 653–671
402 Wilde, J., Eine Studie Michelangelos nach der Antike: *Mitteilungen des Kunsthistorischen Instituts in Florenz,* IV, 1932, S. 41–64
403 Wilde, J., Zwei Modelle Michelangelos für das Julius-Grabmal: *Jahrbuch der kunsthistorischen Sammlungen in Wien,* Neue Folge, II, 1928, S. 199–218
404 Wilpert, J., *Die Römischen Mosaiken und Malereien der kirchlichen Bauten von IV. bis XIII. Jahrhundert,* Freiburg im Breisgau 1916, 4 Bde.
405 Wind, E., Platonic Justice, Designed by Raphael: *Journal of the Warburg Institute,* I, 1937, S. 69–70
406 Wind, E., Donatello's Judith: a Symbol of ›Sanctimonia‹: *Journal of the Warburg Institute,* I, 1937, S. 62
407 Wind, E., *Das Experiment und die Metaphysik, zur Auflösung der kosmologischen Antinomien,* Tübingen 1934 (Beiträge zur Philosophie und ihrer Geschichte, 3)
408 Wind, E., Some Points of Contact between History and Science: *Philosophy and History,* Essays presented to Ernst Cassirer, Oxford 1936, S. 255–264
408a Wittkower, R., Chance, Time and Virtue: *Journal of the Warburg Institute,* I, 1937, S. 313–321
409 Wölfflin, H., *Die klassische Kunst. Eine Einführung in die italienische Renaissance,* München 1898
410 Wolters, P., Ein Apotropaion aus Baden im Aargau: *Bonner Jahrbücher,* CXVIII, 1909, S. 257–274
411 Wolters, P., Faden und Knoten als Amulett: *Archiv für Religionswissenschaft,* VIII, Beiheft, 1905, S. 1–22
412 Worcester, Mass. Worchester Art Museum. ›*The Dark Ages*‹, *Loan Exhibition,* 1937
413 Zonta, G. (Hrsg.), *Trattati d'amore del cinquecento,* Bari 1912 (Scrittori d'Italia)

Verzeichnis der Veröffentlichungen Panofskys

Das im folgenden abgedruckte Verzeichnis wurde der deutschen Ausgabe von Meaning in the Visual Arts, Sinn und Deutung in der bildenden Kunst, dumont-taschenbuch 33, Köln 1975, entnommen. Es beruht auf den grundlegenden Bibliographien in der Panofsky-Festschrift (De Artibus Opuscula XL. Essays in Honor of E. Panofsky. 2 Bde. Hrsg. von M. Meiss. New York 1961. I, S. XIII–XXI) und im Sammelband: Aufsätze zu Grundfragen der Kunstwissenschaft (zusammengestellt und herausgegeben von H. Oberer und E. Verheyen. Berlin 1964, S. 11–21) sowie auf den Korrekturen und Ergänzungen von R. Heidt (in: Wallraf-Richartz-Jahrbuch. 30 [1968], S. 12–14). Die Titel wurden jedoch zum überwiegenden Teil noch einmal autopsiert und dabei zutage tretende Ungenauigkeiten und falsche Jahreszahlen korrigiert. Dadurch bisweilen entstehende Sprünge in der chronologischen Abfolge wurden in Kauf genommen und auf eine Neuordnung des Materials verzichtet, um die einmal eingeführte Numerierung nicht umzustoßen und um die Brauchbarkeit der Bibliographie der Rezensionen zu Schriften Panofskys, auf die hier nur verwiesen sei, zu gewährleisten (bearbeitet von R. Heidt. ebd., S. 14–18). Veröffentlichungen in Buchform – im Gegensatz zu Aufsätzen und Rezensionen – wurden mit einem Sternchen (*) gekennzeichnet.

1 *Die theoretische Kunstlehre Albrecht Dürers (Dürers Ästhetik). Berlin 1914. 61 S. (Inaug.-Diss. Freiburg i. Br.)
(vgl. 2)

2 *Dürers Kunsttheorie, vornehmlich in ihrem Verhältnis zur Kunsttheorie der Italiener. Berlin 1915. XI, 209 S., 20 Abb., 2 Tafeln
(vgl. 1)

3 Das perspektivistische Verfahren Leone Battista Albertis. In: Kunstchronik, N. F. 26 (1914/15), Sp. 505–516

4 Das Problem des Stils in der bildenden Kunst. In: Zeitschrift für Ästhetik und Allgemeine Kunstwissenschaft. 10 (1915), S. 460–467
(vgl. 142, 157)

5 Raffael und die Fresken in der Dombibliothek zu Siena. In: Repertorium für Kunstwissenschaft. 37 (1915), S. 267–291

6 Über das Zeichen mit farbiger Feder. Bemerkungen zu einigen Blättern des Virgilius Solis und zu den Randzeichnungen im Gebetbuch Maximilians I. In: Monatshefte für Kunstwissenschaft. 8 (1915), S. 166–169

7 Die Scala Regia im Vatikan und die Kunstanschauungen Berninis. In: Jahrbuch der Preußischen Kunstsammlungen. 40 (1919), S. 241–278

8 Der Begriff des Kunstwollens. In: Zeitschrift für Ästhetik und Allgemeine Kunstwissenschaft. 14 (1920), S. 321–339 (Diese Ausführungen bilden in gewisser Hinsicht die Fortsetzung von 4)
(vgl. 142, 157)

9 Dürers Darstellungen des Apollo und ihr Verhältnis zu Barbari. In: Jahrbuch der Preußischen Kunstsammlungen. 41 (1920), S. 359–377

10 Der Statuenschmuck der Piazza della Signoria in seiner Beziehung zum Palazzo Vecchio. In: Monatshefte für Baukunst und Städtebau. 4 (1920). Archiv, S. 7–13, 79–82

11 Der Westbau des Doms zu Minden. In: Repertorium für Kunstwissenschaft. 42 (1920), S. 51–77

12 *Die Sixtinische Decke. Leipzig (1921). 10 S., 20 (17) Abb. auf Tafeln (Bibliothek der Kunstgeschichte. 8.)

13 Bemerkungen zu Dagobert Frey's ›Michelangelostudien‹. In: Monatshefte für Baukunst und Städtebau. 5 (1921). Archiv, S. 35–45

14 Die Entwicklung der Proportionslehre als Abbild der Stilentwicklung. In: Monatshefte für Kunstwissenschaft. 14 (1921), S. 188–219
(vgl. 126, 145, 157, 179, 180)

15 *Dürers Stellung zur Antike. Mit zwei Exkursen. I. Die Illustrationen der Apianischen Inscriptiones in ihrem Verhältnis zu Dürer. II. Die Tempelarchitektur des Holzschnittes B. 88. (Die Darstellung Christi). Wien 1922. 50 S., 34 Abb. (Kunstgeschichtliche Einzeldarstellungen. 5.)
– auch in: (Wiener) Jahrbuch für Kunstgeschichte. I (1921/22), S. 43–92
(vgl. 126, 145, 179, 180)

16 *Handzeichnungen Michelangelos. Leipzig (1922). 12 S., 20 Tafeln (Bibliothek der Kunstgeschichte. 34.)

17 Die Michelangelo-Literatur seit 1914. In: (Wiener) Jahrbuch für Kunstgeschichte. I (1921/22). Buchbesprechungen, Sp. 1–64

18 Die Treppe der Libreria di S. Lorenzo. Bemerkungen zu einer unveröffentlichten Skizze Michelangelos. In: Monatshefte für Kunstwissenschaft. 15 (1922), S. 262–274

19 Zu Hermann Voss: ›Bernini als Architekt an der Scala Regia und den Kolonnaden von Sankt Peter‹ (Eine Ergänzung). In: Kunstchronik. Neue Folge 33 (1921/22), S. 599–602

20 *Dürers ›Melencolia. I‹. Eine quellen- und typengeschichtliche Untersuchung (mit Fritz Saxl). Leipzig/Berlin 1923. XV, 160 S., 68 Abb. auf 45 Tafeln (Studien der Bibliothek Warburg. 2.)
(vgl. 74, 147, 169)

21 Das Braunschweiger Domkruzifix und das ›Volto Santo‹ zu Lucca. In: Festschrift für Adolph Goldschmidt zum 60. Geburtstag. Leipzig 1923, S. 37–44

22 Rezension von: Alois Fuchs, Die Reste des Atriums des Karolingischen Domes zu Paderborn. In: Jahrbuch für Kunstwissenschaft. (1923), S. 297–298

23 *Die deutsche Plastik des elften bis dreizehnten Jahrhunderts. München 1924. I: IX, 180 S., 12 Tafeln; II: 125 Tafeln

24 *›Idea‹. Ein Beitrag zur Begriffsgeschichte der älteren Kunsttheorie. Leipzig/Berlin 1924. 145 S., 7 Abb. (Studien der Bibliothek Warburg. 5.)
(vgl. 110, 136, 175)

25 Das ›Discordia‹-Relief im Victoria- und Albert-Museum. Ein Interpretationsversuch. In: Belvedere. 5 (1924), S. 189–193

25a Heinrich Wölfflin. Zu seinem 60. Geburtstage am 21. Juni 1924. In: Hamburger Fremdenblatt, 21. Juni 1924

26 Rezension von: Hermann Beenken, Romanische Skulptur in Deutschland (XI. und XII. Jahrhundert). In: Jahrbuch für Kunstwissenschaft. (1924/25), S. 244–246

27 Rezension von: Adolph Goldschmidt, Die Skulpturen von Freiberg und Wechselburg. In: Jahrbuch für Kunstwissenschaft. (1924/25), S. 246–252

28 Rezension von: Erwin Rosenthal, Giotto in der mittelalterlichen Geistesentwicklung. In: Jahrbuch für Kunstwissenschaft. (1924/25), S. 254–259

29 Über das Verhältnis der Kunstgeschichte zur Kunsttheorie. Ein Beitrag zu der Erörterung über die Möglichkeit ›kunstwissenschaftlicher Grundbegriffe‹. In: Zeitschrift für Ästhetik und

Allgemeine Kunstwissenschaft. 18 (1925), S. 129–161
(vgl. 142, 157)
29a Die Erfindung der verschiedenen Distanzkonstruktionen in der malerischen Perspektive. In: Repertorium für Kunstwissenschaft. 45 (1925), S. 84–86
30 Albrecht Dürers rhythmische Kunst. In: Jahrbuch für Kunstwissenschaft. (1926), S. 136–192
31 A Late Antique Religious Symbol in Works by Holbein and Titian (mit Fritz Saxl). In: Burlington Magazine. 49 (1926), S. 177–181
(vgl. 45, 126, 145, 179, 180)
32 Rezension von: Hans Jantzen, Deutsche Bildhauer des 13. Jahrhunderts. In: Repertorium für Kunstwissenschaft. 47 (1926), S. 54–62
33 Bemerkungen zu der Neuherausgabe der Haarlemer Michelangelo-Zeichnungen durch Fr. Knapp. In: Repertorium für Kunstwissenschaft. 48 (1927), S. 25–58
– Erklärung. In: Repertorium für Kunstwissenschaft. 49 (1928), S. 37–38
34 Ein Bildentwurf des Jacopino del Conte. In: Belvedere. II (1927), S. 43–50
35 ›Imago Pietatis‹. Ein Beitrag zur Typengeschichte des ›Schmerzensmannes‹ und der ›Maria Mediatrix‹. In: Festschrift für Max J. Friedländer zum 60. Geburtstag. Leipzig 1927, S. 261–308
36 Die Perspektive als ›symbolische Form‹. In: Vorträge der Bibliothek Warburg. (1924/25), Leipzig/Berlin 1927, S. 258–330
(vgl. 142, 157)
37 Die Pietà von Ubeda. Ein kleiner Beitrag zur Lösung der Sebastiano-Frage. In: Festschrift für Julius Schlosser zum 60. Geburtstage. Zürich 1927, S. 150–161
38 Über die Reihenfolge der vier Meister von Reims. In: Jahrbuch für Kunstwissenschaft. (1927), S. 55–82
(vgl. 157)
39 Rezension von: G. J. Kern, Die verschollene Kreuztragung des Hubert oder Jan van Eyck. In: Kritische Berichte zur Kunstgeschichtlichen Literatur. 1/2 (1927/28), S. 74–83
40 Die Antike in der nordischen Gotik [Resumée]. In: Verein Deutscher Philologen und Schulmänner. Verhandlungen der 56. Versammlung, Göttingen 1927. Leipzig 1928, S. 137–139
41 Kopie oder Fälschung? Ein Beitrag zur Kritik einiger Zeichnungen aus der Werkstatt Michelangelos. In: Zeitschrift für Bildende Kunst. 61 (1927), S. 221–244
(vgl. 43)
42 Two ›Lost‹ Drawings by (and after) Sebastiano del Piombo. In: Old Master Drawings. 2 (1928), S. 31–34
43 Noch einmal: ›Kopie oder Fälschung?‹ In: Zeitschrift für Bildende Kunst. 62 (1928), S. 179–183
(vgl. 41)
44 Über die Reliefs an den Seitenschiffportalen der Sebalduskirche in Nürnberg (zu Josef Müllers Aufsatz). In: Belvedere. 8 (1929), S. 13–18
45 *Hercules am Scheidewege und andere antike Bildstoffe in der neueren Kunst. Leipzig/Berlin 1930. XIX, 216 S., 8 Textabb., 119 Abb. auf 77 Tafeln (Studien der Bibliothek Warburg. 18.)
(vgl. 31)
46 A. Warburg. In: Repertorium für Kunstwissenschaft. 51 (1930), S. 1–4
Gering veränderter Abdruck des Nachrufes aus: Hamburger Fremdenblatt, 28. Oktober 1929
47 Das erste Blatt aus dem ›Libro‹ Giorgio Vasaris. Eine Studie über die Beurteilung der Gotik in der italienischen Renaissance. Mit einem Exkurs über zwei Fassadenprojekte Domencio Beccafumis. In: Städel-Jahrbuch. 6 (1930), S. 25–72
(vgl. 126, 145, 179, 180)
48 Original und Faksimile. In: Der Kreis. 7 (1930), S. 160
49 Zur künstlerischen Abkunft des Straßburger ›Ecclesiameisters‹. In: Oberrheinische Kunst. 4 (1929/30), S. 124–129
50 Gustav Pauli. In: Hamburger Fremdenblatt, 1. Februar 1931, S. 2

51a Stellungnahme zu: E. Cassirer, Mythischer, ästhetischer und theoretischer Raum (Vortrag). In: Vierter Kongreß für Ästhetik und allgemeine Kunstwissenschaft, Hamburg 1930. Bericht. Herausgegeben von H. Noack. Beilageheft zur Zeitschrift für Ästhetik und Allgemeine Kunstwissenschaft. 25 (1931), S. 53–54

51b Stellungnahme zu: H. Fränkel, Die Zeitauffassung in der archaischen griechischen Literatur (Vortrag). ebd., S. 117

52 Zwei Dürerprobleme (Der sogenannte ›Traum des Doktors‹ und die sogenannten ›Vier Apostel‹). In: Münchner Jahrbuch der Bildenden Kunst. Neue Folge 8 (1931), S. 1–48
(Resumée in: Actes du XIIe Congrès international d'histoire de l'art, Brüssel 1930. Brüssel 1937, S. 150–151)

52a Sokrates in Hamburg. In: Der Querschnitt. II (1931), S. 593–599 (erschienen unter dem Pseudonym A. F. Synkop)
(vgl. 143)

53 Der greise Philosoph am Scheidewege (Ein Beispiel für die ›Ambivalenz‹ ikonographischer Kennzeichen). In: Münchner Jahrbuch der Bildenden Kunst. Neue Folge 9 (1932), S. 285–290

54 Zum Problem der Beschreibung und Inhaltsdeutung von Werken der bildenden Kunst. In: Logos. 21 (1932), S. 103–119
(vgl. 56, 74, 126, 142, 145, 147, 157, 169)

55 Rezension von: Ernst Steinmann und Rudolf Wittkower, Michelangelobibliographie 1510–1926. In: Zeitschrift für Kunstgeschichte. I (1932), S. 160–161

56 Classical Mythology in Mediaeval Art (mit Fritz Saxl). In: Metropolitan Museum Studies. 4 (1932/33), S. 228–280
(vgl. 54, 74, 126, 145, 147, 169)

57 Der gefesselte Eros (Zur Genealogie von Rembrandts Danae). In: Oud-Holland. 50 (1933), S. 193–217
Zuerst in der nicht gedruckten Festschrift für Walter Friedländer zum 65. Geburtstag, 1932, S. 483–526

58 Jan van Eyck's ›Arnolfini‹ Portrait. In: Burlington Magazine. 64 (1934), S. 117–127

58a Letter to the Editor (zu: Jan van Eyck's ›Arnolfini‹ Portrait). In: Burlington Magazine. 65 (1934), S. 296–297

59 Rezension von: René Jullian, Les Survivances antiques dans la sculpture lombarde au XIIe siècle. In: A Bibliography of the Survival of the Classics. 1. London 1934, S. 173–174 (Nr. 713)

60 Rezension von: Josef Koch, Zur Ästhetik des Thomas von Aquin. Ebd., S. 189–190 (Nr. 773)

61 Rezension von: Valerio Mariani, Gli affreschi di Michelangelo nella Cappella Paolina. Ebd., S. 210–211 (Nr 858)

62 The Friedsam Annunciation and the Problem of the Ghent Altarpiece. In: Art Bulletin. 17 (1935), S. 433–473
(vgl. 70)

63 Et in Arcadia ego. On the Conception of Transience in Poussin and Watteau. In: Philosophy and History. Essays Presented to Ernst Cassirer. Oxford 1936, S. 223–254
(vgl. 69, 126, 145, 176, 179, 180)

64 On Movies. In: Princeton University. Department of Art and Archaeology. Bulletin (1936), S. 5–15
(vgl. 67, 97, 171)

65 The ›Discovery of Honey‹ by Piero di Cosimo. In: Worcester Art Museum Annual. 2 (1936/37), S. 32–43
(vgl. 68, 74, 147, 169)

66 The First Two Projects of Michelangelo's Tomb of Julius II. In: Art Bulletin. 19 (1937), S. 561–579

67 Style and Medium in the Moving Pictures. In: Transition. 26 (1937), S. 121–133

– auch in: D. L. Durling, A Preface to Our Day. New York 1940, S. 570–582
(vgl. 64, 97, 171)
68 The Early History of Man in a Cycle of Paintings by Piero di Cosimo. In: Warburg Journal. 1 (1937), S. 12–30
(vgl. 65, 74, 147, 169)
69 ›Et in Arcadia ego‹ et le tombeau parlant. In: Gazette des Beaux-Arts. ser. 6. 19 (1938), S. 305–306
(vgl. 63, 176)
70 Once More ›The Friedsam Annunciation and the Problem of the Ghent Altarpiece‹. In: Art Bulletin. 20 (1938), S. 419–442
(vgl. 62)
71 Rezension von: Marialuisa Gengaro, La teoria dell'arte di Giovan Paolo Lomazzo. In: A Bibliography of the Survival of the Classics. 2. London 1938, S. 237 (Nr. 883)
72 Rezension von: Walter Thomae, Dürers Proportionstheorien. Ebd., S. 247 (Nr. 916)
73 Rezension von: Herta Wendel, Arkadien im Umkreis bukolischer Dichtung in der Antike und in der französischen Literatur. Ebd., S. 250–251 (Nr. 927)
74 *Studies in Iconology. Humanistic Themes in the Art of the Renaissance. New York 1939. XXXIII, 262 S., 173 Abb. auf 92 Tafeln (The Mary Flexner Lectures [on the Humanities]. 7, 1937)
(vgl. 20, 54, 56, 65, 68, 79, 126, 145, 147, 169, 180)
75 Note on the Importance of Iconographical Exactitude. In: Art Bulletin. 21 (1939), S. 402
76 Reintegration of a Book of Hours Executed in the Workshop of the ›Maître des Grandes Heures de Rohan‹. In: Medieval Studies in Memory of A. Kingsley Porter. Cambridge 1939, S. 479–499
77 *The Codex Huygens and Leonardo da Vinci's Art Theory. The Pierpont Morgan Library. Codex M. A. 1139. London 1940. 138 S., 5 Textabb., 117 Abb. auf (90) Tafeln (Studies of the Warburg Institute. 13.)
78 The History of Art as a Humanistic Discipline. In: The Meaning of the Humanities. Hrsg. von T. M. Greene. Princeton 1940, S. 89–118
– L'Histoire de l'art et les disciplines ›humanistes‹. In: L'Information d'Histoire de l'Art. 3 (1958), S. 17–24, 49–55
– On Intentions. In: Morris Weitz, Problems in Aesthetics. New York 1959, S. 288–295
(vgl. 126, 145, 179, 180)
79 Letter to the Editor. In: Art Bulletin. 22 (1940), S. 273 (Zur Rezension von: Studies in Iconology durch A. H. Gilbert u. H. W. Janson; ebd. S. 172–174 bzw. 174–175)
(vgl. 74)
80 Giotto and Maimonides in Avignon. In: Journal of the Walters Art Gallery. 4 (1941), S. 26–44
(vgl. 83)
81 Conrad Celtes and Kunz von der Rosen. Two Problems in Portrait Identification. In: Art Bulletin. 24 (1942), S. 39–54
(vgl. 82)
82 Letters to the Editor. Ebd., S. 199–201, 382–383 (zu: Conrad Celtes and Kunz von der Rosen)
(vgl. 81)
83 Giotto and Maimonides in Avignon. A Postscript. In: Journal of the Walters Art Gallery. 5 (1942), S. 124–127
(vgl. 80)
84 *Albrecht Dürer. Princeton 1943. I: X, 311 S., 8 Abb.; II: XXXVI, 206 S., 148 Tafeln
(vgl. 88, 98, 119, 170)
85 Note on a Controversial Passage in Suger's ›De consecratione ecclesiae Sancti Dionysii‹. In: Gazette des Beaux-Arts. ser. 6. 26 (1944), S. 95–114
(vgl. 90, 96, 173)

86 Renaissance and Renascenses. In: Kenyon Review 6 (1944), S. 201–236 (vgl. 134, 165)
86 Renaissance and Renascenses. In: Kenyon Review 6 (1944), S. 201–236 (vgl. 134, 165)
87 Three Italian Cassoni. In: Art Quarterly. 7 (1944), S. 141, 143, 145
88 *Albrecht Dürer. Princeton 1945 (2. revidierte Auflage). I: XI, 311 S., 8 Abb.; II: XXXVI, 208 S., 148 Tafeln
(vgl. 84, 98, 119, 170)
89 An Explanation of Stornaloco's Formula. In: Art Bulletin. 27 (1945), S. 61–64 (zu: Paul Frankl, The Secret of the Mediaeval Masons. Ebd., S. 46–60)
90 *Abbot Suger on the Abbey Church of St.-Denis and Its Art Treasures. Herausgegeben, übersetzt und mit Anmerkungen versehen von Erwin Panofsky. Princeton (N. J.) 1946. XIV, 250 S., 26 Abb. auf (12) Tafeln (lateinisch und englisch)
– London 1948 (2. Auflage)
– The Book of Sugar, Abbot of St.-Denis, on What Was Done under His Administration (Auszüge). In: E. B. Holt, Literary Sources of Art History. Princeton (N. J.) 1947, S. 20–44
(vgl. 85, 96, 126, 145, 173, 180)
91 Humanitas Tarkingtoniana. In: Princeton University. Library. An Exhibition of Booth Tarkington's Works. Princeton 1946, S. 1–4
92 Letter to the Editor. In: Art Bulletin. 28 (1946), S. 286–289 (zu: R. Langton Douglas, Piero di Cosimo)
(vgl. 95)
93 A Consecration Tablet of the Fifteenth Century. In: Princeton University Library Chronicle. 8 (1947), S. 63–66
94 Dürer's Last Picture? In: Burlington Magazine. 89 (1947), S. 55–63
95 Letter to the Editor. In: Art Bulletin. 29 (1947), S. 284 (zu Briefen von R. Langton Douglas. Ebd., S. 143–147 bzw. 222–223)
(vgl. 92)
96 Postlogium Sugerianum. In: Art Bulletin. 29 (1947), S. 119–121
(vgl. 85, 90, 173)
97 Style and Medium in the Motion Pictures. In: Critique. (New York). 1, 3 (1947), S. 5–28
– auch in: Eric Bentley, The Play. New York 1951, S. 751–770
– auch in: T. C. Pollock, Explorations. Englewood Cliffs (N. J.) 1956, S. 209–217
– auch in: Morris Weitz, Problems in Aesthetics. New York 1959, S. 526–543
– auch in: Daniel Talbot, Film. An Anthology. New York 1959, S. 15–32
(vgl. 64, 67, 171)
98 *Albrecht Dürer. Princeton (N. J.) 1948 (3. Aufl.). I: XII, 311 S., 8 Abb.; II: XXXVI, 214 S., 325 Abb. auf (148) Tafeln
(vgl. 84, 88, 119, 170)
99 Letter to the Editor. In: Art Bulletin. 30 (1948), S. 242–244 (zu: Penelope Dawson, A Perplexing Panel in the Jacquemart-André Collection in Paris. Ebd., S. 67)
100 The de Buz Book of Hours. A New Manuscript from the Workshop of the Grandes Heures de Rohan. In: Harvard Library Bulletin. 3 (1949), S. 163–182
101 Emendation to Francesco da Fiano's Invective. In: Warburg Journal. 12 (1949), S. 191–192
102 Who is Jan van Eycks ›Tymotheos‹? In: Warburg Journal. 12 (1949), S. 80–90
103 Rezension von: Guido Schoenberger, The Drawings of Mathis Gothart Nithart called Gruenewald. In: Art Bulletin. 31 (1949), S. 63–65
104 Dürer's St. Eustace. In: Princeton University. Record of the Art Museum. 9, 1 (1950), S. 1–10
105 Poussin's Apollo and Daphne in the Louvre. In: Société Poussin. Bulletin. 3 (1950), S. 27–40
106 *Gothic Architecture and Scholasticism. Latrobe (Pa.) 1951. XVIII, 156 S., 60 Abb. auf Tafeln (Wimmer Lecture. 1948)
– Gothic Architecture and Scholasticism. New York (1957). XVI, 156 S., 60 Abb. auf (46)

Tafeln (Meridian Books. M 44.). [14]1971
– Arquitectura gótica y escolástica. Enrique Revol, Übers. Buenos Aires 1959. 132 S., 60 Abb.
107 Meaning in the Visual Arts. In: Magazine of Art. 44 (1951), S. 45–50
108 ›Nebulae in pariete‹. Notes on Erasmus' Eulogy on Dürer. In: Warburg Journal. 14 (1951), S. 34–41
109 Two Roger Problems. The Donor of the Hague ›Lamentation‹ and the Date of the Altarpiece of the Seven Sacraments. In: Art Bulletin. 33 (1951), S. 33–40
110 *Idea. Contributo alla storia dell'estetica. Nuova prefazione dell'autore, presentazione e traduzione di Edmondo Cione. Florenz 1952. XXII, 204 S., 7Tafeln (Biblioteca di Cultura. 40.)
(vgl. 24, 136, 175)
111 A Parisian Goldsmith's Model of the Early Fifteenth Century. In: Essays in Honor of Georg Swarzenski. Chicago 1952. S. 70–84
Zuerst in: Beiträge für Georg Swarzenski. Berlin 1951
112 *Early Netherlandish Painting. Its Origins and Character. Cambridge (Mass.) 1953. I: XIII, 573 S., 11 Textabb., 66 Abb. auf 28 Tafeln; II: XXIV, 496 Abb. auf 334 Tafeln (The Charles Eliot Norton Lectures. 1947–1948)
113 Artist, Scientist, Genius. Notes on the ›Renaissance-Dämmerung‹. In: New York. Metropolitan Museum of Art. The Renaissance, a Symposium. 1952. New York 1953, S. 77–93
(Resumée in: Actes du XVIIe Congrès international d'histoire del'art, Amsterdam 1952. Den Haag 1955, S. 29–30)
(vgl. 148, 179)
114 Guelders and Utrecht. A Footnote on a Recent Acquisition of the Nationalmuseum at Stockholm. In: Konsthistorisk Tidskrift. 22 (1953), S. 90–102
115 The History of Art. In: The Cultural Migration. The European Scholar in America. Hrsg. von W. R. Crawford. Philadelphia 1953, S. 82–111
– Three Decades of Art History in the United States. Impressions of a Transplanted European. In: College Art Journal. 14 (1954), S. 7–27
(vgl. 126, 145, 180)
116 In Defense of the Ivory Tower. In: Association of Princeton Graduate Alumni, Report of the Third Conference. Princeton 1953, S. 77–84
– auch in: Centennial Review of Arts and Science. 1 (1957), S. 111–122
– auch in: Harvard Alumni Bulletin. 59, 17 (1957)
– auch in: American Institute of Architects. Journal. 32 (1959), S. 19–22
[Resumée]. In: Princeton Alumni Weekly. 53, 14 (1953), S. 15
117 *Galileo as a Critic of the Arts. Den Haag 1954. 41 S., 15 Tafeln
(vgl. 123, 125)
118 A Letter to Saint Jerome. A Note on the Relationship between Petrus Christus and Jan van Eyck. In: Studies in Art and Literature for Belle da Costa Greene. Princeton 1954, S. 102–108
119 *The Life and Art of Albrecht Dürer. Princeton 1955 (4. Auflage). XXXII, 317 S., 8 Textabb., 325 Abb. auf (148) Tafeln
– Symbolism and Dürer's ›Melencolia I‹, In: Morris Weitz, Problems in Aesthetics. New York 1959, S. 360–379
(vgl. 84, 88, 98, 170)
120 Charles Rufus Morey (1877–1955). In: American Philosophical Society Year Book. (1955), S. 482–491
121 ›Facies illa Rogeri maximi pictoris‹. In: Late Classical and Mediaeval Studies in Honor of Albert Mathias Friend. Princeton 1955. S. 392–400
122 *Pandora's Box. The Changing Aspects of a Mythical Symbol (mit Dora Panofsky). New York und London 1956. 136 S., 60 Abb. (Bollingen Series. 52.)
(vgl. 150, 164)

123 Galileo as a Critic of the Arts. Aesthetic Attitude and Scientific Thought. In: Isis. 47 (1956), S. 3–15 (vgl. 117, 125)
124 Jean Hey's ›Ecce Homo‹. Speculations about Its Author, Its Donor and Its Iconography. In: Bruxelles. Musées Royaux des Beaux-Arts. Bulletin. 5 (1956), S. 95–132
125 More on Galileo and the Arts. In: Isis. 47 (1956), S. 182–185
(vgl. 117, 123)
126 *Meaning in the Visual Arts. Papers in and on Art History. Garden City (N. Y.) 1955 (A Doubleday Anchor Book. A 59.) und Gloucester (Mass.) 1957. 362 S., 13 Textabb., 95 Abb. auf (64) Tafeln
(vgl. 14, 15, 31, 47, 63, 74, 78, 90, 115, 145, 179, 180)
127 Frank Aydelotte. In: Swarthmore College Bulletin. 54, 5 (1957), S. 4, 33
128 Glückwunsch an einen großen Kunsthistoriker. In: Max J. Friedländer. Ter Ere van zijn Negentigste Verjaardag. Den Haag 1957, S. 11–18
129 The Iconography of the Galérie François Ier at Fontainebleau (mit Dora Panofsky). In Gazette des Beaux-Arts. ser. 6. 52 (1958), S. 113–177 (französische Übersetzung S. 178–190)
130 Wilhelm Vöge. 16. Februar 1868 – 30. Dezember 1952. In: Wilhelm Vöge, Bildhauer des Mittelalters. Berlin 1958, S. IX-XXXII
131 Introducing Benignus Campus. With an Excursus on Three Allegorical Drawings Probably Copied after Antoine Caron. In: Gazette des Beaux-Arts. ser. 6. 53 (1959), S. 257–270
132 Rezension von: Guy de Tervarent, Attributs et symboles dans l'art profane, 1450–1600, I. In: Art Bulletin. 41 (1959), S. 107–108
133 *A Mythological Painting by Poussin in the Nationalmuseum Stockholm. Stockholm 1960. 63 S., 32 Textabb. (Nationalmusei Skriftserie. Nr 5.)
(vgl. 139)
134 *Renaissance and Renascences in Western Art. Stockholm (1960). I: XIX, 242 S.; II: 157 Abb. auf Tafeln. (Figura. 10; auch: The Gottesman Lectures. Uppsala University. 7)
(vgl. 86, 165)
135 Diskussionsbeitrag. In: Man's Contracting World in an Expanding Universe. Herausgegeben von Ben H. Bagdikian. Proceedings of the Brown University Convocation Held in Providence, Rhode Island, 21., 22. und 23. Oktober 1959. Providence/Rhode Island 1960, S. 122, 128, 144
136 *Idea. Ein Beitrag zur Begriffsgeschichte der älteren Kunsttheorie. (2. verbesserte Auflage). Berlin 1960 (VIII), 145 S., 7 Abb. (Studien der Bibliothek Warburg)
(vgl. 24, 110, 175)
137 La Chambre de San Paolo à Parme, peinte à fresque par le Corrège (übersetzt von Guy de Tervarent). In: Académie Royale de Belgique. Bulletin de la Classe des Beaux-Arts. 42 (1960), S. 163–180
(vgl. 140)
138 ›Canopus Deus‹. The Iconography of a Non-existent God. In: Gazette des Beaux-Arts. ser. 6. 57 (1961), S. 193–216
139 Letter to the Editor (zu: A Mythological Painting by Poussin). In: Burlington Magazine. 103 (1961), S. 318–321
(vgl. 133)
140 *The Iconography of Correggio's Camera di San Paolo. London 1961. X, 109 S., 2 Textabb., 74 Abb. auf 33 Tafeln (Studies of the Warburg Institute. 26.)
(vgl. 137)
141 Homage to Fracastoro in a Germano-Flemish Composition of about 1590? In: Nederlands Kunsthistorisch Jaarboek. 12 (1961), S. 1–33
142 *La prospettiva come ›forma simbolica‹ e altri scritti. Hrsg. von G. D. Neri mit einem Vorwort von M. Dalai. Mailand 1961. 237 S., 30 Textabb., 24 Abb. auf Tafeln (I fatti e le idee. 33.)
(vgl. 4, 8, 29, 36, 54)

143 Sokrates in Hamburg. Hamburg 1962. (Ausgabe der Gesellschaft der Bücherfreunde zu Hamburg)
(vgl. 52 a)
144 La Construction de L'Argo en tant qu' allégorie platonicienne. L'iconographie d'un dessin Mantegnesque vers 1500. In: Bulletin du Musée Hongrois des Beaux-Arts. (1962), Nr 20, S. 29–33
145 *Il significato nelle arti visive. Turin 1962
(vgl. 14, 15, 31, 47, 63, 78, 90, 115, 126, 179, 180)
146 Vorwort (S. 5/6) und Nachtrag (S. 42) zu: A. Weixlgärtner, Grünewald. Wien 1962
147 *Studies in Iconology. Humanistic Themes in the Art of the Renaissance. New York (1962). (2. Auflage). XLIII, 262 S., 173 Abb. auf XCII Tafeln (Harper Torchbooks. TB 1077.)
(vgl. 20, 54, 56, 65, 68, 74, 169)
148 Artist, Scientist, Genius. Notes on the ›Renaissance-Dämmerung‹. In: The Renaissance. 6 Essays. New York 1962 (Harper Torchbooks), S. 123–182
(vgl. 113, 179)
149 ›Virgo & Victrix‹ A Note on Dürer's ›Nemesis‹. In: Prints. 50 (1962), S. 13–38
150 *Pandora's Box. The Changing Aspects of a Mythical Symbol (mit Dora Panofsky). New York 1962 (2. Auflage). XIV, 158 S.
(vgl. 122, 164)
151 Barnett Newman's Vir heroicus sublimis. In: Art News. 60 (1962), April, Mai, September, S. 6
152 Goldschmidts Humor. In: Adolph Goldschmidt zum Gedächtnis. Hamburg 1962, S. 25–32
153 An Unpublished Portrait Drawing by Albrecht Dürer. In: Master Drawings. 1 (1963), S. 35–41
154 Homage to Jean Porcher. In: Gazette des Beaux-Arts. ser. 6. 62 (1963), S. 11–12
155 The Ideological Antecedents of the Rolls-Royce Radiator. In: Proceedings of the American Philosophical Society. 107 (1963), S. 273–288
156 Kommentar. In: John Plummer, The Book of Hours of Catherine of Cleves. New York 1964, S. 10–11
157 *Aufsätze zu Grundfragen der Kunstwissenschaft. Zusammengestellt und herausgegeben von Hariolf Oberer und Egon Verheyen. Berlin 1964. 204 S., 34 Abb., 50 Abb. auf 24 Tafeln
(vgl. 4, 8, 14, 29, 36, 38, 54)
158 Mors vitae testimonium. The Positive Aspect of Death in Renaissance and Baroque Iconography. In: Studien zur Toskanischen Kunst. Festschrift für Ludwig Heinrich Heydenreich zum 23. 3. 1963. München 1964. S. 221–236
159 *Saturn and Melancholy. Studies in the History of Natural Philosophy, Religion and Art (mit R. Klibansky und F. Saxl). London und New York 1964. XVIII, 429 S., 5 Abb., 146 Abb. auf Tafeln
160 *Tomb Sculpture. Its Changing Aspects from Ancient Egypt to Bernini. Herausgegeben von Horst W. Janson. New York 1964
*– Grabplastik. Vier Vorlesungen über ihren Bedeutungswandel von Alt-Ägypten bis Bernini. Herausgegeben von Horst W. Janson. Übersetzt von Lise Lotte Möller. Köln 1964. 319 S., 446 Abb. auf Tafeln
161 The Mouse that Michelangelo Failed to Carve. In: Marsyas. Studies in the History of Art. Supplement 1: Essays in Memory of Karl Lehmann. New York 1964, S. 242–251
162 Sol Aequinoctialis Fuit Creatus. Notes on a Composition by Lelio Orsi and Its Possible Connection with the Gregorian Calendar Reform. In: Mélanges Alexandre Koyré. Paris 1964, S. 360–380
162a Dürer's ›Apocalypse‹. An Introduction. Beilage zum Faksimile. London 1964
(vgl. 119)
163 Classical Reminiscences in Titian's Portraits. Another Note on His ›Allocution of the Marchese del Vasto‹. In: Festschrift für Herbert von Einem. Berlin 1965, S. 188–202

164 *Pandora's Box. The Changing Aspects of a Mythical Symbol (mit Dora Panofsky). New York 1965. (Harper Torchbook).
(vgl. 122, 150)
165 *Renaissance and Renascences in Western Art. Uppsala 1965 (2. Auflage)
(vgl. 86, 134)
166 Homage à Paul Coremans. The Promoter of a New Co-Operation between the Natural Sciences and the History of Art. In: Bulletin de l'Institut Royal du Patrimoine Artistique. 8 (1965), S. 62–67
167 ›Good Government‹ or Fortune? The Iconography of a Newly-Discovered Composition by Rubens. In: Gazette des Beaux-Arts. ser. 6. 68 (1966), S. 305–326
168 Vorwort zu: Petrus Berchorius, ... Ovidius moralisatus. Kap. I, De Formis Figurisque Deorum. Utrecht 1966, S. 1
169 *Essais d'Iconologie. Herausgegeben von B. Teyssèdre, übersetzt von C. Herbette und B. Teyssèdre. Paris 1967 (Bibliothèque des sciences humaines.)
(vgl. 20, 54, 56, 65, 68, 74, 147)
170 *La vita e le opere di Albrecht Dürer. Übersetzt von Carlo Basso. Mailand 1967
(vgl. 84, 88, 98, 119)
171 Stil und Stoff im Film. Übersetzt von Helmut Färber. In: Filmkritik. 11 (1967), S. 343–355
(vgl. 64, 67, 97)
172 Hercules Agricola. A Further Complication in the Problem of the Illustrated Hrabanus Manuscripts. In: Essays Presented to Rudolf Wittkower. II, Essays in the History of Art. London 1967, S. 20–28
173 Architecture Gothique et Pensée Scholastique, précédé de l'Abbé Suger de Saint-Denis. Übersetzt und kommentiert von P. Bourdieu. Paris 1967
(vgl. 85, 90, 96)
174 Vorwort zu: Max J. Friedländer, Early Netherlandish Painting (übersetzt von Heinz Norden). 1. Leyden 1967, S. 9–13
175 *Idea. A Concept in Art Theory. Übersetzt von Joseph J. S. Peake und Victor A. Velen. Columbia 1968
(vgl. 24, 110, 136)
176 The ›Tomb in Arcady‹ at the ›Fin-de-Siècle‹ (mit Gerda Panofsky). In: Wallraf-Richartz-Jahrbuch. 30 (1968), S. 287–304
(vgl. 63, 69)
177 *Problems in Titian, Mostly Iconographic. New York 1969. XV, 208 S., 200 Abb. (The Wrightsman Lectures. 2.)
178 Erasmus and the Visual Arts. Vortrag zur Jahresversammlung des American Council of Learned Societies, Baltimore 1967. In: Journal of the Warburg and Courtauld Institutes. 32 (1969)
179 *L'œuvre d'art et ses significations. Essais sur les ›arts visuels‹. Übersetzt von Marthe und Bernard Teyssèdre. Paris 1969 (Bibliothèque des sciences humaines)
(vgl. 14, 15, 31, 47, 63, 78, 113, 126, 145, 180)
180 *Meaning in the Visual Arts. Harmondsworth (Middlesex) 1970. 407 S., 12 Textabb., 95 Abb. auf (64) Tafeln (Peregrine Books)
(vgl. 14, 15, 31, 47, 63, 74, 78, 90, 115, 126, 145, 179)

Von Erwin Panofsky sind weiterhin in unserem Verlag erschienen:

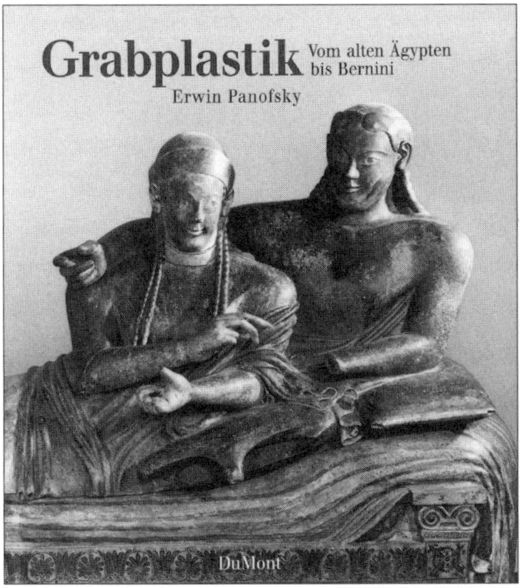

GRABPLASTIK

Vier Vorlesungen über ihren Bedeutungswandel von Alt-Ägypten bis Bernini

Herausgegeben von Horst W. Janson. Reprint der deutschen Ausgabe von 1964 mit einer Einführung von Martin Warnke zur Entstehungs- und Wirkungsgeschichte des Buches. 320 Seiten mit 446 einfarbigen Abbildungen, ausgewählter Literatur, Register, Leinen mit Schutzumschlag DM 128,- / öS 934,– / sFr. 118,–
ISBN 3-7701-3123-1

»Grabplastiken sind Gebrauchskunst. Sie sollen das Leben der Verstorbenen illustrieren, sind Trost für die Hinterbliebenen, zeigen die jeweiligen Vorstellungen vom Diesseits und vom Jenseits und vom Zusammenhang zwischen Körper und Geist, Leib und Seele. Erwin Panofky, der legendäre Kunsthistoriker, hat 1956 in seiner New Yorker Vortragsreihe über die Grabplastik diese kunst-, geistes- und religionsgeschichtlichen Zusammenhänge so lebendig wie genau vorgestellt. Diese Vorträge liegen nun in dem prächtig illustrierten Band – zur Freude der lebenden Zeitgenossen – wieder vor.« *Die Woche*

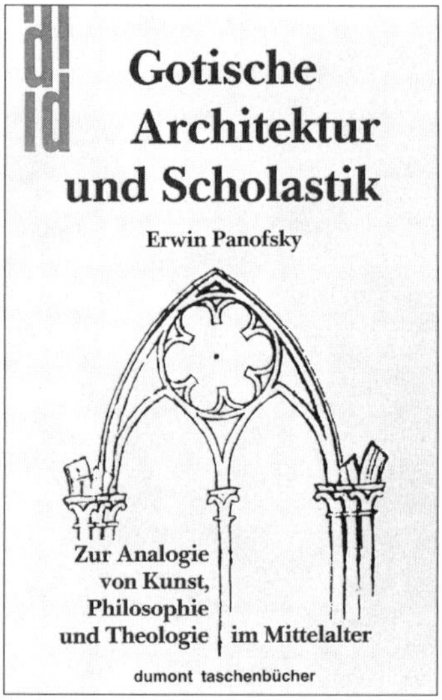

GOTISCHE ARCHITEKTUR UND SCHOLASTIK

Zur Analogie von Kunst, Philosophie und Theologie im Mittelalter

Herausgegeben und mit einem Vorwort versehen von Thomas Frangenberg. 136 Seiten mit 58 einfarbigen Abbildungen, Literaturverzeichnis und einem Schriftenverzeichnis Erwin Panofskys, kartoniert (DUMONT Taschenbücher, Band 225) DM 16,80 / öS 123,– / sFr. 16,80 ISBN 3-7701-205-8

»Der hier erstmals in deutscher Sprache vorgelegte Essay von Erwin Panofsky führt den Leser auf leicht verständliche Weise in die Gedankenwelt des Hohen Mittelalters ein. Der Autor versucht, fundamentale Gemeinsamkeiten zwischen der Entstehung gotischer Architektur und der Entwicklung scholastischer Philosophie aufzudecken. Er stellt dabei die These auf, daß Stil und Struktur der Gebäude anschauliches Äquivalent zur Denkweise und Argumentationsform ihrer Epoche sind. So ist dieser Essay ein faszinierendes Beispiel für Panofskys lebenslanges Bemühen, die Kunstgeschichte in der Geistesgeschichte zu verankern.«

Informationszentrum RAUM und BAU (IRB) der Fraunhofer-Gesellschaft

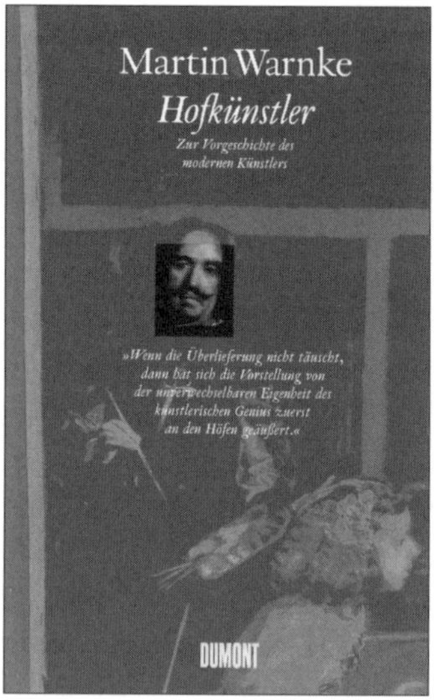

HOFKÜNSTLER

Zur Vorgeschichte des modernen Künstlers

Von Martin Warnke. 400 Seiten, Anmerkungen, Literaturverzeichnis, Künstlerverzeichnis, Sachregister, kartoniert DM 49,90 / öS 364,– / sFr. 48,–
ISBN 3-7701-3847-3
Überarbeitete und aktualisierte Neuauflage eines Standardwerks

»Martin Warnke entwirft bei stupender Beherrschung der Quellen, ohne in ihnen zu ertrinken, eine Sozialgeschichte des Künstlers im höfischen Zeitalter, das vom ausgehenden 13. Jahrhundert bis zur Französischen Revolution Jahrhunderte überbrückt und verklammert. Er läßt sich von seinen Quellen überzeugen, mitunter zu seinem eigenen Erstaunen. Er befreit die historische Gestalt des Künstlers von liberal-bürgerlichen Romantizismen. Das ist eine Leistung. Seine Ergebnisse verdichtet er zu überzeugenden Bildern der verschiedenen Funktionen des Künstlers am Hofe mit einer Erzählhaltung, die gerade jener Unmittelbarkeit, jener *prestezza e facilità* entspricht, die der höfisch gebildete Kenner vom Maler erwartete und die der erudierte Leser bei wissenschaftlichen Texten schätzt.«

Frankfurter Allgemeine Zeitung

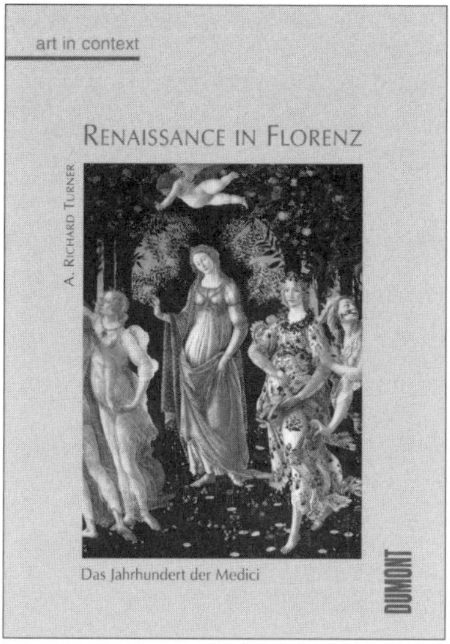

RENAISSANCE IN FLORENZ

Das Jahrhundert der Medici

176 Seiten mit 107 farbigen und 9 einfarbigen Abbildungen, 3 Plänen, einer farbigen Karte, Bibliographie, Register, kartoniert DM 29,80 / öS 218,– / sFr. 29,80
ISBN 3-7701-3942-9
Florenz erlebte seit dem 14. Jahrhundert eine einzigartige kulturelle Blütezeit, die erst 1492 mit dem Tod des großen Kunstförderers Lorenzo de'Medici endete. Richard Turner zeichnet ein klares und äußerst lebendiges Bild der vielfältigen künstlerischen Produktion in der Metropole der Renaissance-Kultur, die unmittelbar mit der Familie Medici verknüpft ist. Ebenso beleuchtet er die politischen, wirtschaftlichen, sozialen und religiösen Hintergründe, Voraussetzung für die reiche Entfaltung von Kunst und Wissenschaft. Sein anschaulicher und stets verständlicher Stil erläutert auch komplexe Sachverhalte, etwa die Entstehung der Perspektive. Der Leser erhält überraschende und aufschlußreiche Einblicke, so etwa in das Alltagsleben der privaten Haushalte. Ein Buch für jeden, der sich anhand einer Einführung in konzentrierter und übersichtlicher Form mit dem Phänomen der Renaissance und der Stadt Florenz beschäftigen möchte.